D1934813

Gegen Barbarei

Essays
Robert M.W. Kempner zu Ehren

Herausgegeben von
Rainer Eisfeld und Ingo Müller

athenäum

Bayerischer Rundfunk

BA CHER
NK
RA
XX ei
ausgesondert
667/89 II

CIP-Titelaufnahme der Deutschen Bibliothek

Gegen Barbarei: Essays Robert M. W. Kempner zu Ehren/hrsg. von Rainer Eisfeld u. Ingo Müller. – Frankfurt am Main: Athenäum, 1989
ISBN 3-610-08537-1
NE: Eisfeld, Rainer [Hrsg.]; Kempner, Robert M. W.: Festschrift

© 1989 Athenäum Verlag, Frankfurt am Main
Alle Rechte vorbehalten
Ohne ausdrückliche Genehmigung des Verlags ist es auch nicht gestattet, das Buch oder Teile daraus auf fotomechanischem Wege (Fotokopie, Mikrokopie) zu vervielfältigen.
Umschlaggestaltung: Karl Gerstner, Basel
Satz: Computersatz Bonn, Bonn
Druck und Bindung: Bercker, Graphischer Betrieb GmbH, Kevelaer
Printed in West Germany
ISBN 3-610-08537-1

Danksagung

Die Herausgeber danken herzlich

– Jan-Philipp Reemtsma und den übrigen Kuratoriumsmitgliedern der Hamburger Stiftung zur Förderung von Wissenschaft und Kultur; nur durch den von ihr gewährten beträchtlichen Druckkostenzuschuß ist das Erscheinen des Werkes in dieser Form möglich geworden;
– dem Fachbereich Sozialwissenschaften der Universität Osnabrück, der durch eine wissenschaftliche Hilfskraftstelle die Arbeiten an dem Band wesentlich unterstützt hat;
– Prof. Dr. Tilman Westphalen, Fachbereich Sprach- und Literaturwissenschaft derselben Universität, von dem der Anstoß zu diesem Buch ausging.

Wir sind glücklich über die umfängliche Resonanz, die das Vorhaben gefunden hat – Ausdruck der wissenschaftlichen wie der persönlichen Wertschätzung aller Beteiligten für Robert M. W. Kempner und sein Werk; Ausdruck zugleich ihrer gemeinsamen Absicht, die Perversion des Denkens wie des Handelns vom Prä- bis zum Neofaschismus in Deutschland zu rekonstruieren, zu dokumentieren, analytisch zu durchdringen – zu streiten, wie es im Titel des Buches heißt, gegen (alte und neue) Barbarei.

Rainer Eisfeld/Ingo Müller

Inhalt

IV Drittes Reich

V Bundesrepublik I: Nichts bewältigt ...

VI Bundesrepublik II: ... und nichts dazugelernt?

Anhang

I

Der unbequeme Mahner

RAINER EISFELD · INGO MÜLLER

Verdrängung wäre Selbstauslieferung

> Das Unsägliche geht, leise gesagt, übers Land:
> schon ist Mittag.
>
> *Ingeborg Bachmann*

1

Robert M. W. Kempner zu feiern, ist die Absicht der Herausgeber wie der Autoren; doch wird man das Wort »Festschrift« in diesem Band vergeblich suchen. Bewußt haben wir uns bei der Festlegung von Titel und Untertitel gegen den Begriff entschieden. Was Verfasser und Herausgeber vorlegen, ist keine landläufige Festgabe, sprich: Sammlung von Aufsätzen mehr oder minder beliebigen inhaltlichen Zuschnitts. Statt dessen steckt der Titel den thematischen Bezugsrahmen ab für einen Diskussionsbeitrag zur zeitgeschichtlichen – juristischen wie historisch-politikwissenschaftlichen – Forschung

- erstens über Wurzeln, Erscheinungsformen und Konsequenzen der Perversion des Denkens und Handelns in Deutschland,
- zweitens über Reaktionen auf solche Inhumanität – von der versuchten Ahndung und Verarbeitung über die anhaltende Verdrängung bis zur Wiederbelebung alter Infamien durch die »neue« Rechte der Bundesrepublik.

Die Ehrung des Anklägers der Nürnberger Prozesse und kompromißlosen Streiters gegen kollektive Verdrängung will zugleich ein Zeichen setzen in einer Situation, in der die Veranstaltung von Bitburg 1985 wie die Historikerdebatte des Jahres 1986 Tendenzen zu einer »Entsorgung der deutschen Vergangenheit« (H. U. Wehler) deutlich verstärkt haben:

- *Bitburg* bereitete, mit den Worten des Tel Aviver und Essener Historikers Dan Diner, als »sozusagen anti-totalitäre Aussöhnung ... *notwendig* auf Kosten ... der Erinnerung an die Opfer der Massenvernichtung« den Boden, damit Deutschland frei wäre, »sich einer national-orientierten Perspektive zuzuwenden, die nicht mehr von der Monstrosität ›Auschwitz‹ versperrt wäre.«
- Der *Historikerstreit* war bereits eine »politische und wissenschaftliche Offensive« *in eben dieser Richtung:* Mit dem

Prestige »geschichtskundige(r) Gelehrte(r)« und unter Zuhilfenahme »bizarrer Konstruktionen« wurde, so wiederum Hans-Ulrich Wehler, die »verharmlosende Relativierung der nationalsozialistischen Vernichtungspolitik« versucht zum Zweck eines »nationalapologetischen Revisionismus«.

Für das genaue Gegenteil dieses Versuchs steht das Wirken Robert Kempners, der als Anklagevertreter in Nürnberg, als Rechtsanwalt, als Wissenschaftler und als Publizist die Sache der Opfer des Dritten Reiches zu seiner eigenen gemacht hat, der nachhaltig für Humanität, politische Gesittung und Rechtsempfinden eingetreten ist. Er hat damit zahlreiche andere Menschen, nicht zuletzt die Angehörigen nachfolgender Generationen, angespornt und ermutigt; er hat – weit über den akademischen Bereich hinaus – als Lehrer im besten und umfassendsten Sinne des Wortes gewirkt.

2

Der, den wir in solcher Weise charakterisieren, wurde vor vierzig Jahren in der Presse der Bizone wie der eben gegründeten Bundesrepublik als »eifernder Großinquisitor« nicht nur mit Torquemada und Fouquier, sondern auch kaum verhüllt mit Wyschinski und Freisler in eine Reihe gestellt. Er wurde als »Stalins bester Gehilfe« beschimpft (in der *Zürcher Weltwoche*, nachgedruckt in der *Zeit*), wurde von Richard Tüngel (wiederum in der *Zeit*) als »Schädling« apostrophiert – als der »unrühmlich bekannte Ankläger von Nürnberg«. Mit der Begründung, auch Kempner sei aufgefordert worden, an einer deutschen Hochschule zu lehren, lehnte der Staatswissenschaftler Edgar Salin (1927 von Heidelberg nach Basel berufen) es ab, an der Freien Universität Berlin zu lesen: Die »sittliche Haltung der gesamten deutschen Emigration« sei durch Robert Kempners Tätigkeit im Wilhelmstraßenprozeß »für die nicht emigrierten Deutschen mehr als fragwürdig geworden«.

Die Emigration: Dieses Stichwort liefert den ersten Hinweis auf die Ursachen der seinerzeitigen, nicht selten erbitterten Angriffe auf Kempner. Keineswegs nur an den Universitäten prallten die Veränderungsanstöße aus Exil und Rückkehr zusammen mit dem geistigen wie institutionellen Beharrungsvermögen der »im Lande Gebliebenen« – und *diese* waren es, die nach 1945 weiter den gesellschaftlichen, den politischen Ton angaben. Die Existenz des

Exils stellte eine unbequeme Mahnung dar, eine – wiederum – gern verdrängte Erinnerung. Keineswegs lud man diejenigen, die das NS-Regime vertrieben hatte, beharrlich drängend zur Rückkehr ein; oft wollte man sie gar nicht. Erdreistete sich einer der Exilierten aber gar, deutschen Boden wieder zu betreten in der Rolle des Anklägers, Verbrecher unumwunden Verbrecher zu nennen, der Geschichte des Dritten Reiches öffentlich zu bescheinigen, sie sei eine »von Blut triefende und stinkende« Angelegenheit – dann konnte es beispielsweise die *Hamburger Freie Presse* (vom 26. 6. 1948) nur »zweifelhaft« dünken, ob *der* Kempner »von seinem Gewissen recht beraten war«, der – man muß die Zeilen zweimal lesen –

als Jude, als früherer deutscher Staatsbürger und als ehemaliger deutscher Beamter das Amt des Hauptanklägers in Nürnberg übernahm.

Wer, so bliebe doch wohl zu fragen, hätte Deutschland eine größere Chance eröffnet, mit seiner eigenen jüngsten Vergangenheit *selbst* abzurechnen, als eine möglichst große Zahl engagierter *und akzeptierter* Rückkehrer, die Kempners biographische Attribute besaßen?

Freilich, und daraus läßt sich der zweite Teil der Erklärung für die Invektiven gegen Kempner ableiten, war auch das deutsche Exil gespalten, nicht zuletzt hinsichtlich der Deutung des Nationalsozialismus wie in der Einstellung zur Sowjetunion und zum Kommunismus. Der da Robert Kempner »Stalins besten Gehilfen« schalt, war Robert Ingrim, einer der erbittertsten Antikommunisten der Emigration, und was er dort behauptet hatte, das wiederholte er jetzt:

Die Kempner waren die Leute, die die Zeitungen mit Briefen und Aufsätzen versorgten, in denen das Schlagwort von den Junkern, Militaristen, Schlotbaronen und Nazis gehämmert wurde. Das war die Lieblingsparole der Fünften Kolonne Stalins, ... (der) genau (wußte), was sein Kriegsziel war – die Gleichschaltung Deutschlands ... Die Kempner haben sich die Aufgabe gesetzt, ihre falschen Behauptungen aus der Kriegszeit nachträglich zu beweisen. Sie kämpfen für die Proletarisierung und gegen die differenzierten und durch die Tradition geformten Kräfte ... (Die Kempner) wollen die Zerstörung der gesellschaftlichen Gliederung des deutschen Volkes vollenden.

Daß solche Rhetorik in doppelter Weise auf Resonanz stoßen mußte, verstand sich: Sie entsprach der *amerikanischen* Strategie einer politischen, wirtschaftlichen, endlich militärischen Neuaufwertung Westdeutschlands im aufbrechenden Ost-West-Konflikt; sie entsprach ebenso dem verbreiteten *deutschen* Bedürfnis nach möglichst scharfer Scheidung der »braunen Plebejer« des Dritten Reiches von jenen bürgerlich-adligen Führungsgruppen, die erst die Etablierung, dann die Entfaltung des Regimes unterstützt hatten. Kempners Rolle in einem der wenigen Prozesse gegen Angehörige gerade einer *dieser* Gruppen war es nicht zuletzt, die ihn prädestinierte als Zielscheibe massiver Beschimpfung.

Und drittens schließlich traf zu, was John Fried anläßlich des 40. Jahrestages der Eröffnung des Verfahrens gegen die Hauptkriegsverbrecher hervorgehoben hat: die Erwartung wurde enttäuscht, daß angesichts der in Nürnberg *belegten,* tausendfach dokumentierten Verbrechen die Schuldigen weder Sympathie noch Schutz und Unterstützung mehr genießen würden. Es war Kempner, der den Mut aufbrachte, öffentlich von der damals sich formierenden »Gesellschaft der Freunde der Nürnberger Kriegsverbrecher« zu sprechen – jener »Gesellschaft«, die eine Sühne der Mordtaten des Naziregimes dadurch zu verhindern trachtete, daß sie zu der durchsichtigen Methode griff, »mit unsinnigen Behauptungen Richter, Staatsanwälte und anderes Personal der Nürnberger Verfahren zu diffamieren«.

Wie weit die Anwürfe gegen die Nürnberger Prozesse reichten, verdeutlicht eine Kontroverse zwischen dem evangelischen Landesbischof von Württemberg, Theophil Wurm, und Robert Kempner. Wurm hatte 1932/33 den »Sieg der deutschen Freiheitsbewegung« erhofft bzw. begrüßt und die »nationale« Führung der Reichskirche durch die Deutschen Christen gefördert. Seit 1940 jedoch hatten seine wiederholten und deutlichen Eingaben an die Reichsregierung (die ihm schließlich 1944 von Lammers verboten wurden) gegen das »Euthanasie«-Programm, gegen die Kirchen- und auch gegen die Judenpolitik des Dritten Reiches ihn an die Spitze der Bekennenden Kirche rücken lassen. Mit dieser Autorität hatte er sich bereits 1945 gegen die Entnazifizierung gewandt: Maßnahmen gegen die Schuldigen seien »daraufhin zu prüfen, ... ob sie nicht den wirtschaftlichen und kulturellen Aufstieg hemmten. ... Selbst SS sei nicht gleich SS.« In einem offenen Brief an Robert Kempner behauptete Wurm drei Jahre später, bei der Vorbereitung der Anklage in den Nürnberger und Dachauer Prozessen seien Aussagen durch »verbrecherische Methoden« und »abscheuliche Quälereien« erpreßt worden. Wurms Vorwürfe wurden von Presse und Rundfunk ausgiebig verbreitet. Daß er sie, wie Kempner ihm in seiner Antwort vorhielt, ohne jede Nachprüfung erhoben hatte, daß er auch einen Besuch in Nürnberg nicht dazu genutzt hatte, »sich auf Grund (der) Ihnen offenstehenden Akten zu orientieren«, minderte ihre Wirkung nicht: Während das politische und soziale Gewicht der Kirchen in den ersten Nachkriegsjahren sich kaum überschätzen läßt, wurden selbstkritische Ansätze – sichtbar 1945 in der Erklärung der katholischen Fuldaer Bischofskonferenz, deutlicher im evangelischen Stuttgarter Schuldbekenntnis – durch restaurative Tendenzen auch im Protestantismus und Katholizismus rasch überlagert.

3

Bekanntlich hat es in Italien, im Unterschied zu Deutschland, nicht nur Widerstand gegen den Faschismus, sondern eine breite Widerstands*bewegung* gegeben. Dort wurde denn auch der 25. April 1945, der Tag des Kriegsendes, zum offiziellen Feiertag erklärt und gerade während der ersten Jahre der italienischen Republik besonders intensiv begangen. Demgegenüber symbolisiert der (west)deutsche Umgang mit dem 8. Mai 1945 bis in die jüngste Zeit, wie schwer sich die Mehrheit der Bevölkerung mit der Niederlage im Eroberungskrieg tat und mit dem Sturz des Regimes der bürokratisierten Menschenvernichtung. Merkwürdig kontrastierte die immer wieder beschworene zwölfjährige Knechtung Deutschlands, das geächzt habe unter den Stiefeln der SS, dem Zugriff der Gestapo und dem Trommelfeuer diabolischer Propaganda, mit der geringen Bereitschaft zur Feier der Befreiung von dieser Unterjochungsdiktatur.

Zur Erklärung genügt nicht der Hinweis auf die Lähmung, die die Deutschen nach einer Dekade immer neuer emotionaler, fast rauschhafter Mobilisierung befallen habe, auf das verbreitete Bedürfnis (von dem Karl Jaspers 1946 gesprochen hat), eher noch getröstet zu werden für Leid, Not und Trümmer, oder auf die rasch sichtbar werdende nationale Spaltung als Konsequenz des Kriegsendes. Der britische Historiker Alan Bullock hat früh geurteilt, das NS-Regime habe ganz offensichtlich gespürt, daß trotz Gestapo und Konzentrationslagern seine Macht bis weit in den Krieg hinein »von Popularität getragen wurde, und zwar in einem Maße, das nur wenige Leute zuzugeben bereit waren oder sind.« Hunderttausende, Millionen erfuhren – real erlebt, mehr noch ideologisch vorgespiegelt – soziale *Aufwertung*, gesellschaftlichen *Aufstieg* unter dem Nationalsozialismus: Als »Volksgenossen« wurden sie angesprochen, leisteten sie Arbeitsdienst ab, wurden sie für Massenveranstaltungen mobilisiert. Eine Palette von Organisationen bot Alternativen zu den traditionellen Karrieremustern – Alternativen, die weder Besitz noch Bildung voraussetzten, sondern nur das Braunhemd.

Mit der kriegerischen Unterwerfung weiter Teile Europas durch Deutschland gesellte sich *Macht* zum Aufstieg: Ausbeutung in ihrer rücksichtslosesten Form traf nicht nur die Rohstoffe und Fabrikanlagen, sondern auch die Arbeitskräfte im besetzten Europa. Was in den sogenannten »fremdvölkischen« Gebieten den deutschen Interessen, der »Hoheit des deutschen Reiches« oder dem »Ansehen des deutschen Volkes« frommte oder abträglich war und welche Strafen, bis hin zum Tode, auf den zweiten Fall standen, das bestimmten ausschließlich Deutsche. Im »Neuen Europa« bestand die herausgehobene Stellung angesichts der Herrenvolkdoktrin des Nationalsozialismus bereits in der simplen Tatsache, Deutscher zu sein. Jedes Amt, jeder Rang wertete diese Stellung nur weiter auf, erlaubte – am bedrückendsten in Osteuropa – zusätzliche Diskriminierung, Ausbeutung, Peinigung der Unterworfenen.

Dies waren wesentliche Gründe, weshalb die von Robert Kempner so apostrophierte »Gesellschaft der Freunde der Kriegsverbrecher« auf breite, teils bewußte, mehr aber noch halb- und unbewußte Resonanz rechnen konnte: In dem Maße, in dem große Bevölkerungsteile Aufwertung und Aufstieg im Zeichen des Braunhemds, in dem sie Anteil an der Macht eines weltweit als verbrecherisch diskreditierten Regimes nicht mehr wahrhaben wollten, mündete die gruppenspezifische Verdrängungsleistung in Bürokratie, Justiz, Wirtschaft, von der zahlreiche Beiträge dieses Bandes handeln, in jene wahrhaft nationale Verdrängungsleistung, die das Thema von Klaus Fritzsches Aufsatz bildet.

Wie nachdrücklich und wirksam jene »Gesellschaft« noch dreißig Jahre nach Kriegsende die Hand über ihre verbrecherischen Freunde halten konnte, hat Werner Holtfort sehr persönlich erfahren müssen. Wir haben seine »Lernprozesse« eines nicht emigrierten Deutschen deshalb Robert Kempners Erfahrungen aus Exil und Rückkehr zur Seite gestellt. Und im selben Jahr wiederum, in dem die meisten der von Holtfort geschilderten Ereignisse sich zutrugen, 1975, fand zum 20. Jahrestag der Wannsee-Konferenz eine neonazistische Kundgebung vor Kempners Wohnung in Frankfurt statt. Diejenigen, die dort skandierten: »Kempner statt Heß ins Gefängnis«, beweisen, daß die alternde »Gesellschaft« um Nachwuchs nicht besorgt zu sein braucht.

Robert Kempners wie Werner Holtforts Erfahrungen demonstrieren, was ein Verzicht auf Kenntnis und Analyse der jüngsten deutschen Vergangenheit bedeutet: die Lügen der Interessierten hinnehmen müssen; in resignierenden Fatalismus zu verfallen angesichts fehlender Grundvoraussetzungen zur Gegenwehr; verzichten auf Mitwirkung an der bewußten Gestaltung einer Alternative; sich denen auszuliefern, die aus der – um Kempners Urteil abschließend bewußt noch einmal aufzugreifen – von Blut triefenden und stinkenden Geschichte des Dritten Reiches weder lernen können noch lernen wollen, weil sie zwei Werte vor allen anderen verachten: Demokratie und Humanität.

HEINER LICHTENSTEIN

Robert M. W. Kempner

Frühsommer 1983. Ich sitze in meinem Büro beim Westdeutschen Rundfunk in Köln. Das Telefon klingelt; am anderen Ende der Leitung eine vertraute Frauenstimme. Gertraud Stiefel, Robert Kempners Sekretärin. Am 17. Oktober 1984 werde Kempner 85 Jahre alt. Ob eine Möglichkeit bestehe, ihm eine Festschrift zu widmen? Alle Versuche schlügen fehl, nicht nur wegen der Kürze der Zeit, vor allem, weil kein Verlag bereit sei, dergleichen zu machen. Die Zeit der Festschriften sei vorbei, heißt es in den meisten Fällen. Meine Versuche, eine akademische Festsitzung zu organisieren, gehen gleichfalls fehl. Schließlich stellt der evangelische Theologe Dr. Dieter Bach die von ihm geleitete Akademie in Mülheim an der Ruhr zur Verfügung. Die Tagung wird ausgeschrieben und ist nach kurzer Zeit ausgebucht. Um die 150 Frauen und Männer erweisen Kempner am 12. und 13. Oktober 1984 die Ehre. Auch Simon Wiesenthal hatte fest zugesagt, konnte schließlich aber doch nicht kommen. Sein langer Brief endete mit dem Satz: »Ich möchte Ihnen mit all denen, die überlebt haben, sagen: Wir sind glücklich, daß es einen Robert Kempner gibt.«

Gewiß, die Überlebenden des Holocaust waren und sind glücklich über Robert Kempner. Ob das auch für die Mehrheit der Deutschen zutrifft, ist höchst fraglich. Denn Kempner gehört zu den wenigen Männern, die unermüdlich darum ringen, die Mörder und deren Handlanger vor Gericht zu bringen. Die Nürnberger Prozesse sind untrennbar mit seinem Namen verbunden. Aber Nürnberg – das war und ist doch nur ein Teil des Robert Kempner, ein wichtiger zwar, aber eben nur ein Teil. Wer ihn kennt, jenen großen, schlanken asketischen Grandseigneur, wer mit ihm gesprochen hat, der weiß, daß Kempner eine starke emotionale Bindung an sein Elternhaus hat. Und dies vor allem wegen seiner Mutter. An ihr hing er nicht nur, sie bewunderte er auch noch in hohem Alter.

Lydia Rabinowitsch stammte aus dem litauischen Kowno, war das jüngste von neun Kindern, die alle studieren sollten. Bei den Jungen ging das ohne Schwierigkeiten; Mädchen hingegen konnten damals in Europa nur in der Schweiz zu akademischen Würden kommen. Deshalb reiste sie nach Bern. Wenn Kempner davon berichtet, vergißt er fast niemals, auf eine andere Studentin an jener

Universität zu verweisen: auf Rosa Luxemburg. Nachdem Lydia ihr Examen in Bakteriologie bestanden hatte, ging sie nach Philadelphia und wurde mit 26 Jahren Professorin. Während eines Sommers besuchte sie einen Kurs am Robert Koch-Institut in Berlin und lernte dort ihren späteren Mann Walter, Kempners Vater, kennen, einen Forscher, der den Botulismus, also die Vergiftung von Lebensmitteln, entdeckt hat. Walter Kempner starb 1920 an Kehlkopftuberkulose; Lydia wurde der Mittelpunkt für die drei Kempner-Kinder, von denen Robert Max Wassilij das älteste war.

Daß der junge Kempner als Freiwilliger am Ersten Weltkrieg teilnehmen wollte, verstand sich in der preußischen Familie von selbst. Er machte in Berlin das Notabitur; seine Kriegserinnerungen beziehen sich allerdings nur auf den Rückzug an der Westfront. Das Eiserne Kreuz II. Klasse, das ihm verliehen worden ist, hat er niemals getragen. Der Anblick der vielen verwundeten und toten Soldaten hat den jungen Mann geprägt, die Niederlage von 1918 scheint er nicht als sonderlich schmerzlich empfunden zu haben. Kempner ging nach Freiburg, studierte Jura, machte ausgezeichnete Examina, kehrte nach Berlin zur Mutter zurück und suchte eine Anstellung als Referendar. Durch Zufall geriet er an einen der berühmtesten Berliner Strafverteidiger – an Dr. Erich Frey. Der »hat alles verteidigt, was gut und teuer war«[1]. Dabei machte Kempner Bekanntschaft mit den Methoden der Nazis, unliebsame Frauen und Männer zu verjagen. Frey hatte Männer verteidigt, die angeklagt waren, das Naziidol Horst Wessel ermordet zu haben, der tatsächlich während blutiger Auseinandersetzungen unter Zuhältern den Tod gefunden hatte. Goebbels persönlich griff Frey in NS-Zeitungen wie dem *Angriff* an, weshalb Kempners Chef über Nacht nach Paris floh und später nach Chile ging. Die Angst vor den SA-Trupps beherrschte schon vor 1933 die Straße. Kempner wechselte zur Staatsanwaltschaft und konzentrierte sich fortan auf die Auseinandersetzung mit der NSDAP.

Im Mai 1928 verließ der junge Referendar Kempner die Justiz und ging ins Personalbüro des Preußischen Innenministers Albert Grzesinski. Den Republikaner, Sozialdemokraten und Mitarbeiter der Liga für Menschenrechte zog es zu dem Gewerkschafter, der einen aktiven Kampf gegen die Nazis versprach. Dort machte er die Bekanntschaft eines Mannes, den er hoch schätzte, obwohl er aus einem völlig anderen politischen Lager stammte: Ministerialdirektor Dr. Erich Klausener, Vorsitzender der Katholischen Aktion Berlin, eines der frühesten Opfer der Nazis. Der hochbegabte und politisch motivierte Kempner erklomm die Karriereleiter in einem ungewöhnlich raschen Tempo und war bald Justitiar der Polizeiabteilung. In dieser Position forcierte Kempner die Demokratisierung der preußischen Polizei. In seinen Erinnerungen steht über diese Zeit: »Die uns bewegende Frage war Anfang der 30er Jahre: Können wir mit dem Nationalsozialismus fertig werden? ... Es wurde eine große Denkschrift angefertigt, und zwar von der Politischen Polizei im Polizeipräsidium Berlin ... Ich arbeitete an der Denkschrift gegen die NSDAP mit ... Es war eine sehr gut zusammengestellte Darstellung der Ziele der NSDAP mit dem Nachweis, daß es sich um eine terroristische Verbindung handelte«[2]. Ziel der Denkschrift war es, die Nazipartei als staatsfeindlich zu verbieten und aufzulösen. Das war im Sommer 1930, als es vielleicht noch nicht zu spät gewesen wäre. Über den preußischen Ministerpräsidenten Otto Braun ging die Denkschrift an Reichskanzler Heinrich Brüning, der die Reichsanwaltschaft zu entsprechenden Schritten veranlassen sollte. Doch nichts geschah. Ob Robert Kempner verbittert war oder nicht – Brüning »hat nicht das gemacht, was eigentlich seine Pflicht gewesen wäre«[3], heißt es in seinen Erinnerungen. Einen schwereren Vorwurf konnte und kann der ehemalige preußische Beamte gegen den Reichskanzler der ersten Präsidialkabinette kaum erheben als den, nicht seine Pflicht getan zu haben.

Der nächste Versuch, etwas gegen die heraufkommende Gefahr zu tun, hing mit der Entdeckung der *Boxheimer Dokumente* vom 25. November 1931 zusammen. Diese Dokumente enthielten Beweise dafür, daß die Nazis, einmal an der Macht, Blutjustiz üben wollten. Einem der Verfasser jener entlarvenden Dokumente sollte Kempner eineinhalb Jahrzehnte später wieder begegnen: Werner Best, SS-Obergruppenführer, enger Mitarbeiter Reinhard Heydrichs beim Aufbau des Sicherheitsdienstes, der Beteiligung an Massakern in Polen beschuldigt, aber mit Rücksicht auf seine angeblich angegriffene Gesundheit nicht abgeurteilt. Best hat noch 1988 als Zeuge in einem NS-Prozeß in Bonn ausgesagt. Ihm selbst ist nichts geschehen, sieht man von der Verurteilung zum Tode durch ein dänisches Gericht in Kopenhagen ab. Denn das Todesurteil von 1949 wurde bald in eine zwölfjährige Haft umgewandelt. 1951 war Werner Best wieder frei. Es ist Kempner nicht gelungen, diesen Mann vor ein deutsches Gericht zu bringen. Der zweite Fall, er betrifft den Legationsrat im Auswärtigen Amt, Horst Wagner, wird noch dargestellt werden.

Nachdem die *Boxheimer Dokumente* entdeckt worden waren, verfaßte Kempner die Schrift *Justizdämmerung*. Er wollte vor allem die Justiz aufrütteln. Als Pseudonym wählte Kempner den

Namen Eike von Repkow, der im 13. Jahrhundert den Sachsenspiegel geschrieben hatte, also den ersten Kodex deutschen Rechts.

»Die Schrift hat in Preußen gewirkt, im Reich nicht«[4], meinte Kempner später. Ich habe Zweifel, ob dieses Urteil zutrifft. Denn hätte sie in Preußen gewirkt, wären Auswirkungen auf das ganze Reich ziemlich wahrscheinlich gewesen. Immerhin machte Preußen einen großen und entscheidenden Teil des Reiches aus. In den Akten der NSDAP hatte Kempner nun trotz des Pseudonyms einen festen Platz. Sein Ziel war es, die Nazis daran zu hindern, an die Macht zu kommen. Hätte es mehr Frauen und Männer von seiner Art gegeben, wäre das vielleicht gelungen. Er als Einzelkämpfer konnte das nicht bewirken. Und so kam mit dem 30. Januar 1933 unabwendbar das Ende der Beamtenkarriere des Justitiars Dr. Robert Kempner.

Unmittelbar nach dem Regierungswechsel hatte Hitler Hermann Göring zum kommissarischen preußischen Innenminister ernannt.

Ein paar Tage später ließ Göring die höheren Beamten des Innenministeriums in dem Dienstsaal neben seinem Zimmer zusammenkommen ... Göring kam rein und sagte sehr jovial – das ist er immer bis zum Schluß geblieben –, etwas herablassend: »Meine Herren (meine Damen und Herren gab's damals noch nicht), ich habe das Ministerium vor wenigen Tagen übernommen, es wird jetzt in nationalsozialistischem Geiste geführt ... Aber ich weiß, Sie sind alle treue Mitarbeiter, und wenn Sie sich nach unseren Richtlinien weiter benehmen, dann geschieht Ihnen nichts ...« Dann wurden die Herren von der Besprechung entlassen, und zwanzig Minuten später, als ich in mein Zimmer ging, lag auf meinem Tisch ein Zettel, auf dem stand: »Sofort beim Personalreferenten melden«. Ich rief den Herrn an, den ich ganz gut kannte, er stammte noch aus früherer Zeit. Und da sagte er: »Kempner, Sie müssen natürlich raus. Hat der Göring bestimmt.«[5]

Kempner gehörte nicht zu denen, die meinten, der Nazispuk werde bald vorbei sein. Dazu kannte er die Ziele und Methoden des neuen Regimes zu gut. Und er war schon 1933 davon überzeugt, daß auch ein Putsch oder Staatsstreich die neuen Machthaber nicht hinwegfegen könnte. Es werde wohl darauf hinauslaufen, daß die Befreiung vom Ausland kommen müsse. So ist es dann ja bekanntlich auch gewesen.

Mit 33 Jahren saß der Republikaner, Sozialdemokrat und Sohn einer jüdischen Mutter plötzlich auf der Straße. Kempner eröffnete in Berlin mit dem Kollegen Ernst Aschner eine Anwaltskanzlei zur Beratung von Emigranten. »Daß mein Kollege Aschner und ich die Emigration gefördert haben, war den Nazis gar nicht unlieb gewesen. Deshalb haben sie uns ... überhaupt geduldet, sonst hätten sie uns die Bude zugemacht. Sie haben natürlich sehr genau aufgepaßt, ob wir eventuell Leuten raten, illegal Geld rauszuschmuggeln ... Wir halfen bei der Auswanderung, bis es für mich selbst Zeit war zu verschwinden.«[6] Der Entschluß, Deutschland zu verlassen, ist Kempner wie den meisten Flüchtlingen schwergefallen. Seine Mutter war 1935 kurz nach ihrem 65. Geburtstag gestorben. Am 12. März 1935 wurde Kempner in seiner Wohnung in Berlin-Lichterfelde verhaftet und ins berüchtigte Columbia-Haus nach Tempelhof gebracht, das Spezialgefängnis der Gestapo. Seine Entlassung verdankte Kempner freilich nicht irgendwelchen Freunden. Das habe, sagte er mir einmal, »der verstorbene Führer« angeordnet, weil der keinen Ärger mit der Schweiz haben wollte, die Regierung in Bern aber wissen wollte, warum Kempner und andere verhaftet worden waren.

Nicht weniger gern erzählte Kempner von seinem gemeinsamen Flug mit dem Vater von Rudolf Hess nach Rom. Kempner kannte Prof. Werner Preiser aus dem Pressereferat des preußischen Ministerpräsidenten Otto Braun. Der war Anfang der dreißiger Jahre als preußischer Kulturreferent nach Italien versetzt worden. Nach dem 30. Januar 1933 riet ihm der italienische Kultusminister Guiseppe Bottai, in Italien zu bleiben und ein Internat zu eröffnen. Das tat Preiser. Kurz darauf trafen sich Preiser und Kempner in Berlin, und Kempner entschloß sich, mit seiner jungen Frau Benedicta Maria Deutschland zu verlassen. Durch Beziehungen gelang es ihm, einen gültigen Paß zu bekommen. Seine riesige Bibliothek hatte er längst ins Ausland gebracht. Der größte Teil des Besitzes mußte aber verkauft werden, » ... unser lieber Flügel ging für fünfhundert Mark an das Haus Vaterland am Potsdamer Bahnhof«[7]. Auf dem Flughafen Berlin-Tempelhof sagte man Kempner, in einer Stunde gehe eine Sondermaschine über Venedig nach Kairo. »›Was ist das denn für ein Sonderflugzeug?‹ fragte ich. ›Der Vater von Rudolf Hess fliegt wieder nach Ägypten, der hat drei Bekannte mit sich, und wir suchen noch zwanzig Gäste.‹ Dann ging ich mit dem Köfferchen durch. Vater Hess saß schon im Flugzeug. Ich stieg mit den anderen mittleren Nazi-Potentaten hinzu. In Gedanken sagte ich mir, daß ich wohl kaum je auf den heimatlichen Boden zurückkommen werde.«[8] Das sollte sich freilich als Irrtum erweisen. Fast auf den Tag genau zehn Jahre später war Robert M. W. Kempner wieder »auf dem heimatlichen Boden« –

freilich nicht als Deutscher, sondern als amerikanischer Staatsbürger mit der Anklage gegen seinen kurzfristigen ehemaligen Dienstherrn Hermann Göring im Gepäck. Kempner traf am Tage nach der Landung in Venedig seine Frau und deren Mutter in Florenz. Sie mieteten einige Gebäude in unmittelbarer Nähe des Hauses, in dem Galileo Galilei seine Fallversuche gemacht hatte, und unterrichteten die Kinder, deren Eltern Deutschland verlassen mußten und sich auf ihr neues Zuhause vorbereiteten.

Kempner gab Unterricht in politischen Wissenschaften, aber das dauerte nicht lange. Als Adolf Hitler im März 1938 Italien einen offiziellen Besuch machte, wurden deutsche Emigranten verhaftet, um die Sicherheit des Staatsgastes nicht zu gefährden. Ein Vorwand, gewiß, aber für Betroffene wie Robert Kempner mit zehn Tagen Haft verbunden. Der Verlauf des Besuches machte Kempner klar, daß der italienische Diktator Benito Mussolini mehr und mehr zu einer Marionette Berlins wurde und Emigranten ihrer Freiheit nicht mehr sicher sein konnten. » … es wurde brenzlig. Die gute italienische Zeit war vorüber.«[9] Er setzte sich mit einer Freundin seiner Mutter, Dean Tracy vom Women's Medical College in Philadelphia, in Verbindung, erhielt deren Zusage für eine Bürgschaft und machte sich über Frankreich auf den Weg in die USA. Er mußte über Frankreich reisen, um sieben große Kisten mit seinem »Handwerkszeug« auf den Weg zu bringen. Als er mir das einmal in der Schweiz erzählte, mußte ich nachfragen, was denn sein »Handwerkszeug« gewesen sei. Kempner verstand die Frage nicht sofort. Es war für ihn selbstverständlich, daß ein preußischer Beamter Adreß-, Telefonbücher und andere Register stets zur Hand haben mußte. Diese Unterlagen haben ihm kurz darauf in den USA wertvolle Dienste geleistet. Von Nizza aus schrieb er an das amerikanische Justizministerium, die USA würden bald im Krieg mit Deutschland stehen und Ziel reger Spionagetätigkeit werden. Unmittelbar vor der Abreise bekam er die Antwort, er möge sich in Washington mit dem Ministerium in Verbindung setzen.

An dem Tag, da Hitler mit dem Überfall auf Polen den Zweiten Weltkrieg vom Zaun brach, also am 1. September 1939, kam das Ehepaar Kempner in New York an. Es reiste weiter nach Philadelphia, von wo aus Robert Kempner dem Justizministerium telefonisch mitteilte, er sei nun dort zu erreichen. Wenig später bekam er Besuch von zwei Beamten des Justizministeriums, denen er klarmachte, daß die USA zum Tummelplatz für deutsche Agenten werden würden. Das war sein erster Kontakt mit der amerikanischen Administration. Während er an der Universität von Philadelphia Vorträge und Vorlesungen hielt und für Zeitungen, besonders für das deutschsprachige wichtige Emigrantenblatt *Aufbau*, schrieb, sammelte er alles, was an Informationen aus Deutschland zu erhalten war. Über ein Postfach bekam er weitere Nachrichten aus Europa und war auf diese Weise ziemlich genau über das im Bilde, was sich in Deutschland, aber auch in den besetzten Gebieten tat. Als 1941 die ersten Nachrichten über die Massenmorde an Juden durchsickerten, konzentrierte sich Kempner auf diese Nazigreuel, zumal die amerikanische Administration trotz großer Protestdemonstrationen, etwa im Madison Square Garden in New York, dazu schwieg. Vor allem durch seine Aufsätze im *Aufbau* über die »Euthanasie« wurden immer mehr Leute und schließlich die Administration in Washington auf den jungen deutschen Juristen aufmerksam, der offenkundig über ein großes Detailwissen verfügte. Das war Kempners erster Schritt nach Nürnberg auf die Anklägerbank.

Die erste konkrete Aufforderung kam Anfang 1942 von einem Oberstaatsanwalt aus Washington, er möge sich im Kriegsministerium melden. Dort erfuhr er, daß die US-Regierung eine Kommission bilden wollte, die NS-Verbrechen registrieren sollte. Kempner erklärte sich bereit, beim Aufbau dieser Kommission zu helfen. Ohne ihn wäre das vermutlich gar nicht gegangen. Jetzt kam ihm sein »Handwerkszeug« zustatten. Außerdem half er, Nachrichten aus dem Ausland über NS-Verbrecher nach Tatorten zu sortieren und Personen zuzuordnen.

»Selbstverständlich kamen Hitler, Himmler und Göring rasch auf die Liste, aber wichtig war es auch, daß all die Personen, die in Polen und Rußland gewütet hatten, und die Chefs der Einsatzkommandos gelistet wurden.«[10] Als Kempner mir Anfang der achtziger Jahre von dieser Arbeit erzählte, erwähnte er als Informanten auch einen deutschen Industriellen, der geheimste Nachrichten in die Schweiz gebracht hatte, dessen Name aber selbst nach dem Kriege nicht preisgegeben werden durfte. Heute ist bekannt, daß dieser Patriot der Düsseldorfer Industrielle Eduard Schulte war. Er leitete Anfang der vierziger Jahre eine große Zinkhütte in der Nähe von Auschwitz, bekam durch gute Kontakte zu NSDAP-Funktionären Informationen über die Massenmorde und gab diese Vertrauensleuten in der Schweiz weiter. Der Vertreter des jüdischen Weltkongresses in der Schweiz, Gerhart Riegner, übermittelte die Nachrichten nach London und Washington, wo Kempner half, die Informationen einzuordnen und mit Personen zu verbinden, die für die Verbrechen Verantwortung trugen.

Wenn jemand auf die Liste raufkam, wurde zunächst versucht, ihn besser zu identifizieren, als er gemeldet war. Der deutsche Eifer erleichterte das, denn man hatte ja bis zu einem bestimmten Rang hinunter die Listen der meisten SS-Offiziere, die jedes Jahr veröffentlicht wurden.... Die Wachmannschaften der Konzentrationslager waren sogar die ersten, die bekannt wurden. Die arbeiteten gar im allgemeinen nicht unter geheimem Namen.[11]

So wuchsen diese Listen von Woche zu Woche, ohne daß bereits klar war, was mit den verzeichneten Tätern geschehen sollte. Schließlich war es der amerikanische Generalstaatsanwalt Robert H. Jackson, der sich mit seiner Auffassung durchsetzte, diese Leute müßten vor einen internationalen Gerichtshof gestellt werden. Die britische Regierung hatte anfangs dafür plädiert, einige tausend mutmaßliche NS-Verbrecher standrechtlich zu erschießen, während die UdSSR gefordert hatte, 50 000 Hauptkriegsverbrecher zu liquidieren.

Ich gehörte zu der Gruppe des Justice Jackson. Ich bin nie auf die Idee gekommen, daß es für die Zukunft Effekt haben könnte, wenn 50 000 Leute verschwinden. Das hätte gar keinen Effekt nach einem Kriege mit fünfzig Millionen Toten. Ich habe immer den Standpunkt vertreten, wenn man gegen jemand vorgeht, dann muß das auf legalem Wege erfolgen. Dafür nehme ich lieber das kleinere Übel in Kauf, daß irgendein Verbrecher Polizeipräsident wird.[12]

Kempners Arbeit erwies sich als so erfolgversprechend, daß er im Winter 1944/45 von Jackson den Auftrag erhielt, gegen Göring und Reichsinnenminister Wilhelm Frick die Anklage zu verfassen. »Die hat, wie Sie wissen, dann in Nürnberg zum Todesurteil geführt«, sagte er später. Und als ich ihn fragte, ob die Abfassung der Anklageschrift von den USA aus nicht sehr schwierig gewesen sei, lachte er. »Überhaupt nicht. Die haben doch ihre Anklage selbst geschrieben mit all den Anweisungen, Befehlen und Kommandos. Das brauchte doch nur sortiert zu werden, und schon war man fertig.«

Daß Kempner Innenminister Wilhelm Frick anklagen durfte, hat ihn auch deshalb persönlich befriedigt, weil Frick es gewesen war, der ihn der deutschen Staatsbürgerschaft beraubt hatte. Das geschah am 21. Oktober 1938 durch die Liste Nummer 75.[13] Insgesamt hat das Reichsinnenministerium 359 Ausbürgerungslisten veröffentlicht. Die letzte stammt vom 7. April 1945.

Im Frühjahr 1945 flog Kempner in der Uniform eines Zivilisten der Armee über London nach Paris und wartete auf den Beginn des

Prozesses. Als ich ihn Anfang der achtziger Jahre fragte, ob Nürnberg bestimmt worden sei, weil die Nazis dort ihre Reichsparteitage zelebriert hätten, antwortete er, davon könne keine Rede sein. Das Gericht habe aus einem riesigen Apparat bestanden. Man habe Papier, Telefone, Autos, Benzin und viele andere Dinge des täglichen Bedarfs gebraucht. All das hätten nur die Amerikaner gehabt. Damit war das Rätselraten beendet, warum die Wahl auf Nürnberg gefallen war.

Über den Nürnberger Prozeß und die Rolle Kempners in diesem historischen Verfahren ist viel geschrieben worden. Deshalb streife ich diesen wichtigen Abschnitt im Leben Robert M. W. Kempners nur. Zusammenfassend darf jedenfalls gesagt werden, daß mit der Vorbereitung des Nürnberger Prozesses Kempners Weg zu einer Person der Zeitgeschichte begann. Dieser Weg erreichte seinen Höhepunkt freilich keineswegs mit der Verkündung der Urteile am 30. September und 1. Oktober 1946. Er hat zwar durch seine überragende Sachkenntnis viel zur Überführung der Mörder beigetragen. Seine Mitarbeiterinnen und Mitarbeiter haben z. B. das Protokoll über die Wannseekonferenz vom 20. Januar 1942 in Berlin entdeckt, als in Nürnberg längst die Hauptverhandlung geführt wurde. Noch größere historische Verdienste als im Hauptkriegsverbrecherprozeß erwarb Kempner sich im Verfahren gegen die Spitzen des Auswärtigen Amtes, dem »Wilhelmstraßenprozeß« gegen zwölf hohe AA-Beamte. Die Akten dieses Verfahrens sind vollständig erhalten, wissenschaftlich aber noch nicht bearbeitet worden. Eine solche Untersuchung und Wertung würde vermutlich zu dem Ergebnis führen, daß ohne Kempner als Chefankläger vieles nicht geklärt worden wäre – bis hin zur alleinigen Kriegsschuld des »Dritten Reiches«. Nur der Angeklagte Otto von Erdmannsdorff wurde am 11. April 1949 freigesprochen. Die anderen erhielten Freiheitsstrafen zwischen zwanzig und drei Jahren. Keiner hat seine Strafe vollständig verbüßt. Die meisten Strafen wurden Anfang der fünfziger Jahre herabgesetzt. Mitte der fünfziger Jahre war keiner mehr in Haft. Die Verbrecher waren in den Genuß des »Gnadenfiebers« gekommen, wie Kempner jene Gnadenwelle Anfang der fünfziger Jahre nannte. Sie stand im Zusammenhang mit dem Kalten Krieg und dem Wunsch der amerikanischen Regierung nach der Aufrüstung der Bundesrepublik.

Das Kapitel »Gnadenfieber« gehört zu den aufschlußreichsten in Kempners Erinnerungen *Ankläger einer Epoche*. Verhängnisvolle Rollen haben hier, neben Bundeskanzler Konrad Adenauer, Bundestagspräsident Hermann Ehlers (CDU) als zweithöchste Persönlichkeit der jungen Republik, sein Parteifreund Heinrich Hoeffler, die SPD-Bundestagsabgeordneten Carlo Schmid und Jakob Altmeier sowie der Liberale Hans-Joachim von Merkatz und Walter Strauß vom Bundesministerium der Justiz gespielt. Sie haben am 9. Januar 1951 den Hochkommissar der amerikanischen Besatzungszone, John McCloy, in dessen Residenz in Frankfurt vor die Alternative gestellt: Gnade für verurteilte deutsche Soldaten oder kein Wehrbeitrag. Bei den »deutschen Soldaten« handelte es sich allerdings vorwiegend um Massenmörder der Einsatzgruppen, die in Polen und in der UdSSR hinter der Front Zehntausende von Zivilisten umgebracht hatten – Juden, Zigeuner und Angehörige der Intelligenz. John McCloy, eine ziemlich schillernde Figur der amerikanischen Kriegs- und Nachkriegsgeschichte, hat die meisten Mörder begnadigt. Kempner geht mit ihm in seinen Memoiren nicht ins Gericht. Er schreibt lediglich in seiner vornehmen Art, die er übrigens auch gegenüber Göring in Nürnberg beibehalten hat: »Bedauernswert war, daß nicht, wie in allen anderen Gnadenaktionen der Welt, die Richter, die geurteilt hatten, gefragt wurden: Sind diese Typen einer Begnadigung würdig? Wie denkt die Anklagebehörde über einen Gnadenerweis? ... Das ist leider unterblieben.«[14] Es handelt sich um ein düsteres Kapitel deutsch-amerikanischer Nachkriegsgeschichte und einen Affront gegenüber jenen Männern und Frauen, die nach der Befreiung versucht haben, den »Augiasstall«, wie Kempner gern formuliert, zu säubern.

Wenn der Abschnitt im Leben Robert Kempners bis zum Jahre 1949, dem Urteil im Wilhelmstraßen-Prozeß, so eingehend dargestellt worden ist, hat das im wesentlichen einen einzigen Grund. Zwar gibt es seit 1983 die Memoiren *Ankläger einer Epoche,* doch handelt es sich dabei nicht um am Schreibtisch entstandene Erinnerungen auf der Grundlage von Briefen, Dokumenten und Aufzeichnungen. Die Erinnerungen sind im Gespräch mit dem Kollegen Jörg Friedrich entstanden, der im Auftrag des Ullstein-Verlages viele Stunden mit Kempner gesprochen hat. Die Tonbandaufzeichnungen sind später im Eilverfahren abgeschrieben, vom Verlag wenig liebevoll und nicht gerade sorgfältig lektoriert und schließlich im Schnellverfahren auf den Markt gebracht worden. Der traditionsreiche Berliner Verlag hätte dem Mann und seiner Rolle in der Geschichte einen besseren Dienst erwiesen, wenn er sorgfältiger und systematischer vorgegangen wäre. Was er erzählt hat, ist wichtig und von Bedeutung. Es ersetzt aber keine Biographie. Deshalb habe ich hier versucht, System in die Darstellung des Lebens von Robert M. W. Kempner zu bringen, und damit wohl auch in seinem Sinn gehandelt. Denn System und Ordnung sind wichtige Faktoren für diesen großen Mann, der immer ein positiver Prototyp des preußischen Beamten war. Pünktlichkeit, Zuverlässigkeit, Korrektheit, Sauberkeit, Ordnung und Redlichkeit spielen bei ihm herausragende Rollen. Deshalb ist er mit den eigenen Memoiren unzufrieden. Aber *Ankläger einer Epoche* ist deshalb nicht etwa ein überflüssiges Buch. Es füllte eine Lücke, die viele an der Zeitgeschichte interessierte Menschen lange schmerzlich empfunden haben. Ich erinnere mich an ein langes Telefongespräch, in dessen Verlauf ich fragte, ob er keine Memoiren geschrieben habe? Seine Antwort war kurz und bündig. »Dann hätten Sie die schon lange.«

Wenig bekannt ist, was Kempner nach dem Ende der Nürnberger Prozesse getan hat. Er behielt zwar sein Holzhaus in Lansdowne in den USA, eröffnete aber zugleich in Frankfurt eine Anwaltspraxis. Das Thema NS-Verbrechen und Naziopfer ließ ihn nicht mehr los. Seine Klientel bestand im wesentlichen aus zwei Gruppen: Opfer, die versuchten, eine Entschädigung zu bekommen, und Hinterbliebene von Opfern, die Kempner baten, in NS-Prozessen als Nebenklagevertreter dem Recht Geltung zu verschaffen. »Wiedergutmachungsverfahren« – ein in sich widersprüchlicher Begriff, weil das Unrecht durch nichts wiedergutgemacht werden kann – erregen kaum öffentliche Aufmerksamkeit. Es handelt sich um Verfahren auf der Basis von Akten, mit denen die Betroffenen nachzuweisen versuchen, welches Unrecht ihnen angetan worden ist. Kempners Klientel kam aus vielen Staaten der Erde, wo die Opfer Zuflucht gefunden hatten.

Für Schlagzeilen sorgten dagegen wenigstens hin und wieder NS-Prozesse, so das Strafverfahren gegen zwei Männer und eine Frau, die in den Niederlanden maßgeblich an der Deportation von mehr als 100 000 Juden in die Gaskammern von Sobibor und Auschwitz beteiligt waren. Der Prozeß begann am 23. Januar 1967. Angeklagt waren der ehemalige Chef der Sicherheitspolizei und des Sicherheitsdienstes in Den Haag, SS-Brigadeführer Dr. Wilhelm Harster, der Leiter des Judenreferats, SS-Sturmbannführer Wilhelm Zoepf, und die Sachbearbeiterin Gertrud Slottke. Kempner vertrat die Nebenklage für die Angehörigen von Edith Stein. Dabei erwies er sich nicht nur als glänzender Sachkenner; er wußte auch mit den Medien umzugehen. Nach jeder Sitzung stellte er sich den vielen Journalisten in mehreren Sprachen. Nur elf Sitzungstage benötigte das Schwurgericht, dann folgten die Plädoyers. Da Edith Stein vom Judentum zum katholischen Glauben konvertiert war, nahm die katholische Kirche an der Hauptverhandlung regen Anteil. Mitte Februar war Kempner mit seinem Plädoyer an der Reihe. Ich erinnere mich genau an den Augenblick, als er der Aufforderung des vorsitzenden Richters folgte und sich von seinem Sitz erhob. Da standen plötzlich zahlreiche Nonnen im Zuhörerraum auf, knieten sich hin und fingen an zu beten. Das machte auf das Gericht und die Geschworenen einen ungeheuren Eindruck. Harster erhielt fünfzehn, Zoepf neun und Slottke fünf Jahre Zuchthaus. Daß Kempner anschließend im grellen Licht der Fernsehscheinwerfer stand, versteht sich von selbst.

Ähnlich spektakulär, freilich mit einem zutiefst deprimierenden Ausgang, verlief ein anderer NS-Prozeß mit Kempner als Nebenkläger. Es ging um die Deportation und Ermordung von mehr als 350 000 Juden aus Ungarn, der Slowakei, Griechenland, Italien, Frankreich, den Niederlanden und Dänemark. Angeklagt war der Vortragende Legationsrat im Auswärtigen Amt, Horst Wagner. Ihm warf die Staatsanwaltschaft vor, Eichmann grünes Licht für die Verschleppungen gegeben zu haben. 332 Seiten dick war die Anklageschrift. Jahrelang hatte Kempner versucht, diesen Mann zur Verantwortung zu ziehen. Immer wieder war er durchs Netz der Justiz geschlüpft. Zuständig war das Landgericht Essen. Am 29. März 1968 sollte der Prozeß endlich beginnen. Kurz vor dem Beginn der Hauptverhandlung legte Wagners Verteidiger, der FDP-Bundestagsabgeordnete Dr. Ernst Achenbach, das Mandat nieder. Viele sahen darin einen Schachzug, das Verfahren wiederum zu verzögern. Der neue Verteidiger brauchte Zeit, um sich einzuarbeiten. Am 29. Mai 1972 trat das Schwurgericht erneut zusammen. Aber da legte sich der Legationsrat ins Düsseldorfer Marienspital und ließ sich am Auge operieren. Nun dauerte es bis zum 3. Juli 1972, ehe Wagner endlich im Landgericht Essen auf der Anklagebank Platz nahm. Die Anklagebank bestand aus einem bequemen Sessel mit hoher Rückenlehne. Mit Rücksicht auf sein Hüftleiden war ihm diese Sitzgelegenheit angeboten worden. Wegen starker Schmerzen wurde die Hauptverhandlung nach kurzer Zeit unterbrochen. Ein ärztliches Attest der Universitätsklinik Essen ergab »aktiven Reizschub im linken Hüftgelenk«. Wagner wurde operiert, es folgte ein zweiter Eingriff. Horst Wagner ist nie mehr zur Verantwortung gezogen worden. Kempner als Nebenkläger habe ich nie zuvor so resigniert erlebt wie damals. Nach der angeordneten Unterbrechung packte er seine Robe ein und kommentierte verbittert: »Gewisse Angeklagte sind eben stärker als die Justiz.«[15]

Freilich – solche Resignation hielt bei Kempner nie lange an. Dafür zwei Beispiele:

Nachdem er im Jahre 1979 eine Dokumentation über den Volksgerichtshof gesehen hatte, erstattete er bei der Berliner Staatsanwaltschaft Anzeige gegen alle ehemaligen Richter jenes Bluttribunals. Die Berliner Justiz ließ die Anzeige nicht nur zu, sie erweiterte sie auf alle früheren Mitarbeiter des Volksgerichtshofes, also auch auf die Staatsanwälte. Kempners Begründung damals: Wer den Präsidenten des Gerichts, Roland Freisler, in den Schauprozessen gegen die Frauen und Männer des 20. Juli 1944 gesehen habe, der könne nicht den geringsten Zweifel an der dort begangenen Rechtsbeugung haben. Daß die Ermittlungen zu keinem Ergebnis geführt haben, ging auf das Konto der Berliner Justiz und des Bundesgerichtshofs. Der hatte Mitte der sechziger Jahre das Urteil gegen den Richter Hans-Joachim Rehse, der wegen Rechtsbeugung verurteilt worden war, mit fadenscheinigen Begründungen aufgehoben und dadurch der Justiz jeden Mut genommen, weitere Nazirichter anzuklagen. Die Berliner Justiz stellte daraufhin ihre Versuche ein, die Verbrechen des Volksgerichtshofs zu ahnden. Im Oktober 1986 wurde die Akte Volksgerichtshof endgültig geschlossen. »Unsere Versuche ... sind gescheitert«, sagte damals der Berliner Justizsenator Rupert Scholz.

Kempner war zu jener Zeit längst mit einem anderen Thema beschäftigt. Nachdem der Flickkonzern Anfang der achtziger Jahre einen Teil seines Imperiums der Deutschen Bank verkauft hatte, schrieb Kempner dem Vorstand der Bank, nun werde es höchste Zeit, den ehemaligen Zwangsarbeitern von Flick eine finanzielle Entschädigung zu zahlen. Es folgte massiver Druck der Medien. Schließlich erklärte sich die Deutsche Bank bereit, einige Millionen Mark zur Verfügung zu stellen. Ohne Kempner wäre es gewiß nicht dazu gekommen. Vieles spricht dafür, daß der Daimler Benz-Konzern ohne die Zahlung der Deutschen Bank nicht 1988 beschlossen hätte, ebenfalls ein paar Millionen für die wenigen noch lebenden Arbeitssklaven bereitzustellen.

Die Beispiele zeigen, daß Kempner nie ein Mann war, der nur zurückgeschaut hat. Das tat er zwar unablässig, aber stets unter dem Aspekt, was daraus für die Gegenwart und Zukunft zu folgen habe. Diese Aktivitäten zeigten sich u. a. zum 150. Geburtstag des Roten Kreuzes. Kempner, ein treuer Freund dieser Organisation, wurde um ein Vorwort zu einem Buch gebeten, das sich kritisch mit der Rolle des Roten Kreuzes in der Nazizeit beschäftigte. Der Rot-Kreuz-Freund sagte zu, ob leichten Herzens oder nicht, weiß ich nicht. Er ließ sich das ganze Manuskript von seiner Mitarbeiterin Jane Lester vorlesen. Dann diktierte er ein langes Vorwort. Darin hieß es u. a.:

Der Autor dieser Einleitung ist als Freund des Roten Kreuzes aufgewachsen. Er ist noch heute stolz darauf, daß er neben seinem Vater, der die Notarzt-Binde des Roten Kreuzes trug, bei den kaiserlichen Paraden auf dem Tempelhofer Feld in Berlin aus einer der ersten Reihen zuschauen konnte. Er ist stolz darauf, daß seine Mutter, Bakteriologin von Beruf, zu der Vermeidung von Infektionskrankheiten im Ersten Weltkrieg beitrug und dafür vom Roten Kreuz ausgezeichnet wurde ... Die schweren Sünden des Internationalen Komitees vom Roten Kreuz, die in diesem Buch geschildert werden, sind die völlige Verkennung des Begriffs ›Kriegsgefangener‹ im Sinne von Henri Dunant, mit ihren unerhörten Folgen einerseits und der Schutz von Massenmördern vor ihrer Bestrafung durch organisierte Fluchthilfe nach Übersee andererseits ... Das Internationale Rote Kreuz war ab 1941 ebenso informiert wie der Vatikan und die Regierungen der Alliierten ... Die offizielle Verheimlichung ist kein Ruhmesblatt für die, die damals nicht reagiert haben.[16]

Das Vorwort zeigt, daß Kempner sich nie gescheut hat, in aktuelle Diskussionen einzugreifen, wenn diese mit der Nazizeit und deren Folgen zusammenhingen. An Mut hat es ihm nie gefehlt. Furcht davor, sich unbeliebt zu machen, kannte er nicht. Was er tat, mußte immer ehrenhaft sein. Das ist auch ein Grund dafür, daß er nicht wieder deutscher Staatsbürger geworden ist. Der große deutsche Jurist Theo Rasehorn hat ihn 1984 nach den Gründen gefragt. Kempners Antwort: »Sie haben mich rausgeschmissen, damals nach 1933; da hätte ich mir etwas vergeben, einen Antrag auf Wiedereinbürgerung zu stellen.«[17]

Die *Frankfurter Allgemeine Zeitung* richtet seit einigen Jahren regelmäßig an Prominente immer dieselben Fragen. In der Ausgabe vom 19. Oktober 1984 war Kempner an der Reihe. Vier seiner Antworten seien zum Schluß wiedergegeben. Sie beschreiben den Mann umfassend und vermutlich besser, als Außenstehende das können, auch nicht jene, die den zu Lebzeiten schon legendären Juristen und Humanisten viele Jahre kannten und denen es Freude und Ehre zugleich ist, von Kempner »Freund« genannt zu werden:

Was möchten Sie sein? Was ich bin.
Wer oder was hätten Sie sein mögen? Ankläger von Adolf Hitler.
Was verabscheuen Sie am meisten? Politische Massenmörder.
Ihr Motto? Semper paratus.

Anmerkungen

1 KEMPNER, Robert M. W.: *Ankläger einer Epoche, Lebenserinnerungen,* Berlin: Ullstein, 1983, S. 32.
2 Ebd., S. 65.
3 Ebd., S. 67.
4 Ebd., S. 82.
5 Ebd., S. 88/89.
6 Ebd., S. 124/125.
7 Ebd., S. 140.
8 Ebd., S. 141.
9 Ebd., S. 147.
10 Ebd., S. 207.
11 Ebd., S. 208.
12 Ebd., S. 210.
13 HEPP, Michael (Hrsg.): *Die Ausbürgerung deutscher Staatsangehöriger 1933–45,* München: K. G. Saur, 1985, Bd. 1, S. 89.
14 KEMPNER, *Ankläger ...,* a. a. O., S. 396 f.
15 LICHTENSTEIN, Heiner: *Im Namen des Volkes. Eine persönliche Bilanz der NS-Prozesse,* Köln: Bund Verlag, 1984, S. 197.
16 LICHTENSTEIN, Heiner: *Angepaßt und treu ergeben. Das Rote Kreuz im »Dritten Reich«,* Köln: Bund Verlag, 1988, S. 8/9.
17 *Frankfurter Hefte,* 39. Jg., H.8, August 1984, S. 9.

II

Vergangenheit, die nicht vergeht ...

WERNER HOLTFORT

Lernprozesse eines Deutschen

Zum besseren Verständnis müssen der nachfolgenden Skizze einige autobiographische Angaben vorangestellt werden – von jener Art, wie sie nicht erst, aber besonders heutzutage in Personaldateien gespeichert zu werden pflegen:

*1920, verh. – Mehrfach verwundeter und dekorierter Frontoffizier. Studium der Rechts- und Staatswissenschaften, Volkswirtschaft, Philosophie und Geschichte. Seit 1955 Rechtsanwalt, seit 1960 Notar. Florierende Praxis in Hannover. 1968 1. Vizepräsident der Rechtsanwaltskammer, 1971 Präsident der Notarkammer und Mitgl. Präsidium der Bundesnotarkammer. 1970 SPD. 1971 Mitgl. Nieders. Kommission für Reform der Juristenausbildung. 1973 Mitgl. d. Kommission für die Errichtung der Rechtswissenschaftlichen Fakultät Hannover. 1972 ins Landesjustizprüfungsamt für das Große Staatsexamen berufen. November 1972 Bundesverdienstkreuz I. Klasse.

Der Vorgang, um den es mir bei meinem Bericht geht, beginnt im Jahre 1965. (Er hat übrigens den Vorzug, jedermann durch zugängliche Urkunden, die ich in der Anlage aufführe, belegt zu werden.) Als Berichterstatter der Rechtsanwaltskammer hatte ich das Gesuch des Dr. Karl Schmidt-Rux um Zulassung zur Anwaltschaft zu bearbeiten. Schmidt-Rux war damals unter anderem Präsident der Steuerberaterkammer. In seinem Gesuch gab er an, als Oberregierungsrat der Finanzverwaltung in Danzig durch die Wirren des Kriegsendes nach Hannover verschlagen worden zu sein.

Ich hatte unter anderem zu prüfen, ob die Biographie des Bewerbers – auch in politischer Hinsicht – nichts enthielt, »das ihn unwürdig erscheinen läßt, den Beruf des Rechtsanwalts auszuüben« (§ 7 Ziff.5 der Bundesrechtsanwaltsordnung). Den Angaben des Schmidt-Rux zufolge gab es da keine Bedenken, Politik insbesondere spielte in seinem Werdegang überhaupt keine Rolle.

Obschon die Präsidenten der Rechtsanwaltskammern verabredet hatten, keinen Steuerberater zur Anwaltschaft zuzulassen, sprach ich mich für die Aufnahme des Schmidt-Rux in die Anwaltschaft aus und wurde dabei durch den Bundesgerichtshof 1968 bestätigt.

Schmidt-Rux, der bis dahin die hannoversche Zeitungsverlegerin Luise Madsack steuerrechtlich beraten hatte, wurde nun auch ihr anwaltlicher, darüber hinaus ihr persönlicher Ratgeber, ihre, laut Branchenjargon, »Graue Eminenz«. Da der Großverlegerin eine der größten Regionalzeitungen der Republik gehört, die monopolartig die niedersächsische Zeitungslandschaft beherrscht, war Schmidt-Rux damit einer der mächtigsten Männer in Hannover, darüber hinaus bald auch Aufsichtsratsvorsitzender der *Stuttgarter Zeitung* und Aufsichtsratsmitglied des *Münchner Merkur*.

Freilich hatte er eine ähnlich einflußreiche Stellung eines vertrauten Ratgebers schon vor seiner Beziehung zu Luise Madsack bei einem damals weitaus mächtigeren Potentaten gehabt. Der angeblich während der Kriegszeit in Danzig als Regierungsrat bei der Finanzverwaltung tätige Schmidt-Rux war nämlich in Wahrheit unter seinem richtigen Namen Schmidt-Römer der vertraute Berater des 1946 in Abwesenheit zum Tode verurteilten Kriegsverbrechers Martin Bormann gewesen, des Chefs der »Parteikanzlei des Führers«. Schmidt-Römer hatte im »Führerkorps der NSDAP« den Rang eines Reichsamtsleiters, womit eine der höchsten Funktionen in der Nazipartei (bis 1933 war es überhaupt die höchste Funktion) bezeichnet wurde. Der von Schmidt-Rux beratene Bormann kontrollierte durch seine »Ortsgruppenleiter« jede Ortschaft, durch untere Funktionäre wie »Blockleiter« oder »Hauswarte« jeden Häuserblock und jedes Haus, ob auch niemand die Regierung kritisiere, ausländische Rundfunksender abhöre oder politische Witze verbreite. Er veranlaßte Judenverfolgungen sowie die Ahndung jeder milden Behandlung von Kriegsgefangenen und der Fürsorge für die aus dem Osten zwangsweise eingeschleppten Fremdarbeiter. Bormann war laut Führererlaß vom 29. Mai 1941 »an der gesamten Rechtssetzungstätigkeit der Reichsregierung zu beteiligen«, ohne ihn entstand kein »Führererlaß« (das oberste Gesetz im Dritten Reich). Er hatte eine absolut beherrschende Stellung im Führerhauptquartier, kontrollierte die gesamte Regierung des Reiches, die er, nachdem er auch noch »Persönlicher Sekretär des Führers« geworden war, 1943 in praxi einfach übernahm.

Der von Schmidt-Römer beratene Martin Bormann hatte weit mehr und grauenhaftere Verbrechen gegen die Menschlichkeit begangen oder angestiftet als alle Terroristengruppen unserer Zeit zusammen.

Als die wahre Identität des Schmidt-Rux durch den *Stern* enthüllt worden war, versuchte er es zunächst mit einer Gegenerklärung, scheiterte aber trotz des Pressegesetzes, das den Abdruck von

Gegenerklärungen ohne Rücksicht auf ihren Wahrheitsgehalt vorschreibt, in allen Instanzen an den zuständigen hanseatischen Gerichten: Eine Gegendarstellung, die in einem solchen Maße irreführe, brauche trotz jenes Rechtssatzes nicht abgedruckt zu werden. Daraufhin behauptete Schmidt-Rux (oder besser: Schmidt-Römer) in einer »Dokumentation« an das Präsidium der Rechtsanwaltskammer Celle am 9. Oktober 1975, er sei nur scheinbar, nicht aber im eigentlichen Sinne politischer Leiter gewesen; Uniformen, Rangabzeichen und Grad eines »Reichsamtsleiters« seien ihm als »Ehrenrang« verliehen worden, in Wahrheit aber habe er der NSDAP kritisch gegenübergestanden.

Es war nun meine Sache, die Anwendbarkeit des § 14 der Bundesrechtsanwaltsordnung zu prüfen: »Die Zulassung zur Rechtsanwaltschaft ist zurückzunehmen, wenn zu der Zeit, als die Zulassung erteilt wurde, nicht bekannt war, daß Umstände vorlagen, aus denen sie hätte versagt werden müssen.« Ich studierte alle einschlägigen Entscheidungen der Ehrengerichtshöfe bis zurück ins Jahr 1949 und fand darin Übereinstimmung, daß von Rechts wegen kein Weg daran vorbeiführe, die Zulassung des Schmidt-Römer zurückzunehmen. Zwar waren durch diese Gerichtshöfe ausnahmsweise auch führende Nationalsozialisten zur Rechtsanwaltschaft zugelassen worden, wenn ihnen etwa Widerstand gegen Befehle ihrer Parteioberen aus rechtsstaatlicher Gesinnung heraus zugute zu halten war, niemals aber, wenn ein Bewerber über seine politische Vergangenheit zu täuschen versucht hatte. Beispielhaft erscheint das Urteil des Bayerischen Ehrengerichtshofs vom 23. März 1950 über das Ende der beruflichen Laufbahn des früheren Untersturmführers A. Dieser habe – so das Gericht – sich durch das Verschweigen dieses Dienstgrades den Beruf eines Anwalts sichern wollen aus Sorge um seine Familie, mit der er aus dem Sudetenland ausgewiesen worden war, indessen sei nicht davon auszugehen, daß er, »durch die bittere Not getrieben, bei der Sicherung seiner weiteren Zukunft zu unehrlichen Methoden greifen mußte ... Der Rechtsanwalt ist in seinem Beruf ein Hüter des Rechts. Er hat mitzuwirken, daß die Rechtsverfolgung in einer ehrlichen Weise abläuft und daß das Recht und nicht das Unrecht obsiegt. Unehrlichkeit bei der Berufssicherung, wie sie in dem Verhalten des A. zutage getreten sind, sind daher eines Rechtsanwalts unwürdig und rechtfertigen die Versagung der Zulassung.«

Galt dies schon für einen subalternen Nazifunktionär der untersten Stufe, der seine beruflichen Chancen aus Sorge um seine Familie nicht hatte aufs Spiel setzen wollen, so erst recht für

Schmidt-Römer, der zur Zeit seines Zulassungsschwindels schon ein etablierter und wohlhabender Steuerberater gewesen war. Ich trug das eingehend dem Vorstand der Rechtsanwaltskammer vor, stieß aber auf Unverständnis. Nicht etwa Unverständnis über den Zulassungsbetrug des Schmidt-Römer, sondern Unverständnis darüber, daß die Gesetzesvorschrift auch auf einen der höchsten Nazifunktionäre angewendet werden sollte. Man ging um den entscheidenden Punkt der Täuschung bei der Zulassungsbewerbung geflissentlich herum. Es wurde Zeitablauf seit 1945 geltend gemacht. Es wurde ferner hervorgehoben, hier sei Schmidt-Römer keine persönliche Teilnahme an Erschießungen oder ähnlichen Gewalttaten nachgewiesen (ein Antrag, dieses nachzuprüfen, wurde jedoch abgelehnt!). Ein Vorstandsmitglied formulierte diese Mehrheitsmeinung in der Anwaltszeitung *einspruch* im September 1975 so: »Ein Mensch, der gefehlt hat, hat doch nach 30 Jahren das Recht, in Ruhe gelassen zu werden. Wir haben heute andere Sorgen. Man sollte auch solche alten Klamotten nicht aufwärmen, damit machen wir uns lächerlich.«

Die mehrstündige Diskussion endete damit, daß eine große Mehrheit es ablehnte, die Zulassung des Schmidt-Römer zur Anwaltschaft zurückzunehmen.

Darauf schrieb ich dem Kammervorstand:

Ich lege mein Amt als Mitglied des Vorstandes der Rechtsanwaltskammer nieder. Denn die Beschlüsse der Vorstandsmehrheit vom 27. 8. 1975, gegen Rechtsanwalt Dr. Schmidt-Rux weder die Rücknahme der Zulassung zur Rechtsanwaltskammer anzuregen noch auch nur wegen seiner politischen Position bis 1945 weiter zu ermitteln, kann ich nicht mitverantworten. Sie verstoßen gegen das Gesetz und den Gleichbehandlungsgrundsatz und damit gegen die verfassungsmäßige Ordnung, die zu wahren wir bei Gott geschworen haben ... Es tut mir weh, aus einem Kollegium zu scheiden, dem ich über zwölf Jahre u. a. als Abteilungsleiter, Pressesprecher und Erster Vizepräsident angehört und in dem noch lange zu wirken ich gehofft habe. Auch fürchte ich mich vor den Feindseligkeiten und Maßnahmen, die ich mit diesem Schritt erneut auf mich lenke. Ich kann es aber nicht anders mit meinem Eid und Gewissen vereinbaren. Ich denke auch an die jungen Soldaten, die ich damals in den Tod geführt habe – nicht ahnend, daß wir nicht die abendländische Kultur, sondern zynische, eigensüchtige, sybaritische, brutale Machtgier schützen. Ich denke weiter an die beklagenswerte Rolle der Juristen in jener Zeit, die bösen Gewissens die Untaten der Machthaber duldeten und nicht wagten, Rechtsbrüche vor der Öffentlichkeit aufzudecken. Möge mein Schritt Sie, sehr geehrte Kollegen, aufrütteln, Ihre Entscheidung zu korrigieren.

Dieser Brief veranlaßte eine erneute Verhandlung und Entscheidung über die Sache, die mit einem bemerkenswerten Ergebnis endete. Über ein Drittel der Vorstandsmitglieder blieb einfach fern, um sich in keiner Richtung festzulegen. Die wiederholte Abstimmung führte zur Stimmengleichheit. Für diesen Fall gibt die Satzung dem Kammerpräsidenten einen Stichentscheid. Kammerpräsident Herbert Behrens votierte nun zugunsten des Schmidt-Römer.

Dafür fand ein Fernsehreporter kurz darauf einen einleuchtenden Grund: Behrens war nämlich in gleicher Lage wie Schmidt-Römer! Auch Behrens hatte als Angehöriger des Führerkorps der NSDAP während des Krieges an der »Heimatfront« bleiben dürfen, nämlich als Ortsgruppenleiter in Celle. (Das Nürnberger Urteil bemerkt zu den Verbrechen des Korps der Politischen Leiter der NSDAP: »Die Gau-, Kreis- und Ortsgruppenleiter nahmen in dem einen oder anderen Ausmaß daran teil«.) Und auch Behrens hatte diese politische Laufbahn bei der Wahl zum Anwaltsfunktionär und auch bei der zum Präsidenten verschwiegen. Doch regte das niemanden weiter auf. Der Anwaltskammer genügte, daß Behrens, nachdem seine damalige Rolle durch den Fernsehbericht aufgedeckt war, sich künftig im Fall des Schmidt-Römer der Stimme enthielt, eben der Stimme, die, gerade zur rechten Zeit abgegeben, Schmidt-Römers Verbleiben in der Anwaltschaft noch einmal gesichert hatte. Die Mehrheit der Anwaltschaft – und mit ihr, wie sich bald zeigte, die der bürgerlichen Gesellschaft – stand ganz hinter Behrens und erst recht hinter Schmidt-Römer.

Um dessen Zulassungsschwindel und die vom Gesetz dafür vorgesehenen rechtlichen Folgen vergessen zu machen, begann man eine Kampagne gegen mich, die der Lüneburger Rechtsanwalt Steindel, Mitglied des Kammervorstandes, eröffnete. Er bezichtigte mich in einem öffentlichen Brief eines »falschen Pathos« und der Beleidigung eines Kollegen, dem aus der Nazizeit »keinerlei persönliche Verfehlungen« vorzuwerfen seien. »Auf (m)eine Weise Krieg gegen andere Anwälte« würde ich führen, so behauptete der Unternehmer-Pressedienst *rundblick*. Mein »linkes Auge (hätte ich dabei) zugeklebt, um rechts um so schärfer sehen zu können«. Mandate aus Unternehmerschaft und Industrie wurden mir daraufhin gekündigt.

Ich bat in einem Brief vom 15. September 1975 alle Vorstandsmitglieder, mich »in Frieden zurücktreten« zu lassen, nicht aber, mich zu diffamieren und mit den Motiven meines Rücktritts mir auch meine Identität zu nehmen. Die Antwort waren weitere Schmähschriften von Steindel und anderen. Im Notarkammervorstand warfen mir Ortsgruppenleiter Behrens und CDU-Mitglied Graf von Hardenberg »Profilneurose« vor. Der Göttinger Strafrechtsprofessor Hans-Ludwig Schreiber, heute Staatssekretär in der Regierung des Dr. Ernst Albrecht, bezeichnete in einer Leserzuschrift meinen Rücktritt als »Pharisäismus« und als »provinziell«. Er schrieb weiter, es läge gegen den Schmidt-Römer strafrechtlich kein »konkretisierbarer Verdacht« vor, ganz, als sei nicht die Rädelsführerschaft in einer kriminellen Vereinigung nach allgemeiner Auffassung, die auch ihren Niederschlag im § 129 des Strafgesetzbuchs gefunden hat, strafwürdig.

Die führende Rolle der Kampagne übernahm aber die hannoversche Anwaltssozietät des Dr. Josef Augstein und seines Neffen Rudolf Bruder. Augstein hatte schon dem *Stern* unterstellt, dieser wolle Schmidt-Römer nur erpressen. Nun ließ er in der *Frankfurter Rundschau* abdrucken, ich veranstalte »aus Eitelkeit und mit falschem Pathos ein Schattenboxen ... Niemand kann behaupten oder hat behauptet, Dr. Schmidt-Rux habe im Dritten Reich etwas Unehrenhaftes getan«. Augstein-Neffe Bruder verbreitete unterdes eine Anzahl von gereimten Flugschriften, für die er Versmaß und Reime aus Gedichten von Otto H. Kühner entnahm, und zwar lange pseudonym. Diese Druckschriften wurden, frankiert von der Sozietät des Dr. Augstein, an Juristen und Parlamentarier versandt. Bruder forderte darin zum Beispiel auf, mich »niederzumachen«, und drohte »Mein Gott, Werner, bleib zu Haus! Immer schlechter siehst Du aus. Blas doch ab den Trauermarsch, sonst kriegst Du noch Feuer unterm Arsch.«

Auf diese Weise entstand eine aggressive, gewaltträchtige Atmosphäre. Anonyme nächtliche Anrufe drohten mit Mord. Auch fanden sich Leute, die das Gedachte und Gedichtete verwirklichten und mir »Feuer unterm Arsch« gaben. Sie drangen in der Nacht zum 18. Dezember 1975 in die Kellergarage meines Wohnhauses ein und setzten Auto wie Garage in Brand.

Die Staatsschutzabteilung der Polizei wies in ihrem Bericht vom folgenden Tage die Staatsanwaltschaft auf die Möglichkeit hin, »daß allgemein politische Dinge eine gewichtige Rolle spielen«. Bevor indessen die Polizeibeamten in dieser Richtung hatten mit Ermittlungen beginnen können, untersagte die Staatsanwaltschaft mangels »konkreter Verdachtsmomente« gegen eine Person, weiter zu ermitteln. Im schriftlichen Bescheid, der schon am 2. Januar herausging, stellte die Staatsanwaltschaft das Verfahren ein.

Tätig hingegen wurden die Gremien der Anwaltschaft. Es hatte nämlich die Presse im Ausland und in der DDR, als erstes *Le Monde,* folgend *Daily Mail* und andere, die Vorgänge mit Empörung registriert. Die bundesdeutschen Zeitungen hingegen hatten über die Affäre des Pressemanagers Schmidt-Rux den Mantel des Schweigens gedeckt, ausgenommen allein *Stern* und *Frankfurter Rundschau.* Über den Brandanschlag indessen hatte auch die *Neue Hannoversche Presse* berichtet (freilich nichts über die politischen Hintergründe) und eine Aufnahme von Auto und Garage sowie ein Archivbild von mir hinzugefügt. Deshalb wandte sich der Deutsche Anwaltsverein e. V. an die Rechtsanwaltskammer Celle, weil wohl durch diese »Abbildung gegen das Verbot der unzulässigen Werbung verstoßen würde«. Die Rechtsanwaltskammer leitete deswegen ein Disziplinarverfahren gegen mich ein, konnte indessen den sonderbaren Vorwurf nicht durchhalten. Statt dessen beschloß der Vorstand der Rechtsanwaltschaft, vom Generalstaatsanwalt ein ehrengerichtliches Verfahren zu fordern. Die Begründung teilte der Kammerpräsident mir folgendermaßen mit: »... weil Sie Ihre Behauptungen über die politische Rolle von Herrn Rechtsanwalt Dr. Schmidt-Rux während des letzten Krieges ersichtlich auf Veröffentlichungen in der Presse gestützt haben, ohne daß Sie die Möglichkeit hatten, Ihre Angaben über die Stellung und Funktion von Herrn Dr. Schmidt-Rux anhand konkreter Unterlagen nachzuprüfen. Der Vorstand hält daher Ihre Aussage zumindest zum gegenwärtigen – und damaligen – Zeitpunkt für weitgehend unbewiesen und ist der Auffassung, daß sie aus diesem Grunde nicht hätte erfolgen dürfen.« Im Antrag der Kammer an den Generalstaatsanwalt heißt es, die Begründung, die ich für meinen Rücktritt gegeben habe, stellte »eine Pflichtverletzung« dar.

Da indessen offenkundig Schmidt-Römer seine Zulassung zur Anwaltschaft erschlichen und er inzwischen seine Rolle bei Martin Bormann zugestanden hatte, wurde der Kammerpräsident von anderen Vorstandsmitgliedern gedrängt, diese Anwürfe zu berichtigen. Er teilte mir daher am 30. März schriftlich mit, der Vorstand habe vielmehr beschlossen gehabt, »diesen Vorgang ohne Prüfung und Feststellung einer tatbestandsmäßig begangenen Standeswidrigkeit an die Staatsanwaltschaft zur Einleitung eines Ehrengerichtsverfahrens abzugeben«, hingegen sei der Vorstand selbst nicht der Auffassung, daß mein Verhalten »nicht in Ordnung« war. Auf meine Rückfrage, warum denn die Akte eines Kammermitglieds an die Staatsanwaltschaft zur Einleitung eines Ehrengerichtsverfahrens abgegeben werde, wenn sein Verhalten in Ordnung sei, entgegnete der ehemalige Celler Ortsgruppenleiter am 3. Mai, die Behauptung, Schmidt-Römer habe »einer verbrecherischen Organisation« angehört, sei Grund, ein ehrengerichtliches Verfahren einzuleiten. Die fraglichen Stellen in meinem

Rücktrittsschreiben hatten gelautet: »Als die Zulassung für Dr. Schmidt-Rux erteilt wurde, war nicht bekannt, daß er bis 1945 an einflußreicher Stelle in der Hierarchie des ›Korps der Politischen Leiter der NSDAP‹ stand, einer vom Nürnberger Gerichtshof für verbrecherisch erklärte Organisation.« Ich entgegnete, nunmehr sei klar, ich solle angeklagt werden, weil ich aus dem Nürnberger Urteil zitiert habe. Hierauf erwiderte Behrens, er habe dem nichts mehr hinzuzufügen.

Der Generalstaatsanwalt stellte indessen das Verfahren gegen mich nach viermonatigen Ermittlungen ein.

So erging es auch einem weiteren Verfahren, das der Kammervorstand veranlaßte. Es hatte nämlich der Präsident der Kammer eigenmächtig, also ohne den nötigen Beschluß der Kammermitglieder, die bis dahin bestehende Übung außergerichtlicher Beratung Minderbemittelter geändert. Mehrere hundert Kammermitglieder bezeichneten die Änderung als »zu sozialstaatswidrig«. Der Kammervorstand griff nur einen heraus, nämlich mich, und bat erneut den Generalstaatsanwalt am 25. August, ehrengerichtlich gegen mich vorzugehen.

Unter den vielen mit Begleitzetteln der Anwaltssozietät Dr. Augstein verbreiteten Pamphleten des Augstein-Neffen Bruder war eines, in dem behauptet wurde, ich habe »für die Nazis« junge Soldaten in den Tod geführt. Ich stellte Strafantrag. Dies bewog den Vorstand der Rechtsanwaltskammer, der bis dahin dem Treiben Bruders untätig zugesehen, eine seiner Flugschriften sogar ausdrücklich gebilligt hatte, mich aufzufordern, unter Verzicht auf den Strafantrag die Angelegenheit dem Kammervorstand anzuvertrauen. Das wurde abgelehnt. Der Leitende Oberstaatsanwalt Hinkelmann teilte mir ein halbes Jahr später mit, die öffentlichen Beleidigungen durch Bruder seien nichtöffentlich; sie seien auch nicht schwer genug, um ein öffentliches Interesse an der Strafverfolgung zu begründen. Eine Beschwerde meinerseits wurde nie beschieden.

Auf Anfragen hannoverscher *Stern*-Leser, warum Bundesbürger die Affäre aus dem *Stern* oder der *Frankfurter Rundschau*, vor allen Dingen aber aus den Studien ausländischer Zeitungen erfahren müßten, teilte der Chefredakteur der *Hannoverschen Allgemeinen Zeitung* mit, es handle sich um eine »Hexenjagd« (gegen Schmidt-Römer), an der man sich nicht beteiligen könne. Damit war aus der Forderung nach Gleichbehandlung auch höchster Nazifunktionäre vor dem Gesetz nun eine inhumane Verfolgung, war aus einem Schreibtischtäter der Hitler-Verbrechen ein ungerechtfertigt Verfolgter geworden.

Das bewog den Abgeordneten Dr. Sperling (SPD) zu einer Anfrage im Bundestag über den Skandal und seine Folgen. Staatssekretär de With verwies auf die ausschließliche Zuständigkeit der niedersächsischen Landesbehörden. Eine weitere Anfrage mehrerer SPD-Parlamentarier an die niedersächsische Regierung wurde hinhaltend beantwortet, das Justizministerium prüfe und ermittele. Daraufhin erkundigte sich der *Stern*, ob die allein interessierende Frage des Zulassungsschwindels denn nicht offen zutage liege. Justizminister Hans Schäfer darauf: »Ich will mich dazu nicht äußern.« Die Illustrierte deutete an, die niedersächsische Regierung könne sich wohl keinen Streit mit dem einflußreichen Justitiar des hannoverschen Großverlages leisten.

In der Tat hatte Schäfer dem *Stern* die Unwahrheit gesagt. Denn er hatte schon im Dezember 1975 den Vorstand der Rechtsanwaltskammer seine Ansicht mitgeteilt, dieser Vorstand habe in der Sache des Schmidt-Römer rechtmäßig gehandelt. Der Justizstaatssekretär Erich Bartsch hatte sogar kurz nach dem zweiten Brandanschlag auf mich, am 3. Februar 1976, dem Augstein-Sozius Bruder geschrieben, er danke ihm für sein Pamphlet »kriegst noch Feuer unterm Arsch«, und ihm Erfolg für diese Kampagne gewünscht. Während Schäfer immer noch »prüfte« (*Frankfurter Rundschau* vom 24. Januar ironisch: »Und prüft und prüft«), verlor seine Partei die Regierungsmehrheit und kam Dr. Ernst Albrecht an die Regierung. Deren Entscheidung ließ nicht lange auf sich warten. Auf eine erneute Parlamentarische Anfrage antwortete der neue Justizminister am 10. Mai 1976, ohne auf den zwingenden Zulassungsrücknahmegrund einzugehen, nach dem »Gesetz zum Abschluß der Entnazifizierung im Lande Niedersachsen vom 18. 12. 1951« komme keine Rücknahme der Zulassung in Betracht.

Die Aversion gegen mich blieb bestehen. Zwar schlug mich die SPD-Fraktion des Landtages im März 1977 »wegen (m)einer staats- und verfassungsrechtlichen Kenntnisse, unumstrittenen demokratischen Gesinnung wie wegen (m)einer lauteren Persönlichkeit« als »hervorragend geeignetes Mitglied« zum Staatsgerichtshof vor«, da ich »bei aller Toleranz in (m)einen Grundpositionen unnachgiebig« sei und um so eher die Garantie biete, »im Staatsgerichtshofe ein unbestechlicher Richter zu sein«. Die wegen der Mehrheitsverhältnisse für die Wahl unentbehrliche CDU-Fraktion lehnte mich als »zu links« ab.

Aber auch einige Mitglieder des Vorstandes der Notarkammer wollten einen Präsidenten nicht länger ertragen, der darauf bestand, einen der mächtigsten Nazifunktionäre rechtlich genauso wie einen einfachen Bürger zu behandeln. Zwar mochte niemand offen sagen, ich habe gegen den stillschweigenden Komment verstoßen, mit dem man sich augenzwinkernd auf eine bestimmte Form der Bewältigung der braunen Vergangenheit verständigt hatte, nämlich die Verbrechen der Nazizeit den als kriminell aus der Gesellschaft auszustoßenden Henkersknechten und Todesschützen als Sündenböcken aufzulasten, die Schreibtischtäter aber gesellschaftlich zu integrieren und als Bundesgenossen gegen »Systemveränderer« zu akzeptieren. Es wurde deshalb ein Vorwand herangezogen, wenngleich er – wie sich im Laufe des Verfahrens herausstellte – nicht trug. Da ich meinen Rücktritt schriftlich damit begründet hatte, die Beschlüsse der Rechtsanwaltskammer verstießen gegen Gesetz und verfassungsmäßige Ordnung, »die zu wahren wir bei Gott geschworen haben«, wurde mir vorgeworfen, Mitgliedern eines befreundeten Kammervorstandes Eides- und Verfassungsbruch zur Last gelegt, also sie beleidigt zu haben. Ich wurde von den anderen Vorstandsmitgliedern aufgefordert, zwar nicht meinen Rücktritt, aber dessen schriftliche Begründung zurückzunehmen, andernfalls sei die Basis für die vertrauensvolle Zusammenarbeit zerbrochen. Als ich ablehnte, scheute indessen die Mehrheit die Abwahl ihres Präsidenten wegen eines Vorfalles, der ernsthaft in keinem Betracht eine Angelegenheit des Notariats sein konnte.

Man sucht daher in der Vergangenheit nach einem anderen Anlaß und fand ihn auch in einem Vorgang vom 10. Mai 1973. Die Niedersächsische Landesregierung hatte damals die Teilnehmer des Deutschen Notartages 1973 zu einem abendlichen Empfang im Galeriegebäude der früheren welfischen Sommerresidenz Herrenhausen eingeladen. Auf die Begrüßungsrede des niedersächsischen Justizministers, der die Rolle des Gastgebers spielte, sollte der Präsident der Bundesnotarkammer erwidern. Er bat aber mich als Präsident der gastgebenden Notarkammer Celle, dies an seiner Statt zu tun. Ich ergriff deshalb zu einer kurzen Ansprache das Wort, die der inzwischen aufgelockerten Stimmung (die Musik Mozarts und Torellis war verklungen, die Gläser gefüllt) angepaßt war. Ich plauderte über den »welfischen Schwan« Julie Schrader, verriet das Rezept des weiß-gelben Welfenpuddings, gedachte aber auch einiger der früheren Schloßherren, Kurfürsten und Könige von Hannover, allerdings nicht in der Form einer Hofberichterstattung. Ich wußte vielmehr wenig Gutes von ihnen zu berichten, erwähnte die Geisteskrankheit Georgs III., kleidete aber meine Kritik in die vergleichsweise freundliche Form der Ironie. Die Rede rief Heiterkeit und lebhaften Beifall hervor.

Bei der nächsten Mitgliederversammlung der Notarkammer Celle griff das Kammermitglied Dr. Kurt Blanke mich wegen dieser Ansprache an. Ich habe, so Blanke, vor vielen erlauchten Gästen das eigene niedersächsische Nest ungeheuer beschmutzt, die ganze »hannoversche Notarschaft« mit Schande bedeckt und solle, wenn mir die hiesigen Herrscher nicht paßten, gefälligst woanders hinziehen. Blanke endete, indem er erbittert schrie, Geisteskrankheit könne schon mal einen König, ganz gewiß aber auch einen Notarkammerpräsidenten treffen, und ob ich »noch bei Troste sei«, das müsse nun die Kammer entscheiden.

Die Sache konnte nicht weiterbehandelt werden, weil sie nicht auf der Tagesordnung stand und kaum einer der Anwesenden die Rede mit angehört hatte.

Blanke hatte es wahrscheinlich nicht ohne Hintergedanken unterlassen, seinen Tadel als einen Punkt der Tagesordnung anzumelden. Er konnte nämlich auf sein Ansehen bei der Zuhörerschaft rechnen, die seinen Worten Gewicht beimaß. Blanke (CDU) war nämlich bis dahin nicht nur als Rechtsanwalt beim Oberlandesgericht zugelassen, sondern sogar Oberbürgermeister der Juristenstadt, außerdem Chef des exklusiven Celler »Advokatenvereins«. Er war von der Familientradition her treuer Anhänger der hannoverschen Könige, Vorsitzender des »Welfenbundes« und galt daher als Autorität in Fragen dieses Fürstenhauses. Er hatte während des Krieges in einer offiziersähnlichen Uniform im Stabe des Militärbefehlshabers in Paris dafür gesorgt, daß die französischen Juden mit einem gelben Davidsstern an der Kleidung markiert wurden, hatte ihr Vermögen »arisiert«, auf deutsch, sie unter seiner Anleitung ihres Hab und Gutes gewaltsam berauben lassen. Überhaupt war Blanke in Frankreich, wie die Deutsche Botschaft am 21. April 1941 dem Sicherheitsdienst des Reichsführers SS schrieb, ganz allgemein für »Judenfragen zuständig«.

Daher bildeten sich wegen des Gewichts, das Blankes Ansehen bei ihnen hatte, die meisten Zuhörer auf dieser Mitgliederversammlung der Notarkammer, wenngleich sie meine Ansprache nicht mit angehört hatten und nicht recht wußten, wovon die Rede war, doch ein, Blankes Bericht irgendwie ernst nehmen zu müssen. Was ich auch immer im einzelnen damals in Herrenhausen vorgetragen haben mochte, offenbar hatte ich jedenfalls frühere Herrscher und zumindestens einen Teil der glanzvollen Vergangenheit getadelt. Das mochte in der Tat in den Augen der Notare nach standeswidrigem Revoluzzertum aussehen.

Für diese schweigende Mehrheit nahm sich nun der stellvertretende Notarkammerpräsident Dr. Bartelmann der Sache an. Er war 1945 aus Mecklenburg ins Hannoversche geflohen, wo er sich in Uelzen niedergelassen hatte. Daher dürften seine Kenntnisse über die Welfen ziemlich verschwommen sein. Er bemerkte aber, wenn jemand öffentlich mecklenburgische Großherzöge gelästert hatte, so würde er derartiges nicht dulden. So ging er in einer Art Dominotheorie davon aus, jedwede Majestätsbeleidigung sei gleichermaßen eine Unverschämtheit. Vizepräsident Bartelmann führte zunächst einen Beschluß herbei, der Notarkammervorstand sollte bis auf weiteres ohne seinen Präsidenten zusammentreten, um zu prüfen, ob man überhaupt mit mir noch vertrauensvoll zusammenarbeiten könne. Daher trat das Gremium mehrfach hinter dem Rücken seines Präsidenten, dem man das verbarg, zusammen, um über mich zu räsonnieren. Lange blieb es indessen nicht geheim. Als der niedersächsische Justizminister davon erfuhr, belehrte er in seiner Eigenschaft als staatliche Aufsichtsbehörde die Vorstandsmitglieder, sowohl die Sitzungen ohne den Präsidenten als auch der von Bartelmann herbeigeführte Beschluß seien rechtswidrig und mithin unzulässig.

Damit hatten zwar diese geheimen Sitzungen ihr Ende, nicht aber der Streit darüber, ob ein niedersächsischer Notar Wahrheiten über vergangene Herrscher verbreiten dürfe oder ob er sie aus Ehrfurcht und Treue gegenüber dem Welfenhaus verschweigen müsse. Man brachte die Sache vor die Aufsichtsbehörde des Celler Notars Blanke, nämlich den Präsidenten des Landgerichts Lüneburg.

Dieser entschied am 28. März 1974, das Verhalten Blankes sei rechtmäßig, meines hingegen bedenklich. Es habe nämlich Dr. Blanke »zunächst den Ehrenschutz des Hauses der Welfen«, dann aber auch, in »einem weiteren, rechtlich anerkannten Sinne« sein eigenes Interesse als »geschichtsbewußter Mensch« wahrgenommen, dem die von mir »ironisierend negativ« dargestellte Historie »Bestandteil seines eigenen Lebenskreises« sei. Die »Formulierungen« der Ansprache im Galeriegebäude hingegen seien geeignet, »andere Zuhörer zu verletzen, zumal an dem Ort, an dem die Ansprache gehalten wurde«.

Ich entgegnete, der Ort meiner ironischen, allerdings wahrheitsgemäßen und noch dazu schonungsvollen Kritik an vier schon unter Zeitgenossen übel beleumdeten welfischen Herrschern sei gerade hervorragend geeignet gewesen: Er gehöre nämlich heute der demokratischen Republik Niedersachsen, sei aber errichtet worden auf Kosten von Blut und Tränen der damaligen Niedersachsen, »nämlich auf Kosten der ihnen abgepreßten unvergüteten Fronarbeit und aus dem Erlös des Verkaufs ihrer Söhne oder junger Ehemänner als Kanonenfutter an fremde Potentaten, herausgerissen aus ihrer Arbeit und aus den Armen ihrer verzweifelten Mütter und Frauen, die mit Fußtritten und Schlägen davongetrieben und alsdann – ohne Ernährer – nicht selten schlechter als Vieh behandelt wurden.«

So kam die Sache vor den übergeordneten Präsidenten des Oberlandesgerichtes Celle, Gerhard Mützelburg. Dieser trat ebenfalls seinem Lüneburger Untergebenen und damit dem Dr. Blanke bei, daß nämlich der Ingrimm über ironische Betrachtungen der niedersächsischen Fürstengeschichte wenigstens an dem durch den Genius loci geheiligten Ort es rechtfertige, den Übeltäter zu beleidigen.

Hierauf gestützt entschied sich die Mehrzahl der Anwaltsnotare des Celler Bezirks, daß ein Kammerpräsident, der Welfenkönige kritisiere, nicht länger zu dulden sei. Daher wurde ich bei der nächsten Kammerversammlung 1977 im Laufe einer unter Führung des damaligen hannoverschen Rechtsanwalts und früheren Augstein-Sozius, heutigen Bundesverfassungsrichters, Johann Friedrich Henschel angezettelten Intrige als »Nestbeschmutzer« abgewählt.

Wenngleich nicht unmittelbar zur Sache gehörig, möchte ich doch meinem Bericht noch folgendes anhängen: Auch die Tochter Kaiser Wilhelms II., Viktoria Luise, Prinzessin von Preußen und seit 1913 verheiratete Herzogin von Braunschweig und Lüneburg, hatte von meiner Herrenhäuser Rede vom 10. Mai 1973 gelesen und, wie man sagte, lange darüber nachgedacht. Am 5. Dezember 1975 begab sie sich zu einem hannoverschen Notar und erklärte (Nr. 174 der Urkundenrolle des Notars Dr. Tilker): Sie habe bereits zwei Testamentsvollstrecker mit weitgehenden Vollmachten für ihren Nachlaß und alle ihre Rechte ernannt; sollte aber einer davon sie nicht überleben, »so erstreckt sich diese Vollmacht mit allen Rechten auf Herrn Rechtsanwalt und Notar Dr. Holtfort, Hannover«. Viktoria Luise starb bekanntlich, bevor dieser Fall eintreten konnte. So mag eine Ironie der Geschichte unterblieben sein: daß nach ihrem Hinscheiden ein pointiert republikanischer Testamentsvollstrecker sich der Kaiserlichen Hoheit Erbe angenommen hätte.

Literaturverzeichnis

1. Bücher:

1.1 *Nürnberger Urteil*, Verlag Schwann, Düsseldorf, 1946, S. 94–98
1.2 »Entnazifizierung« in: *Lexikon zur Geschichte und Politik im 20. Jahrhundert* von (Hg.) Carola Stern, Thilo Vogelsang, Eberhard Klöss, Albert Graff, Verlag Kiepenheuer & Witsch, Köln 1971, 1. Band, S. 213 ff.
1.3 *Entscheidungen der Ehrengerichtshöfe der Rechtsanwaltschaft des Bundesgebietes einschließlich des Landes Berlin*, Präsidium der Bundesrechtsanwaltskammer (Hg.) Band II, S. 27, 59, 67 ff. und Band IV, S. 137, 138

2. Parlamentarische Drucksachen:

2.1 des Bundestages, 7. Wahlperiode, 202. Sitzung vom 26. 11. 1975, Seite 14007
2.2 des Niedersächsischen Landtages, 8. Wahlperiode, Drucksachen 1360, 1501 und 1609

3. Akten:

3.1 des Landgerichts Hamburg 24.0. 230/75 (Schmidt-Rux gegen Gruner und Jahr KG)
3.2 des Generalstaatsanwalts in Celle EV 20/75 (wegen Beleidigung des Dr. Schmidt-Rux) und
3.3 EV 112/76 (wegen Widerstandes gegen ein neues Rechtsberatungsmodell)
3.4 der Staatsanwaltschaft in Hannover 12 Js 978/75 (gegen Unbekannt wegen Brandstiftung) und
3.5 12 /Js 153/76 (gegen Rechtsanwalt Bruder wegen Beleidigung)
3.6 der Rechtsanwaltskammer Celle 7-84/75 (wegen Beleidigung des Dr. Schmidt-Rux) und
3.7 7 StaRV 162/76 (wegen unerlaubter Werbung) sowie
3.8 8 StaRV 227/75 (gegen Rechtsanwalt Bruder wegen Beleidigung)

4. Zeitungen:

4.1 *Stern* vom 30. 4. und 20. 11. 1975 (S. 268 ff.)
4.2 *einspruch* – Zeitung für Rechtsanwälte Nr. 5 vom September 1975 (S. 1 ff.) und Nr. 6 vom Januar 1976 (S. 1)
4.3 *Le Monde* vom 13. 1. 1975 (S. 18)
4.4 *Daily Mail* vom 10. 11. 1975
4.5 *Frankfurter Rundschau* vom 8. und 17. 11. 1975, 24. 1. und 9. 11. 1976 und 16. 5. 1977
4.6 *Hannoversche Allgemeine Zeitung* vom 22. u. 31. 12. 1976, 18. 1. und 16./17. 7. 1977
4.7 *Neue Hannoversche Presse* vom 19. 12. 1975 (S. 1)
4.8 *Rundblick* vom 1. 11. 1975

KLAUS FRITZSCHE

Faschismus als Vergangenheit und Gegenwart

1

Der Faschismus hat, zumal in Deutschland, Gipfelleistungen der Verdrängung nach sich gezogen.[1] Sie sparen fast keinen Aspekt aus, und sie erstrecken sich auf alle Phasen von der Gründung der DAP und NSDAP nach dem Ersten Weltkrieg bis zum Problem seiner Relevanz für die und seiner Wirkungsmacht in der Gegenwart. An ihnen wirken zum einen bundesdeutsche Stammtischmilieus – also der Bodensatz unaufgeklärten, kolportagehaften Alltagsbewußtseins – mit ihrer trüben Mischung aus Identifikation mit dem Gewesenen, fehlvergoldeten Erinnerungen, in denen die auch selbst erlebten Schrecknisse abhanden gekommen sind, persistenten Einstellungen gegen Demokratie und gegen das gleiche Recht aller Menschen, aus denen (nicht nur) der Faschismus sich über alle Zeit gespeist hat. Dies mengt sich mit Frustrationen und Aggressionen, die immer ihre Objekte finden, wenn die in ihnen gestaute affektive Energie groß genug ist. Das ist in Krisenzeiten stets der Fall; und diese sind nicht auszuschließen, da die Affinität zwischen Krise und Gesellschaft erheblich ist.

Diese Milieus sind nicht autonom. Gesellschaftliche Herrschaftsverhältnisse und -interessen sind in ihnen, wie immer diffus und undurchschaut, stets wirksam. Daß die BRD und ihre Bevölkerung, von verschwindenden Ausnahmen abgesehen, nichts mit dem Faschismus zu tun habe, daß dieser überhaupt mit dem 8. Mai 1945 abgetan und ausgelöscht sei, ist von Anfang an ein Hauptstück im bundesrepublikanischen Credo gewesen. Aufarbeitung der Vergangenheit im Sinne Theodor W. Adornos hat es in diesem Land öffentlich nie gegeben.[2] Sie hätte millionenfach schmerzhaft sein müssen, Selbstberuhigungen, Ex-post-Legitimationen, begradigte Lebensläufe und Karrieren ohne Zahl gestört oder zerbrochen. So verblieb diese Trauerarbeit letztlich wenigen, die damit, zumal sie meist links standen oder jedenfalls im verschobenen ideologischen Spektrum der BRD links geltend gemacht wurden, zusätzlich Haß auf sich zogen. Und zweifellos war es für den Aufstieg im bundesdeutschen Establishment besser, im ›Dritten Reich‹ dafür als dagegen gewesen zu sein. Wolfgang Abendroth hat aus eigener Erfahrung formuliert: »Die schlimmste Belastung, welche man an der Universität und unter Intellektuellen in jener Zeit mit sich herumtrug, war die, gegen den Faschismus gekämpft zu haben.«[3] Dem Grunde nach galt das allgemein.

Positiv und erwünscht war nur ein solcher Antifaschismus, der seine Energie in die Bekämpfung des Kommunismus einbrachte. Mit offensivem Antikommunismus konnten sich ›die Deutschen‹ im US-dominierten Westen beliebt machen. Sie reinigten damit, sozusagen in tätiger Reue, ihr angeblich angestammtes Wesen und bewiesen ihre Brauchbarkeit für ›Demokratie‹, weil sie in dem jetzt angesagten Kampf gegen den aktuellen Totalitarismus – in Wirklichkeit ging es um die Neuverteilung der Welt, um realpolitische und ideologische Hegemonie für die USA – auf der richtigen Seite standen. Diese Gleichsetzung von Faschismus und Kommunismus – und dessen Gleichsetzung mit dem Stalinismus einerseits, allen Formen systemkritischer Bewegung, inklusive der sich immer stärker anpassenden SPD, andererseits[4] – war, wie wissenschaftlich auch sie als Totalitarismustheorie drapiert wurde[5], ein politisch-praktischer Schachzug von großer Bedeutung. Für die Konstitution, besser Restauration der bundesdeutschen Gesellschaft, die ja in Hinsicht ihrer Eigentumsordnung, ihres allgemeinen Institutionengefüges und ihres Führungspersonals – mit Ausnahme eines kleinen Kreises faschistischer Spitzenchargen – eine bemerkenswerte Kontinuität zur Zeit des ›Dritten Reichs‹ wahrte[6] und spätestens 1953 auch die Restriktionen der sogenannten Entnazifizierung abgestreift hatte, kam noch ein besonderer Effekt hinzu: Aus der Totalitarismus-Figur erwuchs massenhaft neues Selbstbewußtsein. Wie sollten ›die Deutschen‹ es noch nötig haben, von anderen kritisiert, belehrt oder dominiert zu werden, die viel später erst die Notwendigkeit des Kampfes gegen den Kommunismus erfaßt hatten. Und wie sollte ein Vorwurf die treffen können, die doch, weit entfernt, vom Faschismus überzeugt oder ihm dienstbar zu sein, beim Überfall auf die Sowjetunion und beim Rückzug nach Deutschland nur das Abendland verteidigt hatten.

Eine besonders makabre Version des ubiquitären Antikommunismus bestand darin, daß nahezu umstandslos Scharen bewährter Menschenjäger und Agenten des ›Dritten Reichs‹, SS-Chargen und Militärs, in die geheimen Dienste vor allem der USA, dann auch der BRD übernommen wurden, wo sie nicht nur ihre alte Tätigkeit in derselben Richtung fortsetzen, sondern die aggressive Zuspitzung des Kalten Krieges organisieren konnten.[7]

Im herrschenden ideologischen Weltbild, wie es von den großen Parteien, den Medien und der Fachwissenschaft mehrheitlich kolportiert wird, nahm und nimmt der Faschismus, wenn er denn selbst zum Thema gemacht wird, spiegelbildlich wesentliche Züge des Kommunismus an, so daß eine vielstimmige Botschaft einschärft: Man müsse sich vor den politischen Extremen hüten und in einer fiktiven Mitte, d. h. dem gesellschaftlich-politischen Status quo, das Heil suchen – ein Konstrukt, dem ein schleichender Rechtsdrift wiederum engrammiert ist. Aber jene sozusagen offizielle Lesart bot immer auch noch weitere Entlastungen von Schuldbewußtsein zur Vermeidung unerwünschter Rekurse auf den Zusammenhang von Faschismus, kapitalistischer Gesellschaft und deutscher Geschichte an. Die bedeutendste, gewissermaßen ihr Inbegriff in der Aufhebung aller Kontexte, ist die Reduktion des Faschismus auf Hitler, die eine zentrale Kategorie der faschistischen Propaganda bestätigend aufgreift.

Dies ist gewiß janusköpfig: Wenn Hitler der Faschismus war, ist dieser zwar mit jenem dahin. Aber logisch kann dann die Aversion gegen diesen einzelnen nicht mehr recht zum Kampf gegen den Kommunismus nutzen. Ist anders der Kommunismus als gesellschaftlich-politisches System von Übel, so kann im Umkehrschluß die Ableitung des Faschismus von einer Person schwerlich gelingen. Doch ist solche Widersprüchlichkeit offensichtlich für die Praxis nicht weiter schädlich und ohne Belang für die Resonanz, die sich in der Übernahme von Topoi und Interpretationsmustern aus der Wissenschaft in die politische Publizistik und in Politikerreden niederschlägt. In quasi leitmotivischer Prägnanz hat Gerhard Ritter in dem groteskerweise von der UNESCO mitherausgegebenen Sammelband *The Third Reich* zehn Jahre nach dessen Ende die zentrale Botschaft formuliert: »It is important ... to realize how unprepared internally Germany was for the political events of 1932–33 – the sudden rise to power of the Hitlerian party.«[8] Deutschland innerlich unvorbereitet, und ein plötzlicher Sprung der Hitler-Partei an die Macht – dem folgt die Naturhaftigkeit der faschistischen Herrschaft auf dem Fuße. In dieser Geschichtskonzeption hat letzten Endes auch nur noch das personale Subjekt Platz.

Ernst Noltes *Der Faschismus in seiner Epoche* von 1966, das erste Monument affirmativer und führerfixierter Faschismusinterpretation, das eine bundesweite Resonanz fand[9], war gleichwohl zufolge der Verstiegenheit seines Heideggernden Jargons und enigmatischer Dunkelheiten nicht geeignet, prägend ins herrschende Bewußtsein einzugehen. Wesentlich griffiger und wirkungsvoller leistete dies einige Jahre später Joachim C. Fests *Hitler. Eine Biographie* – ein Buch, das mit seinem Umfang, mit der Vehemenz seiner inhaltlichen Zuspitzung wie mit seinem publizistischen Erfolg überwältigte.[10] Von den Massenmedien bis in Staatsfeierreden hat das Fest-Bild jenes singulären, wenn auch gewiß sinistren Geschichtsgestalters – illuminiert durch den Prunkfilm *Hitler. Eine Karriere,* der die Selbstinszenierungen des deutschen Faschismus distanzlos aufnahm – Furore gemacht: des Mannes, der, »in einem nur wenige Jahre dauernden Alleingang, dem Zeitlauf so unglaubliche Beschleunigungen gegeben und den Weltzustand verändert« habe wie noch niemand, während ihn »erst eine Koalition fast aller Weltmächte ... in einem annähernd sechs Jahre dauernden Krieg gleichsam vom Erdboden getilgt« habe[11]; seiner wenig heroischen Selbsttötung zum Trotz. Das Gemälde ist so maßlos wie sein Erfolg; das für deutsche Leser je nachdem Entlastende, Düstere, Beeindruckende und unbegreiflich Große gehen in ihm eine intrikate Verbindung ein. Mit Fest ist Hitler derart wirkungsvoll in mythische Dimension gerückt, sozusagen ins Kerygma aufgestiegen, daß schon die Frage nach Zusammenhängen von Faschismus, Kapitalismus und deutscher Geschichte verfehlt scheint.

Was danach kam, tagespolitisch und wissenschaftlich-publizistisch, steht weithin auf diesem ideologischen Boden und profitiert von der Festschen Zurüstung. Sebastian Haffners *Anmerkungen zu Hitler,* der dritte Publikumserfolg zum Thema[12], hat das ›Dritte Reich‹ qua Hitler – da ja »Leistungen ... als solche moralisch neutral« sind[13] – stilistisch konträr zu Fest, nämlich buchhalterisch-kalt nach Aktiva und Passiva, saldiert, die ersten offen gerühmt[14] und anläßlich der letzteren Hitler kurzerhand »aus der deutschen Geschichte heraus« definiert, wie aus dem deutschen Volk.[15] Fatal ist die Wirkung, die von der Verschränkung und gegenseitigen Affirmation beider Darstellungen ausgehen kann. Die Rede des Bundestagspräsidenten Jenninger vom November 1988, die bis in sprachliche Wendungen von Fest und Haffner abhängig ist, hat gezeigt, welches ideologische Dickicht gerade auf diese Weise entstehen kann, so daß der intendierte mitfühlende Blick auf die Opfer mehr und mehr zum Blick von den Tätern aus und zu ihrer Entschuldigung geriet.[16]

Von konservativen Positionen aus ist die Sicht auf den Faschismus in seiner Gesamtheit offenbar verstellt oder zumindest getrübt. Ideologische Affinitäten und Befangenheiten und vor allem konstitutive gesellschaftliche Interessen prägen die Perzeption. Nachdem mittlerweile der Faschismus auch von Politikern aus diesem Bereich, nach jahrzehntelangem Beschweigen, zum Thema gemacht wird – die vom ›Dritten Reich‹ her persönlich Belasteten sind weitgehend aus der aktiven Politik und sonstigen Berufskarrieren ausgeschieden, die Zahl der Wähler, auf die insoweit Rücksicht genommen wurde, hat sich natürlicherweise in den letzten Jahren erheblich vermindert –, haben sich auf dieser Basis unterschiedliche Muster entfaltet. Auf der einen Seite steht eine neue, massive Schlußstrich-Mentalität, wie sie etwa der Bundeskanzler Kohl mit einem geflügelten Wort von der »Gnade der späten Geburt«, mit der Ehrung für Täter und Opfer in Bitburg 1985, mit dem Vergleich von Goebbels und Gorbatschow[17], und wie sie Franz Josef Strauß mit größerer politischer Umsicht und Relevanz in seinem vielfach wiederholten Diktum vom Heraustreten »aus dem Schatten des Dritten Reichs und dem Dunstkreis Hitlers«, also der Aufforderung zu vergangenheitsunbekümmerter westdeutscher Großmachtpolitik[18], geltend gemacht haben.

Auf der anderen Seite steht vor allem die nachdenkliche, gegenüber dem Vorigen durch ihr Niveau und ihre Reichweite beeindruckende Rede des Bundespräsidenten Richard von Weizsäcker zum 40. Jahrestag der Kapitulation[19], die offenbar auch in liberal tendierenden Kreisen des konservativen Spektrums partielle Revisionen des eigenen Geschichtsbildes angestoßen hat, während sie auf der Rechten Beunruhigung und Bestürzung hervorrief. In der Tat ist in den annähernd vier Jahrzehnten Bundesrepublik keine Äußerung eines hochrangigen konservativen Politikers bekanntgeworden, die mit solcher Entschiedenheit und Klarheit von den Opfern des Faschismus – insbesondere von den Völkern der Sowjetunion und Polens und von den auch später diskriminierten Gruppen wie Sinti und Roma, Homosexuelle, Kommunisten – gesprochen und die besondere Pflicht der Deutschen zur Toleranz nach innen und zum Frieden nach außen angemahnt hätte. Dies und die außerordentliche öffentliche Resonanz der Rede[20] sind im Kontext der BRD ohne Zweifel bedeutsam. Was davon freilich im herrschenden Bewußtsein verbleiben und gar in veränderten Einstellungen praktisch werden könnte, steht angesichts des öffentlichen Klimas, in dem Entpolitisierung, Affirmation, alte und neue antihumane Affekte virulent zusammenfließen, dahin. Auch ist, was die Rede selbst angeht, im In- wie im Ausland fast gänzlich übersehen worden, daß sie inhaltliche Defizite aufweist, durch die sie wieder eng ans Herkömmliche anschließt. So viel Nachdruck nämlich auf den Opfern und auf der moralischen Seite liegt: Auch hier ist der Blick auf Hitler fixiert, der »das ganze Volk zum Werkzeug« gemacht haben soll[21]; auch hier werden der Zusammenhang des Faschismus mit der deutschen Geschichte, seine Täter und Nutznießer, die Rolle der sogenannten Eliten und die sozioökonomische Dimension im dunkeln gelassen. Dies markiert offenbar Grenzlinien, die vom konservativen Ansatz aus nicht überschritten werden können.[22]

Der sogenannte Historikerstreit, der offensichtlich mit den Auseinandersetzungen um den 8. Mai 1985 und mit jener konventionsprengenden Rede zusammenhängt und um den geschichtlichen Ort und die fortwirkende Bedeutung des Faschismus kreist, hat sich mit wenigen Ausnahmen sozusagen in dem von Strauß einerseits und Weizsäcker andererseits markierten Rahmen gehalten. Noltes aus rhetorischen Fragen, Mußmaßungen und Falschbehauptungen fantasierte Entlastungskette, der zufolge Deutschland und die Deutschen letztlich für gar nichts verantwortlich und selbst Hitlers Untaten wegen dessen Angst vor dem Bolschewismus mindestens verständlich, wenn nicht gerechtfertigt seien[23]; Hillgrubers deutsch-nationale, der verspielten Weltmachtrolle nachtrauernde Emphase, die auch für heute die Identifikation mit den Durchhaltekämpfern an der wankenden Ostfront 1945 anordnen will, während ihm die Ermordung von Millionen Juden ein vom deutschen Volk offensichtlich getrennt ablaufendes und kühl zu referierendes Sachgeschehen ist[24]; oder Stürmers wolkige Versuche, der BRD am Faschismus vorbei mittels Synthetisierung nationaler Identität Irredenta-Gefühle und Sendungsbewußtsein zu verschaffen[25], wurden dabei gleicherweise entziffert und entzaubert. Diese Debatte hat wichtige Aspekte des Faschismus in Deutschland öffentlich ans Licht geholt und die ideologischen Diffusionen zwischen Konservatismus und Faschismus aufscheinen lassen. Angesichts des Vorlaufs in bald einem halben Jahrhundert westdeutscher Nachkriegsgeschichte hat das erhebliche Bedeutung. Die Protagonisten dieser Kritik, Jürgen Habermas[26] an der Spitze, haben aufklärerische und antifaschistische Markierungen gesetzt, die dem in der Tagespolitik ›Wende‹ genannten Aufzug autoritärer und nationalistischer Politikkonzepte im Weg sind. Bei dem tatsächlichen Status der vielberufenen politischen Kultur in diesem unserem Land ist das hoch zu veranschlagen.

Andererseits bleibt festzustellen, daß auch im Laufe des ›Historikerstreits‹ der geschichtlich manifestierte Faschismus sowie die bundesdeutsche Gegenwart mit dem Problem allgemeiner Kontinuitäten deutscher Geschichte nur partiell, mit demjenigen der gesellschaftlichen Basis der politischen Systeme fast überhaupt nicht[27] zusammengebracht worden sind. Wie soll aber das Spezifische am Faschismus, seine Stellung im gesellschaftlich-geschichtlichen Prozeß und seine Bedeutung für heute erfaßt werden, wenn der Focus jenen nur an und für sich trifft und Kontexte sowie unter der Oberfläche des Politischen liegende Strukturen und Kräfte vernachlässigt oder außer Acht gelassen werden? Damit ist das bedeutsamste Dilemma, ja Paradoxon dieser engagierten und teilweise spektakulären Debatte über den deutschen Faschismus bezeichnet: sie ist an zentralen Aspekten quasi systematisch vorbeigegangen. So ist etwa der Streit um Singularität und Vergleichbarkeit vom Ansatz her verfehlt, denn weder ist dies oder jenes das wirkliche Problem noch die Lossprechung von dem einen oder anderen seine Lösung. Die hohe Abstraktionsebene, die sozusagen universalgeschichtliche Blickrichtung, hat nämlich weithin verdeckt, daß es – um nur von den Opfern zu sprechen – viele Millionen Menschen mit dem Recht auf Leben und Glück waren, die einer entsetzlichen sadistischen Energie in staatlich organisierter Form ausgeliefert waren. Die reflektierende Erinnerung an die Leidensgeschichte solcher Opfer oder die einfühlende Auseinandersetzung etwa mit der Lebensarbeit eines Betroffenen – Raul Hilbergs[28] – hätte ein großes Stück der Debatte unmöglich gemacht. Wissenschaftliche Generalisierung neigt dazu, gefühllos über Lebensschicksale hinwegzugehen, auch da, wo es gar nicht intendiert ist, der Inhumanität Vorschub zu leisten.

Insgesamt steht neben dem, was aus dem ›Historikerstreit‹ gemäß seinen Implikationen gelernt werden könnte, als mindestens gleich wichtig das, was er ausgeklammert oder unterbelichtet hat: welche geschichtlichen Bedingungen, Traditionen dem Aufstieg des Faschismus zugrunde lagen, welche Strukturen und Interessen mit seiner Instituierung und seiner Herrschaft zu tun hatten, welche Auswirkungen er auf die deutsche Gesellschaft hatte und was daraus nach dem 8. Mai 1945 wurde. Denn gerade gegen die zitierte Rittersche Exkulpation ist festzustellen: Die bestimmenden Antriebe saßen fest verwurzelt in der deutschen Geschichte, der ab 1930 immer schneller werdende Marsch in den Diktaturstaat und »the sudden rise to power of the Hitlerian party«[29] erwuchsen mitten aus dem gesellschaftlich-politischen Prozeß.

2

». . . daß das deutsche Volk die politische Demokratie niemals wird lieben können«, war nicht bloß der Glaube des angeblich Unpolitischen[30], sondern die Hoffnung und das Engagement der bestimmenden Gruppen in Besitz und Bildung und damit ein Kernstück des herrschenden Bewußtseins in der deutschen Gesellschaft.

Die Demokratie, selbst in der Weimarer Reduktionsform, sollte scheitern oder mit Gewalt beseitigt werden. Dieses Motiv zog sich von der Antibolschewistischen Liga 1918/19 bis zur sogenannten Machtergreifung, ein Ausdruck im übrigen, der genau das verschleiert. Friedrich Meinecke, kein Mann der radikalen Rechten, sondern der bürgerlichen Mitte, hat nicht nur die eigene politische Option im Jahr 1925 – also in den sogenannten guten Jahren der Republik – so prägnant wie sehnsüchtig umrissen, als er das parlamentarische System, jene nach der Novemberrevolution »unvermeidliche Übergangsform«, für obsolet erklärte und forderte, nun müsse das »Bedürfnis nach starker und tüchtiger Vertrauensdiktatur« seine »deutsche Form« finden.[31]

Demokratieverachtung und Massenhaß, Elitekult und Staatsverklärung bildeten das bürgerlich-feudale Grundmuster, aus dem Antisozialismus und Antikommunismus wie selbstverständlich entsprangen. Das alles verband sich in einem großen Teil dieses Spektrums mit Weltmachtsplänen und Weltherrschaftsfantasien, mit dem Mythos von der natürlichen Überlegenheit des Deutschen über das Fremde und – mit nur leichter Verschiebung – von der Minderwertigkeit der anderen Völker.[32] Das Postulat, die ›Schmach von Weimar‹, den ›Schand- und Diktatfrieden‹ – tatsächlich das Pendant zum bejubelten Frieden von Brest-Litowsk – auszulöschen und zum ›Sprung über Versailles‹ anzusetzen, verhallte unter diesen Prämissen zu keinem Zeitpunkt in der Weimarer Republik.

Inhaltlich hat die faschistische Bewegung zu diesem Syndrom nichts Neues hinzugebracht. Alles, was sie vertrat, war – den Antisemitismus eingeschlossen – in Bürgertum und Adel neben und vor ihr, meistens schon seit Jahrzehnten, etabliert. Schule und Militär, Universitäten, Presse, Krieger- und Flottenvereine, Interessenverbände und Parteien hatten dergleichen seit dem Kaiserreich flächendeckend, bis in die Arbeiterbewegung hinein, verbreitet. Neu und allenfalls störend waren an der NSDAP das Radauhaft-Plebejische, die Massivität der öffentlichen Präsentation; bedenklich war auch das kapitalismuskritische Element in Verbindung mit der unüberschaubaren Massendynamik. An den meisten Zügen von Welt- und Feindbild war so kein Anstoß zu nehmen, im Gegenteil: Mit dem rapiden Anwachsen der faschistischen Millionenbewegung – die zwar vom Kapital nicht ›gemacht‹ wurde, deren Inszenierung und organisatorisch-politische Formierung aber ungeheure Summen verschlang, die die NSDAP aus eigener Kasse nicht aufbringen konnte – bekam der antidemokratische Strom seine Massenbasis. Und so waren gerade in den Jahren der Wirtschaftskrise nicht die Beseitigung des demokratischen Systems und die Zerstörung der Arbeiterbewegung, also die Liquidation aller Machtstaatshemmnisse innen und außen strittig, sondern allenfalls die Modalitäten. So waren auch Brüning, Papen, Schleicher als Repräsentanten verschiedener Spielarten des autoritären Staates und die hinter ihnen stehenden Machtgruppen um die Politikfähigkeit der NSDAP – im Sinn der Nutzung wie der Bindung ihrer Massenkräfte – bemüht.

Der jahrelange Schiebeprozeß hin zur offenen und formellen Diktatur war somit alles andere als jene subjektlose »Auflösung der Weimarer Republik« im Bracherschen Sinn, in der der demokratische Staat vom Machtverlust über das Machtvakuum zur Machtergreifung gedriftet sein soll.[33] Dieser Prozeß erwuchs vielmehr aus einer immer bestimmter und zielbewußter sich formierenden Konstellation zwischen dem alten gesellschaftlich-politischen Establishment und der mittlerweile als zuverlässig erkannten NSDAP-Mehrheit unter Hitler – unter dem Eindruck der Novemberwahl 1932, des unerwarteten, schweren Rückschlags für die NSDAP und des Vormarschs der KPD, nach der erfolgreichen Vortragsreise Hitlers durch die Industrieklubs, nach der prokapitalistischen Neuformulierung des Wirtschaftsprogramms und vollends nach der Kaltstellung Gregor Strassers.

In der staatlichen Inauguration des faschistischen Systems flossen konstitutive deutsche Entwicklungslinien, sozioökonomische Strukturen, ideologische Traditionen und politische Entscheidungen zu einem antidemokratischen, antiproletarischen, autoritären und imperialistischen System zusammen. Der deutsche Faschismus war alles andere als ein außergeschichtlicher Einbruch fremder Mächte; er war eher ein Exzeß deutscher Normalität. Gerade als »staats- und republikfeindliche, hochverräterische Verbindung«[34] ist die NSDAP an die Macht gebracht worden, weil nur SPD und ADGB – bei allen sonstigen Kalamitäten und Katastrophen –, die schwache linke Intelligenz und kleine demokratisch-radikalliberale Gruppen des Bürgertums noch zur Republik standen, während sich die entscheidenden Kräfte in Gesellschaft und Staat auf die Liquidation des verhaßten ›Systems‹ und auf die Realisierung der gemeinsamen Hauptziele unter faschistischer Führung verständigt hatten. Der »verpaßte Nazi-Stopp« wurde also nicht wirklich verpaßt, sondern planvoll umgangen; er unterblieb, nicht weil die NSDAP falsch, sondern weil sie richtig eingeschätzt wurde.[35] Infolgedessen wurde dem rechtskonservativen Reichspräsidenten, der gegen Hitler erhebliche persönliche Widerstände hatte, von ihm vertrauten Bankiers, Industriellen und Großgrundbesitzern aus »heißer Liebe zum deutschen Volk und Vaterland« erfolgreich anempfohlen, wegen »Überwindung des Klassengegensatzes« und williger Erbringung der zum deutschen Wiederaufstieg geforderten Opfer den »Führer der größten nationalen Gruppe« zum Reichskanzler zu ernennen.[36]

Nach der Legende sollen erst mit oder Monate nach der Einsetzung der Hitler-Regierung die Dämme gebrochen sein. Die Wahrheit ist: Sie wurden über Jahre von jenen staatlichen Organen systematisch abgebaut und schließlich gesprengt, die die Verfassungspflicht hatten, sie zu schützen – Reichspräsident und Reichsregierungen, Reichsanwaltschaft, Reichsgericht und Staatsgerichtshof. Die Mehrheit des Reichstags tat am 6. März 1933 ein übriges.

Dem neuen Regime floß eine breite Zustimmung aus dem bürgerlich-feudalen Lager zu, an der die einsetzenden Verfolgungen, willkürlichen Verhaftungen, Folgerungen von Linken, Juden, bürgerlichen Demokraten nichts zu ändern vermochten. Daß Späne fallen, wo gehobelt wird – diese Metapher Görings[37] war vielen aus dem Herzen gesprochen; endlich konnten sich die Aggressionen unter öffentlichem Beifall entladen und ihre Opfer finden. Daß SA und SS in die preußische Polizei einzogen; daß nationalsozialistische und staatliche Gewalttaten zum systematischen Terror zusammenwuchsen; daß der Göringsche Schießerlaß vom 17. Februar dazu aufforderte, »rücksichtslos von der Waffe Gebrauch zu machen«, wenn es gegen die Kommunisten gehe[38]; daß Göring öffentlich proklamierte, er habe hier »nur zu vernichten und auszurotten, weiter nichts!«[39]; daß die Potempa-Mörder auf freien Fuß gesetzt wurden; daß der *Völkische Beobachter* am 21. März »das erste Konzentrationslager mit einem Fassungsvermögen für 5 000 Menschen«, nämlich KPD-, Reichsbanner- und SPD-Funktionäre, »die die Sicherheit des Staates gefährden«, meldete[40] – alles das brachte die Unterstützung nicht ins Wanken. Nach dem Reichstagsbrand, der zu Massenverhaftungen und zu einer Propagandakampagne ohnegleichen genutzt wurde, waren im Gegenteil bestehende Bedenken hinweggefegt, war die zuschlagende Gewalt des Staates gegen ›den Marxismus‹ mit Begeisterung aufgenommen worden. Die Inszenierung von Potsdam am 21. März steigerte sie noch.

Fast nur dann, wenn die eigene Partei behindert, die eigene Presse gemaßregelt oder verboten, eigene Leute verhaftet wurden, kam ernsthafte Beschwerde auf. An der grundsätzlichen Zustimmung änderte auch das nichts. Die einen waren im Verfolg ihrer Interessen hellbewußt und kaltblütig dabei, die anderen aus ideologischer Fixierung wie von selbst, die dritten fing die Massenregie ein, die sich auf politische Symbolik, Feuerzauber, den Zusammenhang von Sexualität und Herrschaft traumwandlerisch verstand und einen Rausch wie zuletzt 1914 zuwege brachte[41], die vierten hängten einfach die Fahne nach dem mächtigen Wind, bei vielen mischten sich die Antriebe.

Die jedenfalls, die durch ihre gesellschaftliche Stellung und ihre Informationsmöglichkeiten herausgehoben waren, Mitglieder bürgerlicher Parteien, Repräsentanten des Kapitals hinter sich, die Spitzen der Bürokratie, der Justiz, des Militärs, zuletzt der Kirchen, sie alle wußten genau, wofür das neue Regime stand und was es bedeutete, darauf zu setzen. Wer sehen und sich nicht identifizieren wollte, dem genügte überhaupt der Umgang des Systems mit mißliebigen Menschen und Einrichtungen. Es war ja in der Tat so, wie Hermann Kesten, selbst ein Gejagter, damals an Ernst Toller schrieb: »Ich lebte nur sechs Wochen im Dritten Reich, aber das war eine hinreichende Schule... Wir haben doch seit 1914 genug gesehen. Aber dieser lautlose Übergang vom Gesetz zur Gesetzlosigkeit. Nachbarn, die im Handumdrehn aus Biedermännern zu Totschlägern werden. Die Polizei verfolgt Arm in Arm mit den Schlägern die Unschuldigen.«[42] Nicht viele wollten sehen. Die Einstimmung der bürgerlichen Presse auf den neuen Kurs war atemberaubend; nur wenige wahrten einen gewissen Abstand, wie die *Frankfurter Zeitung*, deren Liberalität unter dem öffentlichen Druck noch Resistenzen zeigte.[43]

Konservative Politiker, die – wie der Kölner Oberbürgermeister und Preußische Staatsratspräsident Konrad Adenauer[44] – bei aller Sympathie für autoritäre Lösungen die Willkür der öffentlichen Gewalt einzudämmen versuchten und dadurch anzeigten, daß der faschistische Staat nicht ihr politischer Inbegriff sei, waren seltene Ausnahmen.

Die NSDAP-Führung und ihre Hauptpartner stimmten weitgehend überein und setzten ihren Weg unbeirrt fort, auch wenn der wachsende faschistische Bestimmungsanspruch gelegentlich Irritationen auslöste. Die Ausführungen Hitlers und Görings vor der Reichswehrspitze und vor Großindustriellen im Februar[45] räumten offenbar die letzten Vorbehalte aus. Er habe den »politischen Umschwung ... seit Jahren erhofft« und freue sich, »daß die Hoffnung nicht getrogen hat«, schrieb Generalleutnant Ludwig Beck.[46] Gustav Krupp erklärte das Einverständnis der Industrie insbesondere mit den Aussagen Hitlers, daß es »höchste Zeit sei, endlich einmal in Deutschland Klarheit in den innerpolitischen Fragen zu schaffen«, und daß »nur in einem politisch starken, unabhängigen

Staate Wirtschaft und Gewerbe zur Entwicklung und zur Blüte kommen könnten.«[47] Millionen für den Wahlkampf zum 6. März folgten. Es war für das deutsche Kapital der Anfang einer engen und beiderseitig höchst profitablen Kooperation. Im April bereits konnte die Deutsche Gruppe des Mitteleuropäischen Wirtschaftstages feststellen, daß »nunmehr die Richtung der offiziellen Handels- und Außenpolitik sich vollkommen deckt« mit den eigenen Vorstellungen.[48]

Nach der als riskant eingeschätzten Anlaufphase war die Reichstagsbrandverordnung auf der staatlich-rechtlichen Ebene ein wichtiger Test. Ihre fast unisono bejubelte Aufnahme in der bürgerlichen Öffentlichkeit zeigte an, daß mit Komplikationen nun nicht mehr gerechnet werden mußte. »Alle staatserhaltenden Kräfte sind auf das geschickteste für die ›Erneuerung‹ eingefangen«, notierte der Schriftsteller Erich Ebermayer, ein engagierter Liberaler, am Vorabend der Reichstagswahl.[49] Diese brachte zur Enttäuschung der Initiatoren, trotz des staatlichen Propagandamonopols und aller Geldmittel, nur eine schwache Mehrheit für NSDAP und Kampffront Schwarz-Weiß-Rot. Aber Hitler und Göring hatten den Industriellen schon am 20. Februar gesagt, auf diese Wahl werde, unabhängig davon, wie sie ausfalle, keine mehr folgen[50]; und so konnte der Reichsverband der deutschen Industrie am Tag nach dem Ermächtigungsgesetz konstatieren, durch die Wahl seien die »Grundlage für ein stabiles Regierungsfundament geschaffen« und die »ständigen politischen Schwankungen der Vergangenheit« beseitigt.[51] Tatsächlich bewirkte dies weniger der Wahlausgang vom 6. März, sondern die Annahme des Ermächtigungsgesetzes am 23. März. Mit ihm wurde die Weimarer Reichsverfassung förmlich aus den Angeln gehoben und dem terroristischen System, dessen Wirkung seit dem 30. Januar alle hatten beobachten können, freie Bahn gegeben. Alle Abgeordneten der bürgerlichen Parteien stimmten ihm zu, einig darin – wie es der Zentrumsvorsitzende Ludwig Kaas getragen formulierte –, »die Fortführung des nationalen Rettungswerkes zu sichern«, und »im Interesse der Sammlung, die das Gesetz dieser Stunde sein muß«.[52]

Zeit der Messungen, Status confessionis – die Bedeutung dieser wenigen Wochen und Monate kann nicht hoch genug veranschlagt werden. Keineswegs erst der von allen Hinderungen entbundene, zur Vollform entpuppte faschistische Staat etwa ab Sommer 1933, als die NSDAP sich das politische Monopol verschafft hatte, sondern ebensosehr die sogenannte Machtergreifung und das, was ihr folgte, vom 30. Januar an, waren offenkundig verbrecherisch und barbarisch. Die gerade oben daran mitwirkten, die alten ›Eliten‹, kamen unter Maßstäben von Humanität oder Demokratie für keine Ausrede mehr in Frage – selbst wenn sie mit dem Tag des Ermächtigungsgesetzes die öffentliche Bühne geräumt hätten, was keineswegs der Fall war. Sie wußten sehr wohl, was sie taten und was sie geschehen ließen. Die allermeisten von ihnen teilten die Feinderklärungen, die jetzt Staatswille geworden waren, oder nahmen sie in Kauf. Nur wenige distanzierten sich von diesem System[53] oder gaben ihre Ämter und Funktionen freiwillig auf.

Die ökonomisch-politischen Interessen auf ideologischen Gemeinsamkeiten ließen im Kurs auf die strategischen Ziele keine ernsthaften Schwankungen aufkommen. Denn nicht, um das Schlimmste zu verhindern, waren die gesellschaftlich bestimmenden Gruppen den Weg der Diktatur gegangen, sondern gerade um es zu bewirken: Liquidation der Arbeiterbewegung, Abwälzung aller Krisenlasten auf die abhängig Beschäftigten, Errichtung einer intransigenten Eliteherrschaft, Aufrüstung als Krisenlösung und Vorbereitung auf den Krieg, Ausgriff auf eine deutsche Weltmachtstellung. Selbst das Vorhaben Schleichers, die ›Querfront‹ unter Einschluß staatsabhängiger Gewerkschaften und einer domestizierten NS-Linken, war, obwohl auch ein autoritäres bürgerliches Regime in der Variante einer Militärdiktatur, dafür nicht eindeutig genug. Es war ja gerade nicht die Absicht, den sozialen Interessen der Massen Konzessionen zu machen, sondern sie als gesellschaftlich-politischen Faktor gänzlich auszuschalten und jede Freiheit als einen Anspruch der Vielen zu beerdigen.[54]

Es gab keinen Anlaß, die Entscheidung des 30. Januar 1933 nicht als das zu nehmen, was sie war. Mit ihr begann der Ernstfall, und die kurze Phase zwischen Einsetzung und Durchsetzung des neuen Staates war der Schlüssel für alles Folgende. Hier wurden die Weichen gestellt, die Themen angeschlagen, hier wurde auf den Weg gebracht, was nachher kam. Nichts von dem Späteren war dem Grund nach neu oder konträr zu dem, was 1932/33 inszeniert wurde. Die Gesamtperspektive war für die ›Eingeweihten‹ nicht mißdeutbar. Aber auch manche, die nicht dazugehörten, sahen klar. »Der Teil des Bürgertums, der jetzt den Nazis zur totalen Macht, zur ›legalen‹ Durchführung der Revolution verhilft, trägt die wahre Schuld an allem, was vielleicht noch über uns kommen wird«, notierte Ebermayer am 5. März, resigniert über »meine, unsere Gesellschaftsschicht«.[55]

Zweifellos waren nicht alle, die daran mitwirkten, Faschisten. Aber auch diejenigen, die an den Äußerlichkeiten manches auszusetzen hatten oder auf ihre konservative Position Wert legten, fanden die ultima ratio bürgerlicher Herrschaft im faschistischen System. Exemplarisch formulierte dies der deutsche Gesandte in Oslo, Ernst von Weizsäcker, am Tag des Ermächtigungsgesetzes: »Aber eine einfache Wahrheit ist doch, daß man dieses Regime nicht umschmeißen darf. Denn welches Negativ davon käme hinter ihm! Man muß ihm alle Hilfe und Erfahrung angedeihen lassen und mit dafür sorgen, daß die jetzt einsetzende zweite Etappe der neuen Revolution eine ernsthaft konstruktive wird.«[56] So geschah es denn auch; und es ist durchaus signifikant, daß Weizsäcker selbst dabei eine bedeutende Karriere in Staatsämtern und Parteiwürden machte.

Im ganzen war die ›Machtergreifung‹, der Prozeß zwischen Ende Januar und Frühjahr/Sommer 1933, nichts anderes als der politische Offenbarungseid der bürgerlichen Gesellschaft in Deutschland. Ihre Bestimmungskräfte, Optionen und Perspektiven traten in der äußersten Zuspitzung zutage. Es zeigte sich, wie wenig an Sensibilität, an politischen, ethischen, religiösen Hemmungen, gar an Resistenz, gegen diesen Gewaltstaat lebendig war, hingegen wieviel Zustimmung, Einverständnis und Anpassungsbereitschaft ihm zukamen. Die Einrichtungen und die meisten Menschen dieser deutschen Gesellschaft traten im großen und ganzen in den faschistischen Staat ein wie – um nicht zu sagen: als – in das Eigene, in die lange ersehnte Normalität; etwas, was der bürgerlichen Republik zufolge ihrer demokratischen Verfassung niemals beschieden war. Eine ungeheure Anziehungskraft ging von diesem ›Dritten Reich‹ aus, das so souverän mit dem vertrauten vordemokratischen Ensemble konservativ-nationaler Symbole und Motive operierte: Autorität, Führer, Starker Staat, Eisener Besen, Ordnung und Sauberkeit, Pflicht und Gehorsam, Ehre und Treue, Dienst am Ganzen, Volksgemeinschaft. Die Diffusionen zwischen Konservativem und Faschistischem, die Anknüpfungen und Lockungen für das bürgerliche Bewußtsein waren so mächtig, daß auch Thomas Mann, der sich seit vielen Jahren für die Weimarer Republik und gegen ihre Feinde engagiert hatte, im April 1933 nicht mehr sicher war, ob nicht doch »Bedeutendes und Groß-Revolutionäres« in Deutschland vorgehe; sicher hingegen, daß die »Endjudung der Justiz am Ende kein Unglück« sei.[57]

3

Wie der Prozeß der ›Machtergreifung‹ der Offenbarungseid der bürgerlichen Gesellschaft in Deutschland war, so das ›Dritte Reich‹ ihr Bankrott. Die bedingungslose Kapitulation setzte dazu lediglich den äußeren Schlußpunkt; es entsprach dem Ganzen, daß sie von den meisten, oben wie unten, als Katastrophe und nicht als Befreiung empfunden wurde.

Daß der Faschismus Terror und Krieg bedeute, hatte die Arbeiterbewegung schon lange vor der Einsetzung Hitlers ausgesagt; daß sein Regime »von den Totengräbern Deutschlands gebildet« werde, hatte etwa Hermann Kesten nach kurzer Anschauung erkannt.[58] Von den herrschenden ideologischen Mustern geprägt, war jedoch die große Mehrheit der Bevölkerung in Lebenspraxis und Alltagsbewußtsein immer intensiver in den spezifisch faschistischen Duktus übergegangen. Immer mehr Überlegung und Willenskraft kostete es im Fortgang des ›Dritten Reichs‹, sich fernzuhalten oder sich gar aktiv dagegen zu wenden. So wurde der Faschismus nach und nach die selbstverständliche und bejahte Realität der meisten Deutschen, die sich zwangsläufig auch in ihrer Persönlichkeit festsetzte. Peter Brückner hat berichtet, wie ihn, den überzeugten, aktiven Antifaschisten, plötzlich die faschistische Prägung auch seines Bewußtseins einholte, als er 1943 einen russischen Kriegsgefangenen sah: »Wie mit einem Schlag erschien vor meinem inneren Auge die Vorstellung des asiatischen Untermenschen ... Dieses (sic) Imago antibolschewistischer Propaganda des Nationalsozialismus steckte so tief und unbemerkt in mir, daß ich dem Kriegsgefangenen gegenüber Widerwillen und Angst empfand.«[59] Einer, der den Faschismus kategorisch ablehnte, entdeckte in sich ein zentrales Stück des Bekämpften: Wie sollten dann diejenigen von der Formungskraft des Faschismus nicht durchdrungen werden, die auf ihn unbewußt eingestellt waren oder die innerlich wehrlos zu ihm hingezogen wurden – etwa im Glauben, sie könnten sich hier, wie die BDM-und Reichsjugend-Führerin Melita Maschmann rückerinnernd formuliert hat, »an etwas binden, das groß und wesentlich war«.[60]

Unzählig viele Deutsche waren im Faschismus engagiert und für ihn aktiv. Sechs Millionen waren Mitglieder der NSDAP. Mehr als dreizehn Millionen waren Soldaten der Wehrmacht, die, ob überzeugte Faschisten oder nicht, auf faschistischen Befehl und für faschistische Ziele halb Europa verwüsteten, in Polen über sechs Millionen, in der Sowjetunion 20 Millionen Menschen töteten. Hunderttausende Deutsche – oder sogar noch wesentlich mehr –

hielten den inneren Terrorapparat in Gang[61]; mehrere zehntausend Mann umfaßten allein die SS-Wachmannschaften in den KZs. Viele Jahrgänge junger Deutscher wurden im ›dritten Reich‹ faschistisch sozialisiert, ihre Einstellungen wie ihre Lebensläufe hier dauerhaft geprägt.[62] Fast alle Deutschen erfuhren von den Verbrechen des Faschismus genug, um sich über dieses System der organisierten Brutalität nicht täuschen zu können. Die meisten blieben im Bann des Faschismus oder seines ›Führers‹, auch über dessen Tod hinaus.

Wie sollten auch all die Dispositionen, Aktivitäten und Erfahrungen aus diesen Individuen und aus diesem Volk einfach verschwinden können? Aus der öffentlichen Selbstdarstellung fielen indes mit dem 8. Mai 1945 der Faschismus und die massenhafte Teilhabe an ihm so heraus, als habe es diese nie gegeben. Das praktizierte Engagement tauschte sich in das stillschweigende Einverständnis um, von nichts zu wissen. Das Kollektiv derer, die das ›Dritte Reich‹ getragen hatten, existierte damit auch unter den neuen Bedingungen weiter, zunächst als eines der Abwehr. Die Notwendigkeiten der Lebenssicherung drängten sich so elementar, das Alltagsleben bestimmend und das Denken füllend, auf, daß dies in Hinsicht auf die Vergangenheit erheblich entlastete. Überlebende Widerstandskämpfer und Verfolgte stießen weithin auf Ablehnung und Haß – weil es sie überhaupt noch gab, weil sie dem fortdauernden Einverständnis mit dem Faschismus im Weg standen, sie durch ihre bloße Existenz die Lebenslüge der westdeutschen Nachkriegsgesellschaft in Frage stellten.

Wo die Befassung mit der Vergangenheit, wegen der lizenzierten Presse und anderer alliierter Maßgaben, nicht zu umgehen war, verwandelten sich die Täter, Nutznießer, Akklamateure und gleichgültigen Zuschauer in aus Pflichterfüllung und unter Befehlsnotständen Handelnde, ahnungslose und gute Menschen, Mitläufer und Verführte. Nur eine Handvoll Täter blieb. Der Stufenprozeß der Entnazifizierung und die Eskalation des West-Ost-Konflikts sorgten dafür, daß diese Version zur offziellen wurde. In dem Maße, in dem die eigene Vergangenheit als Vorwurf zurücktrat, drängte sich eine zur Konzeption des ›Herrenvolks‹ konträre Sicht in den Vordergrund, nach der die Deutschen ein Volk der schuldlosen Opfer waren: Opfer des alliierten Kriegs, der Vertreibung, der Roten Armee. Nicht die deutschen Verbrechen an so vielen anderern Völkern, sondern die – tatsächlichen, vermeintlichen oder bloß behaupteten – Verbrechen anderer Völker an den Deutschen wurden zum zentralen Anlaß der Trauer und der Empörung.

Die alten ›Eliten‹ behaupteten – nach einer Phase erzwungener oder opportuner Zurückhaltung – zum größten Teil ihre gesellschaftlichen Positionen. Am Ende des ›Dritten Reichs‹ sozusagen Täter und Opfer zugleich, sorgten sie bald kartellmäßig dafür, daß sie für die erste Rolle möglichst nicht belangt, für die zweite jedoch entschädigt und privilegiert wurden. So wurde die neue deutsche bürgerliche Gesellschaft fast so selbstverständlich von diesen ›Eliten‹ geprägt, wie die alte. Im Verlauf einer planvollen Entwicklung entstand ein Staat, der eher als vollendete Restauration denn als »unvollendete Erneuerung« im Sinn Eugen Kogons[63] zu bezeichnen wäre. So zeigte sich, in mehrfacher Hinsicht, der Untergang als Übergang.

Die Folgen des Faschismus für das öffentliche Bewußtsein in der BRD waren und sind autoritäre Fixierung, eine zunächst latente, bald aber wieder hervortretende Fremdenfeindlichkeit, ein versteckter Antisemitismus, schließlich und vor allem ein militanter Antikommunismus. Dies alles verband sich in weiten Kreisen der Bevölkerung lange Zeit mit einer nostalgischen Bejahung vieler Züge des Faschismus.[64] Die Verdrängung der faschistischen Vergangenheit ist in der BRD bis heute nicht wirklich aufgebrochen worden. Auch der ›Historikerstreit‹ kündet davon. Offensichtlich gilt noch, was Margarete und Alexander Mitscherlich im Jahr 1967 formuliert haben: »Was unter einer über zwei Jahrzehnte andauernden Zensur unseres Bewußtseins nicht als schmerzliche Erinnerung eingelassen wird, kann ungebeten aus der Vergangenheit zurückkehren. . .«[65]

Habermas hat jüngst – anläßlich Heidegger – den »Nachgeborenen« geraten, sich »in der moralischen Bewertung von Handlungen und Unterlassungen während der Nazi-Zeit zurückzuhalten«.[66] Dem muß wegen der Opfer des Faschismus und wegen der Zukunft der Lebenden widersprochen werden. Alles liegt daran – wenn überhaupt aus der Vergangenheit für die Gegenwart zu lernen ist –, den Unterschied von Tätern und Opfern, Nutznießern und Leidtragenden, Förderern und Verfolgten, Mitleidlosen und Mitleidenden, Kämpfern des Faschismus und Kämpfern gegen den Faschismus, exemplarisch in Person: den Unterschied von Heidegger und Abendroth, nicht zu verwischen. Alles liegt daran, gerade im Wege der moralischen Bewertung menschlichen Handelns dem Faschismus als Vergangenheit e contrario die Notwendigkeit und den Maßstab einer elementaren Moralität zu entnehmen, die das Quälen und Morden von Menschen, die Zustimmung dazu, auch das Beiseitestehen ausschließt; die sich der latenten Barbarei der Formaltugenden ohne menschlichen Inhalt sperrt; die empfindlich dafür macht, wie sich schon im Werden eines solches amoralisches, inhumanes System wie das ›Dritte Reich‹, der wahrhafte Inbegriff des augustinischen magnum latrocinium, zu erkennen gibt; und die dazu anhält, daß Menschen gegen das Kleine, Alltägliche aufstehen, damit es nicht zum Großen wird.

Wäre dies aus dem Faschismus gelernt, so wäre Bedeutendes erreicht. Auch könnten Schlüsse daraus möglich werden, daß von bestimmten Positionen aus Menschen schon im Fluß der Zeit – als noch niemand auf den Faschismus zurückblicken konnte – zutreffend zu urteilen und entsprechend zu handeln vermochten; dies waren, über Menschen und Sachen, im wesentlichen moralische Urteile. Und gerade als »Nachgeborene«, die in der Tat »nicht wissen können, wie sie sich unter Bedingungen der politischen Diktatur verhalten hätten«[67], müssen wir das moralische Urteilsvermögen schärfen und nicht einschläfern. Der Faschismus wußte, warum er jenes verworfen und zerstört hat.[68]

Die Bilanz der Vergangenheit ist finster genug. Hoffnung auf Besseres wäre dann begründet, wenn endlich eine Generation begänne, systematisch und trauernd das zu erinnern, was ihr im Persönlichen nicht zugerechnet werden kann und was doch unentrinnbar am deutschen Namen hängt.

Solange Menschen geschichtlich zu denken vermögen, wird – bei allen sonstigen Krisen und Katastrophen der Menschheit – der Faschismus, als Gewesenes und Inhärenz, weder von den Deutschen noch von der bürgerlichen Gesellschaft weichen. Solange die Herrschaftsverhältnisse und die ideologischen Konstellationen andauern, in denen er sich in seiner geschichtlichen Gestalt entfaltet hat, ist die Epoche des Faschismus nicht wirklich zu Ende. Dies gilt gewiß nicht nur für Deutschland. Besonders für Deutsche gilt aber: Nur indem jene Geschichte Gegenwart bleibt, darf sie Vergangenheit werden. Von jeder Beruhigung ist abzuraten.

Anmerkungen

1 Dies beginnt schon beim Begriff selbst, dessen Verwendbarkeit generell und insbesondere für Deutschland immer wieder bestritten wird, obwohl die Koinzidenz zentraler Züge, das Faschistische, bei aller Bandbreite der Ausprägungen in den verschiedenen Ländern auf der Hand liegt. Demgemäß und in diesem Sinn wird der Begriff hier verwandt.

Das Ideologisch-Zweckvolle an der Abwehr des Faschismusbegriffs hat jüngst die Regierung Kohl sozusagen staatsoffiziell – und in einem feinen Parallelismus membrorum – proklamiert: Faschismus sei »ein politischer Kampfbegriff, den vor allem Kommunisten verwenden«; Antikommunismus aber sei »bei freiheitlichen Demokraten ein wesentliches weltanschauliches Element« *(Bundestagsdrucksache,* 11/ 3244 vom 31.10.1988, Bonn 1988).

Zum allgemeinen geschichtlichen Kontext dieser Äußerung s. d. folgenden Darlegungen; zum systematischen Aspekt FRITZSCHE: *Faschismustheorien*, 467–72.

2 Siehe ADORNO: *Aufarbeitung*; siehe auch MITSCHERLICH/MITSCHERLICH: *Unfähigkeit.*

3 ABENDROTH: *Leben,* 216.

4 »Alle Wege des Marxismus führen nach Moskau!« kündete folgerichtig ein Wahlplakat der CDU 1953, das folgerichtig von der NPD 1972 plagiiert wurde; siehe Abdrucke in: DIEDERICH/GRÜBLING/BARTHOLL (Hrsg.): *Gefahr*, 123, 127.

5 Besonders markant dafür in philosophisch-generalistischer Weise ARENDT: *Elemente;* in funktionalistischer Zuspitzung FRIEDRICH/ BRZEZINSKI: *Dictatorship.* – Zur Kritik des Musters siehe bes. HOFMANN: *Stalinismus*; vgl. auch FRITZSCHE: *Faschismustheorien*, 484–88

6 Leider bricht die Anlayse von FISCHER: *Bündnis*, die so Deutliches über »Kontinuität der Machtstrukturen in Deutschland« (Untertitel) seit 1871 aussagt, gerade an dieser Nahtstelle, nämlich mit dem Ende des ›Dritten Reichs‹, ab und endet in einer mit dem Vorgetragenen schwerlich verträglichen Zukunftsberuhigung (95).

7 Siehe dazu SIMPSON: *Bumerang*, vor allem 60–89.

8 RITTER: *Foundations*, 384

9 Gesamtauflage laut Verlagsauskunft vom Februar 1989: 24 000.

10 Im Winter 1988/89 war die 11. Auflage – der Hauptedition – von 1987 im Handel.

11 FEST: Hitler, 17.

12 Gesamtauflage laut Verlagsauskunft vom Februar 1989: ca. 520 000

13 ebd., 53

14 ebd. Siehe z. B. 34, 38 ff.

15 ebd. 203

16 JENNINGER: *Hitlers Triumphzug*

17 Siehe dazu etwa: Kanzler KOHL zieht eine Linie von GOEBBELS zu GORBATSCHOW, *Frankfurter Rundschau* (FR) vom 25. 10. 1986, 1; sowie die Auszüge aus der Bundestagsdebatte vom 6. 11. 1986 zu diesem Thema, FR vom 7. 11. 1986.

18 STRAUSS: *Gang*

19 WEIZSÄCKER: *Jahrestag*

20 Die Auflage allein des von der Bundeszentrale für Politische Bildung publizierten Drucks betrug Anfang 1989 ca. eine Million Exemplare (Auskunft der Bundeszentrale).

21 ebd.

22 Daß hier bei WEIZSÄCKER auch starke persönlich-familiäre Aspekte

mitschwingen, scheint von ihm selbst angedeutet zu sein in einem – wie oft bei diesem Politiker – distinkt formulierten Satz seiner Laudatio zum 75. Geburtstag von Willy BRANDT: »Es ist nicht mein Lebensweg, der mich besonders legitimierte, über den Ihrigen zu sprechen« (WEIZSÄCKER: *Volk*). – Zur politischen Kritik an WEIZSÄCKER von rechts siehe aus diesem Anlaß: »Die CSU ist über Weizsäcker verärgert« (FR vom 27. 1. 1989)

23 Siehe bes. NOLTE: *Vergangenheit*, die nicht vergehen will, in: *Historikerstreit*, 39–47; ders.: Zwischen Geschichtslegende und Revisionismus?, ebd., 13–35; ferner ders.: *Vergehen*; ders.: *Epoche*

24 HILLGRUBER: *Untergang*, sowie ders.: »Jürgen Habermas, Karl-Heinz Janßen und die Aufklärung Anno 1986«, in: *Historikerstreit*, 331–351. Der von verschiedenen Seiten unternommene Versuch, die für sich sprechende Konstellation von »Zweierlei Untergang« nicht HILLGRUBER, sondern dem Verleger anzulasten, ist angesichts der tatsächlichen und rechtlichen Verhältnisse absurd. Im übrigen bliebe, wenn es diese Publikation gar nicht gäbe, die Sachlage dem Grund nach gleich: Die beiden Texte, die in engem zeitlichen Zusammenhang – 1984/85 – zuerst vorgetragen wurden (siehe: *Untergang* 100, 109), verhalten sich zu ihrem jeweiligen Gegenstand methodisch konträr. Nicht die Juden, nicht der Widerstand, nicht die Völker der Sowjetunion oder Polens finden seine Sympathie, sondern die Täterseite – und das, obwohl er den Zusammenhang der faschistischen Vernichtung mit dem Halten der Ostfront erkennt und formuliert. Auch der Umstand, daß sich zwischen diesen und anderen Arbeiten HILLGRUBERs Spannungen ergeben, mindert die Verantwortung des Autors für seinen Text nicht.

25 Siehe STÜRMER: *Weder*; ders.: Geschichte in geschichtslosem Land (= Auszug aus: Weder), in: *Historikerstreit*, 36–38; ders.: »Was Geschichte wiegt«, ebd. 293–295; siehe auch ders.: *Eigentum*

26 Siehe HABERMAS: Eine Art Schadensabwicklung, in: *Historikerstreit*, ebd. 62-76; ders.: »Vom öffentlichen Gebrauch der Historie«, ebd. 243–255

27 Der Beitrag von TÜRCKE: Darüber, der explizit auf diese Thematik zielt, löst jedoch kaum etwas davon ein, da er auf einer hohen Abstraktionsebene und bei einem inhaltsleeren und ungeschichtlichen Systembegriff hängenbleibt. Der Sache nach gilt so auch für ihn, was er – an HORKHEIMER angelehnt – am ›Historikerstreit‹ kritisiert: »Vom Kapitalismus schweigen sie alle ... « (769).

28 HILBERG: *Vernichtung*. – Aus den oben dargelegten Gründen ist dieses bedeutende Werk für eine Bestseller-Karriere à la NOLTE, FEST, HAFFNER nicht in Frage gekommen.

29 Siehe oben Anm. 8

30 MANN: *Betrachtungen*, XXXII

31 MEINECKE: *Republik*, 378, 380. Siehe auch MEINECKE: Brief vom 7. 5. 1933, abgedruckt in BECKER/BECKER (Hrsg.): *Hitlers Machtergreifung*, 291

32 Siehe dazu genauer FRITZSCHE: *Romantik*, 33–44

33 Siehe BRACHER: *Auflösung*. – Die wissenschaftliche Leistung dieser Arbeit in der Strukturierung und Entfaltung eines immensen Materials

soll damit keineswegs geschmälert werden. Im übrigen widerlegt das Material selbst die affizierte Generalthese. – Zur Sache siehe schon – aus dem Jahr 1932 – die exemplarische Analyse von KIRCHHEIMER: *Verfassungsreaktion.* – Ähnlich scharfsinnige und weitblickende Analysen kamen damals von der *Weltbühne* und vor allem von der KPO.

34 So im Untertitel von KEMPNER (Hrsg.): *Nazi-Stopp*

35 ebd. – KEMPNERS Darlegungen zur Wirkungsgeschichte der preußischen NSDAP-Denkschriften von 1930 und 1932 machen im übrigen implizit deutlich, warum von ›Verpassen‹ nicht wirklich die Rede sein kann; ebd. 7–14.

36 Zitiert nach Abdruck in: CZICHON: *Wer*, 69 f.; hier: 69 f. – Schon im September 1930 hatte etwa der Reichslandbund für Preußen und Reich anstelle der »Parteiregierung« die Einsetzung »unabhängiger, willenstarker, tatbereiter nationaler Führer durch den Reichspräsidenten« gefordert (zitiert nach BRACHER: *Auflösung*, 382, Anm. 63).

37 Rede in Essen am 11. 3. 1933, zitiert nach Teilabdruck in MEGERLE (Hrsg.): *Machtergreifung*, 360 f.; hier: 360

38 zitiert nach Abdruck in ebd., 358 f.; hier: 358

39 Rede in Frankfurt am 3. 3. 1933, zitiert nach Teilabdruck in BECKER/BECKER (Hrsg.): *Hitlers Machtergreifung*, 117 f.; hier: 117

40 Zitiert nach Abdruck in MICHALKA (Hrsg.): Reich, 32

41 Exemplarisch versammelt findet sich diese Dimension im dem Tagebucheintrag von Luise Somitz, Hamburg vom 6. 2.1933, zitiert nach Abdruck in BECKER/BECKER (Hrsg.): *Hitlers Machtergreifung*, 52 f.: »Fackelzug der Nationalsozialisten und Stahlhelmer! Ein wunderbar erhebendes Erlebnis für uns alle ... Wir waren wie berauscht vor Begeisterung, geblendet vom Licht der Fackeln gerade vor unseren Gesichtern und immer in ihrem Dunst, wie in einer süßen Wolke von Weihrauch. Und vor uns Männer, Männer, Männer, braun, bunt, grau, braun, eine Flut ... «

42 Brief vom 23. 3.1933, zitiert nach Abdruck in ebd., 181 f.

43 Siehe etwa: Die Ermächtigung, *Frankfurter Zeitung* vom 22. 3. 1933; abgedruckt in ebd., 164–167. – Wie schnell und gut sich auch ein bürgerliches Presseorgan mit dezidiert eigenem Gestaltungsanspruch in die neue Wirklichkeit einfinden konnte, zeigt exemplarisch die *Tat*, siehe FRITZSCHE: *Romantik*, 293–314

44 Siehe: Mit der Reichsverfassung nicht vereinbar, in BECKER/BECKER (Hrsg.): *Hitlers Machtergreifung*, 93 f.; »Adenauer und der Nationalsozialismus«, *Westdeutscher Beobachter* vom 21. 2. 1933, abgedruckt in ebd., 86 f.

45 Siehe die Niederschriften über diese Auftritte am 3. und 20. 2. 1933, abgedruckt in ebd., 40 f.; 83–86

46 Brief vom 17. 3. 1933, zitiert nach Abdruck in ebd., 146

47 Niederschrift Krupps, zitiert nach Abdruck in ebd., 86

48 Rundschreiben vom 10. 4.1933, zitiert nach Abdruck in SCHUMANN/NESTLER (Hrsg.): *Weltherrschaft*, 232 f.

49 Tagebucheintrag vom 5. 3. 1933, zitiert nach Abdruck in BECKER/BECKER (Hrsg.): *Hitlers Machtergreifung*, 123 f.

50 Siehe die Niederschrift der Ansprachen, abgedruckt in ebd., 83–86

51 Schreiben des RDI-Vorsitzenden Krupp an Hitler vom 24. 3.1933, zitiert nach Abdruck in CZICHON: *Wer*, 83 f.

52 Rede vom 23. 3. 1933, zitiert nach Teilabdruck in BECKER/BECKER (Hrsg.): *Hitlers Machtergreifung*, 176

53 Einer von diesen war Emil Kirdorf, der alte Deutsch-Nationale und Hitler-Förderer, der Ende März 1933 in einem offenen Brief an die *Rheinisch-Westfälische Zeitung*, das Blatt der Schwerindustrie, das »unmenschliche Unmaß der fortgesetzten antisemitischen Hetze« als »Verbrechen« bezeichnete und von da aus seiner »Hoffnung ..., ein neues, unbeflecktes, stolzes Deutschland noch zu erleben«, absagte (zitiert nach Teilabdruck in ebd., 197).

54 Vgl. die Diagnose des jungen MARX: *Kritik*, 379 f., von 1843/44, die auch als Prognose getaugt hätte.

55 Tagebucheintrag, zitiert nach Abdruck in BECKER/BECKER (Hrsg.): *Hitlers Machtergreifung*, 123–125

56 Privatbrief vom 23. 3. 1933, zitiert nach Abdruck in ebd. 178

57 Tagebucheintrag in Lugano vom 10. 4. 1933, zitiert nach Abdruck in ebd. 226. – Ganz anders Theodor Litt, mit persönlichem Risiko, in einer Seminarsitzung an der Universität Leipzig am 12. 5. 1933, abgedruckt in ebd., 303 f.

58 Brief von Ernst Toller v. 23. 3. 1933, zit. n. Teilabdruck in BECKER/BECKER (Hrsg.): *Hitlers Machtergreifung*, 181 f., hier: 182. – Siehe auch den Tagebucheintrag Harry Graf KEßLERS vom 5. 5. 1933, zit. n. Teilabdruck in ebd., 287: »›Lasciate ogni speranza.‹ Es ist der grausamste Selbstmord, den ein großes Volk je begangen hat.«

59 BRÜCKNER: *Abseits*, 144 f.

60 MASCHMANN: *Fazit*, 18. – Diese Schrift ist einer der wenigen entschiedenen Versuche von ehemals Beteiligten, ohne Beschönigung oder Rechtfertigung auf ihre eigene Rolle im Faschismus zurückzublikken.

61 Je nachdem, wie eng oder weit der Kreis der Beteiligten definiert wird, ergeben sich unterschiedliche – und nur ungefähre – Größenordnungen. FRIEDRICH: *Amnestie*, 2, nennt 200 000 bis 300 000 Personen für den Genozid an den Juden, die sogenannte Euthanasie-Aktion, die Tötung von drei Millionen Kriegsgefangenen und den Justizmord an 30 000 Deutschen. AUGSTEIN: *Auschwitz-Lüge*, 62, hat hingegen allein die Zahl der mit der Judenvernichtung Befaßten – allerdings ohne Spezifizierung – auf etwa eine Million Personen geschätzt. Wenn die involvierten Bau-, Transport- und Versorgungskapazitäten etc. in die Betrachtung einbezogen werden, ergibt sich jedenfalls eine ungeheure Zahl von Mitwirkenden und aus nächster Nähe Informierten.

62 GIORDANO: *Schuld*, 356–359, hat auf die Bedeutung dieser Prägung für die jetzt aktive Politikergeneration aufmerksam gemacht. Dieser Umstand dürfte in der Tat gerade für die weiter oben erörterten Vergangenheitsrekurse um den 8. Mai 1983 und auch für den sogenannten Historikerstreit relevant sein.

63 Siehe den Titel von KOGON: *Erneuerung*; andererseits ders.: »Die Aussichten der Restauration« (zuerst 1952), in ebd. 136-154; sowie KOGON/DIRKS: *Charakter* (zuerst 1950)

64 Siehe zu diesem Komplex etwa für die Zeit um 1950 die Umfrageergebnisse: zur Lage Deutschlands; zur Schuld am Antisemitismus; zur Frage der Anwesenheit von Juden in der BRD; zur Frage, ob der Nationalsozialismus an sich »eine gute Idee« gewesen sei, in: NOELLE/NEUMANN (Hrsg.): *Jahrbuch*

65 MITSCHERLICH/MITSCHERLICH: *Unfähigkeit*, 82

66 Vorworf zu FARIAS: *Heidegger*, 12

67 Ebd. – Auf den Zusammenhang mit dem Votum von Habermas wird an anderer Stelle zurückzukommen sein. Siehe REEMTSMA: *Wir.*

68 Siehe dazu HIMMLERS Posener Rede vom 4. 10. 1943; zitiert nach Teilabdruck, in: *SS im Einsatz*, 124: »Ob die anderen Völker im Wohlstand leben oder ob sie verrecken vor Hunger, das interessiert mich nur soweit, als wir sie als Sklaven für unsere Kultur brauchen ... Von euch werden die meisten wissen, was es heißt, wenn 100 Leichen beisammen liegen, wenn 500 daliegen oder wenn 1 000 daliegen. Dies durchgehalten zu haben, und dabei – abgesehen von Ausnahmen menschlicher Schwächen – anständig geblieben zu sein. Das hat uns hart gemacht. Dies ist ein niemals geschriebenes und niemals zu schreibendes Ruhmesblatt unserer Geschichte ... « Vgl. die mit Behagen zwischen Idyll und Grauen pendelnden Tagebuchnotizen des Universitätsdozenten Dr. Johann Paul KRAMERS, z. B. vom 9. 9. 1942: »Heute früh erhalte ich ... die höchst erfreuliche Mitteilung, daß ich am 1. d. M. von meiner Frau geschieden bin. Später als Arzt bei der Ausführung der Prügelstrafe an 8 Häftlingen und bei einer Erschießung durch Kleinkaliber zugegen. Seifenflocken und 2 Stück Seife erhalten.« Zitiert nach Teilabdruck in KUBY: *Polen*, 132–134.

Literaturverzeichnis

a) Monographien

ABENDROTH, Wolfgang: *Ein Leben in der Arbeiterbewegung*. Gespräche, aufgezeichnet und herausgegeben von Barbara Dietrich und Joachim Perels. Frankfurt/M.: Suhrkamp, 1976 u. ö.

ARENDT, Hannah: *Elemente und Ursprünge totaler Herrschaft*. Frankfurt/M.: EVA, 1955 u. ö.

BECKER, Josef/BECKER, Ruth (Hrsg.): *Hitlers Machtergreifung*. Vom Machtantritt Hitlers 30. Januar 1933 bis zur Besiegelung des Einparteienstaates 14. Juli 1933. München: dtv, 1983.

BRACHER, Karl Dietrich: *Die Auflösung der Weimarer Republik*. Eine Studie zum Problem des Machtverfalls in der Demokratie. Villingen: Ring-Verlag, 1953[3].

BRÜCKNER, Peter: *Das Abseits als sicherer Ort*. Kindheit und Jugend zwischen 1933 und 1945. Berlin (West): Wagenbach, 1980.

CZICHON, Eberhard: *Wer verhalf Hitler zur Macht?* Zum Anteil der deutschen Industrie an der Zerstörung der Weimarer Republik. Köln: Pahl-Rugenstein, 1967.

DIEDERICH, Reiner/GRÜBLING, Richard/BARTHOLL, Max (Hrsg.): *Die Rote Gefahr*. Antisozialistische Bildagitation 1918–1976. Berlin (West): VSA, 1976.

FARIAS, Victor: *Heidegger und der Nationalsozialismus*. Mit einem Vorwort von Jürgen Habermas. Frankfurt/M.: Fischer, 1989.

FEST, Joachim C.: *Hitler*. Eine Biographie. Berlin (West): Ullstein/Propyläen, 1973 u. ö.

FISCHER, Fritz: *Bündnis der Eliten*. Zur Kontinuität der Machtstrukturen in Deutschland 1871–1945. Düsseldorf: Droste, 1979 u. ö.

FRIEDRICH, Carl-Joachim/BRZEZINSKI, Zbigniew K.: *Totalitarian Dictatorship and Autocracy*. Cambridge/Mass.: Harvard Univ. Press, 1965².

FRIEDRICH, Jörg: *Die kalte Amnestie*. NS-Täter in der Bundesrepublik. Frankfurt/M.: Fischer, 1984.

FRITZSCHE, Klaus: *Politische Romantik und Gegenrevolution*. Fluchtwege in der Krise der bürgerlichen Gesellschaft: Das Beispiel des ›Tat‹-Kreises. Frankfurt/M.: Suhrkamp, 1976.

GIORDANO, Ralph: *Die zweite Schuld oder Von der Last Deutscher zu sein*. Hamburg: Rasch und Röhring, 1987.

HAFFNER, Sebastian: *Anmerkungen zu Hitler*. München: 1978

HILBERG, Raul: *Die Vernichtung der europäischen Juden*. Die Gesamtgeschichte des Holocaust. Berlin (West): Olle & Wolter, 1982.

HILLGRUBER, Andreas: *Zweierlei Untergang*. Die Zerschlagung des Deutschen Reiches und das Ende des europäischen Judentums. Berlin (West): Siedler, 1986.

Historikerstreit. Die Dokumentation der Kontroverse um die Einzigartigkeit der nationalsozialistischen Judenvernichtung. Mit Beiträgen von Rudolf Augstein u. a. München: Piper, 1987.

HOFMANN, Werner: *Stalinismus und Antikommunismus*. Zur Soziologie des Ost-West-Konflikts. Frankfurt/M.: Suhrkamp, 1968².

KEMPNER, Robert M. W. (Hrsg.): *Der verpaßte Nazi-Stopp*. Die NSDAP als staats- und republikfeindliche, hochverräterische Verbindung. Preußische Denkschrift von 1930. Berlin: Ullstein, 1983.

KOGON, Eugen: *Die unvollendete Erneuerung*. Deutschland im Kräftefeld 1945–1963. Politische und gesellschaftspolitische Aufsätze aus zwei Jahrzehnten. Mit Vorw. v. Hubert Habicht. Frankfurt/M.: EVA, 1964.

KUBY, Erich: *Als Polen deutsch war*. 1939–1945. Ismaning: Hueber, 1986.

MANN, Thomas: *Betrachtungen eines Unpolitischen*. Berlin: Fischer, 1918.

MASCHMANN, Melita: *Fazit*. Kein Rechtfertigungsversuch. Mit einem Vorwort von Ida Friederike Görres. Stuttgart: DVA, 1963.

MEGERLE, Klaus (Hrsg.): *Die nationalsozialistische Machtergreifung*. Berlin (West): Wissenschaftlicher Autoren-Verlag, 1982.

MICHALKA, Wolfgang (Hrsg.): *Das Dritte Reich*, 1: »Volksgemeinschaft« und Großmachtpolitik 1933–1939. München: dtv, 1985.

MITSCHERLICH, Alexander/MITSCHERLICH, Margarete: *Die Unfähigkeit zu trauern*. Grundlagen kollektiven Verhaltens. München: Piper, 1967 u. ö.

NOELLE, Elisabeth/NEUMANN, Erich Peter (Hrsg.): *Jahrbuch der öffentlichen Meinung 1947–1955*. Allensbach: Verlag f. Demoskopie 1956².

NOLTE, Ernst: *Der Faschismus in seiner Epoche*. Die Action Française – Der italienische Faschismus – Der Nationalsozialismus. München: Piper, 1963.

NOLTE, Ernst: *Das Vergehen der Vergangenheit*. Antwort an meine Kritiker im sogenannten Historikerstreit. Berlin (West): Ullstein, 1987.

SCHUMANN, Wolfgang/NESTLER, Ludwig (Hrsg.): *Weltherrschaft im Visier*. Dokumente zu den Europa- und Weltherrschaftsplänen des deutschen Imperialismus von der Jahrhundertwende bis Mai 1945. Berlin (DDR): Dt. Verlag der Wissenschaften, 1975.

SIMPSON, Christopher: *Der amerikanische Bumerang*. NS-Kriegsverbrecher im Sold der USA. Wien: Ueberreuter, 1988.

SS im Einsatz. Eine Dokumentation über die Verbrechen der SS. Hrsg. v. Komitee d. Antifasch. Widerstandskämpfer in der DDR. Berlin (DDR), Kongreß-Verlag, 1957².

WEIZSÄCKER, Richard v.: *Zum 40. Jahrestag der Beendigung des Krieges in Europa und der nationalsozialistischen Gewaltherrschaft*. Ansprache am 8. Mai 1985 in der Gedenkstunde im Plenarsaal des Deutschen Bundestages. Bonn: Bundesz. f. Politische Bildung, 1985.

b) Zeitschriftenaufsätze

AUGSTEIN, Rudolf: Die neue Auschwitz-Lüge, *Der Spiegel*, Jg. 41 (1986), vom 6. 10. 1986, 61 f.

DIRKS, Walter: Der restaurative Charakter der Epoche, *Frankfurter Hefte*, Jg. 5 (1950), 942–954.

JENNINGER, Philipp: Hitlers Triumphzug mußte den Deutschen als Wunder erscheinen, *Frankfurter Rundschau*, Jg. 44 (1988), Nr. 264 vom 11. 11. 1988, 14. u. 16.

REEMTSMA, Jan Philipp: Wir waren nicht dabei, *Konkret* 3/1989.

STRAUSS, Franz-Josef: Mehr aufrechten Gang, *Frankfurter Rundschau*, Jg. 43 (1987), vom 14. 1. 1987, 4.

STÜRMER, Michael: Weder verdrängen noch bewältigen. Geschichte und Gegenwartsbewußtsein der Deutschen, *Schweiz. Monatshefte*, Jg. 66 (1986), 689–694.

TÜRCKE, Christoph: Darüber schweigen sie alle. Tabu und Antinomie in der neuen Debatte über das Dritte Reich, *Merkur*, Jg. 41 (1987), 762–772.

WEIZSÄCKER, Richard v.: Unser Volk schuldet Willy Brandt Dank und hohe Achtung, *Frankfurter Rundschau*, Jg. 45 (1989), Nr. 18 vom 21. 1. 1989, 5.

c) Beiträge zu Sammelwerken:

ADORNO, Theodor W.: Was bedeutet: Aufarbeitung der Vergangenheit?, in: Ders.: *Eingriffe*. Neun kritische Modelle, Frankfurt/M.: Suhrkamp, 1963, 125–146.

FRITZSCHE, Klaus: Faschismustheorien – Kritik und Perspektive, in: Neumann, Franz (Hrsg.): *Handbuch Politischer Theorien und Ideologien,* Reinbek: Rowohlt, 1977, 467–528.

KIRCHHEIMER, Otto: Verfassungsreaktion 1932, in: Ders.: *Funktionen des Staates und der Verfassung.* Zehn Analysen, Frankfurt/M.: Suhrkamp, 1972, 62–78.

MARX, Karl: Zur Kritik der Hegelschen Rechtsphilosophie, in: Marx/Engels: *Werke,* 1, Berlin (DDR): Dietz, 1956 u. a.

MARX, Karl/ENGELS, Friedrich: Manifest der Kommunistischen Partei, in: Dies.: *Werke,* 4, Berlin (DDR): Dietz, 1959, 459–493.

MEINECKE, Friedrich: Republik, Bürgertum und Jugend, in: Ders.: *Politische Schriften und Reden,* ed. Georg Kotowski (= Werke, II), Darmstadt: Toeche-Mittler, 1958, 369–383.

NOLTE, Ernst: Die Epoche des Faschismus – Voraussetzungen und Auswirkungen, in: Gauly, Thomas M. (Hrsg.): *Die Last der Geschichte.* Kontroversen zur deutschen Identität, Köln: Wissenschaft u. Politik, 1988, 68–86.

RITTER, Gerhard: The Historical Foundations of the Rise of National-Socialism, in: Vermeil, Edmond, u. a.: *The Third Reich,* ed. International Council for Philosophy and Humanistic Studies/UNESCO, London: Weidenfeld & Nicolson, 1955, 381–416.

STÜRMER, Michael: Kein Eigentum der Deutschen: die deutsche Frage, in: Weidenfeld, Werner (Hrsg.): *Die Identität der Deutschen,* München: Hanser 1983, 83–101.

III

Weimarer Republik

DIRK STEGMANN

Nationalsozialismus in der Provinz: Aufstiegsbedingungen am Beispiel des Gaus Ost-Hannover (1925–1932)

1

Der Gau Ost-Hannover der NSDAP, offiziell am 1. Oktober 1928 ins Leben gerufen, umfaßte als Reichstags-Wahlkreis 15 die beiden Regierungsbezirke Lüneburg und Stade in der preußischen Provinz Hannover. Zwischen 1925 und 1928 existierte als Vorläuferorganisation der Gau Lüneburg-Stade, der nur Teile der Region umfaßt hatte. Die sogenannten Heidekreise Fallingbostel, Celle (Stadt und Land) und Isernhagen im Regierungsbezirk Lüneburg sowie die Landkreise Lehe, Geestemünde, Blumenthal, Osterholz, Rotenburg, Achim und Verden im Regierungsbezirk Stade kamen auf Weisung Hitlers am 1. Januar 1927[1] hinzu, und erst 1928 folgten endgültig die Kreise Gifhorn und Burgdorf, eine Arrondierung auf Reichstags-Wahlkreisebene, die der Taktik Hitlers entsprach, die NSDAP als schlagkräftige Parlamentspartei organisatorisch einheitlich auftreten zu lassen.

Die Bevölkerung[2] Ost-Hannovers von 1,05 Millionen (1925) war konfessionell überwiegend protestantisch (92 %); nur rund 4 Prozent waren katholisch, und die Zahl der Israeliten war äußerst gering: 934 Juden lebten im Regierungsbezirk Lüneburg und 712 im Regierungsbezirk Stade, das bedeutete 0,15 Prozent der Gesamtbevölkerung. Davon blieb die überwiegende Anzahl auf die größeren Städte, vor allem Harburg, Celle und Lüneburg, konzentriert.

65 Prozent der Gesamtbevölkerung lebten in Gemeinden bis zu 5 000 Einwohnern. Mit dieser niedrigen Urbanisiserungsquote[3] im Reichsvergleich der Wahlkreise ging eine hohe Quote der Selbständigen inklusive der Mithelfenden an allen Berufsgruppen einher. Mit Ausnahme von Harburg-Wilhelmsburg, Großstadt[4] seit der Zusammenlegung von Harburg und Wilhelmsburg im Frühjahr 1927 mit damals rund 110 000 Einwohnern, verfügte die Region über keine Großstadt. Das nächstgrößere Wesermünde, als Stadt ebenfalls erst 1924 aus der Vereinigung von Geestemünde und Lehe entstanden, hatte etwas mehr als 73 000 Einwohner

(Stand: 1. 12. 1924).[5] In weitem Abstand folgten im Regierungsbezirk Lüneburg die kreisfreien Städte Lüneburg (mit knapp 29 000 Einwohnern) und Celle (mit knapp 27 000 Einwohnern); mehr als 10 000 Einwohner hatten hier nur noch Lehrte (10 714 Einwohner) als Industrievorort von Hannover sowie Uelzen (11 969 Einwohner). Im Regierungsbezirk Stade war die städtische Struktur noch weniger ausgeprägt, denn abgesehen von Wesermünde erreichten gerade Stade mit knapp 14 000 Einwohnern (1925) und Verden mit knapp über 10 000 Einwohnern das Niveau von Mittelstädten. Alle anderen Städte in Ost-Hannover hatten weniger als 10 000 Einwohner, so Soltau, Bremervörde, Burgdorf, Lüchow, Walsrode, Gifhorn oder Winsen.[6]

Ökonomisch war die Region vor allem landwirtschaftlich geprägt, wobei eine klein- und mittelbäuerliche Betriebsgrößenstruktur vorherrschte. Ausgesprochener Großgrundbesitz war kaum vorhanden.[7]

Tabelle 1 Anteil der landwirtschaftlich genutzten Fläche nach Größenklassen in Hektar (Prozent)[8]

	unter 2	2–5	5–20	20–50	50–100	100–200	200 u. mehr
Reg. Bez. Lüneburg	5,5	10,3	33,8	35,4	8.7	3,6	2,7
Reg. Bez. Stade	4,7	11,4	40,5	29,2	10,3	2,9	1,0

Betriebsgrößen über 20 ha verloren, die unter 20 ha gewannen nach 1918 an Ausbreitung, begünstigt durch die staatlich gestützte Siedlungstätigkeit und die Moor- und Ödlandkultivierung. Während in den Marschgebieten an der Küste die größeren Bauern Weidewirtschaft mit Rindvieh- und Pferdehaltung sowie Milchproduktion betrieben, war die Landwirtschaft in den wenig fruchtbaren Geest- und Moorgebieten fast durchgehend kleinbetrieblich organisiert und auf Viehzucht und Schweinemast sowie den Anbau von Roggen und Kartoffeln ausgerichtet. Zuckerrüben in größerem Umfang wurde vor allem im Raum Lehrte und im Uelzener Becken betrieben. Hier waren auch die größeren Betriebe der Zuckerindustrie konzentriert. Insbesondere im Kreise Winsen und in einem Teil des Kreises Lüneburg herrschte eine ausgedehnte Gemüsekultur mit der Ausrichtung auf den Abnehmerraum Harburg-Wilhelmsburg und Groß-Hamburg vor; in den Marschgebieten des Regierungsbezirks Stade, im Kreise Stade, im Land Hadeln und in Harburg (Altes Land) befand sich eine weitläufige Obstbauwirtschaft, die ebenfalls auf den Hamburger Großraum ausgerichtet war.

Mit der Landwirtschaft eng verbunden waren das Landhandwerk und der ländliche Groß- und Einzelhandel.[9] In den Landstädten kamen Handwerk und Groß- und Einzelhandel in der Regel über mittlere Betriebsgrößen nicht hinaus; hier dominierte, abgesehen von verschiedenen Zweigen des Baugewerbes, der Trend zum Kleinbetrieb ohne oder mit nur wenigen Gesellen, wobei auch ehedem größere Betriebe nach 1918 eine Tendenz zur Schrumpfung aufwiesen. Im Handwerk und Einzelhandel blieb zwischen 1925 und 1933 eine Zunahme der Betriebe unübersehbar, Indiz für die Übersetzung der Branchen.

Der im engeren Sinne großindustrielle Sektor[10] war auf die beiden Industriestädte Harburg-Wilhelmsburg und Wesermünde sowie auf einzelne größere Betriebe im Kreis Osterholz, in Celle und in Lüneburg beschränkt. Während Wesermünde als größter deutscher Fischereihafen Mittelpunkt der Fischindustrie mit ihren Hilfsgewerben inklusive des Seeschiffbaus war, erhielt Harburg-Wilhelmsburg sein Gepräge als fünftgrößter deutscher Seehafen und als eines der Zentren der deutschen Pflanzenöl- und Margarine- sowie der Gummigroßindustrie. Großbetriebe mit mehr als 1 000 Beschäftigten gab es hier zudem im Bereich der Textil- und Juteindustrie, der Kunsthornindustrie (Galalith) sowie im Baugroßgewerbe.

Politisch dominierten die Welfen[11] (Deutsch-Hannoversche Partei) in der Region als konservative Bauern- und Handwerkerpartei unter Einschluß des welfischen Adels bis 1928. Als niedersächische Regionalpartei rettete sie den traditionell antipreußischen Protest aus dem Kaiserreich bruchlos in die Weimarer Republik hinüber, wobei dem Kampf gegen das »rote« Berlin eine politische Stellvertreterfunktion zukam:

	1920	1924 I	1924 II	1928
Reg. Bez. Lüneburg	39,5 %	36,1 %	30,6 %	31,7 %
Reg. Bez. Stade	39,5 %	32,1 %	25,5 %	28,0 %

In deutlichem Abstand folgte die SPD, die – abgesehen von den größeren Städten – in der Wesermarsch und in den stärker industrialisierten Kreisen Osterholz und Verden sowie in den an Hannover angrenzenden Kreisen ihre Hochburgen hatte:

	1920	1924 I	1924 II	1928
Reg. Bez. Lüneburg	25,3 %	18,0 %	23,8 %	28,6 %
Reg. Bez. Stade	22,1 %	19,1 %	24,6 %	28,7 %

Die KPD blieb demgegenüber ausgesprochen schwach; zwischen 12 und 22 Prozent der Stimmen erhielt sie nur in Harburg-Wilhelmsburg; mit deutlich über 10 Prozent rangierte sie in den Städten Lüneburg und Celle sowie im Landkreis Osterholz-Blumenthal, während sie in Wesermünde nur bei den Juliwahlen 1932 über der 10-Prozent-Marke lag:

	1920	1924 I	1924 II	1928
Reg. Bez. Lüneburg	0,2 %	5,5 %	2,9 %	3,7 %
Reg. Bez. Stade	1,0 %	5,5 %	3,3 %	3,7 %

Politisch zweitstärkste Kraft im bürgerlichen Lager wurde seit 1924 die DNVP, die einen Teil der größeren Bauern und des Großgrundbesitzes, der höheren Beamten und Militärs sowie Teile von Industrie und Handwerk in sich vereinigte:

	1920	1924 I	1924 II	1928
Reg. Bez. Lüneburg	6,7 %	15,5 %	21,2 %	10,1 %
Reg. Bez. Stade	8,8 %	16,1 %	22,3 %	11,4 %

Demgegenüber blieb die DVP als Partei des städtischen selbständigen Mittelstandes in Industrie, Handwerk und Kleingewerbe, einschließlich eines Teiles der Angestellten und der kleinen und mittleren Beamten, nach 1924 auf den dritten Platz verwiesen:

	1920	1924 I	1924 II	1928
Reg. Bez. Lüneburg	14,5 %	8,5 %	10,0 %	9,3 %
Reg. Bez. Stade	10,4 %	7,5 %	10,5 %	9,4 %

Die DDP spielte in Ost-Hannover von Anfang an nur eine untergeordnete Rolle. Ihr Anhang lag bei Teilgruppen der Angestellten und Beamten sowie des Bildungs- und Besitzbürgertums in den Städten der Region, auf dem Lande bei einem Teil der Pächter- und Siedlerbewegung:

	1920	1924 I	1924 II	1928
Reg. Bez. Lüneburg	4,4 %	2,5 %	3,1 %	3,2 %
Reg. Bez. Stade	6,8 %	5,1 %	5,0 %	4,1 %

Nutznießer der Wahlverluste der bürgerlichen Parteien zwischen 1924 und 1928, vor allem der DNVP, waren neben den Welfen die berufsständischen Parteien des selbständigen Mittelstandes in Handwerk und Kleingewerbe, die Reichspartei des deutschen Mittelstandes (Wirtschaftspartei) und die der Bauern, die Christlich-Nationale Bauern- und Landvolkpartei. Letztere gewannen 1928 zusammen über 50 000 Stimmen. Die restlichen Stimmenverluste der DNVP gingen vor allem auf das Gewinnkonto der Deutschvölkischen Freiheitsbewegung und der mit dieser konkurrierenden NSDAP.

Die NSDAP[12] erreichte bei den Reichstagswahlen 1928 im Wahlkreis 15 nur 13 503 Stimmen (2,6 %), davon 2,0 Prozent im Regierungsbezirk Lüneburg und 2,2 Prozent im Regierungsbezirk Stade. Genauso wie die Deutsch-Völkische Freiheitsbewegung, die im Wahlbündnis des sogenannten Völkisch-Nationalen Blocks 15 757 Stimmen erreicht hatte, d. h. noch etwas stärker war, trug die NSDAP den Charakter einer völkischen Sekte. Zwischen 1928 und dem Juli 1932 vollzog sich dann ihr rasanter Aufstieg in der Region zur unbestrittenen Mehrheitspartei mit 49,5 Prozent:

	1928	1930	1932
Reg. Bez. Lüneburg	2,0 %	16,6 %	51,3 %
Reg. Bez. Stade	2,2 %	19,7 %	47,4 %

Die ›Machtergreifung‹ der NSDAP in Ost-Hannover war im Juli 1932 in der Mehrzahl der Landkreise abgeschlossen, bemißt man diese nach den Wählervoten jenseits von 50 Prozent der Stimmen:

Landkreise:	– Gifhorn	68,1 %
	– Dannenberg	64,2 %
	– Bremervörde	61,8 %
	– Rotenburg	61,5 %
	– Soltau	61,1 %
	– Fallingbostel	59,5 %
	– Uelzen	57,6 %
	– Wesermünde	57,3 %
	– Harburg	56,3 %
	– Lüneburg	55,4 %
	– Celle	54,0 %
	– Stade	52,5 %
	– Burgdorf	50,6 %

Als relativ resistent erwiesen sich allein die beiden größeren Industriestädte Harburg-Wilhelmsburg (29,4 %) und Wesermünde (29,8 %) mit ihrem andersartigen Sozialmilieu, schon mit deutlichem Abstand folgten die nächstgrößeren Mittelstädte Lüneburg

(39,2 %) und Celle (40,4 %), während Stade bereits 44,1 Prozent NSDAP-Stimmen aufwies. In dieser Perspektive stellt die nationalsozialistische ›Machtergreifung‹ auch einen Sieg der ›Provinz‹ über die Industriestädte dar. Dieser Prozeß soll im folgenden vor allem anhand der ideologischen Entwicklung der NSDAP, der Sozialstruktur ihrer Funktionäre auf der Ebene der Ortsgruppen- und Kreisleitungen und deren Veränderungen sowie der Wählerbewegung rekonstruiert werden.

2

Die Anfänge einer eigenständigen NSDAP in Ost-Hannover sind aufs engste verbunden mit dem Niedergang des Völkisch-Sozialen Blockes – eines Wahlzweckbündnisses von NSDAP und Deutsch-Völkischer Freiheitspartei –, der als sogenannte Nationalsozialistische Freiheitsbewegung bei den Dezemberwahlen 1924 eine vernichtende Niederlage (Halbierung der Stimmenzahl) gegenüber den Maiwahlen im gleichen Jahr) erlitten hatte.[13]

Otto Telschow (* 1876), ein 1924 »abgebauter« Polizeiobersekretär, seit 1905 Mitglied der antisemitischen Deutsch-Sozialen Partei unter Führung von Liebermann von Sonnenberg und 1909 in Hamburg als Schriftführer Vorstandsmitglied dieser Partei, 1922 und 1924 Kreisleiter der Deutschvölkischen Freiheitspartei im Landkreis Harburg und Mitglied des antisemitischen Deutschvölkischen Schutz- und Trutzbundes, wurde am 22. März 1925 von Gregor Strasser in Vertretung Hitlers in Harburg offiziell die Gauleitung für Lüneburg-Stade übertragen.[14] Telschow, bis 1924 noch ganz der deutschvölkischen Gedankenwelt verpflichtet, hatte im Januar 1925 eine radikale Schwenkung vollzogen, indem er die Umgründung seiner alten Partei zur Deutschvölkischen Freiheitsbewegung als »überlebte Mittelstandspartei«[15] abgetan hatte, die nur dazu verurteilt sei, wie die antisemitischen Vorkriegsparteien den »Weg ins Nichts« zu gehen. Telschows Kalkül bestand darin, die NSDAP in Norddeutschland gezielt als »Arbeiterpartei« aufzubauen. Ihm schwebte die »kräftige agitatorische Erfassung der Städte Cuxhaven, Harburg und Wilhelmsburg«[16] mit ihren »unendlich vielen Arbeitslosen« als Ziel vor. Gegenüber dem befreundeten Hannoverschen Gauleiter Bernhard Rust betonte er im Januar 1926: »Kann ich den Städtekomplex Harburg-Wilhelmsburg nicht zu meiner Hochburg machen, werden wir m. E. im Gau überhaupt nicht vorankommen.«[17]

Tatsächlich stand an der Spitze der zuerst gegründeten Ortsgruppe Buchholz, dem Wohnort von Telschow, einer Arbeiterwohngemeinde Harburgs mit 2 138 Einwohnern (1925), der Eisenbahnvorarbeiter Karl Müller,[18] dann (bis 1931) der Arbeiter Friedrich Kayarzt, (* 1882), der von der SPD über die KPD zur NSDAP gestoßen war.[19] In der 2. Ortsgruppe des Gaues, in Uelzen, war der Zementarbeiter Ernst Lenz[20] 1925 bis 1927 erster Ortsgruppenführer, und in der als dritter im Gau 1925 gegründeten Harburger Ortsgruppe drängte Telschow Anfang 1926 einen von ihm als »bürgerlich« gebrandmarkten ehemaligen parteivölkischen kleinen Beamten, Paul Prellwitz, aus dem Amt, um es dann – kurzzeitig – 1927 mit dem Schlosser Karl Niehaus zu besetzen.[21]

In der Ortsgruppe der Industriestadt Wilhelmsburg favorisierte er 1926 gegen die Harburger Parteiführung einen kriegsbeschädigten Eisenbahnschlosser.[22] Auch in der erst im Frühjahr 1927 gegründeten Ortsgruppe Lüneburg war der erste Ortsgruppenleiter ein Arbeiter, der Schmied Otto Witthoeft.[23] Zur gleichen Zeit sorgte Telschow gegen den vehementen Protest der Gründungsgruppe in der Ortsgruppe Celle mit der ausdrücklichen Rückendeckung durch Hitler dafür, daß der Einfluß der »Bürgerlichen« auch hier entschieden zurückgedrängt wurde.[24]

Das Mitgliederwachstum der »Arbeiterpartei« NSDAP blieb jedoch enttäuschend: Ende August 1925 gab es bei vier Ortsgruppen insgesamt 65 Mitglieder, Ende November waren es lediglich 95[25] und Anfang 1926 ganze 130.[26] Auch 1926/27 hielt diese negative Entwicklung an; die Neuzugänge in den Städten waren vor allem arbeitslose Handwerksgesellen, kaufmännnische Angestellte und schulentlassene Jugendliche, aber nur wenige, zumeist ungelernte Arbeiter. Kennzeichnend – so in Harburg – blieb die Jugend der Mitglieder, denn von den Neuzugängen bis 1927 war zum Beispiel hier der älteste vom Jahrgang 1902, der jüngste vom Jahrgang 1911, wobei der Anteil arbeitsloser Jugendlicher insgesamt überwog.[27]

Diese negative Entwicklung hatte im November 1926 in der Münchener Parteizentrale kurzzeitig zu der Erwägung geführt, ab 1. Januar 1927 den Gau Lüneburg-Stade aufzulösen und dem wesentlich mitgliederstärkeren Gau Hannover unter Leitung von Rust anzugliedern, dem es gelungen war, von Anfang an die Masse der parteivölkischen Ortsgruppen auf seine Seite zu ziehen, so daß er mit 121 Ortsgruppen beginnen konnte.[28] Telschow sah sich deshalb gezwungen, einen radikalen Strategiewechsel zu vollziehen. Spätestens seit dem Herbst 1928 – dieser Umbruch läßt sich mangels verfügbarer Quellen nicht genau datieren – setzte er als Wählerpotential auf die Bauern des Gaus mit »seiner fast rein ländlichen Bevölkerung, die entweder landbündlerisch oder welfisch bzw. deutschnational ist«.[29] Die Landstädte Uelzen für den Regierungsbezirk Lüneburg und Bremervörde für den Regierungsbezirk Stade wurden von nun an »Brennpunkte des politischen Kampfes«.[30] Hier waren bereits bei den Reichstagswahlen vom Mai 1928 prozentual Wählerstimmen in einer Größenordnung für die NSDAP erreicht worden, die weit über denen im Reichstagswahlkreis 15 lagen, die mit 2,6 % gerade dem Reichsdurchschnitt entsprochen hatten: so in der Stadt Bremervörde 16 %, im nahen Kreis Rotenburg 12,5 % oder im Landkreis Uelzen 10,6 %.

Dieser Strategiewechsel wurde gegen den Widerstand der städtischen Ortsgruppenleiter durchgesetzt, die sich fortan zurückgesetzt fühlten, und deren SA z. B. in Harburg bereits Anfang 1927 – vergeblich – eine »Palastrevolution«[31] gegen den Gauleiter zu entfesseln suchte; insbesondere in Wesermünde geriet Telschow mit Teilen der dortigen Ortsgruppe, der lokalen SA und NSBO in einen tiefgreifenden Konflikt, der 1930 dazu führte, daß zwei sich befehdende Ortsgruppen bei den Kommunalwahlen auftraten.[32] 1931 spitzte sich dieser Konflikt zu einer offenen Revolte zu.

Im Gegensatz zum Gau Schleswig-Holstein, wo bereits 1927 dieser Kurswechsel auch als Antwort auf die sich verschärfende Agrarkrise vollzogen worden war und Hitler im Dezember 1927 erfolgreich vor schleswig-holsteinischen Bauern in einer großen Massenversammlung aufgetreten war,[33] kam es in Ost-Hannover erst 1928/29 zu politischen Erfolgen. Das hatte mehrere Gründe: Einmal nahm die Agrarkrise vor allem im Regierungsbezirk Lüneburg nach einem ersten Höhepunkt 1927 erst wieder 1929 an Schärfe zu; dann blieb die autonome Landvolk-Bewegung, die seit dem Frühjahr 1928 von Schleswig-Holstein auf Ost-Hannover übergegriffen hatte,[34] vorerst noch weitgehend von den etablierten Bauernparteien kontrolliert. Die Zusatzerklärung Hitlers zum Artikel 17 des Parteiprogramms der NSDAP nämlich, der bauernfeindlich interpretiert werden konnte, weil er eine »Bodenreform« vorsah und dabei die Enteignung von Grund und Boden nicht ausschloß, war relativ spät vor den Reichstagswahlen 1928, nämlich am 13. April, erfolgt, so daß das dezidierte Eintreten der NSDAP für das Privateigentum auf dem Lande kaum im Bewußtsein der bäuerlichen Bevölkerung verankert war, eine Tatsache, die sich die Gegner der NSDAP, vornehmlich die Welfen, zunutze machten. Dieses Vorurteil gegenüber einer »sozialistischen« NSDAP lebte noch lange nach: Noch auf einer großen Wahlkundgebung in Lüneburg vor den Septemberwahlen 1930, in der der Gauleiter Telschow, sein damaliger Stellvertreter Weidenhöfer und der SA-Gauführer Ernst Hasse als Redner auftraten – ein Indiz für das Schwergewicht, das die Partei dieser Veranstaltung zumaß –, mußte Weidenhöfer betonen: »Wer glaube, daß Bauern enteignet werden sollten, sei ein Narr.«[35] Hitler selbst habe die »absolute Notwendigkeit eines gesunden Bauernstandes anerkannt, und man könne daher nicht behaupten, daß seine Partei landwirtschaftsfeindlich« eingestellt sei.

Erst als sich 1929 die Agrarkrise vor allem im Regierungsbezirk Lüneburg, weniger im Regierungsbezirk Stade, neuerlich verschärfte, was an der zunehmenden Zahl der Zwangsversteigerungen ablesbar ist, und die Landvolkbewegung seit Ende 1928 militant mit Bombenattentaten in Winsen und Lüneburg auf den Regierungsbezirk Lüneburg übergegriffen hatte, sah die NSDAP eine Chance, nicht nur das Erbe der sich in der Folgezeit zusehends zerfasernden Landvolk-Bewegung, der Reste der Deutschvölkischen Freiheitsbewegung sowie deren Ableger im Ludendorffschen Tannenberg-Bund zu übernehmen, sondern auch die Welfen und die DNVP zu unterwandern. Nicht mehr waren – wie 1925 bis 1928 – primär die politischen Gegner SPD und KPD, sondern Welfen und Landbund.

Tabelle 2 Gesamtfläche der versteigerten Grundstücke in Hektar[36]

	1924	1925	1926	1927	1828	1829	1824-29	in %
Reg. Bez. Lüneburg	–	3	248	993	380	2 047	3 671	1,9
Reg. Bez. Stade	–	–	138	144	341	139	672	0,3
Schleswig-Holstein	8	210	519	1 171	2 063	2 668	7 039	3,6

Indiz für den neuen Kurs der NSDAP ist das Zurückgreifen auf Personen, die – im Gegensatz zu 1925 bis 1927 – ihre politische Sozialisation mehrheitlich entweder durch die parteivölkische Bewegung oder die vielen Wehrverbände (Verband Hindenburg, Frontbann) bzw. die militanten Bünde (Jungdeutscher Orden, Tannenberg-Bund) erfahren hatten. Es waren jetzt keine homines novi mehr, die in der Partei reüssierten, sondern vor allem ehemalige Parteivölkische.[37] Die wichtigste Erwerbung für die Partei war die Gewinnung des Zevener Klostergutspächters Georg Weidenhöfer (* 1882), Reichstagsabgeordneter der Deutsch-Völkischen Freiheitspartei von 1924 bis 1928 im Wahlkreis 16

(Südhannover-Braunschweig), der bei den Reichstagswahlen 1928 auf der völkischen Sammelliste gescheitert war. Er stieß im April 1929 nach persönlicher Rücksprache mit Hitler in Berlin zur Partei.[38] Als Vorsitzender des Bezirkslandbundes Stade und Gesamtvorstandsmitglied im Hannoverschen Landbund wurde er wichtiger Kristallisationspunkt für die Nazifizierung der Bauern im Regierungsbezirk Stade, die sich bis dahin gegenüber der NSDAP wesentlich resistenter gezeigt hatten, nicht zuletzt auch deshalb, weil die Agrarkrise hier bis 1929 weniger durchgeschlagen hatte (vgl. Tabelle 2).

Weidenhöfer avancierte schnell in der Gauleitung zum landwirtschaftlichen Fachberater für den Regierungsbezirk Stade und schon im April 1930 zum stellv. Gauleiter.[39] Seine Gewinnung war für die Gauleitung ein großer Erfolg, den man werbewirksam einbringen konnte, denn er war bei den Stader Bauern als Agrarfachmann angesehen. Weidenhöfer konnte der NSDAP, die erst auf Reichsebene im März 1930 ein von der Parteileitung autorisiertes Agrarprogramm herausgab, vorerst über mancherlei Unklarheiten ihrer Agrarpolitik hinweghelfen.

Auch im propagandistischen Bereich wurde der Appell an die Bauern verstärkt. Seit dem 14. September 1928 erschien eine eigene Wochenzeitung im Gau, der *Niedersachsen-Stürmer,* der sich im Untertitel als »Revolutionäres Kampfblatt für das Landvolk«[40] bezeichnete. In diesem Organ wurde gezielt an bäuerliche und mittelständische Mentalitäten appelliert: Antisozialismus, Nationalismus, Autoritarismus, ›positives‹ Christentum sowie das Bekenntnis zum völkischen Machtstaat standen im Vordergrund der Agitation.[41] Hierfür mag beispielhaft das Ritual des organisatorischen Ablaufs der Gautage, z. B. in der Gemeinde Eschede im Landkreis Uelzen 1929, stehen: der Kirchgang mit einer Rede des nationalsozialistischen Pfarrers, die Kranzniederlegung am Kriegerdenkmal und die anschließende Fahnenweihe.[42] Gleichzeitig wurde der Antisemitismus, der vorher strategisch keine nennenswerte Rolle gespielt hatte, nun in einer spezifischen Variante politisch instrumentalisiert, wobei die NSDAP an Agitationsformen des Tannenberg-Bundes anknüpfte.[43] Der Tannenberg-Bund hatte seit dem Herbst 1928 vornehmlich die Freimaurer politisch angegriffen und sie als »jüdisch unterwandert« hinzustellen versucht und dabei großen Zulauf erhalten. Tatsächlich gab es Mitglieder von Freimaurerlogen oder auch Logen selbst in den meisten Städten Ost-Hannovers, in denen zumeist Vertreter des wohlhabenden und gebildeten Bürgertums, aber auch viele Handwerker versammelt waren.[44] Telschow nahm diese Propaganda gegen die »jüdische Freimaurerei« seitens des Tannenberg-Bundes auf und machte sie zur Sache der NSDAP, wobei er sie noch weiter vergröberte. Für ihn galt es als ausgemacht, daß die Logen vom »internationalen Judentum«[45] als verborgenem Drahtzieher ferngesteuert waren. Angesichts der zahlenmäßigen Schwäche der Juden in Ost-Hannover, die zusätzlich weder politisch noch ökonomisch eine nenneswerte Rolle spielten, wurde erst auf diese Weise künstlich eine antisemitische Bewegung erzeugt und ein Feindbild in den Köpfen der ungebildeten bzw. politisch unerfahrenen Landbevölkerung geschaffen. Aus Hochburgen des Tannenberg-Bundes wurden nicht von ungefähr Hochburgen der NSDAP, so im Raum Uelzen und im Raum Bleckede.

Politisch noch durchschlagender wurde das gezielte Aufgreifen bzw. die Übernahme von Teilen welfischer Programmatik durch die NSDAP, wobei sie gleichzeitig die welfischen Führer als überlegte Honoratiorenpolitiker persönlich attackierte und die Gesamtpartei aufgrund ihres gouvernementalen Kurses in Preußen und im Reich für die Misere der Landwirtschaft unmittelbar verantwortlich machte. In der ersten Nummer des *Niedersachsen-Stürmers* verzichtete Telschow nicht nur auf den ›Sozialismus‹ der frühen Jahre, indem er das »Privateigentum als... Grundlage aller Kultur«[46] feierte, sondern plädierte für ein »freies Hannoverland« im Rahmen eines völkischen Groß-Deutschland. Folgt man der Analyse des Hamburger Gauleiters Albert Krebs,[47] so fühlte sich Telschow persönlich als Welfe: Gegen den »Überstaat« Preußen hätte er die Wiederherstellung eines selbständigen »Herzogtums Niedersachsens« erstrebt. Telschow wußte äußerst geschickt seinen Kampf gegen das sozialdemokratisch geführte Preußen, gegen »Berlin«, mit den traditionell antipreußischen Ressentiments der osthannoverschen Landbevölkerung zu verbinden. Daß diese Adaption von wesentlichen Versatzstücken welfischer Terminologie und Politikverständnisses durchaus verfing, zeigen bereits die Wahlergebnisse im Herbst 1929, denen die massive propagandistische Bearbeitung des flachen Landes bei der Agitation gegen den Young-Plan durch die NSDAP vorausgegangen war. Die Inhalte dieser Propaganda waren kaum von der DNVP, des Stahlhelms und der Welfen unterscheidbar, so daß die NSDAP endgültig ›salonfähig‹ wurde. Da sie zudem durch Versammlungen ›vor Ort‹ wesentlich präsenter war als ihre Konkurrenten, eroberte sie politisches Terrain, vor allem in Kleingemeinden.

Bei den Provinziallandtagswahlen am 17. November 1929 büßten die Welfen gegenüber 1925 in der Provinz Hannover insgesamt 19 Sitze ein (12 gegenüber 31 im Jahre 1925), und die NSDAP erreichte 8 Mandate, von denen drei aus Ost-Hannover kamen (Telschow, Gloystein, Weidenhöfer). Bei der Präsentation ihrer Kandidatenliste hatte die NSDAP ausdrücklich erklärt, daß diese »vorwiegend landwirtschaftlichen Interessen Rechnung«[48] trage. Von den insgesamt 10 Kandidaten waren 4 Hofbesitzer bzw. Pächter. Die Listenplazierung selbst unterstrich noch den Primat der Landwirte (Plätze 1, 3, 4, 6); der einzige Arbeiterkandidat rangierte demgegenüber auf dem vorletzten Platz der Liste. Spektakulärer noch waren die Gewinne der NSDAP bei den gleichzeitigen Kreistagswahlen, ein Indiz für die beginnende Verankerung der Partei »vor Ort«: In der gesamten Provinz erreichte die Partei 61 Mandate, davon 14 im Regierungsbezirk Lüneburg, 9 im Regierungsbezirk Stade. An der Spitze lag der Kreis Uelzen mit drei Mandaten vor den Kreisen Celle, Gifhorn und Harburg bzw. Bremervörde und Geestemünde (je zwei Mandate).[49] Erfolgsgarant war dabei der soziale Status ihrer Kandidaten:[50] Von 180 Kreistagskandidaten waren 70 Landwirte inklusive Pächter (38,9 %), 22 selbständige Handwerker (12,2 %), 19 Kaufleute, Händler oder Gastwirte (10,6 %), 5 mittelständische Unternehmer, 6 sonstige Selbständige (3,3 %), d. h. rund 68 % aller Kandidaten kamen aus der Sozialgruppe des alten Mittelstandes inklusive der Landwirte.

Bei den Reichstagswahlen 1930[51] setzten sich die Wahlverluste der Welfen, vor allem in ihren Hochburgen, z. T. spektakulär fort, so im Kreis Bremervörde (– 16 %) im Regierungsbezirk Stade, in den Kreisen Soltau (– 17 %), Uelzen (– 13 %) oder Fallingbostel (– 13 %) im Regierungsbezirk Lüneburg. Bis zu den Juliwahlen 1932 lief diese Entwicklung kontinuierlich weiter: Aus dem Kreis Bremervörde, noch 1928 mit 59,8 % eine Hochburg der Welfen, war eine Hochburg der NSDAP mit 61,8 % geworden. Vergleichbares gilt für die Kreise Dannenberg, Soltau, Celle-Land oder Uelzen, wo die NSDAP zwischen 54 und 64 % der Stimmen erreichte.

Der Schrumpfungsprozeß der Welfen zwischen 1928 und 1932 in beiden Regierungsbezirken zeigt dabei folgendes Bild:

	1928	1930	1932 I
Reg. Bez. Lüneburg	31,7	18,2	6,0
Reg. Bez. Stade	28,0	17,0	5,0

3

Parallel hierzu wandelte sich das Sozialprofil der Parteifunktionäre, wie aus den überlieferten internen Aufstellungen der Gauleitung zu bestimmten Meldedaten hervorgeht: Waren von den 19 Ortsgruppen insgesamt am 8. 7. 1927 immerhin drei (16,6 %) von Arbeitern geleitet gewesen, so ging deren Anteil bis zum Febraur 1928[52] trotz Erhöhung der Zahl der Ortsgruppen auf 27 auf einen einzigen (in Buchholz, dem Sitz der Gauleitung) zurück. Gleichzeitig erhöhte sich stetig die Zahl der Landwirte als Ortsgruppenleiter: Von vier (1927) auf sieben im Februar 1928 ebenso wie die der Angehörigen des alten Mittelstandes: Selbständige Handwerksmeister nahmen von drei auf vier, selbständige Kaufleute von einem auf drei zu, so daß im Februar 1928 der alte Mittelstand, einschließlich der Landwirte, bereits rund 58 % der Funktionäre stellte (bei 24 nachgewiesenen Berufen der 27 Ortsgruppen insgesamt). Im gleichen Zeitraum verdoppelte sich die Zahl der Angestellten als Ortsgruppenleiter von vier auf acht, das waren 33 %. Sie wurden jetzt vor allem in den Städten, z. B. in Harburg-Wilhelmsburg, Lüneburg, Celle und Uelzen, kurze Zeit – bis etwa 1929/30 – tonangebend. Kennzeichnend für den neuen Trend wurde die Gründung von Ortsgruppen auf dem flachen Land in ausgesprochenen Kleingemeinden, dort, wo das Netz sozialer Kommunikation besonders eng geknüpft war. Man kann geradezu von gezielter Zellenbildung in relativ homogenen Sozialmilieus sprechen.

Von den insgesamt 19 Ortsgruppen im Juli 1927 – 12 im Regierungsbezirk Lüneburg, 7 im Regierungsbezirk Stade – waren allein 5 Ortsgruppen in Gemeinden unter 1 000 Einwohnern, davon 3 unter 500 Einwohnern, angesiedelt, 2 weitere Ortsgruppen befanden sich in Gemeinden unter 2 000 Einwohnern. Lediglich die Ortsgruppen in Buchholz und Wittingen kamen aus Gemeinden über 2 000, aber deutlich unter 3 000 Einwohnern. Die Ortsgruppen in Achim, Bremervörde, Buxtehude und Rotenburg lagen in kleinen Landstädten zwischen 4 000 und knapp 7 000 Einwohnern, und nur diejenigen in Celle, Lüneburg, Uelzen und Cuxhaven stammten aus Städten mit mehr als 10 000 Einwohnern, abgesehen von den restlichen zwei Ortsgruppen in Städten über 50 000 Einwohner wie Harburg und Bremerhaven-Wesermünde. Von den acht Neugründungen von Ortsgruppen bis zum Februar 1928 befanden sich wiederum allein fünf in ausgesprochenen Kleingemeinden, vornehmlich im Landkreis Uelzen

(Eimke, Linden, Hösseringen, Langenbrügge und Suhlendorf) mit Einwohnerzahlen unter 500; die restlichen Neugründungen lagen im Landkreis Celle (Hermannsburg, 2 923 Einwohner), im Landkreis Harburg (Hollenstedt, 836 Einwohner) sowie im Stadt- und Landkreis Verden (Verden, 10 072 Einwohner, sowie Fischerhude, 854 Einwohner), d. h. nur in einem einzigen Fall wurde eine Landstadt dazugewonnen.

Diese Formierung der NSDAP auf dem platten Land in Kleingemeinden unter 1 000 Einwohnern hielt auch in der Folgezeit an. So kamen Mitte Oktober 1928[53] bei damals 40 Ortsgruppen (+ 13) insgesamt die Zugewinne wieder überwiegend aus kleinen Landgemeinden, insbesondere im Landkreis Uelzen (Himbergen, Brillit, Suderburg), im Landkreis Bremervörde (Ebersdorf) sowie aus den Landkreisen Celle (Langlingen) und Fallingbostel (Westendorf). Den Rest stellten Landgemeinden unter 3 000 Einwohnern wie Tostedt im Landkreis Harburg, Bevensen im Landkreis Uelzen und Eschede im Landkreis Celle. Nur eine einzige neue Ortsgruppe lag in einer Stadt über 10 000 Einwohnern, nämlich in Stade, die restlichen in Landstädten wie Winsen mit knapp 5 000 bzw. in Soltau mit knapp 6 000 Einwohnern.

Auch die Weltwirtschaftskrise kehrte diesen Trend nicht um und führte womöglich zu einer Verlagerung auf die industriell-gewerblichen Zentren in den Städten. Sowohl die Ausbreitung der Ortsgruppen als auch das zahlenmäßige Wachstum der Partei blieb eine Domäne der Kleingemeinden auf dem Lande, während Zahl und Größe der Ortsgruppen in den industriellen Zentren eher stagnierten, wie die vorhandenen Aufstellungen auf Gauebene bis Ende 1931[54] belegen. Schon zwischen dem Oktober 1928 und dem Winter 1929/30 hatte sich die Zahl der Ortsgruppen von 40 auf mindestens 57 erhöht. Die Mitgliederzahl der Partei im Regierungsbezirk Lüneburg (mindestens 35 Ortsgruppen) hatte sich im Oktober 1929 (ohne den Landkreis Celle und ohne die an Hannover angrenzenden Landkreise, für die keine Angaben überliefert sind) auf rund 840 belaufen, im Regierungsbezirk Stade (mindestens 22 Ortsgruppen Anfang Januar 1930) waren es im August 1929 lediglich geschätzte 350 Mitglieder gewesen. Bis zum 1. Juli 1930 wuchs die Zahl der Ortsgruppen im Gau auf mindestens 78 und die Zahl der Mitglieder auf 3 222 an, ein Indiz für die zunehmende Radikalisierung auf dem Land im Jahre 1930. Vor allem wieder der Landkreis Uelzen gewann 14 Ortsgruppen hinzu und rangierte mit 25 Ortsgruppen insgesamt und mehr als 1 100 Mitgliedern weit vor den Landkreisen Bremervörde (5 Ortsgruppen mit ca. 230 Mitgliedern), Harburg (5 Ortsgruppen mit mehr als 110 Mitgliedern) oder Winsen (5 Ortsgruppen mit mehr als 100 Mitgliedern). Diese weitergehende Verlagerung der Parteiaktivitäten aufs Land korrespondierte mit der Zunahme von Landwirten und Landhandwerkern in Funktionärspositionen der Partei. Im Regierungsbezirk Stade waren am 13. 1. 1930 von 15 Ortsgruppenführern, bei denen die Berufe rekonstruierbar sind, 7 Landwirte und größere Pächter (46,6 %), 3 selbständige Handwerksmeister und kleinere Fabrikanten (20 %) und 1 selbständiger Kaufmann (6,7 %). Den Rest stellten 4 Handwerksgesellen, Techniker und Ingenieure (26,6 %). Im Regierungsbezirk Lüneburg waren am 21. Februar 1930 von den 23 Ortsgruppenführern, bei denen die Berufe zuordbar sind, 9 Landwirte, davon mehrheitlich Hofbesitzer, der Rest kleinere Bauern (Anbauer oder Abbauer), d. h. insgesamt 39 Prozent, gefolgt von den 5 selbständigen Handwerksmeistern (21,7 %). Ein Ortsgruppenführer (4,3 %) war Zahnarzt, einer Heilkundiger (4,3 %). 3 kaufmännische Angestellte (13 %) führten die Gruppe der abhängig Beschäftigten an, gefolgt von je 1 Handwerksgesellen, 1 kleinen Beamten, 1 Landarbeiter und 1 Industriearbeiter (jeweils 4 %). Das bedeutet, daß in beiden Regierungsbezirken rund 70 Prozent der örtlichen Parteikader dem selbständigen Mittelstand angehörten.

Im Frühjahr 1931 (Meldetag 8. April) verteilten sich die Berufe von 134 Ortsgruppenführern, von denen bei 127 die Berufe nachgewiesen werden konnten, bei einer Gesamtmitgliedschaft von 4 524 Personen, wie folgt auf die Sozialgruppen:

Berufe	Zahl der Nennungen	Prozent
1. Landwirte (inkl. Pächter, An- und Abbauern sowie Haussöhne)	60	47,2
2. Handwerksmeister und kleinere Fabrikanten	22	17,3
3. Selbständige Kaufleute, Händler und Gastwirte	18	14,2
4. Angestellte und Techniker	8	6,3
5. Handwerksgesellen und Werkmeister	7	5,5
Arbeiter (inklusive Landarbeiter)	7	5,5
6. Ärzte	2	1,6
7. Lehrer	1	0,8

Von 28 Kreisleitern, von denen bei 27 die Berufe nachgewiesen werden konnten, ergab sich Ende 1931 auf Gauebene folgendes Bild:

Berufe	Zahl der Nennungen	Prozent
1. Landwirte (vornehmlich Hofbesitzer)	11	40,7
2. Kaufleute und kleine Selbständige	6	22,2
3. Handwerksmeister	3	11,1
Pastoren, Ärzte und sonstige Akademiker	3	11,1
Angestellte und kleine Beamte	3	11,1
4. Gewerbliche Arbeiter (Steinhauer)	1	2,7

Auf dieser herausgehobenen Führungsebene dominierten demnach wiederum die Landwirte. Kaufleute und kleinere Selbständige lagen hier jedoch deutlich vor den Handwerksmeistern, den Akademikern sowie den Angestellten und Beamten auf Platz 2, während Arbeiter überhaupt nur noch mit einer einzigen Nennung vertreten waren. Insgesamt erhöhte sich in dieser Funktionärsgruppe der Anteil des selbständigen Mittelstandes unter Einschluß des Bildungsbürgertums, dessen Exponenten vor allem seit 1930 in die Partei eintraten und dabei in äußerst kurzer Zeit Führungspositionen übernehmen konnten, auf über 80 %.

Die Ortsgruppenzahl stieg bis Ende 1931[55] auf rund 275 an, d. h. sie hatte sich gegenüber dem Frühjahr 1931 verdoppelt; die Mitgliederzahl hatte sich auf 9 689 erhöht, während sie im September nur 6 424 betragen hatte. Der Mitgliederzuwachs zwischen dem Frühjahr und Herbst 1931 – insgesamt rund 2 000 Personen – rekrutierte sich überwiegend aus den Geburtsjahrgängen 1910, 1911 und 1912[56] und ist damit ein weiteres Indiz für die Radikalisierung der ländlichen Jugend, ein Befund, der sich bereits in der wachsenden Zahl von sogenannten Haussöhnen als Ortsgruppenleitern in den Dörfern niedergeschlagen hatte. Allein im Oktober und November 1931 erfolgte ein weiterer Mitgliederschub von rund 3 000 Personen,[57] einmal sicherlich als Reflex auf das Bündnis von NSDAP, DNVP und Stahlhelm in der sogenannten Harzburger Front, deren Zusammengehen, wie viele Belege zeigen, den politischen Anschauungen zumal der ländlichen Bevölkerung entsprach.[58] Dann war dieser Mitgliederanstieg aber auch erfolgreiches Ergebnis der pausenlosen Massenversammlungen, die die NSDAP seit dem Herbst 1931 initiiert hatte. Mit dem sogenannten »Sturm über Ost-Hannover«,[59] einem Zweimonats-Versammlungsplan mit monatlich mindestens 200 Versammlungen, eröffnete die Partei eine Werbekampagne bis in die entlegendsten Dörfer hinein, wobei nicht nur die eigenen Gau- und Wanderredner aufgeboten wurden, sondern auch Reichstags- und Landtagsabgeordnete der Partei. Diese Werbekampagnen schufen ein Klima des politischen Aktivismus, dem die etablierten Parteien auf dem Lande, ohnehin dem Typus der Honoratiorenpartei ohne schlagkräftige Organisation an der Parteibasis verhaftet – das galt insonderheit für die Welfen, aber auch die DNVP und die DVP –, nichts Gleichwertiges entgegensetzen konnten. Spätestens hier zahlte sich die frühe Fundierung der NSDAP »vor Ort« politisch aus. Die NSDAP war organisatorisch wie auch von ihrer politischen Präsenz her zur Massenpartei geworden.

Die SA, deren Zahl bis zum Januar 1932 auf mehr als 5 000 organisierte Mitglieder angewachsen und die in erster Linie auf dem flachen Lande präsent war, unterstützte mit ihrer Militanz diesen Parteiaktivismus. Für die Jungbauern war der Stahlhelm, ganz zu schweigen von den Traditionsvereinen der Welfen, ein verkrusteter Honoratiorenklüngel ohne Durchsetzungskraft, wohingegen sie in der SA Möglichkeiten der politischen Veränderung sowie Chancen für den eigenen sozialen Aufstieg erblickten, die ihnen von den Honoratiorenparteien nicht annähernd geboten wurden.

4

Die weitere Verschlechterung der ökonomischen Situation in der Landwirtschaft 1931 bildete hierbei sicherlich einen zusätzlichen, wenn auch nicht entscheidenden Katalysator. Bedingt durch schlechte Getreideernten im Wirtschaftsjahr 1930/31, waren z. B. die Reinerträge im Bereich der Landwirtschaftskammer Hannover pro Hektar von 50 RM (1929/30) auf 11 RM abgesunken und die Schweinepreise nach einer kurzfristigen Erholung weiter gefallen, nämlich von 76 RM auf 54 RM. Die Zwangsversteigerungen, verteilt auf die Betriebsgrößenklassen, erstreckten sich jetzt auf sämtliche Betriebsgrößen, auch wenn die Überschuldung des großbäuerlichen Besitzes dominierte:

Verteilung der Zwangsversteigerungen auf die einzelnen Betriebsgrößenklassen (in Hektar) in Tausend der Gesamtfläche 1925–1931[61]

	2–5	5–20	20–50	50–100	100–200	200 u. mehr	insges.
Hannover	2,3	2,3	1,8	4,0	3,9	5,0	3,1
Schleswig-Holstein	9,3	13,1	9,7	8,5	7,2	10,0	10,8

Es überrascht in dieser Perspektive nicht, daß es der NSDAP bis zum Frühjahr 1932 gelang, die Mehrheit der Sitze bei den Landwirtschaftskammerwahlen zu erobern sowie die Masse der Vorstände der lokalen Land- und Handwerkerbünde mit ihren Repräsentanten zu besetzen. Bis zum Sommer 1932 wurde auch die berufsständische Spitzenvertretung des Handwerks, der Nordwestdeutsche Handwerkerbund, erfolgreich mit nationalsozialistischen Handwerkern unterwandert.[62]

Exemplarisch läßt sich dieser Prozeß der Radikalisierung nach rechts in den Jahren 1930 bis 1932 für den Kreislandbund Blekkede, für den genauere Unterlagen überliefert sind,[63] nachzeichnen, dessen Einzugsbereich die Kleinstadt Bleckede mit den umliegenden Ortschaften und den rechtselbischen Bereich um Neuhaus/Elbe umfaßte. Die Mitgliederzahl lag am 1. Januar 1931 bei rund 1 500 Personen; in der großen Mehrzahl Bauern, aber auch selbständige Handwerker und Gastwirte mit landwirtschaftlichem Nebenerwerb. Auf der Generalversammlung am 20. November 1930 wurden von einzelnen Bauern die Urteile im Altonaer Bombenlegerprozeß (Attentate in Winsen und Lüneburg 1928 und 1929) als »Faustschlag ins Gesicht der Landwirtschaft« gewertet, ein Indiz für den Grad der partiellen, vor allem emotionalen Solidarisierung mit dem militanten Flügel innerhalb der Landvolk-Bewegung. Erstmalig meldete sich auch punktuell Widerstand gegen die – ansonsten per Akklamation erfolgte – Wiederwahl des langjährigen Landbund-Vorsitzenden, des Grafen Bernstorff, gleichzeitig Vorsitzender des benachbarten Kreislandbundes Dannenberg. Bernstorff war zudem Vorsitzender des Direktoriums der Welfenpartei in Hannover. Ihm wurde jetzt plötzlich vorgehalten, »eine silberne Medaille von der marxistischen preußischen Regierung bekommen und angenommen« zu haben. Wortführer dieser Kritik waren allesamt Mitglieder des Tannenberg-Bundes, der völkisch-antisemitischen und antikirchlichen, insbesondere antikatholischen Organisation Ludendorffs und seiner Anhänger. Der Kreislandbund schloß sie am 9. Mai 1931 aus seiner Organisation aus, weil seine Satzungen eine eindeutig christliche Orientierung forderten. Dieser Kurs der Landbund-Führung war der – damals noch erfolgreiche – Versuch, parteipolitische Optionen vom Verband fernzuhalten. Mit der Parole der ›Überparteilichkeit‹ konnte indes bereits am 14. Dezember 1931 ein Mitglied der NSDAP, nämlich der Maurermeister Paul Brusch (* 1884), aus Neuhaus/Elbe, Kreisleiter (Pg. seit 1929) und Kreistagsabgeordneter seit 1929, der als Vertreter des Handwerks Mitglied des Kreislandbundes war, in der Versammlung erfolgreich dafür eintreten, daß der stellvertretende Gauleiter Weidenhöfer »hier einmal sprechen soll ... Er soll nicht als Nationalsozialist kommen, sondern als Bauer«. Die forcierte Nazifizierung der Bauern belegen dann die Wahlen zur Landwirtschaftskammer Hannover[64] Anfang 1932. Bei diesen Teil-Wahlen – es standen 36 Mitglieder zur Neuwahl an – erhielt die Landbundliste nur noch 10 Sitze (28 %), dagegen die Liste der NSDAP bereits 26 Sitze (72 %), was einem Erdrutsch zugunsten der Nationalsozialisten gleichkam. Im Wahlbezirk Lüchow, Dannenberg und Bleckede, der auch zur Neuwahl anstand, d. h. im Rekrutierungsgebiet des Kreislandbundes Bleckede, kam der Vorsitzende Graf Bernstorff auf der sogenannten berufsständischen Liste zwar noch durch, mußte sein Kammermandat aber mit zwei nationalsozialistischen Hofbesitzern teilen. Auf der Generalversammlung des Kreislandbundes Bleckede am 15. Juni 1932 wurde dann entgegen den Satzungen ein Antrag auf Neuwahl des Gesamtvorstandes auf Kopfbogen der NSDAP eingebracht und unter anderem damit begründet, daß der Vorsitzende sich im Frühjahr 1932 bei den Reichspräsidentenwahlen für Hindenburg eingesetzt hätte. Graf Bernstorff wurde damit konfrontiert, daß die Kreislandbund-Basis inzwischen mehrheitlich nationalsozialistisch eingestellt und deshalb sein Rücktritt unabdingbar sei. Der Wortführer der NSDAP führte aus:

> Da wir nun einmal auf dem Gebiet der Politik angelangt sind, so wissen Sie, daß die meisten Mitglieder nationalsozialistisch sind. Das müssen wir unbedingt feststellen. Unser Vorsitzender ist Vorsitzender der Deutsch-Hannoverschen Partei, und Sie sehen, daß sie immer weiter nach unten marschiert ist. Deshalb sehe ich nicht ein, weshalb der Landbund nicht im Sinne der Mehrzahl der Mitglieder verwaltet wird, denn wir wollen keinen Vorstand, der der Deutsch-Hannoverschen Partei angehört. Wir wollen vielmehr einen Vorsitzenden haben, der der Mehrzahl der Mitglieder als Nationalsozialisten entspricht.

Von den 260 abgegebenen Stimmen entfielen 142, d. h. knapp 55 %, auf den Antrag zur Abwahl des Grafen Bernstorff; 111

Mitglieder votierten dagegen, 7 Stimmen waren ungültig. Ein überwältigender Erfolg für den neuen Vorstand war das zwar nicht, aber er zeigt dennoch eklatant die Verschiebung der politischen Gewichte innerhalb von eineinhalb Jahren. Mit einem Domänenpächter wurde ein NSDAP-Mitglied zum 1. Vorsitzenden gewählt. Bei den neugewählten Vorstandsmitgliedern handelte es sich vorwiegend um nationalsozialistische Jungbauern. Die besondere Anfälligkeit der Jungbauern hat schon Heberle[65] am Beispiel Schleswig-Holsteins diagnostiziert: Die ältere Bauerngeneration verzögerte die Hofübergabe, da es ihr aufgrund der wirtschaftlichen Krise nicht möglich war, die weichenden Erben auszuzahlen und den Hofnachfolgern günstige Bedingungen einzuräumen. Ländliche Jugendliche konnten infolge der Überkapazität auf dem Arbeitsmarkt nicht mehr in gleichem Umfange wie früher in städtische Berufe ausweichen. So bildete sich in den Dörfern eine Schicht von Jungbauern, die zwar Arbeitsmöglichkeiten im elterlichen Betrieb besaß, deren Zukunftsaussichten aber unsicher waren. Die NSDAP und besonders die SA boten hier nicht nur ein neues Betätigungsfeld, sondern auch »Möglichkeiten des Ausgleichs sozialer Spannungen«.[66]

5

S. Lipset[67] hat den idealtypischen NSDAP-Wähler vom Juli 1932 als selbständigen protestantischen Angehörigen des Mittelstandes, der entweder auf einem Bauernhof oder in einer kleinen Gemeinde lebte und früher einmal für eine Partei der Mitte oder für eine regionale Gruppierung gestimmt hatte, klassifiziert. Dieser Befund bedarf, eingeengt auf Ost-Hannover, nur einer zeitlichen Korrektur. Schon bei den Reichstagswahlen im September 1930, mit einem Vorlauf bei den Kreistagswahlen 1929, war die NSDAP in erster Linie von Angehörigen des protestantischen Mittelstandes und der bäuerlichen Bevölkerung gewählt worden, wobei von Anfang an besonders starke Erfolge in kleineren Gemeinden und Städten mit hohem Selbständigenanteil in Handwerk und Kleinhandel erzielt wurden. Auch wenn nicht zu bestreiten ist, daß die Wahlerfolge seit 1930 insgesamt *auch* auf die Mobilisierung der Jung- bzw. der Nichtwähler mit zurückzuführen sind, wie Autoren wie Bendix u. a. m. betont haben, so scheint doch die klassentheoretische Analyse von Lipset gegenüber dem sogenannten massentheoretischen Ansatz von Bendix einen deutlich größeren

Erklärungswert zu besitzen. Denn vor allem die Jungwähler kamen ja mehrheitlich ebenfalls aus Elternhäusern des mittelständischen und bäuerlichen Sozialmilieus. Ohne die frühzeitige Fundierung der NSDAP bereits vor 1930 in solchen Sozialmilieus hätte die Partei schwerlich soviel Anziehungskraft ausüben können.

Die NSDAP stellt sich in Ost-Hannover so primär als ›konservative‹ Bauern- und Mittelstandspartei mit einem ausgeprägten ›jugendlichen‹ Altersprofil in Führungspositionen dar. Die »Entsozialisierung« (H. A. Winkler) des Parteiprogramms seit 1928 wurde Vorbedingung dafür, daß die Mittelschichten ihre angestammten Parteien verließen und sich der NSDAP als der dynamischeren, militanten Alternative anschlossen. Inhaltlich blieben die Nationalsozialisten mit ihren mittelstandspolitischen Forderungen ebenfalls lediglich »Erben des Sozialprotektionismus des kaiserlichen Obrigkeitsstaates«.[69] Die besondere Attraktivität der NSDAP gegenüber Welfen und DNVP zumal bestand in der Verschränkung von elitär-autoritären *und* egalisierenden Tendenzen, die es weiteren sozialen Gruppen jenseits von Landwirten und altem Mittelstand, insbesondere Angestellten und Handwerksgesellen, nahelegte, in dieser Partei neuen Typs eine politische Heimat zu suchen und sozialen Aufstieg zu erreichen.

Anmerkungen

1 NOAKES, Jeremy: *The Nazi Party in Lower Saxony* 1921–1933. London: Oxford University Press, 1971, 91 (im weiteren zit. als: Noakes); TELSCHOW, Otto: Hitler-Fahnen über Ost-Hannover. Politisch-geschichtliche Zeitbilder, *Niedersachsen-Stürmer,* 7. u. 8. F., 20. 2. 1932. Die Arbeit von Noakes ist die einzige vorliegende Monographie, bezogen auf das heutige Gebiet des Bundeslandes Niedersachsen. Der Gau Ost-Hannover wird dabei nur marginal behandelt.

2 Zahlen, auch für die folgenden Angaben, nach UELSCHEN, Gustav: *Die Bevölkerung im Wirtschaftsgebiet Niedersachsens 1821-1939*. Oldenburg: Stalling, 1942, 70 ff (zit. als: UELSCHEN); FALTER, Jürgen, LINDENBERGER, Thomas, SCHUMANN, Siegfried: *Wahlen und Abstimmungen in der Weimarer Republik. Materialien zum Wahlverhalten 1919-1933*. München: C. H. Beck, 1986, 66 (zit. als FALTER u. a.); *Handbuch über den preußischen Staat,* hrsg. vom Preuß. Staatsministerium für das Jahr 1930, 136. Jhg, Berlin: R. v. Decker, 1930, 23 ff, 52 ff.

3 FALTER u. a., 66.

4 STEGMANN, Dirk: Vom Kaiserreich zum »Dritten Reich«: Die industrielle Entwicklung Harburgs 1900 bis 1937, in: ELLERMEYER,

Jürgen, RICHTER, Klaus, STEGMANN, Dirk (Hrsg.): *Harburg. Von der Burg zur Industriestadt*. Hamburg: Christians, 1988, 296 (zit. als: STEGMANN, Die industrielle Entwicklung Harburgs).

5 DELIUS, Walter (Hrsg.): *Zehn Jahre Wesermünde. Bericht über die Kommunalpolitik der Stadt Wesermünde für die Zeit vom 1. Dez. 1924 bis Ende 1934*. Wesermünde, 1934, 12.

6 UELSCHEN, passim. Angaben jeweils für 1925, Gebietsstand 1939.

7 *Die Wirtschaftsstruktur im Bezirk des Landesarbeitsamtes Niedersachsen*. Bearbeitet im Landesarbeitsamt Niedersachsen. Hannover: 1930, 6 ff, 57 ff, 71 ff, 78 ff, 80 ff.

8 *Sozialdemokratische Agrarpolitik*. Erläuterungen zum sozialdemokratischen Agrarprogramm von Hans Krüger und Fritz Baade. Berlin: Dietz, o. J. (1927), 85.

9 Vgl. dazu für die Lüneburger Region: KROHN, Claus-Dieter, STEGMANN, Dirk: Kleingewerbe und Nationalsozialismus in einer agrarisch-mittelständischen Region. Das Beispiel Lüneburg 1930–1939, *Archiv für Sozialgeschichte*, Bd. XVII (1977), 41–98.

10 STEGMANN, Die industrielle Entwicklung Harburgs (vgl. Anm. 4), 318 ff.

11 FRANZ, Günther: *Die Entwicklung der politischen Parteien in Niedersachsen im Spiegel der Wahlen 1867 bis 1949*. Bremen-Horn: Dorn, 1951, 27 ff, auch für die folgenden Angaben; BOHMBACH, Jürgen: Die Endphase der Weimarer Republik in Niedersachsen, *Niedersächsisches Jahrbuch für Landesgeschichte*, Bd. 54 (1982), 89 ff (Tabellenanhang). Hiernach auch alle folgenden Angaben zur Wahlentwicklung. Auf Einzelnachweise wird aus Platzgründen verzichtet.

12 Ebda.

13 NOAKES, 59 ff.

14 TELSCHOW, Otto: Hitlerfahnen über Ost-Hannover. Politisch-geschichtliche Zeitbilder, 2. Beilage zum *Niedersachsen-Stürmer*, 51. F., 19. 12. 1931.

15 TELSCHOW, Otto: Die Deutsch-Sozialen und ihre Epigonen, *Niedersachsen-Stürmer*, 4. F., 26. 10.1928; ders., wie Anm. 14

16 BA Koblenz, Sammlung Schumacher, Nr. 202 I, Telschow an Parteiführung der NSDAP, 15. 12. 1925, mit Schriftwechsel Telschow-Goebbels.

17 HStA Hannover, Des. 310 I A, Nr. 11 II, Telschow an Rust, 3. 1.1926.

18 BA Koblenz, Sammlung Schumacher, Nr. 202 I, Aufstellung Telschows vom 8. 7. 1927.

19 HStA Hannover, Lbg. III, XXX, Nr. 178, Aufstellung des Harburger Polizeipräsidenten vom 16. 10. 1929. Nachfolger wurde 1931 ein Dachdeckermeister.

20 MOOS, Friedrich: *Geschichte der Ortsgruppe Uelzen der NSDAP bis Oktober 1931*. Uelzen: Beckers, 1934, 3 ff.

21 BA Koblenz, Sammlung Schumacher, Nr. 202 I, Telschow an Privatsekretariat Hitler, 29. 1. 1926.

22 STEGMANN, Dirk: Aufstieg und Herrschaft der NSDAP in Harburg

1922–1937, in: ELLERMEYER, Jürgen u. a., *Harburg. Von der Burg zur Industriestadt* (vgl. Anm. 4), 452 (im folgenden zit. als STEGMANN, NSDAP in Harburg).

23 STEGMANN, Dirk: Kleinstadtgesellschaft und Nationalsozialismus, in: LÜNEBURGER ARBEITSKREIS ›MACHTERGREIFUNG‹ (Hrsg.): *Heimat, Heide, Hakenkreuz. Lüneburgs Weg ins Dritte Reich.* Hamburg: VSA, 1984, 84 (zit. als STEGMANN, Kleinstadtgesellschaft und Nationalsozialismus).

24 HStA Hannover, Des. 310 I A, Nr. 14 I, Ortsgruppe Celle an Reichsleitung der NSDAP, 11. 3.1927.

25 BA Koblenz, Sammlung Schumacher, Nr. 202 I, Telschow an Parteileitung, 15. 12.1925.

26 Wie Anm. 17.

27 STEGMANN, NSDAP in Harburg (vgl. Anm. 22), 451.

28 Wie Anm. 14.

29 Wie Anm. 17.

30 Wie Anm. 14.

31 Ebda.; für den Zusammenhang vgl. STEGMANN, NSDAP in Harburg, 453.

32 Diese Auseinandersetzungen datierten bereits seit 1928: BA Koblenz, NS 22, Nr. 1063, Ortsgruppe Unterweser an Telschow, 10. 11. 1928: »Die Unterweserorte haben keine innere Verbindung mit Ihrem ländlichen Gau«; Telschow an Gregor Strasser, 8. 12. 1928, weist Vorwurf »mangelnden Interesses« zurück. Auch in Harburg war Strasser Mentor der Ortsgruppe und stützte ihren Kurs gegen Telschow; WIPPERMANN, Wolfgang: Aufstieg und Machtergreifung der NSDAP in Bremerhaven-Wesermünde, *Jahrbuch der Männer vom Morgenstern,* Bd. 57 (1978), 172, unterschätzt die Bedeutung dieser Richtungskämpfe; vgl. auch NOAKES, 184 ff.

33 RIETZLER, Rudolf: *»Kampf in der Nordmark«. Das Aufkommen des Nationalsozialismus in Schleswig-Holstein (1919-1928).* Neumünster: Wachholtz, 1982, 402 ff. Zum Auftreten Hitlers am 10. Dezember 1927 vgl. 410 ff.

34 Für das unmittelbare Übergreifen vgl. die Versammlungen in Bremervörde (3. 2. 1928), York (28. 2. 1928), Bleckede (4. 2. 1928) und Lüneburg (11. 2.1928). An ihnen nahm, wie die Landratsberichte betonen, neben den Landwirten auch der ländliche und städtische selbständige Mittelstand in Handwerk und Kleingewerbe teil, vgl. StA Stade, Rep. 80 P, Nr. 909.

35 Versammlungsbericht, *Lüneburgsche Anzeigen* Nr. 198, 25. 8. 1930, auch für das folgende Zitat.

36 MÖSSNER, Karl-Eugen: *Das deutsche Bodenkreditsystem (Deutscher Bodenkredit. hrsg. Wilhelm Kalveram, Bd.1).* Berlin: Heymanns, 1934, 135 (im folgenden zit. als: MÖSSNER). Zu den Klagen der Landwirte über die ungünstige ökonomische Entwicklung, vor allem seit 1925, für die Region vgl. *Bauernnot. Deutschlands Tod. Reichstagsreden des Bauernführers Weidenhöfer,* M. d. R., 1924–1928, Zeven: Zeller, O. J. (1928).

37 So wurde z. B. 1930 der frühere Kreisleiter der Deutschvölkischen Freiheitspartei Führer der Kreisgruppe Fallingbostel der NSDAP, vgl.

Bayerischer Rundfunk

HStA Hannover, Hann. 80, Lbg. III, XXX, Nr. 178, Landrat Fallingbostel an Pol. Präs. Harburg-Wilhelmsburg, 15. 12.1930; Pastor Voß-Büttel aus dem Landkreis Geestemünde, Mitglied des Preuß. Landtages (1921–1924, DNVP; 1924–1928, Deutschvölkische Freiheitspartei), trat ebenfalls 1930 zur NSDAP über.

38 *Niedersachsen-Stürmer,* 28. F., 12. 4. 1929, 29. F., 19. 4. 1929 (Erklärung Weidenhöfers); Treffen Weidenhöfer-Hitler: Interview des Verf. mit dem Sohn Weidenhöfers, 1984.

39 BA Koblenz, NS 22, Nr. 1063, Telschow an Parteileitung, 24. 4.1930.

40 Probenummer vom 14. 9. 1928; 1. Folge seit 5. 10. 1928. Der Untertitel wurde ab der 54. F., 11. 10. 1929, offiziell getilgt.

41 Vgl. z. B. O. T (=elschow), Wir und die Bauern, *Niedersachsen-Stürmer,* 6. F., 9. 11. 1928; Der Warenhaus-Moloch. Der Würger des Mittelstandes, ebda., 2. F., 12. 10. 1929 wurden dann die Mittelstands-Kampagnen gesteigert, wiewohl die Bearbeitung des »Landvolkes« dominant blieb.

42 *Niedersachsen-Stürmer,* 34. F., 24. 5. 1929 (Versammlungsbericht).

43 Vgl. dazu die Akten in: StA Stade, Rep. 80 P, Nr. 713.

44 Vgl. z. B. *Mitglieder-Verzeichnis der Harburg-Wilhelmsburger Freimaurer-Logen.* Harburg-Wilhelmsburg, o. J. (1932), im Besitz des Verf. TELSCHOW, Otto: *Die Freimaurerei – eine Weltpest! Eine Kampfschrift in gemeinverständlicher Darstellung.* Tostedt: Baumm, o. J. (1929), bes. 32 ff. Die Schrift lag im Frühjahr 1929 vor und erlebte bereits im Sommer 1929 eine 2. Auflage. Die Kampagne wurde von Telschow persönlich Mitte November 1929 im *Niedersachsen-Stürmer* eröffnet, vgl. Die Freimaurerei – eine Weltpest, *Niedersachsen-Stürmer,* 7. F., 16. 11. 1928.

46 TELSCHOW, Otto: Die Deutschhannoveraner und der Nationalsozialismus, *Niedersachsen-Stürmer,* 1. F., 5. 10. 1928, auch für das folgende Zitat.

47 KREBS, Albert: *Tendenzen und Gestalten der NSDAP. Erinnerungen an die Frühzeit der Partei* (Quellen und Darstellungen zur Zeitgeschichte, Bd. 6). Stuttgart: DVA, 1959, 240 f.

48 Die Listen der Hitler-Bewegung, *Niedersachsen-Stürmer,* 52. F., 27. 9. 1929.

49 Nach der Wahlschlacht, *Niedersachsen-Stürmer,* 61. F., 29. 11. 1929.

50 Eigene Berechnungen nach den verstreuten Angaben über die Listen der NSDAP, *Niedersachsen-Stürmer,* 1929, passim; auf Einzelnachweise wird hier verzichtet.

51 Vgl. Anm. 11

52 BA Koblenz, Sammlung Schumacher, Nr. 202 I, Aufstellung Telschows vom 7. 2. 1928.

53 Ebda., Aufstellung Telschows vom 17. 10. 1928.

54 Vgl. dazu die verstreuten Nachweise 1930–1932 im HStA Hannover und im StA Stade, insbes. in den in den Anm. 59 und 61 genannten Beständen sowie im BA Koblenz (NS 22, Nr. 1063). Verf. bereitet eine Quellenedition hierzu vor. Auf Einzelbelege wird verzichtet.

55 BA Koblenz, NS 22, Nr. 1063, Aufstellung der Reichsleitung der NSDAP (Ley), vom 2. 12. 1931, auch für die folgenden Angaben.

56 StA Stade, Rep. 80 P, Nr. 803, Lagebericht des Harburger Polizeipräsidenten, 14. 10. 1931.
57 Wie Anm. 63.
58 Vgl. dazu die Belege bei WERNECKE, Klaus: Die konservative Faschisierung der protestantischen Provinz. Bürgerliche Öffentlichkeit und Nationalsozialismus, in: LÜNEBURGER ARBEITSKREIS »MACHTERGREIFUNG« (Hrsg.): Heimat, Heide, Hakenkreuz (vgl. Anm. 23), 53–81, bes. 71 ff.
59 Auf in den Kampf! Sturm über Ost-Hannover! *Niedersachsen-Stürmer,* 40. F., 3. 10. 1931, mit sog. Zweimonats-Plan der Versammlungen.
60 NOAKES, 185, Anm. 6: 5238 Mitglieder (Januar 1932).
61 MÖSSNER, 136.
62 Vgl. dazu bes. NOAKES, 167 ff, 171 ff.
63 Niedersächsisches Landvolk, Kreisverband Lüneburg, Protokolle des Kreislandbundes Bleckede. Ich danke dem ehemaligen Geschäftsführer für die Erlaubnis zur Einsichtnahme. Danach auch die folgenden Belege und Zitate.
64 NOAKES, 168.
65 HEBERLE, Rudolf: *Landbevölkerung und Nationalsozialismus. Eine soziologische Untersuchung der politischen Willensbildung in Schleswig-Holstein* 1918 bis 1932. Stuttgart: DVA, 1963, 134 ff.
66 Ebda., 136.
67 LIPSET, Seymour M.: »Fascism« – Left, Right, and Center, in: Ders., *Political Man – The Social Bases of Politics.* Garden City: 1960, 127–179; vgl. für den Zusammenhang zuletzt vor allem FALTER, Jürgen W.: Radikalisierung des Mittelstandes oder Mobilisierung der Unpolitischen? Die Theorien von Seymour Martin Lipset und Reinhard Bendix über die Wählerschaft der NSDAP im Lichte neuerer Forschungsergebnisse, in: STEINBACH, Peter (Hrsg.), *Probleme politischer Partizipation im Modernisierungsprozeß.* Stuttgart: Klett-Cotta, 1982, 438–469 (mit der Literatur).
68 WINKLER, Heinrich A.: Mittelstandsbewegung oder Volkspartei? Zur sozialen Basis der NSDAP, in: SCHIEDER, Wolfgang (Hrsg.): *Faschismus als soziale Bewegung. Deutschland und Italien im Vergleich.* Hamburg: Hoffmann u. Campe, 1976, 102.
69 Ebda., 103.

Literaturverzeichnis

a) Monographien

FALTER, Jürgen/LINDENBERGER, Thomas/SCHUMANN, Siegfried: *Wahlen und Abstimmungen in der Weimarer Republik. Materialien zum Wahlverhalten 1919–1933.* München. C. H. Beck, 1986.

FRANZ, Günther: *Die Entwicklung der politischen Parteien in Niedersachsen im Spiegel der Wahlen 1867 bis 1949.* Bremen-Horn: Dorn, 1951

HEBERLE, Rudolf: *Landbevölkerung und Nationalsozialismus.* Eine soziologische Untersuchung der politischen Willensbildung in Schleswig-Holstein 1918 bis 1932. Stuttgart: DVA, 1963.

KREBS, Albert: *Tendenzen und Gestalten der NSDAP.* Erinnerungen an die Frühzeit der Partei. Stuttgart: DVA, 1959.

LIPSET, Seymour M.: *Political Man – The social Bases of Politics.* Garden City: 1960.

MÖSSNER, Karl-Eugen: *Das deutsche Bodenkreditsystem.* Berlin: Heymanns 1934.

NOAKES, Jeremy: *The Nazi Party in Lower Saxony 1921–1933.* London: Oxford University Press, 1971.

RIETZLER, Rudolf: *»Kapf in der Nordmark«. Das Aufkommen des Nationalsozialismus in Schleswig-Holstein (1919–1928).* Neumünster: Wachholtz, 1982.

UELSCHEN, Gustav: *Die Bevölkerung im Wirtschaftsgebiet Niedersachsen 1821–1939.* Oldenburg: Stalling, 1942.

b) Zeitschriftenaufsätze

BOHMBACH, Jürgen: Die Endphase der Weimarer Republik in Niedersachsen, *Niedersächsisches Jahrbuch für Landesgeschichte*, Bd. 54 (1982), 65–94.

KROHN, Claus-D./STEGMANN, Dirk: Kleingewerbe und Nationalsozialismus in einer agrarisch-mittelständischen Region. Das Beispiel Lüneburg 1930–1939, *Archiv für Sozialgeschichte,* Bd. XVII (1977), 41–98.

WIPPERMANN, Wolfgang: Aufstieg und Machtergreifung der NSDAP in Bremerhaven-Wesermünde, *Jahrbuch der Männer vom Morgenstern,* Bd. 57 (1978), 165–199.

c) Beiträge zu Sammelwerken

FALTER, Jürgen W.: Radikalisierung des Mittelstandes oder Mobilisierung der Unpolitischen? Die Theorien von Seymour Martin Lipset und Reinhard Bendix über die Wählerschaft der NSDAP im Lichte neuerer Forschungsergebnisse, in: Steinbach, Peter (Hrsg.): *Probleme politischer Partizipation im Modernisierungsprozeß,* Stuttgart: Klett-Cotta, 1982, 438–469.

STEGMANN, Dirk: Kleinstadtgesellschaft und Nationalsozialismus, in: Lüneburger Arbeitskreis »Machtergreifung« (Hrsg.): *Heimat, Heide, Hakenkreuz. Lüneburgs Weg ins Dritte Reich,* Hamburg: VSA, 1984, 83–115.

STEGMANN, Dirk: Vom Kaiserreich zum »Dritten Reich«: Die industrielle Entwicklung Harburgs 1900 bis 1937, in: Ellermeyer, Jürgen/Richter, Klaus/Stegmann, Dirk (Hrsg.): *Harburg. Von der Burg zur Industriestadt.* Beiträge zur Geschichte Harburgs 1288-1938, Hamburg: Christians, 1988, 295–352.

STEGMANN, Dirk: Aufstieg und Herrschaft der NSDAP in Harburg 1922–1937, in: Ellermeyer, Jürgen/Richter, Klaus/Stegmann, Dirk (Hrsg.): *Harburg. Von der Burg zur Industriestadt.* Beiträge zur Geschichte Harburgs 1288–1938, Hamburg: Christians, 1988, 449–465.

WERNECKE, Klaus: Die konservative Faschisierung der protestantischen Provinz. Bürgerliche Öffentlichkeit und Nationalsozialismus, in: Lüneburger Arbeitskreis »Machtergreifung« (Hrsg.): *Heimat, Heide, Hakenkreuz.* Lüneburgs Weg ins Dritte Reich, Hamburg: VSA, 1984, 52–81.

WINKLER, Heinrich A.: Mittelstandsbewegung oder Volkspartei? Zur sozialen Basis der NSDAP, in: Schieder, Wolfgang (Hrsg.): *Faschismus als soziale Bewegung.* Deutschland und Italien im Vergleich, Hamburg: Hoffmann u. Campe, 1976, 97–118.

EIKE HENNIG

Politische Gewalt und Verfassungsschutz in der Endphase der Weimarer Republik

Zur Themenstellung

In der Vorbemerkung vom 18. 5. 1987 zur Bibliographie seiner Arbeiten stellt Robert M. W. Kempner fest:

> Nicht gelungen sind meine amtlichen und privaten Attacken gegen Hitler und Komplizen, wegen Hochverrats und Meineids, und für die Auflösung der NSDAP. Dafür war man zu Beginn der dreißiger Jahre noch zu feige und politisch zu ahnungslos. Zur Beseitigung seines Mordregimes mußten erst Millionen von ausländischen Soldaten ihr Leben lassen.[1]

Diese Bemerkung soll aufgegriffen werden, insbesondere um die Erfolglosigkeit der hellsichtigen preußischen Denkschrift gegen die NSDAP »als staats- und republikfeindliche hochverräterische Verbindung« vom August 1930[2] – also vor dem Erfolg der NSDAP bei der Wahl zum 5. Reichstag am 14. September – zu beleuchten. Die Frage lautet:

Woran liegt es, daß die auch nach dieser Reichstagswahl (nachdem die NSDAP von 12 auf 107 Abgeordneten anwächst und damit hinter der SPD mit 143 Mandaten die zweitstärkste Fraktion stellt) vom preußischen Innenminister bekundete Ansicht fehlgeht, der sozialdemokratisch geführte preußische Staat sei »der Fels, an dem die Wogen der Unsicherheit und Unordnung sich brächen«?[3] Konkreter noch: Woran liegt es, daß »das politische System« trotz ausreichender Diagnosen nicht gegen die Bürgerkriegssituation einschreitet und auf die Auflösung seiner demokratisch legitimierten Staatlichkeit nicht mit den Mitteln rechtsstaatlichen Verfassungsschutzes reagiert, sondern dies als die Möglichkeit zur autoritären Reformierung und Transformation politischer Maßnahmegewalt glaubt funktionalisieren zu können?

Die im folgenden auszuführende Antwort lautet:

Es liegt weder an mangelnden Kenntnissen, Einsichten und Praxeologien noch am Fehlen demokratischer Mahnungen und Aufrufe, sondern an der zu breiten Schnittmenge, die ab 1930 die heterogenen Deutungsmuster von elitär oder massenakklamativ legitimierten autoritären Politikkonzepten mit der NSDAP »aussöhnt«,[4] so daß schließlich der politisch wie sozial antidemokratische Extremismus der NSDAP toleriert wird.[5] Es liegt – was die Wirkungslosigkeit der Denkschrift(en) gegen die NSDAP und einen »verpaßten Nazi-Stopp« anbetrifft – vor allem an fehlenden demokratisch-republikanischen und materiell-rechtsstaatlichen[6] Einstellungen und Verhaltensweisen großer Teile der Eliten in Industrie, Landwirtschaft, Administration, Justiz, Politik, Publizistik, Vereinen und Geistesleben. Das »antidemokratische Denken« ist vorrangig eines von Eliten,[7] die in politischer Arbeitsteilung mit der nationalsozialistischen Massenbewegung ihre Basis finden wollen – eine Basis, an deren »Zähmung« sie glauben, ohne jedoch dafür politisch kompetent zu sein.[8]

Eine solche Betrachtung kann hier nur in Umrissen vorgenommen werden, denn allzu sehr sind für die Auflösungsphase der Weimarer Republik die Themenkomplexe Polizei,[9] rechtsstaatlicher Verfassungsschutz[10] und (übergreifend) Gewalt in der Politik[11] bis heute vernachlässigte Forschungsfelder. Diese Thematik wird meistens viel zu abstrakt staats- und verfassungstheoretisch abgehandelt,[12] so daß hier am Beispiel der Kempnerschen Denkschrift vom August 1930 lediglich eine neue, auf konkretes Institutionenhandeln bezogene Aufmerksamkeitsrichtung[13] skizziert werden kann.

Eine Forschungsperspektive

Notwendig ist es, die abstrakt als »Desintegration des politischen Systems« oder als »Machtvakuum« bezeichnete Auflösung des staatlichen Gewaltmonopols, besonders im Jahr 1932, dem sogenannten »Entscheidungsjahr«, so aufzuarbeiten, daß klar wird, warum die exekutiven Apparate und (rechts)politischen Möglichkeiten kaum auf die immer massivere politische Gewalteskalation der NSDAP reagiert haben (trotz erster Warnungen seit 1930). Durch Untätigkeit und Toleranz wird es der NSDAP ermöglicht, das staatliche Gewaltmonopol zu unterwandern. Hinter dem Rücken der Akteure vollzieht sich somit nicht nur eine Erosion des Gewaltmonopols, sondern auch eine Transformation des Rechtsstaats und der Republik (bis 1930) in einen autoritären Staat. Nach dem 30. 1. 1933, nach der politischen Gewaltenteilung mit Teilen der traditionellen Eliten, kann die NSDAP zuerst als »Hilfspolizei« mit dem staatlichen Gewaltapparat verschmelzen, um ihn schließlich sogar zu kontrollieren.

Aufgrund der personellen und politischen Konsequenzen im Gefolge der Amtsenthebung der geschäftsführenden preußischen Koalitionsregierung von SPD, Zentrum und Deutscher Staatspartei durch eine Reichsexekution der Regierung Papen am 20. 7. 1932[14] wird das Terrain für die NSDAP bereitet, weil z. B. die – auch seitens der KPD aufgelisteten[15] – republikanischen und sozialdemokratischen Polizeioffiziere ihr Amt verlieren[16] und die größte Länderpolizei damit kaum mehr gegen nationalsozialistische Gewaltmaßnahmen einschreitet. Die Gewalt der NSDAP löst 1930 bzw. 1932/33 keine wirksame staatliche Feinderklärung aus.

Systemische Gegenmaßnahmen unterbleiben gegenüber einer massenhaft gestützten und tolerierten politischen Gewalt von »rechts«, auf deren Funktionalisierung und Integration einflußreiche Teile der seit 1930 nicht mehr demokratisch legitimierten politischen Elite setzen. Die Wirkungslosigkeit der Denkschrift vom Herbst 1930, die die NSDAP als »staatsfeindilche Vereinigung« und »hochverräterisches Unternehmen« (im Sinne von §§ 86, 129 StGB) analysiert und deren Bestreben zur Errichtung einer »gegen die Verfassung des Deutschen Reichs« gerichteten Diktatur nachweist[17], ergibt sich aus dem Zusammenspiel von Interessen der betreffenden Eliten und von systemtransformierenden »Massensehnsüchten«. Die Ohnmacht entsprechender Analysen wird besonders deutlich, wenn sie komparativ mit den Systemreaktionen auf die Ermordung von Matthias Erzberger (26. 8. 1921) und Walther Rathenau (24. 6. 1922), also mit den Verordnungen und dem Gesetz zum Schutz der Republik (21. 7. 1922), verglichen wird. Gegen die politische Gewalt rechtsextremer Kleinstgruppen erscheinen Schutzmaßnahmen ebenso opportun wie die gegen kommunistische Aktionen (1919, 1921, 1923) und sozialdemokratisch-kommunistische Landesregierungen (1920, 1923) durchgeführten politischen Gewaltmaßnahmen des Staates (schon das Ausbleiben von Maßnahmen gegen die Rechtswende des Landes Bayern im November 1923 deutet aber auf die ungleichgewichtige Praxis bei der Verteidigung der demokratischen Verfassungsordnung hin).

Aus komparativer Sicht wäre es schließlich sehr reizvoll, die 1932 trotz massiver Gewaltmaßnahmen ausgebliebenen Systemreaktionen nicht nur mit denen von 1922, sondern auch mit den weiterführenden rechtspolitischen Maßnahmen der Bundesrepublik 1977 gegenüber den terroristischen Aktionen der »links« verorteten Kleingruppen zu vergleichen. Ganz im Sinn Kempners[18] geht es bei derartiger vergleichender politischer Systemforschung um »Lehren« aus der »erschütternden Tatsache« des Einbezugs der NS-Oligarchie in die Staatsapparate.

Die Evidenz

Rechtsextreme politische Gewalt während der Auflösungsphase der Weimarer Republik

Die verfassungsmäßig festgestellte republikanische Staatsform wird 1930 zum »Schutzobjekt«,[19] der Staat nimmt den »Abwehrkampf gegen den Radikalismus«[20] auf, um »Auswüchse« des politischen Kampfes (wie »Beschimpfungen, böswillige Verächtlichmachung, Gewalttaten und Waffen«) zu unterbinden. Das politische Leben, so werden die vier Verordnungen zur »Bekämpfung politischer Ausschreitungen« (1931) kommentiert, soll wieder die Formen annehmen, »die guter deutscher Sitte entsprechen«,[21] denen aber – mit einer breiten Spur individuellen wie kollektiven Terrors – seit 1918/19 die Praxis geheimer oder staatsfeindlicher Verbindungen entgegensteht. Trotz der §§ 128 und 129 des Strafgesetzbuches (StGB) von 1871:[22]

§ 128 StGB
Die Teilnahme an einer Verbindung, deren Dasein, Verfassung oder Zweck vor der Staatsregierung geheimgehalten werden soll, oder in welcher gegen unbekannte Obere Gehorsam oder gegen bekannte Obere unbedingter Gehorsam versprochen wird, ist an den Mitgliedern mit Gefängnis bis zu sechs Monaten, an den Stiftern und Vorstehern der Verbindung mit Gefängnis von einem Monat bis zu einem Jahr zu bestrafen.

§ 129 StGB
Die Teilnahme an einer Verbindung, zu deren Zwecken oder Beschäftigung gehört, Maßregeln der Verwaltung oder die Vollziehung von Gesetzen durch ungesetzliche Mittel zu verhindern oder zu entkräften, ist an den Mitgliedern mit Gefängnis bis zu einem Jahre, an den Stiftern und Vorstehern der Verbindung mit Gefängnis von drei Monaten bis zu zwei Jahren zu bestrafen.

Gleichlautend schließen beide Paragraphen mit dem Zusatz:

Gegen Beamte kann auf Verlust der Fähigkeit zur Bekleidung öffentlicher Ämter auf die Dauer von einem bis zu fünf Jahren erkannt werden.

Auch wenn die Weimarer Verfassung vom 11. 8. 1919 (WRV)

keine Grundsätze verbindlich feststellt (anders als Art. 1, 20, 79 (3) GG) und eine Verfassungsänderung (bei bestimmter Mehrheitsprozedur) wie einen Akt einfacher Gesetzgebung behandelt (Art. 68, 76 WRV) – Gerhard Anschütz kommentiert Art.76: »Die Verfassung steht nicht über der Legislative, sondern zur Disposition derselben ... ohne Unterschied des Inhalts und der politischen Tragweite«[23] –, so legen das Strafrecht und konkretisierende Verordnungen doch fest, daß »schwerwiegende Ordnungswidrigkeiten« ausgeschlossen bzw. als Offizialdelikt verfolgt werden sollen. An die Stelle des Verfassungsschutzes tritt der Staatsschutz bzw. die Sicherung der Staatsautorität. Letztgenannte Verordnung vom 13. 4. 1932 (RGBl. I, 175)[24] geht gemäß der amtlich-begründeten Verlautbarung von »bürgerkriegsähnlichen Zuständen«[25] aus und dekretiert mit sofortiger Wirkung die Auflösung sämtlicher »militärähnlicher Organisationen« der NSDAP, insbesondere der SA und SS. Jedoch vermag selbst diese weitgehende Verordnung nichts daran zu ändern, daß politische Gewalt nicht als Verfassungswidrigkeit begriffen werden kann, sondern als konkrete Tat oder Gewalt in die Optik des Strafrechts hineinfällt. Das Verfassungsverständnis der Weimarer Republik definiert damit einen späten Reaktionspunkt und überbetont punktuelle strafrechtliche Gegenmaßnahmen.

Wenn Gerhard Botz zwischen neuen Hauptformen politischer Gewalt von der Rauferei bis zum Staatsstreich unterscheidet (je nach der Anzahl der Beteiligten, der Zeitdauer und Intensität bzw. dem Organisationsgrad),[26] so wird dieser Aufmerksamkeitshorizont zur Unterscheidung von Freund oder Feind in Weimar dadurch begrenzt, daß er ab 1930 mit Bezug auf die außerparlamentarische Vollmacht des Reichspräsidenten jenseits der Nachrichtensammlung erst dann praktisch wird, »wenn im Deutschen Reiche die öffentliche Sicherheit und Ordnung erheblich gestört oder gefährdet wird« (Art. 48 (2) WRV).

Organisatorisch verdichtet sich diese strafrechltiche Wahrnehmung in den Nachrichtenzentralen der Länder, der Nachrichtensammelstelle des Reiches und im Informationsaustausch der Nachrichtenkonferenzen.[27] Fixiert ist man dabei (auch seitens der Länder) auf Strafrechtstatbestände wie Hausfriedens- und Landfriedensbruch, geheime oder kriminelle Vereinigungen, Störungen des öffentlichen Friedens, Körperverletzungen und Sachbeschädigungen (§§ 123, 125, 126, 128, 129, 223 ff., 303 ff. StGB), während der (politisch-soziologisch schon entwickelte[28]) Begriff einer »absolutistischen Integrationspartei« (S. Neumann) verfassungsrechtlich kaum gewürdigt wird und nicht zum Leitbegriff avanciert. Damit aber werden im allgemeinen weniger die Organisation, als Einzeltäter und Einzeltatbestände aus der Sicht des Staatsschutzes wahrgenommen und beurteilt.[29]

Evident ist es auch aus dieser Optik, daß die NSDAP massiv politische Gewalt organisiert und der Ausgangspunkt ebensolcher formeller wie informeller Kleingruppen sowie Einzelaktivitäten ist. Von ihren erneuten Anfängen[30] nach 1924, über das Ritual der Fahnenweihe durch die »Blutfahne« und über Märtyrer wie Horst Wessel (1930) – daneben hat jeder Gau seine regionalen »Helden« – dokumentiert die NSDAP, daß sie Gewalt als politisches Medium akzeptiert, ausübt und inszeniert.[31] Die selbststilisierte Geschichte der NSDAP (»Von sieben Mann zum Volk«[32]) ist auch eine Geschichte von Gewalt[33] – eingebettet in eine »verrohte Nachkriegsatmosphäre« (A. Tyrell) bzw. hineingestellt in die »Seuche des politischen Fanatismus« (D. Guérin), die bereits Jugendliche erfaßt.[34]

Im Vorfeld und nach der Reichstagswahl vom 14. 9. 1930 entwickeln sich die kollektive Gewalt von Straßen- und Saal»schlachten«, der akute oder demonstrativ angekündigte Individualterror und die organisierte Präsentation von Gewaltbereitschaft in Form von »Propagandamärschen« zu bestimmenden Ausdrucksformen der Öffentlichkeit in der Auflösungsphase der Weimarer Republik. Es ist dies ein interaktives Netzwerk symbolischer und konkreter Gewalt, das die NSDAP mit ihren Feinden – i. e. besonders das »System«, liberale Intelligenz und die in sich antagonistisch gespaltenen Arbeiterorganisationen[35] – verbindet. Das Demonstrieren und Ausagieren von Gewalt spielt dabei (aus der Logik der Organisation wie der Mitglieder) für die NSDAP die Rolle, Entschiedenheit und Durchsetzungsvermögen angesichts einer apokalyptisch stilisierten Gefahr (»Hakenkreuz oder Sowjetstern«) zu vermitteln. Dieses Deutungsmuster appelliert gegenüber den heterogenen »bürgerlich-kleinbürgerlichen« Wählern (1932 sind dies je NS- bzw. je SA-Mitglied im Durchschnitt 16 bzw. 42 Wähler) an Toleranz, an Verständnis für Gewalt gegenüber einer anders nicht mehr zu bändigenden Bedrohung, gegenüber »entmenschten roten Horden«:

> Kommunismus ist keine Partei, ist keine Weltanschauung – er ist organisiertes Verbrechertum ...[36]

Die Formen der NS-Gewalt werden in dieses Deutungsmuster als »Abwehrkampf« und »gerechter Zorn« eingebettet und somit eo ipso als Politikum definiert bzw. von Kriminalität abgegrenzt:

Der Nationalsozialismus ist zum Sachwalter und zur Willensorganisation des Volkes geworden, das sich gegen die marxistische Terrorherrschaft aufbäumt.[37]

Während die Arbeiterparteien über Fragen der Verfassungs- und Rechtsstaatlichkeit und der Gewalt für oder gegen die Republik zerstritten sind[38], bieten sie aus der Wahrnehmungsperspektive der NSDAP eine lediglich graduell abgestufte Einheitsfront.

Wie ein Aufschrei muß es durch Deutschland gehen:
Zerstampft den Kommunismus!
Zerschmettert die Sozialdemokratie![39]

Aus dieser Gesamtperspektive (»Deutsches Volk, erhebe dich! ... Zerstampft das System und seine Parteien!«) kann die NSDAP mit Gewalt und Märtyrern Politik und Propaganda machen. Vor allem 1932, im Jahr »der Wahlschlachten« und »größten Kämpfe« (W. M. Espe), wird mit bis zu 360 oder 320 ermordeten »Kameraden« geworben[40], um die Berechtigung des politischen Anliegens (»Wir wollen an die Macht«) zu unterstreichen. Tote stehen für die Wahrheit – für die eigene und für die der Aussage über den Feind und das überforderte »System«. Richtet sich doch die als Abwehr legitimierte Gewalt z. B. gegen einen »Polackenüberfall auf unsere SA«[41]. Alle Symbole fallen zusammen, wenn die Reichsausgabe des *Völkischen Beobachters* am 6. 8. 1932 auf der Titelseite die »furchtbare Blutbilanz des roten Bürgerkriegs« zieht: »8185 tote und verletzte Nationalsozialisten vom 1. Januar 1932 bis heute. 59 Tote beklagt die NSDAP allein in diesem Jahr ... « Daneben wird auf derselben Titelseite als »Symbol der Demokratie« angezeigt: »Ein jüdisches Kommunistenweib will den Reichstag eröffnen!« (womit auf die Alterspräsidentschaft der 75jährigen Clara Zetkin am 30. August hingewiesen wird).

Gegen solche Bilder der Entehrung und von »Terror und Mord der entfesselten Mordkommune« wird das Bild der »gestählten, kampfbereiten Menschen«, des »disziplinierten und gut erzogenen Kämpfers« aufgerichtet. Dieses Bild verkörpert die SA mit »Wucht und Entschlossenheit«, deren Gewalt demzufolge im NS-Selbstverständnis als Kampf aufgefaßt wird und die ebenso für das Außenverständnis präsentiert wird:

Kampf ist die Hauptaufgabe der SA, Kampf gegen alles ... Marxismus, internationale Hochfinanz, Volksausbeuter, Volksversklavung, Rassenschande, Kastengeist, Standesdünkel. Die SA führt diesen

Kampf in der Eroberung der Straße, in der Brechung des roten Terrors ... und durch Aufmärsche ... Kampfgrundsatz ist: Die SA muß Sieger sein, wo sie auftritt. Dementsprechend ist auch der Einsatz zu regeln.[42]

Der Vorteil der NS-Gewalt und damit (vermutlich) ein Ursprung ihrer Akzeptanz als notwendiges und berechtigtes Pendant, um das Credo der (inhaltsentleerten) Legalität auf der »Straße« wieder durchzusetzen[42a], besteht darin, daß sich diese Gewaltformen als Teil eines gesamtgesellschaftlichen Deutungsmusters verstehen. Der isolierte Zugriff des Staatsschutzes, Gewalt als strafrechtlichen Tatbestand zu erfassen, scheitert grundsätzlich am Totalitätsanspruch des NS-Gewaltappells und wird dessen Bedeutung nicht gerecht. Allein Umfang und Qualität der Gewaltpraxis hätten aber stutzig machen müssen (wenn nicht das NS-Deutungsmuster bei »Eliten« und »Wählern« auf »Sympathie« gestoßen wäre).

Christopher Isherwoods Roman *Mr. Norris steigt um* (deutsch: Berlin 1983) schildert den »Bürgerkrieg«: »Es kam vor, daß mitten auf einer belebten Straße ein junger Mann angegriffen, ausgeraubt, verprügelt und blutend auf dem Bürgersteig liegengelassen wurde.« Die vom SPD-Vorstand eingerichtete »Terror-Abwehrstelle« legt Ende 1931 Reichskanzler Brüning eine umfangreiche Denkschrift vor (»Gewalttaten der Nationalsozialisten«)[43], die Isherwoods Schilderung unvermittelt explodierenden Hasses minutiös belegt. Axel Eggebrecht und Harry Graf Kessler schildern übereinstimmend z. B. die Ausschreitungen der NSDAP auf dem Berliner Ku-Damm anläßlich der Eröffnung des 5. Reichstages am 13. 10. 1930.[44] Eggebrecht redet von der NSDAP als einer »Gewalt-Bewegung« und erwähnt »fortwährende Schlägereien«; Kessler trägt zum 12. 7. 1932 im Tagebuch ein: »Es ist eine Tag für Tag und Sonntag für Sonntag fortlaufende Bartholomäusnacht.« Ebenso betont der preußische Innenminister Carl Severing anläßlich einer Besprechung u. a. mit Brüning bereits am 4. 2. 1931 in der Reichskanzlei, »daß jetzt fast täglich in Deutschland Menschen im politischen Kampfe verwundet oder getötet (werden).«[45]

Die NSDAP (ebenso wie die KPD[46]) ist in dieser Kampffront fest involviert, was bereits ein erster Blick auf die (in vielen Details noch zu präzisierende, ja überhaupt erst zu rekonstruierende) »Gewaltstatistik« belegen mag. Bezogen auf die Wahlkämpfe zum 5. und 6. Reichstag 1930 und 1932, zeigt sich, daß NSDAP- und KPD-Mitglieder besonders stark an unterschiedlichen Ausschreitungen beteiligt sind.

Tabelle 1: Die Beteiligung der Parteien an Gewaltaktivitäten 1930 und 1932[47]

	NSDAP	DNVP	SPD	KPD
14. 7.–14. 9. 1930				
(1) Gesamtzahl der Gewaltaktivitäten: 316				
(2) Anzahl der Aktivitäten unter Beteiligung von: (Mehrfachzählungen)	135	15	18	88
(2) in % von (1):	42,7	4,7	5,7	27,8
31. 5.–31. 7. 1932				
(1) 569				
(2)	342	17	43	257
(2) in % von (1)	60,1	3,0	7,6	45,2

Besonders schwierig ist es, Täter und Opfer dieser Gewaltaktionen zu unterscheiden. So berichtet die SPD für die Jahre 1930 und 1931 von 1480 NS-Gewalttaten, bei denen 62 Tote und etwa 3 200 Verletzte zu beklagen sind; von kommunistischer Seite ist die Rede von 10 000 NS-Überfällen und 110 ermordeten Arbeitern[48]; mehrheitlich propagiert die NSDAP selbst, bis September 1931 200 Tote und über 8 000 Verletzte zu zählen.[49]

Besonders eindeutig fallen die Bilanzen des Jahres 1932 aus. So sterben z. B. an einem Sonntag, am 11. 7., 17 Personen bei politischen Gewaltaktionen, 191 werden schwer verletzt; allein ein von rund 7 500 SA-Mitgliedern durchgeführter »Propagandamarsch« fordert am 17. 7., dem sogenannten »Altonaer Blutsonntag«, 16 Todesopfer und mehr als 50 Verletzte; in Preußen sterben in den 10 Tagen vor der Wahl am 31. 7. 1932 bei politischen Konflikten 24 Personen, und 284 werden schwer verletzt. Die von der preußischen Regierung geführte Statistik der politischen Todesfälle beleuchtet diese Bilanz sehr eindringlich und unterstreicht die Bedeutung des SA-Verbots vom 13. 4. bzw. seiner Aufhebung am 14. 6.:

Tabelle 2: Politische Todesfälle in Preußen 1932[50]

	Tote insges.			NSDAP*			KPDa*		
1932	N	%	kum. %	N	%	kum. %	N	%	kum. %
Februar	8	5,8	5,8	3	2,2	2,2	3	2,2	2,2
März	11	8,0	13,8	2	1,45	3,6	9	6,5	8,7
April	6	4,3	18,1	2	1,45	5,0	3	2,2	10,9

	Tote insges.			NSDAP*			KPDa*		
1932	N	%	kum. %	N	%	kum. %	N	%	kum. %
Mai	7	5,1	23,2	2	1,45	6,4	4	2,9	13,8
bis Mitte Juni	3	2,2	25,4	2	1,45	7,8	1	0,7	14,5
1. Zwischensumme	35	25,4	25,4	11	8,0	8,0	20	14,5	14,5
ab Mitte Juni	17	12,3	37,7	12	8,7	16,7	5	3,6	18,1
Juli	86	62,3	100,0	38	27,5	44,2	30	21,7	39,8
2. Zwischensumme	103	74,6	74,6	50	36,2	36,2	35	25,4	25,3
Gesamtsumme	138	100,0	100,0	61	44,2	42,2	55	39,9	39,8

* Die Prozentangaben beziehen sich auf die Gesamtsumme der Toten (N = 138).

Diese Auflistung zeigt, daß nach Aufhebung des SA-Verbots und nach dem sogenannten »Preußenschlag« die Zwischenfälle mit Todesfolge klar zunehmen. Eindeutig ist auch, daß auf die NSDAP die meisten der politischen Todesfälle entfallen (wobei aber unklar bleibt, in welchem Ausmaß es sich dabei um Opfer oder Täter handelt).

Bezogen auf verschiedene NS-interne Quellen, läßt sich bei allen Unstimmigkeiten z. B. über Orte und Datum, über die Schreibweise der Namen und über untereinander abweichende Namensnennungen folgende Liste der politischen Todesfälle erstellen (wobei die NSDAP selbst von einer »Ehrenliste der Ermordeten der Bewegung« spricht):

Tabelle 3: Politische Todesfälle und Verletzte der NSDAP (1928 – März 1933)[51]

	Verletzte	Todesfälle			Index (ganzzahlig gerundet)	
	N	N	%	kum. %	1930=100	1932=100
1928	360	5	2,3	2,3	26	5
1929	881	12	5,5	7,8	63	13
1930	2 506	19	8,7	16,5	100	20
1931	6 307	46	21,0	37,5	242	48
1932	9 715	96	43,8	81,3	505	100
1933	(550)	41	18,7	100,0	216	43
Summe	20 319	219	100			

Aufschlußreich im Vergleich hierzu ist auch die NS-interne Auflistung der politischen Todesfälle bei der Polizei und anderen rechten Verbänden:

Tabelle 4: Politische Todesfälle der Polizei und von DNVP/Stahlhelm (1928 – März 1933)[52]

	rechte Verbände* Todesfälle		Polizei Todesfälle		Polizei Verletzte	
	N	%	N	%	N	%
1928	5	9,3	–	–	66	5,7
1929	8	14,8	3	13,0	145	12,5
1930	3	5,6	1	4,3	274	23,6
1931	19	35,2	8	34,8	332	28,6
1932	13	24,1	6	26,1	304	26,2
1933	6	11,1	5	21,7	40	3,4
Summe	54	100,1	23a	99,9	1 161	100,0

* Ohne SA/Stahlhelm-Hilfspolizisten

(Ausdrücklich muß zu den Tabellen 1, 3 und 4 betont werden, daß es sich lediglich um die Veranschaulichung von Entwicklungen handelt. Die schmale und parteiliche Quellengrundlage erfordert als nächsten Arbeitsschritt die Suche und Auswertung »amtlicher« Vergleichsdaten[53] und die ortsweise, namens- wie datumsbezogene Auswertung einschlägiger Lokalzeitungen.)

Die Diagnose

Die NSDAP = eine staatsfeindliche Verbindung

Als staatsfeindliche Verbindung entsprechend § 129 StGB und § 4 des Republikschutzgesetzes vom 25. 3. 1930 versteht sich eine Vereinigung, die auf die Öffentlichkeit einwirkt und bezweckt, »politische Gegenstände« so zu erörtern und zu beeinflussen, daß eine »Untergrabung« der republikanischen Staatsform beabsichtigt ist.[54] Angesichts der Offenheit der Weimarer Verfassung ergeben sich Probleme, wenn eine Organisation wie z. B. die SA nicht nur punktuell, sondern kontinuierlich als Träger von Gewalt auftritt, so daß sich der Tatbestand unmittelbarer Gefahr auflöst (ein Tatbestand, der gemäß Art. 123 (2) WRV ein örtlich und zeitlich begrenztes Verbot von Versammlungen unter freiem Himmel zuläßt). Ferner potenzieren sich diese Probleme, wenn dieselbe Organisation »dauernd Stöße von Legalitätserklärungen« versendet (so der Reichsinnen- und Reichswehrminister Wilhelm Groener am 10. 4. 1932) und für Gerichte wie politische Eliten eine offensichtliche Schwierigkeit darin besteht, einen materiellen und organisatorisch-institutionell gesättigten Legalitätsbegriff zu entwickeln. Der vom Strafrecht ausgehende Staatsschutz erfaßt – trotz aller Gewalthäufungen – die Totalität der NS-Gewaltaktivitäten nicht und verkennt vom Ansatz her, daß diese im Rahmen eines übergeordneten politischen Deutungsmusters stehen.

»Wenn der Wolf ... im Schafskleid der Legalität kommt«[55], dann ist der Staatsschutz der Weimarer Republik nicht in der Lage (und nicht willens), den Widerspruch zwischen Legalitätsbekundungen sowie extremen Willensäußerungen, opportunistischen Legalitätsinterpretationen (als »IdI«, als »Inhaber der Immunität«, und Besitzer eines Freifahrscheins – so Joseph Goebbels) und aggressiven Taten der halbmilitärischen Unterorganisation SA so aufzuarbeiten, daß insgesamt die NSDAP als staatsfeindliche Verbindung begriffen wird. Damit kann aber auch das strafrechtlich-politische Konzept des Volksstaates Hessen[56] im allgemeinen nicht eingelöst werden, weil der NSDAP seitens der Polizei »Dolch und Pistole« eben nicht aus der Hand geschlagen werden. Dieses Interpretationsklima bedingt Ohnmacht und mangelnde Resonanz der preußischen Anti-NSDAP-Denkschrift vom August 1930[57] (so wie sein Wirken auch am Beispiel der Reaktion auf die sogenannten Boxheimer Dokumente gezeigt werden könnte[58]).

Den Staatsschutzsektor gibt Carl Schmitt wieder, der im Sommer 1932 nur mehr »das Präsidialsystem, die letzte Chance der Weimarer Verfassung« (wohlgemerkt: nicht der Republik und der Weimarer parlamentarischen Demokratie), retten will[59] und allein noch auf die Maßnahmen des »Verwaltungsstaates«[60], d. h. auf den Reichspräsidenten als »Aktionskommissar der abnormen Lage«[61], setzt. Der parlamentarische Gesetzgebungsstaat wird aufgegeben. Dieses leitet Schmitt aus dem Prinzip der inhaltsleeren Chancengleichheit und damit der Paradoxie einer legalen Beseitigung der Legalität[62] ab und stellt Mitte 1932 dagegen die letzte Wahrheit eines »deutschen Verfassungswerkes«.[63] Schmitt sieht aber nicht, daß der von ihm beschriebenen »inhaltlichen Neutralität ... eines funktionalistischen Legalitätsbegriffes« nicht nur die bürgerkriegsähnliche Praxis des Jahres 1932 – und damit die Permanenz einer staatsaufzehrenden politischen Gewalt als Neben- und Gegenstaatlichkeit – entgegensteht, sondern daß dieser Zustand als Ergebnis eines seit 1930 immer manifesteren Prozesses die Aufgabe von Verfassungsgrundsätzen und von Verfassungsschutz voraussetzt.

Der Schutz der Republik bedingt implizit einen inhaltlichen Legalitätsbegriff[64] (gerade Carl Schmitts Flucht in die wertbeladene Legitimität eines Antipluralismus verdeutlicht dies), nur von der Basis materieller Legalität kann eine radikale und kritische Analyse der NSDAP vorgetragen werden. Dies läßt sich am Beispiel der Denkschrift vom August 1930 verfolgen, die notwendigerweise mit der Diskussion des Partei- bzw. Verbindungscharakters der NSDAP einsetzt. Indem der NSDAP ein »Doppelcharakter als politische Partei und als politischer Bund«[65] zugesprochen wird, kann sie als staats- und republikfeindliche sowie hochverräterische Verbindung ausgewiesen werden[66], die im »Kampf gegen die parlamentarisch-demokratisch republikanische Staatsform selbst«[67] steht. Nicht die Materialfülle und/oder die präzise Analyse, mit der z. B. die Legalitätslegende als Opportunismus zerstört wird[68], sondern besagte Aufmerksamkeitshaltung, die die Totalität der NS-Gewaltphilosophie kritisch reflektiert, heben diese Denkschrift vom August 1930 vor anderen hervor.[69]

Die Folge

Vom parlamentarischen Gesetzgebungsstaat zum autoritären Maßnahmestaat – mit Sympathie für Millionen Deutsche (in der NSDAP)

Der Titel zitiert denjenigen, der gegenüber der Denkschrift vom August 1930 obsiegte: Carl Schmitt, den Promotor eines 1933 faschistisch aufgefüllten autoritären Staats. Während Schmitt im Sommer 1932 noch neutral bleibt und »Faschismus und Bolschewismus« gleichermaßen als die Feinde des bürgerlich-rechtsstaatlichen Prinzips bezeichnet[70] – »Nationalsozialisten, Kommunisten, Gottlose oder was immer« und auch deren Ziele (»Sowjetrepublik, nationalsozialistisches Reich«) werden lediglich zitiert, um pro auctoritas auf die Verfallslogik der Prinzipien Wertneutralität und Chancengleichheit hinzuweisen[71] –, so konkretisiert er nach dem »Preußenschlag« vom 20. 7. seine Position, indem er eine pronazistische Unterscheidung zwischen NSDAP und KPD vornimmt. Als einer der Prozeßvertreter der Reichsexekution verdichtet Schmitt in der Verhandlung Preußen contra Reich vor dem Staatsgerichtshof seine Konfliktanalyse zur Analyse einer »Bürgerkriegslage«, die die Frage nach Legalität oder Illegalität im »Parteikampf« aufwirft. In diesem Argumentationsgang präzisiert Carl Schmitt seine vormals allgemein antipluralistische Position durch die Befürwortung eines pro-nazistischen starken Staates:

Die Entscheidung darüber, ob eine Partei legal oder illegal ist, kann nur eine unabhängige Regierung treffen, denn das ist gerade die Quelle all dieses Unheils, daß die eine Partei die andere für illegal erklärt, ja, daß es als unmöglich bezeichnet wird, eine andere als eine parteiische Staatsführung zu haben, daß der Versuch gemacht wird, diese Anstrengungen, endlich zu einer unabhängigen, unparteiischen Art der Staatsführung zu gelangen, von vornherein mit allen Mitteln als unmöglich und unwahr hinzustellen. Es kam der Reichsregierung, als sie diesen Versuch machte, die bisherige Praxis der Behandlung der nationalsozialistischen Bewegung zu ändern, nicht darauf an, mit den Wölfen zu heulen, Wind aus den Segeln zu nehmen oder dergleichen, es kam ihr in erster Linie auf etwas sehr viel Einfacheres und Näherliegendes an, gerecht und objektiv zu sein, und die für eine Bewegung, mit der Millionen Deutscher nicht nur sympathisieren, der sie ihre Stimme gegeben haben, beleidigende Gleichstellung mit der Kommunistischen Partei aufzuheben.[72]

Das ist am 10. 10. 1932 der Inhalt der im Sommer noch neutral gehaltenen plebiszitären Legitimität. So erklärt Schmitt die Aufhebung des SA-Verbots vom 13. 4. durch eine paradox als Verordnung gegen politische Ausschreitungen betitulierte Maßnahme des Reichspräsidenten vom 14. 6. (RGB l. I, 297).[73] Im Sommer 1932 hat Schmitt noch sarkastisch die unterschiedliche Bewertung von Stimmen als Verfassungswiderspruch kritisiert[74], jetzt reicht die Differenz von 8 Millionen Stimmen (bzw. von 18 Prozent der Wahlberechtigten) zwischen NSDAP und KPD aus, um der NSDAP Legalität zuzubilligen und die Neutralität des Strafrechts aufzugeben.[75]

Worin liegt der Grund für diese Änderungen und für die damit verbundene Niederlage der Position der Denkschrift vom August 1930?

Die bisherige Betrachtung hat ergeben:
Politische Gewalt ist bestimmend, entsprechende Vorfälle häufen sich und nähren die Diagnose »bürgerkriegsähnlich«. Seitens der NSDAP wird Gewalt als Teil eines politischen Gesamtkonzepts im Licht der Apokalypse »Sieg oder bolschewistisches Chaos« praktiziert (»Harte Zeit/Harte Arbeit/Harte Herzen«). Diese Gesamtperspektive wird in ihrer Totalität nicht berücksichtigt, wenn dagegen nur strafrechtlicher Staatsschutz, nicht aber ein republikanischer Verfassungsschutz gesetzt wird. Im Gegensatz zu Carl Schmitt (dessen Position sich im Herbst 1932 folgerichtig für die Aufhebung des SA-Verbots öffnet) bezieht die preußische Denkschrift vom August 1930, zu Beginn der Auflösung der Weimarer

Republik, eine Position, die kritisch dem »ordensmäßigen Charakter« der NSDAP als »absolutistischer Integrationspartei« (S. Neumann) entspricht. Die Notwendigkeit der Denkschrift ist eingangs damit verknüpft worden, daß nicht nur 37 Prozent der Stimmen oder 31 Prozent der Wahlberechtigten am 31. 7. 1932 auf die NSDAP als stärkste Partei entfallen, sondern daß auch einflußreiche Teile verschiedener Funktionseliten die NSDAP tolerieren (und durch die von der NSDAP praktizierte Gewalt angesichts der akzeptierten apokalyptischen Politikdeutung nicht abgestoßen werden). Schließlich gehen diese Eliten am 30. 1. 1933 mit der NSDAP-Oligarchie eine zahlenmäßig bourgeois dominierte politische Arbeitsteilung ein (in der sich dann aber bis 1934 der politische Totalitätsanspruch der machtpolitisch wesentlich kompetenteren und entschiedeneren NSDAP durchsetzt).

Abschließend soll nun die Schnittmenge zwischen NSDAP und Eliten mit Blick auf das gewaltaffine Deutungsmuster betrachtet werden, um weiteres Licht auf die Erfolglosigkeit der Denkschrift vom August 1930 zu werfen.

Im »grundlegenden Werk in allen Fragen (des) nationalsozialistischen Wollens« (E. Unger) verwirft Adolf Hitler 1925 die »Majoritätsentscheidung« zugunsten des »Persönlichkeitsprinzips«:

Autorität jedes Führers nach unten und Verantwortlichkeit nach oben.[76]

Dieses Prinzip bestimmt auch die Dienstvorschrift der SA:

Im Zeitalter der Demokratie muß die Autorität des Führers, in der Zeit einer zügellosen Freiheit eiserne Disziplin ihr Fundament sein.[77]

Im Sommer 1932 findet diese Maxime Eingang in Carl Schmitts Plädoyer gegen den parlamentarischen Gesetzgebungsstaat und für den plebiszitär legitimierten autoritären Maßnahmestaat:

... alle plebiszitären Methoden (setzen) eine Regierung voraus, die ... Autorität hat, die plebiszitären Fragestellungen im richtigen Augenblick richtig vorzunehmen. Die Frage kann nur von oben gestellt werden; die Antwort nur von unten kommen ... Autorität von oben, Vertrauen von unten ...[78]

Diese Übereinstimmung bzw. Annäherung stützt die Aufhebung des SA-Verbots (obwohl dieses mit einem deutlichen Anstieg der politischen Kriminalität verbunden ist – vgl. die Tabellen 3 und 4), denn so wie die SA-Dienstvorschrift von »kampfbereiten Menschen« und »gut erzogenen Kämpfern« ausgeht, so lobt z. B. der preußische Kronprinz Wilhelm am 14. 4. 1932 gegenüber dem Reichswehr- und Reichsinnenminister Groener »das wunderbare Menschenmaterial, das in der SA und SS vereinigt ist und dort eine wertvolle Erziehung genießt«, und betrachtet das Verbot vom 13. 4. als »schweren Fehler«.[79]

NSDAP und SA werden von den seit Mitte 1932 herrschenden Teilen der »Power Elite« als Massenbasis für ihre autoritäre Politik betrachtet. Aus dieser Sicht stellt sich, wie Carl Schmitt 1935 rückblickend formuliert[80], die Alternative einer Diktatur gegen die Massen oder einer populistischen, plebiszitär legitimierten Arbeitsteilung mit einer in den Massen verankerten Organisation.

Die grundsätzliche Interessenkongruenz, die auch Gewaltausübung einschließt[81], ergibt sich aus dem Gegensatz von Demokratie und personaler Autorität bzw. aus der materiell rechtsstaatlichen Tendenz (H. Heller), politische Demokratie auf die soziale Ordnung auszuweiten. Dies spricht Hitler am 26. 1. 1932 vor dem Düsseldorfer Industrieklub aus und verbindet diesen Hinweis mit der Werbung für das Autoritätsprinzip und für die Gewalt als notwendiges Durchsetzungsmittel angesichts der Frage »Bolschewismus oder nicht Bolschewismus«.[82]

Die Interessenkongruenz bezieht sich auf die »Wiederherstellung eines gesunden, nationalen und schlagkräftigen deutschen Volkskörpers« (A. Hitler) im Rahmen einer autoritären Staatsform.[83] Vor diesem Hintergrund vollzieht sich der »republikanische Zerfall« (K. Heiden) und setzt sich der »plebejische« (nicht aber der »realistische« und »aristokratische«) Konservatismus als eine Arbeitsteilung von Eliten und NSDAP durch.[84] Die NSDAP wird aus der Perspektive des Staatsschutzes schließlich als Verstärkung der Staatsautorität aufgefaßt[85], womit jede Wirkungsmöglichkeit für die Anti-NSDAP-Denkschrift vom August 1930 aufgehoben worden ist. Es ist deshalb konsequent, daß Erwin Planck als Chef der Reichskanzlei am 5. 6. 1932 auf einem Brief des preußischen Ministerpräsidenten Otto Braun vom 4. 3. vermerkt:

> Herr RK Brüning wünschte seinerzeit keine Antwort. Ein Teil der Anlagen wurde von mir auf sein Ersuchen vernichtet.[86]

In dem betreffenden Brief argumentiert Otto Braun im Sinn vorangegangener Denkschriften und weist (nochmals) auf Gefahren seitens der NSDAP und besonders der »fanatischen Parteigruppe«, der SA, hin.

»Es« liegt nicht an fehlenden Mahnungen, sondern an den letztlich republikfeindlichen Plänen zur Integration von NSDAP und autoritärer Staatlichkeit, daß es zur Koalition des 30. 1. 1933 kommt. Aufgrund dieser Interessenhaltung der Eliten bleibt die Denkschrift vom August 1930 ein einsamer und folgenloser Mahnruf gegen die NSDAP.

Anmerkungen

1 SCHNEIDER, Thomas: *Robert M. W. Kempner Bibliographie*. Osnabrück: Universität Osnabrück, 1987, 11.

2 Die Denkschrift ist nicht genau zu datieren. Abgedr. ist sie in: *Staat und NSDAP 1930–1932*, eingel. v. Gerhard SCHULZ, bearb. v. Ilse MAURER u. Udo WENGST, Düsseldorf: Droste, 1977, 96–155. Dort wird sie mit Verweis auf KEMPNER (S. 96) »Ende August 1930« datiert (vgl. auch S. XXXVII). Hier wird die Denkschrift zit. n.: KEMPNER, Robert M. W. (Hrsg.): *Der verpaßte Nazi-Stopp*. Frankfurt/Berlin/Wien: Ullstein, 1983. In der Einleitung (S. 7) redet KEMPNER vom »August 1930«, um dann (S. 9) zu erwähnen, die Denkschrift sei am 28. 8. 1930 dem Oberreichsanwalt übermittelt worden. Diese Angabe kann nicht zutreffen, denn die Denkschrift selbst erwähnt als aktuellste Beweise NS-Äußerungen vom 19. und 28. 8. 1930 (S. 42, 126).

3 So am 9. 10. 1930 der preußische Innenminister Heinrich WAENTIG (SPD) – Carl SEVERING übernimmt das Ministerium erst Mitte Oktober, nachem Albert GRZESINSKI im Februar zurückgetreten ist und im November Berliner Polizeipräsident wird (dazu EHNI, Hans-Peter: *Bollwerk Preußen?* Bonn-Bad Godesberg: Neue Gesellschaft, 1975, 52 ff., 166 f., 194 ff.): Besprechung der Oberpräsidenten und Regierungspräsidenten im Preußischen Ministerium des Innern am 9. Oktober 1930 – GStAB Rep. 84 a Nr. 4184, 260. – Insgesamt enthalten diese über das Preußische Justizministerium erhaltenen Besprechungen über die »Politische Lage« 1930 bis 1932 wichtige Kontextinformationen zur Denkschrift vom August (vgl. Anm. 2). Zum Kontext vgl. auch RITTER, Ernst (Hrsg.): *Lageberichte (1920–1929) und Meldungen (1929–1933)*. Bestand R 134 des Bundesarchivs, Koblenz, veröffentlicht als Microfiche-Ausgabe. München/New York/Paris: Saur, 1979. (Neben der Einleitung von XXXVI Seiten, einem Index von 258 Seiten enthält die Edition 400 Microfiches.)

4 Vgl. dazu HENNIG, Eike: *Bürgerliche Gesellschaft und Faschismus in Deutschland*. Frankfurt: Suhrkamp, 1982^2, bes. 227 ff.; ders.: Die weltwirtschaftliche Konstellation am Ende der Weimarer Republik – Weltwirtschaftskrise und der Aufstieg des Faschismus im internationalen Vergleich, in: RITTBERGER, Volker (Hrsg.): *1933. Wie die Republik der Diktatur erlag*. Stuttgart/Berlin/Köln/Mainz: Kohlhammer, 1983, 40–60, bes. 46 ff., 57 f.

5 Allgemein vgl. HENNIG, Eike: *Zum Historikerstreit*. Frankfurt: Athe-

näum, 1988, 181 ff.; im besonderen vgl. ders.: »Der Hunger naht« – Mittelstand wehr Dich – Wir Bauern misten aus. Über angepaßtes und abweichendes Wahlverhalten in hessischen Agrarregionen, in: ders. (Hrsg.): *Hessen unterm Hakenkreuz.* Frankfurt: Insel, 1983, hier 393 ff.

6 Zur materiellen Rechtsstaatlichkeit vgl. HELLER, Hermann: Rechtsstaat oder Diktatur; 1929 – abgedr. in: ders.: *Gesammelte Schriften.* Leiden: Sijthoff, 1971, Bd 2, 443–462 – dazu HENNIG, Eike: Nationalsozialismus, Sozialismus und die ›Form aus Leben‹: Hermann HELLERs politische Hoffnung auf soziale Integration und staatliche Einheit, in: MÜLLER, Christoph u. STAFF, Ilse (Hrsg.): *Staatslehre in der Weimarer Republik.* Frankfurt: Suhrkamp, 1985, 100–113.

7 SONTHEIMER, Kurt: *Antidemokratisches Denken in der Weimarer Republik.* München: Nymphenburger, 1982; vgl. Anm. 4; vgl. im Gegensatz dazu für die BRD: HOFFMANN-LANGE, Ursula: Eliten als Hüter der Demokratie?, in: BERG-SCHLOSSER, Dirk u. SCHISSLER, Jakob (Hrsg.): *Politische Kultur in Deutschland.* Opladen: Westdeutscher, 1987 = Sonderh. 18 Politische Vierteljahresschrift, 378–391.

8 Vgl. HENNIG, *Bürgerliche Gesellschaft,* a. a. O. (Anm. 4), 248–257; ders.: Faschismus, in: NITZSCHKE, Volker u. SANDMANN, Fritz (Hrsg.): *Handbuch für den politischen Unterricht.* Stuttgart: Metzler, 1987, 266–310, hier 271 ff.

9 Dazu WEISS, Bernhard: *Polizei und Politik.* Berlin 1928; LIANG, Hsi-Huey: *Die Berliner Polizei in der Weimarer Republik.* Berlin/New York 1977 (1970[1]); DANNER, Lothar: *Ordnungspolizei Hamburg.* Hamburg 1958; GRAF, Christoph: *Politische Polizei zwischen Diktatur und Diktatur.* Berlin 1983; SIGGEMANN, Jürgen: *Die kasernierte Polizei und das Problem der inneren Sicherheit in der Weimarer Republik.* Frankfurt 1980. Es herrscht Mangel an Dokumentationen und Editionen, die der Länderstudie (bis zum Sommer 1930) vergleichbar wären: KLEMM, Bernd (Hrsg.): *»... durch polizeiliches Einschreiten wurde dem Unfug ein Ende gemacht.« Geheime Berichte der politischen Polizei Hessen über Linke und Rechte in Offenbach 1923–1930.* Frankfurt/New York: Campus/Offenbach: Saalbau, 1982.

10 Vgl. die Dokumentationen und Überblicke von HUBER, Ernst Rudolf: *Dokumente zur deutschen Verfassungsgeschichte,* Bd 3. Stuttgart/Berlin/Köln/Mainz: Kohlhammer, 1966, 412 ff.; ders.: *Deutsche Verfassungsgeschichte seit 1789,* Bd VII. Stuttgart/Berlin/Köln/Mainz, 1984, 680 ff.; wichtig ist vor allem die Quellenedition von SCHULZ, *Staat und NSDAP,* a. a. O. (Anm. 2); zur Analyse vgl. JASPER, Gotthard: *Der Schutz der Republik.* Tübingen: Mohr, 1963; ders.: *Die gescheiterte Zähmung.* Frankfurt: Suhrkamp, 1986; die wichtigste Monographie G. SCHULZ' behandelt bislang nur die Zeit bis zum Regierungsantritt von Heinrich BRÜNING (30. 3.1930), vgl. SCHULZ, Gerhard: *Zwischen Demokratie und Diktatur,* Bd 1 (1963) u. 2. Beide Berlin: de Gruyter, 1987.

11 Für Österreich hat G. BOTZ 1966 eine »Untersuchung über die Rolle der Gewalt in der Politik von 1918 bis 1938« vorgelegt, vgl. BOTZ,

Gerhard: *Gewalt in der Politik*. München: Fink, 1983². Zusammenfassend 326 ff.; die Monumentalstudie von H.-U. THAMER trägt zwar einen »richtigen« Titel, löst diesen aber nicht ein, vgl. THAMER, Hans-Ulrich: *Verführung und Gewalt. Deutschland 1933–1945*. Berlin: Siedler, 1986, vgl. nur 155, 191 f.; vor allem fehlt mit Bezug auf das Reich noch eine empirische Aufarbeitung der politischen Gewaltdelikte, denn bislang existiert nur eine tabellarisch auflistende Studie, die sich jeweils für die zwei Monate vor den Wahlen am 14. 9. 1930 und 31. 7. 1932 nur auf eine Auswertung der »Kölnischen Zeitung« stützt: WERNETTE, Dee Richard: *Political Violence and German Elections: 1930 and July 1932*. Ph. D.: The University of Michigan, 1974 (Xerox University of Microfilms, Ann Arbor 1982). Für unseren Zweck unzureichend ist die von J. STANGE vorgelegte Analyse der »nationalsozialistischen Ideologie« als »Gewaltlegitimation«, weil zwar Konturen des Deutungsmusters rekonstruiert werden, aber jede Rückkoppelung zur Realität unterbleibt, vgl. STANGE, Jörg: *Zur Legitimation der Gewalt innerhalb der nationalsozialistischen Ideologie*. Frankfurt: R. G. Fischer, 1987.

12 Als Überblick vgl. SCHULZ, Gerhard: Verfassung, Regierung und politisches System der Republik, in: ders. (Hrsg.): *Weimarer Republik*. Würzburg: Ploetz, 1987, 32–43; vgl. bes. auch REVERMANN, Klaus: *Die stufenweise Durchbrechung des Verfassungssystems der Weimarer Republik in den Jahren 1930 bis 1933*. Münster: Aschendorff, 1959; BAUER, Wolfram: *Wertrelativismus und Wertbestimmtheit im Kampf um die Weimarer Demokratie*. Berlin: Duncker & Humblot, 1968; MEINCK, Jürgen: *Weimarer Staatslehre und Nationalsozialismus*. Frankfurt/New York: Campus, 1978; BLAU, Joachim: *Sozialdemokratische Staatslehre in der Weimarer Republik*. Marburg: Arbeiterbewegung und Gesellschaftswissenschaft, 1980; selbst die zahlreichen Carl SCHMITT-Analysen werden nur selten konkret politisch, vgl. z. B. MAUS, Ingeborg: *Bürgerliche Rechtstheorie und Faschismus*. München: Fink, 1976; NEUMANN, Volker: *Der Staat im Bürgerkrieg*. Frankfurt/New York: Campus, 1980. Vgl. dagegen trotz ihrer Diskussionswürdigkeit die politischer bzw. politisch-biographisch angelegten Darstellungsversuche von MUTH, Heinrich: Carl Schmitt in der deutschen Innenpolitik des Sommers 1932, in: *Historische Zeitschrift*, Beiheft 1, München: Oldenbourg, 1971, 75–147; BENDERSKY, Joseph W.: *Carl Schmitt. Theorist for the Reich*. Princeton: Princeton University, 1983 – Partiell trägt auch die Analyse des sog. »Preußenschlages« vom 20. 7. 1932 zur Konkretisierung bei (vgl. Anm. 14).

13 Entsprechende Verdichtungen enthalten einige Lokal- und Regionalstudien, die teilweise die Gewaltthematik direkt aufgreifen. Vgl. z. B. neben KLEMM (a. a. O. – Anm. 13) ROSENHAFT, Eve: *Beating the Fascists?* Cambridge: Cambridge University, 1983; BESSEL, Richard: *Political Violence and the Rise of Nazism*. New Haven/London: Yale University, 1984; PAUL, Gerhard: *»Deutsche Mutter – heim zu Dir!«*, Köln: Bund, 1984; zahlreiche Hinweise auf lokale Gewaltaktionen finden sich u. a. in: BUCHLOH, Ingrid: *Die nationalsozialistische Machtergreifung in Duisburg*. Duisburg: Braun, 1980;

BRELOER, Heinrich u. KÖNIGSTEIN, Horst: *Blutgeld.* Köln: Prometh 1982; WAGNER, Johannes Volker: *Hakenkreuz über Bochum.* Bochum: Brockmeyer, 1983; HENNIG, *Hessen unterm Hakenkreuz,* a. a. O. (Anm. 5); GOEBEL, Klaus (Hrsg.): *Wuppertal in der Zeit des Nationalsozialismus.* Wuppertal: Hammer, 1984. – Gerade die Lokal- und Regionalstudien zeigen deutlich, daß sich die Eskalation politischer Gewalt keineswegs auf die Metropolen beschränkt, sondern auch ländliche Gebiete und Kleinstädte erfaßt.

14 Dazu EHNI, *Bollwerk Preußen?,* a. a. O. (Anm. 3), 263 ff.; HUBER, *Dokumente,* a. a. O. (Anm. 10), 503 ff.; ders., *Verfassungsgeschichte,* a. a. O. (Anm. 10), 1015 ff.; TRUMPP, Thomas: *Franz v. Papen, der preußisch-deutsche Dualismus und die NSDAP in Preußen.* Phil. Diss., Tübingen 1963; GRUND, Henning: *»Preußenschlag« und Staatsgerichtshof im Jahre 1932.* Baden-Baden: Nomos, 1976, KAISER, Andreas: »Preußenschlag«, in: Staatliche Kunsthalle Berlin und Neue Gesellschaft für Bildende Kunst, *1933 – Wege zur Diktatur,* Berlin 1983, 13–53 (m. Dokumenten). Zusammenfassend vgl. auch SCHULZ, Gerhard: »Preußenschlag« oder Staatsstreich, in: *Der Staat,* 17. Bd., 1978, 553–581. – Zu den personalpolitischen Konsequenzen vgl. HUBER, *Verfassungsgeschichte,* s. o., 1030 f., 1031 ff.; BRACHER, Karl Dietrich: *Die Auflösung der Weimarer Republik.* Villingen: Ring 1955, 590, redet in diesem Zusammenhang von der »›Säuberung‹ Preußens« (vgl. 852 ff.).

15 FEISTMANN, Rudolf: Die Volkspolizei, in: *Der rote Aufbau,* Sept. 1930, 471–487, 483 ff. (484).

16 Eine Analyse der personal-politischen Auswirkungen (vgl. Anm. 14) steht noch aus, beispielhaft vgl. die Hinweise in HENNIG, *Hessen unterm Hakenkreuz,* a. a. O. (Anm. 5), 15, 41, 71, 84 f., 506 ff.

17 KEMPNER, *Der verpaßte Nazi-Stopp,* a. a. O. (Anm. 2) 127, 135; vgl. auch (abgeschwächter) die Denkschrift des Reichsministeriums des Innern vom 12. 8. 1930: SCHULZ, *Staat und NSDAP,* a. a. O. (Anm. 2), 95 f., zum Unterschied der Denkschriften vgl. ebda SCHULZ' Einleitung, XXXVII f. Vgl. auch eine Denkschrift des RMI vom 6. 9. 1930 (BAK R 134/90 = Lageberichte Microfiche, a. a. O. (Anm. 3), 370), die (S. 52) den Tatbestand der Zermürbung der staatlichen Machtmittel Reichswehr und Polizei durch die NSDAP anspricht und sich (S. 62 f.) der preußischen Denkschrift annähert.

18 KEMPNER, *Der verpaßte Nazi-Stopp,* a. a. O. (Anm. 2) 14 (ff.).

19 Dies betont der Kommentar zum 2. Republikschutzgesetz: COHN, Sigmund, SCHÄFER, Karl, RICHARDS, Ernst: *Gesetz zum Schutze der Republik vom 25. März 1930* (RGBl. I S. 91). Berlin: Heymanns, 1930, 83, vgl. auch 50, 57 f.

20 HÄNTZSCHEL, Kurt: *Die Verordnungen gegen politische Ausschreitungen.* Berlin: Stilke, 1931, 3.

21 Ebda, 4.

22 Hier zit. n. COHN u. a., *Gesetz zum Schutze der Republik,* a. a. O. (Anm. 19), 51, als Kommentar vgl. 51–57.

23 ANSCHÜTZ, Gerhard: *Die Verfassung des Deutschen Reichs vom 11. August 1919.* Berlin: Stilke, 1933[14] (Reprint Darmstadt: Wissenschaftliche Buchgesellschaft, 1965), 401, 403.

24 Vgl. HUBER, *Dokumente,* a. a. O. (Anm. 10), 471 ff.; ders., *Verfassungsgeschichte,* a. a. O. (Anm. 10), 938 ff.; SCHULZ, *Staat und NSDAP,* a. a. O. (Anm. 2) XXXIX ff., LVII ff. – Zur grundlegenden Diktaturgewalt des Reichspräsidenten vgl. Anschütz, *Verfassung,* a. a. O. (Anm. 23), 275–296, zu den Voraussetzungen für Verordnungen zur Sicherung von Sicherheit und Ordnung gem. Art. 48 (2) WRV vgl. ebda, 276 ff.

25 Zit. n.: *Preußen contra Reich vor dem Staatsgerichtshof.* Berlin: Dietz, 1933 (Reprint Glashütten: Auvermann, 1976), 14.

26 BOTZ, *Gewalt,* a. a. O. (Anm. 11), 14 f.; Zur Begriffsbestimmung vgl. auch TILLY, Charles, TILLY, Louise, TILLY, Richard: *The Rebellious Century 1830–1930.* Cambridge: Harvard University, 1975; phänomenologisch vgl. MOMMSEN, Wolfgang J., MOMMSEN, Gerhard (Hrsg.): *Sozialprotest, Gewalt, Terror.* Stuttgart: Klett-Cotta, 1982. Zum Begriff politischer Gewalt und zur Bedeutung für Rechtsextremismus vgl. meinen Beitrag in: HEITMEYER, Wilhelm, MÖLLER, K., GÜNKER, H. (Hrsg.): *Jugend-Staat-Gewalt.* Weinheim/München: Juventa, 1989, 57–79.

27 Vgl. SCHULZ, *Staat und NSDAP,* a. a. O. (Anm. 2), XIV ff.; bes. aber RITTER, *Lageberichte,* a. a. O. (Anm. 3), VIII–XXIII.

28 NEUMANN, Sigmund: *Die politischen Parteien in Deutschland.* Berlin: Junker u. Dünnhaupt, 1932 – Neuaufl.: *Die Parteien der Weimarer Republik.* Stuttgart/Berlin/Köln/Mainz: Kohlhammer, 1965, bes. 15 ff., 73 ff., 104 ff.

29 Hiervon weicht die preußische Denkschrift vom August 1930 deutlich ab (s. u.), vgl. SCHULZ, *Staat und NSDAP,* a. a. O. (Anm. 2), XXXVII f.

30 Vgl. nur die kommentierte Dokumentation von BROSZAT, Martin: Die Anfänge der Berliner NSDAP 1926/27, in: *Vierteljahrshefte für Zeitgeschichte,* 8. Jg, 1960, 85–118.

31 Zusammenfassend dazu HENNIG, Eike: Faschistische Ästhetik und faschistische Öffentlichkeit, in: HINZ/MITTIG/SCHÄCHE/SCHÖNBERGER (Hrsg.): *Die Dekoration der Gewalt.* Gießen: Anabas, 1979, 9–15.

32 FANDERL, Wilhelm: *Von sieben Mann zum Volk. Illustrierte Geschichte der NSDAP und SA.* Oldenburg: Stalling, 1933.

33 Inwieweit diese Gewaltgeschichte dadurch vermittelt und »relativiert« wird, daß ständig auch andere Organisationen in der Weimarer Republik massiv Gewalt ausüben, kann hier nicht verfolgt werden. Vgl. nur ROSENHAFT, *Beating the Fascists,* a. a. O. (Anm. 13); literarisch vgl. etwa Franz JUNGs Roman *Die rote Woche (Chronik einer Revolution in Deutschland.* Hamburg: Edition Nautilus 1984). Notwendig wäre eine interaktive Sichtweise der NS-Gewalt in Kontext mit oppositionellen Organisationen, staatlichen Organen und einer der NS-Gewalt gegenüber toleranten Öffentlichkeit.

34 GUÉRIN, Daniel: *Die braune Pest.* Frankfurt: Sendler, 1983, 13. Eine Liste »Die Toten der Hitlerjugend« (BAK 26/103) verzeichnet für die Zeit vom 26. 4. 1925 bis 17. 3. 1933 20 Tote im Alter zwischen 12 und 20 Jahren mit einem Durchschnittsalter von 17,8 Jahren (s = 2,6 Jahre). Für die KPD vgl. z. B. ROSENHAFT, *Beating the Fascists,*

a. a. O. (Anm. 13), 193 ff., demzufolge stellen die 18–25jährigen die größten Teilgruppen der Berliner kommunistischen »streetfighters«.

35 Dazu HENNIG, Eike: Anmerkungen zur Propaganda der NSDAP gegenüber SPD und KPD in der Endphase der Weimarer Republik, in: *Tel Aviver Jahrbuch für deutsche Geschichte,* Bd. 17, 1988, 209–240.

36 SOMMERFELDT, Martin H.: *Kommune!* Berlin: Mittler, 1934, 80; aus der Fülle der Literatur vgl. nur noch: DIEBOW, Hans, GOELTZER, Kurt: *Hitler.* Berlin: Tradition Wilhelm Kolk, 1932, 128 ff.; BAUMBÖCK, Karl (»Pressesprecher in der Pressestelle der Anti-Komintern«): *Moskau im Angriff.* Berlin 1937.

37 EHRT, Adolf, RODEN, Hans: *Terror. Die Blutchronik des Marxismus in Deutschland.* Berlin/Leipzig: Eckhart-Kampf, 1934, 85.

38 Vgl. HENNIG, *Faschismus,* a. a. O. (Anm. 8), 293 ff.

39 NSDAP-Wahlplakat (nach dem Brand des Reichstages am 27. 2. 1933) zur Reichstagswahl am 5. 3. 1933, zit. n.: ARNOLD, Friedrich: *Anschläge.* München: Langewiesche-Brandt, 1985, 122. – Zur Geschichte dieser politischen Ikonographie s. HENNIG, *Propaganda,* a. a. O. (Anm. 35), bes. 214, 226 ff.; zur Nachwirkung vgl. WASMUND, Klaus: Die »rote Flut«, in: *SOWI,* 15. Jg, 1986, 10–16.

40 Vgl. z. B. *Völkischer Beobachter* (VB) v. 26. 7. 1932 und das Plakat »Aufruf an das deutsche Volk« für die Reichstagswahl am 31. 7. 1932 in: HENNIG, *Bürgerliche Gesellschaft,* a. a. O. (Anm. 8), 225; ders., *Propaganda,* a. a. O. Anm. 35), 228 f.

41 VB v. 21./22. 8. 1932. Vgl. auch die Kommentierung des Sondergerichtsurteils von BEUTHEN: VB v. 24. und 25. 8. 1932; HUBER, *Dokumente,* a. a. O. (Anm. 10), 518 ff.; ders., *Verfassungsgeschichte,* a. a. O. (Anm. 10), 1064 ff.

42 *Dienstvorschrift für die SA der NSDAP,* H. 1, München 1932, 27, vgl. bes. auch H. 3, 237 ff.

42a Zur Auswirkung der politischen Gewalt auf das Wahlverhalten vgl. WERNETTE, *Political Violence,* a. a. O. (Anm. 11), 181 ff.

43 BAK R 43 I/2683; vgl. auch BAK R 43 I/2709, R 43 II/1215–1221 und N 42/25.

44 EGGEBRECHT, Axel: *Volk ans Gewehr.* Frankfurt: Europäische Verlagsanstalt, 1959, 39 ff.; KESSLER, Harry Graf: *Tagebücher 1918–1937.* Frankfurt: Insel, 1961, 646 f.

45 BAK R 43 I/2701, 295 (Rückseite).

46 Dazu ROSENHAFT, *Beating the Fascists,* a. a. O. (Anm. 13), HENNIG, Eike: Die KPD in der Endphase der Weimarer Republik, in: *Politische Vierteljahresschrift/PVS-Literatur,* 1/85, 34–41; WERNETTE, *Political Violence,* a. a. O. (Anm. 11), 114 ff., 142 ff., 159 ff., 163 ff., 181 ff.

47 Nach WERNETTE, *Political Violence,* a. a. O. (Anm. 11), 113, 143 – zu den Kategorien vgl. 102 ff., 196 ff., zum Zeitraum vgl. 102. WERNETTE stützt seine Angaben auf eine Auswertung allein der »*Kölnischen Zeitung*« (102). Es liegt keine vergleichbare, aber breiter fundierte Studie vor.

48 *Arbeiter-Jugend,* März 1932, 87; AIZ 7/1932, Titel.

49 ROSENBERG, Alfred: *Das Wesensgefüge des Nationalsozialismus.*

München: Eher, 1934, 70 f. (vgl. auch die Widmung); VOLZ, Hans: *Geschichte der NSDAP*. Berlin/Leipzig: Ploetz, 1934, 35.

50 Zit. nach dem Bericht des preuß. Ministerialdirektors BRECHT: *Preußen contra Reich*, a. a. O. (Anm. 25), 14–16. Vgl. auch: *Vorwärts* v. 30. v9. 1932, wo eine Statistik vom 1. 1.–23. 9. zusammengefaßt und bewertet wird.

51 Die Angaben über die Verletzten entstammen EHRT, *Bewaffneter Aufstand!*, Berlin/Leipzig: Eckart, 1933, 166, die Angabe für 1933 erfaßt nur den Januar. – Die Todesfälle sind durch Abgleichung (ohne Berücksichtigung von Österreich) folgender Namenslisten erhoben worden: EHRT/RODEN, *Terror*, a. a. O. (Anm. 37), 75–129; ESPE, Walter M.: *Das Buch der NSDAP*. Berlin: Schönfeld, 1934, 329–334 (N = 180) VB Nr. 312 v. 8. 11. 1937, 3 (»Die Ehrenliste der Ermordeten der Bewegung«, N = 206). Gezählt werden alle Fälle, die in diesen Namenslisten aufgeführt werden. Niedrigere Totensummen (N = 163 bis Januar 1933) enthält die bloß summarische Auflistung in EHRT, *Aufstand*, 166, und (N = 141 bis zum 29. 8. 1932) bei WERNETTE *Political Violence*, a. a. O. (Anm 11), 76 f., dort findet sich auch eine übereinstimmende, lediglich 1932 (mit 14 005 Fällen) abweichende (dazu EHRT, *Aufstand*, 166 – Anm. 20), Verletztenaufsummierung. Diese Angaben basieren auf Versicherungsansprüchen gegenüber der SA-Versicherung. Vgl. insgesamt auch BESSEL, Richard: The Role of Political Terror in the Nazi Seizure of Power, in: *Acta Universitas Wratislaviensis*, No. 484, 1980, 199–216 (Liste: 200).

52 Nach EHRT/RODEN, *Terror*, a. a. O. (Anm. 37), 75–129. Eine niedrigere Zahl (N = 14) getöteter Polizisten überliefert EHRT, *Bewaffneter Aufstand*, a. a. O. (Anm. 51), 167, dort findet sich auch die Aufstellung der verletzten Polizisten.

53 Vgl. etwa BAK R 43 I/678, dass. 2694, 2701–2701b, 2709; vgl. auch den Gesamtbestand RITTER, *Lageberichte*, a. a. O. (Anm. 3).

54 Vgl. den Kommentar COHN/SCHÄFER/WICHARDS, *Republikschutzgesetz*, a. a. O. (Anm. 19), 50 ff.

55 So GROENER am 26 1. 1932 – zit. n. SCHULZ, *Staat und NSDAP*, a. a. O. (Anm. 2), 275. Vgl. Anm. 8.

56 Vgl. SCHULZ, *Staat und NSDAP*, a. a. O. (Anm. 2), XXVIII, 50; HENNIG, *Hessen unterm Hakenkreuz*, a. a. O. (Anm. 5), 370 ff.

57 Vgl. SCHULZ, *Staat und NSDAP*, a. a. O. (Anm. 2), XXXVIII f., der aber diesen Punkt nicht vertieft.

58 Dazu LOIPERDINGER, Martin: »Das Blutnest vom Boxheimer Hof«. Die antifaschistische Agitation der SPD in der hessischen Hochverratsaffäre«, in: HENNIG, *Hessen unterm Hakenkreuz*, a. a. O. (Anm. 5), 433–468; BAK R 43 I/2683, bes. 63 f., 73 ff., 103 ff.; HUBER, *Verfassungsgeschichte*, a. a. O. (Anm. 10), 895 ff.

59 SCHMITT, Carl: Legalität und Legitimität 1932 – abgedr. in: ders.: *Verfassungsrechtliche Aufsätze aus den Jahren 1924–1954*. Berlin: Duncker & Humblot, 1958, 263–345, m. einer Nachbem. 345–350. Das Zitat bezieht sich auf die Nachbem., 345, 1932 redet SCHMITT klarer von zwei »gänzlich verschiedenen Staatsarten« (315, 318 f., 331). – Vgl. Anm. 12.

60 Ebda, 333 ff.
61 Ebda, 321.
62 Ebda, 306, vgl. 284 ff.
63 Ebda, 345.
64 Vgl. Anm. 6.
65 KEMPNER, *Der verpaßte Nazi-Stopp,* a. a. O. (Anm. 2), 21.
66 Ebda, bes. 24, 32 f., 35 ff., 50 ff., 127 ff., 135.
67 Ebda, 46.
68 Vgl. ebda, 116 ff., bes. in Verbindung mit 85 ff.
69 Vgl. Anm. 29 und BLASIUS, Dirk: *Geschichte der politischen Kriminalität in Deutschland (1800–1980).* Frankfurt: Suhrkamp, 1983, 110 ff. – Vgl. als andere Analyse z. B. die Denkschrift des RMI vom 6. 9. 1930 (Anm. 17).
70 SCHMITT, *Legalität und Legitimität,* a. a. O. (Anm. 59), 301 – selbst das SA-Verbot wird lediglich als Beispiel der Diktaturgewalt erwähnt (323).
71 Ebda, 302 – vgl. 293–312.
72 Zit. n. *Preußen contra Reich,* a. a. O. (Anm. 25), 39, vgl. auch Anm. 14.
73 Vgl. HUBER, *Dokumente,* a. a. O. (Anm. 10), 491 ff.; ders., *Verfassungsgeschichte,* a. a. O. (Anm. 10), 1002 ff.
74 SCHMITT, *Legalität und Legitimität,* a. a. O. (Anm. 59), 293 ff., 312 ff.
75 Vgl. Anm. 72.
76 HITLER, Adolf: *Mein Kampf.* München: Eher, 1938 (286.–290. Aufl.), 501.
77 HITLER in: *Dienstvorschrift der SA,* H. 1, a. a. O. (Anm. 42), 5.
78 SCHMITT, *Legalität und Legitimität,* a. a. O. (Anm. 59), 340 f.
79 Zit. n. SCHULZ, *Staat und NSDAP,* a. a. O. (Anm. 2), 317.
80 Vgl. HENNIG, *Bürgerliche Gesellschaft,* a. a. O. (Anm. 4), 256, vgl. auch 249 ff., 257 ff.
81 Für das »gebildete Bürgertum« weist auch eine Darstellung »Nachdenkliches über den Nationalsozialismus« auf die Notwendigkeit von Gewalt und teilweiser Unbürgerlichkeit in der NSDAP hin; vgl. EKKEHARD, Kurt: *Fieberkurve oder Zeitenwende?* München: Lehmanns, 1931, 36 ff.; zur Unbürgerlichkeit der politischen Form der NSDAP vgl. auch GOEBBELS, Josef: Zuchthaus Deutschland!, in: PLAAS, Hartmut (Hrsg.): *Wir klagen an!* Berlin: Vormarsch, 1928, 176 ff.
82 HITLERs Rede vor dem Düsseldorfer Industrieklub ist (falsch datiert) abgedr. bei DOMARUS, Max: *Hitler,* Bd I/1. München: Süddeutscher, 1965, 68–90, bes. 72 ff., 80, 87 ff.; als unterschiedliche Interpretationen der Rede vgl. NEEBE, Reinhards: *Großindustrie, Staat und NSDAP 1930–1933.* Göttingen: Vandenhoeck & Ruprecht, 1981, 119 ff.; TURNER, Henry A.: *Die Großunternehmer und der Aufstieg Hitlers.* Berlin: Siedler, 1985, 259 ff.
83 HITLER zit. n. DOMARUS, *Hitler,* a. a. O. (Anm. 81), 90.
84 Dazu STECHERT, Kurt: *Wie war das möglich?* Stockholm: Bermann-Fischer, 1945, bes. 29, 372 f.
85 Damit wird eine bezeichnende Mahnung vom Kopf auf die Füße ge-

stellt, vgl. WINNIG, August: *Vom Proletariat zum Arbeitertum.* Hamburg/Berlin: Hanseatische Verlagsanstalt, 1930, 201 f.

86 BAK R 43 I/2683, 423; Brief und Vermerk sind abgedr. in: SCHULZ, *Staat und NSDAP,* a. a. O. (Anm. 2), 287 ff.; vgl. KEMPNER, *Nazi-Stopp,* a. a. O. (Anm. 2), 12 ff., 141 ff., allerdings macht KEMPNER (144, anders als – richtig – 13) fälschlich Staatssekretär Hermann PÜNDER für den Vermerk verantwortlich.

MICHAEL TH. GREVEN

Der substanzhafte und metaphysische Ansatz des politischen Schriftstellers Carl Schmitt bis 1934

1

Alles, was ich gesagt habe ... ist nach Motiv und Intention wissenschaftlich gemeint, als wissenschaftliche These, die ich vor jedem wissenschaftlichen Kollegium der Welt zu vertreten wage.
(Carl Schmitt in: R. M. W. Kempner 1969, 296)

Es ist vom Kontext her, in dem diese Äußerung von Carl Schmitt fällt, nicht auszuschließen, daß sie sich nur auf seine Schriften 1933 bis 1936 bezieht – nicht also zum Beispiel auf den berüchtigten Aufsatz »Der Führer schützt das Recht« (1934) mit seiner skrupellosen, hymnischen Rechtfertigung der Massenmorde im Sommer 1934. Ich will sie aber, vor allem wegen des Ortes und des Zeitpunktes, zu dem sie ausgesprochen wird, ohne Einschränkung als Selbsterklärung des Carl Schmitt angesichts der ihm drohenden Gefahr, in Nürnberg als Kriegsverbrecher wegen aller seiner Äußerungen vor 1945 belangt zu werden, interpretieren.

Das Zitat wirft folgende Frage auf: Entbindet eine Äußerung, die »nach Motiv und Intention wissenschaftlich gemeint« war, von der persönlichen, im Extremfall auch strafrechtlichen Verantwortung? Die Antwort ist nicht leicht zu geben. Jedenfalls scheint sie von Carl Schmitt in einer bestimmten Weise als selbstverständlich unterstellt zu werden: Weil seine Äußerungen wissenschaftlich gemeint seien, sollten sie nicht Gegenstand einer Verfolgung werden können. Der Hinweis auf den wissenschaftlichen Charakter oder auch nur die wissenschaftliche Intention aller seiner Äußerungen im Kontext der Prüfung einer Anklage im Nürnberger Kriegsverbrecher-Prozeß ist als grundsätzliche Entlastung, als subjektive Zurückweisung jeglichen Schuldvorwurfs gemeint. Mir geht es nicht um die juristische Frage. Aber die am Beispiel dieser Äußerung von Carl Schmitt auftauchende Problematik ist nach wie vor aktuell, nicht nur, wenn es um die Beurteilung von Äußerungen von Wissenschaftlern vor 1945 geht. Carl Schmitt nimmt offenkundig die Wissenschaftsfreiheit für sich in Anspruch, aber er interpretiert sie in besonderer Weise, nämlich als die Freiheit, sich öffentlich äußern zu dürfen, ohne für den Inhalt dieser Äußerungen anschließend Verantwortung übernehmen zu müssen.

Hier liegt eine auch heute noch übliche Verwechslung vor: Der Kern des Grund- und Menschenrechts der Wissenschaftsfreiheit liegt in dem jedermann und jederfrau zustehenden Recht nachzudenken, zu forschen und die Ergebnisse zu veröffentlichen. Erfährt insbesondere das letzte eine Einschränkung durch die Gesetze oder durch andere Arten der Repression, so ist die Wissenschaftsfreiheit verletzt. Daß aber der Wissenschaftler wie jeder, der sich in gesellschaftlichen Zusammenhängen äußert, als Person für seine Äußerungen Verantwortung im Rahmen der üblichen Dimensionen trägt, ist selbstverständlich und hat mit der Wissenschaftsfreiheit nichts zu tun. Zwar lebt die Ausdifferenzierung moderner Wissenschaft – und also auch die Wissenschaftsfreiheit – von der relativen Unabhängigkeit ihres Diskurses von anderen gesellschaftlichen Zusammenhängen und Diskursformen, wie denen der Ökonomie oder des Rechts; deshalb ist auch noch nicht alles, was wahr ist, auch gleich Recht oder umgekehrt. Deshalb kann mit dem Wahrheitsspruch der Wissenschaft der Sachverhalt von Rechtsaussagen kritisiert werden usw. Aber diese Unabhängigkeit bleibt stets nur relativ, und in der gesellschaftlichen Praxis fügen sich die einzelnen Diskurse in der Realität der gesellschaftlichen Wirkung einer Person zusammen. Unabhängig von dem Wahrheitswert einer wissenschaftlichen Aussage hat diese auch eine politische Intention und Wirkung. Bei dem oben genannten Beispiel des Aufsatzes von 1934 ist es unverkennbar, daß dieser Aufsatz auch diese Wirkung haben sollte.

Die von Carl Schmitt in seinem Verhör durch Robert M. W. Kempner vorgebrachte Entschuldigung unter Berufung auf die Wissenschaftsfreiheit ist deshalb fadenscheinig und unwirksam – wie immer ihre juristische Beurteilung aussehen mag. Sie wird im übrigen in dem Verhör ergänzt durch Carl Schmitts Selbstkennzeichnung: »Ich bin ein intellektueller Abenteurer.« (In: R. M. W. Kempner 1969, 298)

2

Ich möchte diese zumeist linken und liberalen Autoren, die ungebrochen Schmitt's Engagement moralisch verurteilen, als ›herrschende Meinung‹, h. m., bezeichnen. (M. Lauermann 1988, 44)

Lauermann, der sich selbst als »Links-Schmittianer« (1988, 49) bezeichnet, spricht angesichts dieser moralischen Verurteilung »von der Banalität der Richtigkeit ihres Urteils« und davon, daß sich »diese Autoren vor allem darin einig (wüßten), daß sie selbst sich zumindest anders, wenn nicht gar kämpferisch-antifaschistisch, in der Nazi-Zeit verhalten hätten.« (1988, 44)

Dazu ist dreierlei festzustellen: In der Fülle der Literatur über Carl Schmitt kann man keineswegs sicher sein, ob die »herrschende Meinung« über Carl Schmitt nach wie vor ein moralisches Urteil enthält. Vielmehr wird Carl Schmitt übereinstimmend als Vordenker und Protagonist der sich durch ihre Trans-Moralität angeblich auszeichnenden »Post-Moderne« interpretiert: »Diese Destruktion von Morschem, den Blick auf die Wirklichkeit Verstellendem durch Denken über Sprache ist nicht das einzige Beispiel einer erstaunlichen Modernität (genauer: Postmodernität) bei C. S.« (A. Mohler 1988, 149) Bei K. Hansen (1988, 12) heißt es ähnlich: »In dieser Haltung (der eines intellektuellen Abenteurers, M. G.) antizipiert Schmitt den modernen Affekt gegen das Allgemeine, der heute im Zeitgeist der Post-Moderne auflebt. Schmitt's Bankrotterklärung der idées générales im nationalsozialistischen Zusammenhang von 1934 wird heute auf breiter Phalanx nachvollzogen: als ›Abschied vom Prinzipiellen‹, wie Odo Marquardt seine kleine Schrift aus dem Jahre 1981 betitelt hat. In den Jahren 1933 und folgende machte diese Haltung ... Carl Schmitt politisch gefährlich. Heute macht ihn diese Haltung philosophisch und als intellektuelle Rolle interessant.« Wo heute nur noch philosophisch und intellektuell interessant ist, was in den Jahren 1933 »politisch gefährlich« war, muß sich etwas fundamental geändert haben – man wäre gespannt, was das denn wäre.

Die »Banalität der Richtigkeit« eines solchen moralischen Urteils kommt etwa in folgendem, von Lauermann angeführten Beispielsatz zum Ausdruck: »Er hat den Rechtsstaatsgedanken verhöhnt, seine jüdischen Kollegen auch wissenschaftlich vertrieben ... die Morde beim Röhmputsch als echte Gerichtsbarkeit des Führers gerechtfertigt und umgekehrt die Bestrafung von Feinden auch dann möglich gemacht, wenn sie gar keine Straftat begangen hatten.« Lauermann nennt das »Exorzismus-Übungen« und hält sie für Ausdruck eines »Schmitt-Traumas« (1988, 45). Lauermann möchte auf beiden Seiten abkassieren: Als Dissident der »herrschenden Meinung« macht er deren moralisches Urteil verächtlich – als »Links-Schmittianer (ist ihm) die Wut wohl vertraut, die liberale und linke Wissenschaftler/innen erfüllen muß, wenn sie die ›Bitterkeit‹ nachschmecken müssen und sie mit der der Überlebenden des Holocaust vergleichen, zu schweigen von den jüdischen Opfern, den kommunistischen Häftlingen, den fabrikmäßig planvoll ermordeten Menschen.« (1988, 49) Als angeblicher Schmittianer hätte Lauermann hier daran denken sollen, daß »jede echte politische Entscheidung« auch eine »moralisch-metaphysische Komponente« enthält, angesichts derer es nur ein Entweder-Oder gibt.

Die dritte Feststellung schließlich: Anders als Lauermann unterstellt, ergibt sich das Nachdenken über die moralische Dimension der Schriften und des Handelns von Carl Schmitt gerade auch aus einer grundsätzlichen Unsicherheit von Intellektuellen, wie heute angesichts des sogenannten post-modernen Diskurses spontan empfundene moralische Wertungen noch als Urteile gerechtfertigt werden können. Denn so ist der Rechtfertigungszwang ja heute in der Wissenschaft und in dem öffentlichen Feuilleton verteilt: Aus der einst methodisch gemeinten Anweisung, »sine ira et studio« die Wirklichkeit zu studieren, ist heute Standpunktlosigkeit und Unbefangenheit als zeitgenössisches Prinzip geworden. Eine ernsthafte politische Theorie ist auf dieser Basis jedenfalls nicht zu gewinnen. Wenigstens das könnte man bei Carl Schmitt lernen, daß eine politische Theorie nicht allein auf analytischen Begriffen beruhen kann.

3

Wäre er ein Dichter gewesen, so hätte er eher Verständnis für die Entwicklung, Wandel und Widerspruch seines Werkes gefunden. (J. Isensee 1988, 603)

Natürlich könnte man es auf sich beruhen lassen und jede kategorisierende Zuordnung des Werkes von Carl Schmitt vermeiden. Aber wie die heftige und von einigen mit Engagement geführte Diskussion um den Status des Werkes von Carl Schmitt zeigt, dient die Diskussion um Kategorisierung häufig auch einem außerliterarischen Zweck. Von der Apologetik bis zur Stilisierung als »letzter Klassiker«, vom expressionistischen Schriftsteller bis zum apokalyptischen Visionär wird in dieser Diskussion alles aufgeboten.

Symptom ist schon, daß man sich auf einen Maßstab nicht einigen kann. Sind die einen gerade dabei, Carl Schmitt als bedeutenden Juristen mit »gefährlichen« schriftstellerischen Neigungen zu »retten«, behaupten andere seinen Rang als Theoretiker in der Politik, für den die Juristerei nur den professionellen Hintergrund abgegeben habe. Der Versuch, Carl Schmitt an irgendeinem Maßstab zu kritisieren, ähnelt dem Wettlauf von Hase und Igel im Märchen: Wo immer die Kritik an Carl Schmitt angekommen zu sein scheint, die Apologetik ist bereits eine Runde weiter. Fraglich, ob dieser Wettlauf zwischen Apologie und Kritik noch eine neue Runde wird drehen können, nachdem Günter Maschke die Apologie als »große Apologie« stilisiert hat (1987).

Es bleibt zu konstatieren, daß im Fall von Carl Schmitt in der wissenschaftlichen Diskussion Regeln und Prozeduren offenkundig erfolgreich außer Kraft gesetzt werden, deren Beachtung geboten ist.

Da für die meisten der Rang von Carl Schmitt durch seine Bestimmung »des Politischen« als »äußerste Intensität der Freund-Feind-Beziehung« per se gegeben ist, sei hier Christian Meier mit seiner Analyse der Art und Weise, wie Carl Schmitt diese Bestimmung »des Politischen« einführt, zitiert:

> Der Wortlaut der Abhandlung war von großer Bestimmtheit. Keinerlei Hinweis darauf, daß hier ... eine Definition gegeben werden sollte ... keine Spur einer Entscheidung! Es schien vielmehr eine Erkenntnis zu sein, die vorgetragen wurde. Und sie ergab sich nicht aus einem Abwägen der Möglichkeiten zur Bestimmung des Politischen. Keine Argumentation, die auch nur entfernt der platonischen entsprochen hätte. Es wurde nur gesagt, wie das Politische nicht mehr und wie es in Wirklichkeit zu verstehen sei. Kein Wort auch zur Begriffsgeschichte, in deren Verlauf ›politisch‹ so sehr unterschiedliche Bedeutungen angenommen hatte! ... Carl Schmitt nimmt vielmehr eine einzelne besonders aktuelle Bedeutung, die des ›Strittigen‹, heraus, erklärt sie nicht explizit, sondern bloß implizit für selbstverständlich, erweitert sie um die Intensität des Gegensatzes, die dazugehört (oder genauer: gehören kann), verschiebt dann das Schwergewicht auf die Intensität selbst und erklärt schließlich deren Steigerung im Ernstfall zum eigentlichen Kern des Politischen. Das ist offenkundig die willkürliche Zuspitzung, ja Usurpation eines so ehr- wie fragwürdigen, vieldeutigen Wortes. (1988, 542 f)

Natürlich ist eine solche Äußerung, die hier noch im Dutzend vorgeführt werden könnte, allein nicht geeignet, Carl Schmitt zu kritisieren oder zu widerlegen; sie ist nur – gerade in ihrer Folgenlosigkeit für den wissenschaftlichen Diskurs – symptomatisch für den Umgang mit Carl Schmitt. Die »große Apologetik« eines Günter Maschke hat solche Kritik im einzelnen längst überholt: »Nun ist unerschöpflich und zweideutig zu sein das vornehmste Privileg der Klassiker« (1988, 194); und ob es sich bei Carl Schmitt um den »jüngsten Klassiker des politischen Denkens« im Range eines Bodin, Hobbes oder Machiavelli handelt, ist für B. Willms (1988, 577 ff) eine nur noch aus methodischen Gründen rhetorisch gestellte Frage.

Ich selbst denke, daß Carl Schmitt in den hier interessierenden Schriften zuerst ein politischer Schriftsteller war, der sich selbst als das »Eigentliche« »sehend« inszenierte – und damit in der Zeit intellektueller Krisen bei Intellektuellen in der Krise Erfolg hatte. Mit dem literarisch gestalteten Gestus der »Entscheidung« kommt er deren Bedürfnis auch heute entgegen. Sie können freilich nur an diesem Gestus, nicht aber an Carl Schmitts metaphysischer Aufladung seiner »Entscheidung« Gefallen finden. Daran scheitert jeder Versuch, rational ›Schmittianer‹ zu sein.

4

Die eigentlich politische Unterscheidung ist die Unterscheidung von Freund und Feind. (Carl Schmitt 1933, 7)

Ist diese Bestimmung eines »Kriteriums für das Politische« von Carl Schmitt jener unumstößliche Theoriebeitrag, der ihn zum »jüngsten Klassiker der Politik« hat werden lassen?

Zunächst eine hoffentlich den immanenten Ansprüchen von Carl Schmitt angemesse Assemblage die wesentlichen Aussagen von Schmitt; dann eine kritische Erörterung der Frage.

Die Unterscheidung von Freund und Feind ist »selbständig«, das heißt nicht auf andere Sachgebiete und die ihnen gemäßigen Unterscheidungen zurückzuführen (gut-böse, schön-häßlich, nützlich-schädlich).

Der politische Feind ... bleibt aber ein Anderer, ein Fremder. Die Möglichkeit spezifisch politischer Beziehungen ist dadurch gegeben, daß es nicht nur Freunde – Gleichgeartete und Verbündete –, sondern auch Feinde gibt. Der Feind ist in einem besonders intensiven Sinne existentiell ein Anderer und Fremder, mit dem im extremen Fall existentielle Konflikte möglich sind. (1933, 8)

Bei politischen Entscheidungen beruht selbst die bloße Möglichkeit richtigen Erkennens und Verstehens, und damit auch die Befugnis, mitzusprechen und zu urteilen, nur auf dem existentiellen Teilhaben und Teilnehmen, nur auf der echten participatio. (1933, 8)

Feind ist nur eine ... um ihre Existenz kämpfende Gesamtheit von Menschen, die einer eben solchen Gesamtheit gegenübersteht. Feind ist also nur der öffentliche Feind ... (1933, 10)

Das Wesen der politischen Einheit besteht darin, innerhalb der

Einheit diese äußerste Gegensätzlichkeit (der Freund-Feind-Gruppierung, M. G.) auszuschließen. (1933, 11)

Der Krieg folgt aus der Feindschaft, denn diese ist seinsmäßige Negierung eines anderes Seins. (1933, 15)

Dagegen wäre ein aus ›rein‹ konfessionellen, ›rein‹ moralischen, ›rein‹ juristischen oder ›rein‹ ökonomischen Motiven geführter Krieg sinnwidrig. Aus den besonderen Gegensätzen dieser Gebiete menschlichen Denkens läßt sich die Freund- und Feindgruppierung und deshalb auch ein Krieg nicht ableiten. (1933, 18)

Diese Gegensätze (können) sich zu politischen Gegensätzen steigern und die entscheidende Kampfgruppierung nach Freund und Feind herbeiführen. Kommt (es dazu) ..., so ist der maßgebende Gegensatz ... politisch. (1933, 19)

Um Carl Schmitt nach seinem Anspruch gerecht zu werden, ist es zunächst wichtig, zwischen einer Definition von ›Politik‹ und einer Bestimmung des ›Politischen‹ zu unterscheiden – Carl Schmitt wollte und beansprucht nur, das Letztere getan zu haben. Einerseits geht eine Fülle von Mißverständnissen in der Sekundärliteratur darauf zurück, daß diese Differenz nicht beachtet wird. Andererseits verbirgt sich in dem Hinweis auf diese Differenz nicht selten de facto die Immunisierung von Carl Schmitt gegen eine Kritik, nach der seine »Theorie« unzureichend bleibt. Nach der genaueren Rekonstruktion wird man sich hier für einen Maßstab entscheiden müssen. Der erste Satz von *Der Begriff des Politischen,* oben zitiert, ist also keine Definition der ›Politik‹, sondern die Bestimmung eines Urteils. Gegenstand des Satzes ist die »politische Unterscheidung«, nicht etwa der Begriff oder das Wesen des Politischen. Nun wird diese Unterscheidung von Carl Schmitt in einer merkwürdigen Weise erläutert: »Die Unterscheidung von Freund und Feind bezeichnet die äußerste Intensität einer Verbindung oder Trennung.« (1933, 7) Welchen Sinn macht logisch das »oder« in dem Satz? Kann man die beiden Aspekte voneinander trennen, also zum Beispiel sagen: ›Die Unterscheidung von Freund und Feind bezeichnet die äußerste Intensität einer Verbindung‹? Offenkundig nicht. Dementsprechend stellt E. Vollrath (1987, 37) zurecht fest: »Diese Bestimmung läßt sich kritisieren, weil Carl Schmitt aus formalen Gründen nicht von Assoziation und Dissoziation im Begriff des Politischen ausgeht, sondern allein vom dissoziativen Moment.« Warum das bei Carl Schmitt so ist, hat Vollrath allerdings nicht untersucht. Ich denke, es hängt mit folgendem zusammen:

Die einseitige Aufmerksamkeit für das dissoziative, konflikthafte, im metaphysischen Sinne auf das »Böse« der menschlichen

Natur verweisende Denken von Carl Schmitt – von einigen gegen die »Betulichkeit« der herrschenden Politikwissenschaft in Anspruch genommen (von Bredow 1978, 433 ff) – hat davon abgelenkt, daß mindestens so bedeutsam, wenn nicht gar entscheidend für die Bestimmung des Kriteriums des »Politischen« der Begriff der »Einheit« ist. Diese Kategorie konstituiert formal alle wesentlichen Bestimmungen des »Begriffs des Politischen« bei Carl Schmitt – soweit, aber nicht weiter auch C. Meier (1988) – und hat über die formale Präsenz hinaus Gewicht, weil sie sich inhaltlich substantiell im Kontext der Schmittschen politischen Metaphysik deuten läßt. Allein schon aus den oben wiedergegebenen Zitaten wird klar, daß die politische Unterscheidung von Freund und Feind eine zwischen politischen »Einheiten« darstellt. »Das Wesen der politischen Einheit besteht darin, innerhalb der Einheit diese äußerste Gegensetzlichkeit auszuschließen.« (1933, 11) Den höchsten Intensitätsgrad der »politischen Einheit« sieht Schmitt in der »um ihre Existenz kämpfenden Gesamtheit von Menschen«, die gerade in diesem Kampf jede innere Heterogenität ausgeschlossen hat. Der äußersten »Intensität der Trennung zwischen Freund und Feind« entspricht die äußerste Intensität der inneren Einheit der kämpfenden Parteien.

Die Frage ist, wie diese Einheit zustande kommt bzw. von Carl Schmitt gedacht wird, oder wer sie repräsentiert. »Daß der Staat eine Einheit ist, und zwar die maßgebende Einheit, beruht auf seinem politischen Charakter.« (1933, 26) Solange der Staat diese Bestimmung des Feindes auch gegen innergesellschaftliche Widerstände faktisch zu treffen in der Lage ist, ist er souverän, das heißt die maßgebliche politische Einheit: »Souverän ist die politische Einheit in dem Sinne, daß die Entscheidung über den maßgebenden Fall, auch wenn das der Ausnahmefall ist, begriffsnotwendig immer bei ihr steht.« (1933, 22) Aber der Staat als die »politische Einheit des Volkes« ist nur unter historisch bestimmten Bedingungen geeignet, diese innere Einheit in der Bestimmung des äußeren Feindes faktisch herzustellen. An zwei Beispielen der Schmittschen Analyse wird deutlich, daß und wie dem Staat die Herstellung dieser Einheit mißlingen kann, und damit zugleich, daß der Staat zwar in bestimmten historischen Umständen die »maßgebende Einheit« darstellt, nicht aber im theoretischen prinzipiellen und im historisch-genetischen Sinne die systematische Grundlage der Gruppierung in Freund und Feind. Diese ist erst dann erkennbar, wenn man die in der Schrift *Der Begriff des Politischen* implizit mitgedachte, aber nicht explizit thematisierte Kategorie des »Volkes« in Rechnung stellt. »Der Staat« als die politische Einheit des Volkes stellt den historischen Sonderfall dar, der sich vor allem aus der Verbindung von absolutistischem Zentralstaat und dem nationalen Prinzip der bürgerlichen Revolution ergeben hat. An zentraler Stelle in seiner *Verfassungslehre,* dort, wo Carl Schmitt die Französische Revolution interpretiert, heißt es: Die zentrale »gedankliche Voraussetzung« der Französischen Revolution »ist die Lehre von der verfassungsgebenden Gewalt«. (1983, 49) Sie »setzt das Volk als eine politisch existierende Größe voraus; das Wort ›Nation‹ bezeichnet im prägnanten Sinne ein zu politischem Bewußtsein erwachtes, aktionsfähiges Volk ... Es wird sich seiner politischen Aktionsfähigkeit bewußt und gibt sich selbst, unter der damit ausdrücklich bejahten Voraussetzung bestehender politischer Einheit und Handlungsfähigkeit, eine Verfassung.« (1983, 50) »Die politische Kraft dieses Vorganges führte zu einer Steigerung der Staatsgewalt, zu intensivster Einheit und Unteilbarkeit, unité und indivisibilité.« (1983, 51)

Insofern gebe ich auch Robert Hepp darin Recht, daß weder der Begriff des Staates noch der Begriff des Politischen bei Carl Schmitt ohne die konstituierende Bedeutung des »Volkes« begriffen werden können. Bei ihm heißt es:

Der Punkt, auf den es ankommt, ist die Verwandlung des ›Volkes‹ qua ›ethnische‹, ›soziale‹ oder ›kulturelle‹ Einheit in einen ›Staat‹. Diese Metamorphose setzt nach Carl Schmitt mindestens die Annahme einer Bedrohung durch einen gemeinsamen Feind voraus. Indem sich ein Volk als solches von einem äußeren Feind bedroht weiß, rückt es ›nach innen‹ zu einer ›politischen Einheit‹ zusammen und gerät damit in einen anderen ›Aggregatzustand‹. Als politische Einheit, das heißt als Staat, existiert es demnach nur insofern und solange, als es die Herausforderung einer ›Feindschaft‹ akzeptiert oder sich jedenfalls von einem ›möglichen‹ Feind absetzt und abgrenzt ... Wenn der ›Begriff des Politischen‹ in der Staatslehre überhaupt etwas leistet, dann dient er zur Unterscheidung eines bloßen ›Volkes‹ von einem ›Staat‹. Eine ›Lehre‹, die von einer ›Einheit‹ des Volkes ausgeht, die nicht durch ›Feindschaft‹ vermittelt ist, mag eine demo-kratische oder ethnologische Theorie abgeben, eine Staatslehre im Schmittschen Sinn ist sie sicherlich nicht. (1988, 309)

In *Der Begriff des Politischen,* bei der Kritik des Pluralismus und des »pluralistischen Parteienstaates«, ist die Rede von den »wirtschaftlichen, kulturellen oder konfessionellen Gegenkräften«:

Sind sie stark genug, um einen ihren Interessen oder Prinzipien widersprechenden Krieg zu verhindern, aber nicht stark genug, um selber von sich aus einen Krieg nach ihrer Entscheidung zu bestimmen – typischer Zustand eines in wechselnden Koalitionen und Kompromissen sich weiterschleppenden pluralistischen Parteienstaates –, so ist keine einheitliche politische Größe mehr vorhanden. Wie sich das auch immer verhält: in Folge der Orientierung an dem möglichen Ernstfall des effektiven Kampfes gegen einen effektiven Feind ist die politische Einheit notwendig entweder die für die Freund- oder Feindgruppierung maßgebende Einheit und in diesem (nicht in irgendeinem absolutistischen) Sinne souverän, oder sie ist überhaupt nicht vorhanden. (1933, 22)

Es kam hier nicht darauf an, wie Carl Schmitt in der Schrift *Der Begriff des Politischen* en passant feststellt, daß die Weimarer Republik kein souveräner Staat ist, sondern zu demonstrieren, daß die Kategorie der »Einheit«, die für die Bestimmung des Kriteriums des »Politischen« bei Carl Schmitt konstitutiv ist, einen substantiellen Inhalt besitzt, von dem sie nicht zu trennen ist. Der einzige Träger der »eigentlichen politischen Unterscheidung« nach Freund und Feind ist ein »Volk«. Es kann sich historisch zur Organisationsweise des »Staates« verdichtet haben, diese Form bleibt aber immer intermediär gegenüber der primären politischen Äußerung des »Volkes«; das ist jedenfalls die mit dem Beginn der Neuzeit historisch geschaffene Lage, von der Carl Schmitt ausgeht.

Gegenüber dieser primären Potenz des »Volkes« wirken die gesellschaftlichen »Gegensätze« der pluralistisch organisierten Gesellschaft zersetzend. An einigen Stellen in seinem Werk zeigt Schmitt, daß der Mythos der kämpfenden Klasse, insbesondere in der Sorelschen Variante des Generalstreiks, als eine ihm zumindest prinzipiell ähnliche originäre Kraft erscheint. In dem Maße aber, in dem die »kämpfende Klasse« zur »freien, politisch neutralen Gewerkschaft und zu einer von mehreren politischen Parteien wird, verschwindet sie als politische Potenz.« (1933, 23)

Die Interpretation des »Volkes« als maßgeblicher politischer Einheit, ohne die die Bestimmung des »Politischen« unvollständig bleibt, kann hier nicht weiter ausgeführt werden. Sie findet ihre Stützung primär in der *Verfassungslehre;* vor allem dort, wo deutlich wird, daß jegliche politische Form oder Verfassung nur unter dem Vorbehalt der jederzeit vom Volk selbst aktualisierten Volkssouveränität existieren kann, für die es keine Bindung gibt. Wenn diese Interpretation richtig ist, dann kann es eine Berufung auf das Schmittsche Kriterium »des Politischen« nicht ohne diese substantielle Konkretisierung eines politischen Volksbegriffes geben – und der Neonationalismus solcher Autoren wie Hans-Joachim Arndt (1978) oder Bernard Willms (1982) wäre die einzig angemessene Schmitt-Fortführung. Eine sich liberal gebende Variante der Schmitt-Rezeption, die demgegenüber feststellt, es handle sich bei den Schmittschen Kategorien »um analytische Instrumente, die zunächst einmal noch gar nichts über die spezifischen Gründe der Assoziation oder Dissoziation von politischen Einheiten auszusagen vermögen« (von Bredow 1978, 444), spiegelte demgegenüber die »Verwirrung des Zeitalters« wieder, von der sie selbst redet (ebd.). Um ›analytische Kategorien‹ handelt es sich bei Carl Schmitt beim besten Willen nicht, und ihm dies zu unterstellen wäre angesichts meiner obigen Feststellung (Schluß von Abschnitt II) eine zweifelhafte Art der »Rettung«.

Die immanente Rekonstruktion des Kriteriums des »Politischen« hat bisher zu zwei Ergebnissen geführt: 1. Das Kriterium ist, anders als vom Verfasser suggeriert, nicht allgemein, sondern zunächst auf das »Dissoziative«, auf die »Feindschaft« fokussiert; 2. handelt es sich nicht, wie explizit unterstellt, um ein abstraktes, substanzloses Kriterium, sondern, in der Konkretion der politischen »Einheit« als »Volk«, um eine konkrete Wesensbestimmung. Ich halte deswegen die Schmittsche Bestimmung des »Politischen« für heutige Gesellschaften für unbrauchbar.

5

> Der Wert des Staates liegt darin, daß er eine Entscheidung gibt, der Wert der Kirche, daß sie letzte inappellable Entscheidung ist ... Jede Souveränität handelt, als wäre sie unfehlbar, jede Regierung ist absolut – ein Satz, den ein Anarchist, wenn auch aus ganz anderer Absicht, wörtlich ebenso hätte aussprechen können. Die klarste Antithese, die in der ganzen Geschichte der politischen Idee überhaupt auftritt, liegt in einem solchen Satz. (Carl Schmitt 1979, 71)

Diese »klarste Antithese, die in der ganzen Geschichte der politischen Idee überhaupt auftritt«, hat ihre eigentliche Bedeutung darin, daß in ihr die wesentliche Bestimmung der gegenwärtigen Gesellschaft – auch nach dem Urteil Carl Schmitts – gar nicht vorkommt: der gesellschaftliche Pluralismus. Es ist häufig nicht richtig verstanden worden und bei der herrschenden Unkenntnis über den Anarchismus auch nicht überraschend, daß die respektvolle Feindschaft, die Carl Schmitt dem Anarchismus als dem eigentlichen, auch in metaphysischer Hinsicht standhaltenden Antipoden seiner eigenen Position entgegenbrachte, nicht in dessen Staatsfeindschaft begründet liegt, sondern in der anarchistischen Prämisse, daß eine »Ordnung ohne Herrschaft«, also im Schmittschen Verständnis eine Aufhebung des Pluralismus und die

Konstituierung des Volkes als einer Einheit ohne die Aufrichtung einer herrschaftlichen Souveränität, möglich ist. In der Tat liegt hierin ja der eigentliche Anspruch der anarchistischen Tradition, daß nach der Zerstörung der historisch entstandenen Formen von Herrschaft und Ausbeutung spontan eine freie Regulierung und Assoziation der Menschen möglich wäre.

Erst Bakunin gibt dem Kampf gegen die Theologie die ganze Konsequenz eines absoluten Naturalismus ... Seine intellektuelle Bedeutung beruht doch auf seiner Vorstellung vom Leben, daß Kraft seiner natürlichen Richtigkeit die richtigen Formen von selbst aus sich selbst schafft. Für ihn gibt es daher nichts Negatives und Böses als die theologische Lehre von Gott und Sünde, die den Menschen zum Bösewicht stempelt, um einen Vorwand für ihre Herschsucht und Machtgier zu haben. (1979, 81)

Nur die fehlende politische Relevanz des Anarchismus zu Beginn des 20. Jahrhunderts läßt diesen eigentlichen, weil auch metaphysisch Carl Schmitt befriedigenden, Gegensatz in den Hintergrund treten und macht die Auseinandersetzung mit dem Pluralismus bzw. seinem ideologischen Korrelat, dem Liberalismus, für Schmitt bedeutsam. Während er im Anarchismus die seiner eigenen Entscheidung entgegengesetzte anerkannte, die politische Auseinandersetzung damit aber kein reales politisches Problem darstellte, ist der zentrale Inhalt seiner Auseinandersetzung mit Pluralismus und Liberalismus, daß deren Geltung als gesellschaftliches und politisches Wertsystem »letzte« Entscheidungen verhindert. In der Auseinandersetzung mit dem Pluralismus als dem beherrschenden Wesenszug moderner Vergesellschaftung, konkretisiert in seinen Polemiken gegen Liberalismus, Parlamentarismus und Parteienstaat, verbinden sich bei Carl Schmitt die verschiedenen Ebenen seines stets kohärenten Denkens, seine Lehre von der Dezision mit seiner politischen Theologie, seine Verfassungslehre mit seiner Kritik am parlamentarischen Parteienstaat.

Eine Auseinandersetzung mit Carl Schmitt, die die komplizierte und meist nicht explizierte Verwobenheit der scheinbar getrennt verlaufenden Schmittschen Argumentationslinien nicht zu sehen vermag, verfehlt dessen grundlegende Intention; in dieser »Methode der Kohärenzvermutung« kann ich ausnahmsweise sogar B. Willms (1988, 605) folgen. An Carl Schmitts Verständnis des Pluralismus entscheidet sich aus meiner Sicht die Frage nach dem Wert des politischen Theoretikers Carl Schmitt – und zwar zu seinen Ungunsten. In fundamentaler Weise hat Carl Schmitt die objektive Entwicklung politischer Vergesellschaftung, wie sie sich realgeschichtlich seit dem 19. Jahrhundert entwickelt hat, verkannt oder nicht erkennen wollen. Sein Modell der Analyse und der Beurteilung dieser politischen Gesellschaften ist im strengen, methodisch gemeinten Sinne anachronistisch, das heißt, es nimmt diese objektiven Entwicklungen nicht mehr oder nur unzureichend zur Kenntnis und bewertet sie am Maßstab eines verschwundenen gesellschaftlichen und politischen Zustandes: »homogenes Volk« kann nicht mehr die politische Einheit stiften; sie muß vielmehr aus struktureller Pluralität erwachsen und dieser auch in der Form entsprechen.

Das Grundfaktum, mit dem Carl Schmitt nicht fertig wird, ist der als Ergebnis der Entwicklungslogik der bürgerlich-kapitalistischen Gesellschaften in säkularem Maßstab durchgesetzte innergesellschaftliche und transgesellschaftliche Pluralismus. Noch das 19. Jahrhundert hatte kein Modell, um sich die politische Einheit einer Gesellschaft auf dem Hintergrund eines dauerhaft bestehenden, strukturell bedingten innergesellschaftlichen Pluralismus vorzustellen. Auch das Klassenkampfdenken des traditionellen Marxismus war in seinem teleologischen Fluchtpunkt der Aufhebung aller Klassengegensätze antipluralistisch. Der bürgerliche Liberalismus, als die scheinbar pluralistische Ideologie bourgeoiser Klassendominanz, hatte zwar ein am Modell religiöser Toleranz gebildetes Verständnis der Pluralität von »Meinungen«, nicht aber ein Gesellschaftsmodell, das von struktureller Heterogenität und objektiv bedingten pluralen Lebenslagen ausging. Erst zu Beginn des 20. Jahrhunderts setzten sich in Diskursen innerhalb des bürgerlichen wie des sozialistischen Lagers gegen die obwaltenden antipluralistischen Konzeptionen solche realistischen Analysen der tatsächlichen Vergesellschaftung durch, die auch normative Konsequenzen aus der faktischen Heterogenität von Interessendivergenz und Meinungsvielfalt zogen. Diese Entwicklung kann hier im einzelnen nicht nachgezeichnet werden. Einige Elemente werden aber in der Auseinandersetzung mit Carl Schmitts Kritik des parlamentarischen Parteienstaates sichtbar.

In seiner prägnanten Einleitung zur 2. Auflage seines berühmten Buches über die »geistesgeschichtliche Lage« des Parlamentarismus, *Der Gegensatz von Parlamentarismus und moderner Massendemokratie* (1926, 58), konstatiert Carl Schmitt die fundamentale Krise des Parlamentarismus »in Zeiten der Windstille eines ideenlosen Status quo« am Maßstab eines scheinbar immanenten Ideals bürgerlichen Parlamentarismus. Dieses Ideal wird von ihm so wiedergegeben:

Das Charakteristische aller Repräsentativverfassungen ist, daß die Gesetze aus einem Kampf der Meinungen (nicht aus einem Kampf der Interessen) hervorgehen. Zur Diskussion gehören gemeinsame Überzeugung als Prämisse, Bereitwilligkeit, sich überzeugen zu lassen, Unabhängigkeit von parteimäßiger Bindung, Unbefangenheit von egoistischen Interessen. (1926, 56)

Carl Schmitts Analyse, die das bestehende System der Interessenrepräsentation in der modernen Massendemokratie scheinbar an diesem Modell eines »government by meaning« mißt, ist in der Sekundärliteratur häufig als zynisch bezeichnet worden, weil man unterstellte, daß Carl Schmitt den Maßstab seiner Kritik am Modell rationaler Diskurse und einem heute nicht zufällig an Habermas erinnernden Konsensmodell der Regierung orientierte, während es doch offenkundig war, daß er dessen Prämissen normativ nicht teilte. Dabei ist übersehen worden, daß Carl Schmitt hier, wie so oft, zwar mit verdeckten Karten spielt, aber sich selbst in seiner Kritik der Interessenpluralität und ihrer Repräsentation im parlamentarischen Parteienstaat treu bleibt. Auch in der Wiedergabe des liberalen Idealmodells in obigem Zitat dominierte ja die »gemeinsame Überzeugung als Prämisse« und die »Unbefangenheit von egoistischen Interessen«. Demgegenüber treten die Parteien »heute nicht mehr als diskutierende Meinungen, sondern als soziale oder wirtschaftliche Machtgruppen einander gegenüber, berechnen die beiderseitigen Interessen und Machtmöglichkeiten und schließen auf dieser faktischen Grundlage Kompromisse und Koalitionen.« (1926, 57) Dadurch »wird das Parlament aus einer Institution von evidenter Wahrheit zu einem bloß praktisch-technischen Mittel«. (1926, 59)

Der von Schmitt konstatierte Gegensatz zwischen dem Parlament als einer »Institution von evidenter Wahrheit« und einem »bloß praktisch-technischen Mittel ... der Berechnung der Interessen- und Machtchancen« erweist sich bei genauerem Hinsehen als der Gegensatz zwischen der von Carl Schmitt für möglich gehaltenen und am Beispiel der revolutionären Volkssouveränität analysierten unmittelbaren Evidenz des Volkswillens und seiner Repräsentation in der Nationalversammlung oder dem Parlament und der Repräsentation und dem permanent-prozeßhaften Ausgleich prinzipiell heterogener Interessen. In seiner brillanten Analyse *Nationalstaat und pouvoir constituant bei Sieyes und Carl Schmitt* schreibt Stefan Breuer über das ›Volk‹ bzw. die ›Nation‹ bei Carl Schmitt:

Es ist dieses Subjekt, und nicht der bürgerliche Rechtsstaat, das die

> gesellschaftliche Synthesis stiftet; es ist dieses Subjekt, und nicht das System der pouvoirs constitués, das die Zusammenfassung der politischen Kräfte zur Einheit ermöglicht ... Ganz ähnlich wie der Jakobinismus reduziert Schmitt das Soziale auf eine homogene Substanz, die auf der Gleichheit ihrer Elemente beruhen soll; ganz ähnlich wie der Jakobinismus träumt auch Schmitt von einer Gesellschaft ohne Widersprüche, die im Politischen ihr Kraftfeld und das Prinzip der Synthesis hat. (Er) ist davon überzeugt, daß der Volkswille in reiner Unmittelbarkeit zu sprechen vermag und damit gleichsam ›immer schon‹ über die gegensätzlichen gesellschaftlichen Gliederungen hinaus ist. (1984, 512 f)

Hier liegt der substantielle Fluchtpunkt der Pluralismuskritik von Carl Schmitt und nicht in einer vertragstheoretischen oder staatsrechtlichen Konstruktion staatlicher Einheit nach dem hobbesianischen Modell. Der Anachronismus von Carl Schmitt, der ihn als Theoretiker der modernen politischen Gesellschaft disqualifiziert, liegt in dieser Metaphysik des substanzhaft unterstellten »Volkes« und seines politischen Willens. In der *Verfassungslehre* heißt es:

> Ein geregeltes Verfahren, durch welches die Betätigung der verfassungsgebenden Gewalt gebunden wäre, kann es nicht geben ... Das Volk als Träger der verfassungsgebenden Gewalt ist keine feste, organisierte Instanz ... Es gehört zur Unmittelbarkeit dieses Volkswillens, daß er unabhängig von jeder vorgeschriebenen Prozedur und jedem vorgeschriebenen Verfahren geäußert werden kann. (1933, 82 f)

Anders als in der herrschenden Verfassungslehre der Bundesrepublik Deutschland kann nach Carl Schmitt diese konstituierende Gewalt der Volkssouveränität durch keine Verfassung dauerh[illegible] eingehegt werden, denn »das Volk bleibt immer souverän« (19[illegible] 95) – auch gegen eine von ihm selbst früher als legitim anerkann[illegible] Ordnung.

Dieser substanzhafte Volksbegriff ist der manchmal unausgesprochene wesentliche Inhalt der in den Schriften der zwanziger Jahre verwendeten abstrakten Begriffe »Einheit« oder »Homogenität«. Auch der Hinweis auf das »Gleichgeartete« in der Bestimmung des existentiellen Freund-Feind-Verhältnisses gehört in diesen Verweisungszusammenhang. In der Hypostasierung des substanzhaften Volkes als der unmittelbaren und unvermittelbaren Einheit setzt Carl Schmitt den wesentlichen, sich nicht nur politisch, sondern auch metaphysisch auswirkenden Gegensatz zum Liberalismus bzw. allen Ideologien, die einen Pluralismus zu begründen trachten. Der entscheidende Einwand, von Schmitt am Beispiel des Liberalismus vorgeführt, ist der, daß nur von der substanzhaften Einheit des Volkes her die in dem Eingangszitat dieses Abschnittes erwähnte »Entscheidung« als Manifestation der »Souveränität« begründet werden kann. Ein vom Individualismus ausgehender liberaler Utilitarismus ist dazu nicht in der Lage:

Denn die Verneinung des Politischen, die in jedem konsequenten Idealismus enthalten ist, führt wohl zu einer politischen Praxis des Mißtrauens gegen alle denkbaren politischen Mächte und Staatsformen, niemals aber zu einer eigenen politischen Theorie von Staat und Politik ... Die politische Einheit muß gegebenenfalls das Opfer des Lebens verlangen ... Für den Individualismus des liberalen Denkens ist dieser Anspruch auf keine Weise zu erreichen und zu begründen und im Grunde empörend. (1933, 50 f)

Die existentielle Entscheidung Leben und Tod als der Grenzfall der politischen Feind-Erklärung und damit zugleich der Bestimmung der eigenen politischen Identität kann nach Schmitt niemals Ergebnis des parlamentarischen Interessenausgleiches und Kompromisses, sondern nur Ergebnis »der unmittelbaren Willensäußerung eines Volkes« (1983, 83) sein.

Solange ein Volk in der Sphäre des Politischen existiert, muß es, wenn auch nur für den extremsten Fall – über dessen Vorliegen es aber selbst entscheidet –, die Unterscheidung von Freund und Feind selber durch eigene Entscheidung und auf eigene Gefahr bestimmen. Darin liegt das Wesen seiner politischen Existenz. Hat es nicht mehr die Fähigkeit oder den Willen zu dieser Unterscheidung, so hört es auf, politisch zu existieren. (1933, 32)

Natürlich ist dieser Satz auch ein zentrales politisches Urteil von Carl Schmitt über die Weimarer Republik. Die in verfassungstheoretischen Diskussionen häufig zu hörende Ansicht, Carl Schmitt sei bis zum letzten ein »Verteidiger« der Weimarer Ordnung gewesen, wird durch solche Stellungnahmen erheblich und, wie ich meine, auf der für Carl Schmitt am Ende entscheidenden Ebene relativiert. Nur beiläufig sei angemerkt, daß der Neonationalismus der Bundesrepublik unter Berufung auf Carl Schmitt eben hier ein Kriterium findet, um der Bundesrepublik nationale Souveränität abzusprechen (B. Willms 1982).

Carl Schmitt ist an der Realität und den Schwierigkeiten des alltäglichen politischen Willensbildungsprozesses, der notwendigen Vermittlung prinzipiell heterogener Interessen und den sich funktionslogisch ergebenden Entscheidungsnotwendigkeiten –

wie sie etwa Niklas Luhmann für das politische System analysiert –, gar nicht interessiert, sondern nur an der existentiellen Grundfrage der politischen Existenz eines Volkes im Grenzfall seiner kriegerischen Infragestellung. Die Frage, welchen theoretischen oder analytischen Wert seine Kategorien für das Begreifen des »Politischen« schließlich besitzen, kann angemessen nur beantwortet werden, wenn von diesem substanzhaften Kern nicht gegen die Intentionen von Carl Schmitt abgesehen wird. Geschieht dies aber nicht, so besitzen die Bestimmungen des »Politischen« von Carl Schmitt kaum noch Realitätstüchtigkeit.

6

Souverän ist, wer über den Ausnahmezustand entscheidet. (Carl Schmitt 1979, 11)

An dieser emblematischen Äußerung von Carl Schmitt hat alle Aufmerksamkeit dem Kriterium des Ausnahmezustandes gegolten, aber nur wenig der Tatsache, daß hier nicht von der Souveränität ›des Staates‹ die Rede ist, sondern von einer konkreten Person, die im gegebenen Fall die Entscheidung trifft. Der Substantialität des Volksbegriffes korrespondiert vor allem in der *Politischen Theologie* ein politischer Personalismus. Die entscheidende Dezision im politischen Zusammenhang ist als säkularisierte creatio ex nihilo entweder die bereits im Kontext der Verfassungslehre angesprochene Unmittelbarkeit des geäußerten Volkswillens oder der »unmittelbare Eingriff des Souveräns in die geltende Rechtsordnung.« (1979, 49) Anders freilich als in der berühmten Definition des modernen Anstaltsstaates als »legitimes Monopol physischer Gewaltsamkeit« von Max Weber ist die Bestimmung der Souveränität von Carl Schmitt nicht zugleich eine Bestimmung des Staates. Vielmehr wird die positive Rechtslehre gerade wegen ihrer Vermischung des aus der persönlichen Entscheidung stammenden Befehls mit aus dem allgemeinen Gesetzesbegriff resultierenden Zwang kritisiert.

Die verschiedensten Theorien des Souveränitätsbegriffes – Krabbe, Preuß, Kelsen – verlangen eine solche Objektivität, wobei sie sich darüber einig sind, daß alles Persönliche aus dem Staatsbegriff verschwinden muß ... Nach Kelsen ist die Vorstellung vom persönlichen Befehlsrecht der eigentliche Irrtum der Lehre von der Staatssouveränität. (Carl Schmitt 1979, 40)

Die Art und Weise, wie Carl Schmitt gegen die positive Rechtslehre und den mit ihr verbundenen Versuch der Objektivierung und Entpersonalisierung des Souveränitäts- und Staatsbegriffes argumentiert, offenbart wiederum mehr eine indirekte Suggestion als ein klares explizites Votum für den Personalismus. Gleichwohl ist die Stellungnahme von Carl Schmitt eindeutig. Der Kontext seiner *Politischen Theologie* ist dadurch gegeben, daß Carl Schmitt zunächst die Kritik der positiven Rechtslehre vorträgt, es sei eine »juristische Verkleidung des Gottes-Gnadentums« (H. Preuß), »wegen der notwendigen Einheitlichkeit und Planmäßigkeit allen staatlichen Willens die Vereinigung aller staatlichen Funktionen in einem einzigen Organ zu fordern.« (1979, 52) Diese Kritik wird im wahrsten Sinne gesteigert und überholt, wenn Carl Schmitt im Kontext seiner *Politischen Theologie* konstatiert: »Alle prägnanten Begriffe der modernen Staatslehre sind säkularisierte theologische Begriffe.« (1979, 49) Dieser Satz würde fundamental mißverstanden, würde er als eine methodologische Anweisung zur begriffsgeschichtlichen und genetischen Analyse begriffen und nicht als der fundamentale Begründungssatz einer heutigen »Politischen Theologie«. Diese »Politische Theologie« hat im Personalismus des Souveränitätsbegriffes ihren (katholischen) Dreh- und Angelpunkt.

Die entscheidende Frage der Souveränität ist, »wer im Konfliktfall entscheidet«, es ist damit »die Frage nach dem Subjekt der Souveränität« (1979, 12). Es ist nach Auffassung von Carl Schmitt der Fehler jeder positiven Rechtslehre zu glauben, diese Entscheidung könne aus Normen abgeleitet oder unter Berufung auf sie getroffen werden, denn: »Die Entscheidung ist, normativ betrachtet, aus einem Nichts geboren. Die rechtliche Kraft der Dezision ist etwas anderes als das Resultat der Begründung.« (1979, 42) Der positive Rechtsstaat erscheint als die »Kruste einer in Wiederholung erstarrten Mechanik« (1979, 22) der schieren Normanwendung und Subsumtion. »In der Ausnahme durchbricht die Kraft des wirklichen Lebens« (ebd.) den gesetzlichen Normalzustand; der Rechtsstaat regle nur, »wie entschieden werden soll, aber nicht, wer entscheiden soll.« (1979, 44) »Bei der selbständigen Bedeutung der Entscheidung hat das Subjekt der Entscheidung aber eine selbständige Bedeutung neben ihrem Inhalt. Es kommt für die Wirklichkeit des Rechtslebens darauf an, wer entscheidet«, es geht also um die »Eigenbedeutung des Subjekts.« (1979, 46) An Hobbes hebt Carl Schmitt im Kontext seiner Souveränitätslehre vor allem das Argument hervor, »welches den Zusammenhang dieses Dezisionismus mit dem Personalismus enthält und alle Versuche, an die Stelle der konkreten Staatssouveränität eine abstrakte, geltende Ordnung zu setzen, ablehnt.« (1979, 44)

Die Suggestion der Formeln von Carl Schmitt ist manchmal so groß, daß einfache Fragen gar nicht mehr gestellt werden, wie: Warum soll die politische Entscheidung, warum soll im Extremfall auch die Entscheidung über das Vorliegen des Aunahmezustandes nicht von einem Gremium mit Mehrheit getroffen werden können? Allein diese Frage zu stellen heißt, sich der Suggestion des Personalismus im Souveränitätsbegriff von Carl Schmitt zu entziehen. Es wird deutlich, daß dieser Personalismus ein eigenständiges unbegründetes Moment der Souveränitätsformel von Carl Schmitt darstellt.

Der Personalismus ist für ihn die entscheidende Grundlage wirklicher Repräsentation, als deren Muster die katholische Kirche gilt. Es ist die Kraft zur wirklichen Repräsentation, die Carl Schmitt an der katholischen Kirche fasziniert, nicht allein ihre juristische Form, wie häufig unterstellt wird.

Auch die Kirche ist ›juristische Person‹, aber anders als eine Aktiengesellschaft. Diese, das typische Produkt des Zeitalters der Produktion, ist ein Rechnungsmodus, die Kirche aber eine konkrete, persönliche Repräsentation konkreter Persönlichkeit. Daß sie im größten Stil die Trägerin juristischen Geistes und die wahre Erbin der römischen Jurisprudenz ist, hat ihr noch jeder zugegeben, der sie kannte. Darin, daß sie die Fähigkeit zur juristischen Form hat, liegt eines ihrer soziologischen Geheimnisse. Aber sie hat die Kraft zu dieser wie zu jeder Form nur, weil sie die Kraft zur Repräsentation hat. Sie repräsentiert die civitas humana, sie stellt in jedem Augenblick den geschichtlichen Zusammenhang mit der Menschwerdung, Christus selbst, persönlich, den in geschichtlicher Wirklichkeit Mensch gewordenen Gott dar. Im Repräsentativen liegt ihre Überlegenheit über ein Zeitalter ökonomischen Denkens. (Carl Schmitt 1925, 26)

Dies ist die entscheidende Konfrontation in der geistesgeschichtlichen und metaphysischen Lage am Beginn des 20. Jahrhunderts in den Augen von Carl Schmitt. Der Parlamentarismus und auch der aus ihm hervorgehende Staat sind zu einer wirklichen Repräsentation nicht in der Lage, sondern nur Reflex ökonomischen Denkens, der manifesten Partialinteressen, die um Einfluß und Anteil an der Beute ringen. Am Ende ist nur die katholische Kirche als Institution mit der Fähigkeit zur wirklichen Repräsentation übriggeblieben – deren Vereinigung »mit der heutigen Form des kapitalistischen Industrialismus ist nicht möglich.« (1925, 33)

Das ist die metaphysisch unentschiedene Situation des Weder-

Noch, »das Zeitalter der Neutralisierungen und Entpolitisierungen« (1929). Die katholische Kirche mit ihrer Kraft zur Repräsentation von Christus als dem geschichtliche Wirklichkeit gewordenen Gott schaffte einmal eine Ordnung im metaphysischen Sinne, die gegen den Nihilismus eine Norm setzte und Halt gab. Aber mit der Säkularisation – Folge von Protestantismus und Kapitalismus – ist deren geschichtliche Kraft zerronnen. Mit der Jurisprudenz teilt der Katholizismus zwar das positive Verhältnis zu bestehenden konkreten Ordnungen, sie sind sich in ihrem »Universalismus« ähnlich, der gegenüber deren konkreter Ausformung gleichgültig bleibt.

Aber trotz aller dieser Verwandtschaft im Formalen geht der Katholizismus weiter, und zwar deshalb, weil er etwas anderes und mehr repräsentiert als die weltliche Jurisprudenz, nämlich nicht nur die Idee der Gerechtigkeit, sondern auch die Person Christi. So kommt er zu seinem Anspruch, eine eigene Macht und Ehre zu haben. (1925, 41)

Der Personalismus im Kern der Souveränitätsidee ist die Glaubensvorstellung des präsenten persönlichen Gottes. Die große Sicherheit und Entschiedenheit, mit der Carl Schmitt seine Thesen und auch juristischen Sätze als Evidenzen formuliert, »rührt daher, daß die Wahrheit eines Satzes, der umformuliert lautet: ›Gott ist Mensch geworden‹, das Fundament seiner Rechtstheorie ist; daß diese ›veritas‹ des ›präsenten Gottes‹ überhaupt erst jene Re-Präsentation der veritas in der auctoritas eam interpretanti et faciendi legem real möglich gemacht hat, die seine Rechtstheorie trägt.« (F. Scholz 1983, 171 f) Wer sich heute auf die Souveränitäts- und daraus abgeleitete Staatslehre von Carl Schmitt berufen will, der leugnet »das officium von Schmitt's Theologie: als Rechtslehre Katechon zu sein gegen den Antichrist, den Schmitt ... im desubstantiierenden Fortschritt erkennt« (F. Scholz 1983, 173) – oder er teilt diese theologische Prämisse. Tertium non datur!

7

Der Führer schützt das Recht vor dem schlimmsten Mißbrauch, wenn er im Augenblick der Gefahr Kraft seines Führertums als oberster Gerichtsherr unmittelbar Recht schafft ... Der wahre Führer ist immer auch Richter ... In Wahrheit war die Tat des Führers echte Gerichtsbarkeit. Sie untersteht nicht der Justiz, sondern war selbst höchste Justiz ... Das Richtertum des Führers entspringt derselben Rechtsquelle, der alles Recht in jedem Volk entspringt. In der höchsten Not bewährt sich das höchste Recht und erscheint der höchste Grad richterlich rächender Verwirklichung dieses Rechts. Alles Recht stammt aus dem Lebensrecht des Volkes. (Carl Schmitt 1934, 200)

Wer diese Sätze bloß für ein peinliches oder opportunistisches ›Abirren‹ oder für »compromises with the Hitler regime« (J. W. Bendersky 1983, XI) des großen Rechtsgelehrten Carl Schmitt hält, der blendet den Zusammenhang der Politischen Theologie und der substantiellen Lehre von der Volkssouveränität aus. Carl Schmitts hymnische acclamatio schließt selbst eine messianistische Deutung nicht von vornherein aus; daß Hitler in ihr als Katechon gedacht wurde, ist aber näherliegend.

Die auf 1933–1936 bezogenen Selbstdarstellungen und unglaubwürdigen Distanzierungen in *Ex Captivitate Salus* (1950) sind selbst überzeugten Schmittianern peinlich, weil unglaubwürdig. Wenn Carl Schmitt Opportunist war, dann hier – und nicht 1933–1936.

Literatur

von CARL SCHMITT (in der jeweils zitierten Ausgabe):

Römischer Katholizismus und politische Form. 2. Aufl. München: Theatiner-Verlag, 1925.

Das Zeitalter der Neutralisierungen und Entpolitisierungen (1929), abgedruckt in: *Positionen und Begriffe im Kampf mit Weimar – Genf – Versailles, 1923–1939* (unveränderter Nachdruck d. Ausg. 1940), Berlin: Dunker und Humblot, 1988, 120–132.

Der Begriff der Politischen, Hamburg: Hanseatische Verlags-Anstalt, 1933.

Der Führer schützt das Recht (1934), abgedruckt in: *Positionen und Begriffe,* 199–203.

Politische Theologie, 3. Aufl. Berlin: Dunker und Humblot, 1979.

Verfassungslehre, 6. unveränderte Aufl. Berlin: Dunker und Humblot, 1983.

Der Gegensatz von Parlamentarismus und moderner Massendemokratie (1926), abgedruckt in: *Positionen und Begriffe,* 52–66.

Ex Captivitate Salus. Köln: Greven 1950.

Aus QUARITSCH, Helmut (hg.) *Complexio Oppositorum. Über Carl Schmitt,* Berlin: Dunker und Humblot, 1988, stammen folgende zitierte Beiträge:

HEPP, Robert: *Diskussionsbeitrag,* 308–314.

ISENSEE, Josef: *Diskussionsbeitrag,* 602–604.

MASCHKE, Günter: *Die Zweideutigkeit der »Entscheidung« – Thomas*

Hobbes und Juan Donoso Cortes im Werk Carl Schmitts, 193–221.

MEIER, Christian: *Zu Carl Schmitts Begriffsbildung – Das Politische und der Nomos,* 537–556.

MOHLER, Armin: *Carl Schmitt und die »Konservative Revolution«,* 129–151.

WILLMS, Bernard: *Carl Schmitt – jüngster Klassiker des politischen Denkens?,* 577–597.

Weitere Literatur:

ARNDT, Hans-Joachim: *Die Besiegten von 1945.* Berlin: Dunker und Humblot, 1978.

BENDERSKY, Joseph W.: *Carl Schmitt. Theorist for the Reich.* Princeton: Princeton University Press, 1983.

BREDOW, Wilfried von: Carl Schmitt lesen, *Liberal,* Jg. 20 (1978), 432–444.

BREUER, Stefan: Nationalstaat und pouvoir constituant bei Sieyes und Carl Schmitt, *Archiv für Rechts- und Sozialphilosophie,* Heft 4 (1984), 495–517.

HANSEN, Klaus: Feindberührung mit versöhnlichem Ausgang. Carl Schmitt und der Liberalismus, in: HANSEN, Klaus/LEITZMANN, Hans (Hrsg.): *Carl Schmitt und die Liberalismuskritik.* Opladen: Leske und Budrich, 9–14.

KEMPNER, Robert M. W.: Hat Professor Carl Schmitt die Jugend vergiftet? »Ich fühlte mich Hitler geistig überlegen«, in: Ders.: *Das Dritte Reich im Kreuzverhör,* München: Rütten und Loening, 1969, 293–300.

LAUERMANN, Manfred: Versuch über Carl Schmitt im Nationalsozialismus, in: HANSEN, Klaus/LIETZMANN, Hans (Hrsg.): *Carl Schmitt und die Liberalismuskritik,* 37–51.

MASCHKE, Günter: *Der Tod des Carl Schmitt. Apologie und Polemik.* Wien: Karolinger, 1987.

SCHOLZ, Frithard, Die Theologie Carl Schmitts, in: TAUBES, Jacob (Hrsg.): *Der Fürst dieser Welt. Carl Schmitt und die Folgen,* München: Fink, 1983, 153–173.

VOLLRATH, Ernst: *Grundlegung einer philosophischen Theorie des Politischen,* Würzburg: Königshausen und Neumann, 1987.

WILLMS, Bernard: *Die Deutsche Nation.* Köln-Lövenich: Hohenheim-Verlag, 1982.

CHRISTOPH MÜLLER

Das Freund/Feind-Theorem Carl Schmitts: Fortwirkungen im Verfassungsdenken der Bundesrepublik Deutschland

1. Weimar und Bonn: Brüche und Kontinuitäten in der Verfassungsstruktur

In Deutschland ist es erst nach dem Zusammenbruch der Hitler-Diktatur gelungen, die Kraft der antidemokratischen Traditionen zu brechen, an denen noch die Weimarer Republik zugrunde gegangen war. Nach langen Umwegen und Irrwegen hat das demokratische Denken hier tiefere Wurzeln schlagen können. Zugleich hat der Parlamentarische Rat aus Fehlern der Weimarer Demokratie Lehren ziehen wollen. Die herrschende Staatsrechtslehre der Bundesrepublik hält sich viel darauf zugute, daß das Grundgesetz einige neue, eigenständige Regelungen gefunden hätte, die vom westeuropäischen Verfassungsdenken abweichen und ihm überlegen seien.

So wollte das Grundgesetz den »Relativismus« und »Agnostizismus« der Weimarer Reichsverfassung überwinden. Zu diesem Zweck hat es die Formel von der »freiheitlich demokratischen Grundordnung« geprägt (Art. 21 Abs. 2 GG) und ein Verfahren vor dem Bundesverfassungsgericht geschaffen, bei dem die Verfassungswidrigkeit von politischen Parteien festgestellt werden kann (Art. 21 Abs. 2 GG), was der Gesetzgeber zu einem Parteienverbotsverfahren weiterentwickelt hat (§ 46 Abs. 3 BVerfGG). Ich möchte zeigen, daß diese Neuerungen problematisch sind. Sie liegen nicht in der Linie der wenigen wirklich demokratisch und republikanisch gesinnten Staatsrechtslehrer der Weimarer Republik; im Gegenteil, für diese Konstruktionen waren insbesondere Einflüsse maßgebend, die sich zum Teil auf Carl Schmitt zurückführen lassen. Ich werde mich in diesem Beitrag auf die Frage beschränken, welchen Einfluß seine Freund/Feind-Unterscheidung auf unser heutiges Verfassungsdenken hat. Ich bin nicht primär an dem Werk von Carl Schmitt interessiert, das m. E. stark überschätzt wird. Mich beschäftigt aber die Frage, ob seine Beiträge für die Aufgaben, die vor uns liegen, hilfreich sind oder nicht.

Dabei kann ich nicht akzeptieren, wenn Leo Strauss schreibt, die Sätze Schmitts müßten »gemäß den allgemeinen Verständnisprinzipien Schmitts selbst verstanden werden«.[1] Ob eine theoretische Konstruktion brauchbar ist, entscheidet nicht die immanente Kritik, sondern primär die praktische, empirische Erfahrung. Auch Carl Schmitt muß sich diesen Kriterien stellen, die für alle gelten.

Carl Schmitt hatte sich tiefer als viele andere Juristen mit der Hitler-Diktatur kompromittiert. Das berührt seine Vertrauenswürdigkeit gerade in seinem professionellen Arbeitsbereich als Lehrer des Verfassungsrechts.

Carl Schmitt war am Preußen-Schlag Papens nicht nur als Verteidiger der Reichsregierung vor dem Staatsgerichtshof,[2] sondern auch in der vorbereitenden Phase als Berater Schleichers aktiv beteiligt.[3] Ursprünglich wirkte er an Plänen mit, mit denen konservative Kräfte versuchten, Hitler zu verhindern. Er stellte sich dann aber sofort der Hitler-Diktatur zur Verfügung und wurde von dem preußischen Ministerpräsidenten Hermann Göring wegen seiner Verdienste um den Nationalsozialismus zum Preußischen Staatsrat ernannt.[4]

Bei seiner Anpassung an die neuen Machthaber gab Carl Schmitt alle Grundprinzipien des rechtsstaatlichen Verfassungsdenkens preis. Nach dem Röhm-Putsch und der Ermordung des Generals v. Schleicher feierte er den Diktator in den servilsten Formen:

> Der Führer schützt das Recht vor dem schlimmsten Mißbrauch, wenn er im Augenblick der Gefahr kraft seines Führertums als oberster Gerichtsherr unmittelbar Recht schafft.[5]

Auch wenn er einen Mussolini- oder Franco-Faschismus dem Hitler-Faschismus vorgezogen hätte, hat er sich auf die vulgärste Weise mit antisemitischen Parolen hervorgetan. Über die ausgebürgerten jüdischen Intellektuellen, deren Bücher verbrannt worden waren, schreibt er:

> Auf jene deutschen Intellektuellen aber wollen wir verzichten ... Aus Deutschland seien sie ausgespien für alle Zeiten.[6]

Für unsere Frage, ob und in welcher Weise Carl Schmitt unser Verfassungsdenken beeinflußt hat, ist es von Bedeutung, wie seine Entwicklungen und Wandlungen zu interpretieren sind. War er ursprünglich ein rechtsstaatlicher Verfassungstheoretiker? Hat er sich nur situationsbedingt an den Hitler-Faschismus angepaßt, zu dem er dann wieder, wenigstens teilweise, auf Distanz ging und unter dessen Machteliten er ja auch Gegner hatte? Kehrte er dann definitiv nach 1945 zum rechtsstaatlichen Verfassungsdenken zurück? Oder gibt es eine Kontinuität, die alle drei Phasen miteinander verknüpft?

Carl Schmitt selbst vertritt die Kontinuitätsthese des »integren Wissens«.[7] Im Gegensatz etwa zu Ulrich Scheuner, der sich auf eine menschlich beeindruckende Weise von den Irrtümern seiner Jugend losgesagt hat, gibt Carl Schmitt keinen Hinweis, der als ein solches Eingeständnis gedeutet werden könnte.[8] Er hat vielmehr angedeutet, daß er in Wahrheit eine Art Widerstandskämpfer gewesen sei,[9] und seine Schriften nach 1933 erklärt er damit, daß sie »überhaupt erst aus dem Zusammenbruch der Weimarer Legalität entstanden« seien.[10]

Es würde Carl Schmitt jedoch wenig helfen, wenn man die beschämenden Dokumente aus der Zeit der Hitler-Diktatur tilgen könnte. Denn es finden sich Kontinuitäten, die auch dann, wenn sie nicht von vornherein faschistischen Charakter tragen, doch den autoritären Traditionen zuzurechnen sind und jedenfalls nicht zum demokratischen Verfassungsdenken gehören.

Hermann Heller hat Schmitt vorgeworfen, nicht erst 1933, sondern »seit anderthalb Jahrzehnten« sich darum bemüht zu haben, »die demokratische zugunsten der diktatorischen Staatsautorität herabzusetzen«.[11] Ingeborg Maus hat hinter der erstaunlichen Wandlungsfähigkeit Carl Schmitts die durchgehende Linie der Kontinuität auch subtil herausgearbeitet.[12] Die Kontinuitätsthese nimmt den Theoretiker Carl Schmitt ernst, wenn sie ihn bei dem behaftet, was er selbst geschrieben und veröffentlicht hat. Aber wenn wir davon ausgehen, daß es eine wirkliche Einheit seines Denkens gibt, dann haben wir Veranlassung, seine Beiträge zu unserem heutigen, demokratischen Verfassungsverständnis genau zu untersuchen, auch wenn es sich dabei nicht um faschistische, sondern »nur« um autoritäre Elemente handeln sollte.

Zu dieser kritischen Einschätzung steht im Gegensatz, daß Carl Schmitt inzwischen in der Zunft der Staatsrechtslehrer seine Reputierlichkeit wiedererlangt zu haben scheint. Zeugnis davon sind die Festschriften, die ihm gewidmet wurden,[13] namentlich die beiden letzten – *Epirrhosis*[14] und *Complexio oppositorum*[15] –, die der hohen Selbststilisierung Carl Schmitts entsprechen.[16]

Unermüdlich hat Carl Schmitt seine Art, den Begriff des Politischen zu bestimmen, zum Dreh- und Angelpunkt seines Werks erklärt. Seine Freund/Feind-Unterscheidung durchdringt sein Verfassungsdenken und ist das gemeinsame Band, das seine unterschiedlichen Positionen aus der Weimarer Republik, dem Hitler-Faschismus und der Bonner Republik miteinander verbindet.

Auch die hier zu erörternden Einflüsse Carl Schmitts auf unser heutiges Verfassungsdenken gehören zu dieser Thematik, wobei sich seine Freund/Feind-Unterscheidung als besonders wirksam erwiesen hat, die Weimarer Republik zu destabilisieren, und als ein praktisches Instrument, sie in den Hitler-Faschismus hineinzuführen.

2. Zielsetzungen und Variationsbreite der Freund/Feind-Unterscheidung von Carl Schmitt

Carl Schmitt behauptet nicht, eine Freund/Feind-Theorie entwikkelt zu haben; er will mit seiner Freund/Feind-Unterscheidung nur einen »Begriff«, bloß ein »Kriterium« des Politischen in die Diskussion einführen. Damit unterläuft er eine große Zahl von kritischen Einwänden. Er muß ja, wenn er eine »erschöpfende Definition oder Inhaltsangabe« gar nicht geben will,[17] auch nicht sagen, warum wer von wem aus welchem Grunde und in welchem Intensitätsgrad als »Feind« betrachtet wird.

Es leuchtet ein, daß das politische Phänomen nach spezifischen »Kriterien« verlangt. Das Moralische wird nach gut und böse, das Ästhetische nach schön und häßlich, das Ökonomische nach nützlich und schädlich unterschieden. Alles das kennzeichnet politische Handlungen nicht, sofern sie – jenseits des Moralischen – rein theoretisch analysiert werden sollen.[18] Aber wenn es sich um eine empirische Theorie handeln soll, dann müßte, wie für alle anderen wissenschaftlichen Sätze auch, eigentlich das Kriterium »wahr oder falsch« in Betracht kommen. Aber auch diesem Anspruch stellt sich Carl Schmitt nicht. Es klingt so, als handle es sich nur um ein heuristisches Prinzip, mit dessen Hilfe er wesentliche Sachverhalte aufspüren will.

Die Unterscheidung Freund/Feind könnte zunächst auch durchaus plausibel erscheinen, wenn man sich vor Augen hält, daß – jedenfalls in spezifischen politischen Situationen – die Variationsbreite möglicher Handlungen auf die Alternative *»pro«* oder *»contra«* reduziert wird. Menschliche Beziehungen sind vielfältiger Abstufung fähig; aber in bestimmten politischen Konstellationen gibt es nur noch ein »Ja« oder ein »Nein«. Typische Entscheidungssituationen sind Wahlen, Bündnisse und die verschiedenen Formen der Beschlußfassung.

Nun hat es allerdings nicht Carl Schmitt erfunden, daß wir uns immerzu entscheiden müssen. Zu fragen wäre deshalb, ob die Entdeckung dieses längst und allseits bekannten »Kriteriums« in irgendeiner Weise einer »kopernikanischen« Wende gleichkommt oder ob die Erkenntnis trivialen Charakter hat.

Es ist auch richtig, daß sich alle möglichen Konflikte – religiöse, moralische, ökonomische, ethnische – in einen politischen Gegensatz verwandeln können, wenn sie »stark genug« sind, »die Menschen nach Freund und Feind effektiv zu gruppieren«.[19] Carl Schmitt nimmt an, daß die Substanz des Politischen um so deutlicher zum Vorschein komme, je mehr sich diese Gegensätze zuspitzen und je mehr sie dazu führen, daß von gewaltsamen Mitteln Gebrauch gemacht wird. Die Begriffe »Freund«, »Feind« und »Kampf« erhalten für Carl Schmitt ihren »Sinn« dadurch, daß sie »auf die reale Möglichkeit der physischen Tötung Bezug haben und behalten«; die Feindschaft, in der nach Carl Schmitt das Politische besonders deutlich zum Vorschein kommen soll, bedeute die »seinsmäßige Negierung eines anderen Seins«.[20]

Allerdings führt auch Carl Schmitts Begriffsbildung nicht notwendigerweise zur Forderung nach dem stärksten Mittel. Im Gegenteil: Das Völkerrecht hat auch die Funktion, den Krieg zu »hegen« und Feindschaft zu begrenzen. Aber als »Möglichkeit« müsse der Ernstfall real präsent sein.[21]

Unserem Sprachgebrauch widerspricht es aber, das Phänomen des Politischen von dem extremen Fall der Gewaltanwendung her zu definieren. Im Bereich der Außenpolitik und speziell im Fall des *ius belli*, das für Carl Schmitt die Substanz des Politischen im herausragenden Sinn erkennbar macht, hat er eine große Autorität gegen sich: Carl v. Clausewitz betrachtet den Krieg nur als militärisches *Mittel*, das er den eigentlichen politischen *Zwecken* unterordnen will.[22] Carl Schmitt definiert den *casus belli* als den eigentlichen Inbegriff des Politischen, während der Krieg bei Clausewitz eben gerade »kein selbständiges Ding« ist.

Militärische Auseinandersetzungen zwischen Staaten sind noch immer gang und gäbe. Dabei verstehen wir unter Politik die Versuche, den Fall zu vermeiden, in denen die Dinge »aus dem Ruder« laufen. Wenn aber Politik in dem Versuch besteht, die äußerste Zuspitzung zu vermeiden, so läßt sich das mit dem Kriterium Carl Schmitts nicht besonders gut erfassen. Das würde vor allem für solche Kriege gelten, bei denen es keinen Gewinner, sondern nur Verlierer gibt. Es genügt Carl Schmitt auch nicht, zutreffend festzustellen, daß es eine universelle Weltfriedensordnung heute nicht gibt. Er muß sozusagen theoretisch postulieren:

Eine Welt, in der die Möglichkeit eines solchen Kampfes (gemeint ist der Kriegsfall, C. M.) restlos beseitigt und verschwunden ist, ein endgültig pazifizierter Erdball, wäre eine Welt ohne die Unterscheidung von Freund und Feind und infolgedessen eine Welt ohne Politik.[23]

Die Gefühlswerte, die der letzte Vertreter des *ius publicum Europaeum* und der *christliche Epimetheus* dabei empfindet, sind unüberhörbar. Wenn es gelingen sollte, das Entsetzen des Krieges zu bannen, würde Carl Schmitt darauf hinweisen, daß das um den Preis seines Begriffs des Politischen geschehen würde.

Unannehmbar ist aber vor allem, daß aus seinem Begriff des Politischen die Innenpolitik herausfällt. Nur als *sekundären Begriff,*[24] auf weniger als einer Seite, handelt er diesen Punkt mit ab. Wenn nach seiner Auffassung das Politische im *ius belli* der Staaten untereinander oder in einem Bürgerkrieg im Innern des Staates zum Ausdruck kommt, dann müssen ihm die politischen Konflikte, die im Rahmen einer Friedensordnung ausgetragen werden, als so stark abgeschwächt erscheinen, daß sie für ihn nur noch Schatten des eigentlichen Substanzbegriffs sind.

Carl Schmitt muß die Innenpolitik aus seinem Begriff des politischen Phänomens ausklammern, weil er die Entstehung des staatlichen Gewaltmonopols, mit dem Selbsthilfe, Blutrache und Fehde zurückgedrängt wurden, mit Recht für das große Politikum der Neuzeit hält. Aber da das staatliche Gewaltmonopol die Möglichkeit zur Innenpolitik überhaupt erst geschaffen hat, ist der Eingangssatz: »Der Begriff des Staates setzt den Begriff des Politischen voraus«,[25] jedenfalls für den Bereich der Innenpolitik nicht haltbar. Hier setzt die politische Austragsform bestimmte organisatorische Rahmenbedingungen voraus.

Die staatliche Organisation mit ihrer inneren Friedensordnung hat die politischen Konflikte innerhalb der Gesellschaft nicht beseitigen und durch »gute Polizei und Ordnung« ersetzen können.[26] Es ist nun schwer zu verstehen, warum das Politische im Innern der Staaten nur eine *sekundäre* Rolle spielen soll, wo doch die »politische Einheit« die Bedingungen dafür schafft, daß diese politischen Konflikte – auf den verschiedensten Ebenen – ausgetragen werden können. Hermann Heller hat Carl Schmitt deshalb entgegengehalten, daß dann »die Entstehung und Existenz der politischen Einheit« im Blick auf diese innere Pazifizierung »etwas höchst Unpolitisches« sei.[27]

Nach einem »geflügelten Wort« ist Politik die »Kunst des Möglichen«.[28] Diese Begriffsbestimmung setzt voraus, daß im Bereich öffentlicher Wirksamkeit eine Position behauptet oder ein Ziel verwirklicht werden soll, dem potentiell Realitätsgehalt zukommen kann und das nicht nur aus Wunschdenken besteht. Unter großer Politik verstehen wir, wenn jemand zukünftige Möglichkeiten antizipiert, für die sich die Chancen der Verwirklichung noch nicht unmittelbar abzeichnen.

Unter diesem Kriterium erscheint Carl Schmitt als ein unpolitischer Mensch, weil in seinem Werk kein Sinn für die Beurteilung der zukunftsgestaltenden Kräfte seiner Epoche zu finden ist, im Gegensatz zu Jean Bodin und Thomas Hobbes, auf die er sich beruft.

3. Carl Schmitts Anti-Liberalismus

Die Auseinandersetzung mit Carl Schmitt ist deshalb so schwierig, weil seine »Positionen« und »Begriffe« oszillieren. Sein Begriff des Politischen ist heuristisch manchmal produktiv. Er erlaubt gelegentlich, brauchbare Unterscheidungen und Differenzierungen einzuführen. Aber seine abstrakten »Begriffe«, die er fast als wertneutral in Umlauf setzen möchte, dienen ihm dazu, seine eigenen »Positionen« in ihnen eher zu verstecken als deutlich zu machen. Eine geschlossene und umfassende »Theorie« von Staat, Recht und Verfassung hat er nicht entwickelt.[29] Es ist oft beobachtet worden, daß seine Arbeiten einen *situativen* und *okkasionellen* Charakter tragen. Wenn man sich ihm nähert, muß man daher versuchen, hinter dem juristischen Argument das kunstvoll verborgene primäre Interesse herauszufinden.

Sein Begriff des Politischen dient ihm dazu, einen starken Anti-Liberalismus, der sich durch sein Werk zieht, in eine scheinbar objektive Beleuchtung zu rücken. Er argumentiert hauptsächlich auf der ideologischen Ebene, bildet gegensätzliche Begriffe und sucht innere Widersprüche, ohne sich um die organisatorische Bedeutung der liberalen Errungenschaften zu kümmern.

Carl Schmitt hat sich einen Namen gemacht mit der Kritik an den liberalen Grundstrukturen einer parlamentarisch und rechtsstaatlich verfaßten Gesellschaft.[30] Dieser Kampf gegen den Liberalismus ist der Hauptgrund, weshalb sein Einfluß auf die Staatsrechtslehre als problematisch angesehen wird.

An den Begriffen der liberalen Theorie kritisiert er, daß sie nicht zum Phänomen des Politischen vorstießen und sich nur zwischen »Ethik« und »Geschäft« bewegten. Der Rechtsstaat habe seine wesentliche Substanz im Privateigentum; Schmitt setzt den *Rechts-*

staat mit einem *Privatrechts-Staat* gleich. Das bürgerliche Eigentum ist für ihn

> das Zentrum des Globus ... dessen Pole – Ethik und Ökonomik – nur die gegensätzliche Ausstrahlung dieses Mittelpunktes sind. Ethnisches Pathos und materialistisch-ökonomische Sachlichkeit verbinden sich in jeder typischen liberalen Äußerung.[31]

Zum Zwecke der Beschreibung hat er von Max Weber den Begriff des »occidentalen Rationalismus« übernommen. Aber während es Max Weber begrüßte, daß in Deutschland zusammen mit dem ökonomischen auch der politische Liberalismus definitiv zum Durchbruch käme, hat Carl Schmitt für die Wirtschaftsgesinnung des Kapitalismus kein Organ. Es kommt alles darauf an, wie er seinen Anti-Kapitalismus begründet.

Nun gibt es starke Gründe, den Liberalismus und die bürgerliche Gesellschaft der Kritik zu unterziehen. Der ökonomische Liberalismus hat sich in Widersprüche verwickelt, und auf vielen Gebieten ist es offensichtlich, daß die Selbstregulation des Marktes versagt. Das kann zu der Folgerung weitergedacht werden, den Widerspruch einer längst »gesellschaftlich« gewordenen Produktion mit der noch »privat« organisierten Aneignung aufzulösen und zu einer »Ausdehnung des materiellen Rechtsstaatsgedankens auf die Arbeits- und Güterordnung«[32] überzugehen. Carl Schmitt hatte erkannt, daß im Interventionsstaat der »Staat zur Gesellschaft« geworden ist;[33] aber er biegt die demokratischen Möglichkeiten ab, die darin liegen.

Mit der Ablehnung des *ökonomischen Liberalismus* ist in keiner Weise auch die Ablehnung des *politischen Liberalismus* – in der Gestalt von Parlamentarismus und Rechtsstaat – verbunden. Im Gegenteil: Ein Sozialist könnte den ökonomischen Liberalismus verurteilen und zugleich versuchen, die widersprüchliche Gestalt der bürgerlichen Demokratie zu einer sozialistischen Demokratie weiterzuentwickeln.[34] Es steht eine beschränkte Zahl von Grundstrukturen zur Verfügung, wenn eine Gesellschaft politisch-administrativ organisiert werden soll.

Seine autoritären Vorurteile hindern Carl Schmitt jedoch, den ökonomischen Liberalismus vom politischen Liberalismus zu unterscheiden. Während Max Weber die Bedeutung des Parlaments als einer Institution zur Einsetzung, vor allem auch zur Abwahl von Regierungen als unersetzlich betrachtet,[35] kann es auf diese praktische, empirische Perspektive nach der Meinung von Carl Schmitt aber nicht ankommen; ihm geht es um Größeres: um die »Wahrheit« und »Richtigkeit« seiner Begriffe, die er mit dem Status einer »Begriffssoziologie« und mit dem einer »Theologie politischer Begriffe« ausstatten möchte. Gemessen an solchen hohen Maßstäben kommt eine »Heterogonie der Prinzipien« nicht in Betracht.[36] Mit Recht hatte demgegenüber Richard Thoma sarkastisch festgestellt, die »verschimmelten Ideen« Carl Schmitts könnten die Tatsache nicht aus der Welt schaffen, daß organisatorische Strukturen von den Ideologien unabhängig werden, die zu ihrer Rechtfertigung einmal vorgebracht worden sind.[37]

Der Anti-Liberalismus Carl Schmitts beschränkt sich nicht darauf, die Wirtschaftsgesinnung des Kapitalismus zu kritisieren,[38] sondern er ist gegen die Funktionsbedingungen des politischen Liberalismus, d. h. gegen parlamentarische Demokratie und Rechtsstaat, gerichtet.

4. Carl Schmitts Anti-Sozialismus

Carl Schmitt hat bei seiner Kritik des ökonomischen Liberalismus auch marxistische Argumente aufgegriffen, wie das vor ihm Max Weber und Hans Kelsen getan haben. Das hat ihm auf der Linken Bewunderung seines Werks eingetragen.[39] Auch wenn er Widersprüche des ökonomischen und politischen Liberalismus aufzeigt,[40] bleiben seine metaphysischen Substanzbegriffe willkürlich. Neuerdings erscheint auch Carl Schmitts Kulturkritik wieder aktuell,[41] obwohl ich ihren metaphysischen Bezügen und Aufrissen und ihrem Zug ins *Grandiose* nichts abgewinnen kann. Da sich auch Autoren aus dem linken Spektrum mit Carl Schmitt auseinandersetzen, liegt die Frage nahe, wie sich der Anti-Kapitalismus Carl Schmitts zur marxistischen Kritik an der bürgerlichen Gesellschaft verhält.

Dabei ergibt es sich, daß Schmitt an sozial-ökonomischen Fragen gar nicht interessiert ist. Aus seiner Distanz gegenüber der Welt des Ökonomischen schrumpft der antagonistische Gegensatz von Kapital und Arbeit für ihn zum Widerspiel von Schicksalsgenossen zusammen, die beide den Akzent nur anders setzen. Er hat sich die Auffassung zurechtgelegt, daß sich die Proletarier genauso wie die Kapitalisten auf die Dominanz der Wirtschaft eingelassen hätten. Er schreibt über die Arbeiterbewegung:

Ihre Überzeugungskraft lag für das 19. Jahrhundert aber vor allem darin, daß sie ihrem liberal-bürgerlichen Gegner auf das Gebiet des Ökonomischen gefolgt war und ihn hier sozusagen in seinem eigenen

Land mit seinen eigenen Waffen stellte. Das war notwendig, weil die Wendung zum Ökonomischen mit dem Siege der ›industriellen Gesellschaft‹ entschieden war.[42]

Auch hier hilft ihm sein Begriff des Politischen, sich aus den eigentlichen sozial-ökonomischen Problemen herauszuhalten, indem er sich – in dieser Perspektive allerdings formal voller Respekt – mit dem Phänomen befaßt, daß eine Klasse, das Proletariat, in der Lage war, die Staatsmacht an sich zu reißen.[43]

Auch eine ›Klasse‹ im marxistischen Sinn des Wortes hört auf, etwas rein Ökonomisches zu sein und wird eine politische Größe, wenn sie an diesen entscheidenden Punkt gelangt, d. h. wenn sie mit dem Klassen-›*Kampf*‹ Ernst macht und den Klassengegner als wirklichen Feind behandelt und ihn, sei es als Staat gegen Staat, sei es im Bürgerkrieg innerhalb eines Staates, bekämpft.[44]

Der Autor von *Der Begriff des Politischen* stellt fest, daß es auch auf ökonomischem Gebiet Intensitätsgrade des Politischen gibt, die seinem Freund/Feind-Kriterium entsprechen. Aber damit hat es schon sein Bewenden. Nach keiner anderen Seite geht Carl Schmitt auf gesellschaftliche Bewegungsgesetze oder die Strukturen von Gesellschaftsformationen ein.

Allerdings kommt den Auseinandersetzungen von Carl Schmitt mit Theorie und Praxis der Arbeiterbewegung eine besondere Bedeutung zu. Es war wohl überhaupt erst der *Klassenkampf* der marxistischen Theorie,[45] der Carl Schmitt auf seine Freund/Feind-Unterscheidung gebracht hat.[46] Mit diesen Studien, mit denen er seine konservativen Kollegen hinter sich läßt, erklimmt er die Höhe eines Theoretikers der Gegenrevolution.

Während er ideologisch in vorbürgerlich-bäuerlichen – er nennt es bedeutungsvoll: *tellurischen* – Denktraditionen verwurzelt bleibt, lebt und webt er politisch in den absolutistischen Traditionen aus der Zeit der Entstehung des nationalen Machtstaates. Seine politische Option wird beherrscht von einer Stimmung des Untergangs,[47] von autoritären Werten und von anti-sozialistischen Gefühlen.[48] Seine Option kann nur gegen den Sozialismus ausfallen, weil das Aufkommen der Arbeiterbewegung eine der wesentlichen Ursachen für die Stimmung ist, der Oswald Spengler den publikumswirksamen Ausdruck vom *Untergang des Abendlandes* gegeben hatte.

Er sieht, wie sich eine Entscheidungssituation vorbereitet. Die gegenwärtige Lage empfindet er nur als ein »Provisorium«. Aber wo sieht er die Auswege? Nicht, wie man hätte denken können, in einer Unterordnung der technisch-rationalen Lebens-*Mittel* unter die eigentlichen Lebens-*Zwecke*. Der endgültige Sinn dieses technischen Jahrhunderts ergibt sich erst,

> wenn es sich zeigt, welche Art von Politik stark genug ist, sich der neuen Technik zu bemächtigen, und welches die eigentlichen Freund- und Feindgruppierungen sind, die auf dem neuen Boden erwachsen.[49]

Er sucht nach irgendeiner starken, autoritären Ordnungsmacht. Zunächst sieht er – in dieser ihm apokalyptisch erscheinenden Situation, die durch das ökonomische und technische Denken und durch die neuen Klassen und Massen entstanden ist – nur in der Römischen Kirche eine Gegenkraft, die das Unheil aufhalten könnte.[50] Aber dabei handelt es sich um einen »*Syllabus*-Katholizismus« von der reaktionärsten Sorte.[51] Carl Schmitt hätte wissen können, daß diese untergegangene Welt nicht wieder ins Leben zurückgerufen werden konnte; aber wenn *seine* Welt nicht mehr existieren kann, dann geht für ihn die Welt *überhaupt* unter.

Eigenartig ist es, daß er bei seiner profunden historischen Kenntnis seine eigene Untergangs- und Verzweiflungsstimmung mit der wirklichen Katastrophe der Religionskriege verwechselt und sich, da die Römische Kirche die soziale Frage, die Weltwirtschaftskrise und andere praktische Fragen nicht lösen kann, aus den für ihn rational nicht mehr auflösbaren Problemen zur *nächstbesten Autorität* flüchtet. Das mußte nicht Hitler sein, aber das konnte Hitler sein. Dabei sieht er sich selbst auf eine ganz unhistorische Weise in der Rolle eines *Hobbes redivus*.

So wird der große Kenner des *ius publicum Europaeum*, der die europäische Apokalypse aufhalten will, zu ihrem Protagonisten.

5. Die Verbindung von Anti-Liberalismus und Anti-Sozialismus disponiert Carl Schmitt zur faschistischen Option

Indem Carl Schmitt einen starken Anti-Liberalismus mit einem ebenso starken Anti-Sozialismus verbindet, liegt seine politische Position auf der Linie der katholischen Sozialenzykliken seit *Rerum novarum*. Es hat der Kirche geschadet, daß sie zu den beiden Hauptströmungen der Neuzeit – dem Bürgertum und der Arbeiterbewegung – kein vernünftiges Verhältnis finden konnte. Dieser doppelte Abwehrkampf hat die katholische Kirche daran gehindert, sich rechtzeitig mit einer demokratischen Organisation der

Gesellschaft auszusöhnen. Es blieb nicht aus, daß diese unglückliche Doppelstrategie sie für lange Zeit auf ein Bündnis mit den autoritären Mächten orientiert hat. In den Krisen der dreißiger Jahre stand die Kirche an der Seite der antidemokratischen Kräfte. Im deutschen Protestantismus lagen die Dinge ganz ähnlich.

Beide Kirchen haben sich langsam aus diesen Verstrickungen befreit. Aber von allem anderen einmal abgesehen, ist es ein großer und prinzipieller Unterschied, ob eine Religionsgesellschaft gleichzeitig Liberalismus und Sozialismus verurteilt oder ob das der Verfassungsjurist einer demokratischen Republik tut. Denn eine Religionsgesellschaft hat eine andere Stellung zu den Fragen der praktischen Politik als ein Staats- und Rechtstheoretiker. Die Kirche braucht sich nicht zwischen den verschiedenen politischen Strömungen zu entscheiden. Sie kann eine »pastorale« Haltung einnehmen und sich darauf zurückziehen, eine spezifische, »spirituelle« Botschaft zu vertreten, die sich im Prinzip an alle richtet. Die Kirchen stehen zwar »in der Welt«, verstehen sich aber nicht als Teil »von dieser Welt«.

Ein Verfassungsjurist aber muß sich politisch verhalten und konkret entscheiden. Hier mußte ein Anti-Liberalismus, wenn er nicht auf den ökonomischen Bereich beschränkt blieb und gleichzeitig mit einem starken anti-sozialistischen Affekt zusammenfiel, zu einem Zweifrontenkampf gegen Bürgertum und Arbeiterschaft führen, der sich auf Dauer nicht innerhalb des Spektrums der demokratischen Kräfte halten ließ. Ein Anti-Liberalismus, der sich mit Antisozialismus verbindet, entfaltet – politisch-parlamentarisch gesehen – eine faschistische Logik.

Dabei kann Carl Schmitt der Alternative von Kapitalismus *oder* Sozialismus gar nicht entgehen, weil der Faschismus, in dessen Sog er bei seinen Ausgangsprämissen gerät, eine terroristisch gewordene bürgerliche Gesellschaft ist, in der zwar das *internationale*, nicht aber das *nationale* Kapital bekämpft wird,[52] und die versucht, über koloniale Versklavung von Völkern und die Eroberung von Kontinenten die Weltmacht an sich zu reißen.

6. Carl Schmitts Kritik am »Relativismus« und »Agnostizismus« der Weimarer Republik und ihr Fortwirken im Grundgesetz

Der Parlamentarische Rat wollte aus dem Scheitern der Weimarer Republik Lehren ziehen, wozu gehörte, mit dem verhängnisvollen

Einfluß von Carl Schmitt zu brechen. Zugleich bestand die mehrheitliche Auffassung, ein Fehler der Weimarer Reichsverfassung sei gewesen, »relativistisch« und nicht »streitbar« gewesen zu sein.

Es ist noch immer eine weitverbreitete Meinung, daß die Weimarer Verfassung an ihrem »Relativismus« gescheitert sei. Nur eine kleine Zahl von »Außenseitern«, namentlich Helmut Ridder, haben dieser Geschichtsklitterung beharrlich widersprochen.[53] Noch immer gilt das Gegenkonzept einer »wertgebundenen«, »wehrhaften« und »streitbaren« Demokratie als eine neue, der Weimarer Verfassung überlegene Form von Demokratie. Klaus Stern will darin sogar eine »kopernikanische Wendung« sehen.[54]

Das Bundesverfassungsgericht hatte erkannt, daß ein Parteienverbot dem Konzept einer liberalen rechtsstaatlichen Demokratie widerspricht. Die »streitbare Demokratie«, die das Grundgesetz geschaffen hat, hebt sich, wie das Gericht zutreffend beschreibt, »aus dem Kreis der liberal-demokratischen Verfassungen charakteristisch heraus«. Aber es hat einen Widerspruch zwischen diesen Neuerungen mit den Grundprinzipien der Verfassung doch verneint.[55]

Wer mit dem »agnostischen« Staat des politischen »Relativismus« gemeint war, ist allgemein bekannt. Klaus Stern zitiert selbst die demokratischen Rechtslehrer aus der Weimarer Republik, gegen die diese »kopernikanische« Wende gerichtet war: Hans Kelsen und Gerhard Radbruch.[56]

Bei der Entdeckerfreude wurde aber vor allem die Tatsache übersehen, daß es in der Weimarer Republik gerade die antidemokratischen Kräfte waren, die mit ihrem Kampf gegen die »relativistische« und »agnostische« Form der Demokratie die Demokratie selbst beseitigen wollten. Namentlich Carl Schmitt hat diesen Kampf mit Hilfe seiner Freund/Feind-Unterscheidung geführt. Bei der Überwindung von »Agnostizismus« und »Relativismus« der Reichsverfassung ging es nicht um eine bessere Form von Demokratie, sondern um die Abschaffung der Demokratie.

Mit der Abschaffung des »Relativismus« der Weimarer Reichsverfassung sollte das demokratische Verfahren, das allen politischen Gruppierungen offen steht, beseitigt werden. Die Anhänger einer neuen Staatsmetaphysik wollten der Staatsgewalt ersparen, sich durch Volkswillen zu legitimieren. Parlament und Rechtsordnung sollten ausgeschaltet werden.

Der autoritäre Staat kann heute wieder Rangunterschiede machen und den in jedem Staat notwendig gegebenen Gegensatz von Herrschaft und Unterordnung klar hervortreten lassen, weil er auf dem Boden einer festen, in einer bestimmten Weltanschauung wurzelnden Staatsidee steht. Das bedeutet einen wesentlichen Gegensatz zum liberalen Staate des 19. Jahrhunderts, der mit der fortschreitenden Abschwächung seiner ursprünglichen metaphysischen Grundideen immer mehr ein agnostischer Staat des politischen Relativismus, der bloß formellen Legalität geworden war und darum einer steten Legitimierung durch den Willen der Beherrschten bedürftig war.[57]

Scheuner stellt klar, daß der autoritäre, nicht »relativistische« und »agnostische« Staat den Gesetzgeber zur Legitimierung seiner Entscheidungen nicht mehr brauchte. Im Führerstaat hatte das Parlament seine Bedeutung verloren, weil dessen Recht, wie es Carl Schmitt formulierte, eine »Funktion der Volksseele« war,[58] die zu interpretieren dem Führer in seiner Eigenschaft als oberstem Gerichtsherrn auch ohne Volkslegislative möglich war.

Deutlicher erklärt uns Carl Schmitt, wem die Überwindung des Relativismus der Weimarer Republik zu danken war: dem Führer Adolf Hitler:

Auf dem Deutschen Juristentag in Leipzig, am 3. Oktober 1933, hat der Führer über Staat und Recht gesprochen. Er zeigt den Gegensatz eines substanzhaften, von Sittlichkeit und Gerechtigkeit nicht abgetrennten Rechts zu der leeren Gesetzlichkeit einer unwahren Neutralität und entwickelte die inneren Widersprüche des Weimarer Systems, das sich in dieser neutralen Legalität selbst zerstörte und seinen eigenen Feinden auslieferte. Daran schloß er den Satz: Das muß uns eine Warnung sein.[59]

Die Erinnerung an den Ursprung dieser Formeln sollte es eigentlich unmöglich machen, sie so naiv, wie es immer noch geschieht, weiter zu verwenden. In einer allerdings stark abgeschwächten Weise haben Parlamentarischer Rat, Gesetzgeber und Bundesverfassungsgericht mit den Formeln des Art. 21 Abs. 2 GG ein Reststück von dem tiefsitzenden Anti-Liberalismus aus der Endphase der Weimarer Republik in die Bonner Demokratie herübergerettet.

Es ist dem Kalten Krieg zuzuschreiben, daß diese überaus belasteten Vorstellungen in das Verfassungsrecht der Bundesrepublik eindringen konnten. Dabei haben Länder mit älterer demokratischer Tradition bzw. Länder, in denen die kommunistischen Parteien eine bedeutende Rolle im Widerstand gegen den Faschismus gespielt hatten, diesen neuen Antikommunismus, wie er nach dem Zweiten Weltkrieg entstand, nicht oder nicht so stark mitgemacht.[60] Das antikommunistische Freund/Feind-Denken hatte in der Bundesrepublik besonders tiefe Wurzeln schlagen können. Die Gesamtumstände haben uns schwerere Belastungsproben erspart.

Besonders problematisch erscheint die Selbstgefälligkeit, mit der die »streitbare« Bonner Demokratie auch als Modell für andere Staaten empfohlen wird. Die Formeln vom Kampf gegen Relativismus und Agnostizismus haben sich für Militärdiktaturen Lateinamerikas als eine wichtige Quelle der Inspiration erwiesen; sie werden dort naturrechtlich aufgeladen.

7. Das Freund/Feind-Theorem als Verhüllung für gesellschaftliche Feindbilder

Neben den verfassungsrechtlichen Formeln und Verfahren müssen wir uns auch mit dem Teil der Hinterlassenschaft Carl Schmitts auseinandersetzen, mit dem die Zerstörung der Rechtsordnung über menschenverachtende Feindbilder bewirkt worden ist. Es ist wichtig, sich an die Geschichte des Abbruchs unserer Rechtskultur zu erinnern. Weil sie paradigmatische Bedeutung hat, will ich die Frage untersuchen, wie es juristisch organisiert wurde, daß Verwaltung und Gerichte die Grundregel der Gleichheit vor dem Gesetz, die jeder Jurist in Fleisch und Blut haben mußte, einfach nicht beachteten. Hatten die zahllosen Juristen, die die Ziele der Hitler-Diktatur mit ihren Entscheidungen in die Praxis umsetzten, nicht die Kunst einer korrekten Gesetzesanwendung gelernt? Die Frage ist, ob dieser Zusammenbruch der Rechtsordnung etwas mit der Unterscheidung von Freund und Feind im Sinn von Carl Schmitts zu tun hatte.

Carl Schmitt hat sich gegen den Vorwurf gewehrt, seine Freund/Feind-Unterscheidung habe etwas mit dem Unrecht der Nazi-Diktatur zu tun. Er wollte in seinem Begriff des Politischen nur ein »Kriterium« sehen, nicht mehr als eine Unterscheidung, die dem Ziel dient, das eigentlich Politische scharf zu erfassen. Auch wenn Feindschaft mit der »Möglichkeit« des physischen Tötens begrifflich verknüpft sei, folge daraus noch nicht, daß der Andere, der Fremde, wirklich umgebracht werden soll. Der politische Feind müsse nicht »moralisch böse« sein, es könne sogar »vorteilhaft erscheinen, mit ihm Geschäfte zu machen«.[61] Das *ius belli* und das Töten des Anderen müsse aber als »Möglichkeit« vorhanden sein, wenn noch von Politik gesprochen werden soll; daraus folge nicht, daß tatsächlich Krieg geführt und Fremde umgebracht werden müßten. Er behauptet – als wäre er ein Anhänger der Werturteilsfreiheit –, seine Unterscheidung dürfe »weder bellizistisch oder militaristisch, noch imperialistisch, noch pazifistisch« aufgefaßt werden.[62]

Nicht einmal die Feindesliebe des Neuen Testaments bringt Carl Schmitt aus der Fassung. Er hatte ein entwaffnendes Argument. Es heiße ja nur: *»diligite inimicos vestros«* und nicht: *»diligite hostes vestros«*. In der »Sphäre des Privaten« habe es Sinn, seinen ›Feind‹, d. h. seinen Gegner, zu lieben. Jene Bibelstelle berühre aber den »politischen Gegensatz«nicht und verlange nicht, »daß man die Feinde seines Volkes lieben und gegen sein eigenes Volk unterstützen soll«.[63]

Man muß Carl Schmitt dabei beobachten, wie er die leeren Begriffshülsen seiner Freund/Feind-Unterscheidung ausfüllt. Er hat aktiv an der juristischen Uminterpretation der Gleichheit vor dem Gesetz in der Hitler-Diktatur mitgewirkt und dabei gezeigt, was man mit der Freund/Feind-Unterscheidung anfangen kann.

In der Weimarer Reichsverfassung war die »Gleichheit vor dem Gesetz« ein Staatsbürgerrecht, noch nicht, wie heute, ein Menschenrecht.[64] Das erklärt sich geschichtlich daraus, daß die Rechtsgleichheit zuerst praktisch wurde, um die Vorrechte der Stände innerhalb der Staaten aufzuheben. Auch andere Länder, unbezweifelbare Demokratien, haben die Gleichheit vor dem Gesetz zunächst als Staatsbürgerrecht formuliert.

In der Zeit der Hitler-Diktatur wurde diese Gleichheit aller Deutschen vor dem Gesetz von Anfang an mißachtet. Deutsche Staatsbürger jüdischer Herkunft wurden im Rechtsverkehr, von Behörden und von Gerichten behandelt, als gäbe es die Gleichheit aller Deutschen vor dem Gesetz nicht. Dies führt wohl zur schlimmsten Erfahrung unserer Rechtswissenschaft. Denn nachdem die rechtsförmig verbürgte Gleichheit aller Deutschen beseitigt war, brachen auch die anderen Dämme. Der Weg zum Genozid war damit freigegeben.

Was mußten die Juristen der Nazi-Diktatur verändern, um zu erreichen, daß gleiche Staatsbürger vor dem Gesetz unterschiedlich behandelt wurden, je nachdem, ob sie »Volksgenossen« oder »Artfremde« waren?

Unter dem Vorsitz von Carl Schmitt fand am 12. und 13. Oktober 1935 eine Tagung der Reichsfachgruppe Hochschullehrer des Bundes nationalsozialistischer Juristen (später Rechtswahrerbund) statt. Dabei ging es um die Beseitigung eines anderen »Relativismus« der Weimarer Reichsverfasasung. Eine rechtsstaatliche Norm-Ordnung darf bestimmte Diskriminierungen nicht vornehmen; im Rechtsverkehr darf nur nach den gesetzlichen Regeln, nicht aber nach Herkunft, Geschlecht, Religion und politischer Meinung entschieden werden. Die Rechtsordnung abstrahiert von den besonderen Verhältnissen – Herkunft, Geschlecht, Religion und politische Meinung –, um die Wirkungen von Rechtserklärungen und Rechtshandlungen daran zu knüpfen, daß der Handelnde im Rechtssinn ein *Mensch* ist.

Auf Grund der Voten von Ulrich Scheuner und Wolfgang Siebert sowie unter Mitarbeit zahlreicher Hochschullehrer wurde – um auch diesen *Relativismus* einer liberalen Rechtsordnung zu beseitigen – unter anderem beschlossen:

1. Der Rechtsbegriff »Mensch« im Sinne des § 1 BGB verdeckt und verfälscht die Verschiedenheit der Volksgenossen, Reichsbürger, Juden usw. 2. Das gleiche gilt von dem Begriff »natürliche Person«.[65]

Man brauchte also nicht viel zu ändern. Nur der zentrale Begriff *Mensch* mußte als liberales Vorurteil preisgegeben werden, dann zerbrach das demokratische *Gesetz*, und das gesamte System des *Rechtsstaates* stürzte ein. Es genügte für diese juristische Konterrevolution, den Rechtsbegriff *Mensch* nicht mehr im Lichte der Traditionen der Aufklärung und des Liberalismus zu verstehen.[66] Mit dem Rechtsbegriff Mensch steht und fällt aber die Rechtsordnung. Die Gleichheit vor dem Gesetz ist das Konstitutionsprinzip der Rechtsform.[67]

Was folgt daraus für die Freund/Feind-Unterscheidung Carl Schmitts, wenn wir ihn dabei sehen, wie er seine leeren Formeln auf inhumane Weise ausfüllt?[68]

Offensichtlich hat sich Carl Schmitt hinter seinen scheinbar rein beschreibenden Begriffen nur versteckt. Während er bei der Erörterung der abstrakten Formeln fast leidenschaftslos spricht, sehen wir nun, wie er selber Freund und Feind bestimmt.

Quaritsch erklärt die Frage, ob Carl Schmitt Antisemit war, für die Beurteilung des Werks als irrelevant.[69] Aber das könnte nur in Betracht kommen, wenn ein solches Vorurteil mit dem Werk keinen inneren Zusammenhang hat. Hier geht es aber zentral im Werk von Carl Schmitt und in seiner Praxis als NS-Jurist um die Bestimmung des Politischen, die Unterscheidung von Freund und Feind und um die Annihilation des Fremden.

Carl Schmitt hat weder die Entstehung noch die Eigendynamik von Feindbildern auch nur ansatzweise erklärt, noch hat er irgendwelche Kriterien aufgestellt, die für ihre kritische Beurteilung in Betracht kämen. Als er sich selber einige Jahre im Zentrum der

Macht befand, ließ er auch in seiner Praxis nichts erkennen, was als Hemmung eines Vorurteils gedeutet werden könnte. Und nach dem Krieg hat er in keiner Äußerung auch nur angedeutet, wie die Erfahrung des kulturellen Zusammenbruchs, an dem er mitgewirkt hat, wenigstens theoretisch, im Rahmen seiner eigenen Freund/Feind-Unterscheidung, verarbeitet werden kann.

Er ist mit seinem eigenen Leben ein Beweis, daß man mit antiliberalen, antisozialistischen und antisemitischen Vorurteilen ein ganzes Rechtssystem von innen her zerstören kann. Er hat auch in der Untersuchungshaft nicht öffentlich bekannt, daß keine Feindschaftserklärung den Rechtsbegriff *Mensch* zurücknehmen darf.

Ich denke, das alles sind Themen, die Gegenstand einer Theorie des Politischen sein müßten. Die Art, wie sich Carl Schmitt der Kritik an seiner Rolle in der Hitler-Diktatur entzogen hat, macht seinen Begriff des Politischen wissenschaftlich irrelevant. Seine Mitwirkung daran, den Rechtsbegriff *Mensch* preiszugeben, ist nicht nur ein individuelles moralisches Problem; dieses berührt auch den Wert seiner Theoriebildung. Das um so mehr, als es nach wie vor denkbar bleibt, daß die Garantien einer Rechtsordnung brechen, wenn ein Feindbild die letzten humanen Rücksichten zerstört.

8. Schlußbemerkung

Jean Bodin, bürgerlicher Legist und Theoretiker der absoluten Monarchie, hat als erster den König nicht mehr, wie es dem traditionalen Rechtsdenken entsprach, als Richter gesehen, sondern als Gesetzgeber. In den Widersprüchen zwischen feudaler und absolutistischer Gesellschaftsformation hat er den Grundstein gelegt, auf dem der demokratische Gesetzgebungsstaat aufbauen konnte.[70] Als Kritiker der Religion hat er vor allem dem Konzept des politischen Staates vorgearbeitet, der seine Kohärenz nicht mehr, wie jahrtausendelang, aus einer Staatsreligion beziehen konnte. Damit hat er den Boden für den modernen, säkularen Staat bereitet.

Thomas Hobbes ist der erste Staatsdenker, der, noch unter den Voraussetzungen des Absolutismus, an dem Fundament gearbeitet hat, auf dem eine demokratische Ableitung der politischen Autorität, unter Bruch mit den jahrtausendealten metaphysischen Staatsrechtfertigungen, denkbar wurde. Kurze Zeit nach seinem Tod ist sein Werk auch tatsächlich der Grundpfeiler des demokratischen, parlamentarischen Rechtsstaats geworden. »Ihn darf man als den Begründer der modernen politischen Wissenschaften bezeichnen.«[71]

Was haben die beiden großen und revolutionären Begründer einer modernen Staatslehre mit dem desillusionierten und desorientierten Bourgeois Carl Schmitt zu schaffen? Er stand auf dem Boden der bürgerlichen Gesellschaft und bildete sich ein, erschreckt von den Erschütterungen der sozialen und technischen Revolution, im Chaos des 16. und 17. Jahrhunderts zu leben. Dabei hatte er nicht an der Überwindung, sondern nur an der Entstehung dieses spätbürgerlichen Chaos Anteil. Er schwankte, ob der *freimaurerische Liberalismus* oder der *atheistische Materialismus* sein größerer Feind sei. In der faschistischen Uminterpretation des *Klassenkampfes* in einen *Rassenkampf*[72] ist er auch nicht vor der anspruchslosen Lebenslüge zurückgescheut, seine beiden Hauptgegner unter dem Oberbegriff des *Antisemitismus* miteinander zu verklammern. Der Gebrauch, den er von seinen großen »Brüdern« macht, ist so unhistorisch, daß man Jean Bodin und Thomas Hobbes davor schützen sollte, mit dem Gegenrevolutionär Carl Schmitt in einem Atem genannt zu werden.[73]

Wir aber haben Anlaß, seinen Einfluß auf unser Verfassungsverständnis mit Argusaugen zu beobachten.

Anmerkungen

1 Leo STRAUSS, Anmerkungen zu Carl SCHMITT, *Der Begriff des Politischen* (1932), zitiert nach dem Abdruck in Heinrich MEIER, *Carl Schmitt, Leo Strauss und ›Der Begriff des Politischen‹. Zu einem Dialog unter Abwesenden,* Stuttgart: Metzler, 1988, S. 99.

2 Andreas KAISER, Preußen contra Reich. Hermann Heller als Prozeßgegner Carl Schmitts vor dem Staatsgerichtshof 1932, in Christoph MÜLLER/Ilse STAFF, *Der soziale Rechtsstaat. Gedächtnisschrift für Hermann Heller. 1891–1933,* Baden-Baden: Nomos, 1984, S. 287–311.

3 Dazu jetzt Ernst Rudolf HUBER, Carl Schmitt in der Reichskrise der Weimarer Endzeit, in Helmut QUARITSCH (Hrsg.), *Complexio Oppositorum. Über Carl Schmitt,* Berlin: Duncker & Humblot, 1988, S. 35–50.

4 Hermann Heller schrieb aus der Emigration am 17. Juli 1933 eine Postkarte an Carl Schmitt: »Zu der so überaus wohlverdienten Ehrung durch Herrn MInister Göring beglückwünscht Sie Hermann Heller«, Klaus MEYER, Hermann Heller. Eine biographische Skizze (1967), in MÜLLER/STAFF, *Der soziale Rechtsstaat* (Anm. 2), S. 85.

5 Carl SCHMITT, Der Führer schützt das Recht (1934). Zur Reichstagsrede Adolf Hitlers vom 13. Juli 1934, in Carl SCHMITT, *Positionen und Begriffe im Kampf mit Weimar – Genf – Versailles. 1923–1939,* Hamburg: Hanseatische Verlagsanstalt, 1940, S. 200.

6 Zitiert nach Ingo MÜLLER, *Furchtbare Juristen. Die unbewältigte Vergangenheit unserer Justiz,* München: Kindler, 1987, S. 51. In der Linie des »Reichsrechtsführers« Dr. Frank entwickelt Carl Schmitt Pläne, wie die »Rassenkunde« auf dem Gebiet der Rechtswissenschaft praktisch umgesetzt werden sollte: Zuerst müsse mit den Mitteln der *Biographie* »so exakt wie nur möglich« festgestellt werden, wer von den Juristen Jude sei; daran müsse sich dann die Maßnahme der »*Säuberung der Bibliotheken*« anschließen; schließlich müsse »das Problem der *Zitate*« gelöst werden, denn es sei »gar nicht mehr möglich, einen jüdischen Autor wie einen anderen Autor zu zitieren«. Ferner müßten Dissertationen zur »Erforschung jüdischen Geistes in seiner Einwirkung auf das deutsche Geistesleben«, besonders auch zum Thema »Judentum und Rechtsstaatsbegriff« gefördert werden; Carl SCHMITT, Die deutsche Rechtswissenschaft im Kampf gegen den jüdischen Geist, in *Deutsche Juristen-Zeitung,* 41 (1936), Spalten 1193–1199. Es sei dem »jüdisch-freimaurerisch geführten Liberalismus« gelungen, »die noch bestehenden konkreten Ordnungen des deutschen Gemeinwesens und die besten Leistungen des deutschen Geistes, in erster Linie den preußischen Soldaten- und Beamtenstaat von innen heraus zu zersetzen«; der Führerstaat habe aber das politische Vakuum wieder mit einer starken Autorität auffüllen können, so daß an die Stelle der bloßen »Rechtsgemeinschaft« wieder eine »Freund und Feind« von sich aus bestimmende »Einheit des Volkes« getreten sei; Carl SCHMITT, Die geschichtliche Lage der deutschen Rechtswissenschaft, in *Deutsche Juristen-Zeitung,* 41 (1936), Sp. 16.

7 Carl SCHMITT, *Der Begriff des Politischen, Text von 1932 mit einem Vorwort und drei Corollarien,* Berlin: Duncker & Humblot, 1963, S. 95.

8 In seinem Erinnerungsbuch an die Zeit der Untersuchungshaft (Carl SCHMITT, *Ex Captivitate Salus,* Köln: Greven, 1950) findet sich kein Satz, der als Bedauern für Irrtümer gedeutet werden könnte. Er hofft darauf, daß wieder gefragt werde, »was der deutsche Geist an wissenschaftlichen Leistungen in den zwölf Jahren von 1933 bis 1945 in Deutschland hervorgebracht hat« (S. 14), und gibt selbst eine Antwort, die er auch nachträglich nicht auf die von ihm aus Bibliotheken ausgemerzten jüdischen Wissenschaftler erstreckt: »Dieser Geistesfreiheit entspricht das unverlierbare Recht auf wissenschaftliches Gehör. Vor dem Forum des Geistes hat unsere wissenschaftliche Arbeit nichts zu fürchten, nichts zu verhehlen und nichts zu bereuen. Die Erörterung ihrer Fehler wird sehr aufschlußreich sein« (S. 22). Ridder hat gegen den prätentiösen Titel dieses Buches, zumal er »Heil«, das ihm aus der Haft erwachsen wäre, in keiner Weise sichtbar macht, die treffende Gegenthese aufgestellt, daß die Ursache des Übels im Vergessen liegt: Helmut RIDDER, Ex oblivione malum – Randnoten zum deutschen Partisanenprogreß, in *Gesellschaft, Recht und Politik. Festschrift für Wolfgang Abendroth zum 60. Geburtstag.* Neuwied: Luchterhand, 1968.

9 Er macht dunkle Andeutungen und zitiert den Satz: »Tyrannum licet decipere«, SCHMITT, *Ex Captivitate* (Anm. 8), S. 16, vgl. auch S. 20 f.

10 Carl SCHMITT, Nachwort zur Neuveröffentlichung von *Legalität und Legitimität* (1932), in SCHMITT, *Verfassungsrechtliche Aufsätze*, Berlin: Duncker & Humblot, 1973, S. 350.

11 Hermann HELLER, Autoritärer Liberalismus (1933), in HELLER, *Gesammelte Schriften*, Leiden/Tübingen: Sijthoff/Mohr, 1971, Bd. 2, S. 646.

12 »Die gesellschaftliche Funktion dieser politischen Theorie aber ist es, die ihre Kontinuität auch in den Modifizierungen der juristischen Konstruktionen – diese allerdings sind situationsbezogen – durchhält«; Ingeborg MAUS, Zur ‚Zäsur' von 1933 in der Theorie von Carl Schmitts, in MAUS, *Rechtstheorie und politische Theorie im Industriekapitalismus*, München: Fink, 1986, S. 93 ff.

13 Hans BARION/Ernst FORSTHOFF/Werner WEBER (Hrsg.), *Festschrift für Carl Schmitt zum 70. Geburtstag dargebracht von Freunden und Schülern*, Berlin: Duncker & Humblot, 1959; Miroir de Carl Schmitt, in *Revue européenne des sciences sociales*, XVI (1978)

14 Hans BARION/Ernst-Wolfgang BÖCKENFÖRDE/Ernst FORSTHOFF/Werner WEBER (Hrsg.), *Epirrhosis, Festgabe für Carl Schmitt*, Berlin: Duncker & Humblot, 2 Bde., 1968; mit diesem Titel geben sich die Herausgeber als Liebhaber des spätantiken Griechisch zu erkennen; das Wort gehört nicht zum klassischen Wortschatz, größere Lexika weisen aber zwei hellenistische Belege nach; die Bedeutung kann man mit »große Stärkung« übersetzen, was 1968 offenbar nur hinter vorgehaltener Hand in einer Arcansprache geäußert werden konnte.

15 QUARITSCH (Hrsg.), *Complexio* (Anm. 3). Mit dem Epitheton einer *complexio oppositorum* hatte Carl Schmitt früher das alles umfassende Wesen der katholischen Kirche beschrieben: »Ich glaube, der Affekt (gemeint ist der anti-römische Affekt, C. M.) würde sich noch unendlich vertiefen, wenn man es in seiner ganzen Tiefe begriffe, wie sehr die katholische Kirche eine *complexio oppositorum* ist. Es scheint keinen Gegensatz zu geben, den sie nicht umfaßt«; Carl SCHMITT, *Römischer Katholizismus und politische Form*, München: Theatiner-Verlag, 1925, S. 10.

16 Carl Schmitt dachte nicht klein von sich. Sein Wesen beschreibt er als »langsam, geräuschlos und nachgiebig, wie ein stiller Fluß, wie die Mosel *›tacitto rumore Mosella‹«, SCHMITT, Ex Captivitate Salus* (Anm. 8), S. 10; er betrachtet sich als den letzten bewußten Vertreter des *ius publicum Europaeum*, SCHMITT, *Ex captivitate* (S. 75) und als »christlichen Epimetheus«, SCHMITT, *Ex Captivitate* (S. 12); was darunter zu verstehen ist, hat Wilhelm Nyssen feinsinnig erläutert: In Epimetheus, dem »Nachsinnenden, dem sich stumm zum Geschehen der Welt Verhaltenden« eröffnet sich ein anderes Konzept »vom Eingreifen und Bestehen der Geschichte« als das des Prometheus: »Statt der jähen List des vorbedachten Ansichreißens steht hier das nachbedachte Harren als Ausdruck des unbesiegbaren Wissens um den zuletzt nicht erreichbaren Sinn der Schöpfung«; Wilhelm NYSSEN, Carl Schmitt, ›der schlechte, unwürdige und doch authentische Fall eines

christlichen Epimetheus‹, in QUARITSCH (Hrsg.), *Complexio* (Anm. 3), S. 188 f.

17 So spricht er im Vorwort von 1963 zu *Der Begriff des Politischen* sehr distanziert von einer »sogenannten Freund-Feind-Theorie«, SCHMITT, *Der Begriff des Politischen* (Anm. 7), S. 16.

18 SCHMITT, *Begriff des Politischen,* S. 26 f.

19 SCHMITT, *Begriff des Politischen,* S. 37.

20 SCHMITT, *Begriff des Politischen,* S. 33.

21 SCHMITT, *Begriff des Politischen,* S. 11, 33.

22 So ist zwar der Krieg für Clausewitz ein »politischer Akt« (Carl v. CLAUSEWITZ, *Vom Kriege,* Berlin: Verlag des Ministeriums für nationale Verteidigung, 1957, S. 6) und »ein wahres politisches Instrument« (S. 34); aber da »der Krieg nichts ist als die fortgesetzte Staatspolitik mit anderen Mitteln« (S. 6), kommt alles darauf an, daß die »Absichten der Politik mit diesen Mitteln nicht in Widerspruch treten« (S. 34); er ist gerade »kein selbständiges Ding« (S. 35); dazu SCHMITT, *Begriff der Politischen,* S. 34.

23 SCHMITT, *Begriff der Politischen,* S. 35.

24 SCHMITT, *Begriff des Politischen,* S. 30.

25 SCHMITT, *Begriff des Politischen,* S. 20.

26 Böckenförde, der sich den Begriff Carl Schmitts zu eigen macht, betrachtet die Politik innerhalb des Staates ihrem Wesen nach und »im klassischen Sinne« als »Polizei, Sorge und Auseinandersetzung um die gute Ordnung des und innerhalb des Gemeinwesens, die den befriedeten Rahmen und das Eingebundensein in ihn nicht überschreitet und sprengt«; Ernst-Wolfgang BÖCKENFÖRDE, Der Begriff des Politischen als Schlüssel zum staatsrechtlichen Werk Carl Schmitts, in QUARITSCH (Hrsg.), *Complexio* (Anm. 3), S. 285; ich kann das nicht nachvollziehen, genausowenig, warum »die Politik« und »das Politische« als Gegenbegriffe definiert werden sollen (S. 284).

27 HELLER, *Staatslehre,* in HELLER, *Schriften* (Anm. 11), Bd. 3, S. 425.

28 Die Herkunft dieses »geflügelten Wortes« ist nicht ganz klar. Es geht einerseits zurück auf Heinrich v. TREITSCHKE, *Politik* (1892–98), 3. Aufl., Leipzig: Hirzel, 1913, Bd. 1, S. 1: »Alle Politik ist Kunst«; das andere Element stammt von Bismarck, der gelegentlich Politik als die »Lehre des Möglichen« bezeichnet hat, vgl. Heinz AMELUNG (Hrsg.), *Bismarck-Worte,* Berlin: Bong, 1918, S. 19. Es ist noch nicht ganz aufgeklärt, wie das »geflügelte Wort« entstanden ist, vgl. Georg BÜCHMANN, *Geflügelte Worte,* Berlin: Haude & Spenner, 1964, 712.

29 Helmut QUARITSCH, Einleitung: Über den Umgang mit Carl Schmitt, in QUARITSCH (Hrsg.), *Complexio* (Anm. 3), S. 21; Karl LÖWITH, *Der okkasionelle Dezisionismus von Carl Schmitt,* in LÖWITH, Sämtliche Schriften, Bd. 8, Stuttgart: Metzler, 1984.

30 Vor allem Carl SCHMITT, *Die geistesgeschichtliche Lage des heutigen Parlamentarismus* (1923), Neudruck der 2. Aufl. (1926) Berlin: Dunker & Humblot, 1961. Zur Kritik vgl. Christoph MÜLLER, *Das imperative und freie Mandat. Überlegungen zur Lehre von der Repräsentation des Volkes*, Leiden: Sijthoff, 1966, S. 17 ff., 41 ff.

31 SCHMITT, *Begriff des Politischen* (Anm. 7), S. 70.
32 Hermann HELLER, *Rechtsstaat oder Diktatur?* (1929), in HELLER, *Schriften* (Anm. 11), Bd. 2, S. 451; Hermann HELLER, Grundrechte und Grundpflichten (1924), in HELLER, *Schriften* (Anm. 11), Bd. 2, S. 291.
33 SCHMITT, *Begriff des Politischen* (Anm. 7), S. 71.
34 So etwa Joseph A. SCHUMPETER, *Kapitalismus, Sozialismus und Demokratie* (Orig. amerikanisch 1942), 2. Aufl., Bern: Francke, 1950, S. 471–480.
35 Max WEBER, *Wirtschaft und Gesellschaft* (1921), 4. Aufl., Tübingen: Mohr, 1956, S. 859 ff.
36 Carl SCHMITT, *Die geistesgeschichtlichen Lagen des heutigen Parlamentarismus* (1923), 2. Aufl., Berlin: Duncker & Humblot, 1926 (Nachdruck von 1961), S. 6, 28, 45; Carl SCHMITT, *Verfassungslehre,* Berlin: Duncker & Humblot, 1928, S. 206 und 209; zur Kritik an Christoph MÜLLER, *Mandat* (Anm. 35), S. 21.
37 Richard THOMA, Zur Ideologie des Parlamentarismus, in *Archiv für Sozialwissenschaft und Sozialpolitik,* 53 (1925), 214.
38 Hierzu G. L. ULMEN, Politische Theologie und politische Ökonomie – Über Carl Schmitt und Max Weber, in QUARITSCH (Hrsg.), *Complexio* (Anm. 3), S. 341 ff.
39 Vgl. dazu Volker NEUMANN, Die Wirklichkeit im Lichte der Idee, in QUARITSCH (Hrsg.), *Complexio* (Anm. 3), S. 557–575.
40 So haben etwa sein Doktorand Otto Kirchheimer, aber auch Marxisten wie Arkadius Gurland, die Anhänger der Frankfurter Schule, namentlich Jürgen Habermas, und schließlich auch die Linke Italiens Carl Schmitts Beschreibung der Realität der kapitalistischen Gesellschaft jedenfalls zum Teil auch für sich als brauchbar betrachtet.
41 Vgl. Ellen KENNEDY, Politischer Expressionismus: Die kulturkritischen und metaphysischen Ursprünge des Begriffs des Politischen, in QUARITSCH (Hrsg.), *Complexio* (Anm. 3), S. 265 (Schlußwort der Aussprache).
42 SCHMITT, *Begriff des Politischen* (Anm. 7), S. 73.
43 Carl Schmitt schöpft dabei offenbar aus Hans KELSEN, *Sozialismus und Staat* (1920) und anderen Schriften Kelsens, in denen er sich auch mit den revolutionären Ereignissen in Rußland auseinandersetzt.
44 SCHMITT, *Begriff des Politischen* (Anm. 7), S. 38.
45 Dabei ist festzuhalten, daß Marx nie beansprucht hat, den Begriff der Klasse und des Klassenkampfs erfunden zu haben; er hat ihn der liberalen Soziologie entnommen, dann aber spezifisch weiterentwickelt. Zur bürgerlichen Lehre vom Klassenkampf vgl. etwa Lorenz v. STEIN, *Geschichte der sozialen Bewegung in Frankreich von 1789 bis auf unsere Tage (1849–50),* Nachdruck der Ausgabe von 1921, Hildesheim: Olms, 1959, 3 Bde.
46 Vgl. dazu NEUMANN, Wirklichkeit, in QUARITSCH (Hrsg.), *Complexio* (Anm. 50), S. 566: »Als einer der ersten hatte Ernst Niekisch bemerkt, daß die Freund-Feind-Theorie mit der Zuspitzung von Konflikten zu letzten Gegensätzen originäre Motive der marxistischen Klassenkampftheorie aufgegriffen hat.«
47 »Die vorangehende Generation war von einer Kulturuntergangsstim-

mung erfaßt, die sich schon vor dem Weltkrieg äußerte und keineswegs auf den Zusammenbruch des Jahres 1918 und Spenglers Untergang des Abendlandes (Oswald SPENGLER, *Untergang des Abendlandes,* München: Beck, 1922) zu warten brauchte«. Schmitt meint, »mit der Technik« sei die »geistige Neutralität beim geistigen Nichts angelangt«, er fürchtet sich vor »den neuen Klassen und Massen« und vor allem vor dem »Massenglauben eines antireligiösen Diesseitsaktivismus«, SCHMITT, *Begriff des Politischen* (Anm. 7), S. 92 f.

48 Von dem spanischen Theoretiker der Gegenrevolution, Donoso Cortés, stammt die Vision eines »unmittelbar bevorstehenden, katastrophalen Endkampf(es) zwischen Katholizismus und atheistischen Sozialismus«, Carl SCHMITT, Donoso Cortés in Berlin (1927), in SCHMITT, *Positionen* (Anm. 5), S. 81: Zum Vorteil Francos hat Carl Schmitt Donoso Cortés für Spanien wiederentdeckt; so zeigt Antonio LOPEZ PINA (Wiederbegegnung mit Hermann Heller. Ideologische Basis und materiell-ökonomische Bedingung der Rezeption in Spanien und Lateinamerika, in MÜLLER/STAFF, *Der soziale Rechtsstaat* (Anm. 2), S. 179), wie die Wiederbelebung von Donoso Cortés in Spanien »mit dem Apostolat von Carl Schmitt im Zusammenhang steht«.

49 SCHMITT, *Katholizismus* (Anm. 15), S. 18.

50 SCHMITT, *Katholizismus,* S. 19.

51 In die Frage, die die Anhänger Carl Schmitts beschäftigt, was für eine Art von Katholik Carl Schmitt gewesen ist, will ich mich nicht weiter einmischen. Von Interesse ist für mich jedoch, daß Carl Schmitt, der nach der Scheidung von seiner ersten Frau der Exkommunikation anheimgefallen war, an seiner Kirche gerade das liebte, unter dem er zu leiden hatte. Es ist schon vielen Beobachtern aufgefallen, daß sich die Kirche selbst seit Johannes XXIII. weitgehend von dem gelöst hat, was Carl Schmitt zum Leben zurückrufen wollte. Man muß ja nicht so weit gehen wie Rudolf SOHM, der mit dem Wesen der Kirche ein »Kirchenrecht« für unvereinbar hielt. Aber daß Carl Schmitt das Wesen der Kirche gerade in ihrer »politischen« Form und in ihrem »juristischen« Charakter sehen wollte, ist wohl das andere Extrem, das in manchen Zügen an den Begründer der *Action Française,* Charles Maurras, erinnert, den an der Kirche nur die autoritären, hierarchischen Strukturen interessierten und der von sich sagte, »ich bin Atheist, aber ich bin Katholik«, dazu HELLER, *Europa und der Fascismus,* in HELLER, *Schriften* (Anm. 11), Bd. 2, S. 489.

52 »Die scharfe Scheidung des Börsenkapitals von der nationalen Wirtschaft bot die Möglichkeit, der Verinternationalisierung der deutschen Wirtschaft entgegenzutreten, ohne zugleich mit dem Kampf gegen das Kapital überhaupt die Grundlage einer unabhängigen völkischen Selbsterhaltung zu bedrohen«, Adolf Hitler, *Mein Kampf* (1924), München: Zentralverlag der NSDAP, 1943, S. 232 f.

53 Helmut RIDDER, Vorbemerkung zu Art. 21 Abs. 2 RN 25 ff. (RN 29), in *Alternativ-Kommentar zum Grundgesetz,* Neuwied: Luchterhand, 1984, Bd. 2, S. 1422 ff. (1425 f.).

54 »Die Demokratie ist nicht mehr inhaltlich beliebig bestimmbar, sie darf sich auch nicht mehr selbst zerstören, sofern nur die Verfahrensregeln

der politischen Willensbildung eingehalten sind«, Klaus STERN, *Das Staatsrecht der Bundesrepulbik Deutschland*, Bd. 1 (1. Aufl.,), München: Beck, 1977, S. 416.

55 *Bundesverfassungsgericht, Entscheidungen* Bd. 5, S. 139.

56 Hans KELSEN, *Vom Wesen und Wert der Demokratie* (1920), 2. Aufl., 1929, Neudruck Aalen: Scientia, 1963, S. 101; Gerhard RADBRUCH, *Rechtsphilosophie* (1914), 6. Aufl., Stuttgart: Koehler, 1963, S. 102 f.

57 Ulrich SCHEUNER, Die nationale Revolution. Eine staatsrechtliche Untersuchung, in *Archiv des öffentlichen Rechts,* N. F. 24 (1934), S. 206.

58 Carl SCHMITT, Die Rechtsquellen im neuen Staat, in *Deutsche Juristen-Zeitung,* 41 (1936), S. 22.

59 Carl SCHMITT, Der Führer schützt das Recht. Zur Reichstagsrede Adolf Hitlers vom 13. Juli 1934, in Carl SCHMITT, *Positionen und Begriffe* (Anm. 5), S. 199.

60 Das *Tribunal Constitucional* Spaniens hat es abgelehnt, die Kommunistische Partei Spaniens – nach deutschem Vorbild – zu verbieten, Tribunal Constitucional, 2. Februar 1981, in *Jurisprudencia Constitucional,* 1982, S. 221.

61 SCHMITT, *Begriff des Politischen* (Anm. 7), S. 27.

62 SCHMITT, *Begriff des Politischen,* S. 33.

63 SCHMITT, *Begriff des Politischen,* S. 29 f. Man muß daraus wohl schließen, daß Jesus – nach der Meinung von Carl Schmitt –, falls er Carl Schmitts Begriff des Politischen gekannt hätte, die Bergpredigt präzisiert haben würde: Natürlich dürfe man dann, wenn es um die Auseinandersetzung politischer Einheiten ginge, ruhig Mauren, Juden, Türken und alle anderen Arten von Ungläubigen erschlagen, falls sie sich etwa christlicher Oberherrschaft oder Kolonisation widersetzten.

64 Art. 109 Abs. 1 WRV: »Alle Deutschen sind vor dem Gesetz gleich«. Dagegen Art. 3 Abs. 1 GG: »Vor dem Gesetz sind alle Menschen gleich.«

65 Bericht unter der Rubrik »Aus der Deutschen Rechtsfront«, in *Deutsche Juristen-Zeitung,* 40 (1935), Sp. 1294–6.

66 Ulrich Scheuner hat das 1939 eingehend begründet: Die »Bindung des Gesetzgebers an das Grundrecht der Gleichheit ... stellt einen Ausdruck der von der liberalen Anschauung gelehrten Gleichartigkeit aller Menschen und der gleichen Rechte eines jeden einzelnen dar. Sie trug gerade in ihrer formalen Übersteigerung das Zeichen einer relativistischen Gesinnung und einer zersetzenden Auflösung aller natürlichen Werte und Unterscheidungen auf der Stirn. Es bedarf keiner Ausführung, daß das nationalsozialistische Rechtsdenken zu dieser Haltung in grundsätzlichem Gegensatz steht. Nicht eine abstrakte Gleichheit aller Menschen, nicht eine Leugnung aller qualitativen Unterschiede zwischen ihnen macht für uns das Wesen der Gleichheit aus. Im Gegenteil, die Anschauungen über gleich und ungleich ruhen heute auf der Besinnung auf die Grundtatsache der blutmäßigen Verschiedenheit der Völker, die völkische Artgleichheit zur entscheidenden Substanz der Gleichheit und zugleich zum Ansatz der Differenzierung von Artfrem-

den werden läßt ... Für unser deutsches Rechtsdenken liegt die Substanz in der blutmäßigen Artgleichheit der deutschen Menschen. Sie ist daher eine Gleichheit der Volksgenossen, nicht der Staatsbürger ... Aus der völkischen Grundlage des heutigen deutschen Rechts folgt notwendig die Absonderung der artfremden Elemente, insbesondere der Juden, aus dem deutschen Volkskörper und ihre sich seit der Gesetzgebung der letzten Monate nunmehr über das gesamte Recht, vom Heimatrecht bis zum Gewerberecht erstreckende differentielle Behandlung«; Ulrich Scheuner, Der Gleichheitsgedanke in der völkischen Verfassungsordnung, in *Zeitschrift für die gesamte Staatswissenschaft*, 99 (1939), S. 245–278. Vgl. dazu Christoph MÜLLER, Kelsen-Rezeption, in MÜLLER/STAFF, *Rechtsstaat* (Anm. 2), S. 710–714.

67 Christoph MÜLLER, Kelsen-Rezeption, in MÜLLER/STAFF, *Rechtsstaat,* S. 712.

68 Das Gesetz zum Schutz des deutschen Blutes begrüßt Carl Schmitt mit den Worten: »Heute ist das deutsche Volk auch im Rechtssinne wieder deutsches Volk geworden. Nach den Gesetzen vom 15. September sind deutsches Blut und deutsche Ehre Hauptbegriffe unseres Rechts ... Die Fundamente unserer völkischen Ordnung stehen jetzt fest: Das deutsche Volk mit seinem Führer als Staatsoberhaupt und oberstem Gerichtsherrn der Nation; der Orden der nationalsozialistischen Bewegung als Hüter unserer Verfassung; die deutsche Wehrmacht mit dem Führer als dem obersten Befehlshaber. Für die deutschen Juristen beginnen damit große neue Aufgaben«; Carl SCHMITT, Die Verfassung der Freiheit, in *Deutsche Juristen-Zeitung,* 40 (1935), Sp. 1135.

69 Helmut QUARITSCH, Einleitung. Ober den Umgang mit Person und Werk Carl Schmitts, in QUARITSCH (Hrsg.), *Complexio* (Anm. 3), S. 13.

70 Christoph MÜLLER, *Mandat* (Anm. 35), S. 192.

71 HELLER, *Staatslehre,* in HELLER, *Schriften,* (Anm. 11), S. 108.

72 HELLER, *Staatslehre,* in HELLER, *Schriften,* Bd. 3, S. 256 f.

73 Carl Schmitt sagt von sich, ihm seien die Schriften von Bodin und Hobbes so geläufig wie die »Denk- und Redeweise eines Bruders«, wobei er die Öffentlichkeit davon unterrichtet, daß er es sich auch nicht hat nehmen lassen, »für ihre Seelen zu beten«; SCHMITT, *Ex captivitate salus* (Anm. 8), S. 6.

IV

Drittes Reich

IRING FETSCHER

Die Lüge vom »nationalen Sozialismus«

1

Der erste, wesentliche Unterschied zwischen einer konservativen Partei klassischen Typs und einer faschistischen oder nazistischen besteht darin, daß es den Faschisten gelingt, eine Massenbewegung zustande zu bringen und einen eindrucksvollen ideologischen Vorgang zu schaffen, hinter dem sich die überkommenen Eigentumsverhältnisse verbergen. In dem bekanntesten Nazilied wird die doppelte ideologische Frontstellung der Partei gegen »Rotfront und Reaktion« beschworen, um damit die Behauptung glaubhafter zu machen, daß der deutsche Faschismus einen »dritten Weg« zwischen revolutionärem Kommunismus und Restauration gefunden habe. Im Gegensatz zu den meisten älteren Konservativen verklären die Nazis die Vergangenheit nicht. Auch das Kaiserreich erscheint ihnen nicht als »die gute alte Zeit«. Die Schäden und Schwächen der zeitgenössischen Gesellschaft werden ebensowenig verdeckt, freilich nicht analysiert, sondern mit Hilfe von Mythologien »gedeutet«, unter denen diejenige von der »jüdischen Weltverschwörung« gegen das »arische deutsche Volk« eine Schlüsselrolle spielt.

Man könnte sagen, die spezifische Meisterleistung der Nazis habe darin bestanden, alle Probleme der hochindustrialisierten deutschen Gesellschaft in der Krise nicht gelöst, sondern zugedeckt zu haben. Diese planmäßig betriebene, an den äußeren Symptomen ansetzende Tarnung ging so weit, daß größere Unfälle in Zeitungen und im Rundfunk nur »abgeschwächt« bekanntgegeben werden durften. Die Wochenschauen während des Krieges waren angewiesen, den Zuschauern den Anblick eigener Toter zu ersparen, auch Verwundete wurden nur in ästhetisch ansprechender Lage – womöglich zusammen mit hochgestellten Besuchern – gezeigt. Man könnte das propagandistische Verfahren generell als erfolgreiche kosmetische Operation am krisenhaften Antlitz des Kapitalismus bezeichnen – eine Charakterisierung, die aber die finsteren Züge des Regimes nicht zutage treten läßt und deshalb unvollständig ist. Die Verschleierungsfunktion der Nazi-Ideologie und -Praxis während des »Dritten Reiches« zeigte sich vor allem auf den folgenden Gebieten:

1. Die *Arbeitswelt* wurde von den Nazis keineswegs im Interesse der Lohnabhängigen und ihrer Lebens- und Arbeitsbedingungen verbessert – im Gegenteil: Die Reallöhne sanken, und die Arbeitszeit wurde, vor allem im Zuge der Aufrüstung, verlängert. Aber die Häßlichkeit und Mühseligkeit der Arbeit wurde durch die Aktion »Schönheit am Arbeitsplatz« verborgen und die Verlängerung der Arbeitszeit durch die NS-Organisation »Kraft durch Freude«, die Ferienreisen und gesellige Abende veranstaltete, kompensiert.
2. Die Tatsache des *Klassenkampfes* wurde nicht aus der Welt geschafft, sondern geleugnet, vor allem durch die populäre Losung der »Volksgemeinschaft«, die als Verwirklichung der »Brüderlichkeit« ausgegeben wurde, von der die Französische Revolution nur gesprochen habe. Die Arbeiter und Angestellten wurden ihrer legitimen institutionellen Verteidigungsmittel – der Gewerkschaften – beraubt. An ihre Stelle trat die sogenannte »Arbeitsfront«, in der Unternehmer und Unternommene vereint waren und die – selbstverständlich – kein Streikrecht besaß.
3. Die *soziale Hierarchie* wurde nicht nur nicht abgebaut, sondern stärker betont, auch wenn die Umgangsformen »demokratisch« gestaltet wurden: Es gab formell nur Partei- und Volksgenossen. Die Schichtung innerhalb der Lohnabhängigen und Angestellten wurde durch die Losung »Einheit der Arbeiter der Stirn und der Faust« verschleiert, die Abhängigkeit der Arbeiter und Angestellten im Betrieb als natürlicher Ausdruck des »Führerprinzips« gerechtfertigt, das auf der Fürsorgepflicht der Leitenden und der Treuepflicht der Untergebenen basiere und gleichsam altgermanischen Ursprungs sei. Während der westliche, kapitalistische Unternehmer seine Arbeiter ausbeute, sei der deutsche, arische Betriebsleiter der fürsorgliche Führer der verschworenen »Betriebsgemeinschaft«.

Dem Ziel der Beschwichtigung sozialer Unzufriedenheit und der Verharmlosung von Abhängigkeit diente darüber hinaus die gesamte Kulturpolitik der Nazis. Literatur, die die Schrecken des Krieges oder das Elend der Arbeitslosen und die Not der arbeitenden Bevölkerung realistisch beschrieb, wurde als »volksfremde Asphaltliteratur« abgelehnt. Die darstellende Kunst durfte nicht länger Seismograph der Verhältnisse sein, sondern hatte den Auftrag, die Schönheit des Lebens, den Heroismus der Weltkriegssoldaten, die edle Gestalt junger, nordischer Arbeiter und Bauern zu verherrlichen oder die verlockende und üppige Schönheit der zur

Produktion des »wehrfähigen Nachwuchses« benötigten Mütter zu schildern. Moderne Kunst, in der sich die Widersprüche und Verzerrungen, Zerstörungen und Verstörungen der zeitgenössischen industrie-kapitalistischen Gesellschaft spiegeln, wurde als »entartet« verboten.

Diese Kulturpolitik war reaktionär und verlogen, nicht, weil sie ästhetische Forderungen aufstellte, sondern weil ihr Prinzip die Verfälschung der Wirklichkeit war und die sensible und kritische Kunst als »Nestbeschmutzung« verunglimpft wurde. Während die zeitgenössische Literatur und Kunst zu kritischer Auseinandersetzung mit den bestehenden Verhältnissen aufrief oder sie jedenfalls nicht behinderte, ging es der Nazikulturpolitik darum, die Bevölkerung zu passiver Hinnahme der Macht- und Eigentumsverhältnisse anzuhalten. Aus der »chaotischen« bürgerlichen Gesellschaft sollte durch Uniformierung und Militarisierung der Bevölkerung – ohne wesentliche Veränderung der Eigentumsverhältnisse – ein »einheitliches Volk« gemacht werden, das sich um »seinen Führer« scharte. In den Jugendorganisationen – so zumindest dem offiziellen Anspruch nach – sollte es keine »Klassenunterschiede« geben, wie sie durch die Differenzen der Schulbildung zum Ausdruck kommen. Die »Kameradschaft« als höchste sittliche Norm Jugendlicher und Heranwachsender sollte die Unterschiede der Herkunft, der Bildung und des Besitzes überdecken. Das weiterhin hochgehaltene »Leistungsprinzip« der bürgerlichen Moderne wurde durch die Forderung nach »weltanschaulicher Zuverlässigkeit« im Sinne des Nazismus ergänzt und korrigiert. Angeblich stand jedem »Volksgenossen« (Vg.) jede Stelle im Staate offen, aber die sozialen Privilegien der Besitzenden wurden – soweit sie nicht gerade Juden waren – nicht angetastet.

Nicht nur das Bedürfnis nach Anerkennung und »Ehre« bei Arbeitern und Angestellten wurde durch die Propagierung der »Ehre der Arbeit« befriedigt; auch der verständliche Haß auf die Wohlhabenden, denen es – trotz der allgemeinen Not – besser ging, konnte von den Nazis geschickt genützt und befriedigt werden. Auch hierfür gilt, was Walter Benjamin generell über die Nazis gesagt hat: Sie verhalfen den Massen zu ihrem Ausdruck, aber nicht zu ihrem Recht.[1]

Die SA diente als militanter Kampfverband in erster Linie dazu, den engagiertesten Anhängern der Nazibewegung die Möglichkeit zu eröffnen, ihren Haß in brutalen Aktionen abzureagieren. Als Objekt solchen Hasses wurden politische Gegner und Konkurrenten – »Rotfront und Reaktion« –, vor allem aber Juden »angeboten«. Der verbreitete Haß auf Ausbeuter und Unterdrükker wurde in judenfeindliche Emotionen umgeleitet. Ziel einer »jüdischen Weltverschwörung«, an der angeblich sowohl der »kommunistische« als auch der »plutokratische Jude« beteiligt war, sei die »Versklavung der arischen Rasse«, speziell »des deutschen Volkes«.

Mit diesen demagogisch-propagandistischen Mitteln gelang es der Nazibewegung während der Weltwirtschaftskrise, erhebliche Teile des Kleinbürgertums, der Bauern, des sogenannten neuen Mittelstandes und der Dauerarbeitslosen für sich zu gewinnen. Um den zutiefst sozialdemagogischen Charakter der Nazibewegung deutlicher herauszuarbeiten, wird ein Blick auf das Programm der NSDAP von 1927 und die verschiedenen Äußerungen, vor allem Hitlers aus den folgenden Jahren, nützlich sein. Immerhin enthielt dieses Programm wenn auch keine »revolutionären«, so doch einige sozialreformerische Punkte. So hieß es z. B. in Punkt 10:

Erste Pflicht jedes Staatsbürgers muß sein, geistig und körperlich zu schaffen. Die Tätigkeit des Einzelnen darf nicht gegen die Interessen der Allgemeinheit verstossen, sondern muß im Rahmen des Gesamten und zum Nutzen Aller erfolgen.[2]

Damit ist zwar keine allgemeine Arbeitspflicht gemeint, aber die Forderung klingt wie das berühmte Bibelzitat in der sowjetischen Verfassung von 1936: »Wer nicht arbeitet, soll auch nicht essen«. Da arbeitsloses Einkommen auf Grund von Kapitalbesitz nicht beseitigt wird, ist die Forderung nach »geistigem und körperlichem Schaffen« nur ein unverbindlicher moralischer Appell. Die Forderung nach Berücksichtigung der »Interessen der Allgemeinheit« ist eine Leerformel, wie sie sich in vielen Verfassungen findet, die wenig praktische Konsequenzen nach sich zieht.

Der Punkt 11 des Parteiprogramms beansprucht dagegen, eine konkrete Anwendung dieses Postulates zu bringen. In ihm heißt es: »Daher fordern wir Abschaffung des arbeits- und mühelosen Einkommens, Brechung der Zinsknechtschaft.« Diese Formulierung war eine Spezialidee des Ingenieurs Gottfried Feder, der das Programm entworfen hatte und dessen Reden Hitler seinerzeit faszinierten. In *Mein Kampf* schreibt er hierzu:

Als ich den ersten Vortrag Gottfried Feders über die Brechung der Zinsknechtschaft anhörte (Juni 1919), wußte ich sofort, daß es sich hier um eine theoretische Wahrheit handelte, die von immenser Bedeutung für die Zukunft des deutschen Volkes werden wird. Die scharfe Scheidung des Börsenkapitals von der nationalen Wirtschaft bot die Möglichkeit, der Verinternationalisierung der deutschen Wirtschaft entgegenzutreten, ohne zugleich mit dem Kampf gegen das Kapital überhaupt die Grundlagen einer unabhängigen völkischen Selbsterhaltung zu bedrohen.[3]

Wenig zuvor hatte Hitler sogar angemerkt, daß ihm durch Feders Rede der »Weg zu einer der wesentlichsten Voraussetzungen zur Gründung einer neuen Partei« klargeworden sei.[4] Unter der von Punkt 11 des Programms geforderten »Abschaffung des arbeits- und mühelosen Einkommens« soll also in einem ersten Schritt die Beseitigung des Zinseinkommens verstanden werden. Unter dem Zinseinkommen verstand Hitler das des »raffenden«, unter dem Profit des Industriekapitals das Verdienst des »schaffenden« Kapitals. Während das »raffende« Kapital überwiegend jüdisch oder ausländisch sei, gilt ihm das »schaffende« als deutsch. Die Tatsache, daß die Banken und Börsen keineswegs von jüdischen Privatbankiers beherrscht wurden, störte weder Feder noch Hitler. Geschickt projizierte Hitler seine eigene demagogische Verwandlung des populären Antikapitalismus in einen – auf ältere Ressentiments und Vorurteile sich stützenden – Antisemitismus auf seine sozialistischen Gegner. Deren Antikapitalismus sei nämlich nur ein Mittel, um die nationalen Kapitalisten im Interesse der Vormachtstellung des internationalen Kapitals zu entmachten.

Ich kam ... erst recht zu dem Verständnis des Inhalts und des Wollens der Lebensarbeit des Juden Karl Marx. Sein ›Kapital‹ wurde mir jetzt erst recht verständlich, genau so wie der Kampf der Sozialdemokratie gegen die nationale Wirtschaft, der nur den Boden für die Herrschaft des wirklich internationalen Finanz- und Börsenkapitals vorzubereiten hat.[5]

Die an dieser Stelle von Hitler suggerierte Beschäftigung mit dem *Kapital* von Marx dürfte eine Erfindung sein. In einer kleinen nazistischen Broschüre, die als Anleitung für Redner im Umlauf war, hieß es zum Stichwort Karl Marx lapidar: »Marx war Jude, das erklärt hinlänglich den Zweck und den Inhalt seiner Schriften. Mehr darüber zu wissen ist daher überflüssig.«

Einmal an die Macht gelangt und auf Zusammenarbeit mit den Eigentümern der großen Produktionsmittel angewiesen, mußten die Nazis ihre Einstellung gegenüber dem Bankkapital insgesamt revidieren, weil dessen Ablehnung mit der Funktionstüchtigkeit der Wirtschaft unvereinbar war. Aus der pauschalen Verurteilung des Börsen- und Bankkapitals wurde daher die »Arisierung der Banken«, die in den Besitz »deutschblütiger« Unternehmer übergingen, soweit ihre Inhaber Juden gewesen waren.

Punkt 12 des Programms fordert die »Einziehung aller Kriegsgewinne« – eine Forderung, die seinerzeit, kurz nach Kriegsende, sicher besonders populär war, aber nach der »Machtergreifung« 1933 keine Rolle mehr spielte. Die Formulierung knüpft an die Gefühle der Überlebenden des Ersten Weltkrieges an und unterstreicht den Anspruch der Nazipartei, die »Partei der ehemaligen Frontkämpfer« zu sein:

Im Hinblick auf die ungeheueren Opfer an Gut und Blut, die jeder Krieg vom Volke fordert, muß die persönliche Bereicherung durch den Krieg als Verbrechen am Volke bezeichnet werden.

Diese moralische Verurteilung der Kriegsgewinnler hat die Nazis freilich nicht daran gehindert, eine besondere Steuerregelung für die Waffenfabrik Krupp zu treffen, die es der Firma überließ, in direkten Verhandlungen mit dem Reichsfinanzministerium ihre jeweilige Steuerhöhe zu vereinbaren.

Punkt 13 verlangt »die Verstaatlichung aller (bisher) bereits vergesellschafteten Betriebe (Trusts)«. Diese Forderung ist gleichfalls verbal nicht zurückgenommen worden; die praktizierte Wirtschaftspolitik des »Dritten Reiches« hat im Gegenteil zu einer Verstärkung der oligopolistischen bis monopolistischen Struktur der deutschen Wirtschaft geführt und sie gesetzlich abgesichert. Hierzu hat insbesondere auch die Kriegsplanwirtschaft beigetragen, deren Leitung in den Händen sogenannter Wehrwirtschaftsführer lag, die im allgemeinen die leitenden Angestellten der in der jeweiligen Branche führenden Unternehmen waren.

Auch die Forderungen von Punkt 14 und 15, Gewinnbeteiligung an Großbetrieben und großzügiger Ausbau der Altersversorgung, blieben während der Naziherrschaft Papier. Dagegen ist die Korrektur bemerkenswert, die Hitler schon vor 1933 an Punkt 17 des Programms vornehmen ließ. Dort wird nämlich eine »unseren nationalen Bedürfnissen angepaßte *Bodenreform,* Schaffung eines Gesetzes zur unentgeltlichen Enteignung von Boden für gemeinnützige Zwecke« vorgesehen. Diese Bestimmung des Programms erregte begreiflicherweise erheblichen Ärger unter Großgrundbesitzern, die wenigstens teilweise mit einer gewissen Sympathie der Nazibewegung gegenüberstanden. Um einem künftigen Zusammengehen mit den Deutschnationalen keine Hindernisse in den Weg zu legen, sah sich Hitler daher genötigt, am 13. 4. 1928 folgende öffentliche Erklärung abzugeben, die auf eine vollständige Zurücknahme des Programmpunktes hinausläuft:

Gegenüber den verlogenen Auslegungen des Punktes 17 des Programms der NSDAP von Seiten unserer Gegner ist folgende Feststellung notwendig. Da die NSDAP auf dem Boden des Privateigentums steht, ergibt es sich von selbst, daß der Passus ›unentgeltliche Enteignung‹ nur auf die Schaffung gesetzlicher Möglichkeiten Bezug nimmt, Boden, der auf unrechtmäßige Weise erworben wurde oder nicht nach den Gesichtspunkten des Volkswohls verwaltet wird, wenn nötig, zu enteignen. Dies richtet sich demgemäß in erster Linie gegen die jüdischen Grundstücksspekulationsgesellschaften.[6]

Wie in anderen Fällen wird auch hier der sozialreformerische Programmpunkt in einen antisemitischen umgebogen. Wie für die allgemeine Unzufriedenheit mit der Wirtschaftsordnung das »jüdische Börsen- und Bankkapital«, so wird hier für die Not der armen Bauern »jüdische Bodenspekulation« als Sündenbock aufgeboten.

Während die Punkte 10 bis 15 in erster Linie die Interessen der Arbeiter und Angestellten berücksichtigen, wird in Punkt 16 der »gesunde Mittelstand« angesprochen. Ihm wird die »Kommunalisierung der Großwarenhäuser und ihre Vermietung zu billigen Preisen an kleine Gewerbetreibende« in Aussicht gestellt. Darüber hinaus soll er bei Lieferungen an den Staat, an die Länder und Gemeinden bevorzugt berücksichtigt werden. Davon war nach 1933 keine Rede mehr. Im Gegenteil: Kettenläden und Warenhäuser blühten auf, zumal nachdem jene, die – wie das Kaufhaus Hermann Tietz (heute Hertie) – sich in jüdischem Besitz befanden, arisiert worden waren. Aus dem Kampf gegen »Großwarenhäuser« im Interesse der kleinen Gewerbetreibenden und Händler wurde ein Aspekt der antisemitischen Praxis, die zur Bereicherung von Nazis und ihren Freunden führte.

In einem von der NSDAP im Jahre 1932 verbreiteten Flugblatt für Berlin wurden die dortigen Kleinbürger wie folgt angesprochen:

Die Warenhäuser und Konsumvereine sind einer der gefährlichsten Feinde des gewerblichen Mittelstandes. Der Umsatz der Warenhäuser betrug im Jahre 1930 in Deutschland 600 Millionen Mark. Rechnet man die letzte Summe auf die gesamte Berliner Bevölkerung um, dann lieferten die Warenhäuser für jeden in Berlin lebenden Menschen für rund 125 Mark Ware im Jahre.

Das Fazit lautet:

Her mit der Sondersteuer für Warenhäuser, den zentralisierten Warenvertriebsgesellschaften muß der unerbittliche Kampf mit dem Ziel der Vernichtung angesagt werden. Nur die NSDAP ist für die Erhaltung des deutschen Kleingewerbes und Handwerks, für eine gesunde

Pressbildung, gegen alle Schieber und deren Helfershelfer, somit gegen den östlichen Zuzug und die Marxisten ... Wählt alle Nationalsozialisten (Hitlerbewegung), Liste 8.

Da vor allem die Konsumvereine den Arbeitern wie den Arbeitslosen günstige Einkaufsmöglichkeiten zur Verfügung stellten, so daß deren Existenz im manifesten Interesse der arbeitenden Bevölkerung lag, versuchte ein anderes Flugblatt zur gleichen Wahl, vor allem Arbeitslose anzusprechen, indem es andere Akzente setzte:

Warum setzen wir uns hin und hungern? Die Steine liegen da für die Häuser. Im Walde verfault das Holz. Wir aber wohnen in elenden Löchern und stempeln.

Glaubst Du noch, daß das alles so sein muß? Hast du noch einen Funken Hoffnung, dann wähle Nationalsozialisten! Denn sie sind der Ansicht, daß sich das alles ändern läßt. Was sagt Adolf Hitler darüber? Gar nichts! Adolf Hitler würde etwas tun! Er würde nicht stillsitzen und warten, bis es dem Ausland wieder gefällt, Geld zu pumpen! Im Anfang war nicht das Geld, sondern die Tat. Nicht das Geld schafft die Arbeit, sondern die Arbeit schafft das Geld! Es muß endlich mit dem Standpunkt gebrochen werden, daß Nichtstun billiger sei als Arbeiten, weil Arbeiten Geschäftsunkosten macht. Was Adolf Hitler tun würde, ist vorbereitet und fertig. Er wartet nur auf den Tag, an dem auch Du Dich für ihn entscheidest, damit er helfen kann. Mach mit am Aufbau! Leg Hand an! Du magst bis heute gewesen sein, was Du willst, in unseren Reihen bis Du Bruder und Volksgenosse ... Die Nationalsozialisten können helfen, die Nationalsozialisten wollen helfen! Aber Du mußt ihnen die Macht dazu geben!

Deshalb wählt Nationalsozialisten (Hitlerbewegung), Liste 8.

Man kann sich heute noch gut vorstellen, wie ein derart geschickt formulierter Aufruf auf die arbeitslosen Massen von Berlin wirken mußte. Auch wenn konkrete Vorschläge nicht gemacht werden, so klingt die Sprache doch »volksnah«, und die feste Entschlossenheit, »etwas zu tun«, mußte – im dritten Jahr der Wirtschaftskrise – einnehmend wirken. Darüber hinaus wirkte das »soziale Engagement« der Nazis deshalb glaubhaft, weil es 1931 in der Nazipartei noch ehrliche »Linke« gab, zu denen eine Zeitlang auch Joseph Goebbels gehörte, die vor allem von den Brüdern Gregor und Otto Strasser repräsentiert wurden.

Von Gregor Strasser stammt unter anderem die berühmte These: »Der deutsche Sozialismus ist die Formel für die große antikapitalistische Sehnsucht, die heute vielleicht schon 95% unseres Volkes bewußt und unbewußt erfaßt hat.«[7] In den *Natio-*

nalsozialistischen Briefen, die lange Zeit der Schulung der Parteikader dienten, schrieb er 1929:

Wir pfeifen auf nationale Phrasen, die leere Worte bleiben müssen ohne die soziale Tat der Befreiung der deutschen Arbeiterschaft: wir wollen an Stelle des ausbeuterischen kapitalistischen Wirtschaftssystems einen wahrhaften Sozialismus, gehalten nicht durch seelenlose jüdisch-materialistische (sic!) Auffassung, sondern getragen von dem gläubigen und opferbereiten urdeutschen (!) Gemeinschaftswillen und Gemeinschaftssinn. Wir wollen die soziale Revolution, um zur nationalen Revolution zu kommen. Wir wollen die nationale Revolution, um die soziale Revolution zu erhalten.

Trotz der auch bei Strasser fast nie fehlenden antisemitischen Töne und der mangelnden Präzision bleibt der antikapitalistische und sozialistische Ton dieser Aussagen deutlich. Der Nationalismus, so Strassers These, könne erst dann zu einer Volks-Überzeugung werden, wenn die soziale Revolution Ausbeutung und Ungleichheit überwunden hat:

Wir sind Sozialisten, sind Todfeinde des heutigen kapitalistischen Weltsystems mit seiner Ausbeutung der wirtschaftlich Schwachen, mit seiner Ungerechtigkeit der Entlohnung, mit seiner unsittlichen Wertung der Menschen nach Vermögen und Geld, statt nach Verantwortung und Leistung, und wir sind entschlossen, dieses System unter allen Umständen zu vernichten.

Diese radikale Richtung innerhalb der NSDAP wurde von Hitler nie gebilligt, jedoch aus Opportunitätsgründen, weil sie, wie in Berlin und im Ruhrgebiet, Arbeiterstimmen brachte, bis 1930 geduldet. Im Mai 1930 kam es zum Bruch zwischen Hitler und Otto Strasser, der ins Ausland ging, während sein Bruder Gregor 1934 von den Nazis ermordet wurde. Reste der Anhängerschaft dieses »linken Nazismus« in der SA wurden im Zusammenhang mit der »Niederwerfung« der angeblichen Röhm-Revolte im Juli 1934 liquidiert. Die SA-Führung mit ihrer Forderung nach einer »zweiten Revolution«, die offenbar die Eigentumsordnung verändern sollte, und mit ihrem Anspruch, als zweiter »Waffenträger der Nation« neben die Wehrmacht zu treten, war zu einem Hindernis für das Bündnis von Nazis und Angehörigen des alten Establishments geworden, die in Heer, Verwaltung und Schwerindustrie nach wie vor den Ton angaben.

Otto Strasser hat in einem Gedächtnisprotokoll eine Unterredung wiedergegeben, die er 1930 – anläßlich der Auflösung seines Verlages durch die Parteiführung – mit Hitler hatte. Ausgangspunkt des Strasserschen »nationalen Sozialismus« war dabei die These:

Die deutsche Revolution verwirft das individualistische Wirtschaftssystem des Kapitalismus, dessen Sturz die Voraussetzung zum Gelingen der deutschen Revolution ist. Sie bekennt sich mit gleicher Entschiedenheit zum korporativen System des Sozialismus (sic!), ausgehend davon und darin endend, daß der Sinn einer Wirtschaft einzig und allein die Deckung des Bedarfs für die Nation ist, nicht aber Reichtum und Gewinn.

Die Auseinandersetzung mit Hitler eröffnet Strasser mit der Feststellung, Hitler wolle sich seines Verlages nur deshalb entledigen, weil er ihn daran hindere, mit der bürgerlichen Rechten (Hugenberg, dem Stahlhelm usw.) zusammenzuarbeiten. Hitler betont dagegen, auch er »sei Sozialist«. Was Strasser jedoch vertrete, sei der »krasse Marxismus«, und er fügt hinzu:[8]

Die große Masse der Arbeiter will nichts anderes als Brot und Spiele, die hat kein Verständnis für irgendwelche Ideale, und wir werden nie damit rechnen können, die Arbeiter in erheblichem Maße zu gewinnen. Wir wollen eine Auswahl, eine neue Herrenschicht, die nicht wie Sie von irgendeiner Mitleidsmoral getrieben wird, sondern sich darüber klar ist, daß sie auf Grund ihrer besseren Rasse das Recht hat zu herrschen, und die diese Herrschaft über die breite Masse rücksichtslos aufrechterhält und sichert.

Wie viele deklassierte Kleinbürger und subproletarische Intellektuelle hatte sich Hitler offenbar ein Stück Nietzschescher Kritik an der christlichen »Mitleidsmoral« angeeignet. Im Gespräch mit Strasser gibt er etwas von seiner wahren Überzeugung preis, während er in öffentlichen Kundgebungen in der Regel gar nicht genug Lobeshymnen auf das Volk anstimmen kann. Strasser widerspricht vor allem Hitlers rassistischem Elitedenken, das dieser auch an anderer Stelle zum Ausdruck gebracht hat, und erklärt:

Ihre von Herrn Rosenberg stammende rassenmäßige Betrachtung negiert nicht nur die große Aufgabe des Nationalsozialismus, nämlich die Nationwerdung des deutschen Volkes, sondern löst sogar dieses Volk selbst auf.

Dagegen erwidert Hitler: »Es gibt überhaupt keine anderen Revolutionen als rassische«; Strassers Ignoranz in bezug auf eine rassenmäßige Geschichtsinterpretation habe ihn z. B. zu einer völlig verkehrten Einstellung gegenüber dem Kolonialproblem verführt. Es sei grundverkehrt, »eine Rebellion der niederen indischen

Rasse gegen die hochwertige englisch-nordische Rasse zu unterstützen«. Das »Recht der höheren Rasse« müsse letztlich auch Leitstern der deutschen Außenpolitik sein. Bekanntlich hat sich Hitler in der Folge – entsprechend den außenpolitischen Konstellationen – keineswegs immer an diese Leitlinie seiner Außenpolitik gehalten, sondern im Gegenteil den Mufti von Jerusalem und den indischen Oppositionellen Subhas Chandra Bose (1897–1945) unterstützt, dessen von Japan und dem Deutschen Reich geförderte Organisation 1943 Großbritannien den Krieg erklärte.

Am zweiten Tag des Gesprächs mit Hitler standen fünf Thesen Strassers zur Diskussion:

1. Die deutsche Revolution sollte umfassend sein und mit allen Mitteln realisiert werden;
2. sie richte sich sowohl gegen den bürgerlichen Kapitalismus als auch gegen den internationalistischen Marxismus;
3. sie kenne keine Unantastbarkeit des Privateigentums;
4. sie müsse daher eine Koalition mit Konservativen ablehnen;
5. sie solle keinen Interventionskrieg gegen die Sowjetunion planen.

Der »Grundsatz der Heiligkeit des Privateigentums«, so Strasser,

> würde jede Möglichkeit eines deutschen Sozialismus ausschließen. Es sei unbedingt notwendig, jenen 80% der Bevölkerung, die zur Zeit ohne Eigentum seien, die Möglichkeit zum Erwerb von Eigentum zu eröffnen. Der Arbeiterschaft aber könne Miteigentum nicht als Einzeleigentum, sondern nur in der Form des Kollektiveigentums gewährt werden und zwar in doppelter Hinsicht – einmal als Mitglied der deutschen Nation, der die gesamte Volkswirtschaft gehöre, und zum anderen als Mitglied der Gemeinschaft des betreffenden Betriebes.

Dieser auf Formen des Gemeineigentums an Produktionsmitteln hinauslaufenden Forderung Strassers hält Hitler scharf entgegen:

> Das ist reiner Marxismus, das ist geradezu Bolschewismus. Sie führen das System der Demokratie, das auf dem Gebiet der Politik einen Trümmerhaufen gemacht hat, nunmehr auch in die Wirtschaft ein und zerstören sie damit ... Damit machen Sie den ganzen Fortschritt der Menschheit hinfällig, der immer nur von den großen Einzelnen, vom großen Erfinder ausgeht.

Auf den Einwand Strassers, die »Epoche des Kapitalismus« sei abgelaufen, betont Hitler noch einmal:

Was Sie Sozialismus nennen, ist reiner Marxismus. Es gibt in diesem Sinn überhaupt kein kapitalistisches System. Mit welchem Recht verlangen diese Leute Anteil am Besitz oder gar an der Leitung? Der Unternehmer, der die Verantwortung für die Produktion trägt, der schafft auch den Arbeitern Brot. Gerade unseren großen Unternehmern kommt es gar nicht auf das Zusammenraffen von Geld an ..., sondern denen ist die Verantwortung und die Macht das wichtigste. Sie haben sich auf Grund ihrer Tüchtigkeit an die Spitze gearbeitet, und auf Grund dieser Auslese, die wiederum nur die höhere Rasse beweist, haben sie das Recht zu führen. Sie wollen nun einen unfähigen Regierungsrat oder einen Betriebsrat, der von nichts eine Ahnung hat, mitreden lassen. Das wird sich jeder Wirtschaftsführer verbitten.

Offensichtlich hat Hitler für seine Argumentation gegen Otto Strasser von seinen Kontakten mit führenden Unternehmern profitiert, deren Auffassungen er lediglich durch seine These von der rassischen Führungselite ergänzt. Als Hitler das faschistische Italien als leuchtendes Vorbild erwähnt, fällt ihm Strasser ins Wort:

Der Faschismus hat eine Lösung des Konflikts zwischen Kapital und Arbeit überhaupt nicht gefunden, ja nicht einmal versucht! Er begnügte sich einfach damit, den Kampf zwischen beiden niederzuhalten, wobei die Übermacht des Kapitals festgehalten ist ... Der Faschismus ist nicht im mindesten eine Überwindung des Kapitalismus, sondern hat im Gegenteil – wenigstens bisher – das kapitalistische System unangetastet belassen, genau so, wie Sie es bestehen lassen wollen.

Nun mag ja die Aufzeichnung dieses Gesprächs in der Rückerinnerung von Otto Strasser leicht geschönt und aktualisiert worden sein, zumal man 1936 schon absehen konnte, wie die »neue Ordnung« aussehen würde, auf die die Nazis zusteuerten. Dennoch hat Strasser die wirtschaftspolitische und ideologische Orientierung Hitlers klar herausgearbeitet und zutreffend diagnostiziert. Die soziale Hierarchie wird – bis auf die Eliminierung der jüdischen Minderheit und der politischen Gegner – intakt gelassen. Die großen Unternehmer gelten – auf Grund ihrer Spitzenposition – als »rassisch besonders wertvoll«. Wer arm und ausgebeutet ist, hat das, wohl als Folge seiner »schlechten Rasse«, hinzunehmen und muß froh sein, wenn er als »Volksgenosse« den Vorzug genießt, einem »Herrenvolk« anzugehören. Die Naziführung wird den Massen – im Rahmen ihrer Möglichkeiten – »Brot und Spiele« geben und sie von ihrem Alltagsleid mit Hilfe des »Volksempfängers« und der Organisation »Kraft durch Freude« ablenken. Mehr brauchen die Massen nicht. Forderungen nach betrieblicher Mitbestimmung, nach Miteigentum der Arbeiter an Industrieunternehmen und dergleichen werden als »bolschewistisch« entschieden abgelehnt. Wenn schon die politische Demokratie von Übel ist, dann muß ihre Ausbreitung auf andere Gebiete – wie die Wirtschaft – erst recht verhindert werden. In seiner Schlußrede auf dem Reichsparteitag 1933 deutet Hitler das Wort Sozialismus wie folgt:[9]

Wenn aber das Wort Sozialismus überhaupt einen Sinn haben soll, dann kann es nur den haben, in eiserner Gerechtigkeit, das heißt tiefster Einsicht, jedem an der Erhaltung des Gesamten das aufzubürden, was ihm dank seiner angeborenen Veranlagung und damit seinen Werten entspricht. Dieser Grundsatz ist von einer hohen Gerechtigkeit, weil er in sich logisch und vernünftig ist. Er ist anwendbar auf die Funktionen des Lebens und damit auf das Gesamtgebiet der politischen Führung eines Volkes.

In seiner Rede vor dem Industrie-Klub in Düsseldorf am 27. 1. 1932 verbindet Hitler seine Rechtfertigung der Führungsfunktion der »arischen« deutschen Unternehmer mit seiner Kritik der politischen Demokratie:[10]

Es ist ein Widersinn, wirtschaftlich das Leben auf dem Gedanken der Leistung, des Persönlichkeitswertes, damit praktisch auf der Autorität der Persönlichkeit aufzubauen, politisch aber diese Autorität der Persönlichkeit zu leugnen und das Gesetz der größeren Zahl, die Demokratie, an dessen Stelle zu schieben.

Das elitäre Prinzip also, so Hitlers Argument, das sich in der Wirtschaft durchgesetzt habe und das einem allgemeinen »Lebensgesetz« – dem Darwinschen Kampf ums Dasein mit dem Überleben der Tüchtigsten – entspreche, müsse auch auf die Politik angewandt werden. Hier wie dort wird dabei die Demokratie mit der Herrschaft der »Masse« und die »Masse« mit den »Minderwertigen« identifiziert.

2

Eindrucksvoller als eine rein ideologiekritische Auseinandersetzung mit der Weltanschauung der Nazis ist eine Konfrontation ihrer sozialreformerischen Losungen mit der von der Regierung des »Dritten Reiches« praktizierten Politik. Bei diesem Vergleich stütze ich mich in erster Linie auf die noch immer unübertroffene umfassende Darstellung von Franz Neumann in seinem Buch *Behemoth*.[11]

Neumann weist nach, daß die Interpretation der Gesellschaftsordnung des »Dritten Reiches« als nicht mehr kapitalistisch auf einem kategorialen Mißverständnis beruht. Ein Mißverständnis, das ihm vor allem bei Mitgliedern des »Instituts für Sozialforschung«, dem er selbst zeitweilig verbunden war, begegnete. Max Horkheimer sowie Friedrich Pollock, der Ökonom des Instituts, hatten den deutschen Faschismus als »staatskapitalistisch« interpretiert und gewisse Ähnlichkeiten mit dem sowjetischen Staatssozialismus herausgestellt. Franz Neumann sah dagegen im »Dritten Reich« eine lediglich politisch überformte Variante des Spätkapitalismus, dessen innere soziale Widersprüche damit keineswegs aufgehoben, sondern nur durch »die Ideologie der Volksgemeinschaft verdeckt worden sind«.

Eine konkrete Wirtschaftstheorie des Nationalsozialismus gibt es – abgesehen von der oft wiederholten Parole: »Gemeinnutz geht vor Eigennutz« – nicht.

Die Organisation des ökonomischen Systems ist pragmatisch und hat die Struktur der kapitalistischen Wirtschaft in ihrem Wesen nicht angetastet. In dem Federschen Programm gibt es keinen einzigen Punkt, der verwirklicht wurde, und jede vom Programm gebrandmarkte Erscheinung ist unter dem nationalsozialistischen Regime ins Kraut geschossen.[12]

Die »arischen« Unternehmer wurden nicht nur nie angegriffen, sondern sogar als Exponenten einer »rassischen Elite« herausgestellt. Das galt für Krupp, Mannesmann, Siemens, Thyssen, Kraus-Maffei und viele andere.

Auch die Ständestaatsideologie, wie sie unter anderem von dem katholischen »Integralisten« und »Organizisten« Othmar Spann entworfen wurde und dem austrofaschistischen katholischen Staat als Ideologie diente, wurde im »Dritten Reich« nicht realisiert. In einem offiziellen Kommentar zur praktischen Wirtschaftspolitik der NSDAP heißt es 1935:

Die Doktrin- und Dogmenfreiheit ... ergibt praktisch, daß die Wirtschaftspolitik im nationalsozialistischen Staat nach Zweckmäßigkeitsgesichtspunkten ausgerichtet ist und vorurteilsfrei diejenigen Mittel einsetzt und anwendet, welche für das wirtschaftliche Gedeihen des Volkes jeweils erforderlich sind.[13]

Das wirtschaftliche Gedeihen des Volkes aber wird eindeutig mit dem Prosperieren der großen Unternehmen identifiziert, wie das der Auffassung des Wirtschaftsliberalismus entspricht.

Die staatliche bzw. öffentliche Organisation von Unternehmungen im »Dritten Reich« ergänzt und überformt die Organisationsstrukturen, die bereits zuvor existierten. Jeder Geschäftsmann mußte sich funktional – entsprechend seiner Branche – in einer »Reichsgruppe« und regional in einer »Industrie- und Handelskammer« organisieren. »Die Kartelle sind – als Einrichtungen des Warenmarktes – nicht in diese politische Struktur der Wirtschaft eingeordnet.«[14] Die sieben sogenannten »Reichsgruppen« entsprechen in etwa den alten »Spitzenverbänden«: sie heißen 1. Industrie, 2. Handel, 3. Banken, 4. Versicherungen, 5. Energiewirtschaft, 6. Fremdenverkehr, 7. Handwerk. Sie sind in Wirtschaftsgruppen und Fachverbände untergegliedert. Auch die Industrie- und Handelskammern sind stufenförmig aufgebaut. An ihrer Spitze steht eine Reichswirtschaftskammer, die aus den 7 Reichsgruppen, 23 Wirtschaftskammern und 100 Industrie- und Handelskammern besteht. Mit der Reichswirtschaftskammer arbeitet die Arbeitsgemeinschaft der Industrie- und Handelskammern zusammen, die eine Nachfolgerin des vormaligen Industrie- und Handelstages ist. Faktisch liefert sie das Personal für die Reichswirtschaftskammern.

Arbeiter, Konsumenten, freie Berufe und unabhängige Fachleute sind aus den Wirtschaftskammern vollständig ausgeschlossen, die nun ausschließlich ein Vertretungsorgan der Wirtschaft und des Handwerks ... sind.[15]

Der gesamte Aufbau der Selbstverwaltung der Wirtschaft ist nach dem Führerprinzip strukturiert, worunter de facto »eine zentralisierte bürokratische Apparatur« zu verstehen ist. Das Personal dieser Dienststellen ist weithin mit dem der früheren Organisationen der Wirtschaft identisch, nur daß hier – wie überall – der »Arierparagraph« lukrative Posten für verdiente Nazis freigemacht hat.

Die Eigentumsverordnung blieb von den Nazis nicht nur unangetastet, die weit fortgeschrittene Entwicklung zum Oligopol und Monopol wurde sogar gefördert. In einer Periode weitgehender Monopolisierung gewinnt – für mittlere und kleinere Unternehmungen wie für die Oligopolisten – die Staatsintervention eine überragende Bedeutung. Für die einen, weil sie vom Staat Schutz gegen den wirtschaftlichen Druck der Monopole benötigen, für die anderen, weil sie im Gegenteil freie Bahn für ihren Vernichtungswettbewerb gegen »unabhängige« Konkurrenten verlangen:[16]

Die Frage: Wer greift ein und um wessen willen ... wird zur wichtigsten Frage der modernen Gesellschaft. Die Verfügung über den Staatsapparat ist daher der Angelpunkt, um den sich alles andere dreht. Dies ist die einzig mögliche Bedeutung des Primats der Politik über die Ökonomie. Soll der Staat die monopolistischen Besitztümer zerschlagen, sie zugunsten der Massen beschränken, oder sollen Eingriffe getätigt werden, um die monopolistische Position zu stärken? Um die völlige Eingliederung aller Wirtschaftsbereiche in das Netzwerk der industriellen Organisationen voranzutreiben? Soll der Staat die Waffe sein, durch welche die Massen der Politik industrieller Imperien vollständig unterworfen werden?

Im »Dritten Reich«, daran besteht für Neumann kein Zweifel, wurde diese Alternative im Sinne der totalen Unterwerfung der Massen unter die industriellen Imperien entschieden. Die Wirtschaft des nationalsozialistischen Deutschland war »eine Monopolwirtschaft und eine Befehlswirtschaft ... eine privatkapitalistische Ökonomie, die durch einen totalitären Staat reglementiert wurde«.[17] Neumann schlägt dafür als knappe Formel die Bezeichnung »totalitärer Monopolkapitalismus« vor.

Die Triftigkeit dieser Formel beweist Neumann unter anderem durch Hinweise auf die Kartellpolitik des »Dritten Reiches«, die den ohnehin marktbeherrschenden Unternehmungen zusätzliche Waffen in die Hand gab, um Außenseiter durch Boykott und ähnliche Maßnahmen zu vernichten. Schon am 15. Juli 1933 wurde eine Kartellverordnung erlassen, die faktisch alle gesetzlichen Behinderungen, die bis dahin den Kampf von Kartellen gegen Außenseiter noch einschränkten, beseitigte.

Im krassen Gegensatz zur mittelstandsfreundlichen Propaganda der Nazis wurde zum Beispiel die Zuteilung von Rundfunkgeräten durch Kartellabsprachen vom August 1934 und vom Februar 1936 nur an »anerkannte Groß- und Einzelhändler« genehmigt und die Zulassung neuer Händler ausgeschlossen.

Die Zahl der Großhändler ging in der Folge von acht- bis neunhundert im Jahr 1933 auf 598 im Jahr 1939 zurück, und innerhalb eines einzigen Jahres 1938 verminderte sich die Zahl der Einzelhändler von 31 800 auf 27 590 ... Anerkennung als Einzelhändler wurde nur zuverlässigen Personen zuteil, d. h. jenen, die als persönlich, wirtschaftlich und finanziell zuverlässig angesehen wurden. Um als finanziell zuverlässig angesehen zu werden, mußte ein Großhändler mindestens über ein Kapital von 30 000 RM verfügen, wobei er diese Summe aus eigenen Mitteln aufbringen mußte und keinen Kredit aufnehmen durfte.[18]

Ähnliche Einschränkungen gab es unter anderem für Zigarettenläden. Zwischen 1936 und 1938 ging die Zahl der selbständigen Handwerksbetriebe von 1 734 000 auf 1 471 000 zurück. Noch stärker war die Verringerung der Anzahl selbständiger Einzelhändler.

Über die erwähnten Maßnahmen hinaus wurde sogar die Zwangskartellierung gesetzlich geregelt. Sie erlaubte es, sowohl die Errichtung neuer Betriebe zu verbieten als auch den bestehenden Unternehmungen Kapazitätsobergrenzen vorzuschreiben. Der Reichswirtschaftsminister erhielt praktisch eine Vollmacht, entsprechend den Wünschen der Großunternehmungen Zwangskartellierungen vorzunehmen.

Der Staatssekretär im Reichswirtschaftsministerium, Dr. Brinkmann, hat in einer programmatischen Rede am 21. 10. 1938 das Ausmaß der Kartellierung beklagt und – ganz im Geist des Wirtschaftsliberalismus – beanstandet, daß durch Kartelle die Rationalisierung der Produktion verlangsamt und die Senkung der Produktionskosten verhindert werde. Falls das Kartellsystem weiter versage, werde der Staat vermehrt eingreifen müssen. Allerdings auf keinen Fall durch Verstaatlichungen. Im Gegenteil habe ja der nationalsozialistische Staat bereits staatliche Besitzanteile »an Privatbanken und an den Vereinigten Stahlwerken an private Kapitalgesellschaften abgetreten«.[19] Die Kartelle werden ihrerseits durch die jeweils größten Unternehmungen beherrscht. Das folgt schon aus der Bestimmung, daß Entscheidungen des Kartells nicht nach Stimmenmehrheit der Betriebe, sondern entsprechend der Anteilsmehrheit gefällt werden. So verfügen z. B. im oberschlesischen Kohlensyndikat vier Werke über je 4–5 Mio. Tonnen Förderung und damit über 40 bis 50 von den 260 Stimmen des Syndikats – zusammen also über 180. Damit waren sie jederzeit imstande, den kleineren Unternehmungen den Kurs vorzuschreiben. Auch von den zahlreichen Arisierungen im Reich und von der »Germanisierung« in den während des Krieges okkupierten Gebieten profitierten wieder in erster Linie die jeweils größten Unternehmungen – wie Krupp, IG Farben, Vereinigte Stahlwerke usw.

Die Mittelstandspolitik der Nazis verwirklichte eine Festigung der größeren auf Kosten der Vernichtung zahlreicher Kleinbetriebe.

Die Monopolisten, die durch ihre individuellen Entscheidungen weithin die Wirtschaft beherrschten, waren im wesentlichen dieselben wie während der Weimarer Republik, nur daß ihre Einflußmöglichkeiten in mancher Hinsicht noch größer geworden waren. Die meisten von ihnen waren entweder selbst Großeigentümer oder Manager der großen Aktiengesellschaften. Franz Neumann nennt: Otto Wolff, Friedrich Flick, Günther Quandt, Siemens und viele andere. Wettbewerb ist aus der Wirtschaft im übrigen keineswegs ausgeschlossen, auch wenn er jetzt unter für die Monopole weit günstigeren Bedingungen stattfindet und durch die Rohstoffzuteilung des Staates und das Streben nach Autarkie modifiziert worden ist.

Die gesetzliche Fixierung der Dividende auf sechs, in Ausnahmefällen auf acht Prozent diente in erster Linie dazu, den Kapitalmarkt für Staatsanleihen freizuhalten. Zugleich ermöglichte sie aber eine ungewöhnlich hohe Selbstfinanzierung der Unternehmungen, deren Abhängigkeit von Banken dadurch verringert wird. Im übrigen konnten – worauf Neumann aufmerksam macht – die Aktionäre durch Kapitalerhöhungen für die niedrige Dividende entschädigt werden. Der Index der Aktienkurse stieg von 128,22 im September 1935 auf 180,97 im November 1940 an.

Der Primat der Selbstfinanzierung über die Kreditaufnahme bedeutet nicht das Ende des Kapitalismus und nicht einmal das Ende des Finanzkapitals. Er zeigt nur an, daß der Sitz des Finanzkapitalismus sich von den Banken in die Industrie verlagert hat, oder vielmehr eine Kongruenz von Banken und Industrie eintrat.[20]

Zur Stützung seiner Interpretation kann Neumann auf einen Artikel im »Bankarchiv« aus dem Jahr 1938 verweisen, der sich – zu Recht – über die Behauptung lustig macht, die Selbstfinanzierung der Industrie sei eine Art Sozialismus. Zusammenfassend meint Neumann:[21]

Der Kampf gegen das Bankkapital ist kein Antikapitalismus; er ist im Gegenteil kapitalistisch und tatsächlich oft faschistischer Kapitalismus, nicht nur in Deutschland, sondern auch in fast jedem anderen Land. Jene, die nicht müde werden, die Herrschaft des Finanzkapitals (worunter sie stets das Bankkapital verstehen) anzugreifen, spielen damit den mächtigsten und aggressivsten Gruppen der modernen Gesellschaft, den industriellen Monopolisten, in die Hände.

Während so auf der einen Seite die Wirtschaftspolitik der Naziregierung in einer staatlichen Förderung des Konzentrationsprozesses in Industrie, Handwerk und Handel bestand und die großen Wirtschaftsverbände praktisch halbstaatliche Institutionen waren, wurde auf der anderen Seite den Lohnabhängigen durch die Zerschlagung der Gewerkschaften jede Möglichkeit des Widerstands oder der Verteidigung ihrer Interessen genommen. Die Gewerkschaften haben allerdings ihren unrühmlichen Untergang wenigstens teilweise selbst verschuldet. Um nicht in das Verbot der sozialdemokratischen Partei hineingerissen zu werden, lösten die beiden Vorsitzenden des Allgemeinen Deutschen Gewerkschaftsbundes (ADGB), Theodor Leipart und Peter Graßmann, öffentlich jede Verbindung zur SPD, boten ihren Rücktritt an und versprachen parteipolitische Neutralität der Gewerkschaften.

Als das neue Regime den 1. Mai zum nationalen Feiertag erhob, verabschiedeten die freien Gewerkschaften eine zustimmende Resolution. Diese Tat, so sagten sie, bedeute die Verwirklichung eines alten Traumes der Arbeiterklasse.[22]

Die Naziführung nahm mit Erstaunen zur Kenntis, daß die mächtigen Gewerkschaften nicht gewillt waren, sich zur Wehr zu setzen. Am 2. Mai erhielten sie die Quittung für ihre Unterwürfigkeit unter die nationalistische Ideologie: die Gewerkschaftshäuser wurden besetzt und am 12. Mai das gesamte Vermögen der Gewerkschaften beschlagnahmt und dem »Reichsorganisationsleiter« der NSDAP, Dr. Ley, als Treuhänder übergeben. An die Stelle der unabhängigen Gewerkschaften trat die »Deutsche Arbeitsfront« (DAF), die 1944 mehr als 25 Millionen Mitglieder hatte. 1934 wurde sie in den »Rang« einer »Gliederung der NSDAP« erhoben; ihre Führer waren verdiente Nazis, die von Dr. Ley ausgewählt und ernannt wurden. Die »Deutsche Arbeitsfront« war weder Tarifpartner, noch konnte sie Maßnahmen zugunsten der Arbeitnehmer durch Streik oder Streikdrohung durchsetzen. Ihre Aufgabe wurde ganz offiziell als »Sicherung des sozialen Friedens« bezeichnet. Schönheit der Arbeit – worunter meist äußerlich bleibende Verzierungen der Fabrikanlagen, wie Blumenbeete vor Lagerhallen und ähnliches, verstanden wurden – und billige Urlaubsreisen durch die »NS Gemeinschaft Kraft durch Freude« sollten die Zufriedenheit der Arbeiter und Angestellten sichern. Nach der oftmals langen Zeit der Arbeitslosigkeit gab es ohnehin weit weniger Proteste in den Betrieben als man auf Grund des vorherigen hohen Organisationsgrades und der linken Orientierung der Arbeitermehrheit hätte annehmen können.

Die sogenannte »Leipziger Vereinbarung« vom 22. 6. 1935 übertrug die »gesamte wirtschaftliche Tätigkeit der Arbeitsfront über Sonderregelung der Reichswirtschaftskammer und dem Reichswirtschaftsministerium«. Die »Reichswirtschaftskammer wurde der DAF als korporatives Mitglied eingegliedert; das bedeutete, daß sämtliche Wirtschaftsgruppen, jede Industrie- und Handelskammer ebenfalls Organ der DAF wurde«.[23] Auf diese Weise war auch noch der letzte Rest des Anscheins einer selbständigen, organisierten Vertretung von Arbeiterinteressen beseitigt. Das Phantasiegebilde eines sogenannten »Reichsarbeits- und -wirtschaftsrates«, das eine zusätzliche Bemäntelung dieser Tatsache darstellte, war praktisch vollständig bedeutungslos. Eine territoriale Organisation der Arbeiter und Angestellten – in Analogie zu den Unternehmerorganisationen – gab es nicht einmal im Rahmen der NSDAP. »Die DAF ist lediglich ein weiterer Verband, in dem das ganze deutsche Volk ohne Unterschied der Beschäftigung, Ausbildung und gesellschaftlichen Stellung erfaßt ist.«[24]

In den Betrieben waren die sogenannten »Werkscharen« Stoßtrupps, »die den soldatischen Kern der Betriebsgemeinschaft bilden, dem Führer blind gehorchen und der Losung folgen: ›der Führer hat immer Recht‹«.[25]

Die relativ erfolglose Nazi-Gewerkschaft (Nationalsozialistische Betriebszellen-Organisation, NSBO), die vor der »Machtübernahme« Anhänger namentlich unter Arbeitslosen und ungelernten Arbeitern warb, wurde bald aufgelöst, weil die Gefahr bestand, daß sie – trotz intensiver ideologischer Schulung – zu einem Zentrum von Unzufriedenheit und Opposition hätte werden können. Das gleiche geschah mit der Angestelltenorganisation »Nationalsozialistische Handlungsgehilfen- und Angestellten-Organisation« (NSHAGO).

Es gibt (im Dritten Reich) Verbände für Ärzte, Rechtsanwälte, Handwerksinnungen, Wirtschaftsgruppen, doch der deutsche Arbeiter und Angestellte ist von allen Teilen der Bevölkerung der einzige ohne eine Organisation, die auf der naturgemäßen Differenz und Eigenart von Arbeit und Beruf beruht. Die Arbeitsfront hat den Prozeß der Bürokratisierung auf die Spitze getrieben. Nicht nur das Verhältnis von Betrieb und Arbeiter, sondern auch die Beziehungen der Arbeiter untereinander sind nun durch eine autokratische Bürokratie mediatisiert.[26]

Das Verhältnis zwischen Lohnabhängigen und Unternehmern wurde von den Nazis in ein totales Abhängigkeitsverhältnis ohne jede Möglichkeit zur Gegenwehr radikalisiert. Das weiterbestehende ökonomische Verhältnis zwischen Besitzern von Produktionsmitteln und Verkäufern von Arbeitskraft wurde ideologisch verleugnet und mit feudalen Formeln beschönigt. Es beruht – so die Naziformulierung – auf dem Prinzip von »Ehre, Treue und Fürsorge« und nicht auf dem »römischrechtlichen und volksfremden Begriff des Vertragsrechts«. Die Gestalt des »deutschrechtlichen Treueverhältnisses« gelte auch für die Beziehung von Lohnarbeit und Unternehmen: »Lohn und Arbeitspflicht seien gleichsam nur Konkretisierungen dieser Treuepflicht.« Im »Grundgesetz der Arbeit« vom 20. 1. 1934 hieß es:

Im Betrieb arbeiten der Unternehmer als Führer des Betriebes, die Angestellten und Arbeiter als Gefolgschaft gemeinsam zur Förderung der Betriebszwecke und zum gemeinen Nutzen von Volk und Staat« zusammen.

Diese »Betriebsgemeinschaftsideologie« lieferte die Arbeiter der Macht der Besitzer aus.[27]

Wie schon in den §§ 616–618 BGB ist der Betriebsführer zwar weiterhin durch Gesetz angewiesen, »für das Wohl der Gesellschaft zu sorgen«: während aber im BGB dieser Hinweis noch damit begründet worden war, daß jedes Arbeitsverhältnis von Lohnempfängern immer auch ein Macht- und Abhängigkeitsverhältnis ist, wurde die Fürsorgepflicht jetzt aus einer vagen »Gemeinschaftsideologie« abgeleitet, die die realen Abhängigkeiten verschleierte. Der Schutz der Arbeiter wurde dadurch in keiner Weise verbessert. Vielfach wurde die Gemeinschaftsideologie sogar erfolgreich dazu benutzt, den Arbeitern noch »die letzten Überreste jener Rechte zu rauben, die der rationale Charakter des individuellen Arbeitsvertrages ihnen garantiert hatte«.[28] Mit Hilfe der Gemeinschaftsideologie konnten nämlich unter anderem vertragliche Bindungen (z. B. die Begrenzung der Arbeitszeiten, der Nacht- und der Feiertagsarbeit) für bestimmte Zeit ausgesetzt und durch eine Verpflichtung zu »treuem Gehorsam« ausgeweitet werden.

Auch die »Freizeit« der Arbeiter und Angestellten wurde unter der Naziherrschaft keineswegs dem Belieben eines jeden überlassen. Ein Experte der DAF betonte nachdrücklich, daß »die Kraft für die Tagesarbeit zu gewinnen, das endgültige Ziel sei, dem das neue Werk (die NS-Gemeinschaft ›Kraft durch Freude‹) zustrebe.« Das von reaktionären Arbeitspsychologen und Soziologen geleitete »Deutsche Institut für technische Arbeitsschulung« wurde der DAF eingegliedert und hieß nun »Deutsches Institut für nationalsozialistische technische Arbeitsschulung«; 1936 gab es bereits 400 Lehrwerkstätten und 113 Werkszeitungen dieses Instituts mit einer Auflage von 1,5 Millionen. Zweck der Lehrwerkstätten war die Heranbildung folgsamer und gut einsetzbarer Arbeiter. Große Konzerne verfügten darüber hinaus über eigene Einrichtungen –

wie die »Studiengesellschaft für praktische Psychologie« der Firma Siemens, die gleichfalls der Steigerung der Leistung der Belegschaft dienten. In einer Siemens-Publikation aus dem Jahre 1938 heißt es:

Wohl gibt es eine zeitliche Trennung ... zwischen der Arbeit und der Freizeit. Oft wird von tatfrohen Menschen auch die Freizeit zum Schaffen genutzt, zur privaten Arbeit ... im Garten ... und nicht zuletzt zur persönlichen Bildungsarbeit. Bei aller Anerkennung des Eifers und der Willensstärke, die oft dazu gehört ... muß doch mahnend darauf hingewiesen werden, daß wichtigster Zweck der Freizeit die Entspannung und Kräftesammlung sind ... Hier geht es nicht an, den Sinn des Daseins aus dem Schaffens- in irgendeinen anderen Bereich zu verlagern.[29]

Oberstes Erziehungsziel müsse daher die Erziehung zur Arbeit sein und schon den »ABC Schützen der Begriff der Pflicht nähergebracht werden.«

Eine derartige Apotheose der puritanischen Arbeitsmoral wirkt besonders fragwürdig in der Publikation eines großen Industriekonzerns.

Während die Freizeit – ganz ähnlich wie in der »klassischen« kapitalistischen Doktrin – allein im Hinblick auf die Regeneration der Arbeitskraft gerechtfertigt erscheint und daneben allein der Indoktrination mit der NS-Ideologie zur Verfügung steht, wird das Lohnsystem bewußt als »Mittel der Massenbeherrschung« eingesetzt. Prinzip ist dabei das klassische »divide et impera«, teile und herrsche. Herausstellung des »Leistungslohns«, Vergrößerung der Lohndifferenzen und Akkordarbeit sowie Prämienwesen dienen diesem Zweck. Nach Hitler war es »das eiserne Prinzip der nationalsozialistischen Führung ... keinerlei Erhöhung der Stundenlöhne zuzulassen, sondern das Einkommen einzig und allein durch eine Steigerung der Leistung zu vergrößern.«[30] Lehrlinge verloren den Status als Arbeiter und unterlagen einem »Erziehungsvertrag«, durch den ihnen z. B. das Recht auf Bezahlung von Überstunden genommen wurde. Die Vorschrift, daß der Unternehmer ihnen im Fall von Kurzarbeit das Erziehungsgeld nicht kürzen durfte, war nach Herstellung der Vollbeschäftigung durch die forcierte Aufrüstung ohne Bedeutung.

Die wirtschaftliche Benachteiligung der Arbeiter und Angestellten im Verhältnis zum Einkommen der Selbständigen läßt sich sogar an den offiziellen Statistiken deutlich ablesen. So stiegen die Einkünfte aus Löhnen und Gehältern von 1932 bis 1938 um 66,1% – wobei die Zahl der Erwerbspersonen in dieser Zeit erheblich zugenommen hatte, nämlich von 100 auf 155%, so daß die Verbesserung des Pro-Kopf-Einkommens nur geringfügig ausfiel. Während der gleichen Periode nahm das »übrige Einkommen um 146,4% zu«. Dieses Einkommen verteilte sich aber eher auf eine gegenüber 1932 kleinere Personenzahl, so daß es sich um eine ganz erhebliche Steigerung des Pro-Kopf-Einkommens handelte.

Wenn trotz dieser weitgehenden Einschränkungen der Freiheit, des Verlustes der unabhängigen Gewerkschaften, der Stagnation der Reallöhne (bzw. deren Senkung), der Beschlagnahme von Teilen der Freizeit für die NS-Indoktrination die Mehrzahl der Arbeiter und Angestellten das Regime hinnahm, so vor allem deshalb, weil die Nazis ihnen scheinbar sichere Arbeitsplätze verschafft hatten. Die Vergrößerung des Heeres und der anderen Streitkräfte – einschließlich des Arbeitsdienstes waren es 1936 bereits 750 000 Personen statt der genehmigten 100 000 von 1933 – sowie die Aufrüstung und der Bau der Reichsautobahnen hatte relativ rasch zu einem Abbau der Arbeitslosigkeit von 5,5 Millionen 1932 auf 1,17 Millionen 1936 geführt. Die Finanzierung dieser staatlichen Investitionen und Aufträge erfolgte in erster Linie durch eine Ausdehnung der Kreditaufnahme, die schließlich ein Niveau erreichte, das nach Kriegsende zum Staatsbankrott führen mußte.[31]

Die militärische Expansion und schließlich der Zweite Weltkrieg waren die »logische« Konsequenz des einmal eingeschlagenen Weges. »Hitler – das bedeutet den Krieg«, hatten die Linksparteien seit jeher gewarnt. Als er schließlich nur sechs Jahre nach der »Machtergreifung« da war, hätten nur noch entschlossene Widerstandskämpfer in Schlüsselpositionen den Weg in den Untergang aufhalten können. Daß der Versuch am 20. Juli 1944 zu spät unternommen wurde und scheiterte, nimmt den mutigen Frauen und Männern nichts von ihrem berechtigten Ruhm. Wichtiger noch ist aber, bleibende Erkenntnisse aus dem »Lehrstück« des »Dritten Reiches« und seinem demagogischen Pseudosozialismus zu ziehen. Programme, die einer Verschleierung der realen Gegensätze in der Bevölkerung dienen und die erlahmende Konjunktur durch Hochrüstung zu beleben suchen, müssen stets mit äußerstem Mißtrauen betrachtet und bekämpft werden. Die Beschwörung eines angeblich waffentechnisch überlegenen und angriffslüsternen Feindes diente auch den Nazis zur Rechtfertigung ihrer Rüstungspolitik. Feindbilder dienen ja stets in erster Linie der Festigung des »nationalen Zusammenhalts« und erscheinen daher konservativen und reaktionären Politikern nur zu oft als geeignetes »Bindemittel«. Die kritische Analyse dieses Aspekts der Naziideologie kann deshalb auch dazu beitragen, demagogische und populistische Verlautbarungen zeitgenössischer Politiker auf ihre Konsequenzen hin zu durchschauen.

Anmerkungen

1 »Die zunehmende Proletarisierung der heutigen Menschen und die zunehmende Formierung von Massen sind zwei Seiten eines und desselben Geschehens. Der Faschismus versucht, die neu entstandenen proletarischen Massen zu organisieren, ohne die Eigentumsverhältnisse, auf deren Beseitigung sie hindringen, anzutasten. Er sieht sein Heil darin, die Massen zu ihrem Ausdruck (beileibe nicht zu ihrem Recht) kommen zu lassen . . . Die Massen haben ein Recht zur Veränderung der Eigentumsverhältnisse; der Faschismus sucht ihnen einen Ausdruck in deren Konservierung zu geben. Der Faschismus läuft folgerecht auf eine Ästhetisierung des politischen Lebens hinaus«. BENJAMIN, Walter: *Gesammelte Schriften* Bd. 1, 2, 467. Zur Kritik der Benjaminschen Faschismustheorie siehe jetzt u. a.: LOIPERDINGER, Martin: *Rituale der Mobilmachung. Der Parteitagsfilm ›Triumph des Willens‹ von Leni Riefenstahl.* Opladen 1987.

2 Zit. nach: *Nationalsozialistische Bibliothek,* Heft 1. Das Programm der NSDAP und seine weltanschaulichen Grundgedanken von Gottfried FEDER, München 1933 ([1]1927), 20.

3 HITLER, Adolf: *Mein Kampf.* Bd. 1. München 1933 ([1]1925), 232.

4 Ebd. 229.

5 Ebd. 234.

6 *Nationalsozialistische Bibliothek.* Heft 1, 21.

7 Vgl. zu Gregor STRASSER vor allem die Erinnerungen von: KREBS, Albert: *Tendenzen und Gestalten der NSDAP.* Stuttgart 1959. Im Mai 1932 hatte Gregor STRASSER im Reichstag »von der großen antikapitalistischen Sehnsucht des Volkes« gesprochen. Etwas später führt er noch einmal das Folgende aus: »Der Aufstieg der nationalsozialistischen Bewegung ist der Protest des Volkes gegen einen Staat, der das Recht auf Arbeit und die Wiederherstellung natürlicher Prozesse verweigert . . . Interessant und wichtig in dieser Entwicklung ist die große antikapitalistische Sehnsucht – wie ich es beschreiben möchte –, die durch unser Volk geht – die heute schon 95% unseres Volkes bewußt oder unbewußt akzeptiert haben«. Zit. nach: RAUSHENBUSH, Stephen: Die Herausforderung der Demokratie, in: NOLTE, Ernst (Hrsg.), *Theorien über den Faschismus.* Köln 1967, 361.

8 STRASSER, Otto: *Aufbau des deutschen Sozialismus.* Prag 1936, Anhang 122. Vgl. dazu auch: KÜHNL, Reinhard, *Die Nationalsozialistische Linke 1925–1930.* Meisenheim 1966.

9 Zit. nach: *Adolf Hitler spricht. Ein Lexikon des Nationalsozialismus.* Leipzig 1934, 141.

10 Ebd. 142.
11 NEUMANN, Franz: *Behemoth. Struktur und Praxis des Nationalsozialismus 1933–1944*. Frankfurt 1977.
12 Ebd. 278.
13 Ebd. 280.
14 Ebd. 294.
15 Ebd. 296.
16 Ebd. 312 f.
17 Ebd. 313.
18 Ebd. 317.
19 Ebd. 323.
20 Ebd. 376.
21 Ebd. 379.
22 Ebd. 478.
23 Ebd. 481.
24 Ebd. 482.
25 Zit. nach einer Rede des ›Reichsorganisationsleiters‹ Dr. Robert LEY in der *Deutschen Allgemeinen Zeitung (DAZ)* vom 28. 4. 1938.
26 NEUMANN, *Behemoth*, 483 f.
27 Ebd. 485.
28 Ebd. 487.
29 Ebd. 498.
30 Ebd. 500.
31 Erbe, Rene: *Die nationalsozialistische Wirtschaftspolitik 1933–1939 im Lichte der modernen Theorie*. Zürich 1958, 46. Dort auch ausführliche Statistiken und Daten. Eine erste zusammenfassende Darstellung der Wirtschaftsentwicklung nach 1933 ist in dem antifaschistischen Querido Verlag 1936 erschienen: PRIESTER, Hans E.: *Das deutsche Wirtschaftswunder*. Amsterdam 1936. Der Terminus ›Wirtschaftswunder‹ war also schon vergeben, als er für das rasche Wirtschaftswachstum nach der Währungsreform und den massenhaften Kriegsschäden populär wurde.

RAINER EISFELD

Von Raumfahrtpionieren und Menschenschindern. Ein verdrängtes Kapitel der Technikentwicklung im Dritten Reich

1

»Unmenschliche Bedingungen in (einer) unmenschlichen Fabrik«, »barbarische Verhältnisse«, »erschreckender Eindruck« – diese Worte wählte Albert Speer in seinen 1969 veröffentlichten *Erinnerungen,* als er darauf zu sprechen kam, wie er am 10. Dezember 1943 als Rüstungsminister jene unterirdischen Anlagen des Mittelwerks besichtigt hatte, die vorgesehen waren für die Fertigung der V 2-Raketen durch Häftlinge des Konzentrationslagerkomplexes »Dora«.[1] Kurz vor Erscheinen seiner Autobiographie, am 30. Oktober 1968, hatte Speer als Zeuge in dem Prozeß gegen drei ehemalige SS-Angehörige vor dem Schwurgericht beim Landgericht Essen im selben Sinne ausgesagt. Hier wie dort fielen ihm die ungenügenden sanitären Bedingungen, die unzureichende Unterbringung ein, die er beide sogleich abzustellen versucht habe. Dagegen blieb er dabei, den Begriff »Sonderbehandlung« damals nicht gekannt, von der entsprechenden Exekutionspraxis der SS (sei es generell, sei es im KZ »Dora«) nichts gewußt zu haben. Gewissermaßen folgerichtig entsann er sich vor Gericht auch nicht, bei seinem Besuch im Mittelwerk die Erhängung eines Häftlings verhindert zu haben, wie der ehemalige Kapo des Lagerkrematoriums ein Dreivierteljahr vorher in seiner Aussage bekundet hatte.[2] Er »durfte sich« an seine »gute Tat nicht erinnern«, kommentierte Mathias Schmidt später in seiner kritischen Auseinandersetzung mit Speers Memoiren dessen »verbale Gratwanderung« – denn »damit hätte er eingestanden, doch direkt mit den Grausamkeiten des NS-Regimes konfrontiert worden zu sein.«[3]

Speers Auslassungen, Retuschen, Beschönigungen dienten, das hat Schmidt im einzelnen nachgewiesen, keinem geringen Ziel: Um fast jeden Preis bestrebt, als bedeutende Persönlichkeit der Zeitgeschichte dazustehen, schuf er zielstrebig seine eigene Legende. Weder mit der Weitgestecktheit des Ziels noch mit der Konsequenz der Methode steht er jedoch allein: Mit ihm teilten die Raketenkonstrukteure von Peenemünde, teilten die Walter Dornberger, Wernher von Braun, Arthur Rudolph und ihre Mitarbeiter den Ehrgeiz, in die Historie einzugehen als Fachleute von Rang, beschmutzt weder durch *konkrete* Kenntnis noch gar *konkrete* Mitschuld an den Verbrechen des Nationalsozialismus: Dornberger als Leiter der Abteilung für Raketenentwicklung im Herreswaffenamt bzw. Beauftragter zbV Heer für das A 4 (V 2)-Programm Peenemünde (später Vizepräsident der Bell Aircraft Corporation in Buffalo); von Braun als technischer Direktor (seit 1937) der Herresversuchsanstalt Peenemünde (später zunächst Leiter der Abteilung für Raketenentwicklung der U. S. Army, dann Direktor des George C. Marshall Space Flight Center der NASA); Rudolph als technischer Direktor des Versuchsserienwerks Peenemünde, ab 1943 als Betriebsdirektor des Mittelwerks (später Direktor des Entwicklungsprogramms der Saturn V-Mondrakete). »Die Ingenieure, Soldaten und Wissenschaftler der ehemaligen Herresversuchsanstalt Peenemünde, wo immer sie heute arbeiten mögen, brauchen sich ihrer damaligen Tätigkeit nicht zu schämen«[4] – je weiter das Ende des Dritten Reiches in die Ferne rückte, desto öfter, immer einprägsamer für die Öffentlichkeit, wurde dieses Motto in Abwandlungen wiederholt.

Zur Scham bestand, so wurde suggeriert, kein Anlaß: Hatte die »Arbeits- und Forschungsgemeinschaft« von Peenemünde doch »unsere Generation vor die Schwelle des Weltraumes geleitet«, ihr den »Weg zu den Sternen« geöffnet (Dornberger 1952); war doch »die Raumstation das Ziel« gewesen, nach dem man »gestrebt hatte und unverändert strebt(e)« (von Braun 1956); mußte doch schon aus finanziellen Gründen »die Entwicklung großer Flüssigkeitsraketen zwangsläufig zunächst den Weg über die Waffenentwicklung nehmen« (Dornberger 1963), um dann in »kummervollen Kriegsjahren ... der wissenschaftlichen Erforschung der Welt ein unerschöpfliches, faszinierendes Betätigungsfeld« zu erschließen (von Braun 1963).[5] Solche Apologie ließ die Einsicht nicht zu, daß allenfalls »ein gradueller Unterschied« bestand »zwischen einem Lehrer, der seine Schüler Blut- und Bodenromantik lehrte, einem Juristen, der Gesetze befolgte, anstatt Recht zu sprechen, und einem Ingenieur, der auch Rüstungsfragen nur unter dem Gesichtspunkt des technischen Fortschritts betrachtete.«[6]

Wurde die Grandiosität des Geleisteten nur mit genügendem Nachdruck herausgestellt – »Wir haben eine der ganz großen Aufgaben der Menschheit ... aufgegriffen und eine erste brauchbare Lösung gefunden« (Dornberger 1952)[7] –, so konnte kaum ausbleiben, daß auch die Beteiligten damit ins rechte Licht rückten.

Doch das war nur der erste Schritt. Noch konnte Schatten auf soviel Glanz fallen: Während des Kriegsverbrecherprozesses »Vereinigte Staaten gegen Kurt Andrae und andere«, der am 7. August bis zum 30. Dezember 1947 in Dachau stattfand, hatte schließlich die Anklage die unmenschlichen Umstände der Vernichtung durch Zwangsarbeit im Zusammenhang mit der Anlage der Untertage-Produktionsstätte und der anschließenden V-Waffen-Montage detailliert dargestellt.[8] Der zweite Schritt bestand deshalb auch hier im Retuschieren und Verschweigen. Wo immer Dornberger auf den »Fertigungsfluß des Mittelwerkes« zu sprechen kam, verstand er den Eindruck zu erwecken, es habe sich um eine völlig normale Produktionsanlage gehandelt. Ein Jahrzehnt später fand Dieter Huzel, technischer Assistent Wernher von Brauns in Peenemünde, sogar bewundernde Worte für die »grandiose«, »gigantische« Untertagefabrik, schilderte detailliert die Taktstraße und das Tunnelsystem; Konzentrationslager und Zwangsarbeit waren ihm dagegen kein Wort wert.[9] Stieß eine derart drastische Blickverengung bereits ab, so rückte mit der Veröffentlichung des ›Dokumentarberichts‹ von Klee/Merk: *Damals in Peenemünde* – dessen Verfasser, so Dornberger in seinem Vorwort, »endlich eine entscheidende Lücke in der Geschichte der Technik« schlossen – die Darstellung in die Nähe der Infamie. Barbarische Zustände wurden durch die Wortwahl kaschiert, die Urteilsperspektive des Lesers geschickt verschoben:[10]

Die Arbeitsbedingungen unter der Erde waren ungünstig. Himmler bekam vom Sommer 1944 an über seinen »Sonderbevollmächtigten« Dr. Kammer praktisch die gesamte V-Waffenproduktion in die Hand. Da Kammler sich nicht scheute, auch Kriegsgefangene und sogar Häftlinge zu beschäftigen, waren in den »Mittelwerken« Fälle von gegnerischer Propaganda und Sabotage nicht selten. Hier (womit auf eine danebenstehende Abbildung verwiesen wird) trägt ein Werkstück neben Hammer und Sichel, Sowjetstern und der Parole »Rot-Front« den Satz: »Wir werden siegen, dann Gnade Gott den Deutschen!«

Eine Aussage, die Anteilnahme verrät, findet man nur bei Wernher von Braun 1956: »Indem er die unglücklichen Konzentrationslagerhäftlinge erbarmungslos antrieb, verwandelte er ein stillgelegtes Treibstofflager südlich des Harzes in Deutschlands größte unterirdische Fabrik, das sogenannte Mittelwerk.«[11] Er – das war Hans Kammler, damals SS-Brigadeführer: An der säuberlichen Scheidung – hier Prüfstände in Peenemünde, dort Mittelwerk im Harz; hier Wissenschaftler und Ingenieure, dort Himmlers schwarzuniformierte Helfershelfer – durfte kein Zweifel bleiben.

Kritik von außen regte sich nur einmal: Der erfolgreiche Start der Saturn V zum Mond rückte die Gruppe um Wernher von Braun erneut ins Rampenlicht – und weckte bei einer Minderheit ungute Erinnerungen an die Fernwaffen des 2. Weltkrieges. Norman Mailer kam das »unausgesprochene Wort Nazi« in den Sinn, als er verfolgte, wie der nunmehrige Direktor des Marshall Space Flight Center in Huntsville (Alabama) einer amerikanischen Zuhörerschaft vorgestellt wurde; einen »Verbrecher« und »Mörder« nannte Günther Anders damals Wernher von Braun ohne Umschweife.[12] Indes: Das schneidende Urteil bezog sich auf die Verwüstung Londons, auf die Tötung oder Verwundung Tausender durch die V 2. Und konnten die »alten Peenemünder«, wie sie sich selbst gern titulierten, nicht beanspruchen, von *diesem* Vorwurf losgesprochen worden zu sein durch die alliierte, in Sonderheit amerikanische Praxis – die Anwerbung der ehemaligen Gegner, denen man unter dem Vorzeichen des Kalten Krieges ein neues Wirkungsfeld verschafft hatte?[13]

Aus ihrer Mitwirkung an der *Entwicklung* der Kriegswaffen des Dritten Reiches hatte die Gruppe um von Braun nie ein Hehl gemacht. Daß damit auch der *Einsatz* vorprogrammiert war, hatte sie – bei aller ablenkender Überhöhung des Schusses auf London zum »Schuß ins Weltall« – nicht wirklich geleugnet. Ihre Selbstfreisprechung galt der dazwischenliegenden Etappe: Die Verantwortung für die mörderischen Umstände der *Produktion* wurde ausschließlich der SS zugewiesen, diese wiederum personifiziert in dem »raubtierhaften« (Dornberger)[14] Hans Kammler. Einmal mehr rückte die scheinbare Allmacht vergleichsweise weniger, unerbittlich agierender SS-Schergen in die Nähe des Alibis für die vielen, ohne eigene Mitschuld Verstrickten.

Zu untersuchen bleibt, ob die damit suggerierte strikte Trennung in zwei Welten – hier die verbrecherische Schutzstaffel, dort das forschungsfixierte »Team« von Peenemünde – der Wirklichkeit entsprach. Dies schließt die Frage ein nach der Mitverantwortung von Technik und Wissenschaft für den Betrieb jenes »Sklavenstaates« (Speer) von Häftlingsunternehmungen,[15] in dessen Rahmen auch die V-Waffen-Fertigung fiel.

2

Ein dräuendes schwarzes V, das auf England herabstößt, während aus dem Süden der Insel rote Flammen züngeln und dichter Rauch aufsteigt: Das war das Bild, das die Goebbelssche Propaganda auf

Flugblättern von den Schlägen deutscher »Vergeltungs«- (V-) Waffen gegen Großbritannien verbreitete, um eine »scheinbare Qualitätsrüstung« mittels »offizielle(r) Ankündigung eines Waffenwunders« umzumünzen »in eine letzte große Demagogie«.[16] Am 3. Oktober 1942 hatte der Erstflug des bis heute unter der propagandistischen Bezeichnung V 2 bekannten Aggregats 4 (A 4) stattgefunden. Nachdem in der Folge Reichweiten bis 285 km erzielt worden waren, wurden auf Anordnung Speers und mit Genehmigung des »Führers« die technischen und bürokratischen Weichen gestellt für den Übergang von der Einzelmontage zur Serienfertigung.

Bei der Fertigungsplanung hieß das Anwendung des von Speer im Bereich der Rüstungsproduktion eingeführten Organisationsschemas der »industriellen Selbstverantwortung« mit seinen Ausschüssen (für Waffenarten) bzw. Ringen (für Zulieferungen): In der ersten Februarwoche 1943 fand die Gründungssitzung des Sonderausschusses A 4 statt, zu dessen Leiter Speer den Geschäftsführer der Norddeutschen Maschinenfabrik Duisburg, Gerhard Degenkolb, bestimmt hatte, der bereits den Hauptausschuß »Schienenfahrzeuge« leitete und dort »energisch«, »rücksichtslos«, mit »unerbittlicher Beharrlichkeit« den Ausstoß an Lokomotiven gesteigert hatte.[17] Der Sonderausschuß bestand aus 21 Arbeitsausschüssen, deren Zuständigkeiten von Rohmaterial- über Maschinen-, Treibstoff- und Arbeitskräftebeschaffung (»auch Russen und Ausländer«) bis zum Zusammenbau und zur Endabnahme durch von Braun reichten. Für die Produktion wurde gleichzeitig in Peenemünde mit dem Bau eines Versuchsserienwerks begonnen. Die Errichtung dieser Anlage oblag Arthur Rudolph, seit 1937 an der Raketenentwicklung bei der Heeresversuchsanstalt beteiligt und im Sonderausschuß A 4 stellvertretend zuständig zunächst für das Aufgabengebiet »Zusammenbau«, dann für den Bereich »Serie«. Mit der Leitung dieses im Juli 1943 eingerichteten Arbeitsausschusses wurde Albin Sawatzki, Produktionschef des Henschel-Konzerns für die »Tiger«-Panzerfertigung, beauftragt.[18]

Der englischen Luftaufklärung waren die Konstruktionen auf der Halbinsel Usedom nicht verborgen geblieben; auch lagen der britischen Regierung Berichte über deutsche Fernkampfwaffenversuche vor. In der Nacht vom 17. zum 18. August 1943 bombardierte die RAF Peenemünde. Bei dem Angriff wurde das Versuchsserienwerk teilweise zerstört.

Der Erfolg des Luftangriffs beschleunigte zwei Entwicklungen, deren Keim bereits zuvor gelegt worden war: die Schaffung unterirdischer Fertigungsstätten sowie die Ausweitung der Rolle, die die SS in der Rüstungswirtschaft spielte.

Auf die Untertageverlagerung insbesondere »einzigartiger« Teile der Rüstungsproduktion hatte Hitler angesichts der alliierten Bomberoffensive seit April 1943 gedrängt.[19] Im Juli war der Sonderausschuß A 4 auf ein bereits untertunneltes Gipsmassiv im Südharz gestoßen: den Kohnstein im Nordwesten Nordhausens zwischen Niedersachswerfen und Ellrich, in den die BASF mit dem Ziel des Anhydritabbaus zur Sprengstofferzeugung während des 1. Weltkrieges zwei Stollen getrieben hatte. Gemeinsam mit der IG Farben, zu der Bayer, BASF und Hoechst 1925 fusioniert hatten, war durch die Wirtschaftliche Forschungsgesellschaft (Wifo) – 1934 als Rüstungsfinanzierungsinstitut gegründet, zunächst Schacht, dann Göring unterstellt – die Kohnsteinuntertunnelung seit 1936 fortgeführt worden: Für die IG verbilligte sich damit die Anhydritgewinnung; die Wifo konnte die ihr zugewiesene Aufgabe lösen, eine Rohstoffreserve anzulegen. 1943 lagerten in 42 Hallen riesige Mengen nicht nur an Treib-, sondern auch an chemischen Kampfstoffen für einen eventuellen Giftgaseinsatz.[20]

Gefährdete der alliierte Luftkrieg zunehmend die Rüstungskapazität, so reduzierte der Aderlaß der deutschen Niederlagen an der Ostfront in wachsendem Maße das Arbeitskräftepotential. Sklavenarbeit – Zwangsverschleppung von Ausländern aus den besetzten Gebieten bis hin zu Massendeportationen, durch Speer nicht lediglich begünstigt, sondern aufs äußerste forciert – lautete seit 1942 die Devise, mit der die Machtapparate des Dritten Reiches dem Problem beizukommen suchten.[21] Sklavenarbeit – Ausbeutung der Konzentrationslagerhäftlinge – hieß auch das Entréebillet, mit dem die SS sich Zugang zur Rüstungswirtschaft in möglichst großem Stil, mindestens aber zu den Projekten »fortgeschrittenste(r) Rüstungstechnik«[22] zu verschaffen trachtete. Zweifelsohne ging die entsprechende Initiative, generell wie auch im Fall der V 2, von Himmler aus; ebenso unzweifelhaft suchte jedoch der Rüstungsminister (und im Gewirr der NS-Satrapien keineswegs nur er) die »riesige Arbeitsquelle« der Lager ebenso zu nutzen wie die terroristische Macht von SS und SD. Daß bereits anderthalb Monate vor dem RAF-Angriff auf Peenemünde eine Sitzung der Zentralen (Rohstoff-) Planung »betreffend Bunaerzeugung und Rüstungsprogramm R (neuartige Waffen)« in ein Unterstützungsersuchen an Himmler mündete,[23] kennzeichnet exakt die Gesamtentwicklung. Die Reihe gegenseitiger Arrangements zwischen Speer und Himmler mündete noch 1943 in eine (von Speer selbst später so benannte, obzwar stark relativierte) »Koalition«; seinerzeit als »eiserner Pakt« apostrophiert, blieb sie – darin wiederum typisch für das Regime – bei aller Verklammerung durch gemeinsame Interessen labil genug für immer neue, machtpolitisch bedingte Konflikte.[24]

In der Nacht zum 18. August 1943 waren die Bomben auf Usedom gefallen. Einen Tag später erlangte Himmler, bei der Gelegenheit von Hitler zum Reichsminister des Innern ernannt, dessen Zustimmung zu dem Vorschlag, durch »starke Einschaltung seiner Kräfte aus den Konzentrationslagern« drei Probleme gleichzeitig zu lösen: den raschen Bau einer Untertagefabrik, die baldestmögliche Inangriffnahme der V 2-Serienfertigung, schließlich noch strikteste Geheimhaltung des Gesamtprojekts. Am 21. August teilte Himmler Speer brieflich mit, er habe »die Aufgabe (dem Chef des SS-Wirtschafts-Verwaltungshauptamtes) SS-Obergruppenführer Pohl übertragen und unter ihm als verantwortlichen Leiter SS-Brigadeführer Dr. Kammler eingesetzt.«[25]

Damit war das Fundament gelegt für »die Sklaverei, die unerhörte Summe an Elend, Leid und Tod des Lagers Dora im Dienst der Herstellung von Fernwaffen, die Hitler nicht den Sieg gebracht, später aber die Eroberung des Weltraums ermöglicht haben, nachdem Russen und Amerikaner ohne eine Spur von Scham die Wissenschaftler des Reiches in ihre Dienste gestellt hatten.«[26] Wie Speer bei seiner eingangs erwähnten Besichtigung der Tunnelanlage des Kohnsteinmassivs feststellte, war die Art und Weise, in der Kammler seine Aufgabe anging, »barbarisch« – »skandalös *und zudem noch produktionshemmend.*«[27] Das »grausige Bild« hinderte Speer nicht, auf den Tag eine Woche danach ein Schreiben an Kammler zu richten, das er regelmäßig unterschlug, wann immer er später seine »Auseinandersetzungen mit der SS« betonte:[28]

Sehr geehrter Herr Kammler, der Leiter des Sonderausschusses A 4, Degenkolb, berichtet mir, daß Sie es fertiggebracht haben, die unterirdischen Anlagen in Nie.(-dersachswerfen) aus dem Rohzustand in einer fast unmöglich kurzen Zeit von 2 Monaten in eine Fabrik zu verwandeln, die ihresgleichen in Europa kein annäherndes Beispiel hat und darüber hinaus selbst für amerikanische Verhältnisse unübertroffen dasteht.

Ich nehme deshalb Veranlassung, Ihnen für diese wirklich einmalige Tat meine höchste Anerkennung auszusprechen, mit der Bitte, Herrn Degenkolb auch weiterhin in dieser schönen Form zu unterstützen.

Ich werde auch dem Reichsführer SS Himmler gelegentlich diese Ihnen gezollte Anerkennung mitteilen.

Heil Hitler!
gez. Ihr Speer

Die Beauftragung Kammlers mit der Anlage der Untertagefabrik bildete nur den Auftakt für seine weitere Karriere als Sonderbevollmächtigter des Reichsführers SS – bei Kriegsende zuständig für sämtliche Fernkampfwaffen, nachdem Himmler im Anschluß an den 20. Juli 1944 auch zum Befehlshaber des Ersatzheeres und Chef der Heeresrüstung ernannt worden war. Die Fixierung auf ihn bzw. die SS in Darstellungen über die Fertigungs- und Einsatzphase der V 2 wurde durch diese Blitzkarriere begünstigt – eine Fixierung, die teils unbewußt, teils willentlich geholfen hat, den Blick dafür zu verstellen, daß Kammlers Rolle bzw. die der SS sich beschränkte auf Bauaufträge, Häftlingszuweisung, Sicherheitsüberwachung, Produktionsvorgaben und Waffeneinsatzleitung.[29]

Die technische Durchführung des weiteren aus- und einsetzenden Umbaus der Kohnsteinuntertunnelung verblieb auch nach Zwischenschaltung des neu errichteten Mittelwerks bei den Firmen, die zuvor für die Wifo tätig geworden waren.[30] Die Heeresversuchsanstalt Peenemünde, aus Tarnungsgründen im Sommer 1943 umbenannt in Heimat-Artilleriepark (HAP) 11, blieb praktisch unberührt von der aufgewerteten Rolle der SS. Lediglich die Zurückdrängung des Heereswaffenamtes setzte sich fort: Am 1. Juni 1944 erfolgte die Umwandlung in eine reichseigene Firma, die Elektro-Mechanischen Werke (EW) Karlshagen, zu deren Generaldirektor Paul Storch (Siemens) ernannt wurde.[31] Die Neugründung »Mittelwerk« (MW) schließlich, juristisch als Tochterfirma des reichseigenen Rüstungskontors[32] mit der Aufgabe der V 2-Fertigung ins Leben gerufen, erwies sich in ihrer personellen Zusammensetzung als buchstäbliches Spiegelbild des Zweckbündnisses Speer-Himmler – das, soweit es die Seite des Rüstungsministeriums betraf, die »in Selbstverantwortung der betreffenden Industrie« arbeitenden Werke, d. h. kaufmännischen Firmenvertreter bzw. technischen Fertigungsspezialisten, einschloß:[33]

Durch Gesellschaftsvertrag vom 24. 9. 1943 wurde mit einem Grundkapital von 1 Mio. RM die Mittelwerk GmbH zur »Herstellung und Bearbeitung von Eisen- und Metallwaren sowie Geschäfte(n) ähnlicher Art« begründet. Als Geschäftsführer ins Handelsregister eingetragen wurden am 7. bzw. 21. Oktober der Borsig-Direktor Dr. Kurt Kettler, Berlin, sowie SS-Sturmbannführer Otto Foerschner, Weimar-Buchenwald; am 27. Dezember folgte Wehrwirtschaftsführer Direktor Otto Bersch, Wien, am 24. April 1944 DEMAG-Geschäftsführer Georg Rickhey, Falkensee. Um die Geschäftsführung zu beraten, wurde ein Beirat gebildet, dem außer Degenkolb als Vorsitzer, Dornberger und Kammler Speers Generalreferent für Wirtschaft und Finanzen, Karl Maria Hettlage, der Leiter sowie Wehrwirtschaftsführer Direktor Heinz Schmid-Loßberg, der Betriebsführer des Rüstungskontors, schließlich noch Degenkolbs späterer Nachfolger in der Leitung des Sonderausschusses A 4, Direktor Heinz Kunze, angehörten.[34]

Am 5. 2. 1944, nach Anlaufen der Serienproduktion, wurde Albin Sawatzki, wie erinnerlich im Sonderausschuß A 4 Leiter des Arbeitsausschusses »Serie«, mit den Befugnissen eines Technischen Direktors die Zuständigkeit für die Fertigungsplanung und -steuerung übertragen. Die Montage selbst unterstand Arthur Rudolph, der von Peenemünde zum Mittelwerk übergewechselt war und als einer von zwei Betriebsdirektoren fungierte.[35] Nach der Ernennung Rickheys zum Generaldirektor wurde mit Wirkung vom 1. 6. 1944 folgende Aufgabenverteilung festgelegt:[36]

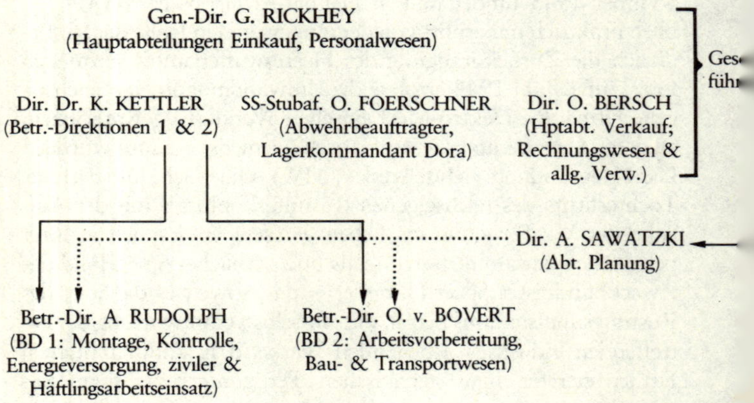

Zum 1. Januar 1945 schied BERSCH aus. KETTLER wurde Kaufmännischer, SAWATZKI als Technischer Direktor zugleich Mitglied der Geschäftsführung. Eine dritte Betriebsdirektion wurde unter BD WINKLER eingerichtet.

Fast gleichzeitig, in einem an Kammler, Degenkolb und Rickhey gerichteten Schreiben vom 12. 5. 1944, umriß Speer nochmals die bereits bestehende »Aufgabenverteilung A 4«:[37]

Gemäß Anordnung des Reichsführers-SS stellt das SS-Wirtschaftsverwaltungs-Hauptamt, Amtsgruppe D, dem Mittelwerk die für die Durchführung des Fertigungsprogrammes erforderlichen SS-Häftlinge als Arbeitskräfte zur Verfügung. Bewachung, Betreuung und Disziplinargewalt obliegt der SS. Der Arbeitseinsatz der Häftlinge erfolgt durch die Betriebsleitung des Mittelwerkes ... Die verantwortliche Leitung des Mittelwerkes liegt bei der Geschäftsführung, Weisung und letzte Entscheidung beim Vorsitzer der Geschäftsführung.

Die Arbeitsteilung bei der Fertigung der V 2, die diese Sätze charakterisieren, hat Speer später dahingehend interpretiert,[38] daß im Mittelwerk »die Techniker und Ingenieure der Rüstung unter Leitung der SS« tätig geworden seien.

Das Resultat war eine andere Effektivität ... Gerade durch diese Teilverantwortung der Fachleute aus der Industrie stach (das) Produktionsresultat von den ständigen Mißerfolgen der SS in den von ihr auch technisch geführten Konzentrationslagern ab.

Teilverantwortung: Der Begriff, freilich in einem anderen Sinne aufgefaßt, als Speer ihn gebraucht, nennt einen Tatbestand beim Namen, den die Raketenkonstrukteure von Peenemünde in ihren Selbstdarstellungen zu verdrängen trachten.

3

Ich habe erblickt, ich habe erlebt und ich habe durchlebt, was sich vor der Welt als Nazikultur ausgab:

Ich habe erlebt, daß man Menschen zusammenpferchte wie Vieh und sie antrieb wie eine Herde, die man zum Schlachthof führt.

Ich habe erlebt, wie man mit Schlägen in Waggons, die für 40 Personen bestimmt waren, 123 Menschen jeder Verfassung, jeden Alters stopfte, nackt, ohne Wasser, ohne Luft. 18 Stunden später lebten noch 60 ...

Ich habe erlebt, wie unter Knüppelhieben das Blut lief.

Ich habe erlebt, wie Unglückliche bei bloßem Oberkörper, bloßen Füßen mit Kolbenstößen vorwärtsgetrieben wurden.

Ich habe erlebt, wie brutal geschlagen wurde, wer sich waschen wollte.

Ich habe erlebt, wie zu Tode geprügelt wurde ...

Ich habe erlebt, wie Skelette unter Schlägen schufteten, umfielen und starben.

Ich habe erlebt, wie Menschen monatelang vegetierten, ohne den Tunnel verlassen zu dürfen, in verbrauchter Luft, die verpestet war vom Leichengeruch, von den Abortkübeln, vom Staub.

Ich habe erlebt, wie Schemen übereinander stolperten in dem dichten Gesteinsstaub, den die Sprengungen aufwirbelten und die Preßluftbohrer ...
Ich habe erlebt, wie neun Körper aufgereiht nebeneinander hingen, an denen unter Androhung von Schlägen alle im Tunnel vorbeidefilieren mußten.
Ich habe erlebt, wie straff angezogene Holzknebel ein letztes »Lebewohl« verhinderten.
Ich habe erlebt, wie Todgeweihte in Gruppen von fünfzehn zum Galgen geführt wurden, wie die letzten beim Tode der ersten halfen ...
Ich habe Gesichter erlebt ohne Fleisch und Augen ohne Licht.
Ich habe verstörte Augen erblickt, die zu begreifen suchten.
Ich habe wilde Augen erblickt voller Haß ...[39]

Mit dem Transport von 107 Häftlingen aus dem KZ Buchenwald nach Niedersachswerfen begann am 28. August 1943 die Existenz des Außenkommandos »Dora«, das ein Jahr später, mit Wirkung vom 1. Oktober 1944, auf Anweisung des SS-WVHA in ein selbständiges Konzentrationslager unter der Bezeichnung »Mittelbau« umgewandelt wurde. Bis zur Montage der ersten drei V 2-Aggregate Ende des Jahres war die Häftlingszahl rasch auf nahezu 11 000 gewachsen. Die Anzahl der monatlich registrierten Toten übertraf im November die Stärke des ersten Transports bereits um zwei Drittel, schnellte im folgenden Monat auf über 600 hoch und stieg im März 1944 auf fast 750. Zwischen 2 700 und 2 900 Lagerinsassen verloren bis Ende März ihr Leben; ein knappes Drittel davon war noch nicht 30, ein weiteres knappes Drittel noch keine 40 Jahre alt. Soweit überhaupt festgehalten, überwogen als Todesursachen – und daran sollte sich bis zum Ende des Lagerkomplexes »Dora« nichts ändern – Tuberkulose, Lungenentzündung, Diarrhoe sowie Zusammenbruch wegen totaler Erschöpfung. Zu zwei Dritteln – auch das sollte sich nicht verändern – waren die Toten ihrer Nationalität nach entweder Russen, Franzosen oder Polen.[40]

»Menschenmordend«: Diese Charakterisierung wenigstens der Periode des Werksaufbaus kann selbst Bornemanns Darstellung nicht umgehen, die ansonsten lieber das »gewaltige Projekt«, das »Rüstungswunder allerersten Ranges«, »der Welt größte unterirdische Fabrik« bewundernd hervorhebt und sich nicht zu schade ist, von dem »quirlende(n) Leben tief im Berg« zu sprechen.[41] Den Charakter dieses »Lebens« für die Tausende von Häftlingen, die bis März 1944 in Querstollen des Kohnsteins ohne Ventilationsanlagen, 800 m von den Tunneleingängen entfernt, vegetieren mußten, verdeutlichen die Feststellungen der amerikanischen Revisionsinstanz im Anschluß an den Kriegsverbrecherprozeß in Dachau 1947:[42]

Tag und Nacht wurden weitere Hallen ausgesprengt. Gase und Gesteinsstaub wurden beständig aufgewirbelt, legten sich auf die Schlafstellen und wirkten verheerend auf Augen und Lungen der Häftlinge. Der Lärm der Detonationen beeinträchtigte ihre wenigen Schlafmöglichkeiten.

... Die Bettstellen waren aus Brettern gefugt und 4fach übereinander montiert, bei einem Abstand von nur 60 cm, der es den Häftlingen unmöglich machte, sich aufzusetzen. Als Unterlage dienten Strohsäcke, die infolge der unbeschreiblich schmutzigen und unhygienischen Verhältnisse in den Stollen, sowie der mangelnden Entlausungsmöglichkeiten binnen kurzem von Ungeziefer wimmelten.

... In den Stollen gab es weder Wasch- noch Trinkwasser. Bis zu vier Monaten lang lebten und arbeiteten die Häftlinge ohne irgendeine Wasch- oder Bademöglichkeit. Ein Teil urinierte aus Verzweiflung in die Hände, um sich den Kalkstaub wenigstens aus dem Gesicht zu waschen. Eine Wasserleitung lief durch den Tunnel, doch wer sich mit Leckwasser zu waschen versuchte, wurde von den SS-Wachen geschlagen. Die Abortanlagen bestanden aus halbierten Benzinfässern. Diese Latrineneimer waren nach Zahl und Beschaffenheit so unzureichend, daß man allerorten in den Stollen auf menschliche Exkremente stieß.

Der polnische Rechtsanwalt Wincenty Hein, der mit einem Transport von Buchenwald Ende November 1943 in »Dora« anlangte und dessen Aussage hier für viele stehen soll, hat bei seiner Vernehmung durch die War Crimes Branch der US-Armee 1945 beschrieben, wie der Ausbau der Untertageanlagen unter schwerster körperlicher Beanspruchung der Häftlinge erfolgte:[43] Sämtliche Fabrikeinrichtungen, einschließlich tonnenschwerer Maschinen, mußten nach Entladung der Waggons durch menschliche Muskelkraft in das Tunnelsystem geschafft und aufgestellt werden, unterstützt nur durch Stangen, Rollen und Leinen. Der Stollenvortrieb erfolgte mit Hilfe schwerer Preßluftbohrer; der Abtransport auch massiver Steinbrocken mußte mit Händen und Schaufeln bewältigt werden. Der kreislauf- und atmungsbelastenden Belüftungsverhältnisse ungeachtet, hatten die Häftlinge während der gesamten Schichtdauer unabhlässig »in Bewegung« zu bleiben. Ob während der Arbeit oder zu den Mahlzeiten, beim Wecken wie beim Antreten wurde aus Anlaß geringster »Ordnungs«verstöße geprügelt: »Das Schlagen durch SS-Männer, einen bedeutenden Teil der Blockältesten und der Kapos (bildete) die

Lebensgrundlage des Lagers.« De facto, so kann das zusammenfassende Urteil nur lauten, wurde »in dieser Zeit ›Vernichtung durch Arbeit‹ betrieben, obwohl die physische Vernichtung der Häftlinge in Dora nicht das Hauptziel der SS-Führung war.«[44]

Über das Ausmaß dieser Vernichtung täuschen die offiziellen Sterbeziffern hinweg. Die hohe Zahl kranker und erschöpfter Häftlinge wurde als »unproduktive« Belastung empfunden; sie gestaltete sich überdies zu einer Quelle der Verlegenheit für die Lagerleitung, weil sie gegen die »Wirtschaftlichkeits«vorschriften des SS-WVHA verstieß.[45] Um das Problem zu »lösen«, wurden um den 5. Januar, 8. Februar und 25. März 1944 drei Liquidierungstransporte mit je 1 000 Invaliden und Schwerkranken zusammengestellt. Die beiden ersten gingen nach Majdanek, der dritte nach Bergen-Belsen:[46]

Die körperliche Verfassung der selektierten Häftlinge war so bejammernswert, daß sie sich kaum beschreiben läßt. Vielen hatte man Arme und Beine ganz oder teilweise amputiert. Kleidung und Schuhe wurden ihnen abgenommen. Dafür erhielten sie alte Hosen oder Unterhosen; manche waren nackt. (SS-Hauptscharführer Georg König), der die Zusammenstellung eines Transports befehligte, ordnete an, in jeden Waggon 50 Häftlinge zu pferchen. Als das Verladekommando ihm zu sanft mit den Häftlingen umging, befahl er größere Schnelligkeit und zwang das Kommando, die Menschen wie Säcke in die Waggons zu werfen. Um diesen Transport auf die Zahl 1 000 zu bringen, wurden nackte Leichen, anscheinend aus dem Krematorium, sowie halbtote Kranke aus dem Häftlingsrevier dazugepackt. Danach wurden die Waggons mit Brettern vernagelt, ungeachtet der Schreie der Verladenen, die keine Luft bekamen. Die Häftlinge erhielten weder Verpflegung noch Wasser oder Decken.

Als einer der beiden Transporte, die für Majdanek bestimmt waren, sein Ziel erreichte, lebten noch 146 Menschen. Insgesamt verdoppelte sich dadurch die Totenziffer gegenüber der offiziellen Lagerstatistik während der Aufbauperiode des Mittelwerks.

4

Die anschließende Phase einer – trügerischen – relativen Besserung setzte ein mit der schrittweisen Verlegung der Häftlinge aus den Stollen in das mittlerweile errichtete eigentliche Baracken*lager* »Dora« auf der Südseite des Kohnsteinmassivs zwischen März und Mai 1944. Die Zahl der Häftlinge stieg bis Ende Oktober – dem

Zeitpunkt, als das Stammlager faktisch unabhängig wurde und zugleich zahlreiche Nebenlager angegliedert erhielt – nochmals um 4 000; die dokumentierte Todesrate sank ab April bis einschließlich Oktober auf einen Monatsdurchschnitt von rd. 140. Insgesamt starben während dieser sieben Monate weitere tausend Menschen.[47] Das war der Zeitraum, dessen täglich gemeldete Totenzahl Georg Rickhey als Angeklagter im Kriegsverbrecherprozeß »Vereinigte Staaten gegen Kurt Andrae und andere« 1947 mit der zynischen Äußerung kommentierte:[48]

Ich bin überzeugt: Selbst der Ankläger würde diese Meldung in seinem Stadtanzeiger, wenn er in einer Stadt mit 12 000 bzw. 14 500 Einwohnern leben würde, nicht als ungewöhnlich empfinden.

Die weitgehende Fertigstellung der Untertagefabrik, die Erfordernisse der serienmäßig einsetzenden V-Waffen-Montage, schließlich die Änderung der Unterbringung wirkten zusammen bei der merklichen Verbesserung der Existenzbedingungen der Häftlinge. Bezüglich des Mittelwerks selbst suchte Rickhey dem Gericht (erfolgreich, wie sein Freispruch bewies) zu suggerieren, diese seien während der Arbeit nicht anders behandelt worden als das zivile Personal, denn eine derartig hochsensible Fabrikation habe sich »weder durch ein Antreibersystem noch gar durch Schläge ... steigern« lassen, ein Umstand, der »auch den rücksichtslosesten Vorarbeiter dazu (gezwungen hätte), Rücksicht zu üben.«[49] So einleuchtend dieses Argument jedoch klingen mochte – es entsprach nicht der Wahrheit, denn, so Rickhey selbst in einer Sonder-Direktionsanweisung vom 22. 6. 1944:[50]

Seitens des Lagerarztes des Arbeitslagers Dora wurde wiederholt die Feststellung getroffen, daß Häftlinge, die in Büros oder im Betrieb des MW eingesetzt sind, von Gefolgschaftsmitgliedern wegen irgendwelcher Vergehen geschlagen oder sogar mit spitzen Instrumenten gestochen wurden, so daß sich die Häftlinge z. T. in ärztliche Behandlung begeben mußten. Derartige Eingriffe ... haben unter allen Umständen zu unterbleiben. Hat sich ein Häftling eines Verstoßes schuldig gemacht oder eine strafbare Handlung begangen, so ist der Vorfall ... schriftlich dem Lagerkommandanten SS-Sturmbannführer Förschner zur Kenntnis zu bringen. Eine Durchschrift dieser Meldung ist der Betriebsführung zu übersenden. Vom Lagerkommandanten wird dann das weitere gegen den Häftling unternommen.

Hatte Rickhey bei seiner Aussage in Dachau die Verhältnisse im Mittelwerk beschönigt, so besaß Bornemann fünfundzwanzig Jahre später die Stirn, auch das Lager »Dora« noch zu idyllisieren: Mit

»Blasmusikkapelle, Sportplatz, Bordell, Kantine und Kino« habe es »fast das Aussehen einer Ferienkolonie« gehabt.[51] Bornemann »vergaß« nicht nur den »Bunker« genannten Zellenbau, das Krematorium und den Galgen, die ganz unzureichenden Ernährungs-, Bekleidungs- und sanitären Bedingungen auch nach der Verlegung der Häftlinge in die Baracken.[52]

Er ließ noch mehr unerwähnt:

– die zunehmend systematischere Aufwertung der kriminellen (›Grünen‹) gegenüber den politischen (›Roten‹) Häftlingen bei der Funktionszuweisung durch die SS;
– die Vernehmungen im Bunker, bei denen »oft so heftig auf Häftlinge eingeprügelt wurde, daß sie blutbedeckt zusammenbrachen«;
– den Umstand, daß die SS-Chargen sich als Herren fühlten »über Leben und Tod der Häftlinge« und sich entsprechend verhielten;
– die anhaltenden Exekutionen auch während der Periode relativer Existenzbesserung (»Gehenkt: 8; erschossen 1; tot geschlagen 1« – April 1944; »gehenkt 4; erschossen 1« – Mai; »auf der Flucht erschossen 1; Exekution 3; elektr. Stromtod [im Zaun] 1« – Juli);
– die ständig »zur Schau gestellte Wertlosigkeit des Häftlingslebens«, die von der SS »systematisch organisiert(e)« psychische Belastung der Häftlinge – zusammenfassend formuliert:
– jene »Atmosphäre der Angst und des Grauens«, die daraus entstand, daß es »nichts (gab), womit der Häftling fest rechnen konnte«, daß er »keine Hilfe und keine Möglichkeit zur Verteidigung besaß.«[53]

5

Grauen und Terror sollten sich während der Schlußphase des Lagers nochmals in einem Maße steigern, das sich für die Häftlinge nicht vorhersehen ließ, als durch Umwandlung des Lagers »Dora« sowie Angliederung zahlreicher Nebenlager (Ellrich, Harzungen, Rottleberode, Niedersachswerfen, Blankenburg, Osterode) und SS-Baubrigaden (besonders Wieda und wiederum Ellrich) mit Wirkung vom 28. 10. 1944 der Konzentrationslagerkomplex »Mittelbau« entstand und die Gesamthäftlingszahl damit auf 32 500 hochschnellte.

Die Stückzahl montierter V 2-Waffen war gegenüber knapp

300 im August während der Monate September und Oktober mehr als verdoppelt worden, eine Ziffer, die auch im November und Dezember nicht wieder unterschritten wurde. Das »Produktionsinteresse« von Mittelwerk und SS sorgte einerseits dafür, daß die dokumentierte Totenzahl im Stammlager anfangs weiter sank – auf 48 im November, 64 im Dezember 1944. Andererseits bewirkte dasselbe Interesse, zusammen mit der Verschlechterung der Kriegslage und der waggonweisen Rücksendung defekter Raketen von der Front ins Mittelwerk, eine brutale Verschärfung der Abschreckungsmaßnahmen zur Verhinderung von Sabotage. Im Stammlager hatten sich russische, französische und deutsche Widerstandsgruppen gebildet; SS und SD war ihrerseits der Aufbau eines Spitzelsystems aus kriminellen Häftlingen gelungen. Im Oktober und November setzten Massenverhaftungen ein. Insbesondere sowjetische Lagerinsassen wurden im »Bunker« bei »verschärften« Vernehmungen unmenschlich gefoltert, 21 Häftlinge bereits im November/Dezember »sonderbehandelt« – hingerichtet. Für die Nebenlager und Baubrigaden hatte überdies die »durch die Produktion bedingte Modifizierung des Terrors« (Dieckmann) nie gegolten; von entsprechender Grausamkeit, analog zur Aufbauphase des Mittelwerks, waren die Arbeitsbedingungen wie der Charakter der Ausschreitungen durch SS und »grüne« Kapos geblieben. Auf das Gesamtlager bezogen, stieg die Sterblichkeit denn auch bereits im Dezember gegenüber dem Vormonat aufs Doppelte; gegenüber der des Stammlagers betrug sie das nahezu Neunfache.[54]

Am 12. Januar 1945 begann die sowjetische Generaloffensive, die die deutsche Ostfront zerschlug. Zwischen dem 17. und 20. Januar wurden Auschwitz und Monowitz (die Betriebe der I. G. Auschwitz) geräumt; Stutthof, Kulmhof, Majdanek waren vorausgegangen, Groß-Rosen folgte. Riesige Häftlings- und Zwangsarbeiterströme schleppten sich, zu Fuß vorwärtsgetrieben, oder rollten, mit Waggons verschubt, ins Reichsinnere und wurden dort in die KZs gepfercht. Im Januar trafen über 3 000 Häftlinge aus Auschwitz und Monowitz in »Dora-Mittelbau« ein (davon 246 bereits als Tote), im Februar folgten mehr als 13 000 aus Auschwitz und Groß-Rosen, im Februar noch einmal 1 800 aus dem letztgenannten Lager. Obwohl im Februar über 4 700 und im März über 2 500 Häftlinge aus »Mittelbau« nach Sachsenhausen, Bergen-Belsen und anderen Lagern geschafft wurden, hatte die Lagerstärke am 31. März 1945 auf über 40 000, die Belegung des Stammlagers auf fast 16 000 Insassen zugenommen.[55]

Die hoffnungslose Überfüllung des Lagerkomplexes sorgte dafür, daß Unterbringungs-, Ernährungs- und sanitäre Verhältnisse erneut denen der Anfangsphase glichen. In den beiden Monaten Februar und März starben zusammen rd. 5 000 Häftlinge. Die Verstorbenenmeldungen des Häftlingskrankenbaus lesen sich wie ein einziger endloser Kommentar zu dem Tatbestand »Vernichtung durch Arbeit und Unterernährung« – Herz- und Kreislaufversagen infolge allgemeiner Körperschwäche, Tuberkulose, fiebriger Darmkrankheiten, Lungenentzündung, die die Opfer buchstäblich in Abständen von Minuten dahinrafften. Das Krematorium reichte nicht mehr aus; die Leichen wurden zusammen mit Holzscheiten zu riesigen Würfeln gestapelt, mit Benzin übergossen und in Brand gesteckt. »Der Feuerschein der brennenden Leichenpyramiden in Dora und einigen Nebenlagern (konnte) von den Zivilisten [des Mittelwerks] gesehen« werden.[56]

Unter den Lagerinsassen wuchs die Verzweiflung, bei der SS-Bewachung die Brutalität. Am 2. März wurden erneut 17 russische Häftlinge gehenkt. Als eine weitere Häftlingsgruppe am 9. März einen Ausbruchsversuch aus dem »Bunker« unternahm, wurden 11 noch am selben Tag exekutiert; zur »Vergeltung« erfolgten am nächsten Tag sowie am 20./21. März zwei Massenhinrichtungen – die erste auf dem Appellplatz des Lagers, die zweite in der Untertageanlage des Mittelwerks. Zuvor wurden die skelettartig abgemagerten, von den erlittenen Mißhandlungen gezeichneten Häftlinge jeweils geknebelt, indem man ihnen kantige Holzstücke quer in den Mund preßte und mit Draht im Nacken zusammenzog. Auch die sonstigen Umstände beider Massenexekutionen, die insgesamt 118 sowjetische Häftlinge das Leben kosteten – 12 weitere wurden am 19. bzw. 22. 3. gehenkt –, waren von barbarischer Grausamkeit.[57]

Am 10. März mußten die 58 Häftlinge

> jeweils in Gruppen zu etwa 12 bis 15 Mann auf die unter den [Einzel-] Galgen stehenden Schemel steigen oder sich auf das unter den großen [Tor-] Galgen befindliche Brett stellen ... Die Häftlinge fielen etwa einen halben bis einen Meter nach unten. Wegen der niedrigen Fallhöhe wurden die Opfer langsam stranguliert ... Einige waren noch nicht tot und bewegten sich. Der [Lagerhenker, der Berufsverbrecher Josef] Kilian schlug auf einige der noch Lebenden mit einem Schemel ein und zertrümmerte ihnen den Schädel.

Die zweite Massenerhängung, die mit Hilfe auf Schienen montierter Laufkräne in einem der beiden Hauptstollen des Untertagewerks erfolgte, hat Kilian selbst beschrieben:[58]

Es sind je 30 Häftlinge in zwei Partien erhängt worden ... Mit herbeigeschafften Ketten habe ich die beiden Enden [eines eisernen] T-Trägers an den Zügen der Laufkräne befestigt. Anschließend habe ich 30 Stricke in gleichmäßigen Abständen um den Eisenträger geschlungen ... [Die Häftlinge] mußten in zwei Reihen Rücken an Rücken Aufstellung nehmen. Dann habe ich den Eisenträger in Schulterhöhe heruntergelassen und die Schlingen umgelegt ... [Auf Knopfdruck ging der elektrisch gesteuerte Laufkran in die Höhe] ... Auf diese Weise sind die 30 Häftlinge stranguliert worden ... Auf Befehl der SS mußten die Zuschauer in Sechser- oder Achterreihen an den Erhängten ... vorbeimarschieren ... Ich weiß mit Bestimmtheit, daß SS-Leute ... auf diejenigen einschlugen, die den Kopf abwandten.

Den Häftlingen war die Anwesenheit bei der Exekution befohlen worden. Ein Teil des zivilen Mittelwerk-Personals fand sich jedoch aus freien Stücken ein, wie Arthur Rudolph zugab, als er – bereits in den USA – zu diesem Punkt vernommen wurde:[59]

FRAGE: Wurden Sie ebenfalls in den Tunnel befohlen?
ANTWORT: Die Anwesenheit von Zivilpersonen wurde nicht angeordnet, aber einige nahmen teil. Ich war nicht die ganze Zeit anwesend ...
FRAGE: Waren (die Häftlinge tot), als Sie eintrafen? Haben sie sich bewegt?
ANTWORT: Ich weiß es nicht – ich weiß nur, daß einer nach meinem Eintreffen noch mit den Knien zuckte ...
FRAGE: War Dr. Rickhey unter den Anwesenden?
ANTWORT: Ich weiß es nicht.

Kilian sagte während des Dachauer Kriegsverbrecherprozesses aus, Rickhey sei mit zahlreichen anderen Zivilpersonen ebenfalls zugegen gewesen, was Rickhey bestritt.[60] Wie auch immer – Tatsache bleibt, daß eine beträchtliche Gruppe technischer und kaufmännischer Spezialisten eine abstoßend grausame Hinrichtung freiwillig und in Gegenwart von Häftlingen verfolgte, die zum Teil nur durch Mißhandlungen dazu gebracht werden konnten, den Blick nicht abzuwenden.

Eine Woche später traf die Anweisung ein, den näherrückenden alliierten Truppen dürfe kein Häftling lebend in die Hände fallen. Die Insassen aller Außenlager seien in »Dora-Mittelbau« zu konzentrieren, anschließend entweder in den Stollenanlagen zu vergasen oder auf dem Appellplatz zu erschießen. »Wenige Tage nach Erhalt dieses Befehls wurde der Zementfußboden im großen Stollen der ganzen Breite nach aufgehackt und Vorbereitungen getroffen, eine Mauer zu errichten. Also trug man sich mit dem

Gedanken, die Häftlinge im Stollen umzubringen.«[61] Nachdem ein Teil der Wachmannschaft sich abgesetzt hatte, verhinderten Konflikte unter den verbliebenen SS-Chargen die Ausführung des Befehls. Zur Verstärkung der SS wurde ein bewaffnetes Kommando aus Berufsverbrechern (»Grünen«) gebildet und vom 4. – 7. April 1945 die Evakuierung des Lagerkomplexes durchgeführt.

In Form von Transporten, die jeweils Tausende von Häftlingen umfaßten, spielte diese Evakuierung sich unter infernalischen Bedingungen ab:[62]

Wir fuhren in Sonderzügen drei Tage lang in der Gegend herum, ohne ein Ausfahrtgleis zu finden, da viele Strecken durch Tiefflieger inzwischen zerstört waren. In den Viehwaggons, in die wir bis zu 150 Mann hineingepreßt waren, spielten sich furchtbare Szenen ab. Die Häftlinge durften nicht austreten, um ihre Notdurft zu verrichten. Viele erstickten in der qualvollen Enge. Dabei hatten die Häftlinge seit vielen Tagen nicht die geringste Nahrung mehr bekommen. In den Russenwaggons fielen die Häftlinge über ihre sterbenden Kameraden her und schnitten sich Fleischstücke heraus, die sie roh verzehrten. Schließlich mußte der Transport zu Fuß fortgesetzt werden ... Wer aus Müdigkeit zurückblieb, wurde von der SS abgeschossen. Die SS hatte zahlreiche kriminelle Häftlinge bewaffnet, ... die sich eine Lust daraus machten, politische Häftlinge abzuknallen.

Hauptziel der Evakuierungsmärsche war das bereits hoffnungslos überfüllte Lager Bergen-Belsen, für das es »einer wortgewaltigeren Sprache als der unseren bedürfte, um mit Strichen aus Feuer und aus Blut die Schrecken einer solchen Leichengrube zu beschreiben.«[63] Seit Februar hatte in Bergen-Belsen als Folge planmäßiger Unterernährung und gewollter Seuchen – insbesondere Typhus – ein Massensterben eingesetzt. Niemand kümmerte sich mehr um die Lagerinsassen. »Die Menschen verfaul(t)en und zersetz(t)en sich im Schmutz – die[64]

düsterste Sklaverei, die man sich vorstellen kann, hat bewirkt, daß das Leben im Lager nichts mehr mit einer menschlichen Auffassung vom Leben gemein hat. In Wirklichkeit handelt es sich darum, den teuflischen und sicheren Tod Tausender menschlicher Lebewesen herbeizuführen. Daran gibt es nicht *den geringsten Zweifel, nicht den geringsten Zweifel.*

Am 11. April erreichten die Reste des Evakuierungsmarsches aus dem Stammlager »Mittelbau« das KZ Bergen-Belsen. Am selben Tag trafen die überlebenden Insassen des Nebenlagers Rottleberode in der Kreisstadt Gardelegen, auf der Mitte zwischen Wolfsburg und Stendal, ein.[65] Am 14. April wurden auf Anordnung des NS-Kreisleiters von Gardelegen und des SS-Transportkommandanten über 1 000 Häftlinge abgesondert und in eine Feldscheune getrieben. In einem Massaker, dessen planmäßige Bestialität an die Vernichtung des französischen Dorfes Oradour-sur-Glâne durch die Waffen-SS erinnert, wurde die Scheune von SS-Männern und bewaffneten kriminellen Häftlingen, *durch Angehörige der Wehrmacht, des Volkssturms und des Reichsarbeitsdienstes* umstellt und in Brand gesetzt. Erst die Hälfte der später gezählten 1 016 Opfer war auf Anordnung des Kreisleiters verscharrt worden, als am Abend des 14. April die 102. amerikanische Infanteriedivision Gardelegen überrannte.

Mindestens 16 000 Menschen wurden zwischen September 1943 und April 1945, binnen eines Zeitraums von wenig mehr als eineinhalb Jahren, im Lagerkomplex »Dora« selbst, auf Liquidations- oder auf sogenannten Evakuierungstransporten vernichtet. Die V 2-Waffenmontage ging buchstäblich bis zum letzten Augenblick weiter.[66] Annähernd 6 000 Raketen produzierte die Häftlingsbelegschaft des Mittelwerks. »Erfolgreich« wurde knapp die Hälfte davon – hauptsächlich gegen London und Antwerpen – abgefeuert.

6

»Als die A-4 Fertigung in Gang gekommen war«, erklärte Wernher von Braun 1947 in seiner schriftlichen Aussage zum Nordhausen/Dora-Prozeß, »war ich noch etwa 15 bis 20 mal dort [i. e. im Mittelwerk], stets um irgendwelche *technischen* Fragen zu besprechen, die mit *technischen* Änderungen am A-4 zusammenhingen.«[67] Die angebliche Beschränkung dieser Unterredungen auf rein technische Aspekte der Waffenentwicklung und -fertigung, die von Braun derart betont hervorhob, entsprach nicht den Tatsachen. In dem erhalten gebliebenen Protokoll[68] einer Konferenz im Büro Rickheys am 6. Mai 1944, an der außer Rickhey selbst von Braun, Dornberger, Kettler, Bersch, Förschner, Sawatzki und Rudolph (sowie weitere Vertreter des Mittelwerks, des Sonderausschusses A 4, des Heereswaffenamtes und der Versuchsanstalt Peenemünde) teilnahmen, heißt es auf der ersten Seite:

Herr Direktor Sawatzki macht hierzu noch einige ergänzende Angaben. Die im April aufgetretenen Schwierigkeiten sind auf unzureichende Anlieferung von Turboaggregaten ... zurückzuführen ... Entscheidend für die Innehaltung des Programms ist ferner die Gestellung der noch erforderlichen Arbeitskräfte, wofür bei Gruppenführer Kammler noch 1 800 Häftlinge angefordert sind –

und auf Seite 6:

Im Mai sollen im MW 800 Rudermaschinen herausgebracht werden ... Maschinen und Arbeitskräfte müssen aus Saarbrücken und Frankreich aus Gründen der Luftgefahr schnellstens zum MW. Einsatz französischer Arbeiter im MW nur bei Einkleidung möglich.

Nur bei Einkleidung – das hieß im seinerzeitigen, unmißverständlichen Sprachgebrauch: unter der Bedingung, daß sie in Zebrakleidung gesteckt, folglich als Zwangsarbeiter ins KZ eingewiesen wurden. Das Dokument belegt freilich nicht nur, daß von Braun zugegen war, als in nüchternem Ton die Deportierung französischer Zivilisten erörtert wurde. *Es verdeutlicht auch, daß Mittelwerk und Konzentrationslager »Dora« eine Einheit bildeten:* Wo in einem Satz von Turboaggregaten oder Rudermaschinen die Rede war, da ging es im nächsten um Häftlinge bzw. Zwangsarbeiter. Im Fertigungskalkül, *ob der SS oder der Ingenieure,* tauchten die einen wie die anderen als bloße »Produktionsfaktoren« auf. In *diesem* Sinne mochte von Braun letzten Endes sogar recht haben, wenn er behauptete, es sei »stets um irgendwelche technischen Fragen« gegangen.

»Jeder wußte« im Mittelwerk, so Arthur Rudolph später,[69] daß die eingesetzten Häftlinge starben – an Krankheit, an Unterernährung, an Erschöpfung. »Ich wußte es ... Sawatzki wußte es ... Ich denke, Rickhey wußte es ... Jeder wußte es.« Als Albin Sawatzki am 14. April 1945 zum ersten und einzigen Mal vernommen wurde – laut Totenschein starb er am 1. Mai desselben Jahres in Warburg (Westfalen); die Ursache seines Todes ist unbekannt –, gab er einen kleinen Teil seines Wissens zu Protokoll:[70]

Diejenigen, die zu schwach waren, um weiterzuarbeiten, wurden zu anderen Lagern geschafft, z. B. Auschwitz, aber ich weiß nicht, was dort mit ihnen geschah ... Ich ging jeden Tag durch das Werk, um den Fortgang der Arbeit zu verfolgen. Dann und wann habe ich manchem Arbeiter einen Tritt versetzt ... Es ist mir nicht möglich, die Zahl derjenigen zu schätzen, die in meinem Lager umgebracht wurden, weil ich meist in meinem Büro zu tun hatte.

Kein Ereignis hätte den übrigen Direktoren und Ingenieuren des Mittelwerks gelegener kommen können als Sawatzkis Tod. Er erlaubte ihnen – erstens –, die Bedingungen zu beschönigen, unter denen die V 2 produziert worden war. Dazu noch einmal, wie schon im Abschnitt IV, die Aussage Georg Rickheys von 1947:[71]

Die Produktion (hing) von der Qualität und Erfahrung der Arbeiter ab ... Jeder Arbeiter (wurde) mit jedem Tag wertvoller ... Die eingeübten Arbeiter (waren) unersetzlich ... Ohne sie (wäre) eine stetige Produktion nicht möglich gewesen.

Dagegen Sawatzki unmittelbar nach seiner Festnahme 1945:[72]

Ich habe mich bei der Geschäftsführung häufig über die Massenhinrichtungen beschwert, weil die SS unsere Arbeiter oft gerade dann wegnahm, wenn sie gut eingearbeitet waren; diese Arbeitskräfte verschwanden und tauchten nicht wieder auf.

Vor allem aber bot Sawatzkis Tod – zweitens – den Rickhey, Rudolph und ihresgleichen eine ungeheuere persönliche Chance: den Toten zu belasten, ihre eigene Mitverantwortung herunterzuspielen. Rickhey, NSDAP-Mitgliedsnummer 664 050, war der Partei zum 1. Oktober 1931 beigetreten (im Personalfragebogen des Military Intelligence Service behauptete er 1946, er habe sich vor 1933 nicht politisch betätigt, und verlegte seinen Beitritt zur NSDAP in das Jahr 1935).[73] 1942 war er vom Hauptabschnittsleiter des Gaus Essen der NSDAP zum Oberbereichsleiter befördert worden; gleichzeitig fungierte er als Leiter des NS-Gauamtes für Technik. Im selben Jahr war er beruflich vom Prokuristen eines Essener Bergbau- und Zinkhüttenbetriebs zum DEMAG-Geschäftsführer avanciert. Dennoch war dem Versuch der Verteidigung Rickheys, ihren Mandanten im Nordhausen/Dora-Prozeß als kleines Licht zu präsentieren, voller Erfolg beschieden. Von Arthur Rudolph, Wernher von Braun, seinem Bruder Magnus – der ab Herbst 1944 als Fertigungsingenieur im Mittelwerk tätig gewesen war – und anderen wollten die Anwälte wissen:[74]

Stimmt es, daß Rickhey in Wirklichkeit soviel wie eine Nummer war und die wirkliche Autorität Sawatzki war?

»Ja«, lautete Rudolphs wortkarge Bestätigung. Wernher und Magnus von Brauns Antworten fielen ausführlicher aus. Übereinstimmend bekundeten sie, Rickhey habe unter den Angestellten des Mittelwerks als bloßer »Frühstücksdirektor« gegolten.

Zwar hate die weiter oben bereits angeführte Direktionsanweisung vom 5. 2. 1944 Sawatzki die »ausschließliche Anordnungsbefugnis in Bezug auf die Steuerung der Fertigung und der

Fertigungsvoraussetzungen« in den Hauptabteilungen Betrieb I, II und Nebenbetriebe (einschl. Kontrolle) der Betriebsdirektion 1 (Rudolph) sowie der Hauptabteilung Arbeitsvorbereitung der Betriebsdirektion 2 (v. Bovert) erteilt. Innerhalb des damit abgesteckten Rahmens existierten jedoch differenzierte Zuständigkeiten, wie schon die Aussage von Sawatzkis Sekretärin Hannelore Bannasch am 10. Dezember 1947 im Nordhausen/Dora-Prozeß dokumentierte:[75]

FRAGE: Können Sie dem Gericht Beispiele für Sabotagefälle nennen, die gemeldet wurden?
ANTWORT: Das kann ich nicht. Diese Meldungen wurden von der Betriebsdirektion bearbeitet, und erst wenn diese sie weiterleitete, erfuhr Sawatzki davon.
FRAGE: Sie sprechen jetzt von der Betriebsdirektion. Wen meinen Sie damit – welche Person?
ANTWORT: Direktor Rudolf [recte: Rudolph].
FRAGE: Ist Ihnen bekannt, was aus den Sabotagemeldungen anschließend wurde?
ANTWORT: Genau kann ich das nicht sagen. Soweit ich weiß, gingen sie weiter zum SD.

Bannaschs Bekundung wurde in dem Verfahren nicht aufgegriffen. Sie bedeutete – wie die Staatsanwaltschaft beim Landgericht Hamburg nach über zweijährigen Ermittlungen im März 1987 verlautbarte[76] –, daß Rudolph »im Vorfeld an der Auswahl von Häftlingen (beteiligt war), die der Sabotage verdächtigt und getötet wurden.«

Weder Rickhey noch Rudolph noch zahlreiche andere technische und kaufmännische Spezialisten hatten im Mittelwerk als bloße Galionsfiguren fungiert. In dem Bemühen, die Verantwortung seinerseits weiterzuschieben, hatte Albin Sawatzki dies bereits 1945 angedeutet:

Der Arbeitseinsatzingenieur war Kuhlmann, und die Betriebsdirektoren waren Winkler und Rudolf [recte: Rudolph]. Diese drei Männer waren für den Arbeitsablauf verantwortlich.

Wie das in Abschnitt II eingefügte Diagramm andeutet, kann der Zuständigkeitsbereich der zum 1. Januar 1945 unter Winkler eingerichteten Betriebsdirektion 3 anhand der fragmentarisch erhaltenen Unterlagen nicht mehr ermittelt werden. Kuhlmann hingegen zählte zusammen mit den Ingenieuren Broszat, Weckbrodt, Raschdorf und Stuhlfauth zum Personal der Abteilung »Betriebsarbeitseinsatz«.[77] Diese Abteilung wiederum unterstand der Betriebsdirektion 1 – Leitung: Arthur Rudolph.

Auch Rudolph gehörte bereits seit 1931 der NSDAP an (Mitgliedsnummer 562 007).[78] In einer Erklärung vom 16. Mai 1947 erläuterte er seinen frühen Beitritt wie folgt:

Infolge der Massenarbeitslosigkeit wuchsen sowohl die Nationalsozialistische wie die Kommunistische Partei. Ich hatte den Eindruck, daß letztere an die Regierung kommen würde.

Nach gründlicher Überlegung entschied ich mich, der Nationalsozialistischen Partei (einer legalen Organisation) beizutreten, *um zum Erhalt der westlichen Kultur beizutragen.*

In den unmittelbar folgenden Jahren erwies meine Entscheidung sich *vom geschäftlichen Standpunkt aus nicht als verfehlt.* Was geschah, schien mir *zumeist vernünftig.* Ende 1934 erhielt ich eine Anstellung ... [Rudolph war seit 1932 arbeitslos.]

Fünfunddreißig Jahre vergingen, bis die Konsequenzen beleuchtet wurden, die Rudolph – »100 % Nazi« nach dem Urteil der ersten amerikanischen Vernehmer 1945[79] – aus diesem Glaubensbekenntnis für seine Aufgabe im Mittelwerk gezogen hatte. Auf Initiative des amerikanischen Kongresses wurde 1979 beim Justizministerium in Washington ein Sonderbüro (Office of Special Investigations – OSI) mit der Aufgabe eingerichtet, nationalsozialistische Kriegsverbrecher, die nach dem 2. Weltkrieg Unterschlupf in den USA gefunden hatten, aufzuspüren und vor Gericht ihre Ausbürgerung zu erwirken.[80] Im Zuge der Durchsicht von Behördenakten, Archivdokumenten und sonstigem Material stieß OSI-Anwalt Eli M. Rosenbaum auf eine Buchpassage, in der Arthur Rudolph Klage über seine Beschwernisse am Silvesterabend 1943 geführt hatte:[81]

... es schneite, und ich saß mit einigen engen Mitarbeitern entspannt beisammen, um mich von der scheußlichen Belastung durch das Werk zu erholen. Plötzlich wurde ich abgerufen, um Probleme lösen zu helfen, die beim Verladen aufgetreten waren ... Es war eisig kalt, und ich verwünschte die Umstände, die mich zwangen, die Party zu verlassen ...

Am 13. Oktober 1982 betraten die OSI-Beamten ein Haus im kalifornischen San Jose, um Rudolph – dem vor seiner Pensionierung drei amerikanische Präsidenten die Hand gedrückt und die NASA für seine Verdienste um die erste Mondlandung ihre höchste Auszeichnung, die Distinguished Service Medal, verliehen hatten – zu vernehmen:[82]

FRAGE: Sie haben erwähnt, während der Frühphase, das heißt von September bis irgendwann im Dezember 1943, hätten Sie zusätzliche Häftlinge angefordert, und diese wären – wären beschafft worden. Stimmt es, daß sie aus Buchenwald beschafft wurden, weil Dora – das Lager Dora noch nicht errichtet war?

ANTWORT: Ja, also, ich bekam sie aus Dora und vermutlich aus Buchenwald oder irgendwo anders her ...

FRAGE: Zu BD-1 gehörte der Arbeitseinsatz Häftlinge für das gesamte Mittelwerk. Über den Einsatz dieser Zwangsarbeiter müssen Sie doch eine gewisse Kontrolle ausgeübt haben.

ANTWORT: Über den Einsatz, ja.

FRAGE: Das war so?

ANTWORT: Ja.

FRAGE: Sie konnten weitere Zwangsarbeiter anfordern?

ANTWORT: Ja.

FRAGE: Haben Sie sie angefordert?

ANTWORT: Ja, das habe ich ...

FRAGE: Die – die Häftlinge, die bei dem Projekt arbeiteten, ich vermute das jetzt nur, sagen Sie mir, wenn ich mich irre, aber die wurden nicht nach irgendwelchen technischen Fertigkeiten ausgesucht, oder Ihres Wissens doch?

ANTWORT: Nein, ich glaube nicht.

FRAGE: Soweit Sie wußten, handelte es sich einfach um irgendwelche Leute, die da waren?

ANTWORT: Einfach um irgendwelche Leute ...

(Auf Vorhalt)

ANTWORT: Ich erinnere mich nicht daran, daß mit scharfen Instrumenten gestochen worden wäre, oder an andere Mißhandlungen. Daran erinnere ich mich wahrhaftig nicht.

FRAGE: Das hätte nicht im Interesse der Produktionssteigerung gelegen, oder?

ANTWORT: Nein.

FRAGE: Und darum ging es Ihnen, die Produktion so weit wie möglich zu steigern?

ANTWORT: Ja, richtig.

Ein Jahr nach seiner Vernehmung wurde Rudolph die Absicht des OSI eröffnet, Anklage mit dem Ziel der Ausbürgerung und anschließenden Ausweisung gegen ihn zu erheben. Um dem Prozeß zuvorzukommen, gab er seine amerikanische Staatsbürgerschaft auf und kehrte im März 1984 in die Bundesrepublik zurück, wo er sich in Hamburg niederließ. Nachdem die Staatsanwaltschaft das bereits erwähnte Ermittlungsverfahren gegen ihn mangels Beweisen, die für einen – noch verfolgbaren – Mordvorwurf ausgereicht hätten, eingestellt hatte, wurde Rudolph im März 1987 wieder eingebürgert.

Der bedeutende, nicht selten mit Joyce verglichene amerikanische Schriftsteller Thomas Pynchon veröffentlichte 1973, zehn

Jahre nach seinem Erstlingswerk *V.*, einen Roman unter dem Titel *Gravity's Rainbow,* den die Kritik nicht nur übereinstimmend als brillant einstufte, sondern sogleich auch in »V 2« umtaufte – denn »ein V 2-Geschoß verbindet die beiden Enden einer ballistischen Parabel, eben *der Schwerkraft Regenbogen*, und um Paranoia, Zerstörung und die V 2 kreist Pynchons Erzählung«.[83] Eine Erzählung, wäre sogleich hinzuzufügen, von enzyklopädischer Anlage, die sich jeder knapp zusammenfassenden Wiedergabe entzieht. Die Rede sein soll hier lediglich von jener Szene, die den fiktiven Raketenkonstrukteur Franz Pökler konfrontiert mit der realen Welt des Lagers »Dora«, dessen Häftlinge seine V-Waffen gebaut haben:[84]

Am letzten Tag schritt Pökler am Südende aus den Hauptstollen ... Der Posten des Obersturmbannführers war verlassen, als er Dora betrat ... Er war nicht vorbereitet. Er wußte nicht Bescheid. Nicht mit Herzen und Sinnen, obwohl er theoretisch im Bilde war, das schon ...

Die Dünste von Scheiße, Tod, Schweiß, Krankheit, Moder, Pisse, der Brodem Doras legten sich auf ihn, während er hineinschlich und auf die nackten Leichen starrte, die nun, da Amerika so nahe war, hinausgeschleppt wurden, um vor dem Krematorium gestapelt zu werden – baumelnde Penisse der Männer, Zehe an Zehe weiß und rund wie Perlen ... Jedes Gesicht so ausgebildet, so einzigartig, die Lippen zurückgezogen im Grinsen des Todes, eine ganze stumme Zuhörerschaft, ertappt im Augenblick der Pointe des Witzes ... und die Lebenden, zu zehnt auf einen Strohsack gepackt, die Kranken wehklagend, hustend, Verlorene ... Dies war die Kehrseite der leeren Räume, der Labyrinthe, durch die er sich bewegt hatte. Während er lebte und Zeichen aufs Papier malte, hatte dieses unsichtbare Reich Gestalt angenommen, in der Finsternis draußen ... die ganze Zeit über ... Pökler übergab sich. Er weinte eine Weile. Die Wände schmolzen nicht – so wenig wie jemals irgendwelche Kerkerwände, nicht unter Tränen, nicht bei der Entdeckung, auf jeder Matratze, in jeder Zelle, daß dies Gesichter sind, die er doch kennt, die ihm teuer sind wie sein eigenes, bei denen er nicht zulassen kann, daß sie ins Schweigen zurücksinken ...

Der Techniker, der sich dem Grauen aussetzt, sich seiner Mitverantwortung stellt: ein Akt, der nichts rückgängig macht, weder die Verneinung des Lebensrechts der Häftlinge durch die SS noch die kalt-rationale Einkalkulierung des Menschen»materials« von »Dora« durch die Ingenieure des Mittelwerks. Und dennoch: eine Geste, die den Ansatz zur Versöhnung birgt. So, deutet Pynchon an, könnte Trauerarbeit beginnen –

Doch dies bleibt Fiktion. Die Realität sieht anders aus – wie die Vernehmung Arthur Rudolphs einmal mehr dokumentiert hat:[85]

FRAGE: Beim letztenmal haben wir kurz das KZ Buchenwald erwähnt. Waren Sie je dort?
ANTWORT: Nein.
FRAGE: Wann haben Sie erfahren, welche Zustände dort herrschten?
ANTWORT: In Buchenwald?
FRAGE: Ich meine damit, wann Sie zuerst gehört haben, daß es ein Schreckensort war. Gleich zu Anfang? Oder später?
ANTWORT: Ich weiß nichts über die Zustände in Buchenwald...
FRAGE: Im Mittelwerk trugen die Häftlinge, die bei der Fertigung mitwirkten, unterschiedliche Arten kleiner Markierungen, die auf die Kleidung aufgenäht wurden, zur Kennzeichnung, um welche Art Häftlinge es sich handelte, beispielsweise politische?
ANTWORT: Wahrscheinlich. Ich entsinne mich nicht, aber wahrscheinlich.
FRAGE: Sind Sie sicher, daß Sie sich nicht erinnern – zum Beispiel rot, ein rotes Dreieck?
ANTWORT: (Zeuge zuckt die Achseln)
FRAGE: Nicht sicher? Oder gelb – ein gelber Davidsstern?
ANTWORT: Nein.
FRAGE: Sie erinnern sich nicht daran?
ANTWORT: Nein, nein.

Anmerkungen

Entscheidende Anstöße verdankt die Darstellung den Arbeiten der amerikanischen Journalistin Linda Hunt (»U. S. Coverup of Nazi Scientists«, *Bulletin of the Atomic Scientists,* Jg. 41 [1985], Nr. 4, 16–23) sowie des BBC-Fernsehproduzenten Tom Bower (*Verschwörung Paperclip*. München: List 1988; Original: *The Paperclip Conspiracy*. London: Michael Joseph 1987). Für ihre Unterstützung bei der Beschaffung von Dokumenten in Washington, D. C., bzw. Suitland, Maryland, danke ich Kenneth Hager, Wilbert Mahoney, Timothy P. Mulligan und Edward J. Reese (National Archives, Military Archives Division, Military Reference bzw. Military Field Branch) sowie Eli M. Rosenbaum (Deputy Director, Office of Special Investigations, U. S. Department of Justice), für archivalische Hilfe im Bundesarchiv Koblenz Frau

Anette Wagner. Der Staatsanwaltschaft Essen gilt mein Dank für die Gewährung der Einsicht in die Akten des Strafverfahrens gegen Bischoff und andere (1968–70) vor dem Schwurgericht beim Landgericht Essen, Heiner Lichtenstein vom Westdeutschen Rundfunk (Köln) für die Überlassung seiner Unterlagen über Arthur Rudolph, meinem Osnabrücker Freund und Kollegen Wolfgang Karrer für den Hinweis auf Thomas Pynchon.

1 Vgl. SPEER, Albert: *Erinnerungen*. Berlin: Propyläen 1969, 380/81, 573 Anm. 17.
2 Vgl. *Hitlers Rüstungsminister Albert Speer als Zeuge vor dem Schwurgericht beim Landgericht Essen* (Dokumentation und Stenographisches Protokoll der Vernehmung vom 30. 10. 1968). Berlin (Ost): Humboldt-Universität, Sektion Rechtswissenschaft, Abt. Zeitgenössische Rechtsgeschichte o. J., 38 ff., 47 ff., 50, 92 Anm. 23.
3 SCHMIDT, Mathias: *Albert Speer – Das Ende eines Mythos*. Bern/München: Scherz 1982, 230.
4 KLEE, Ernst/MERK, Otto: *Damals in Peenemünde*. Oldenburg/Hamburg: Gerhard Stalling 1963, 112.
5 DORNBERGER, Walter: *V 2 – Der Schuß ins Weltall*. Esslingen: Bechtle 1952, 6; v. BRAUN, Wernher: »Reminiscences of German Rocketry«, *Journal of the British Interplanetary Society*, Vol. 15 (1956), 145; DORNBERGER, Walter: *Vorwort*. In: KLEE/MERK (Anm. 4), 7; v. Braun, Wernher: *Nachwort*. In: ebd., 117.
6 HORTLEDER, Gerd: *Das Gesellschaftsbild des Ingenieurs*. Frankfurt: Suhrkamp 1970, 138.
7 DORNBERGER (Anm. 5), 292/93.
8 Vgl. Prosecution Staff, Nordhausen War Crimes Case: *The Dora-Nordhausen War Crimes Trial*, o. O. 1947; Deputy Judge Advocate's Office (7708 War Crimes Group, European Command): *United States vs. Kurt Andrae et el., Case No. 000-50-37: Review and Recommendations*. o. O. 1948.
9 Vgl. DORNBERGER (Anm. 5), 234, 243, 259 ff.; HUZEL, Dieter K.: *Peenemünde to Canaveral*. Englewood Cliffs: Prentice-Hall 1962, 86.
10 KLEE/MERK (Anm. 4), 61.
11 v. BRAUN (Anm. 5), 141.
12 MAILER, Norman: *Of a Fire on the Moon*. New York: New American Library 1971, 71; ANDERS, Günther: *Der Blick vom Mond*. München: C. H. Beck 1970, 187, 189.
13 Vgl. dazu McGOVERN, James: *Spezialisten und Spione*. Gütersloh: Sigbert Mohn 1967 (Original: *Crossbow and Overcast*. New York: William Morrow 1964); LASBY, Clarence G.: *Project Paperclip*. New York: Atheneum 1971; kritisch erst in jüngster Zeit HUNT und BOWER.
14 Vgl. DORNBERGER (Anm. 5), 217.
15 Zu diesem Komplex vgl. insgesamt GEORG, Enno: *Die wirtschaftlichen Unternehmungen der SS*. Stuttgart: DVA 1963.

16 LUDWIG, Karl Heinz: *Technik und Ingenieure im Dritten Reich*. Düsseldorf: Droste 1974, 444, 449.

17 BORNEMANN, Manfred: *Geheimprojekt Mittelbau*. München: J. F. Lehmann 1971, 30.

18 Vgl. RUDOLPH, Arthur: *Aktennotiz Nr. T 2/43* (Besprechungen beim Sonderausschuß A 4), 9. 2. 1943; Kopie in: Staatsanwaltschaft beim Landgericht Essen, Strafsache 24 Js 549/61, Bd. LXXXII, S. 18785–18787. Vgl. ferner BORNEMANN (Anm. 17), 41/42.

19 Vgl. EICHHOLTZ, Dietrich: *Geschichte der deutschen Kriegswirtschaft 1939–1945*, Bd. II: *1941–1943*. Berlin (Ost): Akademie-Verlag 1985, 154.

20 Vgl. im einzelnen BORNEMANN (Anm. 17), 17 ff., 22 ff., 38; BRÄHNE, Walter: *Mittelwerk G. m. b. H. Hammersfeld. Die Entwicklung der V 2-Rakete in Deutschland*. o. O.: vervielfältigt o. J. (Leipzig 1945). – Brähne war 1943/44 in Peenemünde und Niedersachswerfen zunächst als technischer Zeichner, dann als Verfasser einer »Werkschronik« tätig. Die endgültige Ausarbeitung der Chronik erfolgte nach Kriegsende auf sowjetische Anforderung.

21 Vgl. dazu die detaillierten Darstellungen bei JANSSEN, Gregor: *Das Ministerium Speer*. Berlin: Ullstein [2]1969, 76–87, sowie bei HERBERT, Ulrich: *Fremdarbeiter. Politik und Praxis des ›Ausländer-Einsatzes‹ in der Kriegswirtschaft des Dritten Reiches*. Berlin/Bonn: J. W. Dietz Nachf. 1985, Kap. VI, VIII.

22 LUDWIG (Anm. 16), 485.

23 Schreiben Paul Körners, Staatssekretär Görings als Beauftragter für den Vierjahresplan, an Heinrich Himmler vom 2. 7. 1943, abgedruckt bei EICHHOLTZ, Dietrich/SCHUMANN, Wolfgang: *Anatomie des Krieges*. Berlin (Ost): VEB Deutscher Verlag der Wissenschaften 1969, 428. – Das sog. R-Programm umfaßte damals die Abwehrwaffen Jäger mit Raketenantrieb (später Me *163*) und Flak-Rakete C 2 »Wasserfall« sowie die Angriffswaffen Fernrakete A 4 und »Kirschkern« Fi 103 (später V 1). Vgl. Bundesarchiv, R 25/156: Reichsamt für Wirtschaftsausbau: »Zur Rohstoff-Sicherung des R-Programms« (29. 6. 1943).

24 Zur »Koalition Speer-Himmler« vgl. SPEER (Anm. 1), 324, zum »eisernen Pakt« JANSSEN (Anm. 21), 166, sowie ergänzend EICHHOLTZ (Anm. 19), 173/74, 177. Zur Inanspruchnahme des Arbeitskräftepotentials der Konzentrationslager durch weitere NS-Instanzen sowie zahlreiche Rüstungskonzerne vgl (statt vieler) JANSSEN, ebd., 101; EICHHOLTZ, ebd., 225/26.

25 Vgl. SPEER, Albert: *Der Sklavenstaat. Meine Auseinandersetzungen mit der SS*. Stuttgart: DVA 1981, 293. Hans Kammler, zuvor Baudirektor und Oberregierungsrat im Reichsluftfahrtministerium, war 1941 zur SS übergewechselt und bereits 1942 zum Chef der Amtsgruppe C (Bauwesen) des SS-WVHA aufgerückt, deren Aufgabengebiet zu diesem Zeitpunkt »Bauvorhaben der Allgemeinen SS, der SS-Verfügungstruppe, der Totenkopfverbände und der Konzentrationslager« umfaßte. Vgl. dazu und zu Kammlers rapidem Aufstieg 1944/45 GEORG (Anm. 15), 36 ff., sowie IRVING, David: *Die Geheimwaffen des Dritten Reiches*. Gütersloh: Sigbert Mohn 1965

(Original: *The Mare's Nest,* London: William Kimber 1964), 343 ff. – Als Generalleutnant der Waffen-SS und Kommandeur einer Armeedivision zbV ließ Kammler zwischen dem 20. und 25. April 1945 bei Warstein (Sauerland) 208 sowjetische Fremdarbeiter – darunter 77 Frauen und 2 Kinder – erschießen; vgl. HERBERT (Anm. 21), 340. Über sein Schicksal besteht keine restlose Klarheit. Er gilt als vermißt und ist wahrscheinlich bei den Kämpfen um Prag Anfang Mai 1945 umgekommen, möglicherweise durch Selbstmord.

26 MICHEL, Jean: *Dora.* Paris: J. C. Lattès 1975, 11. Michel (Häftlingsnummer 21. 138) langte am 13. Oktober 1943 mit einem Gefangenentransport in Dora an. Sein erster, fünf Schreibmaschinenseiten umfassender Bericht über das Lager stammt vom 29. Januar 1947 und lag im Dora-Nordhausen War Crimes Trial vor, bei dem Michel als Zeuge aussagte; Kopie in: Staatsanwaltschaft beim LG Essen, Strafsache 24 Js 549/61, Bd. XXIX, S. 7028–7033.

27 SPEER (wie Anm. 25), 299 (Hervorhebung nicht im Original).

28 Brief vom 17. 12. 1943 (BA Koblenz, Bestand Reichsministerium für Rüstung und Kriegsproduktion); Kopie in: Staatsanwaltschaft beim LG Essen, Strafsache 24 JS 549/61, Bd. LXXXII, 18801.

29 Diese Bereiche nannte Georg RICKHEY, ab 1. Juni 1944 Generaldirektor des Mittelwerks, auf S. 5/6 seiner schriftlichen Stellungnahme zur Anklage im Prozeß »United States vs. Kurt Andrae et al.« 1947. Vgl. National Archives, Microfilm Production M-1079, Roll 12 (Defense Exhibits).

30 Vgl. BORNEMANN (Anm. 17), 43, 45/46; BARTELT, Walter: *Zusammenwirken von Monopolen und SS bei der V-Waffen-Produktion* (Wiedergabe des Gutachtens: *Rolle und Bedeutung des Mittelwerkes einschließlich des Konzentrationslagers Dora-Mittelbau und die Funktion der SS bei der A 4-Produktion,* erstattet dem Schwurgericht beim LG Essen aus Anlaß des Strafverfahrens gegen Bischoff und andere), Buchenwald: Nationale Mahn- und Gedenkstätte 1976, 11.

31 Vgl. DORNBERGER (Anm. 5), 226/27; BORNEMANN (Anm. 17), 75.

32 Das Rüstungskontor, mit der Wifo vergleichbaren Aufgaben, war 1942 von Speer gegründet worden; vgl. dazu im einzelnen EICHHOLTZ (Anm. 19), 522. BARTELT (Anm. 30), 12, 67/68 Anm. 34, bezeichnet das Mittelwerk irrigerweise als Tochter der Wifo (die, wie erwähnt, Bauträger beim Ausbau der Fertigungseinrichtungen blieb). Vgl. dagegen die Beurkundung der Mittelwerk-Gründung in: Bundesarchiv, R 121/544, fol. 1.

33 So noch SS-Obergruppenführer und General der Waffen-SS Hans JÜTTNER, Stabschef Himmlers in dessen Eigenschaft als Befehlshaber des Ersatzheeres und Chef der Heeresrüstung, in seiner Weisung »betr. Abgrenzung der Arbeitsgebiete und Verantwortlichkeit auf dem Gebiet des A 4-Programms« vom 31. 12. 1944, 5; Kopie in: Staatsanwaltschaft beim LG Essen, Strafsache 24 Js 549/61, Bd. LXXXII, 18796–18800, hier 18800.

34 Vgl. Kopie des Handelsregisterauszugs in: National Archives (Anm. 29); ferner Bundesarchiv, R 121/544, fol. 86.

35 Vgl. BARTELT (Anm. 30), 18/19; BORNEMANN (Anm. 17), 45;

RUDOLPH, Arthur: *Erklärung*, 16. Mai 1947, in: National Archives, Record Group 330, Joint Intelligence Objectives Agency (JIOA), NND 85 10 44; ders.: *Aussage vom 13. Oktober 1982 (Protokoll)*, Washington D. C.: U. S. Department of Justice, Office of Special Investigations, 72 ff.

36 Mittelwerk G. m. b. H. Berlin: Direktionsanweisung vom 26. Mai 1944, in: Bundesarchiv, NS 4 Anh./vorl. 16; Aussage Wernher von BRAUN, in: National Archives (Anm. 29); Mittelwerk, Fernsprech-Verzeichnis (Stand: 1. 3. 1945), in: Staatsanwaltschaft beim LG Essen, Strafsache 24 JS 549/61, Sonderband 4, Hefter 4.

37 Bundesarchiv, R 121/349.

38 SPEER (Anm. 25), 307.

39 Auszüge aus: RENARD, Jean-Paul: J'ai vu, j'ai vu et j'ai vécu, in: Frère BIRIN des Ecoles Chretiennes (UNTEREINER, Alfred): *16 Mois de Bagne: Buchenwald – Dora*. Epernay: R. Dautelle 1947, 121–131. Bruder Birin (Häftlingsnummer 43 652) langte am 13. März 1944, von Buchenwald verlegt, in Dora an (Renard war dort einer seiner Mithäftlinge); Mitglied der französischen Widerstandsbewegung seit 1941, 1943 von der Gestapo verhaftet, wurde er 1945 in die Ehrenlegion aufgenommen.

40 Vgl. zu den Zahlenangaben *Dora-Nordhausen War Crimes Trial* (Anm. 8), 14/15; DIECKMANN, Götz: *Existenzbedingungen und Widerstand im Konzentrationslager Dora-Mittelbau unter dem Aspekt der funktionellen Einbeziehung der SS in das System der faschistischen Kriegswirtschaft*. Diss. Humboldt-Universität Berlin (Ost) 1968, 443 ff.; *Anklageschrift gegen Bischoff, Busta, Sander – Konzentrationslager Mittelbau/Dora* (Strafsache 24 JS 549/61). Köln 1966, 83, 98. – Die Angaben stimmen nicht immer genau, wohl aber in den jeweiligen Größenordnungen überein.

41 Vgl. BORNEMANN (Anm. 17), 11, 43, 66/67, 82.

42 Deputy Judge Advocate's Office (Anm. 8), 6/7.

43 HEIN, Wincenty: *Vernehmungsniederschrift* (11. August 1945), 9/10, 14/15. Übersetzung in: Zeugenheft HEIN, Staatsanwaltschaft beim LG Essen, Strafsache 24 Js 549/61, 38 ff., hier 46/47, 51/52.

44 DIECKMANN (Anm. 40), 195.

45 Vgl. HEIN (Anm. 43), 56/57.

46 Dazu und zu den folgenden Angaben vgl. Deputy Judge Advocate's Office (Anm. 8), 16/17.

47 Wie Anm. 40.

48 Wie Anm. 29. Der Satz findet sich auf S. 23 der schriftlichen Stellungnahme.

49 Ebd., 10.

50 In Faksimile wiedergegeben bei IRVING (Anm. 25), 228.

51 BORNEMANN (Anm. 17), 73.

52 Vgl. den zusammenfassenden Überblick in: *Anklageschrift ...* (Anm. 40), 96 ff.

53 Vgl. ebd., 110/111; Staatsanwaltschaft beim LG Essen, Strafsache 24 Js 549/61, Sonderband VIII, 125, 153, 158; DIECKMANN (Anm. 40), 217/18, 255, 258, 268.

54 Vgl. zu den V 2-Produktionsziffern ORDWAY III, Frederick I./

SHARPE, Mitchel R.: *The Rocket Team. From the V−2 to the Saturn Moon Rocket.* Cambridge (Mass.): MIT Press [2]1982, 406; im übrigen das Gutachten von HEIN, Wincenty: *Lebens- und Arbeitsbedingungen der Häftlinge im Konzentrationslager »Dora«-»Mittelbau« und ihre Folgen.* o. O., o. J., 64/65, Beilage zu: Zeugenheft HEIN (Anm. 43); Frère BIRIN (Anm. 39), 98 ff., 102 ff.; MICHEL (Anm. 26), Kap. XXIV ff.; DIECKMANN (Anm. 40), 266, 446 ff.; *Anklageschrift* (ebd.), 83, 99.

55 Vgl. DIECKMANN (ebd.), 449 ff.

56 Vgl. Staatsanwaltschaft beim LG Essen, Strafsache 24 Js 549/61, Sonderband XXVI, 144−156; DIECKMANN (ebd.), 266 ff. (das Zitat 268).

57 Vgl. Frère BIRIN (Anm. 39), 107; MICHEL (Ann. 26), 333/334; DIECKMANN (Ann. 40), 371/72; Staatsanwaltschaft ..., Sonderband XXVI, ebd.; zu der folgenden Darstellung *Anklageschrift* (Anm. 40), 159/160.

58 *Anklageschrift,* 169/170.

59 RUDOLPH, Arthur: *Vernehmungsprotokoll* (Fort Bliss, Texas, 2. 6. 1947), 21, National Archives, hier in: *Selected Public Domain Materials on the »Arbeitseinsatz Häftlinge« at Mittelwerk Factory.* Washington D. C.: U. S. Department of Justice, Office of Special Investigations o. J.

60 Vgl. Kreuzverhör Josef KILIAN, 5. 11. 1947, Protokoll in: Staatsanwaltschaft ..., Zeugenheft KILIAN, 21 ff.; Stellungnahme RICKHEY (Anm. 29), 26.

61 Schriftl. Aussage Dr. Alfred KURZKE (2. »Dora«-Lagerarzt), Dachau, 14. 5. 1947, 15, in: Staatsanwaltschaft ..., Zeugenheft KURZKE, 197/98. Vgl. auch Frère BIRIN (Anm. 39), 113/114. Zum folgenden vgl. schriftl. Aussage Alfred BERNHARD, Dachau, 17. 7. 1947, in: Staatsanwaltschaft ..., Zeugenheft BERNHARD, 23.

62 Schriftl. Aussage Josef ACKERMANN, München, 16. 4. 1947, 8, in: Staatsanwaltschaft ..., Zeugenheft ACKERMANN, 8. Ackermann, bis 1933 Journalist und Redakteur, war politischer Häftling in Buchenwald und Dora und nach 1945 Verwaltungsdirektor in München. Vgl. zu den Transportbedingungen im selben Sinne Frère BIRIN (Anm. 39), S. 110/111, zu den ›Evakuierungs‹-Märschen aus »Dora-Mittelbau« generell DIECKMANN (Anm. 40), 200, 451.

63 Frère BIRIN (ebd.), 112.

64 LEVY-HASS, Hanna: *Vielleicht war das alles erst der Anfang: Tagebuch aus dem KZ Bergen-Belsen 1944−45.* Berlin: Rotbuch 1979, 58/59. Vgl. auch KOLB, Eberhard: *Bergen-Belsen 1943−1945.* Göttingen: Vandenhoeck & Ruprecht [2]1986.

65 Zum folgenden vgl. *Dora-Nordhausen War Crimes Trial* (Anm. 8), 18/29. Die Broschüre enthält auf den anschließenden Seiten Aufnahmen der einrückenden US-Truppen von den Opfern der Metzelei.

66 Die letzte Rechnung des Mittelwerks für V 2-Waffen stammt vom 18. März 1945. Vgl. ORDWAY III/SHARPE (Anm. 54), 406.

67 V. BRAUN, Wernher: *Schriftliche Aussage.* Fort Bliss, Texas, 14. 10. 1947, S. 2 (Frage 11), in: vgl. Anm. 29.

68 Bundesarchiv, Militärarchiv Freiburg, RH 8/1977.

69 Aussage vom 13. Oktober 1982 (Anm. 35), 91.
70 SAWATZKI, Albin: Ausage vom 14. April 1945, in: *Selected Public Domain Materials* (Anm. 59).
71 Stellungnahme RICKHEY (Anm. 29), 29.
72 Wie Anm. 70.
73 Military Intelligence Service, Basic Personnel Record, 24. 7. 1946, in: National Archives, Record Group 330, Joint Intelligence Objectives Agency (JIOA), NND 84 10 18; Berlin Document Center (zum folgenden).
74 Wie Anm. 29 (Frage 18); Aussage Wernher v. BRAUN (Anm. 67), Magnus v. BRAUN und Arthur RUDOLPH, alle Fort Bliss, Texas, 14. 10. 1947, in: vgl. Anm. 29.
75 In: *Selected Public Domain Materials* (Anm. 59).
76 Oberstaatsanwalt Harald DÜHN, zit. in: »Morde waren nicht zu beweisen«, *Frankfurter Rundschau,* 25. 3. 1987, S. 4.
77 Vgl. Mittelwerk G. m. b. H. Berlin: Direktionsanweisung vom 26. Mai 1944 (Anm. 36), 9. Bei seiner Vernehmung im Dora-Nordhausen-Kriegsverbrecherprozeß 1947 nannte der Kapo Georg Finkenzeller unter denjenigen Ingenieuren, die Häftlinge entweder selbst geschlagen oder ihre Bestrafung angeordnet hätten, Kuhlmann, Weckbrodt und Raschdorf. Vgl. das Protokoll seiner Aussage in: *Selected Public Domain Materials* (Anm. 59).
78 Vgl. Anm. 35.
79 Vgl. die Faksimilewiedergabe des Vernehmungsberichts bei BOWER, Tom: *The Paperclip Conspiracy.* London: Collins 1988, 135.
80 Dazu gehörten u. a. Hermine BRAUNSTEINER (die »Stute von Majdanek«) und John DEMJANJUK (»Iwan der Schreckliche«). Vgl. die Darstellung der Arbeit des OSI bei RYAN JR., Allan A.: *Quiet Neighbors. Prosecuting Nazi War Criminals in America.* San Diego/New York/London: Harcourt Brace Jovanovich 1984.
81 Vgl. die Wiedergabe bei ORDWAY III/SHARPE (Anm. 54), 72; Gespräch mit Eli U. Rosenbaum, 1. 9. 1988.
82 RUDOLPH, Arthur: *Aussage vom 13. Oktober 1982* (Protokoll), Washington D. C.: Department of Justice, Office of Special Investigations, 169/170, 91/92, 133, 174/175.
83 MORRISON, Philip: Review of ›Gravity's Rainbow‹, in: MENDELSON, Edward (Hrsg.): *Pynchon. A Collection of Critical Essays.* Englewood Cliffs: Prentice-Hall 1978, 191.
84 PYNCHON, Thomas: *Gravity's Rainbow.* New York: Viking Press 1973, 432/33. Vgl. zu der Figur Pöklers insbes. WEISENBURGER, Steven: ›The End of History?‹ Thomas Pynchon and the Uses of the Past, in: PEARCE, Richard (Hrsg.): *Critical Essays on Thomas Pynchon.* Boston: G. K. Hall & Co. 1981, 140–156, sowie generell FOWLER, Douglas: *A Reader's Guide to »Gravity's Rainbow«.* Ann Arbor: Ardis 1980.
85 RUDOLPH, Arthur: *Weitere Aussage vom 4. Februar 1983* (Protokoll), Washington D. C.: Department of Justice, Office of Special Investigations, 234, 242/43.

TOM BOWER

»Alle deutschen Industriellen saßen auf der Anklagebank.« Die Nürnberger Nachfolgeprozesse gegen Krupp, Flick und die IG Farben*

1

Nach der ursprünglichen Übereinkunft zwischen den vier Alliierten hätte die Verurteilung von Baron Alfried Krupp im Nürnberger Prozeß gegen die Hauptkriegsverbrecher die Schuld aller deutschen Industriellen beweisen sollen. Als Rüstungsfabrikant präsentierte Krupp in den Augen der Alliierten, mehr als jeder andere deutsche Industrielle, das Bündnis zwischen seinesgleichen und Hitler. Dieser Plan scheiterte am 27. August 1945, als Judge Robert Jackson, unbemerkt und ohne ersichtlichen Grund, Gustav statt Alfried auf einer Liste möglicher Angeklagter vermerkte. Gustav Krupp war Alfrieds Vater, und obwohl er Hitler in den dreißiger Jahren unterstützt hatte, war es doch Alfried Krupp, der den Rüstungskonzern während des Krieges geleitet hatte. Gustav Krupp hatte sich gesundheitlicher Gründe halber aus der Geschäftsleitung zurückgezogen.

Gustav Krupps Rechtsanwälte hatten bereits im September die alliierten Anklagevertreter darauf aufmerksam gemacht, daß ihr Klient gesundheitlich nicht in der Lage sei, ein Gerichtsverfahren durchzustehen; von den Alliierten, denen es sich um eine sehr vertraute Ausrede zu handeln schien, wurde die Warnung jedoch ignoriert. Am 6. November, dem Vorabend des Prozeßbeginns, untersuchten sechs namhafte Ärzte im Auftrag der vier Alliierten Gustav Krupp und teilten mit, daß die Anklage sich jemanden ausgesucht hatte, der weder seine Gedanken noch seine Blase zu kontrollieren vermochte. Jackson trachtete, seinen Irrtum unverzüglich zu korrigieren, und empfahl, statt Gustav Krupp Alfried anzuklagen. Die Franzosen und Russen stimmten zu. Wie die Amerikaner vertraten sie die Meinung, daß ohne einen Krupp die Anklagebank nicht angemessen besetzt wäre. Die Briten waren anderer Auffassung.

Das Foreign Office hatte sich immer gegen die Absicht gestemmt, Industrielle als Kriegsverbrecher anzuklagen. Auf Außenminister Anthony Edens erster Kriegsverbrecherliste aus dem Jahre 1943 war kein einziger Industrieller aufgeführt. Attlee, als Vorsitzender der Labour-Party stellvertretender Premierminister, protestierte dagegen sofort schriftlich: »Ich halte es für falsch, Deutschlands Großindustrielle, die Hitler finanziert haben, davonkommen zu lassen. Die Vertreter der Schwerindustrie planten, sich der Nazis für ihre eigenen schändlichen Ziele zu bedienen. Einige von ihnen sollten als abschreckendes Beispiel hingerichtet werden. Ihr Vermögen sollte in allen Fällen eingezogen werden.«

Sein Protest hatte keine Resonanz. Als Eden im Parlament im Oktober 1944 gefragt wurde, ob Industrielle unter Anklage gestellt werden sollten, kommentierte der Rechtsexperte des Foreign Office, Patrick Dean: »Es ist kein Kriegsverbrechen, Hitlers Machtzuwachs unterstützt oder ihn finanziert zu haben, und Industrielle oder auch andere, die so gehandelt haben, können nicht als Kriegsverbrecher vor Gericht gestellt werden.«

Wahrscheinlich wußten selbst im Sommer 1945 die angloamerikanischen Juristen in London noch nicht um die wahren Verbrechen Krupps und der deutschen Industriellen. Während britische und amerikanische Juristen nur daran interessiert schienen, politische Verantwortlichkeit in einem internationalen Prozeß klären zu lassen, lag Franzosen und Russen daran, Krupp für seine Beschäftigung von Zwangsarbeitern zur Rechenschaft zu ziehen, zumal viele ihrer Landsleute in seinen Fabriken geschuftet hatten und umgekommen waren. Die Last der Beweise gegen Krupp schien erdrückend.

Alfried Krupp hatte sich im Mai 1942 wegen des Mangels an Arbeitskräften persönlich an Hitler und an Himmler gewandt. Nachdem er die mißliche Lage seines Konzerns erläutert hatte, schlug er eine Lösung vor. Ein Vertrag zwischen seiner Firma und der SS sollte die Bereitstellung von KZ-Insassen für die Krupp-Werke vorsehen. Als Gegenleistung sollte der SS ein bestimmter Tagessatz zufließen. Himmler war einverstanden. Aber der Nachschub an Arbeitskräften blieb unzureichend. Am 31. Oktober 1942 trat Krupp, mit Himmlers Einverständnis, an Rudolf Höß, den Kommandanten von Auschwitz, heran, um sein Einverständnis für den Bau einer Fabrik zur Produktion von Zündern in dem Vernichtungslager zu bekommen. Nachdem zwei Millionen Reichsmark in das Projekt geflossen waren, überprüften die Krupp-Direktoren ihre Entscheidung. Trotz seiner Zusage hatte Höß weniger Arbeitskräfte als erwartet zur Verfügung gestellt. Die SS schien eher daran interessiert, die Häftlinge in die Gaskammern zu schicken, als sie für Deutschlands Sieg arbeiten zu lassen.

Deshalb vereinbarten Krupp und Höß eine Kehrtwendung. Der Plan, eine Fabrik in Auschwitz zu bauen, wurde fallengelassen. Statt dessen sollten geeignete KZ-Häftlinge den Krupp-Fabriken in ganz Europa zugeteilt werden. Aber auch diese Methode bewährte sich nicht. Alfried Krupps Akten bergen Dutzende von Briefen und Übereinkünften zum Thema Zwangsarbeit mit SS, Gestapo und Wehrmacht. Im größten Teil der Korrespondenz beklagt sich Alfried Krupp darüber, daß die genannten Organisationen ihre Verpflichtungen nicht einhielten. Eine der letzten Abmachungen zwischen Krupp und Himmler, die nur noch zum Teil erfüllt werden konnte, sah vor, daß jüdische Frauen aus Ungarn, kaum in Buchenwald eingetroffen, sofort ins Ruhrgebiet weitertransportiert werden sollten.

Die annähernd 100 000 Arbeitssklaven hatten bei Krupp ein elendes Los gehabt. Peter Hubert, ein bei Krupp in Essen beschäftigter Arbeiter, sagte aus, daß er Vierzehnjährige zu Gesicht bekommen habe, die weniger als 90 Pfund wogen und dennoch Lasten schleppen mußten, die er sich nicht zutraute. Andere deutsche Arbeiter bezeugten, daß man Sechsjährige gezwungen habe, die Arbeit erwachsener Männer zu leisten. Bei Krupp wurde nicht nach Alter oder Geschlecht unterschieden. Jeder, der dort arbeitete, so der Krupp-Angestellte Adolf Trockel, hatte drückende Lasten zu bewältigen – nach der ständig wiederholten Devise der SS-Wachen: »Ohne Arbeit kein Essen«.

Die Wehrmacht führte Beschwerde über die Politik des Konzerns, die Gefangenen einen langsamen Hungertod sterben zu lassen. Ein Sanitätsoffizier, der die Betriebe inspizierte, hielt in seinem Bericht fest, man habe »nirgendwo russische Kriegsgefangene unter solchen Bedingungen angetroffen wie in den Lagern bei Krupp«. Das Oberkommando des Heeres schloß sich der Beschwerde an, doch Krupp reagierte nicht, und im Laufe des Jahres 1944 wurden die Zustände sogar noch schlimmer.

Bis heute kennt niemand die genaue Zahl der Konzentrationslager, die Krupp in seinen über Deutschland und ganz Europa verstreuten Werken einrichtete.

Täglich marschierten die Häftlinge, bewacht von Krupp-Aufsehern und SS-Mannschaften, durch Essens Straßen in die Betriebe – vorbei an den Fenstern des Direktionszimmers, in dem Alfried Krupp residierte. Nach zwölf Stunden Arbeit wurden sie zurückgeführt. Jeder, einschließlich der deutschen Belegschaften, wußte, daß Häftlinge, die zu schwach zur Weiterarbeit waren, automatisch zurückgeschickt und vergast wurden. Ärztliche Hilfe existierte so gut wie gar nicht.

Das Ausmaß, in dem Alfried Krupp Zwangsarbeiter einsetzte, entsprach der Intensität seiner Zusammenarbeit mit dem nationalsozialistischen Regime. Seine persönlichen Unterlagen – die wenigen, die bei der Vernichtung aller Aktenbestände wenige Tage vor dem Einmarsch der Amerikaner in Essen übersehen wurden – enthüllten einen ständigen Strom von Glückwunschbotschaften an Hitler sowie an die Führung der SS und anderer Naziorganisationen. Sein Konzern verschlang Fabriken, Werften und Bergwerke mit derselben unersättlichen Schnelligkeit, der diejenigen zum Opfer fielen, welche man zwang, für Krupp zu schuften. Dennoch vermerkte der zuständige Sachbearbeiter des Foreign Office, als dort im Januar 1946 das Beweismaterial gegen Krupp geprüft wurde, es sei »wenig überzeugend«. Mittlerweile war man sich einig geworden, im Prozeß gegen die Hauptkriegsverbrecher keinen Krupp anzuklagen, hatte aber ein eigenes Verfahren gegen deutsche Industrielle ins Auge gefaßt. Gerade dies wollten die Briten verhindern. Con O'Neil, einer der Juristen des Foreign Office, war von der Idee wenig angetan:

> Ich möchte hoffen, daß wir das Rennen, weitere Verfahren in Gang zu setzen, grundsätzlich unseren Alliierten überlassen und uns nicht unbedingt bemühen, mit ihnen Schritt zu halten ... Schließlich kann uns nicht daran gelegen sein, daß Kriegsverbrecherprozesse Gegenstand allgemeinen Überdrusses werden.

Dies gab die Einstellung des britischen Außenministeriums adäquat wieder. Nach der Lektüre von O'Neils Memorandum faßte Edens Privatsekretär Oliver Harvey sie treffend zusammen: »Ich würde ein behutsames Vorgehen befürworten.«

Maxwell Fyfe, der stellvertretende britische Ankläger in Nürnberg, begann Ende Januar 1946 mit den Verhandlungen. Sie standen von Anfang an unter keinem glücklichen Stern. Den Franzosen schien an einer Anklage gegen die deutschen Industriellen nur gelegen, um die Position ihrer eigenen Regierung gegenüber den zahlreichen französischen Unternehmen zu stärken, die bereitwillig mit den Deutschen kollaboriert hatten. Bei den Amerikanern entdeckte Fyfe nicht nur Unentschlossenheit, sondern auch Konfusion. Die ursprüngliche Euphorie für den Prozeß gegen die Hauptkriegsverbrecher war der Bitterkeit gewichen. Desillusionierend hatte vor allem das Schneckentempo der Abwicklung durch die vier Mächte gewirkt. Jacksons Unbeherrschtheit hatte ebenfalls das ihre getan. Fast alle Mitglieder der amerikanischen Vertretung in Nürnberg hatten abgelehnt, sich für einen weiteren Prozeß zur

Verfügung zu stellen. Jackson selbst hatte Entsprechendes bereits im Januar verlautbart. Auch er wollte in die USA zurück. Telford Taylor, der als sein Stellvertreter sämtliche Unterhandlungen der Siegermächte leitete, entdeckte, daß »die Hindernisse für ein weiteres internationales Verfahren zweifellos beträchtlich (waren)«. Er stellte fest, daß noch mindestens hundert Hauptkriegsverbrecher, die keine Industriellen waren, auf ihre Aburteilung warteten. Sie konnten weder mit den Industriellen zusammengefaßt noch alle gleichzeitig angeklagt werden. Eine rasche Lösung war nicht in Sicht. Noch wesentlicher aber war, daß Taylor seine eigene Position für verwundbar hielt. Er erklärte Jackson, er besitze »weder die Erfahrung, noch das Ansehen oder den Rang, um die Aufgabe angemessen zu bewältigen«; Jackson möge ernsthaft erwägen, »jemand anderen, besser Befähigten damit zu betrauen«. Seine Rückkehr in die USA beraubte die amerikanische Verhandlungsdelegation vorübergehend ihrer Leitung.

Britischerseits folgerte Patrick Dean: »Mein Empfinden verstärkt sich, daß viel dafür spricht, in dieser Angelegenheit mit großem Bedacht zu verfahren ... Ich würde empfehlen, gegenwärtig keine weiteren Schritte zu ergreifen.« »Meisterliche Untätigkeit« umschrieb Sir David Scott-Fox, Leiter der British War Crimes Executive, diese Haltung. Jede Initiative sollte den Amerikanern überlassen bleiben. Am 13. Mai übersandte Jackson Kriegsminister Robert P. Patterson ein Memorandum, in dem er allen Vorschlägen für einen weiteren Prozeß heftig widersprach. »Meines Erachtens ist von unserem Standpunkt aus der mögliche Gewinn gering, das Risiko dagegen erheblich«, schrieb er und schloß: »Momentan würde ich die Beteiligung der USA an einem weiteren Prozeß nicht empfehlen.«

Jackson ließ sich auch von politischen Erwägungen leiten. Er war mittlerweile unverblümt antirussisch eingestellt und überzeugt, die Kommunisten beabsichtigten den gewaltsamen Sturz des Kapitalismus. In seinem Memorandum argumentierte er:

Ein Verfahren, für das man Industrielle herausgreift, könnte den Eindruck erwecken, sie würden angeklagt, nur weil sie Unternehmer sind. Dies ist um so wahrscheinlicher, als wir dabei gemeinsam mit den sowjetischen Kommunisten und den französischen Linken vorgehen würden ... Ich befürchte auch, eine ausgedehnte öffentliche Attacke, die sich auf die Privatindustrie konzentriert, könnte künftig einer industriellen Zusammenarbeit mit unserer Regierung zur Gewährleistung unserer Verteidigung entgegenwirken, während die Position der Sowjets, die sich nicht auf das private Unternehmertum stützt, dadurch in keiner Weise geschwächt würde ... Wenn wir Industrielle vor Gericht stellen, die Deutschland Panzer geliefert haben, um Polen zu überfallen, wie steht es dann mit den Kommissaren, die für Rußland Panzer gebaut haben, um Polen zur selben Zeit anzugreifen? Die Industriellen könnten die Erfahrungen aus dem momentan ablaufenden Verfahren nutzen, und wahrscheinlich würde die Verteidigung besser argumentieren und schärfer zurückschlagen als in dem gegenwärtigen Prozeß [gegen die Haupt-Kriegsverbrecher].

Jacksons juristischen Argumente überging man in Washington; seine politischen dagegen hinterließen Eindruck. Auch die Alternative, für die er sich aussprach, wurde günstig aufgenommen – nämlich die Industriellen in der eigenen Besatzungszone vor Gericht zu stellen. Daß diese Lösung Dean zusagte, stand außer Frage: Sie vermied die Unwägbarkeiten einer russischen oder französischen Beteiligung, ersparte Geld und würde die öffentliche Meinung voraussichtlich zufriedenstellen. Bei seinen Vorbehalten ging Dean jedoch noch weiter als Jackson. Internationale Gerichtsverfahren, hielt er schriftlich fest, seien dazu da, politisch Verantwortliche zur Rechenschaft zu ziehen, nicht aber gewöhnliche Kriminelle. Er bezweifelte sogar, ob sich wirklich nachweisen ließe, daß die Industriellen »das Vorhaben der Nazis kannten und billigten, einen Angriffskrieg zu führen und dabei unzählige Morde und andere Verbrechen zu begehen. Es existieren einige Dokumente, die dies untermauern, aber wenig spricht dafür, daß irgendein Industrieller zu dem engsten Kreis um Hitler in dem Maße Zugang hatte wie Himmler, Göring oder Goebbels«.

Möglicherweise ebenso bewußt wie Jackson, aber eher aus Unkenntnis der Tatsachen, verwechselte Dean zwei ganz unterschiedliche Anklagepunkte gegen die Industriellen: ihre wesentliche Mitwirkung bei der Kriegsvorbereitung und ihre Handlungsweise während des Krieges. Das Beweismaterial für eine Absprache zwischen Industriellen und Politikern mit dem Ziel, einen Krieg vom Zaun zu brechen, war mager, wenn auch in den Fällen Krupp, IG Farben und einiger Stahlkonzerne vorhanden.

Genügend Beweise, über die Dean, aus welchem Grund auch immer, hinweggegangen war, belegten die freiwillige Zusammenarbeit der Industriellen mit dem Regime während des Krieges. Wenn derart zahlreiche Industrielle Zwangsarbeiter eingesetzt hatten, konnte Deans Satz, wonach die Industriellen nicht »das Vorhaben der Nazis kannten und billigten ... unzählige ... Verbrechen begehen«, bestenfalls seinem Wunschdenken entspringen, schlimmstenfalls seinem Bestreben, eine Entscheidung zu rechtfertigen, die lautete, den Industriellen keinen Prozeß zu machen. Die gleiche Politik ließ das Foreign Office im Februar 1946 behaupten, die Beweise gegen Krupp seien »relativ schwach«. Ignorierung der Fakten und »meisterliche Untätigkeit« gingen, wie kaum betont werden muß, Hand in Hand.

Dessen ungeachtet war es Elwyn Jones, Labour-Abgeordneter und einer der britischen Anklagevertreter in Nürnberg, nicht schwergefallen, für das britische Außenministerium eine Liste von 26 Industriellen und Bankiers zusammenzustellen, gegen die seiner Ansicht nach Beweise des ersten Anscheins sprachen.

An der Spitze stand Hermann Abs, am Ende Wilhelm Zangen, dazwischen nicht wenige andere deutsche Industrielle, die die britische Militärregierung bereits wieder mit Funktionen betraut hatte. Sowohl Jones als auch der Erste Kronanwalt Sir Hartley Shawcross hatten sich im September auf einen Prozeß gegen wichtige Industrielle festgelegt. Ihre Absicht scheiterte an der Politik des Foreign Office, den Amerikanern die Initiative zu überlassen: Sechs Industrielle – darunter Krupp – wurden ausgeliefert, um in der amerikanischen Zone vor Gericht gestellt zu werden. Die britische Seite fühlte sich dadurch von jeder Verantwortung entbunden.

2

Die Schwachstelle der Nürnberger Nachfolgeprozesse bestand von Anfang an darin, daß sie so lange nach Kriegsende stattfanden. Bis zum Oktober 1946 waren kaum irgendwelche Vorbereitungen getroffen worden.

Am 24. Oktober 1946 wurde offiziell eine eigene Anklagebehörde für die Nachfolgeverfahren eingerichtet und Telford Taylor an ihre Spitze berufen. Drei Jahre später schrieb Taylor rückblikkend, er hätte zwischen zwei- und zwanzigtausend Deutsche wegen Kriegsverbrechen anklagen und ihre Verurteilung erwirken können, wenn er nur über genügend Zeit, Personal und Geldmittel verfügt hätte.

Von den 32 Industriellen, die Taylor am 20. Mai 1947 als Hauptschuldige nannte, die definitiv belangt werden sollten, standen letztendlich nur sechs vor Gericht. Die drei Gruppen, gegen die man überhaupt verhandelte – 42 Direktoren von Krupp, IG Farben und Flick –, wurden ausgesucht, weil die Anklage gegen sie bereits über Beweise verfügte. Um gegen die Direktoren von Mannesmann, Siemens, Bosch und Hunderten anderer deutscher Firmen vorgehen zu können, fehlte die Zeit, entweder genügend belastende Dokumente aufzuspüren oder eine zureichende Zahl von Helfershelfern zu beeideten Aussagen zu veranlassen.

Bereits im Falle Krupp hatte man, um der Beweise habhaft zu werden, in Schächte vordringen, abgelegene Häuser im Harz durchkämmen und Mikrofilmbehälter ausgraben müssen. Wichtiges Material gegen die IG Farben war in einem Badezimmerschrank aufgefunden worden, wo der engste Mitarbeiter von Otto Ambros es verborgen hatte. Anderthalb Jahre lang hatte Ambros – einer der führenden Köpfe beim Aufbau der IG Auschwitz –, von den Franzosen vor amerikanischen Ermittlungsbeamten geschützt, nach Kriegsende im IG-Werk in Ludwigshafen gearbeitet. Es bedurfte wiederholter Aufforderungen, selbst Drohungen des amerikanischen Militärgourverneurs, General Lucius D. Clay, damit er ausgeliefert wurde und vor Gericht gestellt werden konnte. Ambros hatte ganze Stapel belastender Akten systematisch vernichtet, eine Handvoll aber versteckt, weil ihre Vernichtung ihm zu sehr widerstrebte – ein verhängnisvoller Fehler, allerdings sein einziger. Wie in den meisten Fällen ging die Entdeckung auf den zufälligen Hinweis eines Informanten zurück.

Anfang Mai 1947 berief Taylor eine Sondersitzung ein, um darüber zu entscheiden, ob Abs oder irgendjemand anders unter den Dutzenden von Bankiers, die man verhaftet hatte, angeklagt werden sollte. Zu den Sitzungsteilnehmern gehörten Drexel Sprecher und Foster Adams, die als Anklagevretreter bzw. Ermittler beim Nürnberger Prozeß gegen die Hauptkriegsverbrecher auf amerikanischer Seite mitgewirkt hatten. Ein Sonderstab aus sechs Ermittlungsbeamten hatte einen 324-seitigen Bericht über die Deutsche Bank sowie einen ebenso umfänglichen dokumentarischen Anhang erstellt. Die Folgerung, die der Stab daraus gezogen hatte, lautete, daß das Beweismaterial ausreichte, um Abs und eine Reihe weiterer Bankdirektoren als Kriegsverbrecher vor Gericht zu stellen. Widerwillig mußten Sprecher und Taylor das Ansinnen ablehnen. Der Bericht belegte allenfalls, wie hervorragend es den Direktoren gelungen war, ihre Aktivitäten zu tarnen.

Anschließend wandte Taylor sich der Dresdner Bank zu. Hier schienen ihm die Aussichten besser. Nicht nur hatte der Vorstandsvorsitzende, Karl Rasche, der SS angehört; er war auch durch Kurt von Schröder belastet und dadurch gezwungen worden, in seinen eigenen Aussagen mehr zuzugeben, als ihm lieb sein konnte. Taylor ließ Clay wissen, er hoffe, wenigstens acht der sechzehn Direktoren der Dresdner Bank belangen zu können, darunter Hans Walz, zugleich Geschäftsführer der Robert Bosch-Werke in Stuttgart. Walz war 1933 der NSDAP und ein Jahr später der SS beigetreten;

dort wurde er regelmäßig befördert. Er hatte zu den ersten Mitgliedern des »Freundeskreises Reichsführer SS« gehört, hatte zusammen mit Himmler Dachau besucht und über von Schröders Bank regelmäßig stattliche Beträge beigesteuert. 25 % der Bosch-Belegschaft waren bei Kriegsende Zwangsarbeiter.

Walz hatte auf seinem Fragebogen vermerkt, er habe nie einer NS-Organisation angehört. Als ein amerikanischer Vernehmungsbeamter ihm das Gegenteil nachwies, behauptete er, er sei lediglich beigetreten, um seine Geschäftsinteressen zu schützen und die NSDAP zu untergraben. Der Vernehmungsbeamte kommentierte, dies sei eine »bequeme Oppositionsmethode«. Walz erwiderte nichts. Binnen einer Woche präsentierten seine Anwälte Dutzende eidesstattlicher Erklärungen, wonach ihr Mandant als NS-Gegner bekannt und seine Beteiligung an der Verschwörung des 20. Juli 1944 lediglich unentdeckt geblieben sei.

Die übrigen Bankiers zeigten ebensowenig Entgegenkommen, so daß Taylor nur übrigblieb, seine Hoffnung auf die Interpretation des Beweismaterials durch das Gericht zu setzen. Diese Hoffnung wurde am 22. Dezember 1947 zerstört, als Judge Charles Sears die Urteilsbegründung im Verfahren gegen Friedrich Flick und seine fünf Mitangeklagten verlas. Dieser erste Industriellenprozeß nach dem Krieg gab für die anschließenden Verfahren den entscheidenden Präzedenzfall ab. Flick verkörperte in Reinkultur den gierigen Griff einer ganzen Schicht nach allem, was das NS-Regime ihr bot. Er hatte bei der Zusammenkunft in Görings Dienstsitz am 20. Februar 1933 die »Adolf Hitler-Spende der deutschen Wirtschaft« unterstützt, war 1935 dem Keppler-Kreis beigetreten und hatte sich an der Besichtigung Dachaus 1937 ebenso beteiligt wie an den jährlichen Spenden für Himmler. Sein Konzern hatte »arisierte« Wettbewerber im Deutschen Reich und weitere Firmen im besetzten Europa geschluckt.

Flick suchte seine engen Beziehungen zur SS als »Versicherungsprämie zu seiner eigenen Sicherheit« zu bagatellisieren; seine antisemitischen Handlungen und Äußerungen rechtfertigte er damit, er habe »mit den Wölfen heulen« müssen. Selbst die Beschäftigung von Zwangsarbeitern begründete er damit, sie seien ihm von der SS aufgezwungen worden. Diese Schutzbehauptungen wären wahrscheinlich von den Richtern akzeptiert worden, hätte die Anklage nicht durch Zufall Unterlagen entdeckt, die belegten, daß Bernhard Weiss, einer der Flick-Direktoren, auf Flicks Anweisung mit der SS Verhandlungen aufgenommen hatte, damit dem Werk zum Bau von Waggons zusätzliche russische Kriegsgefangene zugewiesen wurden. Diese Dokumente widerlegten

Flicks Einlassung, er habe Zwangsarbeiter nur »gezwungenermaßen« akzeptiert.

Dennoch wertete das Gericht dies als Einzelfall, der keineswegs Flicks Argument als solches entwerte. Die Richter urteilten:

Aus der Beweislage ergibt sich, daß unmittelbare Gefahr für Leib und Leben bestand. Das Schreckensregiment im Reich haben wir bereits erörtert. Die Angeklagten lebten in diesem Reich. Mit seinen Scharen von Vollstreckungsbeamten und Geheimpolizisten war das Reich stets präsent, bereit, ohne Verzug zur Tat zu schreiten und jeden mit harten Strafen zu belegen, der auch nur den Anschein erweckte, als be- oder verhindere er die Umsetzung von Anordnungen des Regimes.

Bei dem Anklagepunkt »Wirtschaftliche Ausplünderung« lehnte das Gericht ab, Aktivitäten vor 1939 einzubeziehen, konnte aber die Beweise nicht ignorieren, daß Flick versucht hatte, sich eines großen Stahlwerks in Lothringen zu bemächtigen. Dennoch, so die Richter, waren »Flicks Handlungen nicht bewußt darauf gezielt, zu dem Programm ›systematischer Ausplünderung‹ beizutragen, welches das Hitlerregime ersonnen hatte und für das zahlreiche Hauptkriegsverbrecher bestraft worden sind. Wenn sie dazu beitrugen, dann nur in sehr geringem Umfang.«

Wegen Einsatzes von Zwangsarbeit, wirtschaftlicher Ausplünderung und Mittäterschaft bei den Verbrechen der SS wurde Flick zu sieben Jahren verurteilt. Taylor wertete das Urteil als »außerordentlich (wenn nicht übermäßig) mild und versöhnlich«. Industrielle konnten sich danach auf höheren Befehl berufen, was den SS-Mannschaften, die die Zwangsarbeiter für Flick bereitgestellt und beaufsichtigt hatten, verwehrt worden war. Als Flick im IG Farben-Prozeß später aufgefordert wurde, den Namen eines einzigen Industriellen zu nennen, der für seine Weigerung, Zwangsarbeiter einzusetzen, belangt worden wäre, war er dazu nicht in der Lage. Und doch hatten viele deutsche Firmen während des Krieges ohne Zwangsarbeit, wenn auch vielleicht mit geringerem Gewinn, produziert.

Taylor erkannte, daß er nicht auf die Verurteilung des Bankiers hoffen konnte, wenn die Richter sich weigerten, die Beweise gegen Flick zu akzeptieren. Walz und die anderen Direktoren der Dresdner Bank wurden widerstrebend freigelassen. Nur Karl Rasche, gegen den erdrückende Beweise vorlagen, daß er alles in seiner Macht Stehende getan hatte, um aus seinen Beziehungen zur Partei und zur SS den größtmöglichen Nutzen zu ziehen, wurde angeklagt. Seine schließliche Verurteilung fußte auf der Ausplünderung Europas durch seine Bank; den Einsatz von Zwangsarbeit legte ihm das Gericht nicht zur Last. Den amerikanischen Richtern zufolge konnte ein Bankier nicht für die Anlage seiner Gelder verantwortlich gemacht werden, selbst wenn die verbrecherische Absicht ihm bekannt war:

Die eigentliche Frage lautet, ob es ein Verbrechen ist, einen Kredit zu geben, wenn man weiß oder guten Grund zu der Annahme hat, daß der Schuldner die Mittel nutzt, um Unternehmen zu finanzieren, deren Beschäftigungspolitik gegen innerstaatliches oder Völkerrecht verstößt ... Eine Bank handelt auf dieselbe Weise mit Geld, wie jemand, der irgendeine Ware verkauft. Sie wird dadurch nicht zum Geschäftsteilhaber ... Kredite oder Warenverkäufe, die zu einem gesetzwidrigen Zweck verwendet werden, mögen moralisch verwerflich sein und werfen ein schlechtes Licht auf Gläubiger beziehungsweise Verkäufer. Als Verbrechen aber kann das Geschäft kaum gelten. Wir haben diejenigen zu bestrafen, die sich gegen das Völkerrecht vergehen, und wir können nicht feststellen, daß Kredite unter solche Vergehen fallen.

Nach diesem Urteil hätte Dr. Bruno Tesch, der der SS das Zyklon B-Gas geliefert hatte und den die Briten hingerichtet hatten, ebenfalls freigesprochen werden müssen, weil er lediglich »Handel« betrieben hatte.

Im IG Farben-Prozeß, in dem das Beweismaterial den zweifelsfreien Schluß zuließ, wonach die Direktoren Mörder waren, bestand Taylors Mißgeschick darin, daß einer der Richter, Judge James Morris aus North Dakota, einem Zentrum der Opposition gegen die Kriegsverbrecherprozesse, ganz offensichtlich voreingenommen war. Schon gleich zu Beginn des Verfahrens konnten die Anklagevertreter den Eindruck gewinnen, sie und nicht die IG-Direktoren wären die Beschuldigten.

Laut Ankläger Josiah Du Bois hatte Morris ihm am ersten Tag beim Mittagessen erklärt: »Wir sollten uns lieber über die Russen den Kopf zerbrechen. Ich würde mich überhaupt nicht wundern, wenn sie im Gerichtssaal stehen, bevor wir hier zu Ende kommen.« Es dauerte nicht lange, und Du Bois galt als Kommunist.

Der IG Farben-Prozeß begann am 27. August 1947. Vierundzwanzig Direktoren und vier weitere leitende Angestellte waren unter drei Punkten angeklagt: Planung, Vorbereitung, Auslösung und Durchführung von Angriffskriegen sowie der Besetzung anderer Länder; wirtschaftliche Ausplünderung; Zwangsarbeit und Massenmord.

Die Entscheidung des Chemiekonzerns, die IG Auschwitz aufzubauen, war am 6. Februar 1941 gefallen. Dr. Otto Ambros, der Buna-Experte, und Dr. Fritz Ter Meer, der führende Wissenschaftler der IG, Vorsitzender ihres Technischen Ausschusses, waren ins Wirtschaftsministerium bestellt worden, wo ihnen mitgeteilt wurde, die Bunaerzeugung müsse erhöht werden. Ambros hatte die in Frage kommenden Standorte für ein neues Werk geprüft. Nach einer Erörterung mit dem Aufsichtsratsvorsitzenden Carl Krauch fiel die Entscheidung für Auschwitz statt für Norwegen. Ambros wie Krauch waren über die ehrgeizigen Pläne der SS unterrichtet worden, die Zahl der KZ-Häftlinge zu erhöhen; die Aussicht auf billige Arbeitskräfte bildete den ausschlaggebenden Faktor. Der IG-Vorstand übertrug Ambros die Zuständigkeit für das Buna-, Heinrich Bütefisch für das parallel errichtete synthetische Treibstoffwerk.

Um sicherzugehen, daß die zugesagten Arbeitskräfte für das 900 Mio. Reichsmark-Projekt auch bereitgestellt wurden, nutzte Krauch seine ausgezeichneten Beziehungen zu Himmler und Göring und ersuchte den Reichsmarschall wie den Reichsführer SS, Rudolf Höß schriftlich anzuweisen, ständig zwischen 8 000 und 12 000 Bauarbeiter zu liefern. Himmlers Adjutant Karl Wolff wurde zum Verbindungsmann zwischen IG und SS bestimmt. Wie Krupp verpflichtete sich die IG, der SS 3 RM pro Kopf für ungelernte und 4 RM für gelernte Arbeiter zu zahlen. Kinder kosteten die IG 1,50 RM pro Tag.

Als Baudirektor in Monowitz wurde Walter Dürrfeld eingesetzt. Bezüglich des Disziplinproblems unterrichtete er Ambros und Bütefisch, Höß habe ihm zugesagt, der IG die sadistischsten Kapos zuzuweisen. »Diese Kapos«, teilte Dürrfeld mit, »werden unter den Berufsverbrechern ausgesucht und aus anderen Konzentrationslagern nach Auschwitz überstellt.« Die optimistischen IG-Direktoren hofften auf rasche Resultate. Ambros schrieb an Ter Meer: »Unsere neue Freundschaft mit der SS (wirkt sich) sehr segensreich aus.«

Probleme traten allerdings schnell auf. Die Häftlinge, weder durch die SS noch die IG einigermaßen angemessen ernährt, waren nicht in der Lage, hart genug zu arbeiten. Die Kapos schlugen sie unaufhörlich. Dürrfeld berichtete nach Frankfurt, daß die Gewalttätigkeit ›unerfreulich‹ sei; wenige Monate später hatte er sich allerdings damit angefreundet und teilte mit, sie sei wohl der einzige Weg, um die Häftlinge zur Arbeit anzuspornen. Dennoch blieb das Bauvorhaben weit hinter dem Zeitplan zurück. Gerade an Zeit aber mangelte es bei der Wichtigkeit des Projekts. Der IG-Vorstand beschloß deshalb im Juli 1942, ein eigenes Konzentrationslager neben der Baustelle einzurichten, damit die Häftlinge, gewöhnlich durch den langen Anmarsch von Auschwitz bereits erschöpft, morgens ausgeruht ihre Arbeit beginnen konnten. Mehr als weitere 5 Mio. RM waren dafür nicht erforderlich.

Jeder Besucher des Lagers wußte, was sich dort zutrug, besonders die IG-Direktoren, die an dem Projekt beteiligt waren. Selbst diejenigen, die nicht selbst nach Polen fuhren, waren vollständig im Bilde. Der gesamte Vorstand erhielt allwöchentlich Berichte über Fortgang und Schwierigkeiten zugesandt, und weil es sich um das größte Investitionsvorhaben der IG handelte, wurde über die finanzielle Seite regelmäßig diskutiert.

Die Anklage konnte nachweisen, daß Ambros, Ter Meer, Krauch und Bütefisch das Lager besucht hatten. Dürrfeld hatte die ganze Zeit auf dem Firmengelände gewohnt. Drei anderen leitenden Angestellten wurde ihre Anwesenheit im Lager ebenfalls nachgewiesen: Friedrich Jahne, August von Knieriem und Christian Schneider. Die insgesamt 23 Angeklagten machten ausnahmslos Zwang und Notstand geltend. Der Hauptzeuge dafür war Flick, der vor demselben Gericht für den entsprechenden Präzedenzfall gesorgt hatte.

In ihrer Urteilsbegründung, die am 29. Juli 1948 verlesen wurde, ließen Judge Morris und Judge Curtis Shake die verblüffte Anklage wissen, daß sie den Beweisen gegen die Mehrheit der Beschuldigten nicht glaubten. 18 der 23 Direktoren wurden in dem Anklagepunkt »Einsatz von Zwangsarbeit« freigesprochen.

Maßgeblich für Schuld oder Unschuld, führte Shake aus, war, ob die Angeklagten auf »eigenes Betreiben« Zwangsarbeiter angefordert hatten. Verantwortlich waren sie nur, wenn sie »tatsächlich und moralisch eine Wahl« gehabt hätten. Wer mitgewirkt hatte, konnte sich auf Zwang oder höheren Befehl berufen. Unter Bezugnahme auf das Flick-Urteil wiederholten die Richter, daß jede Weigerung, Zwangsarbeiter zu verwenden, für die IG-Direktoren harte Strafen nach sich gezogen hätte. Diese hatten jedoch zugegeben, daß weder die Regierung noch die SS sie gezwungen hatte, ihr Werk in Auschwitz zu bauen. Sie hatten den Standort ausgesucht, weil billige Arbeitskräfte höhere Gewinne zu versprechen schienen. Beweise für diese Entscheidung waren von den Angeklagten bestritten und von den Richtern, die sich auf ihre eigene Auslegung des Gehörten verließen, ignoriert worden.

Die Urteile des Gerichtes entsprachen ihrer Interpretation des Beweismaterials. Dürrfeld, der das Lager beaufsichtigt hatte, wurde zu 8 Jahren verurteilt; ebenso Ambros; Ter Meer zu 7, Krauch und Bütefisch zu 6 Jahren. Schmitz und von Schnitzler, ausschließlich unter dem Anklagepunkt »Ausplünderung« schuldig gesprochen, wurden zu 4 und 5 Jahren verurteilt.

Einen Tag nach dem Ende des IG Farben-Prozesses, am 30. Juni, wurden Alfried Krupp und 11 Krupp-Direktoren ihre Urteile verkündet. Das Resultat stand im scharfen Gegensatz zum IG-Verfahren. Alfried Krupp und 10 weitere Angeklagte wurden der Verwendung von Zwangsarbeitern für schuldig befunden. Die Richter konstruierten keinen Unterschied zwischen »Zwang« und »eigenem Betreiben«. In ihrer Urteilsbegründung stellten sie mit Nachdruck fest, daß alle Direktoren, die im Vorstand verblieben waren, strafrechtlich verantwortlich seien. Alle drei Richter verwarfen Alfried Krupps Verteidigung, er habe nur eingewilligt, weil er gefürchtet habe, sein Unternehmen zu verlieren und selbst ins Konzentrationslager gesteckt zu werden.

Während des Prozesses war Krupp teilnahmslos und anscheinend gleichgültig geblieben. Diese Haltung hätte als Arroganz mißverstanden werden können, hätte es nicht gelegentlich in seinem Gesicht gezuckt, wenn dem Gericht ein besonders belastendes Dokument unterbreitet wurde, oder wenn ein Überlebender seiner Konzentrationslager mit beredten Worten jene Bedingungen beschrieb, die Alfried Krupp zu vergessen vorzog. Als er stehend sein Urteil entgegennahm – 12 Jahre Gefängnis für die Beschäftigung von Zwangsarbeitern –, zeigte er geringschätzige Gleichgültigkeit. Sekunden später wurde er kreidebleich. Judge Anderson verkündete als zweiten Teil des Urteils die Einziehung seines gesamten Vermögens. Einen Augenblick lang schien es, als sei die Dynastie zerstört.

3

Als die verurteilten IG- und Krupp-Direktoren in das Gefängnis von Landsberg gebracht wurden, wußten sie, daß sie kaum Gefahr liefen, ihre gesamte Strafe absitzen zu müssen. Nicht nur Deutsche, sondern auch Amerikaner waren der Meinung, daß die Industriellen unglückliche Opfer einer isolierten und diskreditierten Gruppe linker Fanatiker seien. Tägliche Vorfälle verliehen dieser Verleumdung Glaubwürdigkeit. Berlin war blockiert; jeder sprach davon, daß es Krieg geben könnte. Am Tag nach dem Abschluß des letzten Prozesses hatten dieselben Juristen und Richter, die nicht endenwollende Monate lang über die Verbrechen des Zweiten Weltkrieges debattiert hatten, hastig ihre Sachen zusammengepackt, um dem Dritten noch zu entgehen.

In Landsberg verstanden die Industriellen schnell, sich bequem einzurichten. Sie stellten bald fest, daß Flick, der einige Monate früher eingetroffen war, seine geschäftlichen Interessen wirksam weiterverfolgte. Dazu verhalf ihm der wöchentliche Besuch seines Rechtsanwalts, den der jeweils benötigte Gesprächspartner begleitete. Sie hörten auch, daß Flick sich Hermann Abs zum Finanzberater erwählt hatte, der das wirtschaftliche Wiederaufbauprogramm seit Ende 1948 effektiv leitete. Ins Vertrauen gezogen durch die Alliierten wie vorher durch die Nazis, fungierte er als wichtige Stütze der deutschen Erholung.

Obwohl von den Jugoslawen in Abwesenheit als Kriegsverbrecher zum Tode verurteilt, hatte Abs leichtes Spiel, einer Anklage in Nürnberg zu entgehen. Als Foster Adams ihn aufforderte, entweder gegen Rasche auszusagen oder selbst vor Gericht gestellt zu werden, hatte er Adams gezwungen, die Karten aufzudecken. »Ich erklärte ihm«, erinnerte sich Abs gegenüber dem Autor, »daß weder mein Vater mich zum Helden noch meine Mutter mich zum Don Quixote erzogen hätte. Beide Rollen habe ich immer gemieden.« Bei seinen Verhören brachte er es fertig, niemanden zu belasten; zwischendurch ließ er sich demonstrativ im IG-Prozeß auf der Zuschauertribüne nieder. »Ich wollte den Direktoren moralisch beistehen«, erläuterte er dem Verfasser, »denn in Wirklichkeit saßen alle deutschen Industriellen auf der Anklagebank.«

Aus dieser Geste sprach keine Unerschrockenheit. In ihr manifestierte sich die Einstellung des Bankiers, der seinen Kunden in guten wie in schlechten Zeiten zur Seite steht. Er wurde der erste Aufsichtsratsvorsitzende der BASF, einer der Nachfolgefirmen der IG Farben. Selbstzufrieden kommentierte er nachträglich: »Mir war die IG schon immer zu groß.«

Mitte 1949 war den Amerikanern bereits daran gelegen, daß eine neuerlich erstarkte deutsche Industrie ihren Teil zur Auseinandersetzung des Westens mit dem Kommunismus beitrug. Den Rat des Bankiers, der ihre Wiederaufbaugelder verteilte, konnten sie schwerlich ignorieren. Einer der Schlüssel zur deutschen Mitwirkung, erklärte Abs dem amerikanischen Hochkommissar John J. McCloy, lag in der Freilassung der Landsberger Industriellen. Dasselbe erklärten seine Freunde Ludwig Erhard und Karl Blessing den Amerikanern. Nicht anders argumentierte Konrad Adenauer. Praktisch jeder Amerikaner bekam von jedem Deutschen zu hören, daß Deutschlands Freundschaft und Beistand gegen die Kommunisten sich leichter erlangen ließe, wenn die Gefängnistore in Landsberg sich öffneten – nicht nur für die Industriellen, sondern für alle fünfhundert Inhaftierten.

Der bezeichnendste und für viele überraschendste Teil der Entscheidung McCloys vom 31. Januar 1951 betraf Alfried Krupp und acht weitere Krupp-Direktoren. Nicht nur waren sie sofort zu entlassen – McCloy argumentierte, ihr Verschulden sei nicht gravierender als dasjenige Flicks und der IG Farben-Vertreter, die weniger lange einsitzen mußten –; Krupp wurde auch sein Vermögen zurückgegeben.

Krupp selbst war nicht überrascht. Er wußte schon seit einiger Zeit von seiner bevorstehenden Freilassung. Den Krupp-Direktoren war ein Raum zur Verfügung gestellt worden, um Konzernangelegenheiten zu erörtern; Direktoren und leitende Angestellte reisten aus Essen mit den notwendigen Unterlagen an, um – mit dem Blick auf Korea – die rasche Ausweitung des Unternehmens zu planen. Die besten Speisen und Getränke standen zur Verfügung.

Bei der Rechtfertigung seiner Entscheidung erweckte McCloy den Anschein, als ginge er über eine bloße Erläuterung hinaus, und entschuldigte sich geradezu für die Härte des Gerichts. Bezüglich des Anklagepunkts »Zwangsarbeit« erklärte er:

> Es unterliegt keinem Zweifel, daß die Arbeiter in unmenschlicher Weise behandelt wurden und fortwährend körperlichen Züchtigungen und anderen Grausamkeiten ausgesetzt waren. Ebensowenig besteht ein Zweifel daran, daß der Industriekonzern und seine Leitung nicht die Hauptverantwortung für diese Behandlung tragen. Aus dem Urteil geht zwar hervor, daß mehrere Angeklagte in Ungesetzlichkeiten verwickelt waren, aber es erscheint außerordentlich schwierig, das Maß der persönlichen Schuld unter den in Frage kommenden Angeklagten zu bestimmen.

McCloy hatte offenkundig das Beweismaterial nicht gelesen. Verständlicherweise hatte er dazu nicht die Zeit gehabt.

An der Richtigkeit der Entscheidungen, die er getroffen hatte – einschließlich der Strafherabsetzungen bei zahlreichen Einsatzgruppenoffizieren –, hielt er auch später unbeirrt fest: »Ich habe so gehandelt, wie ich handeln mußte«, sagte er dem Verfasser. »... Ich habe versucht, dabei meinem eigenen Gewissen zu folgen ... Ich habe mich auf keine Manöver eingelassen – ich hätte solche Manöver auch nicht geduldet. Ich hatte mit größter Gewissensanstrengung abzuwägen, was in dieser Lage das Richtige war«. Um zu seinen Entscheidungen zu gelangen, hatte McCloy sich sogar nach Landsberg begeben und mit zahlreichen Gefangenen gesprochen. Zu einer Begegnung mit Krupp war es nicht gekommen.

Seine Entscheidung bezüglich Krupp erläuterte er William Manchester so:

Wir hatten ihn nur zögernd vor Gericht gestellt, und die Beschlagnahmeverfügung ließ mir keine Ruhe. Ich beriet mich mit meinen englischen und französischen Kollegen, und sie stimmten mir bei. Meinem Gefühl nach – es war ein Gefühl – war Alfried ein Playboy, der nicht viel Verantwortung getragen hatte. Ich war der Meinung, er hatte durch die bereits abgesessene Zeit für seine Taten gebüßt. Oh, ich zweifle nicht daran, daß er die Nazis schon frühzeitig unterstützt hatte; er war eben ein Schwächling.

Alfried Krupp erweckte nicht den Eindruck eines Schwächlings, als er am 3. Februar um 9 Uhr morgens das Gefängnis von Landsberg verließ. Laut *New York Times* wurde er auf seiner Pressekonferenz »wie ein heimgekehrter Held gefeiert«. Über Fritz Ter Meer hieß es, er habe bei seiner Entlassung geäußert: »Jetzt, wo sie Korea auf dem Hals haben, sind die Amerikaner viel freundlicher.« Zurück blieben sieben andere, die sich gleichfalls auf höheren Befehl berufen hatten, aber am Galgen starben, weil sie dem Westen nichts zu bieten hatten.

Übersetzt von Rainer Eisfeld und Jochen Oltmer

Literaturverzeichnis

* *Anmerkung der Herausgeber:*
Bei dem Beitrag handelt es sich um vom Autor verbundene Auszüge aus den Kapiteln 15–17 seines 1981 erschienenen Buchs *Blind Eye to Murder*. Bowers Untersuchung ist bedauerlicherweise unübersetzt geblieben.Auf die Anmerkungen wurde verzichtet.

Der Verfasser hat Dokumente im Public Records Office, London, und den National Archives, Washington D. C., ausgewertet. Seinem Beitrag liegen noch folgende Veröffentlichungen zugrunde:

BORKIN, Joseph: *Die unheilige Allianz der IG Farben*. Frankfurt/New York: Campus 1979 *(The Crime and Punishment of IG Farben*. New York: The Free Press 1978).

FERENCZ, Benjamin B.: *Lohn des Grauens*. Frankfurt/New York: Campus 1981 *(Less Than Slaves. Jewish Forced Labor and the Quest for Compensations*. Cambridge/Mass.: Harvard University Press 1979).

MANCHESTER, William: *Krupp. Zwölf Generationen*. München: Kindler 1968. *(The Arms of Krupp*. Boston: Little, Brown 1968).

Office of the High Commissioner for Germany [HICOG] (Hrsg.): *Landsberg. Ein dokumentarischer Bericht*. München: 1951

Office of Military Government for Germany, United States [OMGUS] (Hrsg.): – *Ermittlungen gegen die Deutsche Bank*. Nördlingen: Greno 1985.
– *Ermittlungen gegen die Dresdner Bank*. Nördlingen: Greno 1986.
– *Ermittlungen gegen die IG Farben*. Nördlingen: Greno 1986.
RÜCKERL, Adalbert: *NS-Verbrechen vor Gericht*. Heidelberg: C. F. Müller 1982.
SMITH, Bradley F.: *Der Jahrhundert-Prozeß*. Frankfurt: S. Fischer 1977 (*Reaching Judgment at Nuremberg*. New York: Basic Books 1976).

INGO MÜLLER

Nürnberg und die deutschen Juristen

Nürnberg, Stadt der Reichsparteitage, Symbol für Glanz und Gloria des Dritten Reichs, Ort größter Triumphe der Nazis, wurde nach dem Krieg sinnigerweise als Ort ausersehen, ihnen den Spiegel vorzuhalten und eine Bilanz der zwölf Schreckensjahre zu ziehen. Daß die Nürnberger Prozesse, das Verfahren gegen die Hauptkriegsverbrecher und die zwölf Folgeprozesse, in ihrer Art bisher einzig waren,[1] ja im Rechtsleben »etwas Revolutionäres« darstellten,[2] betonten Anklage und Verteidigung gleichermaßen. Konzeption, moralischer Anspruch und schließlich die Durchführung der Prozesse waren geeignet, eine neue Ära der Rechtsgeschichte einzuleiten, der internationalen wie der deutschen. Heute wird man allerdings der – 1950 ganz anders gemeinten – Feststellung eines Nürnberger Verteidigers beipflichten müssen, »daß die Öffentlichkeit über die Nürnberger Prozesse eigentlich nichts weiß: viel Falsches, aber auch gar keine Aufklärung wünscht«.[3]

1. Die Prozesse

Überlegungen zu den Nürnberger Prozessen, vor allem die Kritik an ihnen, müssen berücksichtigen, welche Alternative die Alliierten nach der bedingungslosen Kapitulation des »Großdeutschen Reiches« hatten.

Theoretisch hätte man am 8. Mai 1945 mit einer Generalamnestie einen Schlußstrich unter alles Vergangene ziehen können. Das war die Lösung, die die deutsche Rechtswissenschaft eindeutig favorisierte; keine Textpassage hat sie dermaßen oft zitiert wie die am 13. Dezember 414 geschriebenen versöhnlichen Worte Papst Innonzenz' I.:

> Wenn von Völkern oder einer großen Menge gesündigt wird, so pflegt dies ungesühnt durchzugehen, da wegen der großen Zahl nicht gegen alle vorgegangenen werden kann. Deshalb, so sage ich, muß das Vergangene dem Urteil Gottes überlassen bleiben, und für die Zukunft mit äußerster Anstrengung vorgebeugt werden.[4]

Angesichts der ungeheuren Verwüstungen, die der von Deutschland begonnene und mit größter Brutalität geführte Krieg angerichtet hatte, angesichts der 50 Millionen, die ihm zum Opfer gefallen waren, und angesichts der von den Deutschen betriebenen Massentötung und -verschleppung von Menschen vorwiegend in Ost-Europa, mußten solche Überlegungen abwegig erscheinen. Die in der Geschichte einzigartigen Verbrechen des Dritten Reichs und die ungeheueren Kriegsverbrechen der deutschen Armeen schlossen eine Generalamnestie für alle Beteiligten von vornherein aus.

Wenig realistisch war bei der Vielzahl der an den Verbrechen beteiligten Täter auch die Lösung, mit einem politischen Akt den Nazispuk zu beenden, zum Beispiel die gesamte Führungsspitze des Dritten Reichs erschießen zu lassen. Churchill soll – wie der Völkerrechtler Erich Kaufmann kolportiert[5] – mit derartigen Überlegungen gespielt haben, denn »über Schlachtfeldern wächst Gras, über Galgen nie«. Freilich hätte sich solch ein Exempel nur an eine Handvoll Hauptverantwortlicher statuieren lassen, mit der Folge, daß alle anderen hätten amnestiert werden müssen. Außerdem wären die Siegermächte mit einem derartigen Völkerrechtsverstoß auf das Niveau der Gegner herabgestiegen, von denen sie sich gerade absetzen wollten. Nicht ohne Berechtigung hat Robert H. Jackson in seiner Anklagerede gemahnt, daß »nach dem gleichen Maß, mit dem die (Alliierten) die Angeklagten heute messen, auch sie morgen von der Geschichte gemessen werden«.[6] Die sofortige Exekution der Hauptverantwortlichen ohne oder nach nur kurzem Prozeß hätte den Deutschen nur Vorwände geliefert, diese Tat gegen ihre Verbrechen aufzurechnen.

Schließlich schied auch die Möglichkeit, die Hauptkriegsverbrecher vor ein deutsches Gericht zu stellen, aus. Zu schlechte Erfahrungen hatten die Entente-Mächte nach dem Ersten Weltkrieg mit der deutschen Justiz gemacht. Nachdem das Deutsche Reich damals die Verpflichtung des Art. 288 des Versailler Friedensvertrages, die Kriegsverbrecher auszuliefern, ignoriert hatte, ließen sie sich gegen die Zusage, die Verbrecher würden in Deutschland abgeurteilt, zu einem Verzicht auf die Auslieferung bewegen. Der Reichstag verabschiedete zwar ein »Gesetz zur Verfolgung der Kriegsverbrechen und Kriegsvergehen«,[7] von der Justiz wurde es jedoch regelrecht boykottiert. Der für die Verfolgung derartiger Straftaten zuständige oberste Ankläger des Reichs, Oberreichsanwalt Ludwig Ebermayer, erläuterte später seine Motive: »... nie und nimmer dürften wir uns der entehrenden Bedingung fügen, unsere eigenen Landsleute wegen dieser sogenannten Kriegsverbrechen zu verfolgen, während es keinem der anderen am Kriege beteiligten Länder einfiel, eine solche Verpflichtung auf sich zu nehmen. Ein solches Zugeständnis ging an unsere Ehre«. Dementsprechend war auch das Ergebnis; Ebermayer konnte berichten: »Die meisten Sachen wurden, da kein objektiver Tatbestand oder mindestens kein Verschulden nachzuweisen war, eingestellt«.[8]

Ein anderes Ergebnis hätten deutsche Kriegsverbrecherprozesse der Nachkriegszeit sicherlich auch nicht gehabt, ganz abgesehen davon, daß die Justiz selbst dermaßen belastet war, daß ihr jede Legitimität fehlte, andere NS-Verbrechen abzuurteilen.

Im Grunde genommen hatten die Alliierten gar keine andere Möglichkeit, als nach dem gewonnenen Krieg den Verantwortlichen einen rechtsstaatlich einwandfreien Prozeß zu machen. Das hatte sich schon in den ersten Kriegsjahren angedeutet, und je mehr Verbrechen der Deutschen ruchbar wurden, desto klarere Konturen gewann die Idee eines großen Prozesses gegen die NS-Führung. Im Oktober 1941 gaben der amerikanische Präsident und der britische Premierminister entsprechende Erklärungen ab, die sich nur in Nuancen unterschieden. Während Roosevelt eher seine Abscheu über die Unmenschlichkeiten erklärte, nahm der pragmatische Churchill die Bestrafung der Verbrecher in die Kriegsziele der Alliierten auf: »Retribution for these crimes must henceforward take its place among the major purposes of the war«.[9] Am 6. Januar und 27. April 1942 äußerte die Sowjetunion ähnliche Pläne, und am 13. Januar unterzeichneten neun europäische Exilregierungen in London die »Declaration of St. James Palace« zur gerichtlichen Bestrafung der Kriegsverbrecher. Am 21. August 1942 kündigte Roosevelt öffentlich den Achsenmächten an, daß ihre Repräsentanten von Gerichten der damals besetzten und unterdrückten Länder zur Rechenschaft gezogen würden. Mit der Bildung der »United Nations Commission for the Investigation of War Crimes« vom 7. Oktober 1942 nahm der Plan konkretere Formen an.

Schon drei Wochen später nahm die Kommission, an der sich 17 Staaten beteiligten, die Arbeit auf. Sie dauerte bis 1948. Während zunächst in den Erklärungen, Noten, Appellationen und Resolutionen nur von »Kriegsverbrechen« die Rede war, gab der britische Außenminister Eden am 17. Dezember 1942 im Namen der Alliierten eine Erklärung ab, in der diese ankündigten, die Ausrottung der jüdischen Bevölkerung Europas nicht ungesühnt zu lassen. Sie bestätigten »ihre feierliche Verpflichtung, zusammen mit allen Vereinten Nationen sicherzustellen, daß die Personen, die für diese Verbrechen verantwortlich sind, der verdienten Vergeltung nicht entgehen«.[10] In der »Moskauer Drei-Mächte-Erklärung über Grausamkeit« vom 30. Oktober 1943 erklärten dann die USA, Großbritannien und die Sowjetunion, daß sie im Namen sämtlicher 32 Vereinten Nationen den deutschen Offizieren, Soldaten und Parteifunktionären für die Grausamkeiten, Massaker und Massenerschießungen in den besetzten Gebieten den Prozeß machen würden.[11] Im Prinzip sollten zwar die von den Verbrechen betroffenen Länder die Taten nach ihrem Recht aburteilen, für all diejenigen Täter, deren Verbrechen sich nicht nur auf das Territorium eines Staates beschränkten, sollte jedoch ein »gemeinsames Urteil der Regierungen der Verbündeten« ergehen.

Dieser Gedanke wurde auf der Konferenz von Jalta, in der Vier-Mächte-Erklärung vom 5. Juni 1945 und im Potsdamer Abkommen wiederholt. Im Mai 1945 ergriffen die Vereinigten Staaten schließlich die Initiative und schlugen den Verbündeten die Gründung eines internationalen Militärgerichtshofs zur Aburteilung der Hauptkriegsverbrecher vor. Robert H. Jackson, Richter am Obersten Bundesgericht, war mit der Vorbereitung der Verhandlungen und der Ausarbeitung der amerikanischen Position betraut worden. Am 26. Juni 1945 trafen sich Bevollmächtigte der Regierungen Großbritanniens, der USA, der Sowjetunion und Frankreichs zur »Londoner Konferenz«, und am 8. August 1945 wurde das »Londoner Vier-Mächte-Abkommen über die Verfolgung und Bestrafung der Hauptkriegsverbrecher der europäischen Achse« unterzeichnet. Ein Teil dieses Abkommens war das »Statut für den internationalen Militärgerichtshof«,[12] die strafrechtliche und prozessuale Grundlage des Verfahrens gegen die Hauptkriegsverbrecher. Für die zwölf Folgeprozesse waren das Kontrollratsgesetz Nr. 10 vom 20. Dezember 1945 und die Verordnung Nr. 7 der amerikanischen Militärregierung bestimmend.

Am 18. Oktober 1945 trat der Internationale Militärgerichtshof in Berlin zu einer Eröffnungssitzung zusammen und nahm dort die Anklage entgegen. Zwei Tage später wurde die Hauptverhandlung in Nürnberg eröffnet. Sie dauerte bis zum 1. Oktober 1946. Zu Richtern waren ernannt: Lord Justice Lawrence (Großbritannien), Francis Biddle (USA), Prof. Donnedieu de Vabres (Frankreich) und Generalmajor I. T. Nikitschenko (UdSSR). Der Prozeß richtete sich gegen führende Vertreter Nazideutschlands, Repräsentanten seines militärischen, propagandistischen und wirtschaftlichen Machtapparates und zugleich gegen sechs als verbrecherisch angeklagte Organisationen: das Corps der politischen Leiter der NSDAP, die Geheime Staatspolizei, den Sicherheitsdienst der SS, die Reichsregierung, den Generalstab und das

Oberkommando der Wehrmacht. Der amerikanische Ankläger Telford Taylor brachte dies auf die Kurzformel: »Die unselige Dreieinigkeit von Nationalsozialismus, Militarismus und Wirtschaftsimperialismus«.[13] Die vier Anklagepunkte lauteten: Teilnahme an einem Plan einer Verschwörung zu einem Verbrechen gegen den Frieden; Verbrechen gegen den Frieden, d. h. Führung eines Angriffskrieges; Kriegsverbrechen, d. h. Verletzungen der Gesetze und Gebräuche des Krieges; Verbrechen gegen die Menschlichkeit, vor allem Völkermorde.

Zwölf Todesurteile wurden gesprochen, gegen Göring, von Ribbentrop, Keitel, Kaltenbrunner, Rosenberg, Frank, Frick, Streicher, Sauckel, Jodl, Seyß-Inquart und Bormann. Hess, Funk und Raeder wurden zu lebenslänglicher, Dönitz zu zehn Jahren, von Neurath zu fünfzehn und von Schirach und Speer zu zwanzig Jahren Freiheitsstrafe verurteilt. Schacht, von Papen und Fritzsche wurden freigesprochen. Die SS, der SD, die Gestapo und das Corps der politischen Funktionäre wurden für verbrecherisch erklärt.

Nach dem ersten, dem sogenannten Hauptkriegsverbrecherprozeß, fanden noch zwölf Folgeprozesse statt. Allerdings – das erste Verfahren hatte etliche Differenzen zwischen den Beteiligten der vier Siegermächte offenbart – vor ausschließlich mit Amerikanern besetzten Gerichten (United States Military Tribunals). Drei Prozesse wurden gegen die SS geführt, gegen Angehörige des Wirtschafts- und Verwaltungshauptamts der SS, des Rasse- und Siedlungshauptamts der SS und der Einsatzgruppen, drei gegen Generäle, gegen den Feldmarschall Milch, gegen die Südost-Generäle und gegen das Oberkommando der Wehrmacht, drei Prozesse gegen Industrielle (Flick, IG-Farben und Krupp), ein Prozeß fand gegen hohe Justizfunktionäre statt, einer gegen Ärzte und einer gegen Mitglieder des Auswärtigen Amtes und andere hohe Beamte (Wilhelmstraßenprozeß). Insgesamt wurden in Nürnberg 177 Personen angeklagt, 24 Todesurteile gesprochen, 20 Lebenslängliche und 98 zeitige Freiheitsstrafen zwischen 1 1/2 und 25 Jahren ausgesprochen. 35 Personen bekamen einen Freispruch. Bereits 1951 milderte der amerikanische Hochkommissar John McCloy die meisten Strafen ab, 10 Todesurteile wurden in Freiheitsstrafen umgewandelt, und »geradezu in einem Gnadenfieber« (Robert M. W. Kempner) begnadigten die Alliierten die Nürnberger Verurteilten. 1958 wurde der letzte aus dem Gefängnis Landsberg entlassen.

2. Die vertane Chance

Die 13 Verfahren, geprägt von der wohltuenden Fairneß angelsächsischer Prozeßordnung und der relativen Unvoreingenommenheit des Gerichts, obgleich die ungeheueren Verbrechen – wenn auch noch nicht in ganzem Ausmaß – bereits vor der Beweisaufnahme bekannt waren, hätten den deutschen Juristen die Chance geboten, mit der Vergangenheit zu brechen und die künftige Rechtsentwicklung an den in Nürnberg entwickelten Rechtsprinzipien statt an der deutschen Tradition zu orientieren. Denn »wahrlich, die Deutschen – nicht weniger als die Welt draußen« hatten, wie Justice Jackson und leider kein Deutscher feststellte, »mit den Angeklagten eine Rechnung zu begleichen.«[14] Das schien auch die Meinung der deutschen Juristen zu sein, jedenfalls derer, die sich zu Wort meldeten. Allerdings wurde die juristische Diskussion der unmittelbaren Nachkriegszeit nur von einer Handvoll Unbelasteter beherrscht. Gustav Radbruch, Rechtsphilosoph, Anfang der 20er Jahre kurzfristig sozialdemokratischer Reichsjustizminister und später erster amtsenthobener Hochschullehrer der Nazi-Zeit, hoffte 1946 noch, es werde »Aufgabe der Juristen sein, aus den einzelnen Entscheidungen die in ihnen waltenden allgemeinen Rechtsgedanken herauszuarbeiten«.[15] Georg August Zinn, damaliger Justizminister und späterer Ministerpräsident des Landes Hessen, meinte 1947 auf dem schlecht besuchten ersten Deutschen Juristentag nach dem Ende der NS-Zeit in Konstanz, daß die Bestrafung der NS-Verbrechen kein bloßer technischer Vorgang sei, sondern ein »metaphysischer Akt der Entsühnung des Staates« und daher »aus dem Volke selbst« erfolgen müsse.[16]

Zustimmende Äußerungen aus Juristenkreisen waren äußerst selten. Die Mehrheit zog es vor zu schweigen. Wer sich zum Beispiel in der juristischen Fachpresse über die Nürnberger Prozesse informieren will, erfährt erstaunlich wenig. Nicht einmal jedes der einzelnen Verfahren ist dort dokumentiert. Das ist um so unverständlicher, als Freunde wie Gegner dem Nürnberger Unternehmen bescheinigten, »eine Revolution« (Otto Kranzbühler), ein »historischer Prozeß«,[17] gar ein »Jahrhundertprozeß« (Bradley F. Smith), ein »Markstein« oder »Wendepunkt« in der Geschichte zu sein.[18]

3. Juristenreaktionen

Das andere »Nürnberg« hatte, obwohl überhaupt kein spezifisch juristisches Ereignis, in den juristischen Fachzeitschriften stets ein lebhaftes Echo ausgelöst. Kein Reichsparteitag der NSDAP, über den nicht in der *Deutschen Juristenzeitung*, der *Deutschen Richterzeitung* oder – solange sie existierte – der *Juristischen Wochenschrift* in langen Beiträgen berichtet worden wäre. Regelmäßig im September überboten sich die Fachjournale mit Berichten, Chroniken, Reportagen, Nachlesen und Bilanzen über den Parteitag,[19] aber nachdem die Gleichschaltung der juristischen Zeitschriften gefallen war, meinte man in den Redaktionsstuben der Juristenblätter offenbar, über Nürnberg sei in der Vergangenheit genug berichtet worden. 1945 ist es zwar bei den Jahrgangsbänden rechtswissenschaftlicher Periodika nicht vertreten, aber auch in den Jahren 1946/47, der Gründerzeit juristischer Fachzeitschriften, wurde der Jahrhundertprozeß weitgehend totgeschwiegen.

Die Fachpresse

Das meiste erfährt man noch aus der von einem Kreis um Gustav Radbruch gegründeten *Süddeutschen Juristenzeitung*. Die Herausgeber hatten der neuen Zeitschrift zur Aufgabe gesetzt, »dem Recht zu dienen, nicht mehr und nicht weniger«.[20] Sie sprechen in ihrem Geleitwort sogar den »Verfall unserer Rechtskultur« an und »die Einbuße, die die Würde des Rechts erlitten hat«. Die Berichterstattung zu den Nürnberger Verfahren leitete die SJZ mit einem Abdruck der Anklagerede Robert H. Jacksons ein, versehen mit einem Vorwort von Robert M. W. Kempner.[21] Im Sommer 1946 stellte der Hamburger Oberregierungsrat Karl-Heinz Lüders hier Betrachtungen über den Hauptkriegsverbrecherprozeß an, in denen er sich mit der – damals nur hinter vorgehaltener Hand geäußerten – Juristenkritik an den Verfahren auseinandersetzte. Vor allem wies er darauf hin, daß es deutsche Gerichte, auch Kriegsgerichte, waren, die in der Vergangenheit mit größter Selbstverständlichkeit ausländische Bürger abgeurteilt hatten.[22] Kriegsgerichte insbesondere, wenn die Angeklagten gegen die Haager Landkriegsordnung verstoßen hatten. Lüders' Schluß, daß »nur noch böswillige und verhärtete Nationalsozialisten« die Objektivität des Nürnberger Gerichtshofs in Zweifel zögen,[23] erscheint angesichts der erst einige Jahre später richtig einsetzenden Juristendiskussion etwas gewagt. 1947 dokumentierte die SJZ sogar den allgemeinen Teil der Anklagerede im Nürnberger Juristenprozeß, und die Redaktion kommentierte: »Dem deutschen Volk wird dieser Prozeß das gesetzliche Unrecht und das Justizsystem des nationalsozialistischen Staates in seiner ganzen Tragweite vor Augen führen. Dem deutschen Juristen wird er die tiefe Verantwortung bewußt machen, die er seinem Volk gegenüber trägt; daß er über die Schmach, die seinem Stande angetan wurde, nicht selbst zu Gericht sitzen kann, ist bedauerlich, aber verständlich«.

Stets erscheinen in der *Süddeutschen Juristenzeitung* dieselben Namen wie auf den Juristentagen und -zusammenkünften der Nachkriegszeit, jene Handvoll Leute, die ernsthaft mit der Vergangenheit brechen wollten. Noch im Juli 1948 hielt der bayerische Ministerpräsident Hans Ehard – Mitbegründer der Zeitschrift – es für die »Pflicht und die dankbare Aufgabe der deutschen Rechtswissenschaft und Politik, das umfangreiche Material des (Hauptkriegsverbrecher-) Prozesses zu durchforschen und nutzbar zu machen«; diese Arbeit müsse jedoch, »wenn sie dauernden Wert haben soll, ohne jede vorgefaßte Meinung durchgeführt werden, im Geiste des Rechtes und der Gerechtigkeit«.[24] Zwei Jahre später war das Experiment einer juristischen Zeitschrift mit dem hohen Anspruch, in Deutschland eine neue Rechtskultur zu entwickeln, gescheitert. Die SJZ ging in der *Juristenzeitung* auf, zusammen übrigens mit der *Deutschen Rechtszeitschrift* (DRZ).

Im Dezember 1947 hatte der badische Generalstaatsanwalt Karl S. Bader – ebenfalls Mitbegründer der SJZ – in der DRZ das Urteil im Nürnberger Ärzteprozeß vom 14. August 1947 besprochen, wobei er den Beitrag des eigenen Berufsstandes zum Massenmord an den Behinderten nicht verschwieg und sogar aufzeigte, wie Juristen an der Entwicklung der Ärzte zu »Gesundheitsbeamten mit Tötungsprivileg« mitgearbeitet hatten.[25] Allerdings – eine Auseinandersetzung mit dem Prozeß gegen die eigene Zunft sucht man auch in der DRZ vergebens. Das Blatt begnügte sich mit einem kurzen Bericht über den Konstanzer Juristentag vom 1. bis 5. Juni 1947, auf dem Generalstaatsanwalt La Folette von der Anklageerhebung im Nürnberger Juristenprozeß nur berichtet hatte. Nach dem Urteil druckte die DRZ dann nur einen dürren, nichtssagenden Bericht des Rechtsanwalts Carl Haensel, bei dem Vorgeschichte und Grundlage des Prozesses völlig im dunkeln bleiben.[26]

Die *Monatsschrift für Deutsches Recht* (MDR), 1947 gegründet, bringt zu den Nürnberger Prozessen direkt weder Bericht noch Reportage noch gar eine Abhandlung. Einzig ein Aufsatz des Londoner Universitätsprofessors R. H. Graveson setzt sich mit dem beharrlich von deutschen Juristen gegen das Kontrollratsgesetz Nr. 10 vorgebrachten Einwand auseinander, es verstoße gegen den Grundsatz »nulla poena sine lege«, weil es rückwirkend in Kraft gesetzt wurde.[27] Graveson weist nach, daß die Rückwirkung von Gesetzen in angelsächsischen Rechtsordnungen keineswegs ausgeschlossen ist, und sehr versteckt nur, mit angelsächsischer Zurückhaltung, deutet er an, daß diejenigen wohl kaum behaupten könnten, das Rückwirkungsverbot sei ein ehernes deutsches Rechtsprinzip, die es wenige Jahre zuvor als »undeutsch« oder »typisch jüdische Rechtsauffassung« außer Kraft gesetzt hatten. Im Jahrgang 1949 der MRD durfte schon wieder Erich Schwinge scharf die Praxis der französischen Militärgerichte gegenüber Wehrmachts- und SS-Angehörigen geißeln.[28]

Auch in der 1947 neugegründeten *Neuen Juristischen Wochenschrift* (NJW), die, in Tradition zur großen einstmals liberalen *Juristischen Wochenschrift* begründet, vorübergehend nach einer Klage der MDR sich *Neue Juristische* nennen mußte, findet man in den Jahrgängen 1947/48 nur einen einzigen, zudem völlig belanglosen Bericht des Verteidigers im Hauptkriegsverbrecherprozeß, Herbert Thiele-Fredersdorf, über das Urteil des Militärgerichtshofs Nr. 3, in dem sogenannten Juristenprozeß, aus dem man weder erfährt, warum die Angeklagten vor Gericht standen, noch, womit sie sich verteidigten.[29] Eine Auseinandersetzung mit dem für die deutschen Juristen so bedeutsamen Prozeß – schließlich saßen die Angeklagten stellvertretend für den ganzen Berufsstand auf der Anklagebank – fand schon gar nicht statt.

Die *Deutsche Richterzeitung,* Organ des Deutschen Richterbundes, ging sofort nach ihrer Gründung im Jahre 1950 zur Tagesordnung über. Nachdem die Vorgängerzeitschrift *Justiz und Verwaltung* den Reigen ihrer Abhandlungen mit einem Aufsatz über »das Straffreiheitsgesetz von 1949 unter besonderer Berücksichtigung seiner Entstehungsgeschichte« eingeleitet hatte,[30] begann die Richterzeitung mit einem Grundsatzbeitrag von Carl Hermann Ule, damals noch Senatspräsident am Oberverwaltungsgericht Lüneburg, zu »Bonner Grundgesetz und Justiz«,[31] um sich dann schnell dem »Heimkehrer im Straf- und Ehescheidungsprozeß«,[32] dem im Ersten Strafrechtsänderungsgesetz neu formulierten politischen Strafrecht und dem neugegründeten Bundesgerichtshof zuzuwenden. Bei dessen Eröffnungsfeier, weiß die DRZ zu berichten, forderte Bundespräsident Heuß, »die Rechtsentscheidung müsse jeder Einwirkung der Besatzungsmacht entzogen sein, wolle man die Würde des Rechtes wieder herstellen«, und »das Rechtsdenken müsse ferner aus der Sphäre propagandistischer Überspitzung und politischer Machtzweckhaftigkeit zur nüchternen Redlichkeit zurückgeführt werden«.[33]

Am Gründonnerstag 1949 endete mit der Verkündung des Urteils gegen Weizsäcker und andere im sogenannten Wilhelmstraßenprozeß die einzigartige Prozeßserie, die am 18. Oktober 1945 mit dem Verfahren gegen Göring u. a. eröffent worden war. Das ohnehin sehr schwache Echo der juristischen Fachpresse verhallte mit einem Aufsatz des eifrigsten Chronisten der Prozeßreihe, Rechtsanwalt Carl Haensel aus Freiburg, mit dem Titel »Der Ausklang von Nürnberg« in der *Neuen Juristischen Wochenschrift.*[34] Mit den Pflichtübungen in den Chronikspalten der juristischen Zeitschriften, die Ende der vierziger Jahre noch um ihre Lizenzen bangen mußten – der Beck-Verlag durfte in dieser für die deutschen Juristen so demütigenden Zeit nur als »Biederstein-Verlag« firmieren –, war das Kapitel Nürnberg für die deutsche Rechtswissenschaft keineswegs abgeschlossen. Eigentlich begann es erst richtig.

Die Unbelehrbaren

Vereinzelt hatten sich schon in den Vierzigern Stimmen gegen »Nürnberg« erhoben, etwas kleinlaut zwar, aber unüberhörbar, zum Beispiel in den Festschriften der Nachkriegszeit, in denen sich zu Ehren der (meist NS-belasteten) Jubilarskollegen deren Schüler versammelten, die nunmehr dem Zeitgeist deutlicheren Widerstand entgegensetzten als 1933 bis 1945. Wilhelm Sauer, der 1933 die deutschen Juristen aufgefordert hatte, »in dem Führer eine Lichtgestalt und einen Helden zu verherrlichen, der die deutsche Seele aus der Tiefe hinaus ans Licht führt, ihr nach Wallhall, zu Gott dem Vater ... den sicheren Weg aufzeigt«,[35] erhielt 1949 trotz Papierknappheit eine umfangreiche Festschrift, in deren Zueignung ihm schon bestätigt wurde, stets nach der Maxime gelebt zu haben: »Verloren ist jeder Tag, an dem der Mensch nicht den ewigen Werten nachjagt.«[36] Wie fast alle Festschriften der Nachkriegszeit war auch diese ein Tummelplatz alter Kameraden, die jetzt, nachdem sie zwölf Jahre lang Klartext geschrieben hatten, nur sehr verschlüsselt ihre Meinung ausdrückten. Beliebt waren vor allem historische Verbrämungen. Walter Schaetzel, Völkerrechtsprofessor in Mainz, entwickelt in der Sauer-Festschrift »Das Recht des Kriegsverbrechers auf rechtliches Gehör«.[37] Der große historische Bogen, den er schlägt, dient nichts anderem als dem Nachweis, daß Nürnberg von vorne bis hinten rechtswidrig war. Aus verschiedenen Gründen, unter anderem weil die Kriegsverbrechen der Nazis ja keine Morde gewesen seien, sondern gerechtfertigte Notwehrhandlungen, denn das Völkerrecht ließe die Erschießung von Freischärlern durchaus zu. Professor Gotthold Bohne weist in einer historischen Abhandlung über das mittelalterliche Strafrecht von Hugolinus († 1233) über Albericus de Rosciate († 1354) bis zu Oldradus de Ponte († 1235) nach, daß schon spätestens im 15. Jahrhundert die Rechtskonstruktion des Nürnberger Tribunals hoffnungslos veraltet war. Organisationsverbrechen zu bestrafen – das hatte Bartholomaeus de Saliceto († 1412) bereits in seiner Betrachtung der Gefangennahme der Gesandten des lombardischen Bundes durch Kaiser Friedrich II festgestellt – sei barbarisch und fern jeder Rechtskultur.[38]

Zu Beginn der fünfziger Jahre – die 131er-Gesetzgebung hatte dafür gesorgt, daß noch der letzte Nazi-Jurist seinen Beitrag zur »herrschenden Lehre« beisteuern konnte – brauchte man mit seiner Meinung nicht mehr hinter dem Berg zu halten und sie nicht einmal mehr historisch zu verbrämen. Die Unbelehrbaren gaben den Ton an; und unbelehrbar waren nicht nur Belastete wie August von Knieriem, bis 1945 Vorstandsmitglied und Chefjurist der I. G. Farben, der in seinem vielbeachteten Buch über die Nürnberger Prozesse konstatierte, »daß wohl selten eine Anklage in einem großen politischen Prozeß so kläglich zusammengebrochen« sei[39] und daß in Nürnberg nur »Geschichtsklitterungen und Rechtsverdrehungen einander ablösten«.[40] Unbelehrbar waren vor allem auch die Nürnberger Verteidiger, die bald die Diskussion beherrschten. Rechtsanwalt Hans Laternser, Nürnberger Verteidiger der Feldmarschälle Kesselring, List und Ritter von Leeb, der die Verteidigung von Nazi-Verbrechern nach den Nürnberger Prozessen zu seiner Lebensaufgabe machte, ließ sich nicht davon abbringen, daß in Nürnberg nur »eine Partei über die andere zu Gericht« gesessen habe und zum Beispiel in dem Prozeß gegen das Oberkommando der Wehrmacht die Angeklagten einzig aus dem Grunde vor Gericht standen, weil sie »als Soldaten ihrem Land gedient haben«.[41] Otto Kranzbühler, der unermüdlich die »ungesunden« Rechtsprinzipien von Nürnberg anprangerte, rückte in der Festschrift zu Erich Kaufmanns 70. Geburtstag auch endlich einmal die den Nürnberger Prozessen zugrunde liegenden historischen Fakten zurecht: Angriffskrieg, das war der Kriegseintritt der Amerikaner; der deutsche Überfall auf die Sowjetunion dagegen war keineswegs eine Aggression, sondern ein »Akt der Verteidigung«.[42]

Rechtsanwalt Kranzbühler galt trotz oder wegen seiner markigen Worte in Juristenkreisen als ausgesprochener Kenner der Prozesse. Die Deutsche Gesellschaft für Völkerrecht lud ihn als Referenten zu ihrer Hamburger Jahrestagung 1950, um seine Überlegungen zu »Rechtsfragen der Nürnberger Prozesse« zu hören,[43] und als 1961 die Katholische Akademie in Bayern eine Tagung über »Möglichkeiten und Grenzen für die Bewältigung historischer und politischer Schuld in Strafprozessen« abhielt, war Kranzbühler der Experte für die rechtlichen Aspekte der Nürnberger Prozesse. Den Anklagepunkt »Angriffskrieg« nannte er dort, wie schon in seinen früheren Publikationen, ein Delikt, »das mit höchsten Strafen belegt worden, aber nicht definierbar ist«, denn »das alte Mittel des Krieges kann nicht verurteilt werden, weil es kein anderes und besseres zur Lösung internationaler Konflikte gibt«.[44]

Unbelehrbarkeit, das war damals geradezu die Voraussetzung für eine wissenschaftliche Karriere. Wer bei einem der 131er-Professoren – und andere gab es kaum – promovieren, habilitieren oder sonst reüssieren wollte, mußte gegen Nürnberg zu Felde ziehen. Eine konsequente Parteinahme für die Nürnberger Prinzipien, kritische Anmerkungen zur deutschen Vergangenheit oder gar eine Abrechnung mit der in Justiz und Rechtswissenschaft »herrschenden Lehre« hätte das Ende jeder akademischen Laufbahn bedeutet. Eine große wissenschaftliche Karriere dagegen konnte der heutige Direktor des renommierten Freiburger Max-Planck-Instituts für deutsches und internationales Strafrecht, Hans Heinrich Jescheck, auf seine Habilitationsschrift »Die Verantwortlichkeit der Staatsorgane nach Völkerrecht« aufbauen.[45] Der hoffnungsvolle Nachwuchsakademiker nannte die Prozesse schon in der Einleitung seiner von Edmund Mezger, Adolf Schönke und Erich Schwinge herausgegebenen Studie »ein trübes Kapitel aus den dunkelsten Stunden des deutschen Volkes«.[46] Um den Chefankläger Jackson zu charakterisieren, greift Jescheck auf Thomas Morus' Dämonie der Macht zurück: »Die Dämonie der Macht versteckt ihr wahres Antlitz hinter der Maske der Gerechtigkeit; die um Macht kämpfenden Utopier treten nicht in eigener Sache, sondern als Richter auf«, und in der Anklagerede des Justice Jackson hat nach Jescheck das »rein juristische Verständnis politischer Verantwortung nach der Art des Morus seinen äußersten Gipfel erreicht«.

Die historische Darstellung der Fakten bei Jescheck ist eine Reihe von Geschichtsklitterungen und Beschönigungen: im Osten und auf dem Balkan wurde »auf beiden Seiten ein Weltanschauungskrieg ohne Recht und Gnade geführt, (daher sei es) unerträglich, wenn genau gleichliegende Sachverhalte mit zweierlei Maß gemessen werden«.[47] Zu Oradour und Lidice meint er, daß sich die ermordete Zivilbevölkerung und vor allem die Exilregierungen Frankreichs und der Tschechoslowakei Völkerrechtsverletzungen hätten zuschulden kommen lassen und man daher den Nürnberger Angeklagten den Rechtfertigungsgrund des Repressalienrechts (Vergeltung einer Völkerrechtswidrigkeit mit einer anderen) hätte zubilligen müssen. Das Werk, das Jescheck einen beispiellosen Aufstieg in der wissenschaftlichen Hierarchie sicherte, ist nicht nur eine Abrechnung mit den Nürnberger Prozessen, sondern mit den Alliierten schlechthin. Die Nürnberger Verfahren waren in Jeschecks Augen eindeutig völkerrechtswidrig, denn »es widerspricht in unerträglicher Weise dem Rechtsgefühl, wenn eine Nation über eine andere zu Gericht sitzt, obwohl ihr selbst oder ihren Verbündeten die gleichen Völkerrechtsverletzungen zum Vorwurf gemacht werden müssen ... Im übrigen ist es Sache des Staates, dem der Beschuldigte angehört, darüber zu entscheiden, ob hierwegen ein Strafverfahren durchgeführt werden soll«.[48] Insgesamt kann er über Nürnberg nur »ein vernichtendes Urteil« fällen, die Prozesse hätten ein einziges politisches Grundmotiv: »Das Bedürfnis, die gesamte gegen Deutschland geführte Politik durch ein Gerichtsverfahren zu rechtfertigen«.[49]

Die Fachdisziplinen

Die juristischen Disziplinen gingen bei der Diffamierung der Nürnberger Prozesse arbeitsteilig vor. Die Aufgaben waren im wesentlichen wie folgt verteilt:

Die *Rechtsgeschichte* förderte aus der Historie Friedensverträge hervor, die wegen ihrer großzügigen Kriegsfolgenregelungen als beispielhaft herausgestellt wurden. Gemessen an den noblen Gesten des Verzeihens und Vergessens sollte die Anklage von Nürnberg offenbar als Muster kleinlicher Rachsucht erscheinen.

Die *Strafrechtswissenschaft* beharrte darauf, daß das Londoner Statut, erst recht aber das Kontrollratsgesetz Nummer 10, das Verbrechen gegen die Menschlichkeit für strafbar erklärte, als rückwirkendes Gesetz gegen den strafrechtlichen Fundamentalsatz nulla poena sine lege verstieße. Als Beispiele der Menschlichkeitsverbrechen hatte das Gesetz Mord, Ausrottung, Versklavung, Zwangsverschleppung, Freiheitsberaubung, Folterung, Vergewaltigung, andere unmenschliche Handlungen und Gewalttaten sowie Verfolgungen aus politischen, rassischen und religiösen Gründen genannt. Daß die damit geschützten Rechtsgüter, Leben, Gesundheit, Freiheit, Ehre und Vermögen auch von dem zur Tatzeit geltenden Strafrecht geschützt und als Mord, Raub, Freiheitsberaubung, Körperverletzung etc. unter Strafe gestellt waren, ignorierte die deutsche Strafrechtswissenschaft ebenso wie die Tatsache, daß die einzelnen Elemente des KRG 10 in der gesamten zivilisierten Welt strafbar waren.[50] Sicher, das Gesetz Nummer 10 wich in einigen Details von den Formulierungen des deutschen Strafrechts ab, aber das hätte man in Nürnberg, zumal in seiner nationalsozialistischen Deformation, wohl kaum anwenden können. Der zweite Einwand der Strafrechtler betraf die Strafbarkeit der Organisationsverbrechen, die angeblich unvereinbar mit dem rechtsstaatlichen Schuldprinzip sei. Dabei wurde geflissentlich übersehen, daß gerade in der deutschen Rechtstradition die Bestrafung von Organisationen fest verankert ist. Mit den Straftatbeständen der Geheimbündelei und der »kriminellen Vereinigung« waren Sozialdemokraten und Kommunisten vielfach kriminalisiert worden. Sieht man davon ab, daß die in Nürnberg als verbrecherisch eingestuften Organisationen zur Tatzeit unter dem Schutz der Regierung handelten, könnte der Vorwurf eines Verstoßes gegen das Schuldprinzip doch nur verfangen, wenn die Mitgliedschaft als solche als Straftat gewertet worden wäre. Schuldhaftes Verhalten wurde jedoch von den Nürnberger Gerichten nur angenommen, wenn neben der äußeren Mitgliedschaft und der Kenntnis der verbrecherischen Ziele die Unterstützung der Organisation durch Teilnahme oder Billigung strafbarer Handlungen nachzuweisen war. Gegenüber der Rechtsprechung des Reichsgerichts ist diese Auslegung des Organisationsdelikts noch ausgesprochen restriktiv. Das Reichsgericht hielt nämlich jeden für strafbar, der in Kenntnis der Tatumstände an einer verbrecherischen Organisation teilnimmt, sie unterstützt oder sich ihr anschließt, mag er die Ziele billigen oder nicht.[51] Bei näherem Hinsehen erwiesen sich die rechtsstaatlichen Einwände der Strafrechtswissenschaft als durchsichtige Ranküne gegen die Prozesse schlechthin.

Der *Völkerrechtswissenschaft* kam die Aufgabe zu, eine Verletzung des Gleichheitssatzes (völkerrechtlich: des Tu-Quoque-

Prinzips) zu rügen, worin implizit der Vorwurf versteckt war, die Alliierten hätten sich mindestens ebensovieler Verbrechen schuldig gemacht wie die Deutschen. Wäre die oben zitierte Behauptung Karl-Heinz Lüders' zutreffend gewesen, daß die Objektivität des Internationalen Militärtribunals nur noch von »böswilligen und verhärteten Nationalsozialisten« angezweifelt werde, so hätte man die ganze Zunft der Völkerrechtler zu solchen zählen müssen. Herbert Kraus, Nürnberger Verteidiger, danach Direktor des Instituts für Völkerrecht an der Universität Göttingen, dort zuständig für die Wissenschaftsobjekte »Prozesse wegen Kriegsverbrechen« und »Juristische Auswertung der Nürnberger Materialien«,[52] hielt zum Beispiel am 22. Oktober 1947 in der Aula der Göttinger Universität vor großem Auditorium einen Vortrag mit dem Titel »Gerichtstag in Nürnberg«.[53] Mit dem von ihm dort dargestellten »Inferno, (das) in die Seele eines jeden, der es miterlebte ... tiefe unauslöschliche Furchen gegraben hat«,[54] meinte Kraus nicht etwa die in Nürnberg enthüllte Hölle von Auschwitz, den Massenmord von Lidice oder die Vernichtung lebensunwerten Lebens, sondern: die Nürnberger Prozesse. Die Verbrechen der Nazis dagegen nennt Kraus, wenn er sie überhaupt einmal anspricht und dann nicht gerade als berechtigt oder gerechtfertigt darstellt, euphemistisch »Missetaten« oder »inhumane Maßnahmen«. Als Beispiel des in Nürnberg abgehandelten »Genocidiums« fallen ihm keinerlei Handlungen der Nazis ein, sondern nur »die Armeniergreuel«. Die Nürnberger Prozesse hätten nach seiner Auffassung als rein innerdeutsche Angelegenheit behandelt werden müssen. So, wie sie durchgeführt wurden, mit dieser Besetzung und diesem Statut, stellten sie eine ungerechtfertigte Einmischung in innere deutsche Angelegenheiten dar, denn »es hat schon seinen Sinn, daß die Staaten bisher äußerst zurückhaltend gegenüber inhumanen Regierungsmaßnahmen anderer Mächte gewesen sind und – wenn sie überhaupt reagierten – sich regelmäßig mit Protesten begnügt haben«.[55]

Vom 26. bis 28. Mai 1950 beschäftigte sich die Deutsche Gesellschaft für Völkerrecht mit »Rechtsfragen der Nürnberger Prozesse«.[56] Schon die Referentenauswahl sprach für sich: Neben den bereits erwähnten »Nürnberg-Experten« Professor Schaetzel und Rechtsanwalt Kranzbühler referierte der Kieler Privatdozent Eberhard Menzel. Zwei am Ende der Tagung gefaßte Resolutionen befaßten sich mit dem Heimatrecht der aus den verlorenen Ostgebieten vertriebenen Deutschen und Nürnberger Prozessen. Zum Heimatrecht beschlossen die Völkerrechtler bei grundsätzlicher Anerkennung des Krieges als Mittel der Politik, daß »nicht der

Sieg, sondern das materielle Recht über den Besitzstand« entscheiden sollte. Zu den Nürnberger Rechtsproblemen wiederholten sie die Klage darüber, »daß deutsche und alliierte Angeklagte bei gleichen Delikten prozeßrechtlich und materiellrechtlich nicht gleich behandelt werden«. Geschickt wurde dabei unterstellt, die Nürnberger Prozesse hätten nicht deutsche Besonderheiten wie Ausrottung der europäischen Juden, Massenmord an Behinderten, inflationäre Todesstrafenpraxis bei den Sondergerichten etc. zutage gefördert, sondern nur einige geringfügige Verstöße gegen Haager Landkriegsordnung und Genfer Konventionen. Die bei hartleibigen Nazis übliche Aufrechnung der deutschen Verbrechen gegen »das Unrecht, das den Deutschen geschehen ist«, wird von der deutschen Völkerrechtswissenschaft subtil, aber sehr bewußt eingesetzt. Überhaupt war neben Nürnberg das Heimatrecht der vertriebenen Deutschen beherrschendes Thema dieser Wissenschaft. »Massenvertreibung und Völkermord« lautete zum Beispiel Herbert Kraus' Beitrag im »Jahrbuch der Albertus-Magnus-Universität zu Königsberg/Pr.« im Jahre 1945, der allerdings nicht das Schicksal des polnischen oder jüdischen Volkes beklagte, sondern das der aus den Ostgebieten vertriebenen Deutschen. Kraus, der die Umsiedlung und Massentötung großer Teile des polnischen Volkes zu »inhumanen Maßnahmen« bagatellisierte, empört sich darin über die Verbrechen an den Deutschen, und Eberhard Menzel, später Direktor des renommierten Kieler Instituts für Völkerrecht, lieferte zum selben Jahrbuch mit seinem Referat »Das Selbstbestimmungsrecht der Völker und das Annexionsverbot« einen »Beitrag zur Klärung der deutschen Rechtsansprüche auf Wiedervereinigung mit den deutschen Ostgebieten«.[57]

Eine Wissenschaft, die in identischer Besetzung nur wenige Jahre früher unisono alle deutschen Annexionen bejubelt und die Unterjochung der europäischen Völker mit Großraum-Theorien für völkerrechtsmäßig erklärt hatte, entdeckte plötzlich das Annexionsverbot.

Natürlich ließen auch die Völkerrechtslehrbücher an den Nürnberger Prozessen kein gutes Haar. Friedrich Berber, Münchener Ordinarius für Völkerrecht, widmet nicht weniger als 15 Seiten seines Völkerrechtslehrbuch den Nürnberger Prozessen.[58] Einziger Sinn dieser Verfahren: »Eliminierung der Führer des besiegten Staates durch die Siegerstaaten mit dem Überwiegen des Strafzwecks der Rache«.[59] Berber bestreitet dem Tribunal jeden moralischen Anspruch und schon gar den Charakter eines internationalen Gerichtshofs, da es »ohne Zustimmung des Staates tätig geworden ist, dessen Angehörige angeklagt waren«. Mangels Einwilligung »der Reichsführung« (!) waren die Nürnberger Prozesse daher eine »Überschreitung des Kriegsbesatzungsrechts der Haager Landkriegsordnung«, ein eklatanter Verstoß gegen das Völkerrecht. Gerechtigkeit hätte nach Auffassung des Völkerrechtslehrers nur hergestellt werden können, wenn sämtliche Taten der Nazis ohne jede Strafe geblieben wären. Den Nürnberger Prinzipien stellt er daher sein Ideal der Lösung solcher Konflikte entgegen: den Stockholmer Friedensvertrag vom Januar 1720, in dessen Artikel 2 die Signartarstaaten Preußen und Schweden vereinbart hatten: »Es soll beiderseits eine immerwährende Vergessenheit und anmesty alles dessen seyn, was der einen oder anderen Seite, es sey auf was Weise es wolle, feindliches und widerwärtiges gegen einander vorgekommen sein mögte.«[60] Wenn man aber schon nach einem derartigen Krieg ein Tribunal veranstaltete, hätte man zumindest auch die Siegermächte mit auf die Anklagebank setzen müssen. Daß dies nicht geschah, hält Berber für einen groben Verstoß gegen das »tu-quoque-Prinzip«, also auch für völkerrechtswidrig.

Nur wenig zurückhaltender äußert sich Georg Dahm, seit 1933 Professor für Strafrecht an der Universität Kiel, Mitbegründer der berüchtigten Kieler Schule und einer der profiliertesten Propagandisten des Nazi-Strafrechts, der 1934 gefordert hatte, der Strafrichter solle sich von »gesundem Vorurteil« leiten lassen und »Werturteile fällen, die dem Willen der politischen Führung entsprechen«.[61] Nach seiner 131er-Rückkehr wurde er Völkerrechtsprofessor, wieder in Kiel, und in seinem dreibändigen Werk »Völkerrecht«[62] nennt er Nürnberg ein »Ausnahmegericht für die Besiegten«, da Besatzungsgerichte »wohl kaum das Recht (haben), ein Verbrechen wie das des Angriffskrieges zu bestrafen«. Soweit man in Nürnberg über die Bestrafung reiner Kriegstaten hinausging und zum Beispiel den Holocaust zum Gegenstand des Verfahrens machte, handelte es sich nach Dahm um »eine durch die Regeln der occupatio bellica nicht mehr gedeckte Occupation«.[63]

Bis heute hat die deutsche Völkerrechtswissenschaft nichts aus den Nürnberger Prozessen gelernt. Nach wie vor gilt die Lehre des Freiherrn von der Heydte, daß Angriffskrieg ein »unbestimmter Rechtsbegriff« sei,[64] und das treffendste Urteil traut man ausgerechnet Wilhelm Georg Grewe zu, der die Nürnberger Prozesse als »utopisches Völkerrechtsobjekt« einschätzt.[65] Grewe, im Dritten Reich Professor für öffentliches Recht in Berlin und Göttingen, seit 1947 in Freiburg, 1951/52 deutscher Delegationsleiter für die Verhandlungen über den Deutschland-Verlag, später deutscher Botschafter in den USA und bei der Nato, wohl einflußreichster Völkerrechtler Nachkriegsdeutschlands, blieb noch 1970 dabei: »Die Nürnberger und Tokioter Gerichtshöfe waren Ausnahmegerichte der Siegermächte. Das von ihnen angewandte ... Strafrecht war ein Ausnahmerecht für die Besiegten«.[66] Derartiges gilt nach wie vor als herrschende Meinung in der westdeutschen Völkerrechtswissenschaft, nicht nur bei der älteren Generation, auch bei ihren Schülern, die die Lehrstühle übernommen haben. In seiner Studie »Völkerrecht und deutsches Recht«[67] meinte der Bonner Völkerrechtsordinarius Walter Rudolf, wenn nach dem Zweiten Weltkrieg »interalliierte Tribunale über einzelne Menschen in den besiegten Staaten als Normadressaten eines Völkerstrafrechts zu Gericht gesessen haben, so kann dies nur als Ausnahmeerscheinung gegenüber den Besiegten gewertet werden«, und unter Berufung ausgerechnet auf Georg Dahm nennt er die Völkerrechtsmäßigkeit Nürnbergs »umstritten«, jedenfalls sei »der in Art. V 1 des Westfälischen Friedens formulierte Paritätsgrundsatz in Nürnberg und Tokyo nicht beachtet worden«.[68] Eine Ausnahme in der völkerrechtlichen Literatur stellen schon Versuche dar, Nürnberg gerecht zu werden, und seien es auch nur halbherzige wie der Artikel »Nürnberger Prozesse« in dem 1961 neu aufgelegten Wörterbuch des Völkerrechts, wo der Frankfurter Professor Hans-Jürgen Schlochauer gönnerhaft bemerkt: »Mögen auch viele Verbrechen der anderen Seite ungesühnt geblieben und in manchen Fällen durch menschliche Unzulänglichkeit ungerechte Strafen verhängt worden sein, so ist das Beispiel von Nürnberg im ganzen doch als ›a landmark in law‹ zu betrachten«.[69]

Hätten wir nicht Robert M. W. Kempners Schriften zu den drei SS-Prozessen und zum Wilhelmstraßenprozeß, hätte er nicht in den letzten 40 Jahren unermüdlich gemahnt und an die Nürnberger Prozesse erinnert,[70] deutsche Juristen, die sich über die Verfahren informieren wollen, wären tatsächlich auf diese Art »wissenschaftlicher Aufklärung« angewiesen.

Anmerkungen

1 SMITH, Bradley F., *Der Jahrhundertprozeß: Die Motive der Richter von Nürnberg – Anatomie der Urteilsfindung,* Frankfurt a. M.: S. Fischer 1977 S. 6

2 LATERNSER, Hans, *Verteidigung deutscher Soldaten: Plädoyer vor alliierten Gerichten,* Hamburg: Steudel & Hartkopf 1950 S. 11

3 HAENSEL, Carl, *Das Gericht vertagt sich – aus dem Tagebuch eines Nürnberger Verteidigers,* Claassen 1950 S. 3
4 Corpus Juris Canonici: Decreti Secunda Pars Causa I, Quaestio VII, zit. n. E. WAHL, *Vorwort* zu *KNIERIEM,* August v., *Nürnberg. Rechtliche und menschliche Probleme,* Stuttgart: Klett, 1953
5 *Warum konnte der Krieg zum Verbrechen erklärt werden?* in: BUNDESMINISTERIUM FÜR VERTEIDIGUNG (Hrsg.), *Schicksalsfragen der Gegenwart.* Handbuch politisch-historischer Bildung, Bd. 1, Tübingen: C. B. Mohr 1957 S. 272
6 *Staat und Moral. Zum Werden eines neuen Völkerrechts, Die Anklagerede von R. H. Jackson,* München: Nymphenburger Verlagsanstalt 1946 S. 8
7 Vom 18. 12. 1919 (RGBl. S. 2125), ergänzt durch Gesetz vom 24. 3. 1920 (RGBl. S. 341) und am 12. 5. 1921 (RGBl. S. 508)
8 EBERMAYER, Ludwig, *50 Jahre Dienst am Recht,* Leipzig 1930 S. 190 f.
9 Zit. n. JESCHECK, Hans-Heinrich, *Die Verantwortlichkeit der Staatsorgane nach Völkerrecht,* Bonn: Röhrscheid 1952 S. 122
10 Abgedruckt bei HEINZE, Kurt/SCHILLING, Karl, *Die Rechtsprechung der Nürnberger Militärtribunale,* Bonn: Röhrscheid 1952, Urkundenanhang S. 310
11 A. a. O. (Anm. 10) S. 313
12 A. a. O. (Anm. 10) S. 315 ff.
13 *The Nuremberg Trials,* in: Columbia Law Review Nr. 4/1955 S. 498
14 Anm. 6, S. 12
15 Vorwort a. a. O. S. 6
16 Dokumentation: *Der Konstanzer Juristentag,* 2.–5. Juni 1947, Tübingen: J. C. B. Mohr 1947 S. 130
17 KRANZBÜHLER, Otto, *Nürnberg als Rechtsproblem,* in: *Um Recht und Gerechtigkeit,* Festgabe für Erich Kaufmann zum 70. Geburtstag. Köln: Kohlhammer 1950 S. 221
18 WOETZEL, Robert, *The Nuremberg Trials in internatinal Law with a postlude on the Eichmann case,* London 1962, zit. n. WEBER, Jürgen, *Sinn und Problematik der Nürnberger Kriegsverbrecherprozesse,* in: aus politik und zeitgeschichte, B 48/68 S. 3
19 Vgl. nur DJZ 1934 Sp. 1205 ff; 1935 Sp. 1153, 1166 ff; 1936 Sp. 1097 ff; DRiZ 1934 S. 257, 259; 1935 S. 257, JW 1934 S. 21 ff.
20 *Geleitwort,* SJZ 1946 Sp. 1
21 *Die Rechtsgrundlage für die Beschuldigung der Nazi-Organisationen als verbrecherische Organisationen,* SJZ 1946 Sp. 57 ff.
22 *Strafgerichtsbarkeit über Angehörige des Feindstaates,* SJZ 1946 Sp. 216 ff.
23 A. a. O. Sp. 221
24 *Der Prozeß gegen die Hauptkriegsverbrecher und das Völkerrecht,* SJZ 1948 Sp. 353 ff.
25 *Umschau,* DRZ 1947 S 401 f.
26 *Das Urteil im Nürnberger Juristenprozeß,* DRZ 1948 S. 40 ff.
27 *Der Grundsatz nulla poena sine lege und das Kontrollratsgesetz Nr. 10,* MDR 1947 S. 278

28 *Angehörige der ehemaligen deutschen Wehrmacht und der SS vor französischen Militärgeschichten,* MDR 1949 S. 650 ff
29 *Das Urteil des Militärgerichtshofes Nr. III im Nürnberger Juristen-Prozeß,* NJW 1947 S. 122 ff
30 JuV 1950 S. 2
31 DRiZ 1950 S. 255
32 DRiZ 1950 S. 252
33 DRiZ 1950 S. 261
34 NJW 1949 S. 367 ff.
35 *Schöpferisches Volkstum als national- und weltpolitisches Prinzip,* in: Archiv für Rechts- und Sozialphilosophie Bd XXVII (1933) S. 13
36 *Festschrift für Wilhelm Sauer zu seinem 70. Geburtstag,* Berlin: De Gruyter & Co. 1949
37 A. a. O. S. 249
38 *Organisationsverbrechen, Gruppenkriminalität und Kollektivschuld in Theorie und Praxis,* a. a. O. S. 128 ff
39 *Nürnberg, Rechtliche und menschliche Probleme,* Stuttgart: Klett 1953
40 A. a. O. S. 543
41 Anm. 2 S. 11
42 Anm. 17 S. 219 ff. 227
43 Vgl. den Tagungsbericht, in: SJZ 1950 Sp. 539/40
44 In: FORSTER, Karl (Hrsg.), *Möglichkeiten und Grenzen für die Bewältigung historischer und politischer Schuld in Strafprozessen.* Studien und Berichte der Katholischen Akademie in Bayern, Heft 19, Würzburg 1962 S. 31
45 *Die Verantwortlichkeit der Staatsorgane nach Völkerrecht.* Eine Studie zu den Nürnberger Prozessen. Bonn: Röhrscheid 1952
46 A. a. O. S. 17
47 A. a. O. S. 297
48 A. a. O. S. 297
49 A. a. O. S. 16
50 OSTENDORF, Heribert/TER VEEN, Heino, *Das Urteil im Nürnberger Juristenprozeß.* Königstein/Ts.: Campus 1985 S. 46
51 Vgl. z. B. RGSt 58, 401
52 Vgl. STIFTERVERBAND FÜR DIE DEUTSCHE WISSENSCHAFT (Hrsg.), *Vademecum Deutscher Forschungsstätten,* Bonn 1954 S. 58
53 *Gerichtstag in Nürnberg,* Hamburg: Gesetz und Recht Verlag 1947
54 A. a. O. S. 3
55 A. a. O. S. 22
56 Vgl. den Tagungsbericht, in: SJZ 1950 Sp. 539/40
57 A. a. O. S. 173 ff.
58 Lehrbuch Völkerrecht, Bd. II München: C. H. Beck 1962
59 A. a. O. S. 259
60 A. a. O. S. 254
61 *Das Ermessen des Richters im nationalsozialistischen Strafrecht,* in: Deutsches Strafrecht 1934 S. 90
62 Stuttgart: Kohlhammer, Bd. III 1961

63 A. a. O. S. 292
64 *Lehrbuch des Völkerrechts*. Köln: Kiepenheuer & Witsch 1960, S. 151.
65 *Nürnberg als Rechtsfrage. Eine Diskussion*, Stuttgart: Klett 1947 S. 47
66 *Spiel der Kräfte in der Weltpolitik*, Düsseldorf/Wien: Econ 1970 S. 393
67 Tübingen: J. C. B. Mohr 1967
68 A. a. O. S. 47/48
69 Bd. 2 Berlin: De Gruyter S. 642
70 KEMPNER, Robert M. W., *SS im Kreuzverhör*, München: 1964; *Das Urteil im Wilhelmstraßenprozeß (Text)*, Schwäbisch-Gmünd: Bürger 1950; *Ankläger einer Epoche*, Berlin: Ullstein 1983.

V

Bundesrepublik I: nichts bewältigt . . .

PETER DERLEDER

Die Wiedergutmachung. Rechtsanwendung an den Rändern der Unmenschlichkeit

Eine 30jährige Magdeburger Jüdin verlor 1933 ihre Stellung als kaufmännische Angestellte und wanderte nach Barcelona aus. Ihre Familie blieb in Deutschland. Als ihre Mutter 1934 starb, konnte sie nicht zur Beerdigung zurück. 1935 erlitt sie einen Autounfall, von dem eine Versteifung des rechten Hüftgelenks zurückblieb. Nach Ausbruch des Spanischen Bürgerkriegs emigrierte sie nach Frankreich, wo sie nach dem Einmarsch der Deutschen im südfranzösischen Konzentrationslager Gurs inhaftiert wurde. Es gelang ihr, dem Grauen des Lagers, in dem viele Mithäftlinge starben, völlig entkräftet zu entkommen. Nach einer Behandlung wegen Unterernährung und Depression fand sie Unterschlupf in einem Kloster, mußte aber auch von dort wieder wegen der beginnenden Deportationen fliehen. Sie hielt sich zeitweise in Wäldern versteckt, wurde dann von den Nonnen eines Mädchenpensionats mit falschen Papieren versorgt und als Hausmädchen beschäftigt. 1944 stürzte sie beim Kirschenpflücken im Garten des Pensionats von der Leiter und erlitt eine schwere Gehirnerschütterung. Aus Angst vor Entdeckung wurde kein Arzt gerufen. Nach dem Krieg erfuhr sie, daß ihre ganze Familie in Konzentrationslagern umgekommen war. Einige Zeit war sie in einer Verfolgtenhilfsorganisation tätig und gab dann ihre Berufsarbeit aus gesundheitlichen Gründen auf.

Ihr 1956 gestellter Antrag auf Entschädigung wegen Schadens an Körper und Gesundheit wurde durch Gutachten des Vertrauensarztes der Deutschen Botschaft in Paris und eines Arztes der Gesundheitsverwaltung in Düsseldorf über ihre physischen Leiden gestützt, blieb aber bis Ende 1960 liegen. Dann führte ein Arzt der zuständigen Landesrentenbehörde die Leiden der Antragstellerin auf den Autounfall von 1935 zurück; 1962 erging ein ablehnender Bescheid, da »schicksalsbedingte« Leiden vorlägen. Für die dagegen gerichtete Klage vor dem Landgericht Düsseldorf brachte die Antragstellerin ein Privatgutachten eines international renommierten Experten auf dem Gebiet der psychischen Folgen von KZ-Haft bei, das ihre psychische Fixierung auf die Zeit der Verfolgung bestätigte. Nunmehr entdeckte die Landesrentenbehörde Widersprüche zwischen dem früheren Vortrag physischer und der jetzigen Betonung psychischer Leiden. Nachdem die Klägerin einen Schlaganfall mit Lähmung der rechten Körperhälfte und einer leichten Sprachstörung erlitten hatte, lud das Gericht sämtliche Ärzte zu einer Anhörung und veranlaßte dann zwei weitere Gutachten eines Vertrauensarztes in Paris und eines deutschen Neurologen, die wiederum eine beträchtliche verfolgungsbedingte Minderung der Erwerbsfähigkeit bescheinigten. Dem wollte die Landesrentenbehörde mit dem Gutachten eines Düsseldorfer Psychiaters begegnen, der sich wissenschaftlich durch Arbeiten über Rentenneurosen nach dem Ersten Weltkrieg hervorgetan hatte. Das Landgericht Düsseldorf[1] gab dann der Klage jedoch auf der Basis der eingeholten Gutachten Anfang 1967 statt, da eine weitere differentialdiagnostische Abgrenzung unmöglich sei. Auf die Berufung der Landesrentenbehörde machte das Oberste Landgericht Düsseldorf zunächst einen Vergleichsvorschlag zur Anerkennung der Mindestrente. Nach dessen Ablehnung durch die Klägerin erhob es Beweis über die Frage, ob das Kirschenpflücken zu den Aufgaben der Klägerin als Hausangestellte gehört hatte. Die Vernehmung der Nonnen vor einem französischen Gericht ergab 1968, daß sie die Kirschen aus Gefälligkeit gepflückt hatte. Das Oberste Landgericht bescheinigte ihr insoweit wegen ihrer Körperbehinderung eine unvernünftige Handlungsweise, so daß die Folgen des Sturzes nicht verfolgungsbedingt seien. Es erkannte der Klägerin aufgrund dessen, entgegen einem weiteren Gutachten aufgrund der Notwendigkeit diagnostischer Trennung der Symptomkomplexe, nur die Mindestrente zu.

Das Wiedergutmachungsrecht machte Lebensgeschichten zu Rechtsfällen, die bis dahin kein Richter darzustellen gehabt hatte. In den Tatbeständen der veröffentlichten und unveröffentlichten Urteile wurden sie freilich auf rechtserhebliche Geschehensabläufe zurechtgeschnitten, in denen die Verfahrensereignisse dominierten. Grauen und Tragik kamen darin nur andeutungsweise vor, soweit ihnen ein komplexes Entschädigungssystem Schlüssigkeit gab. Der Informationsgehalt der Urteile reicht nicht mehr aus, nachdem mit dem Aussterben der unmittelbaren Täter die westdeutsche Öffentlichkeit die bisherigen Verdrängungsformen abzustreifen beginnt. So ist der hier wiedergegebene Bericht über das Schicksal der nach Frankreich verschlagenen Jüdin auch keinem Urteilstatbestand, sondern einer Aktenauswertung des Mediziners Christian Pross[2] entnommen, die die Unerträglichkeit allzu vieler Verfahrensgänge erst deutlich macht. Eine Verallgemeinerung verbietet sich allerdings, da sich die Viten der Opfer in den Wirren der Unterdrükkung und Verfolgung, der Konzentrationslager, des Krieges und der Nachkriegszeit zu labyrinthisch-individuellen Einzelschicksalen ausformten. Jedem noch so knappen Rückblick auf die fast vollständig abgeschlossene Rechtsgeschichte der Wiedergutmachung und die rechtliche Verarbeitung des Schreckens ist jedoch eine Verdrängungsgefahr inhärent, wenn über den Beträgen der geleisteten Zahlungen (ca. 100 Milliarden DM bis zum Jahre 2000), den Dankbekundungen mancher Opfergruppen (etwa der jüdischen Akademiker mit Berufsschaden), den Bilanzen der alten Männer der Wiedergutmachung (in der Zeitschrift *Rechtsprechung zum Wiedergutmachungsrecht* – RzW) und den Kritiken jüngerer Forscher insbesondere aus der 68er Generation die Einzelschicksale verschwimmen, die doch allein Menschlichkeit und Unmenschlichkeit tieferer Einfühlung zugänglich machen. Der Abwehrmechanismus menschlichen Fühlens, das tausend Tote oft weniger wertet als den eines nahen Menschen, hat allzu oft schon Sprache und Analyse verkürzt. Gegenstand der vorliegenden Betrachtung sollen demgemäß die Reduzierungen sein, die in das Recht der Wiedergutmachung vermeidbarerweise hineingeschrieben wurden. Dabei sollen das Personal und seine Sprache (dazu 1), die Wahl des Entschädigungssystems (dazu 2), die Beiträge der Juristen in den drei Gewalten sowie der Ärzte (dazu 3) und die Ideen zur Abwehr der Geschichte und ihrer Opfer (dazu 4) ins Blickfeld gerückt werden.

1. Das Personal und seine Sprache

Es gab 1945 kein Personal für die westdeutsche Organisation materieller Sühneleistung. Der größte Teil des deutschen Volkes hatte angeblich von den Konzentrationslagern nichts gewußt und wollte auch danach nichts davon wissen. Der Kleiderwechsel vom Faschismus zur Demokratie ging blitzartig vonstatten. Die Gebildeteren hatten zudem teilweise schon seit längerem eine »innere Emigration« veranstaltet. Aber Antisemitismus und Untermenschenideologie hielten sich beharrlich. In den eigenen Nachkriegsnöten blieb nichts übrig für den Gedanken an die Opfer, deren Güter sich die »Arier« angeeignet hatten. Von den Schülern zu Beginn der fünfziger Jahre hielt man diesen Geschichtsabschnitt fern, und in den Familiendebatten dieses Jahrzehnts wurde die Endlösung oft mit dem Autobahnbau aufgerechnet.

Wie die Demokratie, so mußten die Alliierten auch die Wiedergutmachung anordnen. Die Juristenstäbe, die sie ausarbeiten konnten, bestanden freilich praktisch zu 100 % aus Nationalsozialisten und konnten also nicht gut das Recht für die Opfer entwerfen. Wegen ihrer jüdischen Abstammung geflohene und wieder zurückgekehrte Juristen wollte man auch nicht allein und ohne weiteres mit dieser Aufgabe betrauen, zumal aus ihrem Kreis die führenden Verhandlungspartner der Verfolgtenorganisationen stammten. So wurden etwa der Stuttgarter Rechtsanwalt Otto Küster und der Frankfurter Wirtschaftsrechtler Franz Böhm, beide gewiß keine Widerstandskämpfer, zu Protagonisten der ersten Gesetzgebung. Ersterer hatte auf Aufstieg im Nationalsozialismus verzichtet, letzterer hatte sich nach anfänglicher Karriere gegenüber der Hitlerschen Rassenpolitik kritisch geäußert. Von sozialdemokratischer Seite ist Adolf Arndt zu nennen, der 1933 seine Stellung als Richter aus rassischen Gründen verloren hatte und am Ende des Krieges Munitionsschlepper in Frankreich gewesen war. Das erste Gesetz, von deutscher Hand ausgearbeitet, betraf die Rückerstattung arisierten Vermögens und wurde dann noch als Gesetz der Militärregierung erlassen, so daß den Länderregierungen das Odium einer opferfreundlichen Haltung erspart wurde.[3] Hatte die Bevölkerung selber wenig, so wollte sie den Opfern womöglich gar nichts geben.

Auf der Grundlage der Rückerstattungsgesetze bis hin zum Rückerstattungsgesetz von 1957[4] wurde dann aber der Ausgleich für das geraubte Vermögen verhältnismäßig zügig vollzogen, wobei sich das Oberste Rückerstattungsgericht in der Besetzung mit deutschen und ausländischen Richtern im wesentlichen bewährte. Natürlich verstand sich ein guter Teil der durch die Arisierung Begünstigten nicht als Räuber, sondern als Helfer und Treuhänder der von den anderen Entrechteten. Die selbsternannten Treuhänder wurden dann teilweise ihrerseits später für »Reparationsschäden« entschädigt.[5]

Die Masse der ärmeren Verfolgten[6] war dagegen auf die Entschädigung verwiesen, die nach den Entschädigungsgesetzen der Länder[7], dem Bundesergänzungsgesetz vom 29. Juli 1953[8], dem Bundesentschädigungsgesetz (BEG) vom 29. Juni 1956[9] und dem sogenannten BEG-Schlußgesetz vom 18. September 1965[10] gezahlt werden sollten. Bei ihrer Entstehung und bei der Aushandlung der Globalentschädigungen, insbesondere im Luxemburger Abkommen mit Israel und der US-amerikanisch geführten Claims-Conference vom 10. September 1952[11], war zu Beginn noch das Gründungspersonal führend beteiligt. Die jüdische Seite war verständlicherweise auch nicht bereit, jeden Verhandlungsleiter der Gegenseite zu akzeptieren. Das Bundesfinanzministerium schickte etwa einen loyalen jüdischen Ministerialrat zu den Haager Verhandlungen über die Ausweitung der Entschädigung.[12] Auch in den Entschädigungsbehörden waren zunächst Beamte aus der Generation des durch diese Festschrift Geehrten führend tätig, die nicht aus der Nazi-Bürokratie stammten und zum Teil selbst Verfolgte gewesen waren. Die Bereinigung um diese der Normalbürokratie mit NS-Provenienz fremden Elemente ging dann auf zweierlei Weise vor sich. Die einen schieden aus, weil sie sich gegen zu weitgehende Restriktionen der Gesetze wehrten, wie Küster.[13] Andere fielen Loyalitätskampagnen mit dem Versuch der Kriminalisierung zum Opfer.[14] So normalisierte sich die Bürokratie in Ministerien und Ämtern schon in den fünfziger Jahren immer mehr, allerdings überwacht und begleitet von den jüdischen Rechtshilfeorganisationen, deren bedeutendster Vertreter, Kurt May, die deutsche Zentrale der United Restitution Organisation (URO) in Frankfurt leitete, und dem langjährigen Herausgeber der für das Fachgebiet wesentlichen Zeitschrift *RzW*, Walter Schwarz, einem vor den Nationalsozialisten 1938 geflohenen und 1952 zurückgekehrten, wissenschaftlich kompetenten Rechtsanwalt. Er wurde dann zusammen mit dem Bundesfinanzministerium auch Herausgeber des umfassenden mehrbändigen Werks *Die Wiedergutmachung nationalsozialistischen Unrechts durch die Bundesrepublik Deutschland,* in dem sich die Bürokratie nach dem Abschluß der Wiedergutmachung kein ganz unkritisches Preislied singen konnte.

Die Regierungen betrieben die Wiedergutmachung, weil diese Voraussetzung der Westintegration war. Finanzminister Schäffer ließ insgeheim wie ein würdeloser Winkeladvokat angebliche Gegenforderungen gegen die Juden wegen Devisen- und Steuervergehen aufmachen.[15] Für Adenauers Erklärung vom 27. September 1951[16] zur Verantwortung der Deutschen mußte in mühsamen Verhandlungen mit den Vertretern der Opfer weithin die Feder geführt werden[17], und ihre Aussage, das deutsche Volk habe in seiner überwiegenden Mehrheit die an den Juden begangenen Verbrechen verabscheut, war noch nicht einmal frei von Beschönigung. Franz-Josef Strauß kritisierte das Luxemburger Abkommen wegen des drohenden Verlustes von Exportmöglichkeiten in den Nahen Osten.[18] So erschien die Ratifizierung, für die Adenauer wegen 86 unsicherer Kantonisten seiner Koalition auf die SPD angewiesen war, eher als das Endstück eines Schachers der unheilbar Schuldlosen mit den Opfern.

Die Abkommen und Gesetze waren in dieser politischen Gesamtsituation folgerichtig noch besser als das Gros ihrer Träger in

Parlamenten und Exekutiven. Deren Sprache verriet weithin die Weigerung, die deutsche Geschichte zu begreifen und die Leiden der Opfer innerlich zur Kenntnis zu nehmen. Schon beim Begriff »Wiedergutmachung« hätte sich Adenauers Hand angesichts der Millionen Ermordeter sträuben müssen.[19] Die Unfähigkeit zu einer angemessenen Würdigung zeigte sich auch bei der KPD, die im Widerstand gegen Hitler unter allen Parteien die meisten Opfer gebracht hatte und die dennoch ihr Votum zum Luxemburger Abkommen ganz auf den Nahost-Konflikt zuspitzte.[20] Sieht man heute, 40 Jahre nach dem ersten Länderentschädigungsgesetz und nach dem rechtlichen Abschluß der über 4 Millionen Wiedergutmachungsverfahren, auf die Debatten der Nachkriegszeit zurück, dann wird man weithin einer politischen und juristischen Führungskaste und Bevölkerung gewahr, der das eigene warme Hemd stets näher was als das Elend ihrer (ehemaligen) Mitbürger. Der zwischenzeitliche Sensibilisierungsprozeß, in dem der Historikerstreit eine Wendemarke bedeuten könnte, sollte auch die neueren Diskurse über die Wiedergutmachung erfassen.

Wer redet bis heute und wie über die Wiedergutmachung? Beginnen wir bei Féaux de la Croix, dem langjährigen höchsten Wiedergutmachungsbeamten des Bundesfinanzministeriums, der im erwähnten Sammelwerk den 3. Band über den Werdegang des Entschädigungsgesetzes 1985 veröffentlicht hat. Er war seit 1934 Ministerialbeamter in Berlin und hat der Rassenterminologie noch nicht ganz abgeschworen – so, wenn Nahum Goldmann als Koordinator des »Weltjudentums« attestiert wird, er habe die deutsche Leistungskraft beim Luxemburger Abkommen ausgeschöpft, was im Hinblick auf den verhältnismäßig geringen Anteil der Pauschalentschädigung an den Gesamtleistungen auch noch unrichtig ist.[21] Féaux de la Croix' nachträgliche Anregung für Adenauer, gerade zum Zwecke der Kostensenkung bei der Wiedergutmachung mit einer weniger bedingungslosen Hingabe an den Westen zu »pokern«[22], scheint eine Synthese von engstem fachlichem Horizont, dem Fehlen jeder historischen Kompetenz und der Freiheit von ethischen Grundwerten zu sein. Auch die Worte von Sozialdemokraten darf man trotz ihres Engagements in der Entschädigungsfrage nicht auf die Goldwaage legen. Martin Hirsch, als Vorsitzender des Wiedergutmachungsausschusses an der Beratung des BEG-Schlußgesetzes maßgeblich beteiligt, verband im Bundestag falsches Nationalpathos mit der Forderung nach einer gerechteren Regelung als in diesem Gesetz. »Ich möchte wieder stolz sein, mich einen Deutschen nennen zu dürfen. Solange wir diese materielle Schuld haben und nicht bereit sind, zu bezahlen, wie sich das gehört, kann ich nicht stolz sein.«[23] Wo schon wieder von Stolz geredet wurde, hatte es wohl kaum tiefere Trauer gegeben. Das reflektiertere Verhältnis des Bundeskanzlers Helmut Schmidt zur deutschen Geschichte drückt sich auch nicht ansatzweise in dem Satz von 1974 aus, es gebe keine Möglichkeit mehr, noch »weitere Belastungen auf den deutschen Steuerzahler zu wälzen«.[24] Daß endlich Schluß sein müsse mit neuen Entschädigungsforderungen, war ja die sogar im Gesetzestitel von 1965 verkündete Devise gewesen, obwohl niemand daran dachte, mit dem Lastenausgleich und der Kriegsopferversorgung endlich Schluß zu machen, und obwohl ganze Opfergruppen – von den Sinti und Roma bis zu den Zwangssterilisierten – keine Entschädigungen erhielten.

Schluß gemacht hat Ende 1981 auch die Zeitschrift aus dem Getto der Wiedergutmachung, die *RzW*. Hier kamen noch einmal die Protagonisten aus der Gründungszeit zu Wort. Es war ein enger Kreis, der sich mit diesem Rechtsstoff beschäftigt hatte. Viele beklagten sich, daß es für sie keinen Aufstieg gegeben hatte, keine Fluktuation mit anderen Rechtsbereichen. Es wurde von einem »verlorenen Haufen« in der Richterschaft gesprochen.[25] Diese Segregation lag nicht an den Verworrenheiten des Verfahrens und der Singularität des Rechtsstoffes, da die Einarbeitungsfähigkeit für verschiedene Rechtsmaterien als maßgebliches Qualifikationsmerkmal des Volljuristen angesehen wird. Dieses Getto war vielmehr ein gruppendynamisches Fazit der kollektiven Verdrängung. Von außen gesehen galt es weder als Ruhmesblatt, Anträge von Opfern restriktiv zu bescheiden, noch konnte mit Anerkennung rechnen, wer das Gesetz extensiv interpretierte. Der verlorene Haufen aber entwickelte seine eigene Ehre. Auch Walter Schwarz nahm Orden an, nachdem er mit zunehmendem Bildungseifer in den Spalten der *RzW* jahrzehntelang das Wort ergriffen hatte. In der Sache war das meist zugunsten der Verfolgten. Aber das – bestenfalls geistreiche – Parlieren war ihren Schicksalen kaum gemäß, selbst wenn sie in den Urteilstexten kaum mehr vorkamen. Die vom Nationalsozialismus hinterlassene akademische Rechtswissenschaft hielt sich mitsamt ihren Schülern aus dem Wiedergutmachungsrecht heraus, und Generationen von Studenten erfuhren von diesem Rechtsgebiet allenfalls wie von einem transkaukasischen Spuk.

Solcherart im Stich gelassen, entwickelte sich die Gilde der Wiedergutmachungsexperten bei allen Verdiensten zu einem Orchester der falschen Töne. Man lese einmal den letzten Jahrgang der *RzW* nach der historischen Aufarbeitung einzelner Verfolgtenschicksale. Einer der Autoren sann schmerzlich über den Verlust einer »Heimstatt« in der RzW nach.[26] Hermann Zorn, langjähriger Revisionsrichter, lobte das zahlenmäßige Output der BGH-Rechtsprechung.[27] Und der Präsident des Bayerischen Entschädigungsamts wies am Ende nochmals die 80jährigen in die Schranken, die ihren Oberschenkelhalsbruch als Verfolgungsschaden verstanden wissen wollten.[28] Für Kritik war allerdings noch einmal Otto Küster zuständig, der eine gewisse Sensibilität für die Unerträglichkeit des juristischen Routinejargons in Entschädigungssachen bewahrt hatte und auf letzte Korrekturen der BGH-Rechtsprechung pochte, so etwa hinsichtlich des Schicksals der geflohenen ostpolnischen Juden.[29] Mit ihm war als konsequenter Kritiker ein Mann geblieben, der »die Möglichkeit Auschwitz« vor 1945 vor sich »verborgen« hatte und dies auf indidivuelle Weise zu revidieren versuchte. Sieht man von ihm ab, so erscheint in der Selbstbeweihräucherung der Alten, dem Selbstlob von Rechtsprechung und Verwaltung und dem Dank an den Verlag die Wiedergutmachung fast auf eine Normalität heruntergebracht, wie sie auch der Straßenverkehrsrechtsprechung eigen ist.

2. Das System

Die Weichen für eine solche Entwicklung wurden früh gestellt. Die Grundentscheidung für eine Individualentschädigung durch deutsche Behörden war keineswegs zwingend vorprogrammiert. Die Globalentschädigungsleistungen an Israel und an die Claims-Conference Anfang der fünfziger Jahre und die Einrichtung von Härtefonds für nicht nach den Entschädigungsgesetzen bedachte Verfolgte in den achtziger Jahren[31] weisen einen anderen Weg. Soweit eine Selbstorganisation der Verfolgten vorhanden oder möglich war, hätte die Entschädigung auch über entsprechende organisatorische Träger vollzogen werden können. Dann wäre es von vornherein vermieden worden, daß ehemals nationalsozialistische Juristen und Ärzte über die Rechte der Opfer geurteilt und gegutachtet hätten und daß auf diese Weise durch die Sprache und das Verhalten der juristischen und ärztlichen Bürokratie eine Retraumatisierung der Opfer drohte. Es hätte auch nicht der schwierigen Suche nach einem unbelasteten und zugleich auch gegenüber den Gesetzen loyalen Personal bedurft, die die Nachkriegsjahre kennzeichnete. Es wäre nicht zu dem moralischen

Dilemma gekommen, daß mancher Verfolgte nach Jahren des Leidens eine nicht von ihm selbst verschuldete Beweisnot nur durch Irreführung der Behörden überbrücken zu können meinte und ein solches Unrecht gegenüber dem Erlittenen zurecht als moralische Quantité négligeable ansah, ein Dilemma, in dem sich teilweise auch die in die Behörden aufgenommenen Verfolgten wie Philipp Auerbach befanden.

Voraussetzung einer von den Verfolgten selbstorganisierten Entschädigungsverteilung wäre allerdings gewesen, daß sich Länderregierungen und Bundesregierung zu einer wesentlich höheren Gesamtleistung als damals bewilligt bereitgefunden hätten, zumal diese erst nach und nach aufgebracht werden mußte. Wer heute die Beträge ins Auge faßt, um die in Luxemburg gerungen wurde, und sie mit den inzwischen erbrachten Leistungen vergleicht, wird den Modus der kleinlichen Aushandlungen mit kurzatmigen Nachbewilligungen und Fristenverlängerungen, wie er etwa im Alltagsgeschäft internationaler Organisationen üblich ist, nachträglich eher als historischen Irrtum ansehen. Für eine solche »großzügige« Gesamtentschädigung unter Verteilung durch Selbstorganisation der Verfolgten, wie sie der Singularität des zu verarbeitenden Schreckens angemessen gewesen wäre, fehlte es nicht an der Bereitschaft und Fähigkeit der Verfolgten, wie etwa die Organisationsleistungen der URO deutlich machen. Wohl aber fehlte es unter den Deutschen, Regierenden und Regierten, fast vollständig an einem tieferen Impuls zur Sühneleistung. Der Geist der Verdrängung und Verharmlosung herrschte selbst noch in den Äußerungen, die der deutschen Seite abgerungen wurden. Günstigerenfalls wurden, wie in Adenauers Erklärung von 1951, noch die »unsagbaren Verbrechen« apostrophiert, die »im Namen des deutschen Volkes« begangen worden seien. Die tätige Mithilfe vieler und der für eine Duldungsvollmacht genügende Antisemitismus der meisten wurden mit solchen Vokabeln übertüncht, zudem unter obligatorischer Berufung auf den Widerstand im Dritten Reich, obwohl dieser nicht auf die Endlösung zurückging. Das war keine Basis für eine Alternative, etwa über Zusatzsteuern einen höheren, aber auch spürbareren Gründungsaufwand für eine Entschädigung im Wege der Selbstorganisation der Verfolgten aufzubringen. So mußte die Entschädigung der Opfer in die Hand derjenigen geraten, die weitgehend den Tätern vor 1945 nahegestanden hatten.

Allerdings wäre es auch etwa einer jüdischen Selbstorganisation nicht erspart geblieben, zwischen anspruchsberechtigten Verfolgten und unberechtigten Antragstellern zu unterscheiden und der

Höhe nach in einem gewissen Umfang zu differenzieren. Der solidarische Zusammenhalt in den Verfolgtenorganisationen wäre stärker beeinträchtigt worden, wäre es bei den Entschädigungen zur Reproduktion der früheren Schicht- und Vermögensverhältnisse gekommen. Aber die Überlebenden des Holocaust hätten sie besser ertragen als die Sortierung der Geschichtsereignisse, ihrer Leiden und Leidensgenossen durch Beamte und Richter, die aus den Organisationen der Täter stammten. Soweit für einzelne Opfergruppen eine Selbstorganisation nicht in Betracht kam, hätten unter Umständen die anderen Gruppen Entschädigungsaufgaben mit übernehmen können.

Aber auch innerhalb eines Individualentschädigungssystems unter deutscher Hoheit hätten die deutschen Gesetzesmacher wohltätigere Alternativen finden können. Der Vielfalt der Verfolgungsformen und der Leiden hätte man von vornherein durch geschichtsnahe gesetzliche Vermutungen zugunsten von Verfolgtengruppen Rechnung tragen müssen, so daß nicht für jeden einzelnen eine gegen ihn persönlich gerichtete hoheitliche oder »amtlich gebilligte Maßnahme«[32] nachzuweisen gewesen wäre. Ferner hätten unnötige Differenzierungen in der sozialen Stellung vermieden werden müssen, was im Hinblick auf die Abgründe, an denen die Verfolgten gestanden hatten, von ihnen letztlich auch akzeptiert worden wäre. Die Einstufung nach den Beamtenklassen, von denen die meisten Verfolgten doch in die unterste Gruppe fielen, wurde statt dessen als besondere Leistung der Gesetzesmacher gefeiert. Unnötig unklare Tatbestände waren schon im Bundesergänzungsgesetz von 1953 enthalten; auf ihnen lagerten sich 1956 und 1965 weitere Komplizierungen ab, bis das Rechtsgebiet nur noch für Spezialisten überschaubar war. Substantiierungs- und Ausschlußfristen erhielten in diesem Gestrüpp für eine über den halben Globus verstreute Opferschar ein dramatisches Gewicht. Demgegenüber waren die Ausgrenzungen der nicht wehrfähigen Gruppen, ferner der Sozialisten links von der SPD und der Kommunisten entschlossen und klar. Den vergessenen »Randgruppen« der Verfolgten hat sich erst eine jüngere Generation gewidmet und teilweise einen begrenzten Härteausgleich erwirkt.

3. Die Beiträge der Juristen in den drei Gewalten und der Ärzte

Am ehesten hatten die ersten Länderregelungen ein Konzept. Die Bundesgesetzgebung verlor sich, abgesehen von der Einstufung in Beamtenklassen, immer mehr in der bloßen Reaktion auf Einzelmißstände und der punktuellen Veränderung auf Druck der Verfolgtenorganisationen. Sie bemühte sich nicht um eine vorherige oder gleichzeitige Aufarbeitung der vielfältigen historischen Vorgänge der politischen Verfolgung, etwa durch geschichtswissenschaftliche Recherchen oder durch Aufträge zur Erforschung der Verfolgungsschäden und -leiden, mit denen die Einzelverfahren und insbesondere die Gerichtstätigkeit hätten entlastet werden können. In größter Eile wurde bereits das Bundesergänzungsgesetz durchgezogen[33], das durch das BEG auch nicht mehr umstrukturiert wurde. Das BEG-Schlußgesetz erfüllte nur noch einzelne Zusatzforderungen, so insbesondere durch den Härtefonds für Spätauswanderer[34], einzelne Leistungserhöhungen und Hinterbliebenenrenten für die Witwen der vor dem 1. Oktober 1953, also vor dem Inkrafttreten des Bundesergänzungsgesetzes, Verstorbenen, zog aber wegen der Leistungserhöhungen die Neuaufrollung von Altverfahren nach sich. Von der anfänglichen Hektik der konzeptlosen Versuche zur Kostenbeschränkung, Gruppenausgrenzung und Schlußbefristung hat sich das gesamte Gesetzgebungswerk nicht mehr erholt. Exekutive und Rechtsprechung bewegten sich dementsprechend teilweise schwerfällig in dem damit erzeugten Verfahrenslabyrinth. Aber selbst wenn Verbesserungen eingeführt wurden, so wurden sie nur allzu oft bürokratisch unterminiert. Dazu ein Beispiel:

Die Gesundheitsschäden der ehemaligen KZ-Insassen waren notwendigerweise ein Hauptkapitel des Entschädigungsrechts. Hier hatte sich der Gesetzgeber 1965 endlich zur Einführung einer Vermutung in § 31 BEG entschlossen, gemäß der nach einjähriger KZ-Haft ein Gesundheitsschaden mit 25 % Erwerbsminderung im Zweifel als verfolgungsbedingt gelten sollte. Der Verfolgte konnte also zwar weiterhin keine Rente ohne den Nachweis einer entsprechenden Erwerbsminderung erhalten, sollte aber hinsichtlich der Ursächlichkeit der Haft für den Schaden eine Beweiserleichterung erlangen. In den Beratungen des Wiedergutmachungsausschusses des Bundestages war es allerdings abgelehnt worden, Zwangsarbeit, Strafhaft, Zwangsaufenthalte im Getto und das Leben in der Illegalität der KZ-Haft gleichzustellen.[35] Daraus entstand das Problem, die Konzentrationslagerhaft von sonstigen Freiheitsentziehungen abzugrenzen, da es während des Nationalsozialismus eine fast unübersehbare Zahl von Haftstätten gegeben hatte. Um den Behörden und Gerichten nun keine zu weitreichende historische Ermittlung und Bewertungsprärogative zu überlassen, wurde die Bundesregierung in § 42 Abs. 2 BEG ermächtigt, durch Rechtsverordnung zu bestimmen, welche Haftstätten als KZ-Lager anzusehen waren. Gleichzeitig wurde ihr durch die Formulierung der Ermächtigung ein gewisser Spielraum eingeräumt, auch andere Lager als diejenigen, die dem SS-Wirtschaftsverwaltungshauptamt, Amtsgruppe D, unterstanden hatten, also auch die nicht von der SS verwalteten KZ-Lager, in die Liste aufzunehmen.[36] Es erging 1967 eine erste Verordnung[37] mit 902 Haftstätten, die im wesentlichen auf einer Aufstellung des Internationalen Suchdienstes des Roten Kreuzes in Arolsen beruhte und sich auf die unzweifelhaften Konzentrationslager nebst Außenkommandos beschränkte. Dabei wurden für einzelne Haftstätten bestimmte Zeiten angegeben, in denen sie die Organisationsform eines KZ hatten, während für die übrigen der maßgebliche Zeitraum noch festgestellt werden sollte.[38] Das Getto Lodz, dessen Insassen nach der Schließung in andere Konzentrationslager kamen, wurde nicht als KZ anerkannt, wohl aber das Getto Theresienstadt, weil es eher in der Verwaltungsform eines Konzentrationslagers geführt worden sei. Mit Rücksicht auf die Unvollständigkeit der Liste blieb ein großer Teil der Anträge noch unbearbeitet. Erst 1970 kam es zu einer Ergänzungsverordnung[39] aufgrund der inzwischen weiter fortgeschrittenen Feststellungen des Internationalen Suchdienstes. In das neue Verzeichnis wurden neben Außenkommandos auch Konzentrationslager, die der Politischen Polizei, der SA oder SS unterstanden hatten, Haftstätten im Reichsgebiet mit KZ-Charakter, in Konzentrationslager umgewandelte Zwangsarbeitslager, Durchgangslager für Deportationen, Vernichtungslager in Osteuropa, weitere Emsland-Lager sowie Jugendschutzlager aufgenommen, während die Aufnahme von Zwangsarbeitslagern, Arbeitserziehungslagern, Judenlagern, Gettos und Polizeihaftlagern endgültig mangels entsprechender Organisationsform scheiterte. Wer also vier Jahre bis zu dessen Auflösung im Getto Lodz und danach bis zur Ankunft der Roten Armee in einem anerkannten Konzentrationslager überlebt hatte, konnte nicht ohne den individuellen Nachweis der Verfolgungsbedingtheit bei 25prozentiger Erwerbsminderung die dafür vorgesehene Mindestrente erlangen.[40] Unklar war trotz der Erweiterung der Liste auf 1 486 Haftstätten vielfach, in welchem Zeitraum sie Konzentrationslager gewesen waren. Deswegen sah die Ergänzungsverordnung eine weitere (widerlegbare) Vermutung vor, also quasi eine Untervermutung, nach der mangels anderer Angaben die aufgeführten Haftstätten ab 1. November 1943 Konzentrationslager waren. Schließlich gab es 1977 aufgrund weiterer Erkenntnisse des Internationalen Suchdienstes noch eine zweite Änderungsverordnung[41], die die Zahl der Konzentrationslager auf 1 634 erhöhte. Einige bisher anerkannte Haftstätten wurden hier aber auch gestrichen oder hinsichtlich der zeitlichen Daten korrigiert.

Wegen der Unvollständigkeit der ersten Listen war es zwischenzeitlich auch zu unanfechtbaren oder rechtskräftigen Abweisungen von Anträgen gekommen, weil eine Haftstätte unrichtigerweise nicht als Konzentrationslager anerkannt worden war. Daher war es notwendig, solchen Antragstellern, falls sie noch lebten, das Recht zur Stellung eines neuen Antrags zuzubilligen, falls sie sich auf die ergänzte Liste stützen konnten.[42] Die Antragsfrist endete sechs Monate nach Verkündung der maßgeblichen Verordnung.[43] Außerdem mußte der Antrag gemäß § 189 a BEG innerhalb der Antragsfrist substantiiert werden, nach der Rechtsprechung des Bundesgerichtshofs durch Angabe der gesundheitlichen Beeinträchtigungen seit 1953.[44]

Es ist keine Frage, daß ein solcher Verfahrensdschungel die Grenzen Kafkascher Vorstellungswelten überschritt. Hatten die Lager der Nazis die Bilder aller Strafkolonien übertroffen, so war die Entschädigung für die Lager zu einem Monstrum bürokratischer Sinnzerstörung geworden. Weiss, der Kenner dieser Materie, berichtet darüber wie über das Unabänderliche. Die Fixierung auf eine bestimmte Organisationsform statt auf die mit den Lagern und Gettos verbundenen Leiden führte zur weitgehenden Verselbständigung der bürokratischen Festlegungen.

Im Gewirr solcher Vorschriften blieb der Verantwortungsanteil der Rechtsprechung verhältnismäßig bescheiden. So war es dem Bundesgerichtshof vorbehalten, den Beginn der KZ-Haft genauer zu konkretisieren. Mit Urteil vom 3. Mai 1973[45] befand er, daß die KZ-Haft mit der Einlieferung in das Lager beginne und bis zur Entlassung dauere, wobei eine Unterbrechung durch Wechsel des Konzentrationslagers nicht anzunehmen sei. Hierfür berief er sich unmittelbar auf den Wortlaut des Gesetzes, das für andere Formen der Freiheitsentziehung die Vermutung nicht vorsehe. In teleologischer Auslegung fügte der Bundesgerichtshof hinzu, dem Gesetzeszweck widerspreche eine Interpretation, die die Entschädigungsorgane nötige, im Einzelfall zu ermitteln, ob dem Verfolgten schon während des Transports die Freiheit unter Bedingungen entzogen worden sei, die denen eines Konzentrationslagers entsprochen hätten. Es war insofern also gleichgültig, ob die Opfer in Viehwaggons unter unmenschlichen Bedingungen nach Auschwitz transportiert worden waren. Eine teleologische Auslegung nach dem Maß der Leiden mußte gegenüber derjenigen zur Vereinfachung der Arbeit der Behörden zurückstehen. Diese Rechtsprechung wurde auch in der Folgezeit bestätigt.[46] Eine genauere Analyse ihrer Wortwahl (z. B. mit der Benutzung des Begriffs »Entlassung« auch für die historischen Verhältnisse bei der Auflösung der Lager) kann nur Erschrecken hinterlassen.

Schließlich konnte die Vermutung der Verfolgungsbedingtheit einer Erwerbsminderung von mindestens 25 % nach einjähriger KZ-Haft auch widerlegt werden. So entschied der Bundesgerichtshof 1968[47], daß bei Geschwürleiden den körperlichen und seelischen Eigenschaften des Betroffenen die überwiegende Bedeutung beigemessen werden könne und »nach heute allgemein vertretener wissenschaftlicher Ansicht Lebensabschnitte mit sehr ungünstigen Verhältnissen die Entstehung des Geschwürleidens und seiner Fortdauer nicht begünstigen«. Stritt für den Antragsteller keine Vermutung, so mußte er sich allerdings erst in zweiter Linie mit den Juristen bei Behörden und Gerichten auseinandersetzen, in erster Linie aber mit den begutachtenden Ärzten, an die sich die Gerichte hielten. Der Hauptbeitrag der Gerichte bei der Entschädigung beschränkte sich dann oft auf die Ausschöpfung der differentialdiagnostischen Möglichkeiten mittels weiterer Gutachter, um über Jahrzehnte hinweg verfolgungsbedingte Lebensabläufe von anderen zu trennen, sowie in der Herausarbeitung von Widersprüchen im Vortrag der Opfer, bei denen verständlicherweise zunächst mehr die physischen als die psychischen Krankheitssymptome im Vordergrund gestanden hatten, sowie in einer zunehmenden Verschärfung ihrer Mitwirkungsanforderungen. Die unendlichen Quisquilien überzogener Mitwirkungsobliegenheiten lassen sich an dieser Stelle nicht ausbreiten.[48]

Mit ihnen hat sich auch das Resümee Kurt Wüstenbergs zum 25jährigen Bestehen des Bundesgerichtsshofs nicht beschäftigt.[49] Hier ist als Hauptleistung zu Recht insbesondere die Abgrenzung des Verfolgtenbegriffs genannt, bei der auch etwa die rassische Verfolgung des nichtjüdischen Partners einer Mischehe[50] und die Verfolgung wegen aktiven Einsatzes gegen die Mißachtung der Menschenwürde durch Unterstützung hungernder und verelendeter Kriegsgefangener (nicht etwa wegen privaten Umgangs mit ihnen[51]) anerkannt wurde; Widerstandshandlungen wurden hier schließlich ohne Rücksicht auf ihre Erfolgsaussicht als Verfolgungsgrund gewertet.[52] Vielfach war jedoch dafür erst eine Umkehr des Entschädigungssenats notwendig. Für die Zugehörigkeit zum deutschen Sprach- und Kulturkreis, die ein Verfolgter aus den Vertreibungsgebieten nach der Neufassung des BEG durch das Schlußgesetz darzulegen hatte, vereinfachte zwar der Bundesgerichtshof das Verfahren, indem er auf den Gebrauch der deutschen Sprache abstellte.[53] Daraufhin hielt jedoch die Verwaltung zur Ermittlung der in den letzten Kriegsjahren gesprochenen Sprache Sprachprüfungen vor den deutschen Auslandsvertretungen und in Israel ab, denen sich auch Überlebende von Auschwitz, die dort ihre gesamte Familie verloren hatten, stellen und damit ein (früheres) Bekenntnis zum deutschen Sprach- und Kulturkreis dokumentieren mußten.[54] Ungeschrieben ist auch noch die Geschichte der Bemühungen der Wiedergutmachungsgerichte um die Feststellung der historischen Wahrheit zu den umfassenderen Verfolgungs- und Vertreibungsgeschehnissen bis hin zum Schicksal der vor den Deutschen geflohenen ostpolnischen Juden, die in die stalinistische Verfolgungs- und Vertreibungsmaschinerie gerieten.[55] Eine zögernde Rezeption des historischen Aufklärungsprozesses dürfte hier das wohlwollendste Urteil über die geschichtlichen Aussagen der Gerichte sein.

Die deutsche Ärzteschaft, im Nationalsozialismus kaum geringer belastet als die Juristen[56], hatte zunächst keinerlei Interesse an der Erforschung der speziellen Verfolgungsschäden und griff, soweit sie mit der Begutachtung von Gesundheitsbeeinträchtigungen befaßt war, gegenüber psychischen Störungen weithin auf die nach dem Ersten Weltkrieg entwickelten Neuroselehren zurück. Normativer Ausgangspunkt war § 28 BEG, der eine nicht unerhebliche Schädigung der Gesundheit und die Wahrscheinlichkeit des ursächlichen Zusammenhangs zwischen dem Schaden und der Verfolgung voraussetzte. Im Hinblick darauf hatten die Antragsteller ihre Beeinträchtigungen und die erlittenen Verfolgungsmaßnahmen neben Beweismitteln mitzuteilen. Auf der Grundlage dieser Angaben setzte dann eine Krankheitsarithmetik ein, nach der zunächst die Gesamtminderung der Erwerbsfähigkeit festzustellen, dann die verfolgungsbedingten Leiden herauszurechnen, der Verursachungsgrad der Verfolgung und die verfolgungsbedingte Minderung der Erwerbsfähigkeit festzustellen waren, die für die Mindestrente nach § 31 BEG mindestens 25 % betragen mußte. Außerdem war dies für Zeitpunkte in der Vergangenheit zu ermitteln. Entsprechende Berechnungsgrundsätze waren im Versorgungswesen entwickelt worden. Sie wurden jedoch unreflektiert auf die Verfolgungsopfer übertragen, statt daß das Gesetz adäquate Erfahrungssätze zugrunde gelegt hätte. Die feingestrickte Arithmetik stand dann teilweise in eklatantem Gegensatz zu den großen Begutachtungsmethoden, mit denen die Medizinalbürokraten in den ärztlichen Diensten meist nach Aktenlage über die Opfer entschieden[57] und auch in erheblichem Umfang über die Gutachten der den Opfern näherstehenden Vertrauensärzte am Sitz der deutschen Vertretungen hinweggingen. Umgekehrt beschränkten sich die Vertrauensärzte bei der Angabe der Quoten vielfach von vornherein, um dem Antragsteller nicht durch Provokation des Vetos der Medizinalbürokratie oder durch jahrelange Wartezeiten wie im Eingangsfall zu schaden. Die internationale medizinische Wissenschaft arbeitete erst nach und nach mit einigen deutschen Medizinern die Syndrome heraus, die für die unerhörten Leiden insbesondere der KZ-Opfer typisch waren, so vor allem die seelischen Störungen durch Schuldgefühle der Überlebenden. Während ausländische Forscher dabei auch symptomfreie Latenzzeiten (also ohne Brückensymptome) feststellten, ziehen deutsche Behörden die Antragsteller – wie im eingangs geschilderten Fall – lange Zeit der Widersprüchlichkeit oder gar der Unwahrhaftigkeit, wenn sie erst später psychische Leiden darlegten. Die Umschreibung der Neurosenlehre erforderte eine langjährige Auseinandersetzung unter den deutschen Medizinern. Dies alles ist bei Christian Pross[58] eindrucksvoll dargestellt, so daß es hier nur noch des Eingehens auf die Ideen bedarf, mit denen die Opfer bei der nachträglichen Sortierung ihrer Leiden durch Ärzte und Juristen konfrontiert wurden.

4. Die Ideen zur Abwehr der Geschichte und ihrer Opfer

Die Abwehr des Erinnerns an die Verbrechen der nationalsozialistischen Periode vollzog sich in den öffentlichen Diskussionen zunächst in der Komplementarität von verbaldramatischer Distanzierung und alltagspraktischer Ignorierung, zu welcher insbesondere die Gettoisierung der Wiedergutmachung gehörte. Den an der Wiedergutmachung Beteiligten, die in Tausenden von Verfahren über viele Jahre hinweg die Auswirkungen der faschistischen Greuel auf einzelne Opfer aufarbeiten sollten, standen solche Formen nicht zur Verfügung. Die durch die Verletzung von Grundnormen der Menschlichkeit auch bei Mitarbeitern der Behörden und Gerichte evozierten Erschütterungen und Identifikationen mit den Opfern waren eine Bedrohung der bürokratischen Arbeitsabläufe. Bürokratie heißt stets Entpersönlichung des Konflikts, aktenmäßige Sachbehandlung, Herstellung eines für die staatlichen Ressourcen akzeptablen Verhältnisses von Anerkennungen und Ablehnungen, Anspruchsbemessung zwischen den Mindest- und Höchstsätzen, Verstrickung der Antragsteller in die Eigenheiten eines abgestuften Verfahrens. Die etwa von Überlebenden der Konzentrationslager, die ihre gesamte Familie verloren, ja manchmal den grausamen Tod ihrer Kinder unmittelbar miterlebt hatten, ausgehenden ethischen Impulse waren mit den bürokratischen Arbeitsgängen nicht ohne weiteres zu vereinbaren. Die Versuchung zu – gemessen am Gesetz – großzügiger Leistungsgewährung, wie sie auf den heutigen Sozialämtern manchen Mitarbeiter im Angesicht krasser Not beschleicht und durch gelegentliche Strafverfahren wegen Amtsvergehen domestiziert wird, kann nur andeutungsweise die Konflikte bezeichnen, in denen die an der Wiedergutmachung Beteiligten standen. Die gröbsten Abwehrlösungen waren eine abgestumpfte Routinisierung, die Verzögerung oder Verschiebung der Bearbeitung (nur allzu oft bis zum Tod des Antragstellers und der sich daraus ergebenden Erledigung des Verfahrens[59]) und die moralische Entlastung durch Abstempelung der Antragsteller als Rentenbetrüger oder Rentenneurotiker. Dafür lieferten die notwendigerweise oft schwachen Beweismittel – etwa ansonsten in zivilprozessualen Verfahren nicht zulässige eidesstattliche Versicherungen – einen Ansatzpunkt. So fiel dem Präsidenten des Bayerischen Entschädigungsamts am Ende der langen Wiedergutmachungsära nichts anderes ein als ein fiktiver greiser Rentenschinder. Die Rationalisierung der Abwehr, wie sie der Verfahrensdiskurs aufgab, produzierte hingegen eine Palette von Ideen zur Renormalisierung der Geschichte, vor allem der Nachkriegsgeschichte.

Die größte Tradition hatte gewiß der Argumentationsstrang der *Suche nach dem anderen Täter,* der deswegen an erster Stelle genannt werden soll, obwohl der von vornherein viel hilfloser ausfallen mußte als nach dem Ersten Weltkrieg. So versuchte etwa die Rechtsprechung zunächst teilweise, Marionettenregierungen, etwa von Balkanstaaten, Autonomie in der Bedienung der Tötungsmaschinerie zuzuschreiben. Da dies einer auch nur halbwegs glaubwürdigen Erforschung nicht standhalten konnte, verschob sich die Suche später mehr auf den stalinistischen Terror, dem die Opfer der vor den Deutschen geflohenen Juden allein angelastet werden sollten. Dabei machte gerade diese Flucht deutlich, daß die

Unglücklichen die Verschiebung in die Taiga, Hunger, Not und grausame Behandlung durch Stalins Helfer weniger fürchteten und fürchten mußten als das Zyklon B aus Deutschland. Die im Historikerstreit wiederbelebte Konstruktion von Ursachen für Auschwitz aus Stalins Herrschaft konnte freilich in den Auseinandersetzungen um die Wiedergutmachung nicht mehr ideologisch genutzt werden. Die Suche nach dem anderen Täter erlahmte vielmehr allmählich und ging schließlich in dem Globalargument auf, der Krieg selbst und nicht die rassische oder politische Verfolgung habe zur Vertreibung geführt, als wäre im Osten kein Krieg gegen Untermenschen geführt worden. Aber auch diese Art von Differentialdiagnose konnte sich nicht durchsetzen, da die historische Wahrheit keiner so autarken Selbstverwaltung der deutschen Geschichte unterlag wie nach dem Ersten Weltkrieg.

Eine zweite Argumentationsschiene war der *Vergleich der Leiden*. Auch ein großer Teil der deutschen Soldaten, der Vertriebenen und die Opfer des Krieges unter der Zivilbevölkerung hatten Schreckliches durchgemacht und litten danach unter physischen und psychischen Störungen. Für sie wurden verschiedene Ausgleichs- und Versorgungssysteme installiert, die manchen Vorzug vor dem Entschädigungssystem des BEG aufwiesen. Dieses mußte zudem mit komplexeren historischen Abläufen und den Folgen eines bis dahin unvorstellbaren Vernichtungssystems fertig werden. Die Generalaufrechnung, zu der viele Deutsche ohne die Notwendigkeit der Wiedergutmachung im Rahmen der Westintegration geneigt hätten, durfte nun nicht im Einzelfall bei der Ermittlung des Verfolgungsschadens nachgeholt werden. Das aber geschah offen oder verdeckt, wenn Leiden der Verfolgungsopfer, etwa Depressionen, nicht als verfolgungsbedingt anerkannt wurden, weil sie, gemessen an den Leiden der Frontsoldaten oder Flüchtlinge, auf keine besondere Mißhandlung zurückzuführen gewesen seien. Hier kehrte im Detail von Gutachten und Bescheiden die Haltung wieder, die sich auf das Leiden des eigenen Lagers so fixierte, daß selbst die schrecklichste Verfolgung anderer kaum wahrnehmbar war.

Ein drittes Element der Renormalisierung war die *Relativierung der Gesundheitsschäden* Verfolgter aufgrund erlittener Vorschäden, unglücklicher Anlagen oder späterer Schicksalsschläge. Eine Kindheit mit schwierigem Elternhaus konnte ebenso zur Annahme einer schon vor der Verfolgung gesteigerten Labilität führen, wie eine unbeschwerte Kindheit spätere Mißhandlungen als verarbeitbar erscheinen lassen konnte. Die Abgrenzung von anlagebedingten und durch die Verfolgung verursachten Gesundheitsstörungen nötigte zu nachträglichen Aussagen über die Determinationskraft von Anlagen, wie sie eine gewissenhafte, von Entscheidungszwängen freie Forschung nicht gestattet hätte. Die Heranziehung späterer Schicksalsschläge schnitt oft den Zusammenhang ab, in dem diese mit der Verfolgung und den durch sie bestimmten Leiden danach standen. Die groteske Beweiserhebung über den Sturz beim Kirschenpflücken macht deutlich, daß einzelne Ereignisse während der Verfolgungsphase isoliert und damit normalisiert wurden, als hätte die Jüdin, die sich bei ihren Beschützerinnen verständlicher- und tunlicherweise nützlich machen wollte, nicht stets unter dem Druck der Entdeckung und der weiteren Verfolgung gestanden, bis hin zur unterlassenen ärztlichen Behandlung. Eine solche Unterscheidung forderte nicht einmal das Gesetz. Ansonsten aber gab es aufgrund seiner verfehlten Struktur Differentialdiagnosen auf, die die medizinische Wissenschaft noch nicht gesehen hatte. Und selbst die der Verfolgung entronnenen Ärzte mußten sich auf solche diagnostischen Fiktionen einlassen, wenn sie den begutachteten Opfern nützen wollten. Nicht das Maß der Leistungen steht also am Ende im Zentrum der Kritik, sondern die Torturen der Verteilung. Der Tod war ein Meister aus Deutschland, die Sühne ein verkorkstes Gesellenstück.

Anmerkungen

1 Aktenzeichen: 26 O 112/65.
2 *Wiedergutmachung – Der Kleinkrieg gegen die Opfer,* 1988, S. 191 ff., im folgenden zitiert: PROSS.
3 Siehe dazu SCHWARZ, Walter: Rückerstattung nach den Gesetzen der Alliierten Mächte, in: Bundesminister der Finanzen und SCHWARZ, Walter (Hrsg.): *Die Wiedergutmachung nationalsozialistischen Unrechts durch die Bundesrepublik Deutschland* (im folgenden zitiert: Sammelwerk Wiedergutmachung), Bd. I; siehe ferner den Nachtrag in Bd. II, S. 801 ff., sowie BIELLA, Bd. II, S. 74 ff.
4 Gesetz vom 19. Juli 1957, BGBl. I, 734.
5 Siehe das Reparationsschädengesetz vom 12. Februar 1969, BGBl. 1969, 105.
6 Zur Wiedergutmachung für Angehörige des öffentlichen Dienstes siehe jedoch das BWGöD vom 11. Mai 1951, BGBl. I, 291.
7 Siehe die Übersicht bei FEAUX DE LA CROIX, in: Sammelwerk Bd. III, S. 16 ff.
8 BGBl. 1953 I, 1387.
9 BGBl. 1956 I, 559.
10 BGBl. 1965 I, 1315.

11 Siehe dazu von JENA, *Vierteljahrshefte für Zeitgeschichte* 34 (1986), S. 457 ff.

12 Es handelte sich dabei um den Ministerialrat Friedrich KUSCHNITZKY.

13 Siehe dazu PROSS S. 78 m. w. N.

14 Die politisch brisanteste Affäre betraf Philipp AUERBACH, der als Überlebender von Auschwitz Leiter des Bayerischen Entschädigungsamtes geworden war und der 1952 im Mittelpunkt eines Entschädigungsskandals wegen ungewöhnlicher finanzieller Transaktionen stand. Diejenigen, die von einer Verarbeitung der NS-Verbrechen weit entfernt waren, konnten sich hier mit Unregelmäßigkeiten der Entschädigung eine Verdrängungshilfe verschaffen. Siehe aber auch noch die Strafversetzung von Helene JAKOBS im Berliner Entschädigungsamt 1963 und dazu PROSS, S. 63.

15 Siehe die Nachweise bei PROSS, S. 65.

16 Verhandlungen des Deutschen Bundestages, 1. Wahlperiode, 165. Sitzung vom 27. September 1951, S. 6697 f. – Zur Behandlung der Wiedergutmachung in Österreich siehe die aufschlußreichen Wortprotokolle der österreichischen Bundesregierung von 1945–1952 über die Entschädigung der Juden in: KNIGHT, Robert (Hrsg.): *Ich bin dafür, die Sache in die Länge zu ziehen,* 1988.

17 Siehe dazu von JENA (Fn. 11).

18 STRAUSS, Franz: *Chemische Industrie V* (1953), Nr. 1 S. 3–6, zitiert nach PROSS, S. 70.

19 Das distanzierende Anführungszeichen wäre allerdings im Nachvollzug der Rechtsanwendung gleichfalls zu einer unhaltbaren Schablone geworden.

20 Siehe die Ausführungen des Abgeordneten MÜLLER, in: Verhandlungen des Deutschen Bundestages, 1. Wahlperiode, 254. Sitzung vom 18. 3. 1953, S. 12280.

21 Siehe FEAUX DE LA CROIX, Internationalrechtliche Grundlagen der Wiedergutmachung, in: Sammelwerk Wiedergutmachung Bd. III, S. 153.

22 FEAUX DE LA CROIX (Fn. 21), S. 145 ff.

23 Verhandlungen des Deutschen Bundestages, 4. Wahlperiode, 96. Sitzung vom 14. November 1963, S. 4420. Von Stolz spricht auch SCHWARZ, Walter, in: HERBST, Ludolf/GOSCHLER, Walter (Hrsg.): *Wiedergutmachung – Die Bundesrepublik und die Opfer der nationalsozialistischen Verfolgung,* 1988, was allerdings aufgrund seines eigenen Verfolgtenschicksals anders zu werten ist.

24 Zitiert nach PROSS S. 279.

25 Siehe zuletzt BARING RzW 1981, 108.

26 BARING a. a. O.

27 RzW 1981, 105 f.

28 HESSDÖRFER RzW 1981, 113.

29 KÜSTER, Otto: RzW 1981, 97.

30 Siehe SCHWARZ, Walter: RzW 1976, 207 f.

31 Siehe etwa den Claims Conference Hardship Fund und dazu RzW 1981, 1 f. Zur weiteren Wiedergutmachung zugunsten der »Randgruppen« der Verfolgten und die von der Fraktion DIE GRÜNEN

veranlaßte öffentliche Anhörung des Innenausschusses des Deutschen Bundestages vom 24. Juni 1987, in: Deutscher Bundestag (Hrsg.), Zur Sache 3/87, *Wiedergutmachung und Entschädigung für nationalsozialistisches Unrecht,* 1987, wo auch die Vertreter der Sinti und Roma zu Wort kamen. Unter den Stellungnahmen der Sachverständigen ist insbesondere auf die Ausführungen von Heinz DÜX, S. 27, 36, 58, 79, 93, 125 und 153 hinzuweisen.

32 § 1 Abs. 3 BEG.

33 Die erste Lesung fand am 24. Juni 1953 statt, die Verabschiedung nach Befassung des Vermittlungsausschusses am 29. Juli 1953, siehe dazu FEAUX DE LA CROIX, Sammelwerk Wiedergutmachung Bd. III, S. 76 ff.

34 Siehe § 171 Abs. 2 BEG i. d. F. des Schlußgesetzes.

35 Kurzprotokoll der 33. Sitzung vom 8. Oktober 1964, zitiert nach WEISS, Gesundheitsschäden aus rechtlicher Sicht, in: Sammelwerk Wiedergutmachung Bd. IV, S. 337.

36 Siehe BT-Drucks. IV/3423 (A zu Nr. 21).

37 6. DV-BEG, BGBl. 1967 I, 233.

38 WEISS (Fn. 35) S. 338.

39 ErgVO zur 6. DV-BEG, BGBl. 1970 I, 65.

40 WEISS (Fn. 35) S. 339.

41 2. ÄndV-6. DV-BEG BGBl. 1970 I, 1786.

42 § 2 Abs. 1 der ErgVO-6. DV-BEG bzw. der 2. ÄndV-6. DV-BEG.

43 Art. III Nr. 1 Abs. 5 BEG-Schlußgesetz.

44 Bundesgerichtshof RzW 175, 168.

45 RzW 1973, 315.

46 Bundesgerichtshof RzW 1980, 42.

47 Bundesgerichtshof RzW 1969, 192.

48 Siehe zuletzt etwa KÜSTER RzW 1981, 99 f., 102 f.

49 Die Rechtsprechung des Entschädigungssenats, in: KRÜGER-NIELAND (Hrsg.), *25 Jahre Bundesgerichtshof,* 1975, S. 145 ff.

50 Bundesgerichtshof RzW 1961, 381.

51 RzW 1958, 182.

52 RzW 1968, 304.

53 Bundesgerichtshof RzW 1970, 503.

54 Siehe PROSS S. 128 f. m. w. N.

55 Siehe etwa Bundesgerichtshof RzW 1981, 71 f.

56 Siehe zuletzt etwa JÄCKLE, Renate: *Die Ärzte und die Politik – 1930 bis heute,* 1988.

57 Die heutige Sozialgerichtsbarkeit ist allerdings ebenfalls nicht ganz frei von solchen Mißständen der Aktenbegutachtung.

58 Siehe dazu PROSS S. 133 ff., 185 ff. Auf seiner Darstellung fußen auch die folgenden Gedanken.

59 Nach und nach wurde allerdings für bestimmte Schäden die Vererblichkeit der Entschädigungsansprüche vorgesehen. Die Rspr. machte allerdings z. T. insoweit auch wieder Einschränkungen (s. etwa Bundesgerichtshof RzW 1969, 266).

Literaturverzeichnis

Die BUNDESMINISTER DER FINANZEN und SCHWARZ, Walter (Hrsg.): *Die Wiedergutmachung nationalsozialistischen Unrechts durch die Bundesrepublik Deutschland,* Bd. 1–6. München: C. H. Beck, 1974 ff.

DEUTSCHER BUNDESTAG Bundestag (Hrsg.): Zur Sache 3/87. *Wiedergutmachung und Entschädigung für nationalsozialistisches Unrecht.* Bonn 1987.

HERBST, Ludolf/GOSCHLER, Walter (Hrsg.): *Wiedergutmachung – Die Bundesrepublik und die Opfer der nationalsozialistischen Verfolgung.* München: Oldenbourg, 1988.

JÄCKLE, Renate: *Die Ärzte und die Politik – 1930 bis heute.* München: C. H. Beck, 1988.

KNIGHT, Robert (Hrsg.): *Ich bin dafür, die Sache in die Länge zu ziehen.* Frankfurt a. M.: Athenäum, 1988.

KRÜGER-NIELAND, Gerda (Hrsg.): *25 Jahre Bundesgerichtshof.* München: C. H. Beck, 1975.

PROSS, Christian: *Wiedergutmachung – Der Kleinkrieg gegen die Opfer.* Frankfurt a. M.: Athenäum, 1988.

HEINRICH HANNOVER

Zur Beweiswürdigung in Strafsachen gegen NS-Verbrecher

Das Dritte Reich war eine der größten Organisationen für perfektes Verbrechertum, weil mehr als bei allen anderen bekannten Verbrechen die Zeugen rechtzeitig umgebracht wurden.

Robert M. W. Kempner[1]

1

Mit dem Freispruch des früheren SS-Stabsscharführers Wolfgang Otto, der nach jahrzehntelangen Vorgefechten mit einer verfolgungsunwilligen Staatsanwaltschaft auf Grund eines Klageerzwingungsverfahrens wegen Beihilfe zum Thälmann-Mord angeklagt worden war, hat die bundesdeutsche Justiz erneut in Erinnerung gebracht, daß sie angesichts der historischen Aufgabe, die staatsterroristischen Verbrechen der Mittäter des Dritten Reiches angemessen zu bestrafen, kläglich versagt hat.

Das Thälmann-Mordverfahren ist bisher in erster Linie unter dem Gesichtspunkt der überlangen Dauer des Vorverfahrens kritisiert worden. Erst im August 1983, also 39 Jahre nach der Tat, hatte die für die Verfolgung von Naziverbrechen zuständige Staatsanwaltschaft in Köln gezwungenermaßen Anklage erhoben, obwohl die Täter spätestens seit der richterlichen Vernehmung des Zeugen Marian Zgoda im Jahre 1948 namentlich benannt waren und eine von Friedrich Karl Kaul vertretene Strafanzeige der Witwe Thälmanns aus dem Jahre 1962 die Anklageerhebung oft und nachdrücklich angemahnt hat. Erst am 5. November 1985 hatte die Hauptverhandlung vor der 2. großen Strafkammer des Landgerichts Krefeld begonnen, nachdem weitere juristische Hindernisse aus dem Weg geräumt waren. Und eine auf Resignation eingestimmte Öffentlichkeit nahm mit Überraschung zur Kenntnis, daß es am 15. Mai 1986 in Krefeld zu einer Veurteilung des Angeklagten wegen Beihilfe zum Mord kam, obwohl die Staatsanwaltschaft seinen Freispruch beantragt hatte. Ein Zwischenergebnis, das die freilich vergebliche Hoffnung nährte, auch in bundesdeutschen Gerichtssälen sei endlich die Stunde der Erkenntnis angebrochen. Die Urteile des 3. Strafsenats des Bundesgerichtshofs vom 25. März 1987 und der 17. großen Strafkammer des Landgerichts Düsseldorf vom 29. August 1988 gaben wieder den Skeptikern recht, die von Anfang an den Beweis der Täterschaft für einen individualisierbaren Mord aus der riesigen Zahl faschistischer Mordtaten nach so langer Zeit für unmöglich gehalten hatten. Dieses Ergebnis war, wie das Krefelder Urteil zeigt, nicht die notwendige Folge der verspäteten Anklageerhebung, sondern hat mit dem politischen Bewußtsein derer zu tun, die in diesem Lande mehrheitlich Recht sprechen und die zugrundeliegenden tatsächlichen Feststellungen zu treffen haben. Die konservative Mehrheit ist nirgends so stark wie in der Justiz, ihr politisches Bewußtsein wird nirgends so kenntlich wie bei der unterschiedlichen Aburteilung von diesen und jenen Terroristen.

2

Das Versagen der bundesdeutschen Strafjustiz angesichts der Verbrechenslawine der Hitlerzeit läßt sich unter verschiedenen Gesichtspunkten betrachten. Es soll hier nur der Aspekt der Zeugenlosigkeit des faschistischen Massenmords herausgegriffen werden, den das Thälmann-Mordverfahren besonders anschaulich gemacht hat, weil die Beweislage wesentlich günstiger als sonst auszusehen schien.

Der größte Massenmord aller Zeiten leidet an konkreter Beweisnot, wenn ein einzelner Mord aus der unendlichen Serie einzelnen Tätern zugeordnet werden soll. Ob der Beweis im konkreten Fall zu führen ist, hängt allerdings weitgehend vom politischen Bewußtsein der mit der Sache befaßten Richter und Schöffen ab. Nirgends kann sich das politische Bewußtsein der zur Entscheidung berufenen Personen in krasseren Gegensätzen offenbaren als bei den im Rahmen der freien richterlichen Beweiswürdigung zu treffenden Wertungen. Das soll hier am Beispiel des Thälmann-Prozesses aufgezeigt werden, in dem das gleiche Beweismaterial derart gegensätzlichen Wertungen ausgesetzt war, daß man zur Erklärung des Widerspruchs nicht ohne Bezugnahme auf das politische Bewußtsein der Richtenden auskommt.

3

Die Ermordung des populären Arbeiterführers Ernst Thälmann, den 11 Jahre Einzelhaft in Zuchthäusern des NS-Staats nicht von seiner kommunistischen Weltanschauung abgebracht hatten, war von Hitler am 14. August 1944 befohlen worden. Der Mordbefehl ist in einer Aktennotiz des Reichsführers SS Himmler überliefert (»Thälmann ist zu exekutieren«). Drei Tage später wurde der Befehl ausgeführt. Thälmann wurde zu mitternächtlicher Stunde in Begleitung von zwei Gestapobeamten ins Konzentrationslager Buchenwald verbracht und im Eingang des Krematoriums erschossen. Die »Sonderaktion« wurde – vielleicht wegen des absehbaren Kriegsendes, von dem sich die SS-Mörder nichts Gutes erwarteten – nach Regeln eines perfekten Mordes durchgeführt. Die Mitglieder des aus polnischen Häftlingen bestehenden Leichenträgerkommandos wurden zwar zum Anheizen eines Ofens herangezogen und erfuhren auch, daß eine Sonderaktion bevorstehe, sie wurden dann aber in ihrer Unterkunft eingeschlossen und erst am folgenden Morgen mit der Reinigung des Ofens beauftragt. Die Erschießung des Opfers erfolgte ausschließlich durch SS-Angehörige, die ihrerseits nach dem Grundsatz »Unsere Ehre heißt Treue« auf eine kriminelle Kameraderie des Schweigens verpflichtet waren. Es konnte also nach dem Ermessen dieser Unmenschen nicht herauskommen, wer im einzelnen an der Ausführung des Mordbefehls konkret mitgewirkt hatte.

Mit der Person des Angeklagten Wolfgang Otto stand ein Mann vor Gericht, der nach eigenem Eingeständnis an der Hinrichtung von etwa 200 Menschen teilgenommen hatte, darunter 21 polnische Offiziere, die aufgehängt wurden, weil sie als Kriegsgefangene einen Fluchtversuch unternommen hatten. Auch an der grausamen Strangulierung von Menschen an den im Keller des Krematoriums angebrachten Wandhaken und bei der Tötung sowjetischer Kriegsgefangener in der Genickschußanlage des sogenannten Pferdestalls war Otto beteiligt. Nach eigener früherer Aussage war das Zahlenverhältnis von ausländischen zu deutschen Hinrichtungsopfern etwa 9 zu 1. Das heißt, daß Otto an der Tötung von mindestens 20 Häftlingen beteiligt war. Ein Ermittlungsverfahren gegen ihn wegen dieses Sachverhalts stellte die Kölner Staatsanwaltschaft schon 1968 mit der Begründung ein, auch diese Fälle seien in einem früheren amerikanischen Militärgerichtsverfahren abgeurteilt worden, in dem Otto 20 Jahre Freiheitsstrafe zudiktiert worden waren, von denen er freilich im Zuge der antikommunistischen deutsch-amerikanischen Verbrüderung nur sieben Jahre verbüßen mußte. Die Begründung der Einstellungsverfügung war schon damals unhaltbar, da auch bei der Kölner Staatsanwaltschaft nicht unbekannt sein konnte, daß die amerikanischen Militärgerichtsverfahren Kriegsverbrechen zum Gegenstand hatten und diese sich definitionsgemäß nur gegen ausländische Staatsangehörige richten. Aber es gab niemand, der damals die Akten einsehen und der Staatsanwaltschaft auf die Finger klopfen konnte, da die von Otto persönlich hingerichteten Menschen nicht namentlich bekannt sind, so daß Angehörige Ermordeter vergeblich eine Legitimation reklamiert hätten, gegen Otto eine Anklage zu erzwingen oder auch nur Akteneinsicht zu bekommen. Da die Getöteten nicht individualisierbar sind, läßt sich für keinen der Nachweis führen, daß Otto gerade ihn vom Leben zum Tode gebracht hat und daß gerade diese Tötung rechtswidrig gewesen ist. Das Düsseldorfer Urteil hat insoweit schon die Weichen gestellt, indem es die Einlassung des Angeklagten, es habe sich auch um wegen Mordes zum Tode Verurteilte gehandelt, als unwiderlegt bezeichnet.

Bei Ernst Thälmann schien die Sache anders zu liegen. Die als perfekter Mord geplante Aktion, deren Rechtswidrigkeit nicht zweifelhaft sein konnte, schien an einem Kunstfehler der Akteure zu leiden. Es gab nämlich trotz aller Geheimhaltungsmaßnahmen einen Zeugen, der behauptete, er sei als Mitglied des Leichenträgerkommandos nicht mit den anderen Häftlingen eingeschlossen worden oder habe die Unterkunft wieder verlassen können, er habe jedenfalls den Ablauf des Thälmann-Mordes vom Eintreffen des Wagens über die Erschießung im Eingang des Krematoriums bis zum Wiederauftauchen zweier Mordschützen, die sich über den Fall unterhielten, aus einem Versteck beobachtet. Dieser Zeuge, Marian Zgoda, ein staatenloser Häftling polnischer Abstammung, ist 1967 verstorben, so daß seine Aussagen nur noch in Protokollen, die in unzähligen, sich über fast zwei Jahrzehnte erstreckenden Vernehmungen aufgenommen worden sind, nachgelesen werden können. Daß in allen diesen Protokollen der Kernvorgang gleichsinnig geschildert und – abgesehen von einer Ausnahme, bei der es sich um eine von Zgoda nicht autorisierte verkürzte Nachschrift handelt – der Name Otto als eines der Mitwirkenden genannt wird, interessierte bundesdeutsche Staatsanwälte und Richter letztlich weniger als der Umstand, daß es Abweichungen in der Darstellung des Randgeschehens gibt, für die sich plausible Gründe anbieten. Da Marian Zgoda wegen der um mehr als drei Jahrzehnte verspäteten Anklage nicht mehr zur Aufklärung von Widersprüchen vor Gericht angehört werden konnte, ließ sich seine Aussage nach dem Zweifelsgrundsatz vom Tisch wischen. Und so blieb es bei der von den Mördern planvoll angelegten Zeugenlosigkeit der Aktion.

Noch ein weiteres Loch schien der perfekte Mordplan zu haben. Einer der auf die Banditenehre der SS eingeschworenen Kameraden des Angeklagten hatte nicht den Mund gehalten, als nach dem Krieg die Ermittlungen der Amerikaner gegen die Mannschaft des KZ Buchenwald begannen. Der frühere SS-Angehörige Fricke, der im KZ Buchenwald als Standesbeamter fungiert hatte, gab im Jahre 1963 dem vernehmenden Staatsanwalt zu Protokoll, daß er sich 1947 im amerikanischen Gefangenenlager Dachau sowohl mit Zgoda als auch mit Otto unterhalten habe. Zgoda habe ihm über seine Beobachtungen in der Tatnacht berichtet und dabei auch den Namen Otto als einen der Tatbeteiligten genannt. Otto selbst habe diese Darstellung Zgodas als im wesentlichen richtig bezeichnet und seine eigene Beteiligung am Thälmann-Mord nicht abgestritten. Otto habe bei diesem Gespräch Wert darauf gelegt, daß nicht er, sondern ein SS-Funktionär namens Barnewald geschossen habe, so daß man ihm nichts anhaben könne. Auch hier also noch einmal eine Bekräftigung der Rechtsauffassung, daß ein Schuldspruch gegen den Angehörigen einer Mörderbande nur möglich sei, wenn er selbst geschossen hat.

Auch mit diesem Zeugen wurde die bundesdeutsche Justiz fertig. Als es endlich zur Hauptverhandlung kam, war der Zeuge Fricke infolge Altersdemenz nicht mehr vernehmungsfähig, so daß es auch hier auf eine Interpretation der schriftlich fixierten Aussagen ankam. Zwar drang die Verteidigung des Angeklagten nicht mit dem Versuch durch, den geistigen Abbau des Zeugen in das Jahr 1963 zurückzuverlegen, wo die entscheidenden Vernehmungen durch den Staatsanwalt geführt worden waren. Aber im Gegensatz zum Krefelder Urteil, das dem Zeugen volle Glaubwürdigkeit attestiert hatte, zerzauste die Düsseldorfer Strafkammer die Protokolle, auf die man in Krefeld ein Urteil gestützt hatte, dermaßen, daß man zur Erklärung dieses Widerspruchs nicht ohne die Annahme auskommt, daß ein gravierender Unterschied der politischen Bewußtseinslage bei der Interpretation eine entscheidende Rolle gespielt hat.

Der Zeuge Fricke hatte in mehreren in beiden Hauptverhandlungen verlesenen Aussagen geschildert, daß der Angeklagte Otto ihn nach dem Bombenangriff vom 24. August 1944 beauftragt habe, den Tod Thälmanns zu beurkunden. Er, Fricke, habe dies abgelehnt, weil er gewußt habe, daß Thälmann in Buchenwald

nicht inhaftiert gewesen sei, und Otto ihm die für eine Beurkundung des Todes erforderlichen genauen Personalien nicht habe angeben können, nicht einmal den Vornamen. Er habe sich noch sehr gewundert, daß Otto als Lehrer und gebildeter Mensch damals nicht den Vornamen Thälmanns gewußt hatte.
Im Krefelder Urteil heißt es hierzu:

Erstaunlich ist dies allerdings. Schon dieses Detail spricht wegen seiner Ausgefallenheit für die Richtigkeit der Angabe.

Im Düsseldorfer Urteil lesen wir dagegen:

Jedenfalls erscheint die Darstellung Frickes, daß man ihm nicht einmal den Vornamen habe nennen können, angesichts der politischen Bedeutung Ernst Thälmanns als früheren Kandidaten für das Amt des Reichspräsidenten und eines der prominentesten Gegner des Nationalsozialismus lebensfremd.

Dem Düsseldorfer Gericht fehlte offenbar die dem Leben zu entnehmende Erfahrung, daß selbst gut informierten Menschen im Einzelfall der Vorname einer bekannten Persönlichkeit nicht einfällt. Daß dies im Jahre 1944 einem SS-Mann in bezug auf einen damals seit 10 Jahren aus den Spalten der Presse verschwundenen kommunistischen Politiker passieren konnte, dürfte lebensnäher sein als das Gegenteil. Auch bedürfte es der Erklärung, warum Fricke sich dieses für den Sachverhalt der Anstiftung zur Falschbeurkundung unwesentliche Detail ausgedacht haben sollte. Es schmälerte doch nur sein Verdienst, der ihm angesonnenen Pflichtwidrigkeit widerstanden zu haben. Denn wenn der Vorname nicht genannt werden konnte, gab es ja objektive Hinderungsgründe gegen die Beurkundung. Ein weiteres Beispiel: Fricke hatte bei zwei mehr als sechs Monate auseinanderliegenden Vernehmungen des Jahres 1963 die ihm von Zgoda aufgezählten Namen der an der Erschießung Thälmanns beteiligten Personen unterschiedlich angegeben. Bei beiden Vernehmungen nannte er die Namen Schmidt, Warnstedt und Otto übereinstimmend, hingegen fehlten bei der zweiten Vernehmung zwei Namen, und hinsichtlich eines dritten war der Zeuge inzwischen unsicher geworden. Zusätzlich wurde bei der zweiten Vernehmung der Name Barnewald als von Zgoda angegeben genannt – ein offensichtlicher Irrtum des Zeugen (Zgoda selbst hat diesen Namen nie erwähnt), der den Namen in dem Gespräch mit Otto gehört hatte.

Das Landgericht Krefeld hatte zu dieser Abweichung angemerkt, sie könne bei der Fülle der Namen und der zwischen den Vernehmungen verstrichenen Zeit nicht verwundern. Wörtlich:

Das Gegenteil wäre erstaunlich. Andere wichtige Einzelheiten in den Vernehmungen sind durchaus inhaltsgleich wiedergegeben, so insbesondere die Angabe des Angeklagten, daß man ihm nichts anhaben könne, weil Barnewald geschossen habe, nicht aber er.

Demgegenüber zieht die Düsseldorfer Strafkammer aus der Nichtübereinstimmung der aus dem Gespräch Fricke/Zgoda mitgeteilten Namen den kühnen Schluß, daß Fricke sich das Gespräch mit Zgoda »nur eingebildet«, daß es »nur in seiner Vorstellung stattgefunden« habe. Eine Abwertung des Zeugen, für die es jeglicher Anhaltspunkte in seinem Persönlichkeitsbild ermangelt, es sei denn, man geht von dem Grundsatz aus: Wer in NS-Verbrecher-Sachen zur Wahrheitsfindung beiträgt, kann nur verrückt sein.

Und was ist mit dem von Fricke detailreich dargestellten Gespräch zwischen ihm und Otto in Dachau? Soll auch das frei erfunden sein? Zu dieser vom Landgericht Krefeld zutreffend als »reine Spekulation« bezeichneten Schlußfolgerung müßte man logischerweise kommen, da wesentlicher Bestandteil dieses Gesprächs ja gerade die Erörterung der Unterhaltung zwischen Fricke und Zgoda war. Das Düsseldorfer Urteil sagt es nicht ganz deutlich, aber es zieht einen beckmesserischen Vergleich zwischen den beiden vom vernehmenden Staatsanwalt formulierten Protokollen von 1963 und findet tatsächlich einen haarfeinen Unterschied, den es dem unbequemen Zeugen anlastet. Die Divergenz besteht darin, daß es einmal heißt, Otto habe Fricke gegenüber die grundsätzliche Richtigkeit der Darstellung Zgodas »nicht bestritten«, im anderen Protokoll aber: Otto habe ihm erklärt, dabeigewesen zu sein. Das Düsseldorfer Urteil wörtlich:

Diese Darstellungen weichen insoweit voneinander ab, daß aus einem Nichtbestreiten des Vorgangs und der Anwesenheit die positive Erklärung des Angeklagten wird, er sei ... dabei gewesen. Außerdem wird die zunächst allein geschilderte Erklärung des Angeklagten, Barnewald habe geschossen, nun um den Zusatz erweitert, man könne ihm – dem Angeklagten – deshalb nichts anhaben.

Daß diese Abweichungen auf ungenauer Ausdrucksweise oder ungenauer Protokollierung beruhen können, räumt das Gericht ein. Wörtlich:

Dies ist jedoch nicht sicher. Eine Erklärung ist nicht mehr möglich ...

So kann man letztlich jede protokollierte Zeugenaussage kaputtmachen, wenn sie einem nicht in den Kram paßt. Gerichte, die verurteilen wollten, haben schon über gravierendere Widersprüche in Zeugenprotokollen hinweggelesen. In Terroristenprozessen gegen links ist darüber hinaus Angeklagten und Verteidigern die Möglichkeit genommen worden, das in Artikel 6 MRK verbürgte Recht auszuüben, Fragen an Belastungszeugen zu stellen, die, mit neuer Identität versehen und angeblich unbekannten Aufenthalts, unerreichbar im Sinne des Gesetzes waren. Ihre Widerlegung wäre unerwünscht gewesen. Diese Protokolle paßten in den Kram.

4

So war es also in bewußtem und gewolltem Zusammenwirken von Bundesrichtern und den Mitgliedern der Düsseldorfer Strafkammer gelungen, die im Falle des Thälmann-Mordes vorliegenden Beweismittel eines nach dem anderen zu annulieren, ohne in ihrer wechselseitigen Bestätigung ein wichtiges Indiz für ihre Richtigkeit zu sehen.

Auch die Düsseldorfer Richter und Schöffen und die den Freispruch programmierenden Bundesrichter würden sicher die Unterstellung zurückweisen, daß ihre Entscheidung von unterschwelligen Sympathien für den Angeklagten und dessen als Pflichterfüllung aufgefaßte bürokratische Erledigung von Tötungsbefehlen beeinflußt sei. Richter pflegen sich nur ausnahmsweise öffentlichen Diskussionen zu stellen, und wenn sie es tun, ihr politisches Bewußtsein hinter rechtsstaatlichen Formeln zu verbergen, die ihnen allemal recht geben, wenn sie lieber freisprechen als etwa einen Unschuldigen zu verurteilen. Aber die Statistik, die zahlenmäßige Abhängigkeit ihrer Freisprüche und ihrer Verurteilungen von der politischen Gesinnung der Angeklagten, streitet seit Emil Julius Gumbels Untersuchungen gegen ihr unpolitisches Selbstverständnis.

Daß Juristen jede Entscheidung, die sie treffen wollen, jede Entscheidung, die ihnen von ihrem politischen Bewußtsein als wünschenswert vorgezeichnet ist, logisch begründen können, gehört zu ihrem erlernten Handwerk.

Wer einen Beteiligten des faschistischen Massenmords freisprechen will, weil ihm der alte Mann auf der Anklagebank leidtut oder die jahrzehntelange Befassung mit Naziverbrechen überhaupt ein Greuel ist, kann sich im Lichte der Rechtsstaatlichkeit sonnen und den Grundsatz in dubio pro reo für sein Urteil reklamieren. Ja, er wird in der Regel sogar glauben, daß dies der wahre Grund seiner

Entscheidung sei. Wer hingegen verurteilen will, weil er den Angeklagten für schuldig hält und eine Schuldfeststellung für einen auch politisch notwendigen Akt der Gerechtigkeit, wird die tatsächlichen Lücken des Beweismaterials, die insbesondere im subjektiven Bereich fast immer und notwendig gegeben sind, wenn wir nicht zur mittelalterlichen Geständniserzwingung zurückkehren wollen, durch Grundsätze der Lebenserfahrung schließen und das Ergebnis als persönliche Gewißheit formulieren.

Selbst Ludwig Bendix, der klassische Kritiker der Psychologie der Urteilsfindung, dem die freiheitsschützende Funktion des Zweifelsgrundsatzes im Strafrecht stets am Herzen gelegen hat, sieht mit aller Nüchternheit diese den Irrtum auch zum Nachteil des Angeklagten riskierende richterliche Willensentscheidung:[2]

> Der Grundsatz: in dubio pro reo führt in seiner Überspannung zur Lahmlegung der Strafrechtspflege. Denn im Bestreitensfalle des Angeklagten ist sehr häufig eine Überführung ausgeschlossen, wenn das Strafgericht sich nicht entschließt, die dann fast immer vorhandenen Lücken im Tatbestand nach seiner freien Überzeugung zuungunsten des Angeklagten auszufüllen.

Und so konnten insbesondere zum subjektiven Tatbestand seltsam unterschiedliche Maßstäbe der Überzeugungsbildung angewendet werden, je nachdem, ob auf der Anklagebank Terroristen von rechts oder von links saßen. Während bei Angehörigen der RAF allein aus ihrer Mitgliedschaft in der Gruppe auf eine ideologische Übereinstimmung mit deren Zielen geschlossen wird, die eine Verurteilung als Mittäter ermöglicht und zur Regel macht, wird den Angehörigen faschistischer Terrororganisationen regelmäßig der Täterwille abgesprochen, so daß sie als dienstfertige Gehilfen eines verbrecherischen Führers davonkommen.[3]

In dieses von der Rechtsprechung des Bundesgerichtshofs geschnürte Korsett hatte auch die Krefelder Strafkammer ihr Urteil pressen müssen. Dem Angeklagten Otto wurde bescheinigt, daß er, im katholischen Glauben aufgewachsen, zu keiner Zeit überzeugter Nationalsozialist gewesen sei. Sein Eintritt in die SS diente nur seiner beruflichen Karriere. Und seine jahrelange Tätigkeit im KZ Buchenwald, seine Mitwirkung an der bürokratischen und fabrikmäßigen Massentötung von Menschen wurde auf das Motiv reduziert, in Erfüllung einer vermeintlichen Pflicht Befehle auszuführen.

Wenn wir nach dem politischen Bewußtsein fragen, das diesem Gehilfenmodell und der ihm entsprechenden Mühsal der Beweisführung zugrunde liegt, dann finden wir Ralph Giordanos These von der Unfähigkeit bundesdeutscher Juristen, »vom Opfer her« zu denken, bestätigt, und wohl auch die von ihrer »tiefen inneren Bindung an die Welt der NS-Täter«.[4] Jörg Friedrich und Ingo Müller[5] führen Beispiele geradezu schamloser Einfühlung in die Gedankenwelt der NS-Täter an, die nach dem Prinzip »Alles verstehen heißt alles verzeihen« das Strafrecht zu einer stumpfen Waffe werden ließ. Indem sie die »damalige Sicht« für das maßgebliche Kriterium der Beurteilung von Recht und Unrecht erklären,[6] verpflichteten die Richter des Karlsruher Bundesgerichtshofs eine jüngere Juristengeneration, das politische Bewußtsein ihrer Väter zu reproduzieren. Sie mußten noch einmal die politischen Wahnideen der Elterngeneration nachvollziehen, ihr perverses Rechtsverständnis und ihre Mißachtung elementarer Menschenrechte. Was einmal Recht war, sollte Recht bleiben – Herr Filbinger hat es formuliert, bundesdeutsche Richter haben danach judiziert. Selbst das Geschichtsverständnis der Konservativen, wonach das an sich völlig gutartige und unwissende deutsche Volk von einer kleinen Verbrecherclique unterworfen und für deren Ziele eingespannt worden sei, findet seine Widerspiegelung in der Rechtskonstruktion des von Millionen Gehilfen unterstützten Alleintäters Hitler. Eine Minimalisierung kollektiver Schuld und Mitverantwortung, die aus der Sicht der Opfer nur mit Bitterkeit und Unverständnis registriert werden kann und der Fortsetzung des Strafrechts gegen nichtstaatliche Kleinkriminalität jede ethische Rechtfertigung entzieht.

Wie anders weiß die wiederum vom Bundesgerichtshof angeführte Rechtsprechung zuzupacken, wenn es nicht um die Staatsterroristen von gestern, sondern um das Häuflein antistaatlicher Terroristen von heute geht. Da wird die vergleichbare Schwierigkeit der Beweisführung spielend bewältigt; da wird auch bei einem Angeklagten, der außer Fingerspuren nichts Beweiskräftiges hinterlassen hat, nicht nur eine Tatbeteiligung, sondern auch ein Täterwille ohne Skrupel festgestellt. Da weiß man sich mit einer aus martialischen Äußerungen einzelner Gruppenmitglieder abgeleiteten These kollektiver Verantwortung zu helfen, wo konkrete Beweismittel fehlen. Hier wird vom Opfer her gedacht, dessen trauriges und empörendes Schicksal die Atmosphäre der Verhandlung, die Zielsicherheit der Beweisführung und die Härte des Urteils bestimmt. Die Gedankenwelt bleibt den Richtern fremd und feindlich, eine vergleichbare Einfühlung wie bei NS-Tätern ist undenkbar.

Die Ungleichheit der Rechtspraxis wird besonders deutlich bei der unterschiedlichen Einschätzung der kollektiven Verantwortung für gemeinschaftlich begangene Straftaten. Wenn irgendwo, dann bei den bürokratisch organisierten und arbeitsteilig durchgeführten Massentötungen der faschistischen Terrororganisationen hätte sich die Entwicklung von Rechtsgrundsätzen angeboten, die eine Aburteilung jedes Mittäters für jede unter seiner Mitverantwortung begangene Tat ermöglicht hätte. Fritz Bauer hatte vorgeschlagen, bestimmte faschistische »Gesamtaktionen«, wie die »Endlösung der Judenfrage«, zu einer Handlungseinheit zusammenzufassen, so daß z. B. dem Angehörigen der Mannschaft eines Vernichtungslagers alle Opfer während seiner Lagertätigkeit zuzurechnen wären.[7] Aber wenn man diese Problemlösung nicht wollte – und der Bundesgerichtshof wollte sie nicht[8] –, dann hätten sich andere Wege finden lassen. Vorausgesetzt, man suchte nach ihnen.

In Verfahren gegen Terroristen von links hat man gesucht und gefunden. Da haben sich Beweiserleichterungsregeln eingebürgert, die in den Verfahren gegen NS-Täter gute Dienste geleistet hätten. Gemeint ist der Grundsatz der Kollektivität, mit dem es möglich geworden ist, auch solche Mitglieder der RAF wegen Beteiligung an Mordtaten – und zwar als Mittäter, nicht als Gehilfen – zu bestrafen, bei denen der konkrete Tatnachweis auf Schwierigkeiten stoßen würde. Kollektivität, das bedeutet: die gemeinsame Planung und Durchführung aller Aktionen. Und das heißt: volle strafrechtliche Verantwortung jedes einzelnen für alle während seiner Gruppenmitgliedschaft begangenen Taten, zu denen ihm irgendeine Handreichung nachgewiesen werden kann, ohne daß es auf Anwesenheit am Tatort ankommt.

Der 3. Strafsenat des Bundesgerichtshofes überprüfte in der Thälmann-Sache mit größter Akribie die Beweisführung des Krefelder Landgerichts und bezweifelte, daß dem Angeklagten eine Anwesenheit am Tatort wirklich nachgewiesen sei. Derselbe Senat sah keinen Anlaß, die zu Lasten des RAF-Aussteigers und Kronzeugnisverweigerers Peter-Jürgen Boock getroffenen Feststellungen zu bemängeln, die ihn auf Grund kollektiver Verantwortung als Gruppenmitglied zum Mittäter an drei Kommandounternehmen des Jahres 1977 erklärten. Boock soll an den Aktionen täterschaftlich beteiligt gewesen sein, die zum Tode Jürgen Pontos, Dr. Hanns-Martin Schleyers und seiner Begleiter geführt haben, Feststellungen, die sowohl beim objektiven als auch beim subjektiven Tatbestand erheblichen Bedenken begegnen. Objektiv: der hochgradig drogenabhängige Boock müßte an drei gleichzeitig vorbereiteten Kommandounternehmen beteiligt gewesen sein, was nicht nur wegen seines Zustandes, sondern schon wegen der konspirativen Abschottung der verschiedenen Kommandos unwahrscheinlich ist. Subjektiv: Boock hat sich Anfang 1980 unter eigener Lebensgefahr von der RAF getrennt und hat diesen Schritt nach seiner Festnahme mit einer klaren Distanzierung vom Konzept der Gruppe begründet. Ihm hätte geglaubt werden dürfen, daß er schon im Laufe des Jahres 1977 Zweifel an der Richtigkeit des Gewaltkonzepts der RAF entwickelt hat, die ihn zu einem offenen Kritiker der Schleyer-Aktion innerhalb der Gruppe und zum Saboteur des Raketenwerferanschlags auf das Gebäude der Bundesanwaltschaft in Karlsruhe werden ließen. Ihm hätte auch geglaubt werden dürfen, daß er in die Ponto-Aktion überhaupt nicht einbezogen war, wenngleich technische Vorarbeiten an dem für eine Entführung vorgesehenen Auto von ihm ohne Kenntnis des Verwendungszwecks geleistet worden sind. Statt dessen wurde an ihm ein Exempel statuiert, wie man mit einem RAF-Aussteiger umzugehen gedenkt, wenn er sich nicht dem Wunsch der Bundesanwaltschaft unterwirft, zum Verräter der früheren Genossen zu werden.

Die Kollektivitätsthese, die Boocks Verurteilung möglich machte, geht, wie gesagt, davon aus, daß alle Kommandounternehmen innerhalb der Tätergruppe kollektiv geplant und durchgeführt werden, so daß jeder für den eingetretenen kriminellen Erfolg verantwortlich ist. Eine These, die für das zielgerichtete, planmäßige, aufeinander abgestimmte und arbeitsteilige Zusammenwirken etwa der SS-Mannschaft des KZ Buchenwald zugetroffen und deren angemessene Aburteilung für die in bürokratischer Ordnung durchgeführten Tötungen ermöglicht hätte. Für die RAF hingegen, eine unter erheblichem Verfolgungsdruck stehende Untergrundorganisation, ist das Kollektivitätskonstrukt mit wissenschaftlicher Kompetenz bestritten worden.[9] Es werde die gefällige Außendarstellung der RAF als basisdemokratische Organisation mit den realen Möglichkeiten einer konspirativen Gruppe verwechselt. Die These scheitert im Falle Boock bei unvoreingenommener Betrachtung aber auch an dessen subjektiver Einstellung zur RAF, die in der Verhinderung des Anschlags in Karlsruhe (die das Oberlandesgericht Stuttgart als Versehen interpretierte) und seinem unbestreitbaren Abschied von der Gruppe kulminierte. Von dem Ponto-Plan wußte er gar nichts, mit dem Schleyer-Plan war er nicht einverstanden (»Wenn es nach mir gegangen wäre, würde Schleyer noch leben«), und sein Verhalten bei dem Karlruher Unternehmen hätte bei richtiger Beurteilung zum Freispruch wegen freiwilligen Rücktritts vom Versuch führen müssen. Aber sein Widerstand gegen die Umarmungsversuche der Bundesanwaltschaft brachten ihn um die Chance eines gerechten Urteils. Im Wege der freien Beweiswürdigung wurde festgestellt, daß er alle drei Unternehmen in voller Übereinstimmung mit der Zielsetzung der RAF als Täter – nicht etwa nur als Gehilfe, was für einen bestimmten Abschnitt des Entführungsfalls Schleyer von der Verteidigung akzeptiert worden wäre – mitgemacht habe.

Sieht man einmal von dem konkreten Fall Boock ab, wo die Anwendung des Kollektivitätskonstrukts kaum von der Tendenz zu trennen ist, einen Kronzeugnisverweigerer demonstrativ zu bestrafen, und löst man sie aus ihrem bisherigen Anwendungsbereich der Terroristenprozesse, wo sie in mehrfacher Hinsicht unhaltbar ist,[10] so bleibt ein praktikables Instrument der Beweisführung bei Organisationsdelikten, das dort, wo es angebracht wäre, noch der Anwendung harrt. Die arbeitsteilige Durchführung eines Befehls zur Tötung eines Menschen läßt sich als gemeinschaftliche Begehung einer Straftat definieren und mithin den Regeln über Mittäterschaft unterwerfen. Genau dies aber ist der Sachverhalt, der uns im Thälmann-Verfahren begegnet ist. Man muß diese arbeitsteilige Durchführung von Tötungen allerdings von einer politischen Bewußtseinslage her sehen, die den faschistischen Massenmorden nicht einen geringeren Organisationsgrad beilegt als den häufig durchaus planwidrig verlaufenen oder gescheiterten Aktionen der RAF. Die geschichtliche Wahrheit ist, daß der bürokratisch organisierte und fabrikmäßig durchgeführte Massenmord der Nazis von unerreichter kriminieller Perfektion war, bei der jede spontane Abweichung und Regelwidrigkeit nur den reibungslosen Ablauf behinderte.

5

Die Krefelder Strafkammer hatte die Einbindung des Angeklagten Otto in die faschistische Tötungsmaschinerie mit ungewöhnlicher Klarsichtigkeit beschrieben und daraus Folgerungen für seine Mitwirkung am Thälmann-Mord gezogen:

> Der Angeklagte stand als der diensttuende Stabsscharführer in der Kommandantur des Konzentrationslagers im Zentrum der Macht... Er stellte nämlich innerhalb der Tötungsmaschinerie des KZ ein unverzichtbares Rad dar: Er war derjenige, über den die Befehle der KZ-Leitung, die ihm unbedingt und mit gutem Grund vertraute, unmittelbar umgesetzt wurden, seien es Verwaltungsanordnungen einfacher alltäglicher Art, seien es Tötungsbefehle, ohne den sozusagen

nichts funktionierte. Er war das Bindeglied zu den unteren Chargen des KZ, die selbst mit Hand anlegten, wenn es erforderlich und befohlen war. Er war derjenige, der den Tatort vorbereiten ließ, das erforderliche Personal benachrichtigte und sodann am jeweiligen Tatort dafür sorgte, daß die Dinge ihren bürokratischen Lauf nahmen und alles seine Ordnung hatte.

Er protokollierte, weil es, wie er selbst sagt, mit seiner Funktion als Spieß verbunden war, als Teil seiner »büromäßigen Arbeit« die Tötung einer Vielzahl von Personen, und zwar nicht nur beschränkt auf einen Tatort, sondern umfassend: Er war, wie er selbst einräumt, bei Erschießungen als Schriftführer dabei, wenn auf dem Gelände der Deutschen Ausrüstungswerke geschossen wurde; er war als Protokollführer bei etwa 45 Erhängungen auf dem Hof des KZ dabei, wenn zum Beispiel polnische Offiziere, die nichts weiter getan hatten, als von ihrem selbstverständlichen Recht auf Flucht aus der Gefangenschaft Gebrauch zu machen, auf gegen die Offiziersehre verstoßende Weise aufgehängt wurden. Auch dies gibt der Angeklagte selbst zu.

Er war auch dabei, wenn im Keller des Krematoriums auf bestialische Weise Menschen zu Tode gebracht, nämlich an die in Wand gemauerten Haken stranguliert wurden...

Der Angeklagte ist auch entgegen seiner Einlassung im Pferdestall bei Genickschußaktionen tätig gewesen, und zwar als Protokollführer, ganz abgesehen von seiner vorbereitenden und nachbereitenden Tätigkeit, die er selbst eingeräumt hat (Weitergabe der Hinrichtungsbefehle; Anrufen der benötigten Leute; Aufforderung an Helbig, den Pferdestall herzurichten; Austeilen der Sonderrationen und Veranlassen der Vollzugsmeldung an das Reichssicherheitshauptamt).

Die Glaubwürdigkeit der Aussage des Zeugen Fricke (betreffend Ottos Versuch, ihn zur Falschbeurkundung des Thälmann-Mords anzustiften, und Ottos Geständnis – bzw. Nichtbestreiten –, an der Tat beteiligt gewesen zu sein) fand die Krefelder Strafkammer durch Ottos Funktionen in Buchenwald »vollends bestätigt«:

Als Thälmann im August 1944 auf höchsten Befehl der Reichsleitung in Buchenwald erschossen wurde, war der Angeklagte bereits seit einem Jahr Leiter der Kommandanturschreibstube. Er war als Stabsscharführer-Diensttuer die rechte Hand des Lagerkommandanten und des Adjutanten Schmidt, seiner unmittelbaren Vorgesetzten. Er hat das Vertrauen des Kommandanten Pister genossen, der ihn in diese Stellung befördert hatte. Er war mit allen Vorgängen, die über die Schreibstube zum und vom Kommandanten liefen, völlig vertraut, auch mit den Hinrichtungsbefehlen, die aus dem Reichssicherheitshauptamt als »geheime Reichssache« einliefen. Der Angeklagte hat selbst nicht in Abrede gestellt oder in Zweifel gezogen, zur Tatzeit im Dienst gewesen zu sein – im Gegenteil. Er hat daher in der beschriebenen Funktion als Geschäftsleiter und Vertrauter des Kommandanten

Pister von dem Eingang der telefonisch oder fernschriftlich übermittelten Anordnung, eine »Sonderbehandlung« vorzubereiten, gewußt. Er hat auch vom Eingang des Tötungsbefehls gewußt und wurde mit den Vorbereitungen zur Durchführung der Erschießung und der vorgesehenen Einäscherung befaßt. Er hat die entsprechenden Weisungen des Kommandanten an das Krematorium weitergegeben. Eine andere Annahme wäre lebensfremd.

Diese Beweisführung konnte natürlich dem Bundesgerichtshof überhaupt nicht gefallen. Und die Herren vom 3. Strafsenat, die sich in Sachen Peter-Jürgen Boock gehindert gesehen hatten, die absurde Beweiswürdigung der Stuttgarter Richter zu überprüfen, griffen hier unbekümmert über ihre Grenzen. Das Landgericht hätte prüfen müssen, so meinten sie, ob und unter welchen Umständen der Angeklagte »zur Tatzeit im Dienst gewesen sein« könne, »*ohne* (vom Bundesgerichtshof unterstrichen) in der festgestellten Weise in das Tatgeschehen verstrickt zu sein«. Man lieferte Wolfgang Otto auch gleich ein neues Verteidigungsvorbringen mit dem Hinweis, »daß der Angeklagte nach allgemeinem Sprachgebrauch im August 1944 durchaus ›im Dienst gewesen‹ sein kann, auch wenn er sich während der in Betracht kommenden Zeit (aus dienstlichen oder privaten Gründen) nicht im Lager aufgehalten haben und von einem anderen SS-Angehörigen vertreten worden sein sollte«. Darüber hinaus rechnete der Bundesgerichtshof vor, daß es in der Kommandantur noch genügend andere SS-Angehörige gegeben habe, die diesmal anstelle des Angeklagten an der Erschießung an Ort und Stelle mitgewirkt haben könnten. Es war wirklich derselbe Bundesgerichtshof-Senat, der in Sachen Peter-Jürgen Boock keinen Anstoß daran genommen hatte, daß der als Schleyer-Mörder verurteilte Angeklagte nach den Feststellungen des Stuttgarter Urteils in Bagdad war, als das Tatopfer im Elsaß umgebracht wurde.

Der Angeklagte Otto bediente sich prompt. In der neuen Hauptverhandlung behauptete er, zur Tatzeit Besuch von seiner Frau gehabt zu haben, die in einem Hotel in Weimar gewohnt habe und dort von ihm jeweils von Dienstschluß bis zum Wecken besucht worden sei. Diese Einlassung konnte überraschenderweise widerlegt werden, weil die Nebenklagevertretung in der Lage war, Urkunden vorzulegen, aus denen sich ergab, daß der Angeklagte in der fraglichen Zeit niemals mehrere Tage hintereinander nachts abwesend gewesen war und daß er in der von den Zeugen Fuchs und Zgoda angegebenen Tatnacht (17./18. August 1944) zu drei verschiedenen Zeiten Eingänge von Fernschreiben abgezeichnet hatte. Es handelte sich um die Fernschreibbücher des KZ Buchenwald, die lange im Bundesarchiv Koblenz geruht hatten und im Rahmen eines Kulturabkommens von der DDR übernommen worden waren. Binnen kurzem hatte die Generalstaatsanwaltschaft der DDR in diesem Archivmaterial gefunden, was der Kölner Staatsanwaltschaft in jahrzehntelanger Ermittlungstätigkeit verborgen geblieben war. Aber die Düsseldorfer Strafkammer rechtfertigte den mangelnden Aufklärungseifer der bundesdeutschen Staatsanwälte vollauf. Sie fand den Zeugen Zbigniew Fuchs – ehemals Mitglied des Leichenträgerkommandos, einer der wenigen noch lebenden Zeugen, dessen abgewogene und präzise Aussage sowohl in Krefeld als auch in Düsseldorf großen Eindruck machte – ausgerechnet in dem einen entscheidungserheblichen Punkt der Tatzeit unglaubwürdig. Der Zeuge hatte seine genaue Erinnerung an den 17. August 1944 daran festgemacht, daß die Mordtat drei Tage nach seinem Geburtstag geschehen sei. Die Düsseldorfer Richter hielten gleichwohl für möglich, daß der Zeuge insoweit Erklärungen Dritter »mit dem eigenen Erleben zu einem Ganzen verwoben« habe. Wörtlich:

> Der Hinweis auf den Geburtstag wäre nach der Überzeugung der Kammer nur dann eine zuverlässige Gedächtnisstütze, wenn die Tat an diesem Tage selbst geschehen wäre. Liegen mehrere Tage zwischen dem Geburtstag und dem weiteren Ereignis, so kann sich die Anzahl der dazwischenliegenden Tage im Laufe der Zeit in der Erinnerung verschieben.

Auf diese Weise hatte die Düsseldorfer Strafkammer den lästigen urkundlichen Beweis für die Anwesenheit des Angeklagten am 17./18. August 1944 unterlaufen. Daß es bei der Widerlegung der Einlassung des Angeklagten blieb, er sei eine Woche lang Nacht für Nacht bei seiner Frau im Hotel gewesen, gab dem Gericht keinen Anlaß, über die Gründe dieser Schutzbehauptung nachzudenken. Wäre der Angeklagte an der Erschießung Thälmanns wirklich nicht beteiligt gewesen, hätte er die Leute namhaft machen können, die dabeigewesen waren und ihn in dieser Nacht vertreten hatten. Diesem Gericht durfte er die dreiste Lüge zumuten, er habe vom Tode Thälmanns, einem Ereignis, das nachweislich schon kurz danach in der Kommandantur und im Lager bekannt war, erst vier Wochen später aus der Nazipresse erfahren.

In Düsseldorf wurde Herr Otto, wie dies den Empfehlungen des Bundesgerichtshofs entsprach, aus dem organisatorischen Zusammenhang, in den ihn die Krefelder Richter zutreffend gestellt hatten, wieder gelöst. Man glaubte ihm ungeachtet aller nachgewiesenen Lügen, daß er vielleicht gerade diesmal nichts vom Eingang des Mordbefehls gewußt, gerade diesmal nicht an der Zusammenstellung des Mordkommandos beteiligt, gerade diesmal nicht die Rückmeldung ans Reichssicherheitshauptamt vorgenommen hatte. Ein Urteil, das nur möglich war, wenn man den hohen Organisationsgrad und die Regelmäßigkeit und technische Perfektion des faschistischen Mordapparats ignorierte und den Thälmann-Mord als das Werk einer zufällig zusammengelaufenen Gruppe von Einzeltätern begriff, von denen keiner wußte, was der andere tat. Ein Urteil, das den Unwillen seiner Verfasser und deren Karlsruher Anstifter verrät, die Krefelder Schuldigsprechung eines NS-Täters stehenzulassen, der nicht durch Exzesse über das befohlene Tötungsprogramm hinausgegangen war, sondern dessen Tat »nur« in der ordnungsmäßigen Ausführung von Tötungsbefehlen einer verbrecherischen Obrigkeit bestanden hatte. Eine Abstraktion von »Pflichterfüllung«, die nach dem von Karlsruhe vorgeschriebenen politischen Bewußtsein bundesdeutscher Richter allemal Freispruch garantiert. Vergebens sucht man in Urteilen bundesdeutscher, auf die Linie des Bundesgerichtshofs verpflichteter Gerichte eine Beschreibung des staatlich organisierten Massenmords, bei der die auf Verinnerlichung der verbrecherischen Ziele des faschistischen Staates beruhende verantwortliche Mitwirkung unzähliger deutscher Untertanen eingestanden wird, ohne die eine Durchführung der Verbrechen nicht möglich gewesen wäre.

6

Die Gerichte der DDR haben diesen historischen Sachverhalt viel präziser und treffender formuliert, als dies je einem bundesdeutschen Gericht gelungen ist, das an die Täterperspektive des Bundesgerichtshofs gebunden war. So heißt es im Juristen-Urteil des Stadtgerichts Berlin (Hauptstadt der DDR) v. 19. 10. 1981:[11]

> Die Organisationsverbrechen auf der Grundlage der faschistischen Gesetze, der Terror- und Morddirektiven, und das drakonische, korrupte und menschenfeindliche Rechtssystem waren ihrem Wesen nach staatlich gelenkt und wurden entsprechend dem Mechanismus der faschistischen Diktatur durch ein Heer von Einzelpersonen verwirklicht, deren zielgerichtetes, planmäßiges, aufeinander abgestimmtes und arbeitsteiliges Zusammenwirken erst den verbrecherischen Gesamterfolg herbeiführen konnte.

Und im Urteil des Obersten Gerichts der DDR vom 25. 6. 1966 gegen den KZ-Arzt Fischer lesen wir:[12]

Die Handlungen des Angeklagten waren ein entscheidender Teil der massenweisen Tötung Deportierter oder anderer Häftlinge des KZ Auschwitz. Die Ausführung der Tötungsverbrechen konnte in diesem Ausmaß unmöglich durchgeführt werden, ohne daß auch hier jeweils größere, nach einem bestimmten Plan handelnde Gruppen von SS-Leuten zu dessen Durchführung eng zusammenwirkten und so gemeinschaftlich den verbrecherischen Erfolg herbeiführten.

Auch in diesen Urteilen offenbart sich ein bestimmtes politisches Bewußtsein. Hier wird vom Opfer her gedacht, das sich einer übermächtigen, anonymen Tötungsmaschinerie unentrinnbar gegenübersah, in der ein Heer von Tätern sowohl am Gesamterfolg als auch an jeder Einzeltat mitwirkte. Gleichwohl wird die subjektive Einstellung des Täters zu seinem Tatbeitrag keinesfalls vernachlässigt. Aus dem schon erwähnten Urteil gegen den KZ-Arzt Fischer:

Der Angeklagte hat in dem Bestreben gehandelt, dem faschistischen Regime dienstbar zu sein und dessen Ziele durchzusetzen ...

Das hätte in der Bundesrepublik nur zum Gehilfenvorsatz gereicht, Fischer wurde in der DDR als Täter verurteilt. Und ein Zitat aus dem Urteil des Stadtgerichts Berlin – Hauptstadt der DDR – vom 7. 6. 1983 gegen den früheren SS-Untersturmführer Barth, der an Erschießungen in der Tschechoslowakei und an dem Massaker von Oradour beteiligt gewesen war und sich auf seine Prägung durch die damaligen gesellschaftspolitischen Umstände berufen hatte:[13]

Das Gericht verschließt sich nicht von vornherein dieser Argumentation. So geht der Senat davon aus, daß der Angeklagte durchaus in seiner Haltung das Ergebnis seiner konkreten Erziehung war. Dabei ist aber zugleich festzustellen, daß der Angeklagte fraglos selbst intensiv bemüht war, im faschistischen System auch ideologisch seinen Platz zu finden. So selbstverständlich wie niemand wegen seiner faschistischen Überzeugung zu bestrafen wäre, so widersinnig wäre es, einen Täter deshalb von der strafrechtlichen Verantwortung zu befreien, wenn sich dessen Ideolgie als das auslösende Moment für seine kriminellen Handlungen erweist ...

Der eigentliche Beweggrund seiner Entscheidung zur Tötung war der in dieser Gesellschaftsordnung für ihn realisierbar gewordene Wunsch, eine Karriere als beamteter Polizeioffizier beschreiten zu können.

Und schließlich ein Auszug aus dem Urteil des Bezirksgerichts Dresden vom 28. 9. 1987, das den ehemaligen SS-Obersturmführer und Gestapo-Kommissar Henry Schmidt zu lebenslänglicher Freiheitsstrafe verurteilte:[14]

Er war in seinem Verantwortungsbereich notwendiges Glied im System der staatlich organisierten Massenverbrechen und leistete durch die korrekte Ausführung der gegebenen Befehle und durch die Organisation von Verfolgungsmaßnahmen, deren Zusammenhänge und mögliche tatsächliche Ergebnisse er kannte, in dem in diesem Verfahren festgestellten Umfang einen notwendigen Beitrag zu diesen Verbrechen.

Die massenhaften faschistischen Verbrechen waren nur dadurch realisierbar, daß, von der Planung und theoretischen Begründung ausgehend, vielfältige Methoden der Ausführung ersonnen und praktiziert und von willfährigen Beamten, Helfern und Henkersknechten in ihren jeweiligen abgegrenzten Aufgabenbereichen durchgeführt wurden.

Sätze, die auch in ein Urteil gegen den SS-Stabsscharführer Wolfgang Otto gepaßt hätten. Sie hätten der Justiz eines nach seiner Verfassung freiheitlich-demokratischen Staates besser angestanden als der schmähliche Ausgang dieses langwierigen Verfahrens gegen einen an faschistischen Massenverbrechen beteiligten Henkersknecht.

7

Herr Otto, der – aus der Täterperspektive gesehen – das Glück hatte, in der Bundesrepublik vor Gericht gestellt zu werden, ist freigesprochen worden. Eine Begnadigung nach erfolgter Schuldfeststellung wäre die gerechtere Lösung dieses verschleppten Verfahrens gewesen. Sie hätte der bundesdeutschen Strafjustiz ein Stück des Ansehens zurückgeben können, das sie bei der Nichtbewältigung der verbrecherischen NS-Vergangenheit verspielt hat. Wie man in anderen Ländern – nicht nur in der DDR – mit NS-Verbrechern und mit dem organisierten Verbrechen überhaupt sehr viel effektiver verfährt, darüber hätten sich bundesdeutsche Richter durch einen rechtsvergleichenden Blick über den Zaun ihres Nazischutzgebietes mit Nutzen unterrichten können.

Robert M. W. Kempner, von dem das diesem Aufsatz vorangestellte Motto stammt, soll auch das Schlußwort haben:[15]

Eine Schwierigkeit bei allen organisiert begangenen Gemeinschaftsverbrechen ist die Überführung der Leute, die mit von der Partie sind, vielleicht sogar die Drahtzieher, die am Tatort aber nie auftauchen. Das anglosächsische Recht kennt für solche Fälle den sehr weitgehend gefaßten Begriff der conspiracy, Verschwörung, im deutschen Recht eine erweiterte Mittäterschaft.

Sie sitzen alle in einem Boot, oder wie der verstorbene Goebbels gesagt hat, eine »verschworene Gemeinschaft«.

Der Gangster kann ruhig auf dem Frisierstuhl zur Stunde gesessen haben, als ein paar Häuser weiter der Überfall passierte. Er ist in der Sache mit drin, bei der Beratung vorher und der Beuteverteilung nachher, und braucht nicht von Anfang bis Ende so mitgemacht zu haben, wie es der deutsche Begriff der Mittäterschaft verlangt.

Die Tatsache, daß er mit denen unter einer Decke steckt, erleichtert den Beweis.

Anmerkungen

1 KEMPNER, Robert M. W.: *Ankläger einer Epoche, Lebenserinnerungen*. Frankfurt a. M./Berlin: Ullstein, 1983, 344.

2 BENDIX, Ludwig: *Zur Psychologie der Urteilstätigkeit des Berufsrichters und anderer Schriften*. Neuwied/Berlin; Luchterhand, 1968, 215.

3 MÜLLER, Ingo: *Furchtbare Juristen. Die unbewältigte Vergangenheit unserer Justiz*. München: Kindler, 1987, 250 ff. (m. w. N.).

4 GIORDANO, Ralph: *Die zweite Schuld oder Von der Last Deutscher zu sein*. Hamburg/Zürich: Rasch und Röhring, 1987, 79.

5 FRIEDRICH, Jörg: *Die kalte Amnestie. NS-Täter in der Bundesrepublik*. Frankfurt a. M.: Fischer, 1984. MÜLLER (Anm. 3).

6 Z. B. BGH-Urteil vom 25. 5. 1956 i. S. Huppenkothen und Thorbeck, zit. bei: FRIEDRICH, Jörg: *Freispruch für die Nazi-Justiz. Die Urteile gegen NS-Richter seit 1948. Eine Dokumentation*. Reinbek bei Hamburg: Rowohlt, 1983, 218 f. und GIORDANO (Anm. 4), 81.

7 *JZ* 1967, 625.

8 *NJW* 1969, 2056.

9 NARR, Wolf-Dieter: Gutachten: War die »RAF« kollektiv organisiert? in: Kommitee für Grundrechte und Demokratie (Hrsg.): *Der Prozeß. Justiz in der Bundesrepublik Deutschland am Beispiel Peter-Jürgen Boock 1983/84 zu Stuttgart-Stammheim*. Sensbachtal 1985, 189 ff. NEIDHARDT, Friedrich: Soziale Bedingungen terroristischen Handels, in: Bundesministerium des Innern (Hrsg.), *Analysen zum Terrorismus*, Bd. 3. Opladen: Westdeutscher Verlag, 318 ff.

10 HANNOVER, Heinrich, in: *Der Prozeß* (Anm. 9), 223 ff.

11 *Neue Justiz* (NJ) 1982, 38.

12 *NJ* 1966, 193.

13 *NJ* 1983, 396.

14 *NJ* 1988, 117 (120).
15 KEMPNER (Anm. 1), 217.

GÜNTHER SCHWARBERG

Die Mörderwaschmaschine. Wie die bundesdeutsche Justiz die Verbrechen der Faschisten mit Hilfe von Einstellungsbeschlüssen bewältigte oder: Von den Massenerschießungen abgesehen, war die Sterblichkeit gering

Vor drei Jahrzehnten sagte mir ein Staatsanwalt, mit dem ich befreundet war: Kümmere Dich um Einstellungsbeschlüsse! Sie sind das Tatwerkzeug, mit dem der Staat die Verbrechen seiner Diener unter den Teppich kehrt. Unter Ausschluß der Öffentlichkeit.

Ich habe erst viel später begriffen, wie wahr, wichtig und umfassend dieser Satz war. Zur Zeit wird viel mit Zahlen jongliert: 90 921 Verfahren gegen Naziverbrecher (bis zum 1. Januar 1986) und nur 6 479 davon abgeschlossen. Zu den »abgeschlossenen« gehört auch das gegen den Neuengammer SS-Mann Kümmel, der freigesprochen wurde, weil ein von ihm ertränktes neugeborenes Kind noch keinen Argwohn gehabt haben könne, die Tat also nicht »arglistig« war.

Aber ich will mich nicht mit Hauptverhandlungen, nicht mit Gerichten, nicht mit Richtern befassen. Also nicht mit den 6 479 Fällen, sondern mit den anderen 84 000. Die handelnden Personen waren die Staatsanwälte. Ihr Mittel war die Verfahrenseinstellung. 84 000 Einstellungsbeschlüsse ohne jede Kontrolle der Öffentlichkeit. Weggeschlossen in den Archiven der Staatsanwaltschaft. Später versehen mit dem Vorhängeschloß des Datenschutzes. Auf ihnen, den Staatsanwälten, ruhte die Last der Bewältigung der Nazizeit. Es gab Ausnahmen. Für Fritz Bauer, den Generalstaatsanwalt in Hessen, war ein SS-Angehöriger für die Dauer seines Dienstes im Konzentrationslager mitverantwortlich für alle Verbrechen, die in dieser Zeit dort geschehen waren. Mit welchen Hilfskonstruktionen ist diese selbstverständliche Rechtsauffassung später immer weiter minimalisiert worden!

Es gab also einige antifaschistische Staatsanwälte. Nasenrümpfen über den unwissenschaftlichen Begriff »Antifaschismus«, der dazu noch Voreingenommenheit ausdrückt? Wer die Nase rümpft, kann hier immer noch mit dem Lesen aufhören. Für ihn schreibe ich nicht. Wer nicht voreingenommen ist gegen die Mörderbanden von Auschwitz und Neuengamme, des Volksgerichtshofs und der Oberlandesgerichte der Nazizeit, eignet sich nicht zum Diener des Rechts, sondern zum herkömmlichen Staatsdiener. Der mag das Hamburger Wort, die Staatsanwaltschaft sei »die objektivste Behörde der Welt«, für wahre Münze nehmen, in der Worte wie »Nazis« und »Faschismus« verpönt sind.

Wo sind sie geblieben?

84 000 Fälle. 84 000 Akten. Die Zahl ist imponierend und sagt für viele schon genug über die Zeit, in der Mord zum gerechtfertigten staatstreuen Verhalten hinabge»würdigt« wurde. Aber was steht in diesen 84 000? Wie hat die Justiz es in diesen Fällen fertiggebracht, aus Mord ein einstellungsfähiges Minimaldelikt zu machen? Wie haben Juristen das Recht gebrochen?

Wo sind die 84 000 Einstellungsverfügungen der bundesdeutschen Staatsanwaltschaft geblieben? Wer hat in sie hineingesehen? Wem wird das heute noch erlaubt? Wer hat entschieden, was aufgehoben und was vernichtet werden soll? Wer hat für ihre Vernichtung gesorgt? Wie findet man die Spuren?

Schon rechtshistorisch wäre es wissenswert, mit welchen Mitteln die bundesdeutsche Staatsanwaltschaft Ermittlungsverfahren »einstellungsreif« gemacht hat, die später hier oder in anderen Ländern wiederaufgenommen wurden. Eingestellt wurden zum Beispiel Verfahren gegen Barbie, Mengele, Strippel, Wolfgang Otto (Thälmann-Mord), gegen die Generale Speidel und Heusinger, gegen Globke und Oberländer.

Wie viele der 84 000 Akten noch vorhanden sind, kann niemand sagen. Immerhin sind es einige. Immerhin gelingt es einigen (zum Beispiel dem Autor), den schützenden Verschluß dieser Akten (»Datenschutz«) zu öffnen.

Vielfältig sind die Methoden, mit denen ein Ermittlungsverfahren wegen Mordes eingestellt werden konnte. Eines der einfachsten Mittel ist die Wiederholung einer Zeugenvernehmung. Wenn sich der »Zeuge«, also in den meisten Fällen ein geschundener KZ-Gefangener, beim zweiten oder dritten, vierten, fünften, sechsten Mal nicht mehr exakt an das Gleiche erinnerte wie beim ersten Mal, dann »verstrickte er sich in Widersprüche«. Das reichte zur Einstellung. Oder er war gegen seinen Peiniger »voreingenommen« und »unglaubwürdig«. Oder der Mörder hatte zwar getötet, aber keine »Exzeßtat« begangen. Oder seine Mordtat war ihm trotz vieler Belastungszeugen »nicht nachzuweisen«. Oder es gab keine Belastungszeugen, zumindest nicht in den Augen des Staatsanwalts.

Der Versuch, mit Hilfe der Verjährungsfristen die Nazimorde unbestraft zu lassen, ist gescheitert. Erfolgreicher war die raffinierte Auslegung des Überleitungsvertrages: Noch 1987 befaßte sich eine Hamburger Strafkammer monatelang mit der Frage, ob die Verbrechen des SS-Führers Strippel unter die Jurisdiktion der bundesdeutschen Justiz fielen. Die Richter hatten nämlich herausgefunden, daß kurz nach der Befreiung wegen dieser Verbrechen eine Anklageschrift der Alliierten gegen Strippel angefertigt worden war. Strippel tauchte unter, sein Fall wurde vor dem Kriegsgericht nicht verhandelt. Aber schon der Fakt einer Anklage war nach der Rechtsauffassung des Bundesgerichtshofes als »abschließende Behandlung« eines Falles anzusehen, die den bundesdeutschen Gerichten eine Beschäftigung mit dem Fall verbiete. Ich habe schließlich das Gericht darauf hingewiesen, daß der damalige englische Ankläger zwar eine Anklage geschrieben, aber nicht unterschrieben hatte, so daß die Behandlung des Falles Strippel nicht »abschließend« gewesen war.

Erfolgreich war der Trick, mit Hilfe einer unscheinbaren Bestimmung im Einführungsgesetz zum Ordnungswidrigkeitengesetz Nazimörder zu amnestieren. Man kennt diesen Absatz 2 des § 50, der beim »Fehlen besonderer Eigenschaften, Verhältnisse und Umstände (besondere persönliche Merkmale)« für den »Teilnehmer« einer Straftat Milderung der Strafe vorschreibt. Fast allen Teilnehmern der Massenmorde fehlten diese besonderen persönlichen Merkmale, also mußte ihr Strafe gemildert werden – von Lebenslang auf höchstens 15 Jahre – und war deshalb verjährt. Die Ermittlungsverfahren wurden eingestellt.

Das hier Erstaunliche ist, daß die sonst so vorzügliche Strafrechtsabteilung des Bundesministeriums der Justiz, daß elf Landesministerien, die doch auch nicht die schlechtesten Fachleute haben, daß der Generalbundesanwalt mit seinen Mitarbeitern und sogar die Richter des Bundesgerichtshofes, die alle um Stellungnahme gebeten wurden, auf das Problem der Auswirkung auf die Verjährung nicht hingewiesen haben,

wunderte sich am 11. Juni 1969 scheinbar der Bundesjustizminister Richard Jäger im Bundestag. Vielleicht hatten diese Fachleute ihre Gründe. Ganz stimmt es auch nicht, daß niemand auf dieses

Problem der heimlichen Anmestie der Nazimörder hingewiesen hat. Ich kenne einige solcher Juristen, die rechtzeitig vor dem Inkrafttreten des Gesetzes am 1. Oktober 1968 genau diese Bedenken geäußert haben. Und ich selbst habe in einem Brief den damaligen Bundesjustizminister Gustav Heinemann gefragt, ob man nicht diese Auswirkung befürchten müsse. Er hat mir auf einer Postkarte von der Nordsee geantwortet, ich könne beruhigt sein, dieses Problem sei geprüft worden.

Ermittlungsverfahren Rudolf Bauch

Die Belastungszeugen, vor allem die jüdischen, werden in der Einstellungsverfügung insgesamt als unglaubwürdig qualifiziert:

Nach der Sachlage können Zweifel an der Glaubwürdigkeit dieser Zeugen schon deshalb nicht ausgeschlossen werden, weil die Möglichkeit besteht, daß Gefühle des Hasses und der Verbitterung ihre Aussagen in einem für den Beschuldigten ungünstigen Sinne beeinflußt haben.

Danach würden alle Juden, Polen, Franzosen, Russen, Griechen, Norweger, Kommunisten, Antinazis, als Belastungszeugen gegen Naziverbrecher ausscheiden. Denn bei ihnen allen können entsprechende Zweifel an ihrer Glaubwürdigkeit »nicht ausgeschlossen werden«.

Jeder weiß, daß wegen der Voreingenommenheit von Opfern gegenüber den Tätern ihre Aussagen vorsichtig bewertet werden müssen. Doch wenn mögliche, »nicht auszuschließende« Voreingenommenheit zur Eliminierung aller Zeugenaussagen führt, dann wird die Rechtspflege zur Unrechtspflege.

Der Staatsanwalt in Hagen unterschrieb diese Einstellungsverfügung am 21. Mai 1953 anonym mit einem »D«. Er ließ sie von seinem Vorgesetzten mit einem ebenso unleserlichen Kürzel gegenzeichnen. Staatsanwälte benutzen Kürzel, um Spuren zu vermeiden, wie andere Handschuhe.

Die ganze Verfügung mit dem Aktenzeichen 11 Js 255/49 hat drei Seiten. Was war Herrn Rudolf Bauch vorgeworfen worden? Er war Direktor der Textilfirma Walter Caspar Többens im Warschauer Getto. Dort mußten Tausende Juden ohne Bezahlung arbeiten bis zu ihrer Entkräftung. Sie bekamen für diese Zeit eine Arbeitskarte, die sie vorübergehend vor den Deportationen verschonte. Um bei Többens eingestellt zu werden, mußten die Juden

Nähmaschinen mitbringen und eine Prämie bezahlen (von 5000 Zloty aufwärts, das waren damals etwa 2 500 Mark). Ihre Kinder konnten sie gegen weitere Prämien von einigen tausend Zloty in einem Kindergarten unterbringen, der bei Többens und Bauch in der Gerichtsstraße in Warschau eingerichtet wurde. Doch nicht lange. Die SS holte die Kinder zur Vergasung in Treblinka ab. Ebenso die jüdischen Kinder, die sich bei ihren Eltern in den Többens-Betrieben versteckt hatten.

Die Belastungszeugen sagten aus, Rudolf Bauch habe die Kinder herausgeholt und der SS übergeben. Doch der Hagener Staatsanwalt »D« stellt diesen Vorwürfen die Aussage von Bauch – unwiderlegbar – gegenüber. »Wenn es dazu gekommen sei, daß die SS jüdische Kinder aus dem von ihm eingerichteten Kindergarten und auch aus den Betriebsräumen herausgeholt habe, so sei er gegen diese Aktion machtlos gewesen. Das Vorhandensein des Kindergartens sei der SS schon durch ihre Spitzel bekannt gewesen. Er sei dann eines Tages von ihr überrumpelt worden, so daß er Maßnahmen wegen des Verbergens der Kinder vor der SS gar nicht mehr habe treffen können. Er habe niemals jüdische Kinder selbst aus Verstecken im Betriebe herausgeholt und der SS übergeben.« Sagt Bauch. Die wenigen überlebenden Zeugen sagen, übereinstimmend das Gegenteil. »Diese Aussagen reichen aber zu einer Überführung des Beschuldigten nicht aus.« Bei ihnen, die ihre Kinder verloren haben, sind ja Gefühle des Hasses und der Verbitterung nicht auszuschließen.

Überhaupt, wo stammen sie denn her und wo sind sie geblieben, diese Zeugen? »Eine erneute Vernehmung dieser Zeugen, insbesondere des Hauptbelastungszeugen Hoffenberg, ist außerdem dadurch erschwert, daß sie inzwischen zum größten Teil ins Ausland verzogen sind . . . Die Vorgänge bei der Abholung der jüdischen Kinder aus dem Kindergarten oder aus Verstecken durch die SS (vgl. die Darstellung des Beschuldigten Bl. 75, 125 d. A.) lassen sich nicht mehr restlos aufklären, so daß insbesondere die naheliegende Frage, ob dem Beschuldigten bei dem Vorgehen der SS ein Schuldausschließungsgrund zugute kommt, offen bleibt . . . Aus dem Grunde ist ein strafrechtliches Einschreiten gegen den Beschuldigten nicht möglich.«

Die Vorgänge bei der Abholung der Kinder lassen sich noch 36 Jahre nach der Hagener Verfahrenseinstellung bis ins Details aufklären, wenn man nur will. Der anonyme Staatsanwalt »D« fügt seiner Einstellungsbegründung noch die Verfügung hinzu, dem Anzeigenerstatter J. Rywosch, »der offensichtlich in erster Linie das Verfahren betrieben hat«, keinen Bescheid zukommen zu lassen, da er »nach Kanada ausgewandert ist«. Ohne Spuren hinterlassen zu haben!

Wenn es um Massenmord geht, ist es die Aufgabe der Staatsanwälte, das Verfahren voranzutreiben. In NS-Sachen bleibt dies den Opfern überlassen, und die Staatsanwälte rechnen denen das noch übel an. Was gestern Unrecht war, kann heute nicht Recht sein. Wer im KZ war, kann kein glaubwürdiger Belastungszeuge sein.

Glaubwürdiger scheinen die Täter. Das wird, sogar bei den unglaublichsten Schutzbehauptungen, in die Standardformel gekleidet: »Diese Einlassungen können dem Beschuldigten nach dem Ergebnis der Ermittlungen nicht widerlegt werden.«

Ermittlungsverfahren Walter Caspar Többens

Wenn schon gegen Többens-Direktor Bauch keine Anklage erhoben werden kann, hätte dann nicht zumindest der Besitzer der Firma angeklagt werden müssen? Walter Caspar Többens war am 30. Juni 1949 von der Spruchkammer des Landes Bremen zu 10 Jahren Arbeitslager und Einziehung seines gesamten Vermögens »als Beitrag zur Wiedergutmachung« verurteilt worden. Ihm wurden »für dauernd« die Fähigkeiten aberkannt, ein öffentliches Amt zu bekleiden. Er verlor das aktive und das passive Wahlrecht und das Recht, sich politisch zu betätigen, sich einer politischen Partei als Mitglied anzuschließen, Mitglied einer Gewerkschaft, einer wirtschaftlichen oder beruflichen Vereinigung zu werden.

Man weiß, die Spruchkammer-Justiz hatte keinen Bestand. Ihre Sprüche wurden aufgehoben. Walter Caspar Többens brauchte nicht in ein Arbeitslager. Er konnte sein Vermögen behalten. Die Wiedergutmachung fand nicht statt.

Nichts fand statt. Nicht einmal ein Ermittlungsverfahren. Am 20. September 1988 schrieb mir der Generalstaatsanwalt des Landes Bremen auf meine Anfrage: »Die Staatsanwaltschaft Bremen hat mir mitgeteilt, daß weder dort noch bei der Kriminalpolizei Bremen Verfahren gegen Többens bekannt seien.«

Ermittlungsverfahren Bunkermord

In der Nacht vom 15. zum 16. Januar 1944 wurden im Konzentrationslager Vught bei s'Hertogenbosch in den Niederlanden 90

Frauen wegen »Meuterei« betraft. Sie hatten einer Verräterin aus den eigenen Kreisen namens Jedzini die Haare abgeschnitten. Die Frauen wurden auf Befehl des Lagerkommandaten Adam Grünewald in zwei kleine Einzelzellen (2,25 m breit und 4 m lang) ohne Lüftungsfenster gepreßt. Am nächsten Morgen waren zehn Frauen tot. Mehrere waren wahnsinnig geworden. Viele hatten Verbrennungen durch den Ätzkalk des frischverputzten Mauerwerks.

Die niederländische SS brachte diese Tat mit Empörung den deutschen Stellen zur Kenntnis. Der Lagerkommandant Grünewald wurde am 6. März 1944 durch das »SS- und Polizeigericht in Den Haag« wegen Mißhandlung Untergebener in Tateinheit mit fahrlässiger Tötung von zehn Personen zu einer Gefängnisstrafe von drei Jahren und sechs Monaten verurteilt. Der Mitbeteiligte Hermann Wicklein, Adjudant von Grünewald, wurde vom Tötungsvorwurf freigesprochen. Weil er versucht hatte, den Vorfall zu vertuschen, erhielt er wegen Begünstigung sechs Monate Gefängnis. SS-Führer Himmler als »oberster Gerichtsherr« setzte die Strafe gegen Grünewald »zur Bewährung im Fronteinsatz« aus und hob das Urteil gegen Wicklein auf.

Sofort nach der Befreiung leiteten die niederländischen Strafverfolgungsbehörden umfangreiche Ermittlungen wegen des »Bunkermordes« ein, der unter diesem Namen zu einem Begriff in den Niederlanden wurde. Aber die Täter waren in Holland nicht mehr greifbar. Sie waren heimgekehrt ins Reich. Daraufhin leitete die niederländische Staatsanwaltschaft ihre Ermittlungsakten über den Bunkermord nach Ludwigsburg an die Zentrale Ermittlungsstelle für Nazi-Verbrechen weiter. Was dann geschehen ist, kam viele Jahre später durch einen Zufall heraus:

Die Hamburger Rechtsanwältin Barbara Hüsing versuchte als Nebenkläger-Vertreterin von Angehörigen der Naziopfer, den SS-Offizier Arnold Strippel vor Gericht zu bringen. Er war der Verantwortliche für den Mord an zwanzig jüdischen Kindern gewesen, die in der Nacht vom 20. zum 21. April 1945 im Keller der Hamburger Volksschule am Bullenhuser Damm aufgehängt worden waren.

Von der holländischen Widerstandskämpferin Non Verstegen, Anführerin der damaligen Meuterei, war sie auf Strippel als Mittäter hingewiesen worden. Der habe damals als Schutzhaftlagerführer die Frauen in die Zellen gedrängt. Das hatte sie, Non Verstegen, unmittelbar nach der Befreiung zu Protokoll gegeben.

Rechtsanwältin Hüsing erfuhr, daß deswegen ein Ermittlungsverfahren bei der Staatanwaltschaft Frankenthal eingeleitet worden war. Auf die Nachfrage, was aus diesem Verfahren geworden sei, erhielt sie die Nachricht: »In den Akten befindet sich teilweise unübersetztes niederländisches Beweismaterial, dessen Inhalt nicht bekannt ist.« Nachdem in Frankenthal ein Richter gestorben war, der sich mit der Übersetzung aus dem Holländischen einen Nebenverdienst erschlossen hatte, war die Sache nicht weiterverfolgt worden. Es sei kein Dolmetscher zu finden gewesen, der Holländisch könne, behauptete die Staatsanwaltschaft. Elf Jahre lang ...

Der Justizminister von Rheinland-Pfalz, Theisen, erklärte im Landtag, das sei alles nicht wahr. Dann mußte er zugeben, es stimme doch. Schließlich trat er zurück. Das Verfahren wurde der Staatsanwaltschaft Frankenthal entzogen und an die Staatsanwaltschaft in Frankfurt abgegeben. Sachbearbeiter war der Staatsanwalt Peter Bötte. Der stellte neue Ermittlungen an, ließ auch das niederländische Material übersetzen, vernahm Non Verstegen und die wenigen noch lebenden Zeugen. Dann stellte er das Verfahren ein. Der Form war Genüge getan.

In seiner Einstellungsverfügung wird das grausame Hineinpressen von 90 Frauen in zwei kleine Einzelzellen zu einem harmlosen Vorgang: »Das Hineingehen der ersten Gruppe von etwa 40 Frauen in diese Zelle scheint ohne größere Schwierigkeiten und Auffälligkeiten vor sich gegangen zu sein«, heißt es bei ihm. Die gefangenen Frauen wurden nicht etwa »getrieben« oder in die Zellen »gepreßt« (wie sie selbst es schildern), sondern ihnen wurde »zunächst Gelegenheit gegeben, die Toiletten im Erdgeschoß des Arrestgebäudes zu benutzen«, sie »begaben« sich dann in den ersten Stock zu den Zellen. Dort wurden sie nicht etwa hineingepreßt, sondern »hineingeschoben«. Dabei sei es – so Bötte – »abgesehen von dem Hineindrücken der Frauen in die erste Zelle, zu keinen Handgreiflichkeiten oder Tätlichkeiten von Seiten des Lagerpersonals gekommen«.

Dagegen sieht der Staatsanwalt in den Aussagen der Opfer viele Widersprüche. Beispiel: »In einer früheren Vernehmung am 1. April 1948 hat die Zeugin Verstegen angegeben, die Häftlinge aus der Philipsabteilung seien von Grünewald persönlich in die erste Zelle gepreßt worden, der auch die Zellentür zugedrückt habe. Sie habe nicht gesehen, wer vom Lagerpersonal bei diesem Vorgang sonst noch zugegen war. Wicklein, Strippel, Meyerhoff und die Aufseherin Schot seien allerdings ebenfalls bei der Zelle gewesen, als sie selbst dort hineingeführt wurde.«

Die Gefangene Non Verstegen hat in ihren verschiedenen Aussagen immer das gleiche gesagt. Sie hat dieselben Personen genannt, sie hat den Vorgang immer in der gleichen Weise geschildert. Daß sie an einer Stelle darauf hinweist, nicht gesehen haben zu können, wer die Zellentür von außen zugedrückt habe, weist auf ihre Korrektheit hin. Sie hatte zuvor genau geschildert, wer bis zu diesem Zeitpunkt »bei der Zelle gewesen« sei. Es ist eine unkorrekte Interpretation durch den Staatsanwalt Bötte, hier Widersprüche zu unterstellen. Aber der Staatsanwalt bereitet mit dieser Interpretation seine Einstellungsbegründung vor. Er fährt fort: »Die weiteren zu diesem Vorfall durch die niederländischen Strafverfolgungsbehörden teils kurz nach Kriegsende, teils im Verlauf des vorliegenden Ermittlungsverfahrens vernommenen damaligen Häftlinge, die in die erste Zelle gehen mußten, machten hinsichtlich des Endes der Einschließung in diese Zelle ebenfalls recht unterschiedliche Angaben.« – Man beachte das Wort »ebenfalls«.

Die Widersprüche, die Staatsanwalt Bötte sieht, sind nur scheinbare: Die Gefangene Frau Stitzinger meint, Müller und Arts hätten die Zellentür zugepreßt. Die Gefangene Frau van Iperen meint, Arts habe dies getan. Die Gefangenen Frau Samuel und Koperberg meinen, Müller habe die Zellentür geschlossen. Die Gefangene Frau Haars glaubt, Meyerhoff habe »zuletzt« die Zellentür geschlossen. Die Gefangene Frau van Zalm glaubt, Meyerhoff und Gallinat hätten die Frauen in die Zellen gedrückt. Die Gefangene Frau Weber wieder sagt: Müller habe die Zellentür geschlossen.

Alle geben dieselben SS-Leute und Aufseher als Beteiligte an. Alle Aussagen stimmen bis zu dem Augenblick des Türzupressens überein. Keine hat sehen können, wer die Tür von außen verschlossen hat, denn sie waren alle auf der anderen Seite. Die korrekte Schlußfolgerung, die der Staatsanwalt Bötte hätte ziehen müssen, wäre gewesen: Alle genannten SS-Leute und Aufseher haben, gemeinschaftlich handelnd, die 90 Frauen in die Zellen gepreßt und so den späteren Tod der zehn Gefangenen verursacht. Aber diese Schlußfolgerung steht nicht in der Einstellungsverfügung.

Bei der Frage, ob die Täter vorsätzlich handelten, sieht Staatsanwalt Bötte Entlastungsgründe: »Gesicherte Erkenntnisse darüber, daß der Lagerkommandant Grünewald den Tod der eingeschlossenen Frauen überhaupt in Erwägung gezogen hat, lassen sich ... nicht gewinnen. Die bei den Ermittlungen festgestellten Tatumstände lassen es vielmehr als unwahrscheinlich erscheinen, daß er solche Überlegungen angestellt hat ... Hätte der Lagerkommandant in Erwägung gezogen und in Kauf genommen, daß bei der Einschließung Frauen ums Leben kommen oder bleibende gesundheitliche Schädigungen erleiden, würde dies im Widerspruch zu dieser Sorge um die Vermeidung eines Arbeitsausfalls stehen.« Allerdings wäre er »bei verständiger Würdigung aller Umstände zu dem Schluß gelangt, daß es bei der Einschließung sehr nahegelegen hätte, an eine Lebensgefahr für die Häftlinge zu denken.«

Die entscheidende Passage in dem Einstellungsbeschluß der Staatsanwaltschaft Frankfurt lautet: »Der Lagerkommandant Grünewald wie auch die sonstigen Angehörigen des Lagerpersonals waren keine Mediziner, denen sich der Gedanke an eine Gefährdung der eingeschlossenen Frauen durch Sauerstoffmangel usw. mit Gewißheit aufdrängen mußte. Die akute Gefahr einer Schädigung trat erst bei einer Einsperrung von einer gewissen Dauer auf, nachdem die Luft sich verschlechtert hatte und die Temperatur angestiegen war. Sie vorherzusehen erforderte daher eine – wenn auch nur geringe – vorausschauende Gedankenarbeit ... Zusammenfassend läßt sich sagen, daß es unter den gegebenen Umständen eine ziemlich große Gedankenlosigkeit gewesen sein mußte, nicht an die Gefährdung des Lebens der eingeschlossenen Frauen zu denken. Die Umstände lassen jedoch nicht mit hinreichender Sicherheit den Schluß zu, daß der Lagerkommandant Grünewald – wie auch die sonstigen Beschuldigten – tatsächlich an diese Lebensgefahr gedacht und diese berücksichtigt haben.« Also sei keine Tötungshandlung nachzuweisen, sondern nur eine vorsätzliche Körperverletzung, »da er den Frauen durch das Einschließen in die Zellen körperliche Pein zufügen wollte«. Körperverletzung mit Todesfolge gemäß § 226 StGB sei aber verjährt.

Bei den übrigen Beschuldigten, »soweit ihnen in tatsächlicher Hinsicht eine Beteiligung an der Einschließung der Frauen überhaupt nachzuweisen ist«, sei nicht festzustellen, daß »sie über eine Hilfeleistung auf Befehl des Lagerkommandanten Grünewald hinaus diese Tat als eigene wollten und daher Mittäter waren.«

Hatte auch der Adjutant Wicklein diese Tat nicht als eigene gewollt? Er war es gewesen, der – schon laut Urteil des SS-Gerichts – den Lagerkommandanten Grünewald erst auf den Gedanken des Hineinpressens in die engen Zellen gebracht hatte. Er, Wicklein, hatte diese Methode vorgeschlagen. Denn er hatte schon früher im KZ Ravensbrück ausprobiert, »Frauen in so großer Zahl in eine Zelle zu sperren, daß sie die Nacht stehend zubringen mußten«. Er, Wicklein, berichtete dem Lagerkommandanten Grünewald: »Diese Maßnahme habe sich dort als sehr wirksam erwiesen.« Daraufhin hätten Grünewald und Wicklein »beide beschlossen ... auch im vorliegenden Falle so zu verfahren.«

Schwierig für einen Staatsanwalt, unter diesen Umständen einem Adjutanten zuzubilligen, er habe diese von ihm vorgeschlagene Bestrafungsmethode nicht als eigene Tat gewollt. Doch wo ein Wille ist ...

Staatsanwalt Bötte beruft sich auf die »nicht zu widerlegenden Einlassungen« in seinem eigenen Verfahren, wonach Wicklein »zu diesem Zeitpunkt ohne eigenes Interesse und in Unkenntnis der konkreten Pläne des Lagerkommandanten einen Ratschlag gegeben (habe), bei dem der spätere tödliche Ausgang für ihn nicht absehbar war«. Wicklein wird wörtlich zitiert: »Es habe seiner Erinnerung nach auch keine Schwierigkeiten bei der Füllung der Zellen gegeben. Der Gedanke, daß der Aufenthalt in den Zellen für Frauen für deren Gesundheit nachteilige Folgen haben könne, sei ihm nicht gekommen.«

Dem SS-Schutzhaftlagerführer Arnold Strippel wird zugutegehalten, daß »eine über seine Anwesenheit hinausgehende aktive Tätigkeit ... nicht mit hinreichender Sicherheit festgestellt werden«kann. Als reiche das nicht.

Bei der Formulierung des letzten, Strippel vollständig entlastenden Satzes verliert der Staatsanwalt vor lauter entschuldigender Güte den Faden: »Ihm ist – im Zweifel – hinsichtlich des Verursachens des Todes der Frauen nur grobe Fahrlässigkeit mit Todesfolge, der er sich unter diesen Umständen allenfalls schuldig gemacht hat, ist – wie auch sonstige in Betracht kommende Delikte – verjährt.«

Auch wenn der Satz unvollständig ist, man versteht, was damit gesagt und getan und entschuldigt werden soll.

So kommen auch die anderen SS-Leute in den Genuß der großen Güte: »Aktives Handeln ... läßt sich ... nicht nachweisen«, »keine gesicherten Feststellungen«, »ohne erkennbares eigenes Interesse«, »höchst unwahrscheinlich«, »nicht mit Sicherheit feststellbar«, »Einlassung nicht zu widerlegen«.

Übrig bleibt nur ein Vorwurf gegen die Opfer: Sie haben »abweichende Angaben« gemacht, ihre »Widersprüche« lassen »keine gesicherten Erkenntnisse« gewinnen, ihre Angaben sind »insgesamt gesehen zu widersprüchlich, um gesicherte Erkenntnisse über eine Beteiligung der Angehörigen des Lagerpersonals an der Füllung der Zellen oder der Schließung der Zellentüren gewinnen zu können«. Viel glaubwürdiger als die gefangenen holländischen Frauen war dagegen für den Frankfurter Staatsanwalt das SS-Gericht, dessen Urteil sich »durch eine für damalige Verhältnisse ziemlich objektive Darstellung der Geschehnisse auszeichnet«.

Im Konzentrationslager Vught waren, sagt der Staatsanwalt, »die Haftbedingungen ... günstiger als diejenigen in den Konzentrationslagern im Reichsgebiet oder gar im Osten. Die Sterblichkeit war ... vergleichsweise gering. Zu Tötungen von Häftlingen ist es nach den vorliegenden Erkenntnissen – abgesehen von Massenerschießungen im Spätsommer 1944 bei der Auflösung des Lagers – nur vereinzelt gekommen.«

Also: Sterblichkeit gering, abgesehen von Massenerschießungen.

Und hatten die toten Frauen nicht zu der »ziemlich großen Gedankenlosigkeit« des Lagerkommandanten beigetragen? Denn: »Auch die Frauen selbst scheinen zu dem Zeitpunkt, zu dem sie in die Zelle gepfercht wurden, nicht erfaßt zuhaben, daß ihnen durch diese Maßnahme eine Lebensgefahr drohte, da sie ohne große Widerstände in die erste Zelle hineingingen ... Hätten die Frauen zu diesem Zeitpunkt die auf sie zukommende Gefahr erkannt, wäre die Einschließung wahrscheinlich nicht so relativ problemlos vor sich gegangen.« Die toten Frauen trugen also eine gewisse Mitschuld an ihrer Ermordung.

Auffallend an dieser Einstellungsverfügung ist: sie bleibt weit hinter den Feststellungen des SS-Gerichts von 1944 zurück. Während der Frankfurter Staatsanwalt Bötte »gesicherte Erkenntnisse darüber, daß der Lagerkommandant Grünewald den Tod der eingeschlossenen Frauen überhaupt in Erwägung gezogen hat«, ausschließt und es für unwahrscheinlich erklärt, »daß er solche Überlegungen angestellt hat«, waren die SS-Richter Look, Kertenbecher und Kraft 1944 zu dem Ergebnis gekommen, daß Grünewald »dabei die Gefahr, einige der Frauen würden die Maßnahme nicht ohne Gesundheitsschädigung überstehen, nicht verborgen geblieben ist. Wenn er trotzdem unterschiedslos deren Einpferchung zuließ, stellte er diesen evtl. drohenden Erfolg in Rechnung und handelte mindestens mit bedingtem Vorsatz«. Die SS-Richter hatten in dieser Beziehung also ein schärferes Rechtsempfinden als der bundesrepublikanische Staatsanwalt in Frankfurt, für den der Bunkermord nur »eine ziemlich große Gedankenlosigkeit« ist.

Ermittlungsverfahren Ettlinger und andere

Am 1. Februar 1985 stellte die Staatsanwaltschaft bei dem Landgericht München I ein Ermittlungsverfahren gegen die ehemaligen SS-Angehörigen Franz Xaver Ettlinger, Arnold Georg Strippel und Herrmann Wicklein wegen Massenmordes im Konzentrationslager Vught ein (in der Verfügung wird das Lager mit der NS-Bezeichnung »KL Herzogenbusch« genannt). Die drei wurden beschuldigt, 1943 und 1944 durch Mitwirkung am Transport Tausender niederländischer Juden in die Vernichtungslager Sobibor und Auschwitz Beihilfe zum Mord begangen zu haben.

1. Am 9. März 1943 wurde Isaac Rozendaal (wahrscheinlich mit anderen) von Vught nach Sobibor deportiert und dort ermordet.
2. Am 31. 3. 1943 wurden Ursula Stern, Sara Wijnberg und Nathan Blom nach Sobibor transportiert und dort ermordet.
3. Anfang Mai 1943 wurden 1 465 alte und kranke Juden und jüdische Eltern mit mehr als vier Kindern von Vught nach Sobibor transportiert und die meisten von ihnen dort ermordet.
4. Am 6. und 7. Juni 1943 wurden mindestens dreitausend jüdische Kinder nach Sobibor transportiert und dort ausnahmslos ermordet (»Kindertransport«).
5. Am 2. Juli 1943 wurden rund 1 000 Juden von Vught nach Sobibor transportiert und dort fast alle ermordet.
6. Zwischen dem 20. und dem 27. September 1943 wurden rund 500 Juden aus Vught ins Lager Westerbork zum Weitertransport in die Vernichtungslager in Polen gebracht.
7. Mitte Oktober 1943 wurden 1007 jüdische Häftlinge aus Vught nach Auschwitz transportiert. Dort sind mindestens 490 von ihnen ermordet worden.
8. In der Zeit vom 27. März 1943 bis 20. Mai 1943 starben im Lager Vught 28 Säuglinge und Kleinkinder, weil sie keine ärztliche Hilfe erhielten. (Das geschah in dem Zeitraum, für den der Frankfurter Staatsanwalt Bötte festgestellt hatte, daß die Sterblichkeit in Vught »vergleichsweise gering« war – Einstellungsverfügung »Fall Bunkermord«.)
9. Im Frühjahr 1943 wurden drei nackte Häftlinge in einen kalten steinernen Waschraum eingesperrt und dort drei Tage ohne Nahrung gelassen, bis sie tot waren.

10. Am 15. November 1943 wurden 1152 Juden aus Vught nach Auschwitz transportiert. Weniger als fünfzig haben überlebt.
11. Am 20. März 1944 wurden 316 jüdische Männer, 2 Frauen und 2 Kinder aus Vught nach Westerbork transportiert, mehr als 200 von ihnen kamen von dort nach Auschwitz, mindestens 38 von ihnen wurden dort ermordet.

Ettlinger und Strippel waren Schutzhaftlagerführer in Vught, also direkt für das Häftlingslager und für Transporte zuständig. Wicklein war Adjutant des Lagerkommandanten Grünewald. Der Münchner Staatsanwalt Mayerhöfer kommt »als Gruppenleiter« zu dem Ergebnis, daß »nicht mit hinreichender Sicherheit nachzuweisen ist, daß die Beschuldigten selbst Mordhandlungen vorgenommen bzw. an Mordhandlungen anderer in mordqualifizierender Weise beteiligt gewesen waren.«

Glaubt man den Zeugen, sieht es anders aus. Der Zeuge Max Cahen sagt zum Beispiel, daß der Bahnhofsvorsteher von Vught sich geweigert habe, das Abfahrtssignal für den Kindertransport am 6. Juni 1943 zu geben. Darauf habe Ettlinger selbst dem Lokomotivführer diesen Abfahrtsbefehl erteilt. Der Zeuge Sztijcer hatte Ettlinger angefleht, seine Frau und seine drei kranken Kinder noch eine Zeitlang in Vught zu lassen. Ettlinger habe ihn darauf gestoßen und geschlagen. Das bekundet auch der Zeuge Leo Schipper. Der Zeuge Max Rosenberg erklärt, er sei am 2. Juni 1944 von Vught nach Auschwitz transportiert worden. Dabei habe er Ettlinger gefragt, was mit den Kindern in Auschwitz geschehe. Ettlinger habe geantwortet: »Das ist Scheiße, es gibt keine Kinder in Auschwitz.«

Über den Tod der 28 Säuglinge erklärte der Kinderarzt Professor Dr. Greveld als Zeuge, daß Ettlinger alle Maßnahmen zur Infektionsbekämpfung unterlassen und »ihnen entgegengearbeitet« habe. Die hygienischen Verhältnisse seien »unbeschreiblich schlecht« gewesen. Die Kinder seien Opfer von Zuständen geworden, die »jedem Verständnis von menschlicher Hygiene spotteten«. (Staatsanwalt Bötte [»Fall Bunkermord«] hatte gesagt, die Haftbedingungen seien »günstiger als diejenigen in den Konzentrationslagern im Reichsgebiet oder gar im Osten« gewesen.)

Der Staatsanwalt stellt das Verfahren ein, weil gegen die Schutzhaftlagerführer Ettlinger und Strippel (die bei der Transportabfertigung auf dem Bahnsteig waren) »kein hinreichender Beweis dafür« vorliegt, daß sie »in einem konkreten Fall an der Vorbereitung oder Ausführung des Transports unter mordqualifizierenden Umständen mitgewirkt« haben. Sie hätten auch annehmen können, daß die Transporte in andere Lager als Auschwitz oder Sobibor gehen. Für den Tod der 28 Säuglinge durch Unterlassen medizinischer Hilfeleistung könne Ettlinger nicht verantwortlich gemacht werden, weil er »an die Weisungen des Lagerkommandanten gebunden« gewesen sei. Schließlich sei Ettlinger die Tötung der drei Häftlinge, die für drei Tage in einen steinernen Waschraum eingeschlossen wurden, »nicht hinreichend sicher nachzuweisen«. Denn es sei nicht sicher, »daß der Beschuldigte die 3 Häftlinge zum Zwecke der Tötung dort einschloß«. Außerdem sei nicht hinreichend geklärt, »wie und durch wen der Tod der Häftlinge verursacht wurde, zumal nicht rekonstruierbar ist, was im genannten Zeitraum von 3 Tagen geschehen ist«.

Da man also nicht mehr feststellen kann, wie die drei sich im verschlossenen Waschraum verhalten haben, ob sie erfroren oder verhungert sind (oder sich womöglich gegenseitig umbrachten?), wird derjenige, der sie dort eingeschlossen hat, von Strafverfolgung freigestellt.

Der ehemalige Adjutant, Hermann Wicklein, wird pauschal entlastet: »Allein aus der Tatsache, daß der Beschuldigte Wicklein Adjutant des Lagerkommandanten ... gewesen ist, kann nicht mit hinreichender Sicherheit geschlossen werden, daß er an der Vorbereitung oder Durchführung des Häftlingstransports ... unter mordqualifizierenden Umständen beteiligt war.« Selbst SS-Gerichte waren da strenger.

Az: 320 Js 19330/82 München I

Ermittlungsverfahren Mörs

Mithäftlinge des Konzentrationslagers Neuengamme beschuldigten den Blumenhändler Wilhelm Mörs (Name geändert), er habe als Kapo Gefangene mißhandelt. Ein britisches Militärgericht hatte ihn deshalb 1946 zum Tode verurteilt. Er wurde begnadigt und statt dessen zu zehn Jahren Haft verurteilt.

Seine Strafe hatte sich auf Verbrechen gegen Ausländer bezogen. Die Staatsanwaltschaft Hamburg hatte nun wegen der Verbrechen gegen deutsche Häftlinge zu ermitteln.

Mörs sollte:

1. in mehreren Fällen namentlich nicht bekannte Häftlinge zu Tode mißhandelt haben;
2. den Häftling Böhme totgeschlagen haben;

3. sich mit anderen zur Tötung des Architekten Dr. Münchrath verabredet haben;
4. einen 20jährigen Zigeuner mit einem Schaufelstiel geschlagen, ihn in einen Wassergraben gestoßen und beim Versuch des Herauskletterns gehindert haben, so daß er schließlich tot liegen geblieben sei;
5. der Hamburger Schauspielerin Hanne Mertens mit einem Spatenhieb den Schädel gespalten haben;
6. 12 bis 15 kranke Häftlinge durch Verweigerung der Nahrung getötet haben;
7. eine unbekannte Zahl von Häftlingen dadurch getötet haben, daß er sie im Freien lagern ließ und dort mißhandelte;
8. total entkräftete Häftlinge zur Arbeit geschickt haben, so daß sie abends als Tote zurückgebracht wurden;
9. an Erhängungen von Häftlingen teilgenommen haben, wie ihm dies von der Lagerleitung befohlen worden sei;
10. Mithäftlinge geschlagen und mißhandelt haben.

Das Ermittlungsverfahren lief vier Jahre, von 1965 bis 1969. Am 9. Mai 1969 wurde ein neuer Sachbearbeiter damit befaßt, Staatsanwalt Michael Schmid-Lossberg. Nun ging die Sache zügig voran. Er machte ein paar Vernehmungen von Zeugen, also KZ-Opfern, die schon einmal vernommen worden waren, und fand Widersprüche in ihren Aussagen heraus. Dann stellte er am 2. September 1969 das Verfahren ein. In der Einstellungsverfügung heißt es: »Vorwurf zu unsubstantiiert« oder: »Wenn die Zeugen auch z. T. selbst gesehen haben, wie der Beschuldigte Häftlinge geschlagen und mißhandelt hat, so hat doch keiner von ihnen die Tötung eines so geschädigten Häftlings wahrgenommen.« Er schrieb von »Vermutungen«, »Hörensagen«, »keine Präzisierung der Vorwürfe nach Ort und Zeit«, »nicht mit der erforderlichen Sicherheit eine Tötungshandlung nachgewiesen«, »keinen entscheidenden Beweiswert«.

Im Fall des getöteten Zigeunerjungen ging der Staatsanwalt Schmid-Lossberg (heute Richter) ein bißchen weit: Die anderen Häftlingen hätten zwar die Mißhandlungen des Zigeuners gesehen, er sei auch gestorben. Aber: »Für die Kausalität der Mißhandlung im Hinblick auf den so vermuteten Todeserfolg spricht zwar eine große Wahrscheinlichkeit. Auf der anderen Seite läßt sich nicht mit der zu einer Verurteilung erforderlichen Sicherheit sagen, daß der Tod aufgrund der Mißhandlung eingetreten ist. Der Zeuge G. gibt selbst an, daß der Zigeuner in einer denkbar schlechten Verfassung, ausgemergelt und arbeitsunfähig war; nach der Auffassung des Zeugen G. war der Häftling in einem solch heruntergekommenen Zustand, daß er wahrscheinlich auch ohne die Mißhandlung durch die Beschuldigten in den nächsten Tagen gestorben wäre, sei es an Erschöpfung, sei es an Unterernährung. Unter diesen Umständen kann nicht ausgeschlossen werden, daß die Todesursache des Zigeuners andere Gründe als die angebliche Mißhandlung hatte.« Daß der Beschuldigte Mörs in jedem Fall zur Tötung des Zigeuners beigetragen hat, ließ den Staatsanwalt Schmid-Lossberg kalt.

Der KZ-Häftling Fritz Bringmann hatte klare Aussagen darüber gemacht, daß Kranke auf Befehl von Mörs im Freien liegen bleiben mußten und daß ihnen die Nahrung verweigert wurde, bis sie tot waren. Fritz Bringmann war jahrelang als Sanitäter im Krankenrevier tätig. Er hatte das Sterben von Tausenden miterlebt, aber er war, sagt der Staatsanwalt, »Nichtmediziner«. Deswegen könne »auch in diesem Punkt der Nachweis der Kausalität nicht geführt werden.« Die übrigen Zeugen »lassen keine weitere Aufklärung in diesem Punkt erwarten. Der Aufenthalt dieser Zeugen ist unbekannt.« Und »Ansatzpunkte für weitere erfolgversprechende Ermittlungen sind nicht ersichtlich.« Punkt aus. Als sei es nicht Aufgabe eines gutwilligen Staatsanwalts, Aufenthaltsorte zu ermitteln, Vorwürfe zu präzisieren, durch Parallelvernehmungen die Beschuldigungen zu substantiieren und so weiter und so weiter. »Punkt 3: Kein Bescheid.« Die Spur ist verwischt.

Az.: 147 Js 27/67 Staatsanwaltschaft Hamburg

Ermittlungsverfahren Klemmt

Egar Klemmt war SS-Scharführer im Konzentrationslager Neuengamme. Viele Häftlinge haben ihn gekannt, viele haben über die Mißhandlungen ausgesagt, die er als »Kommandoführer« den Gefangenen zugefügt hat. Im Herbst 1944 brachte er vier Frauen aus dem Lager zum Arrestbunker, in dem die Hinrichtungen stattfanden. Die Frauen hatten einen Transport von zwanzig jüdischen Kindern aus Auschwitz nach Neuengamme begleitet, an denen medizinische Versuche gemacht werden sollten. Nun brauchte man die Frauen nicht mehr. Mehrere Häftlinge hatten ihn beobachtet, wie er mit den Frauen zum Bunker ging und sie hineinbrachte. Sie hatten später auch die toten Frauen gesehen.

Klemmt hatte zugegeben, daß er mit in den Bunker gegangen und bei der Exekution dabeigewesen war. Diese Aussage zog er später zurück mit der Begründung, daß »ich vollkommen mit den

Nerven durcheinander bin und nicht mehr weiß, was ich im Einzelnen sage ... Ein oder zwei Tage später erfuhr ich, daß man die Frauen hingerichtet hat ... Wenn es auch unwahrscheinlich klingt, daß ich mich, nachdem ich die Frauen bis zur Tür gebracht hatte, nicht mehr um ihren Verbleib gekümmert habe, so entspricht dies aber doch den Tatsachen.«

Das Unwahrscheinliche wurde Einstellungsgrund. In einer zweiseitigen Verfügung stellte der Hamburger Staatsanwalt Koch am 25. November 1959 das Verfahren gegen Klemmt ein. Die Zeugen, also die KZ-Gefangenen, hätten den SS-Mann zwar mit den Frauen in den Bunker gehen sehen. »Sie haben aber nicht behaupten können, selber als unmittelbare Tatzeugen gesehen zu haben, daß der Beschuldigte bei der Erhängung der vier Frauen mitgewirkt habe ... Bei dieser Sachlage ist dem Beschuldigten eine strafbare Mitwirkung bei der Ermordung der vier Frauen nicht nachzuweisen.«

Nur wer bei Erhängungen, Vergasungen, Ermordungen jeder Art persönlich dabei war, wer also mitgemordet hat oder wurde, kommt nach dieser Logik als Tatzeuge in Betracht. Außerdem muß man die Aussagen von KZ-Häftlingen besonders vorsichtig werten: Die Akte enthält in einem besonderen Umschlag die vom Staatsanwalt angeforderten Strafregisterauszüge der sechs KZ-Häftlinge Herbert Schemmel, Albin Lüdke, Josef Händler, Walter Christensen und Michael Müller, die als Belastungszeugen ausgesagt haben. Bei keinem von ihnen ist irgendeine Strafe vermerkt.

Az.: 141 Js 624/58 Staatsanwaltschaft Hamburg

Was Politiker so reden

Die Justiz ist kein abgeschlossener Raum. Sie wird von außen beeinflußt, angetrieben, gehemmt. In Gerichtskantinen werden präjudizierende Beschlüsse gefaßt, die oft wichtiger sind als die Hauptverhandlung. Deswegen ist die Nichtverfolgung von Nazimördern nicht von den Staatsanwaltschaften allein zu verantworten.

Der Fall des SS-Obersturmführers Strippel, gegen den in Hamburg acht Jahre lang ein Ermittlungsverfahren wegen des Kindermordes am Bullenhuser Damm in Hamburg lief, war eine »Berichtssache«. Die Justizsenatorin Eva Leithäuser ließ sich nicht nur berichten, sie erteilte auch Anweisungen: »Es bedurfte ernsthafter Vorstellungen bei der Staatsanwaltschaft«, erklärte sie, um schließlich die Anklage zu erzwingen. Und zwar, nachdem der Druck aus der Öffentlichkeit immer stärker geworden war. Der Hamburger Bürgermeister Klaus von Dohnanyi hatte den Angehörigen der Ermordeten sogar in einer Gedenkrede am 20. April 1985 zugesagt, es werde zu einer Gerichtsverhandlung gegen Strippel kommen.

Auch sonst war Dohnanyi mit diesem Fall immer wieder befaßt. Er lehnte zum Beispiel die Bitte eines Vaters, dessen Tochter zu den Mordopfern gehörte, um Wiedergutmachung ab: So etwas sei mit Geld nicht wiedergutzumachen. Er übernahm die Schirmherrschaft eines »Tribunals«, das sich mit der Tat und ihrer Verschleppung durch die Justiz befaßte – kam allerdings aus Termingründen nicht, weil er die Uraufführung des Musicals »Cats« besuchen mußte.

Manchmal erfährt man nur durch Zufall, ob solche Politiker es wirklich ernst gemeint haben oder nur ihre Lippen sprechen ließen. 1988 plauderte Klaus von Dohnanyi in der Talkshow »Freitagnacht« (bei Lea Rosh) über diesen Fall: »Die Bindung an das formale Recht, das absolute Einhalten von Rechtsvorschriften wurde ja auch von denen zu ihrer Verteidigung beigebracht und vorgebracht, die als Nazirichter schreckliche Verbrechen begangen haben ... Es gibt (in Hamburg) einen pensionierten Richter, gegen den immer wieder der Versuch gemacht worden ist, ihn sozusagen wirklich wieder vor Gericht zu bringen. Es war unmöglich. Er war mitverantwortlich für das Umbringen dieser Kinder in dieser Schule am Bullenhuser Damm. Er hat das alles rechtlich gerechtfertigt, wie die Vorschriften waren, wie die Anweisungen waren und wie er das dann hat machen müssen. Und wenn man das Recht nur formal betrachtet, müßte man ihn wahrscheinlich sogar freisprechen. Und ich glaube, daß ein Teil der Entwicklung nach 1968 auch darauf zurückzuführen war, daß diese Generation, die diese formale Verteidigung dessen, was gewesen ist, und das Übertragen derselben Personen auf die Nachkriegszeit und so weiter plötzlich begriffen hat, daß die gewissermaßen, sag ich mal, zu einer Form von selbstgemachtem Naturrecht zurückgekommen sind, was natürlich unerträglich ist, wie wir in dem komplizierten Rechtsstaat wissen, aber wir haben doch gelebt und leben doch mit Menschen, die nur deswegen überhaupt, denen man nur ins Gesicht sehen kann, weil sie sagen: rechtlich war das aber alles in Ordnung, obwohl es moralisch unglaublich war.«

Was für ein Wust von Unsinn. Es gibt keinen Richter in Hamburg, der »das dann hat machen müssen«. Es gibt einen ehemaligen SS-Mann in Frankfurt, Strippel, der das gemacht hat.

Dohnanyi verwechselte das offenbar mit dem Staatsanwalt Münzberg, der 1967 das Ermittlungsverfahren Strippel einstellte und dabei unter anderem die Begründung verwendete, den Kindern sei »über die Wegnahme ihres Lebens hinaus kein weiteres Übel zugefügt« worden.

Man hätte den Täter, selbst wenn es ein Richter gewesen wäre, auch nicht aus formalen Gründen »freisprechen müssen«. Es ging auch nicht um 1968, sondern um 1945. Wir haben auch keinen komplizierten Rechtsstaat, sondern wir haben klare Gesetze: Mord ist Mord, und Nazimord ist strafbar. Nur die komplizierte Handhabung des Rechts ist es, die zu den Verfahrenseinstellungen und den Freisprüchen führt. Und wir brauchen ihnen auch nicht ins Gesicht zu sehen, wenn sie so etwas sagen würden, sondern wir müßten sie vor Gericht stellen. Das aber müßten wir, das heißt sie, die Dohnanyis und die Staatsanwälte und die Richter, wirklich wollen.

So ernsthaft hat sich also ein Politiker mit einem Kindermord befaßt, der die Stadt viele Jahre lang bedrückt hat.

Die Archive sind verschlossen

Die Türen werden zugehalten, wenn man den Spuren dieser Spurenbeseitigung nachgehen will.

Manchmal erfährt man durch Zufall, wie es solch einer Akte ergangen ist. Ich möchte ausnahmsweise nicht von einer Staatsanwaltschafts-Akte berichten, sondern von einer Gerichtsakte. Vom Fall einer rechtskräftigen Verurteilung eines Nazimörders. Man darf annehmen, daß solche Akten einen höheren Schutz genießen als einfache Ermittlungsakten, die mit einer Einstellung endeten.

Die Journalisten Bockmann und Blanke-Bohne aus Bad Oeynhausen suchten Material über das Konzentrationslager Porta. Einer der SS-Leute war rechtskräftig vom Landgericht Hamburg verurteilt worden. Auf der Suche nach der Akte erhielt Götz Bockmann folgenden Brief der Hamburger Justizsenatorin Eva Leithäuser vom 23. Februar 1984:

Die Staatsanwaltschaft bei dem Landgericht Hamburg hat mir berichtet, daß die Sie und Herrn Blanke-Bohne interessierende Akte entgegen geltenden Aufbewahrungs- und Ablieferungsbestimmungen vernichtet worden ist. Bei ihren Nachforschungen hat die Staatsanwaltschaft nicht feststellen können, wie es zu der Vernichtung der Akte gekommen ist. Aussonderungsarbeiten dieser Art müssen vielfach von Aushilfskräften verrichtet werden, denen trotz Unterweisung ein Fehler bei der Anwendung der Aufbewahrungsbestimmungen eher unterlaufen kann als einem ständig mit diesen Angelegenheiten befaßten Mitarbeiter. Anhaltspunkte dafür, daß besondere Motive den Fehler herbeigeführt haben, liegen nicht vor. Ein Indiz gegen solche Motive scheint mir schon darin zu liegen, daß eine Urteilskopie noch vorhanden ist, wie die Staatsanwaltschaft Herrn Blanke-Bohne mit Schreiben vom 9. 11. 1983 mitgeteilt hat.

Ich muß Sie also bedauerlicherweise bitten, sich mit der Urteilskopie zu begnügen. Ich kenne das Urteil nicht, möchte aber annehmen, daß es den vom Gericht geprüften Sachverhalt sehr genau schildert.

Der Leitende Oberstaatsanwalt hat Veranlassung genommen, alle Mitarbeiter der Staatsanwaltschaft bei dem Landgericht, die mit der Aufbewahrung von Akten und deren Ablieferung an das Staatsarchiv befaßt sind, nochmals an die Einhaltung der einschlägigen Bestimmungen zu erinnern.

Er hat wirklich Veranlassung genommen, dieser Herr Leitende Oberstaatsanwalt? Aber die Veranlassung ging offenbar nicht soweit, die Bewältigung von deutscher Faschismusgeschichte künftig nicht mehr Aushilfskräften zu überlassen. Zudem ist die Frage: Führt die Unterweisung von Aushilfskräften und von Staatsanwälten zu mehr oder zu weniger Vernichtung von Naziakten?

Nein, soweit ging die Veranlassung des Leitenden nicht. Denn die Frage, welche Akten ins Staatsarchiv kommen und welche vernichtet werden sollen, wurde weiterhin Aushilfskräften überlassen. Vernichtet wurde jedenfalls in Hamburg massenweise. Und wie sollte es in anderen Bundesländern anders sein?

Am 20. Oktober 1988 beantragte ich beim Generalstaatsanwalt in Hamburg Einsicht in eine Ermittlungsakte, die Mordtaten im Warschauer Getto betrifft und in der auch der Fall des Textilunternehmers Walter Caspar Josef Többens enthalten ist. Nach einem Monat wurde mir mitgeteilt:

Die Einsicht in Verfahrensakten der Staatsanwaltschaft Hamburg ist im vorliegenden Fall auf der Grundlage der von der Justizbehörde erlassenen allgemeinen Richtlinien zu beurteilen. Danach ist Voraussetzung für die Gewährung von Akteneinsicht ein wissenschaftliches Forschungsvorhaben, das nach Gegenstand, Zweck und Methodik beschrieben werden muß. Dabei muß auch ein Konzept zur Gewährleistung datenschutzrechtlicher Belange vorgelegt werden. Im Hinblick auf die Datenschutzrechte der in den Akten genannten Personen muß das öffentliche Interesse an der Durchführung des Forschungsvorhabens das Geheimhaltungsinteresse der Betroffenen erheblich überwiegen. Es muß ferner sichergestellt sein, daß ein Mißbrauch der erlangten

Daten ausgeschlossen ist. Der Zweck der Forschung darf nicht auf andere Weise zu erreichen sein. Schließlich kann Akteneinsicht nur gewährt werden, soweit für die Staatsanwaltschaft kein unvertretbarer Verwaltungsaufwand entsteht.

Sollten diese Voraussetzungen gegeben sein, wäre von Ihnen eine datenschutzrechtliche Verpflichtungserklärung abzugeben, die ich Ihnen zu gegebener Zeit übersenden werde. Über Ihren Antrag ist sodann in Abstimmung mit dem Hamburgischen Datenschutzbeauftragten zu entscheiden.

Die Mauern sind hoch, mit denen die Geschichte der Naziverbrechen und die ihrer Nichtverfolgung umgeben werden.

Nicht nur Kriminelle tragen Handschuhe, um keine Spuren zu hinterlassen.

WALTER EUCHNER

Unterdrückte Vergangenheitsbewältigung: Motive der Filmpolitik in der Ära Adenauer

Die Bedeutung des Themas

Die Adenauer-Zeit rückt in die Ferne. Für die Studenten von heute liegt sie so weit zurück wie für jene der fünfziger Jahre die Weimarer Republik. Inzwischen sind die Architekten der staatsbürgerlichen Leitbilder munter am Werk der Glorifizierung. Repräsentative Darstellungen mit pompöser Ausstattung stilisieren diese Ära auf staatstragende Weise.

In dem vorliegenden Aufsatz soll an die Kostenseite der Politik in jener Epoche erinnert werden. Adenauers staatsmännisches Format steht fest. Er wußte, was er wollte, und verstand es, den größeren Teil der politischen Kräfte für seine Politik zu gewinnen. Adenauer optierte für das Lager des kapitalistischen Westens und verzichtete auf die Wiedervereinigung. Seine Politik der Westintegration hat den Westdeutschen Wohlstand und – verglichen mit anderen Staaten – bewundernswerte politische Stabilität eingebracht, eine Leistung, von der wir alle bis heute profitieren. Zu den bleibenden Leistungen Adenauers gehört auch, daß er die Aussöhnung der Bundesrepublik mit Frankreich und Israel eingeleitet hat. Doch die Mittel, mit denen Adenauer seine Politik durchsetzte, hielten alte Wunden offen und schlugen neue. Die Wiederbewaffnung war vermutlich unvermeidlich. Die Art, wie sie betrieben wurde, wie Adenauer auf dem Klavier der Ressentiments gegen den Kommunismus (an dessen Seite er die gesamte Opposition rückte) spielte, unbekümmert um die Opfer der Sowjetunion im Zweiten Weltkrieg, wie schließlich nazistisch belastete Unternehmer, Politiker, Beamte und Militärs wieder in Amt und Würden gebracht wurden – dies führte dazu, daß ein Teil der jungen, demokratisch und sozialistisch denkenden Generation sich an den Rand des neuen Gemeinwesen gedrängt fühlte. Hier liegen die Wurzeln der bis heute andauernden Protestbewegung, die von der APO bis zu den heutigen »Grünen« reicht.

Ein besonderes Kapitel jener Zeit ist die Kulturpolitik, von deren Muffigkeit sich die heute Jungen kaum eine Vorstellung machen können. Dabei wirkten gerade die Impulse befreiend und belebend, die von der Literatur, der bildenden Kunst und vom Film des Auslandes in die Bundesrepublik drängten. Sie gaben häufig den kritischen Blick auf den Ungeist und den Schrecken der jüngsten deutschen Vergangenheit frei, den die offizielle Kulturpolitik vernebeln wollte (den sie auf jeden Fall nicht förderte). Um ein Beispiel zu geben: Der Film *Casablanca* von Michael Curtiz mit Ingrid Bergman und Humphrey Bogart aus dem Jahre 1942 ist sicherlich ein sentimentales und kaum realistisches Konstrukt, regt aber doch zum Nachdenken über Verfolgung und Widerstand unterm Nazismus an. Dieser Film kam in der Bundesrepublik zuerst in einer Synchronisationsvariante ins Kino, die den politischen Hintergrund, die Jagd der Nazis nach einem Widerstandskämpfer, durch ein plattes Gangstermotiv ersetzte.[1] Offenbar gab es in der Adenauer-Zeit Kräfte, die das meinungsbildende Medium Film in ihrem Sinne manipulierten: die Produzenten und Filmkaufleute, die den Deutschen die Frage nach ihrer jüngsten Vergangenheit nicht zumuten wollten, und die konservativen Politiker aus dem gleichen Grund, jedoch vermutlich auch deshalb, weil sie die beginnende Wiederbewaffnung nicht durch störende Erinnerungen beeinträchtigen wollten. Meine Untersuchung befaßt sich weniger mit dem Verhalten des Filmgewerbes als vielmehr mit den Einflußnahmen der Politiker und den dahintersteckenden Motiven.

Der Fall *Nacht und Nebel*

Der spektakulärste und in meinen Augen skandalöseste Fall eines interessierten Eingriffs in die Filmkunst ist Alain Resnais' *Nacht und Nebel (Nuit et Brouillard)*. Resnais hatte einen Kurzfilm aus foto- und kinematographischen Dokumenten der Nazis über die Verfolgung der Juden und ihre Leiden in den Konzentrationslagern geschaffen, dem höchste künstlerische Qualität attestiert wurde. Er wollte ihn auf den Filmfestspielen von Cannes 1956 präsentieren. Das Vorhaben scheiterte daran, daß der deutsche Botschafter in Paris, von Maltzan, im Auftrag des Auswärtigen Amtes im französischen Außenministerium (Quai d'Orsay) dagegen protestierte. Er berief sich dabei auf die Festspielrichtlinien, die aussagten, daß nur solche Werke zugelassen werden könnten, die nicht das Nationalgefühl eines anderen Volkes verletzten oder das friedliche Zusammenleben der Staaten erschwerten. Daraufhin wurde *Nacht und Nebel* offiziell zurückgezogen und nur in einem Kino für experimentellen Film in Cannes gezeigt. Es versteht sich, daß es in Frankreich Proteste und Drohungen bedeutender Filmleute gab, sich aus dem Präsidium der Festspiele zurückzuziehen. Vertreter filmgewerkschaftlicher Organisationen, darunter der bekannte Filmschauspieler Bernard Blier, verlangten vom damaligen Minister für Industrie und Handel, Maurice Lemaire, Aufschluß über die Hintergründe dieses Vorgangs. Lemaire besänftigte diese Delegierten dadurch, daß er ihnen eine offizielle Aufführung von *Nacht und Nebel* am Vorabend des »nationalen Gedenktages für die Deportierten« im Festspielsaal von Cannes in Aussicht stellte.[2]

Soweit ich sehe, sind die Hintergründe der deutschen Intervention wegen des Resnais-Films noch nicht vollständig aufgeklärt. *Die Zeit* vom 19. April 1956 wußte zu berichten, daß sich, als der Einspruch erfolgte, weder der Bundesaußenminister noch der Staatssekretär in Bonn aufgehalten hätten. Sie fragte: »Sollte wieder einmal in sicherlich gut gemeinter Absicht ein ›Nur-Fachmann‹ die Sache ohne politisches Fingerspitzengefühl beurteilt haben?«[3] Ich glaube nicht. Wie wir unten sehen werden, entsprach eine derartig harte Intervention der »ganz oben« mit aller Energie verfolgten Linie. Freilich: Zum gegenwärtigen Zeitpunkt sind Recherchen, die auf Aktenstudium beruhen, nicht möglich. Laut telefonischer Auskunft eines Referenten des Politischen Archivs des Auswärtigen Amts sind die Akten der Pariser Botschaft im Jahr 1965 vernichtet worden. Und die einschlägigen Akten anderer Ministerien und Behörden, z. B. des Bundespresse- und Informationsamtes, die im Bundesarchiv in Koblenz verwahrt werden, unterliegen noch der Sperrfrist.

Der »Interministerielle Bürgschaftsausschuß für die deutsche Filmproduktion« und der »Interministerielle Prüfungsausschuß für Ost/West-Filmfragen«

Bei Nachforschungen über politisch motivierte Interventionen ins deutsche Filmgeschäft stößt man auf die Tätigkeit des »Interministeriellen Bürgschaftsausschusses«. In der Literatur wird bisweilen der Eindruck erweckt, als habe es sich dabei um eine politische Kontrollinstanz gehandelt.[4] Eine Durchsicht der Akten dieses Ausschusses aus der Zeit zwischen September 1951 und August 1955, die im Bundesarchiv zu Koblenz verwahrt werden, zeigt jedoch, daß es bei den Beratungen über die Förderungswürdigkeit von

Projekten bundesrepublikanischer Filmproduzenten in erster Linie um Gewinnchancen und Gagenhöhen ging. Politische Gesichtspunkte spielten nur eine geringe Rolle. Schlugen sie aber durch, so zeigten sich freilich die alten ideologischen Orientierungsmuster. Auf der 40. Sitzung vom 1. August 1952 sah man in der Regieführung Veit Harlans (des berüchtigten Regisseurs des antisemitischen Films *Jud Süß* aus der Nazizeit) bei dem Film *Hanna Ammon* ausdrücklich keinen Hinderungsgrund, den Produzenten von einer Bürgschaft auszuschließen.[5] Die Eignung eines von der DEFA (des Filmunternehmens der DDR) in den Westen übergewechselten Regisseurs solle vom Amt für Verfassungsschutz geklärt werden (49. Sitzung vom 1. April 1953). Es handelte sich dabei aber nicht um das in der Literatur erwähnte Filmprojekt *Gift im Zoo* Wolfgang Staudtes, dem eine Ausfallbürgschaft verweigert werden sollte.[6]

Im Falle des Filmprojektes *Dawai-Dawai* hat der Interministerielle Bürgschaftsausschuß politische Bedenken ins Spiel gebracht, die zu Recht bestanden haben. Die Plenny-Filmproduktion oHG in München beantragte eine Ausfallbürgschaft für ein Projekt dieses Titels, durch welches das Schicksal der deutschen Kriegsgefangenen in der Sowjetunion in Form eines Dokumentarfilmes dargestellt werden sollte. Das Projekt erfuhr massive Unterstützung durch den »Verband der Heimkehrer, Kriegsgefangenen und Vermißten Deutschlands«, das Vertriebenenministerium sowie durch den Bundesfilmbeauftragten und Vorsitzenden des »Bundestagsausschusses für Fragen der Presse, des Rundfunkes und des Films«, den CDU-Bundestagsabgeordneten Dr. Rudolf Vogel. Auch der Vertreter des Innenministeriums bezeichnete den Stoff als »gut«. Widerstand kam vor allem von dem Vertreter des Bundeswirtschaftsministeriums. Sein Haupteinwand war zwar der, daß der Film sein Geld nicht einspielen werde. Er wies zudem auf die Unseriosität des Produzenten hin, bezeichnete den Film als politisch nicht tragbar und warnte vor politischen Komplikationen. Diese Bedenken wurden vom Auswärtigen Amt geteilt. Da der Produzent und seine politischen Freunde nicht locker ließen, zogen sich die Auseinandersetzungen um die Förderung von *Dawai-Dawai* fast über ein Jahr hin. Das Filmprojekt konnte offenbar nicht realisiert werden.[7]

In der Literatur wird behauptet, Harald Brauns Film über die Pazifistin Bertha von Suttner, *Herz der Welt,* aus dem Jahre 1952 sei wegen seiner pazifistischen Tendenzen eine Ausfallbürgschaft verweigert worden. Diese Aussage ist jedoch falsch. Der Film ist mit bayerischer Landesbürgschaft hergestellt worden.[8]

Der Film *Herz der Welt* wurde auch in der DDR gezeigt. Er wurde dort mit einem Prolog versehen, der von dem bedeutenden Schauspieler Eduard von Winterstein gesprochen wurde. Darin hieß es, daß der Bonner Regierung dieser humanistische Film unerwünscht sei, denn sie unternehme alles, der Öffentlichkeit diesen Film vorzuenthalten. Ja, sie versuche, das Andenken der großen Kämpferin Bertha von Suttner auszulöschen. Der Platz in Bonn, der den Namen dieser edlen Frau trage, solle zur Verherrlichung des Kalten Krieges umbenannt werden. »Und das zur selben Zeit, da die Regierung der Deutschen Demokratischen Republik die letzte Ruhestätte Bertha von Suttners auf dem Friedhof in Gotha, die von amerikanischen Bomben zerstört wurde, wiederherstellen läßt.«[9] Es handelte sich hier ganz offensichtlich um eine gezielte Propaganda-Desinformation im Kalten Krieg. Dieser Platz wurde als Ost-West-Achse inmitten der völlig zerstörten Altstadt neu angelegt. Der Beschluß zu seiner Benennung erfolgte im Sommer 1949, »und zwar als Friedensmahnung in dem Teil der Stadt, der durch den Krieg am meisten gelitten hat« (*Kölnische Rundschau* vom 11. 8. 1949). Im Juni 1951 murrte eine Gruppe von Bürgern wegen dieser Platzbezeichnung, weil sie keine Beziehung zwischen Bertha von Suttner und Bonn sahen. Weder zu der genannten Zeit noch später stand jedoch eine offizielle Umbenennung des Platzes zur Debatte.[10]

Harald Braun teilte übrigens von Winterstein in einem freundlich gehaltenen Brief vom 1. Juli 1954 mit, daß sein Film mit Hilfe staatlicher Bürgschaften hergestellt worden und auf der Berlinale 1953 mit dem offiziellen Regierungspreis für gesinnungsbildende Filme ausgezeichnet worden sei. Winterstein möge dies bitte den »betreffenden Stellen« in der DDR mitteilen. Dieser Vorgang führte dazu, daß der Interministerielle Prüfungsausschuß für Ost/West-Filmfragen anregte, in alle Verträge mit der DDR solle der Passus aufgenommen werden, ein Film dürfe nur ohne sinnverändernde und sinnentstellende Zusätze dort aufgeführt werden.[11]

Dieser Interministerielle Prüfungsausschuß, dessen Tätigkeit nunmehr behandelt werden soll, erwies sich als harter Kämpfer gegen das Eindringen der Sowjetideologie in der Bundesrepublik. Ein Film wie *Ernst Thälmann – Sohn seiner Klasse* hatte überhaupt keine Chance, eine Einfuhrgenehmigung zu bekommen (das Institut für Publizistik der Freien Universität in Berlin durfte ihn einmal vor einem »geschlossenen und wissenschaftlichen« Teilnehmerkreis und mit der Zusage, ihn sofort wieder auszuführen, zeigen). Jahrelang konnte die in jeder Hinsicht vorzügliche DEFA-Verfilmung des Romans *Der Untertan* von Heinrich Mann durch

Wolfgang Staudte nur in studentischen Filmclubs vorgeführt werden. Erst nach einer Umarbeitung gelangte er im April 1957 in die westdeutschen Kinos.[12]

Auch bei Kulturfilmen war die Genehmigungspraxis äußerst restriktiv. Ein Film über die *Wartburg* mußte mit einem neuen Kommentar versehen werden, aus einem Ballettfilm mußte die Szene *Flammen von Paris* entfernt werden. Da sich bei der Diskussion eines Films über die *Dresdner Philharmoniker* die Vertreter des Ministeriums für Gesamtdeutsche Fragen des Innenministeriums und des Auswärtigen Amtes der Stimme enthielten, konnte der auf den »Mannheimer Kultur- und Dokumentarfilmwochen 1955« gezeigte Film zur »weiteren Auswertung nicht zugelassen werden«. Dies Urteil traf auch einen Film über Beethoven, weil er darin zu einem Vorkämpfer des Kommunismus stilisiert werde.[13]

Filmliebhaber, vor allem unter Studenten, auch gewitzte Altkommunisten, entwickelten die Technik, verbotene Filme in Filmclubs, geschlossenen Gesellschaften usw. vorzuführen. Dem mußte ein Riegel vorgeschoben werden. Auf Antrag des Ministerialrats Lüders im Bundesinnenministerium faßte der Ausschuß folgenden Beschluß:

> Der Interministerielle Ausschuß für Ost/West-Filmfragen beobachtet mit Besorgnis, daß auf scheinbar legalen und auch offen illegalen Wegen in zunehmendem Maße Filmkopien aus der sowjetischen Besatzungszone und den Ostblockstaaten in das Bundesgebiet eingeführt werden, die in offenen und geschlossenen Veranstaltungen breiten Kreisen der Bevölkerung zugänglich gemacht werden. Das geltende Devisenstrafrecht und die recht unübersichtlichen Strafbestimmungen reichen nicht aus, um diesem gefährlichen Mißstand zu begegnen. Der Ausschuß empfiehlt daher den zuständigen Ressorts der Bundesregierung, unverzüglich Maßnahmen zu treffen, die a) eine wirksame Kontrolle dieser Einfuhren gewährleisten, b) eine schnellere und schärfere strafrechtliche Verfolgung ermöglichen.[14]

Diese intransigente Haltung nahm der Ausschuß auch in der Frage der Zusammenarbeit zwischen Filmschaffenden in der Bundesrepublik und der DDR ein. Die DEFA bat in einem Schreiben vom 5. 4. 1955 an das Bundesministerium für Wirtschaft um Genehmigung zu Dreharbeiten eines DEFA-Teams zwecks Herstellung eines Kulturfilms über *Berühmte Orgeln,* dessen Drehbuch von dem Hamburger Schriftsteller und Orgelbauer Hans-Henny Jahnn stammte. Diese Bitte lehnte das Bundesministerium des Innern und das Presse- und Informationsamt der Bundesregierung als »unerwünscht«, weil unkontrollierbar, ab.[15] (Wenige Monate später teilte Hans Werner Richter mit, er habe Genehmigung erhalten, in Prag, Warschau, Moskau, Bukarest und Budapest ungehindert Dokumentarfilme zu drehen.)[16] Der Filmprüfungsausschuß stand Co-Produktionen prinzipiell ablehnend gegenüber. Dabei spielte das Motiv, daß eine Mitwirkung der DEFA-Ateliers in Babelsberg bei Potsdam eine Konkurrenz für die Westberliner Filmateliers bedeuten könne, gleichfalls eine Rolle.[17]

Die Obstruktion des Ausschusses gegen Co-Produktionen fand schließlich ihren Höhepunkt in der Behandlung des Projekts, Thomas Manns *Buddenbrooks* in der Bundesrepublik und in der DDR zusammen zu verfilmen. Mann hatte testamentarisch verfügt, daß, wenn eine Verfilmung dieses Romans geplant sei, dies von beiden Staaten gemeinsam zu geschehen habe. Der Interministerielle Ausschuß empfahl aus politischen und wirtschaftlichen Gründen, von einer gemeinsamen Herstellung Abstand zu nehmen. Diese Auffassung wurde vom Bundesministerium für Gesamtdeutsche Fragen übernommen. Es teilte der Antragstellerin, der Filmaufbau GmbH in Göttingen, in einem Brief vom 13. 2. 1958 mit, daß die DEFA ein staatliches Filmunternehmen sei, mit der Aufgabe, die Weltanschauung des historischen Materialismus in der von Marx, Lenin und Stalin geprägten Form zu propagieren, die bürgerliche Ordnung zu zerstören und die Diktatur des Proletariats vorzubereiten. Das Ministerium müsse daher einer gemeinsamen Produktion des erwähnten Filmes widersprechen.[18] Es gelang den Bonner Instanzen, die angestrebte Co-Produktion zu verhindern. Der Film wurde schließlich von Alfred Weidenmann nach dem Drehbuch von Erika Mann, Harald Braun und Jacob Geis in der Bundesrepublik gedreht.[19]

Dies sind nur wenige Beispiele des kleinlichen, ideologisch bornierten und die Bürger der Bundesrepublik politisch bevormundenden Verhaltens des Interministeriellen Filmprüfungsausschusses. Selbst wenn man in Rechnung stellt, daß in der Zeit des Kalten Kriegs die Gegenseite, wie die Vorgänge um *Das Herz der Welt* zeigen, zu Propagandalügen griff, so widersprach die Tätigkeit dieses Ausschusses der Bundesregierung den Prinzipien eines freien Rechtsstaates, der der Urteilsfähigkeit seiner Bürger vertraut.

Der Fall *Bis 5 Minuten nach 12*

Am konsequentesten ging die Bundesregierung in ihrem Bemühen, einen ihr politisch mißliebigen Film zu unterdrücken, bei dem Dokumentarfilm *Bis 5 Minuten nach 12* vor. Dieser Film erhob den Anspruch, mit Hilfe von Aufnahmen aus deutschem, französischem und japanischem Wochenschaumaterial und Amateurfilmstreifen, die Hitlers Leben auf dem Obersalzberg zeigten, sowie mit Kampfzeitbildern der Nazi-Fotografen und -Filmer Heinrich Hoffmann und Leni Riefenstahl, den Weg des deutschen Volkes in die Katastrophe des Nationalsozialismus darzustellen. Der überwiegende Teil des verarbeiteten Materials war nach Kriegsende von den Amerikanern beschlagnahmt und in die Vereinigten Staaten gebracht worden, darunter auch private Filmaufnahmen, die von der Schwester der Konkubine Hitlers, Eva Braun, gedreht worden waren. In den USA hatte dieses Material bereits zur Herstellung des antideutschen Streifens *It must not happen again* oder *The Eva Braun and Hitler Story* – so lautete der Titel einer in London gezeigten Version – gedient. Der Kaufmann Helmut Mattner soll, nachdem er den Film gesehen hatte, auf die Idee gekommen sein, einen seriösen Film über die Nazizeit und deren Vorgeschichte zu drehen. Er tat sich mit dem Produzenten Wolfgang Hartwig von der Rapid Film GmbH Düsseldorf, München, zusammen: Mattner trat als Verleiher für das Ausland auf. Das Drehbuch schrieb der ehemalige Chefredakteur der Frauenzeitschrift *Für Sie,* Gerhard Grindel, der im KZ gesessen hatte, und Regie führte der frühere Marineoffizier Richard von Schenk, der sich selbst als einen »völlig unpolitischen Menschen« bezeichnete.[20]

Es versteht sich, daß unter solchen Voraussetzungen kein guter Film entstehen konnte. Mattner machte auch kein Hehl daraus, daß es ihm in erster Linie ums Geldverdienen ging. Dennoch bemühten sich Drehbuchautor und Regisseur redlich darum, einen einigermaßen objektiven Film herzustellen. Ich erinnere mich dunkel daran, diesen Film seinerzeit gesehen zu haben, und kann das fast einhellige Urteil der damaligen Filmkritik bestätigen: Eine die Naziherrschaft glorifizierende Wirkung ging von diesem Film nicht aus. Der Chefredakteur der *Jüdischen Allgemeinen,* Karl Marx, meinte, der Film warne vor Unmenschlichkeit und Intoleranz, Krieg und Führerkult.[21] Er arbeitete mit drastischen Kontrastierungen: Eva Braun unter der Dusche, ein Schnitt, dann die »Duschen« der Gaskammern. Doch all dieses war dilettantisch montiert und kommentiert und dabei auf Hitlers Person zugespitzt: die familiären Obersalzbergszenen – Eva Braun im Badeanzug und mit Hitler händchenhaltend – wirkten peinlich.

Der Kampf der Bundesregierung gegen den Film begann mit einem Eilbrief des Bundesminister des Innern vom 2. 11. 1953 an alle Bundesministerien, das Presse- und Informationsamt, das Bundespräsidialamt, das Amt für Verfassungsschutz und die Bundeszentrale für Heimatdienst. Darin wird auf den Film *Bis 5 Minuten nach 12* aufmerksam gemacht, der von der »Freiwilligen Selbstkontrolle des Films« aus politischen Gründen abgelehnt werde und, da er ins Ausland exportiert werden solle, dort vermutlich heftige Angriffe gegen die Bundesrepublik auslösen werde. Das Bundeswirtschaftsministerium möge prüfen, ob devisenrechtliche Bestimmungen Handhabe böten, das Exportgeschäft zu unterbinden. Das Bundespresseamt gab am 20. 11. bekannt, daß der Film, der wie eine Verherrlichung des Nationalsozialismus wirke, geeignet sei, dem Gedanken der Völkerverständigung Abbruch zu tun und dadurch die Bundesrepublik außenpolitisch zu schädigen. Zudem gefährde er die öffentliche Sicherheit und Ordnung.

Freilich hatte die »Freiwillige Selbstkontrolle« ihr am 20. Oktober 1953 ausgesprochenes Verbot am 5. 11. wieder aufgehoben. Deshalb stand das am 20. November, unmittelbar vor der Uraufführung von den Innenministern und -senatoren der Länder (außer Hamburg) ausgesprochene Aufführungsverbot auf rechtlich wakkeligen Beinen. Auch Bemühungen, mit devisenrechtlichen Hebeln Produzenten und Auslandsverleiher in die Knie zu zwingen, erwiesen sich als rechtlich nicht haltbar; ebensowenig der Versuch, dem Produzenten unrechtmäßiges Auswerten alten Ufa-Materials anzulasten, da dieser die Berechtigung ausdrücklich vertraglich erworben hatte. In Hamburg, wo der Film wie geplant anlief, gab es großes Interesse des Publikums, aber keine Ausschreitungen. Die Produktionsgesellschaft Tempo-Film errang einen Sieg vor dem Verwaltungsgericht in Düsseldorf. Im Verlauf des Dezembers mußten alle Bundesländer ihr Aufführungsverbot aufheben. Dies war die innenpolitische Frontbegradigung.

Hauptsächlich ging es ihr jedoch darum zu verhindern, daß *Bis 5 Minuten nach 12* im Ausland gezeigt werde. Bonn intervenierte beim Foreign Office und erfuhr dort, daß ein Verbot nur bei einem Verstoß gegen »public decency and morals«, aber nicht aus politischen Gründen in Frage komme. In Frankreich scheint man dem deutschen Ansinnen gegenüber aufgeschlossener gewesen zu sein. Mattner und Hartwig erklärten sich schließlich in einem Brief an das Bundeskanzleramt vom 22. 2. 1954 bereit, gegen eine Entschädigung auf den Auslandsvertrieb zu verzichten. Schließlich sei der Film schon an die englische Firma »Independent Film Distributors Ltd.« verkauft worden. Zunächst dachten beide an die Gewährung von Ausfallbürgschaften für künftige Filme; in dem genannten Brief gaben sie sich mit einer Entschädigung von 600 000 DM sowie der Erstattung der von der englischen Partnerfirma bereits getätigten Ausgaben zufrieden. Der Betrag sollte durch Verkauf der Auslandsrechte an die Bundesregierung oder ein von dieser zu benennendes Bankhaus aufgebracht werden. Der Staatssekretär im Bundeskanzleramt, Dr. Globke, forderte von Wirtschaftsminister Ludwig Erhard eine Kabinettsvorlage in dieser Sache. Erhard, vermutlich beraten durch seinen Staatssekretär Westrick, schlug vor, Mattner, wie dieser ursprünglich beantragt hatte, die devisenrechtliche Ausfuhrgenehmigung zu erteilen. Das Kabinett übernahm in seiner Sitzung vom 19. 3. 1954 diesen Vorschlag. Die Ausfuhrgenehmigung wurde Mattner vom Bundesminister für Wirtschaft mit Schreiben vom 12. 5. erteilt.

Diese Nachgiebigkeit brachte den Vorteil, daß das Interesse des Auslands stark absank, das sowieso, wie die Erfahrungen mit diesem und anderen Hitlerfilmen in New York und London gezeigt hatten, bald weniger den Filmen als den Auseinandersetzungen in der Bundesrepublik und den mutmaßlichen Motiven der Bundesregierung gegolten hatte.

In der Tat muß man fragen, was die Bundesregierung veranlaßt hat, derart hart vorzugehen und zu unrechtmäßigen Verboten und anderen rechtsstaatlich höchst bedenklichen Mitteln zu greifen. Die genannten Gründe der Störung von Sicherheit und Ordnung und der Verherrlichung des Nationalsozialismus waren offenbar vorgeschützt. Es war vor allem Adenauer, der das Verbot der Aufführung in der Bundesrepublik und des Exports ins Ausland mit Entschiedenheit betrieb. Er machte den Fall zu seiner eigenen Sache. Nachdem er am 14. 11. 1953 *Bis 5 Minuten nach 12* im Düsseldorfer Stern-Theater zusammen mit Innenminister Schröder und dem Staatssekretär Hallstein vom Auswärtigen Amt angesehen hatte, soll der Filmreferent im Presse- und Informationsamt, Betz, dem Produzenten gegenüber erklärt haben: »Wie, glauben Sie, wird ein junger deutscher Mann auf diesen Film reagieren, der demnächst Soldat in der Europaarmee werden soll?«[22]

Viele Indizien weisen darauf hin, daß die Furcht Adenauers, der Film könne im Innern den Wehrwillen schwächen und im Ausland antideutsche Gefühle erregen (die wiederum die Bereitschaft ausländischer Regierungen hätten herabmindern, die Politik der

Europäischen Verteidigungsgemeinschaft [EVG] parlamentarisch durchzusetzen, oder, anders ausgedrückt, die dortigen oppositionellen Kräfte gegen die EVG stärken können), ausschlaggebend für sein Verhalten gewesen ist. *Bis 5 Minuten nach 12* ist während seiner Produktion unter dem Einfluß der »Freiwilligen Selbstkontrolle« und von Bonner Instanzen mehrfach geändert worden. Nach einem Pariser Pressebericht soll das Amt Blank (so hieß das künftige Verteidigungsministerium) eingewandt haben, der Film zeige zu viele Soldatenfriedhöfe und zu viele Wehrmachtsgeneräle zusammen mit Hitler.[23] *Le Monde* berichtete über die Stimmung deutscher Filmbesucher: »Im allgemeinen glaubt man, daß dieser Film nicht verboten wurde, weil er den Nazismus wiedererwecken könnte, sondern ganz einfach deshalb, weil seine antimilitaristische Haltung einer Epoche entgegensteht, in der die Bonner Regierung die deutsche öffentliche Meinung für den Gedanken der Wiederbewaffnung gewinnen will.«[24] Der *Neue Vorwärts* und der Pressedienst der SPD präzisierten diese Vermutung: Vor dem geistigen Auge des Beschauers stünden neben den Bataillonen Hitlers schon die Divisionen der EVG.[25] Auf die politischen Motive der oppositionellen Kräfte gegen die EVG weist die Sonderinformation der »Internationalen diplomatischen Information« vom 8. 12. 1953 hin. Französische und englische Sozialisten sähen in *Bis 5 Minuten nach 12* ein Propagandamittel gegen die deutsche Aufrüstung und die EVG.[26]

Nachdem die Bundesrepublik im Innern diesen erfreulichen wirtschaftlichen Aufschwung genommen und im Ausland einiges Ansehen wiedererlangt hat – ja nicht in der jüngsten Vergangenheit wühlen und Dinge ans Tageslicht zerren, die diesen Erfolg wieder zunichte machen und verhindern könnten, daß die Bundesrepublik auch militärisch ins Westbündnis eingegliedert wird: dies ist der Grundgedanke, der Adenauer und das intelligente konservative Lager gegen *Bis 5 Minuten nach 12* Sturm laufen ließ. Er erklärt übrigens auch die Intervention der Bundesregierung gegen Alain Resnais' Film *Nacht und Nebel*. Diese Haltung kann vielfach belegt werden. Die Auslandsfilmverleih-Firma »Transocean-Film«, möglicherweise von der Bundesregierung beeinflußt, schrieb an die »Export-Union der deutschen Filmindustrie« am 20. 11. 1953: Was zwinge dazu, das Thema der Hitlerzeit noch einmal aufzurollen und die Erinnerung an diese wenig ruhmreiche Epoche noch einmal wachzurufen? Die deutsche Bevölkerung sei jetzt genügend aufgeklärt. Im Ausland werde dieser Film den deutschen Interessen schaden. Die Firma könne den Auslandsverleih nicht übernehmen.[27] Oder kürzer in einer dpa-Meldung: Muß man ständig »im Komposthaufen der tausend Jahre« wühlen?[28] Rechtskonservative Autoren wie H. G. von Studnitz schrieben diese in ihren Augen gefährliche Neigung zur historischen Selbsterforschung einem Übermaß an »re-education« zu. Die Autoren hätten »ihre Re-education-Fibel bis auf das letzte i-Tüpfelchen« beherrscht. Der Film müsse verboten werden.[29]

Im Kampf um die Wiederbewaffnung konnte man Adenauer vielleicht die Legitimität, aber sicher nicht das Recht absprechen, als frei gewählter deutscher Bundeskanzler die von ihm für richtig befundene Politik mit allen ihm zur Verfügung stehenden rechtmäßigen Machtmitteln durchzusetzen. Doch seine Annahme, das Verdrängen der jüngsten deutschen Vergangenheit durch Behinderung der Darstellung von Naziverbrechen in den Medien könne seiner Politik nützen, war falsch. Daß er von derartigen Versuchen nicht abließ (und die Vergangenheit auch dadurch verdrängen wollte, daß er Nazis und deren Helfershelfer wieder in Amt und Würden brachte), wirft auf seine Regierungszeit ein trübes Licht. Viele kritisch denkende Menschen, die sich an den Idealen der bürgerlichen Freiheitsbewegung und des demokratischen Sozialismus orientierten, sind damals an den politischen Verhältnissen des neuen deutschen Staatswesens irre geworden. Bemühten sich die rechtskonservativen Kreise von damals um eine Verdrängung der Naziverbrechen, so bemühen sich die heutigen um deren Relativierung: Sie seien im Prinzip auch nicht schlimmer als die Völkermorde anderer Staaten. Derartige Anstrengungen sind jedoch in der Bundesrepublik auf entschiedenen Widerstand gestoßen: im Ausland steht man ihnen verständnislos gegenüber.[30] Die Deutschen dürfen die Schande ihrer Vergangenheit weder vergessen, verdrängen noch relativieren: das sind sie sich selbst und ihren Opfern schuldig.

Nachbemerkung: Dieser Aufsatz hätte nicht geschrieben werden können ohne die tatkräftige Mithilfe meiner Mitarbeiter, Frau Petra Meyer-Niehaus und Herrn Volker Schulte.

Anmerkungen

1 In dem Werbeprospekt von »United Artists« heißt es: »Hierzulande wurde der Film bei seinem Kino-Einsatz gekürzt und grob verfälscht: U. a. eliminierte man die Figur des Strasser vollständig und machte aus dem Nazi-Gegner Laszlo in der Synchronisation einen gehetzten Erfin-

der obskurer ›Delta-Strahlen‹. Erst das Deutsche Fernsehen (ARD) machte den Film bei uns in einer integralen Fassung bekannt.«

2 Vgl. dazu die Berichterstattung in *Die Zeit* vom 19. 4. 1956 und 10. 5. 1956 sowie in *Le Monde* vom 13., 15., 16., 17., 18. 4. 1956. Eine Inhaltsangabe von »Nacht und Nebel« findet sich in *Filmkritik*, Jg.1 (1957). H.1.

3 *Die Zeit*, a. a. O.

4 KREIMEIER, Klaus: *Kino und Filmindustrie in der BRD. Ideologieproduktion und Klassenwirklichkeit nach 1945*. Kronberg Ts.: Scriptor, S. 189; GEISSLER, Dieter: *Filmzensur im Nachkriegsdeutschland*. Diss. Phil Osnabrück. Göttingen 1986. S. 74–80. Am »Interministeriellen Bürgschaftsausschuß« war das Bundesministerium für Wirtschaft federführend und das Presse- und Informationsamt, das Innen- und Justizministerium, das Auswärtige Amt und das Ministerium für Gesamtdeutsche Fragen mitberatend beteiligt.

5 Bundesarchiv Koblenz (BA), Akten B 102/22641.

6 Vgl. GEISSLER, a. a. O., S. 78.

7 »Plenny-Filmproduktion« ist übrigens eine treffende Bezeichnung – »plenny« ist ein russisches Wort für »Kriegsgefangener«. – Zu den Vorgängen vgl. BA B102/22641 f., 25. bis 40. Sitzung (Dezember 1951–Oktober 1952).

8 Vgl. KREIMEIER, a. a. O. S. 189; GEISSLER, a. a. O. S. 78. Über die bayrische Landesbürgschaft vgl. BA B106/381, Brief der »Neuen Filmgesellschaft« vom 4. Oktober 1954.

9 Der Text dieses Vorgangs findet sich in BA B102/34486.

10 Auskunft von Dr. SCHLOSSMACHER, Stadtarchiv und Wiss. Bibliothek der Stadt Bonn, vom 7. 2. 1989 an den Verfasser. Die Propagandalüge der DEFA könnte damit zusammenhängen, daß im Juni 1956 der sich an den Bertha-von-Suttner-Platz anschließenden, bisher namenlosen Brückenauffahrt die Bezeichnung »Berliner Freiheit« gegeben wurde.

11 BA B102/34486. Protokoll der Sitzung vom 21. 12. 1954. Der Brief von Harald BRAUN findet sich in BA B106/381.

12 BA B102/34486, Kurzprotokoll der Sitzungen vom 22. 9., 9. 11. 1954, 18. 4. 1954.

13 BA B102/34486, Kurzprotokoll der Sitzungen vom 22. 9., 9. 11. 1954; 11. 5. 1955; 28. 1. 1957.

14 BA B102/34486, Protokoll der Sitzung vom 9. 12. 1955.

15 Brief der DEFA und die Stellungnahme der Bonner Instanzen finden sich in BA 102/34486.

16 Brief von Klaus HELLER an die »Universum-Film AG«, Düsseldorf, vom 11. 7. 1955, in BA B102/34486.

17 BA B102/34486; Kurzprotokoll der Sitzung vom 20. 11. 1954.

18 BA B102/34487, Kurzprotokoll der Sitzung vom 28. 1. 1957; Brief des Bundesministerium für Gesamtdeutsche Fragen vom 13. 2. 1958, Az. I 4-651-6-0128/58 an die »Film-Aufbau GmbH in Göttingen«, BA B106/894.

19 Vgl. *»Film-Kritik«*, Jg. 3 (1959), S. 318 f.; Jg. 4 (1960), S. 5.

20 Sämtliche Belege für diese Ausführungen finden sich in den Akten des Bundesarchivs BA B102/6662, H.1 und 2 sowie B145/46; alle Schriftstücke nicht foliiert.

21 Meldung der ADN Nr. 33 vom 27. 11. 1953 und vom 29. 11. 1953, in BA B145/46.
22 Vgl. ADN-Meldung Nr. 33 vom 27. 11. 1953 sowie *Die Welt* vom 8. 12. 1953, in BA B145/46.
23 Paris Presse vom 26. 11. 1953, zit. nach einer Übersetzung für den Dienstgebrauch in BA B145/46.
24 *Le Monde* vom 9. 12. 1953, zitiert nach einer Übersetzung für den Dienstgebrauch in BA B102/6662, H.1.
25 In BA B102/6662, H.2.
26 In BA B145/46. Die »Internationale Diplomatische Information« wurde von Klaus Frh. von MÜHLEN herausgegeben.
27 In BA B102/6662.
28 *Frankfurter Allgemeine Zeitung* vom 25. November 1953, in BA B102/6662, H.2.
29 Vgl. *Niederdeutsche Zeitung* vom 16. 12. 1953, in BA B145/46.
30 Vgl. *Historikerstreit. Die Dokumentation der Kontroverse um die Einzigartigkeit der nationalsozialistischen Judenvernichtung. Texte von Rudolf Augstein u. a.* München/Zürich: Piper 1987.

HORST UEBERHORST

Der »Historikerstreit« und das Kontinuitätsproblem in der deutschen Sportgeschichte

1

Die Entscheidung der Bundesregierung, der Stadt Berlin anläßlich ihrer 750-Jahrfeier (1987) ein historisches Museum zu schenken, war der äußere Anlaß für eine harte Auseinandersetzung unter deutschen Historikern. Da diese Kontroverse aber über die allgemeine Frage nach dem Nutzen und Nachteil der Historie für das Leben weit hinausging und an die geistigen Wurzeln unseres demokratischen Gemeinwesens rührte, liegen die Ursachen hierfür tiefer. Denn man befürchtete hinsichtlich der Aufgabe des Museums, daß diese vornehmlich einer Identitätsfindung und nationalpolitischen Sinnstiftung dienen und damit auch die deutsche Frage offenhalten sollte. Dann aber würden, so wurde argumentiert, die dunkelsten Ereignisse der deutschen Geschichte, die NS-Verbrechen, die sich dem Nexus von Kontinuität und Wandel entziehen, relativiert, nicht mehr in ihrer Singularität begriffen, sondern ihnen ihre Schrecklichkeit genommen, sie nicht mehr als ständige Mahnung verstanden, sondern als ein anderen Massenmorden in unserer Zeit vergleichbares Phänomen gesehen und gewertet.

Das Museums-Vorhaben war erstmals bei der Regierungserklärung von Bundeskanzler Helmut Kohl am 12. 10. 1982 wie folgt angesprochen worden:

Unsere Republik, die Bundesrepublik Deutschland, entstand im Schatten der Katastrophe. Sie hat inzwischen ihre eigene Geschichte. Wir wollen darauf hinwirken, daß möglichst bald in Bonn eine Sammlung deutscher Geschichte seit 1945 entsteht, gewidmet der Geschichte unseres Staates und der geteilten Nation.

Während unabhängige Sachverständige hierfür ein Gutachten erstellten, wurden gleichzeitig Pläne eines Museums für deutsche Geschichte in Berlin erarbeitet. Das Haus der Geschichte der Bundesrepublik Deutschland in Bonn soll sich vor allem an junge Menschen wenden, die die Anfangszeit des westdeutschen Staates nicht miterlebt haben, und an die zahlreichen in- und ausländischen Besucher der Bundeshauptstadt; das Deutsche Historische Museum in Berlin, das am 12. Dezember 1986 einen Wissenschaftlichen Beirat konstituiert hat, soll in Zusammenarbeit mit anderen bestehenden Institutionen demgegenüber einen problemorientierten Überblick über die gesamte deutsche Geschichte geben, Themenschwerpunkte setzen und Sonderausstellungen konzipieren.

Da die Pläne der Bundesregierung zur Errichtung zweier historischer Museen zwar den Anstoß zu der Auseinandersetzung gaben, diese aber sowohl von Historikern als auch Sozialwissenschaftlern, Philosophen und Publizisten geführt wurde und in Leserbriefen eine breite öffentliche Resonanz fand, wurden mehrere unterschiedliche Themenkomplexe abgehandelt und inhaltlich diskutiert, so daß sich der Streit schließlich auf die generelle Frage nach der Standortbestimmung der Bundesrepublik im fünften Nachkriegsjahrzehnt ausweitete.[1] Er begann mit einem »Angriff« des Sozialphilosophen Jürgen Habermas auf die Historiker Michael Stürmer, Ernst Nolte, Klaus Hildebrand und Andreas Hillgruber, denen er apologetischen Tendenzen in der deutschen Zeitgeschichtsschreibung vorwarf. Diese Historiker seien, so Habermas, Exponenten einer ›revisionistischen‹ Geschichtsschreibung, bei denen es Anzeichen für eine neue Sorglosigkeit im Umgang mit der braunen Vergangenheit gäbe. Somit würden sie das bestehende Geschichtsbild über das Dritte Reich in Frage stellen. Insbesondere wurde Ernst Nolte vorgeworfen, unterschwellig einen Kausalzusammenhang zwischen dem Archipel Gulag und Auschwitz hergestellt und damit die Tötungsmaschinerie des NS-Staates, letzte Konsequenz des Rassenwahns, relativiert, der ideologisch fixierten Massenvernichtung die Singularität und Unvergleichbarkeit genommen und abgesprochen zu haben.[2] Da Habermas glaubte, bei den vier Historikern allgemein eine starke geistige Affinität zur Wende-Regierung zu erkennen, erhielt die Kontroverse solche Schärfe, daß sie zu einem Politikum wurde.

Doch abgesehen von dieser neuen Dimension, war die Auseinandersetzung auch ein Richtungsstreit, bei dem es um die Positionen der Historischen Sozialwissenschaft und die der Politischen Geschichte ging. Die zwei unterschiedlichen Richtungen, die intentionalistische und die funktionalistische, manifestieren sich auch in voneinander abweichenden Forschungsfragen und Forschungskonzeptionen. So sieht Hillgruber als Exponent der ›Politischen Geschichte‹ die Entwicklung im 19. und 20. Jahrhundert vornehmlich von politisch handelnden Persönlichkeiten bestimmt und von den offiziellen Beziehungen der Staaten untereinander. Demnach seien die stärksten Motivationen für politische Aktivitäten Macht- und Wirtschaftsinteressen und ideologische Faktoren. Bei der Erforschung dieser Zusammenhänge wird die klassische hermeneutisch-quellenkritische Analyse bevorzugt, insbesondere mit Rückgriff auf diplomatische Akten, die politische Entscheidungen auf Regierungsebene dokumentieren. Zwar wird auch hier ein enger Zusammenhang zwischen Politischer Geschichte und Sozial- und Strukturgeschichte gesehen, doch die Eigenständigkeit der ersteren nachdrücklich betont. Demgegenüber bemühen sich die Sozialhistoriker um eine Abgrenzung der Historischen Sozialwissenschaft von der Politischen Geschichte bei Anwendung sozialwissenschaftlicher Theorien und Methoden, untersuchen gesellschaftliche Strukturen unter Einbeziehung politischer Faktoren. Für diese Betrachtungsweise stehen die »Verhältnisse« und »Zustände«, die überindividuellen Entwicklungen und Prozesse, weniger die einzelnen Ereignisse und Personen im Vordergrund. Sie lenkt den Blick eher auf die Bedingungen, Spielräume und Möglichkeiten als auf die menschlichen Handlungen selber, sie beleuchtet eher Kollektivphänomene als Individualitäten, sie macht Wirklichkeitsbereiche und Phänomene zum Gegenstand der Forschung, die eher durch Beschreibung und Erklärung als durch hermeneutisch-individualisierendes Sinnverstehen zu erschließen sind. Schließlich zielt diese Betrachtungsweise auch auf die Erfassung übergreifender Zusammenhänge, das heißt »auf den gesamtgeschichtlichen Prozeß in seinem synchronen, wohl aber auch in seinem diachronen Zusammenhang.«[3] Primär aber beschäftigt sich die Sozialgeschichte mit Lebensverhältnissen und Lebensbedingungen bestimmter gesellschaftlicher Gruppen.

Die gegenseitige Kritik der Historiker wandte sich im Verlauf der Streitigkeiten gegen die jeweils angewandte Konzeption und Betrachtungsweise: die einen kritisieren die Nicht-Anwendung traditioneller Methoden, die anderen dagegen die Ausblendung sozialwissenschaftlicher Fragestellungen und damit bestimmter Erkenntnismöglichkeiten. Historische Entwicklungen seien nicht allein auf Intentionen handelnder Personen zurückzuführen, so die einen; Besonderheiten der Geschichte seien mit verallgemeinernden sozialwissenschaftlichen Modellen nicht zu erklären, so die anderen. Hinweise auf breites Datenmaterial hier, Vorwürfe lükkenhaften Quellenmaterials dort und die anhaltende Kontroverse um die Frage, auf welche Weise historische Entwicklungen zu interpretieren seien, führten zur Verhärtung und weiterer Distanzierung der unterschiedlichen wissenschaftlichen Positionen.

Die Habermas-Kritik wendet sich, wie erwähnt, hauptsächlich gegen Nolte und Hillgruber. Nolte präferiert die Methode des historischen Vergleichs, unter Einbeziehung entwicklungsgeschichtlicher Ursachen, die strukturgeschichtlich nicht zu erfassen seien. So sei die Russische Revolution eine »wichtige Vorbedingung« für das Aufkommen des Nationalsozialismus und die Hitlersche Judenvernichtung eine Reaktion auf die »Kulakenvernichtung« während der Russischen Revolution. Dies wiederum veranlaßte Habermas zu dem Vorwurf, Nolte habe durch diesen Vergleich die »Singularität« der NS-Verbrechen in Frage gestellt.[4]

Bei näherer Betrachtung der Kontroverse zeigt sich, daß die intentionalistische und die funktionalistische Richtung konstitutiv sind für die Politische Geschichte einerseits und die Historische Sozialwissenschaft andererseits und deren Beurteilungskriterien. Damit sind sie auch von grundlegender Bedeutung für die unterschiedliche Charakterisierung des NS-Herrschaftssystems. Insbesondere zeigt sich dies in der Beurteilung des Expansionsstrebens, der Rassenpolitik und der Führungsqualitäten Hitlers. Während die Intentionalisten diese hoch einschätzen und bekunden, daß Hitlers Zielvorstellungen und Entscheidungen sowohl für die Außen- als auch für die Rassenpolitik bestimmend gewesen seien, schwächen die Funkitionalisten die Führungsfähigkeiten Hitlers deutlich ab und messen den gesellschaftlichen Strukturen, vornehmlich den sozialen und wirtschaftlichen Verhältnissen innerhalb des Herrschaftssystems, entscheidende Bedeutung bei. So beruhe das Expansionsstreben vor allem auf Interessen der Wirtschaft und sei die Radikalisierung der Rassenpolitik auf den Abbau moralischer und rechtlicher Schranken im NS-System zurückzuführen. Die Vertreter beider Richtungen stimmen aber darin überein, daß der NS-Staat nicht auf einem perfekt organisierten System aufgebaut gewesen sei, sondern auch von Desorganisation und Destabilisation gekennzeichnet. Während allerdings Hildebrand argumentiert, Hitler habe die Desorganisation bewußt als Herrschaftsmittel genutzt, seine Entscheidungen seien planmäßig und mit »innerer Rationalität«[5] getroffen worden, so daß er für die konsequent verfolgte Expansions- und Rassenpolitik die volle Verantwortung trage, stellt Hans Mommsen als Funktionalist die Führungsqualitäten Hitlers in Frage.[6] Hitler habe sich frühzeitig von wichtiger Regierungsarbeit zurückgezogen und auf Stimmungsänderungen sehr sensibel reagiert.[7] Mommsen meint sogar, daß massive Proteste der christlichen Kirchen die Rassenpolitik in engen Grenzen gehalten hätten.[8] Zusammengefaßt läßt sich konstatieren, daß eine primär personen- und programmbezogene Interpretation, eine Zentrierung auf die Person Hitlers die Phänomene des Dritten Reiches nicht plausibel erklären könne und jene gesellschaftlichen Faktoren ausblende, durch die die Radikalisierung erst möglich geworden sei.

Demgegenüber bezweifeln die Intentionalisten, hier Hillgruber[9] und Hildebrand[10], daß z. B. die Außenpolitik strukturgeschichtlich überhaupt zu erfassen sei; ja, die »großen Entscheidungen«, wie der Angriffsbefehl auf Polen, der den Zweiten Weltkrieg auslöste, und die »Wannseekonferenz« als instrumental für die Judenvernichtung, müßten bei einer strukturgeschichtlichen Betrachtungsweise weitgehend an Bedeutung und Gewichtigkeit verlieren.

Eine Zuspitzung hat der Historikerstreit dann noch mit der Veröffentlichung von Andreas Hillgrubers Buch *Zweierlei Untergang* erfahren, in dem in zwei Essays, »Der Zusammenbruch im Osten 1944/45 als Problem der deutschen Nationalgeschichte« und »Der geschichtliche Ort der Judenvernichtung«, beide »Katastrophen« als zusammengehörig bewertet werden, obwohl sie nach Vorgeschichte und Verantwortung sehr verschieden zu beurteilen sind.[11] Die Vertreibung der Deutschen aus dem Osten und die »Zerschlagung des Deutschen Reiches« seien eine Konsequenz langfristiger Ziele der Kriegsgegner gewesen und daher nur z. T. als Antwort auf die NS-Verbrechen zu verstehen.[12] Habermas kritisierte an dieser These, daß Hitler von Hillgruber damit für die Konsequenzen der Rassenpolitik allein verantwortlich gemacht werde und die Haltung der deutschen Bevölkerung gegenüber der Rassenpolitik unberücksichtigt bliebe. Auch vermisse er bei Hillgrubers außenpolitischer Bewertung – Vertreibung der Deutschen aus den Ostgebieten und Zerschlagung des Reiches – die Berücksichtigung konservativer Machtstrukturen in den ehemaligen Ostgebieten, an deren Erhalt die Westmächte nicht interessiert gewesen seien.[13]

2

Die Kontroverse, auf welche Weise die unterschiedlichen wissenschaftlichen Positionen angenähert werden können, wird wohl noch länger anhalten. Sie hat ohnehin das geistig-politische Leben in der Bundesrepublik stark sensibilisiert und das Bewußtsein für die Kriterien geschichtswissenschaftlicher Forschung geschärft.

Dies hatte sich bereits bei der weiteren Planung des Deutschen Historischen Museums, zu dem am 28. 10. 1987 im Spreebogen nahe dem Berliner Reichstagsgebäude der Grundstein gelegt wurde, dahingehend ausgewirkt, daß in Bonn mehrtägige Anhörungsverfahren mit Historikern und Repräsentanten gesellschaftlich relevanter Gruppen durchgeführt wurden, deren Vorstellungen in das Gesamtkonzept eingebunden werden sollen. Dabei wurde auch der Identitätsbegriff von den Kommissionsmitgliedern Stürmer und Kocka sinngemäß so erweitert, daß er Kontroversen und Brüche ebenso umfassen solle wie Kontinuitäten. Bei dem Bild einer keineswegs einheitlichen, sondern gebrochenen Identität prägte Kocka den Begriff der »pluralen Identität«. Neu war auch das Bekenntnis zu konkurrierenden Geschichtsbildern, zu pluralistischen Deutungskonzepten, die vor allem in Wechselausstellungen gezeigt werden sollen. Die Fragen an die deutsche Geschichte sollen bleiben, aber doch so, daß auch Antworten gesucht werden.[14]

Ähnlich hatte sich in der Regierungserklärung vom 18. 3. 1987 Bundeskanzler Kohl geäußert, als er vor dem Bundestag sagte:

> In Bonn entsteht ein Haus der Geschichte der Bundesrepublik Deutschland und in Berlin ein Deutsches Historisches Museum. Die deutsche Geschichte soll so dargestellt werden, daß sich die Bürger darin wiedererkennen – offen für kontroverse Deutungen und Diskussionen, offen für die Vielfalt geschichtlicher Betrachtungsmöglichkeiten. In einer freien Gesellschaft gibt es nach unserer Überzeugung kein geschlossenes und schon gar nicht ein amtlich verordnetes Geschichtsbild. Niemand – niemand! – hat das Recht, anderen seine Sicht und seine Deutung der Geschichte aufzudrängen.

Der Sport hatte anfangs weder bei der Konzeption des Deutschen Historischen Museums noch der des Hauses der Geschichte der Bundesrepublik Deutschland Berücksichtigung gefunden. Erst über die Beteiligung des DSB-Vertreters am Anhörungsverfahren in Bonn (17. 4. 1987) und über dessen Berufung in den Arbeitskreis gesellschaftlich relevanter Kräfte[15] wurde der Sport in das Planungskonzept aufgenommen, war doch inzwischen allen Beteiligten klar geworden, daß wesentliche Fragen, welche die Geschichtswissenschaft bewegen, sich auch in der Sportwissenschaft bzw. der Sportgeschichte wiederfinden. Im einzelnen wurden sportbezogen folgende für eine Einbindung in die beiden Museen beispielhafte Problembereiche genannt und skizziert:

1. Das von Fritz Fischer in seinem Buch *Bündnis der Eliten* an-

gesprochene Kontinuitätsproblem ist auch für den Sport relevant. So hat es, was Fischer in der Kooperation von Industrie, Militärwesen und politischer Führung von der Kaiserzeit über die Weimarer Republik bis in die Frühphase der Bundesrepublik nachweist, ebenfalls in der Geschichte und Struktur des deutschen Sports eine Kontinuität der Ideen und Personen in dieser Zeit gegeben.

2. Der Sport im Dritten Reich war ein wesentliches Element der Herrschaftsstabilisierung. Orientiert an den Prinzipien von Rasse, Führertum, Wehrhaftigkeit und ausgerichtet auf den Typus des politischen Soldaten, wurden die Leibesübungen im NS-Staat instrumentalisiert, d. h. für politische Zwecke in Anspruch genommen. Der so in Dienst genommene Sport wurde insbesondere unter dem Aspekt der Wehrerziehung zu einem wichtigen Mittel, die nationalsozialistische Gewaltherrschaft auszubauen.
3. Traditionen der Wehrerziehung wurden vom Kaiserreich (Gründung des paramilitärischen Jungdeutschlandbundes 1911) über die Weimarer Zeit (Jungstahlhelm und Reichskuratorium für Jugendertüchtigung) bis ins Dritte Reich fortgeführt. Gerade an diesem Beispiel ließen sich im Rahmen einer museumsgebundenen Ausstellung Ereignisse, Prozesse und Strukturen, die den Zerfall der Demokratie und die Vereinnahmung des Sports durch die NS-Diktatur beeinflußt und bestimmt haben, kritisch überprüfbar und rational faßbar machen. Im Kontext mit den politischen, sozialen, geistigen und moralischen Ursachen für die Zerstörung der Demokratie und dem Ausbau des totalitären Führerstaates erscheint der Sport so als wichtiges Instrument zur Manipulierung der Bevölkerung.

Das von Fritz Fischer gruppenspezifisch untersuchte Kontinuitätsproblem kann für den deutschen Sport exemplarisch an der Wirkungsgeschichte dreier Männer aufgewiesen werden, die über längere Zeit hohe Führungspositionen innehatten und Systemwechsel dabei relativ unbeschadet überdauerten: Carl Diem, Guido von Mengden und Karl Ritter von Halt.

3

Eine umfassende kritische Würdigung des Lebens und Wirkens von Carl Diem liegt noch nicht vor, obwohl 1982 aus Anlaß des 100. Geburtstages ein Carl-Diem-Colloquium stattfand und der Sporthistoriker Hajo Bernett 1987 eine breitangelegte Beurteilung des Mannes wagte, dessen Charakterbild, von der Parteien Gunst und Haß verwirrt, noch immer in der Geschichte schwankt. Bernett verweist nach seinen Recherchen im Kölner Carl-Diem-Institut darauf hin, daß Diem, als er 1948 mit der Aufzeichnung bzw. dem Diktat seiner Lebenserinnerungen begann, bewußt eine »bedingte Wahrheit« überliefert habe und »durch Zusammenfassen und Weglassen subjektiv parteiisch« ausgewählt habe.[17] Gleichwohl ist er fasziniert von der lebendigen Darstellungsweise Diems, obwohl manche Fragen, Diems Wirken im Dritten Reich betreffend, von diesem ausgeklammert worden sind. Daß Diem sich für qualifiziert hielt, 1933 nach der Machtübernahme durch die Nationalsozialisten das Amt des Reichssportführers zu übernehmen und 1943 nach dem Tode von Tschammers dessen Nachfolge als erster Mann im deutschen Sport anzutreten, zeigt ein hohes Maß an Selbsteinschätzung, aber auch ein mangelndes Gespür für das politisch Machbare und Tragbare, unbeschadet seiner eindrucksvollen Leistungen.

Der 1882 in Würzburg geborene und in Berlin aufgewachsene Carl Diem hatte sich – seinen eigenen Worten nach – zur Lebensaufgabe gemacht, möglichst viele Menschen zum Sport zu führen und sie davon zu überzeugen, daß Sport eine unverzichtbare Daseinshilfe sei und bis ins hohe Alter betrieben werden könne. Die Chance, für die Verwirklichung dieser Idee zu arbeiten, erhielt er früh durch die Übernahme verschiedener Ämter, wie das des Vorsitzenden der Deutschen Sportbehörde für Athletik von 1908 bis 1913 (Vorläufer des Deutschen Leichtathletik-Verbandes), des Generalsekretärs des Deutschen Reichsausschusses für die Olympischen Spiele, die 1916 in Berlin stattfinden sollten – der Erste Weltkrieg verhinderte dies –, insbesondere aber von 1917 bis 1933 als Generalsekretär des Deutschen Reichsausschusses für Leibesübungen (DRA). Die Initiativen dieser Dachorganisation des bürgerlichen Sports in der Weimarer Republik hat er entscheidend mitbestimmt. Zwar war der Boden für die vielfältigen Aktivitäten des DRA durch die Vorkriegszeit und durch die immer stärkere Hinwendung aller Bevölkerungsteile zu den Leibesübungen nach dem Ende des Ersten Weltkrieges vorbereitet worden, aber ohne Diems Organisationsgeschick, ohne dessen Beharrlichkeit, Überzeugungs- und Durchsetzungskraft wären die großen Fortschritte in dieser Zeit kaum erzielt worden. Im einzelnen gehören dazu die *Reichsjugendwettkämpfe,* ein leichtathletischer Dreikampf als allgemeine Wettkampfveranstaltung der Schulen und Sportvereine, das *Reichssportabzeichen* und das *Reichsjugendsportabzeichen,* eine Leistungsprüfung in mehreren sportlichen Disziplinen, nach Geschlecht und Altersgruppen gestaffelt, das *Reichsspielplatzgesetz,* das Städte, Gemeinden und Kommunalverbände verpflichtete, im Verhältnis ihrer Einwohnerzahl zur Förderung der körperlichen Erziehung und Ausbildung aller Altersklassen und beiderlei Geschlechts öffentliche Turn-, Sport- und Spielplätze einzurichten und zu unterhalten, ferner die Bemühungen um die Einführung der täglichen Turnstunde an den Schulen und die *Turnreifeprüfung,* mit der eine schwächere wissenschaftliche Leistung durch eine hervorragend turnerisch-sportliche kompensiert werden konnte.

Schließlich war Diem maßgeblich beteiligt an der Gründung der *Deutschen Hochschule für Leibesübungen* (DHfL) 1920 in Berlin, die im wesentlichen zwei Aufgaben erfüllen sollte: 1. die Ausbildung wissenschaftlich geschulter Lehrkräfte für Leibesübungen, und 2. die wissenschaftliche Erforschung des Sports.

Mit den *Deutschen Kampfspielen,* die erstmals 1922 in Berlin ausgetragen wurden, schufen der DRA und Carl Diem ein nationales Fest, einen Olympia-Ersatz, da Deutschland als ehemaliger »Feindstaat« 1920 und 1924 nicht zu den Olympischen Spielen eingeladen wurde. Als mit der Machtübernahme Hitlers 1933 der DRA aufgelöst wurde, war Diem bereits Generalsekretär des Organisationskomitees für die XI. Olympischen Spiele in Berlin 1936, die er glänzend organisierte und damit dem NS-Regime zu einem erheblichen Prestigegewinn verhalf. Schon auf dem Berliner IOC-Kongreß 1930, der auf dem Gelände des »Deutschen Sportforums« beendet wurde, hatte er den Gästen die Möglichkeit gegeben, vorhandene »olympische« Sportanlagen und Wettkampfstätten zu besichtigen; die sportliche Organisationsfähigkeit war zuvor durch die Auffahrt von 2 000 Ruderbooten auf der Grünauer Regattastrecke und Vorführungen von Sportlern der DHfL eindrucksvoll demonstriert worden. Damit waren wichtige Voraussetzungen für die Vergabe der Olympischen Spiele 1936 an Berlin geschaffen worden.

Wenn auch die Rolle Diems im Dritten Reich bis heute umstritten ist, so kann doch kein Zweifel daran bestehen, daß er die Olympischen Spiele im Sinne des NS-Regimes durchgeführt hat.

Mit seinem Festspiel »Olympische Jugend«, das am Abend des Eröffnungstages der XI. Olympischen Spiele im Olympia-Stadion aufgeführt wurde, hat er durch seine Zentrierung auf Heldenkampf und Totenklage den Spielen eine politische Dimension gegeben, die im sportlichen Wettkampf mit den im Krieg wirkenden Kräften gemäß der NS-Ideologie gleichgesetzt und damit die olympische Friedensidee ad absurdum geführt.[18] Ähnlich konzipiert war der Entwurf für das Festspiel anläßlich des »Ersten Deutschen Turn- und Sportfestes Breslau 1938«, in dem die Opfertod-Sentenz im Zentrum des 5. Bildes stand.[19]

Daß das NS-Regime in der Judenfrage die Weltöffentlichkeit täuschte, war Diem nicht verborgen geblieben, zumal die am 15. 9. 1935 erlassenen antisemitischen »Nürnberger Gesetze« eindeutig gegen die dem IOC bereits im Juni 1933 gegebene Zusicherung verstießen, deutsche Juden dürften innerhalb der deutschen Mannschaft starten. Nach 1945 hat Diem geleugnet, daß es im Zusammenhang mit den Olympischen Spielen 1936 ein Boykottbewegung gegeben habe, obwohl er wußte, daß die Entscheidung der Amerikaner für eine Teilnahme an den Spielen von Berlin denkbar knapp (2 Stimmen) ausgefallen war; ebenso behauptete er, sein Handeln habe stets dem Sport gedient und keinen politischen Bezug gehabt. Indem Diem dem Sport einen Freiraum im NS-Staat zuspricht, hat er die Wirklichkeit bewußt verzeichnet und damit auch sich von jeder Mitverantwortung freigesprochen. Wörtlich heißt es in *Ein Leben für den Sport:*

> Zusammenfassend ist zu sagen, daß sich der Sport in der Nazizeit vom politischen Verderb weitgehend immun gehalten hat, weitgehender als andere Bereiche der Kultur, daß sein Aufschwung, besonders die auffallenden Sporterfolge bei den Olympischen Spielen 1936 das Ergebnis der systematischen Arbeit in der Weimarer Zeit gewesen ist. Im Nationalsozialismus entwickelte sich, was schon im Wachsen war.[20]

In seiner *Weltgeschichte des Sports und der Leibeserziehung* (1960) behauptet er dann, daß der Grundsatz Hitlers, dem Sport seine Selbständigkeit zu belassen, tatsächlich eingehalten wurde.[21]

Doch verfolgen wir den spektakulären Weg Diems weiter. Als Direktor des Internationalen Olympischen Instituts (1938–1945) hatte er keinen politischen Einfluß, wohl aber als Leiter der Auslandsabteilung des Nationalsozialistischen Reichsbundes für Leibesübungen (1939–1945) und als Vertrauter und ständiger Reisebegleiter des Reichssportführers Hans von Tschammer und Osten. Dieser übertrug Diem 1939 die Leitung der Lingiade-Expedition nach Stockholm und die Vorbereitung einer »Europäischen Sportkonferenz« in München 1942, in der unter deutsch-italienischer Präsidentschaft ein europäischer Sportverband gegründet und Diem dessen »Verwaltungschef« werden sollte. Von Tschammer bat Hitler, sich für Diems Ernennung zum ordentlichen Professor an der Berliner Universität zu verwenden, was aber am Reichserziehungsminister scheiterte. Erstaunlich war, daß Diem, obwohl es zunächst erhebliche Widerstände von ehemaligen Arbeitersportlern gab, nach 1945 rasch wieder in Führungspositionen des westdeutschen Sports aufsteigen konnte. Außer im Präsidium des NOK und DSB wirkte er von 1949 bis 1954 noch als Sportreferent der Bundesregierung. Auch Diems internationale Anerkennung überdauerte den Zusammenbruch von 1945. So wurde er als einziger Deutscher zu den Olympischen Spielen 1948 in London als Ehrengast geladen, außerdem konnte er maßgeblich am Aufbau der Internationalen Olympischen Akademie in Griechenland mitwirken. Auch die organisatorisch-technischen Voraussetzungen für die Ausgrabung des antiken Stadions in Olympia hat er geschaffen.

Der Gründungsrektor der Deutschen Sporthochschule Köln, der zum Professor ernannt wurde und ungewöhnlich viele Ehrungen durch Vereine und Verbände sowie durch internationale Organisationen und durch die Bundesregierung (Großes Bundesverdienstkreuz mit Stern) erhielt, hat den deutschen Sport mit einer Fülle von Ideen und Schöpfungen bereichert. Da es ihm aber möglich war, relativ unbeschadet dem jeweiligen System zu dienen, stellt sich die Frage, welches die Prinzipien seines Handelns waren. Daß Diem eine starke Affinität zur nationalsozialistischen Ideenwelt hatte, auch wenn er aus familiären Gründen kein Antisemit war, haben die Recherchen von Teichler ergeben, der den »homo politicus« Diem zeichnet[22], seinen national-autoritären Konservatismus, antidemokratische Gesinnung und starke Disposition für alles Soldatische. In der Verbindung von Soldatentum und Sport wird ein Wesensmerkmal Diemschen Schaffens gesehen, wie er sich in dem Satz dokumentiert: »Uns gilt der Maßstab, wie weit er (der Sport – d. Verf.) den Mann wehrtüchtig und die Frau gebärtüchtig macht.«[23] Insbesondere während des Krieges betont er die soldatische Sinngebung der Olympischen Spiele. Neben propagandistisch wirksamen Sentenzen und Phrasen finden sich allerdings kritische Anmerkungen in seinen privaten Reisetagebüchern, die eine differenziertere Beurteilung verlangen. So zieht er z. B. folgende Bilanz des Jahres 1938:

Für Deutschland: die Einverleibung der Ostmark und des Sudetenlandes. Welch geschichtliche Stunde. Dafür die Schande der Judenverfolgung und das Abbrennen der Synagogen, Einschlagen der Fensterscheiben, Plündern von Kaufläden – alles in deutschem Namen.[24]

Schonungslos ist die Kritik an der Besatzungspolitik und der deutschen Herrschaft im Osten bereits Ende 1940.

Über das Schicksal des Vaterlandes sehr traurig. Trotz aller Größe des deutschen Volkes und der Kraft seines soldatischen Geistes kann ich mir keine Zukunft ohne Rechtssicherheit, Geistesfreiheit, Sauberkeit und Menschenwürde vorstellen. Ich glaube nicht an die ›Neue Ordnung‹, die slavische Völker zu Sklaven macht, an ein Glück, das auf dem Unglück der Juden und anderer beruht.[25]

Obwohl er die Schwächen der NS-Herrschaft sieht, zieht er daraus keine Konsequenzen, ist seine Kritik nie grundsätzlich, berührt nie die großdeutsch-hegemonialen Ziele, die Maßlosigkeit und Skrupellosigkeit Hitlers, ja er stellt sich mit seinen preußisch-militaristischen Ordnungsvorstellungen, eine Mischung von Vaterlandsliebe, Ehrgeiz und Eitelkeit, in den Dienst des Unrechtssystems.

Anläßlich einer Tagung der Führungs- und Verwaltungsakademie des deutschen Sports in Berlin über Fragen des Olympismus sagte, einleitend zu seinem Referat, am 28. 4. 1984 Reinhard Appel vom ZDF:

Erlauben Sie mir bitte ein persönliches Wort vorweg. Als mich Willi Daume einlud, hier vor Ihnen zu sprechen, wäre es normal und vernünftig gewesen, einen meiner Sportkollegen zu bitten, zu Ihnen zu kommen, da sie viel mehr Erfahrung zu dieser Thematik einbringen können. Mein Metier ist die Politik, und ich hätte eher zum Thema Sport und Politik referieren oder diskutieren können. Ich hatte aber einen sehr persönlichen Grund, die Einladung dennoch anzunehmen und zu Repräsentanten Olympias und des Sports nach Berlin zu kommen.

Ich kann nämlich nicht vergessen, daß ein großer Mann der Olympischen Idee in Deutschland vor fast genau 39 Jahren hier in Berlin – es war Anfang März 45 – auf dem Gelände des Berliner Reichssportfeldes uns damals 18jährige von der sogenannten Hitler-Division Großdeutschland unter Arthur Axmann in einer flammenden Rede, in der viel von Sparta und Opferbereitschaft vorkam, zum siegreichen Endkampf gegen die deutschen Feinde aufforderte. Gekämpft haben wir ja dann auch noch, aber siegreich konnte das im März 45 nicht mehr sein.

Als mir vergönnt war, lebend aus dem Krieg heimzukehren, und ich dann noch manches Mal etwas von Carl Diem hörte und las, kam mir immer wieder sein Kampfappell von 1945 in den Sinn.

Ich habe als Journalist bisher niemals von dieser Geschichte Gebrauch gemacht, bis der Brief Willi Daumes kam, in dem ich aufgefordert wurde, etwas zur Diskussion über die Olympische Idee beizutragen. Da konnte ich nicht widerstehen, die Chance zu nutzen, mir die Erinnerung von der Seele zu reden. Nicht anklagend, eher nachdenklich darüber, wie unzulänglich wir Menschen allesamt sind, wie vorsichtig man mit Idealen umgehen muß, welche Verantwortung man als Älterer gegenüber den Jüngeren hat, die ja gern für eine gute Sache kämpfen.[26]

4

Nach dem Zweiten Weltkrieg gelingt es auch einem anderen, ohne Einbuße an persönlicher Identität wieder in Führungsämter des deutschen Sports zu kommen: Guido von Mengden. Hier kurz sein Lebensweg und beruflicher Werdegang.

Im Jahre 1896 in Düren (Rheinland) geboren, besucht er dort das Humanistische Gymnasium, meldet sich mit Abschluß der Prima-Reife bei Kriegsausbruch 1914 freiwillig zum Militär, wird 1916 vor Verdun schwer verwundet und ist nicht mehr kriegsverwendungsfähig, studiert in Bonn Geodäsie, ist nach dem Staatsexamen eine Zeitlang als Kulturingenieur und Leiter einer vermessungstechnischen Abteilung tätig, bis er, inzwischen auch erfolgreicher Hockeyspieler, 1924 den Beruf wechselt, Sportjournalist, dann Geschäftsführer des Westdeutschen Spielverbandes und Schriftleiter des Verbandsorgans *Fußball und Leichtathletik* wird. Nach dem Eintritt in die NSDAP (1. 6. 1933) avanciert er in Berlin zum Pressewart des Deutschen Fußballbundes, bis von Tschammer ihn, auf seine weltanschaulichen Grundsatzartikel aufmerksam geworden, im April 1935 zum Pressereferenten des Deutschen Reichsbundes für Leibesübungen ernennt. Schon ein Jahr später ist er Generalreferent des Reichssportführers und leitet die in acht Abteilungen gegliederte Sportverwaltung. Er wird Mitglied des Nationalen Olympischen Komitees, entfaltet dem Ausland gegenüber eine rege Propaganda für die Olympischen Spiele 1936, bewirkt 1938, daß der Reichsbund als NS-Reichsbund für Leibesübungen eine von der Partei »betreute« Organisation wird und er im Range eines SA-Sturmbannführers zu dessen Stabsleiter ernannt wird. Während des Krieges ist von Mengden als Hauptschriftleiter von *NS-Sport* tätig, dem Organ der Reichssportführung, das an alle Fronten verschickt wird; bei Kriegsende kämpft er in einem Volkssturmbataillon, das er zuletzt befehligt. Nach Einsatz zur Trümmerbeseitigung in Berlin kehrt er 1948 nach Westdeutschland zurück, veröffentlicht hier einige Sportberichte unter dem Pseudonym »Till van Ryn« und wird dann dank der Vermittlung von Carl Diem und des Staatssekretärs im Bundesinnenministerium Ritter von Lex, ehemaliger Referent im Reichssportamt, aber nicht Parteimitglied, 1951 Geschäftsführer der Deutschen Olympischen Gesellschaft, 1961 deren Präsidialmitglied und Generalsekretär des Nationalen Olympischen Komitees und ist von 1954 bis 1963 Hauptgeschäftsführer des Deutschen Sportbundes und Präsidialmitglied des Wissenschaftlichen Beirats. Für das »Entnazifizierungsverfahren« schrieb ihm Diem ein Entlastungszeugnis, in dem er anführte, daß von Mengden, obwohl zunächst überzeugter Nationalsozialist, schließlich die »Hohlheit und Lüge (des NS-Regimes) durchschaut« habe.[27] Wenige Jahre später aber revidierte Diem sein Urteil über von Mengden, von dem er nun sagte: daß dieser »sich dem Nationalsozialismus leidenschaftlich in die Arme geworfen hatte«.[28]

Worin bestehen nun die Propaganda-Aktionen und Maßnahmen politischer Indoktrinierung, die Hajo Bernett berechtigen, in einer kritischen Studie von Mengden als »graue Eminenz« und »Generalstabschef« des deutschen Sports zu apostrophieren?[29] Vornehmlich darin, daß dieser SA-Geist und Sportgeist gleichsetzt, die Kampftruppe der NSDAP zum Modell der sportlichen Gemeinschaft erklärt und damit die demokratischen Traditionen der deutschen Turn- und Sportbewegung diskriminiert. So schreibt von Mengden 1935 unter der Überschrift »Militärischer Fußball – nun aber ernst!«: »Wir gestehen mit freudiger Genugtuung ein, daß in der Tat der nationalsozialistische SA-Geist der Einsatzbereitschaft, der Unterordnung unter ein Gemeinschaftsziel, der Männertreue und der Disziplin dem deutschen Sport einen nicht abzuleugnenden Aufschwung gegeben haben.«[30] In der offiziellen Geschichte des DRL, die von Mengden 1937 im Auftrag des Reichssportführers schreibt, ist mit der »Gleichschaltung« ab 1933 ein sportpolitisches Chaos beseitigt worden, nämlich das »Durcheinander patriotischer Parteivorstände, würdiger Präsidenten, sehr bürgerlicher Biedermänner, klassenkämpferischer Rotsportführer, ehrbar-christlicher Pfarrer, pazifistischer Trottel, fanatisch glaubender Turner und ebenso fanatisch suchender Sportler«[31], kurzum das »Elend« des bürgerlichen, konfessionellen und sozialistischen Sports. Die diffamierenden Äußerungen über den Sport in der Weimarer Republik korrespondieren mit denen in von

Mengdens Festspiel zum Deutschen Turn- und Sportfest in Breslau. Unter der Überschrift »Wir dienen der Kraft unseres Volkes« beschreibt er die letzte Szene, »Deutschlands Not und Erhebung«:

Züge von müden Frauen, verwahrlosten Kindern und Arbeitslosen ziehen mutlos durch das Feld. Gruppen von Matrosen, Hamburger Zimmerleute stehen teils unmutig und müde, teils aufgeregt diskutierend um Redner und politische Agitatoren geschart. Im Hintergrund wird zu den gedämpften Klängen einer Jazzband der sinnlose Tanzmechanismus einer Girl-Truppe sichtbar. Diese dämonische Vision, die die unheimliche Wirkung eines modernen Totentanzes ausübt, findet eine Aufhellung durch einige verstreute Turngruppen, die über den ganzen Platz verteilt sind und, für sich abgeschlossen, Leibesübungen betreiben. Nur in der Mitte des Feldes ist eine kleine Gruppe junger, gesunder Menschen, die wie ein lebendiger Protest gegen die Müdigkeit und Kraftlosigkeit sich turnerisch zu betätigen beginnen. Ihre kraftvolle Arbeit wirkt aufmunternd auf viele, die von den Zügen der müden Verzweifelten zu ihnen hinfinden, so daß sich der Kreis der sich körperlich Ertüchtigenden immer mehr weitet. Nun klingt das Lied »Volk ans Gewehr« zuerst leise, dann immer lauter auf. Das Volk wird allmählich abgedunkelt. Eine gewaltige Kolonne SA-Männer mit Fakkeln erscheint und durchkämmt gewissermaßen das vorher so verwahrloste und in so viele Haufen zerteilte Volk auf dem Rasenfeld. Nach dem Durchzug der SA blendet das Licht wieder auf. Die vordem ungeordnete Menge steht nun einheitlich ausgerichtet in einheitlicher Kleidung da und zeigt nach den Klängen der einsetzenden Musik exakte Gemeinschaftsübungen. So ist symbolisch zur Anschauung gebracht, wie durch den Lichterzug der nationalsozialistischen Bewegung auch die Leibesübungen für das ganze Volk zu einheitlichem Einsatz fähig gemacht worden sind.

Über das Mittelpodium am Uhrturm beginnt nun ein festlicher Fahneneinmarsch. Mit klingendem Spiel rückt die Wehrmacht herein. Mit einem knappen Wort wird die Verpflichtung aller auf Bund, Bewegung und Vaterland zu einem feierlichen Gelöbnis vollzogen. Zum Präsentieren der Waffen und Fahnen erklingen die Lieder der Nation. Ein Strahlendom von Scheinwerfern wölbt sich stolz über das festlich leuchtende Bild ...[32]

In einer vordergründigen Licht-Schatten-Symbolik wird, einem Totentanz vergleichbar, die morbide Welt von Weimar dem Aufbruch in ein neues Zeitalter, dem Akt der »Befreiung« durch ein wehrhaft gewordenes Volk konfrontiert. Nur der Geist deutschnationalen Turnertums blieb in der Zeit angeblicher Niedergeschlagenheit und Verzweiflung ein Hoffnungsträger. Zum Wunder hochstilisiert, wird dann der Siegesmarsch der Fackeln tragenden SA-Mannschaften, die das Volk »einigen«, während jeder Widerstand schon längst brutal gebrochen worden war. Über wehrhafte Leibesübungen wird das Volk auch auf »einheitlichen Einsatz«, das heißt auf den »Ernstfall«, vorbereitet. Mit dem Schlußbild der mit klingendem Spiel auf dem Rasen marschierenden Wehrmacht demonstriert von Mengden die unheilvolle Ausrichtung der NS-Leibesübungen auf das politische Soldaten- und Kämpfertum. Der Marsch in die Einheit, den der Deutsche Reichsbund für Leibesübungen begonnen hat, soll auch nach offizieller Version »in letzter Zielsetzung der Aufopferung für das Volk dienen«.[33] Konsequent wird dann auch, unter von Mengden als Hauptschriftleiter, das Wochenblatt *NS-Sport* zum Instrument der Kriegspropaganda.

Von Mengden sind nach Beendigung seiner zweiten Karriere in der Nachkriegszeit ebenfalls zahlreiche Ehrungen zuteil geworden. Carl Diem nennt ihn sogar einen der bedeutendsten europäischen Sportführer.[34] Doch wir müssen uns fragen: Wird nicht die Toleranzgrenze überschritten, wenn eine Person, die so schuldhaft verstrickt war in die nationale Katastrophe, später als Repräsentant einer demokratischen Sportorganisation von allem Vergangenen »entlastet« wird? Auch Nitsch vermerkt dazu:

> Es gehört sicher nicht zu den Glanzpunkten der deutschen Sportgeschichte, daß sich der bundesdeutsche Sport ohne äußere Not das Erbe des NS-Sports freiwillig aufbürdete und im Jahre 1954 mit Guido von Mengden einen weiteren Funktionsträger des NS-Sports in eine einflußreiche Position des bundesdeutschen Sports holte.[35]

5

Die steile sportpolitische Karriere Dr. Karl Ritter von Halts begann, als er 38jährig, als Nachfolger Dr. Oskar Rupertis, 1929 in das IOC aufgenommen wurde. Zu der Zeit war der erfolgreiche Zehnkämpfer (von 1911 bis 1921 fünfmal Deutscher Meister) und Olympiateilnehmer in Stockholm 1912 – befreundet mit den beiden späteren IOC-Präsidenten Siegfried Edström (Schweden) und Avery Brundage (USA) – bereits Verbandspräsident der deutschen Leichtathleten und hatte mit einer hohen bayerischen Tapferkeitsauszeichnung, dem Max-Joseph-Orden, auch den persönlichen Adelstitel erhalten. Seine militärische Leistung im Ersten Weltkrieg ist in die Bayerische Kriegsgeschichte eingegangen. Gemeinsam mit Diem und Lewald betrieb er erfolgreich die Bewerbung Berlins um die Vergabe der Olympischen Sommerspiele 1936 und wurde, als die Olympischen Winterspiele auf der 31. IOC-Sitzung (7.–11. 6. 1933) in Wien an die gemeinsamen Bewerber Garmisch und Partenkirchen vergeben wurden, Präsident des Organisationskomitees. Sportlich und organisatorisch gestalteten sich die Olympischen Winterspiele als ein gelungener Auftakt für Berlin, obwohl es im Vorfeld beträchtliche Schwierigkeiten gegeben hatte, die zum Scheitern der Sommer- und Winterspiele hätten führen können.

So mußte von Halt, der NSDAP nahestehend, auf Drängen des belgischen IOC-Präsidenten de Baillet-Latour Ende 1932 bei Hitler anfragen, ob im Falle einer nationalsozialistischen Machtübernahme politische Schwierigkeiten zu erwarten wären, hatte doch die NSDAP in den Jahren der Weimarer Republik aus ideologischen und politischen Gründen eine rigoros ablehnende Haltung gegenüber dem internationalen Sportverkehr und den Olympischen Spielen eingenommen: Die kosmopolitische Idee der Olympischen Spiele widerspreche der am deutschen Volkstum orientierten nationalsozialistischen Weltanschauung, das »Diktat von Versailles« lasse aus Gründen der nationalen Ehre keine sportlichen Wettkämpfe mit Angehörigen von »Feindvölkern« zu, aus rassischen Gründen käme eine Teilnahme an Spielen gemeinsam mit Juden und Negern nicht in Frage. Um so mehr war von Halt erfreut, als er von Hitler die insgesamt positive, wenn auch recht allgemein gehaltene und unverbindliche Antwort erhielt, »daß er die Frage der Durchführung mit großem Interesse betrachte.«[36] Auf der IOC-Sitzung in Wien versicherten die deutschen Teilnehmer (Lewald, von Halt, Diem und der Herzog von Mecklenburg), die olympischen Regeln würden eingehalten und auch deutsche Juden dürften innerhalb der deutschen Mannschaft teilnehmen. Diese Versicherung wurde ein Jahr später von Lewald und von Halt auf der IOC-Sitzung in Athen (15.–19. 5. 1934) wiederholt.

Es darf als bekannt vorausgesetzt werden, daß das NS-Regime und die verantwortlichen Organisatoren für die Olympischen Winter- und Sommerspiele (OWS) die Weltöffentlichkeit in der Frage der Zulassung deutscher Juden in der Olympiamannschaft täuschten, und es deshalb vor allem in den USA eine starke Boykottbewegung gegeben hat. Als von Halt allerdings erkannte, wie stark die Judenhetze im Raum Garmisch-Partenkirchen war, schrieb er am 14. 5. 1935 an den Reichsminister des Innern, es bestehe die Gefahr, daß die Bevölkerung jeden jüdisch Aussehenden wahllos attackiere. Daraufhin wurden entlang der Zufahrtsstraßen und im Ort selbst Hetzschilder wie »Juden sind hier unerwünscht« oder »Juden betreten diesen Ort auf eigene Gefahr« beseitigt.[37] Daß es trotz der Verabschiedung der »Nürnberger Gesetze« (15. 9. 1935) zu einer Teilnahme der Amerikaner an den Olympischen Sommer- und Winterspielen kam, ist in hohem Maße von Halts Freund Avery Brundage zu verdanken, der die Abstimmung darüber in der AAU manipulierte. Kurz danach wurde Brundage auch in das IOC berufen.

Um die Durchführung der Olympischen Winterspiele nicht durch kritische Berichterstattung zu gefährden, wurden einheimische Journalisten, die es gewagt hatten, vor den Spielen ausländischen Zeitungsberichterstattern bei der Arbeit zu helfen, ohne daß ihre Auskünfte entsprechend legitimiert waren, von der Geheimen Staatspolizei auf Anraten von Halts für die Zeit der Spiele inhaftiert. Der Erfolg der Olympischen Winterspiele, die eine Demonstration des friedliebenden und die olympischen Regeln beachtenden Deutschlands sein sollten, schien jäh gefährdet, als drei Wochen später, am 7. März 1936, deutsche Truppen unter Bruch des Locarno-Vertrages in die entmilitarisierte Zone des Rheinlandes einmarschierten. Doch Hitler kalkulierte richtig: Die Friedensliebe der Westmächte war größer als der Wille zu einem militärischen Risiko. Nach heftigen Protesten trat bald wieder Beruhigung ein.

Zu Beginn der Sommerspiele in Berlin, als Hitler deutsche und finnische Medaillengewinner in seiner Ehrenloge empfing, nicht aber den farbigen Sieger im Hochsprung, wandte sich Parteigenosse von Halt auf Drängen des IOC-Präsidenten an Hitler mit dem Ansinnen, entweder alle Olympiasieger öffentlich zu empfangen oder keinen. Von da an gratulierte Hitler nur noch den deutschen Medaillengewinnern im Presseraum unter der Führerloge.[38]

Als von Halt 1937 in das Exekutivkomitee des IOC einzog, geschah dies etwa zeitgleich mit einem ungewöhnlichen Aufstieg in der SA; er avancierte in einem Jahr vom Sturmführer zum Sturmbannführer. 1938 erfolgte die Ernennung zum Standartenführer, und 1942 erhielt er durch Führerbefehl den Rang eines SA-Oberführers. In diesem Jahr wurde er auch Vorsitzender der Europa-Kommission des Leichtathletik-Weltverbandes IAAF.

Wenig bekannt ist, daß von Halt zum Freundeskreis Reichsführer SS gehörte und als Vorstandsmitglied der Deutschen Bank für jährliche Zahlungen an Himmler in Höhe von 75 000 RM sorgte. Reichsinnenminister Heinrich Himmler ernannte Karl von

Halt am 18. 9. 1944 zum kommissarischen Reichssportführer.[39] Beim Vormarsch der Sowjetarmee auf Berlin übernahm von Halt die Führung eines Volkssturmbataillons, wurde dann von den Russen im ehemaligen Konzentrationslager Buchenwald bis 1950 interniert.

Daß von Halt, wie Avery Brundage in einer Schutzschrift behauptete, »unpolitisch und niemals Nationalsozialist war«[40], ist nach seiner steilen Karriere im Dritten Reich völlig abwegig, vor allem aber durch zahlreiche seiner Aktivitäten und programmatischen Erklärungen widerlegt. Seiner Huldigung an Hitler zu dessen Geburtstag am 20. 4. 1933, in der er sich zum »Endziel der Erziehung zur Wehrhaftigkeit und Wehrfähigkeit« bekennt[41], folgt 1934 der Aufruf an seine Verbandsmitglieder, den Beweis zu erbringen, »wer über die besten Sport-Soldaten unseres Führers Adolf Hitler verfügt.«[42] Und in Vorbereitung auf die Olympischen Spiele erklärt er vor Repräsentanten des Staates, der Reichswehr, der SA und SS: »Der Wille des Kanzlers verlangt eine Zusammenfassung aller Kräfte.«[43] Dann propagiert er in martialischer Sprache nationalsozialistischen Kampfgeist: »Die Waffen des neuen Deutschlands werden geschärft. Der Geist des neuen Deutschlands muß unsere Kämpfer erfassen.«[44] Nach den Spielen erinnert er die Athleten unter Aufweis der großen Leistungsbilanz an ihre Dankesschuld gegenüber Hitler und fordert sie 1938 auf, dem »Führer« ihre Stimme zu geben. »Bei den Olympischen Spielen war der Führer täglich im Stadion bei seinen Sportlern, um ihnen durch seine Anwesenheit Kraft zum Sieg zu verleihen. Darum geben alle Sportler ihm ihr ›Ja‹ am 10. April!«[45] Im August 1939 appelliert er als NSRL-Fachamtsleiter an seine »Sportkameraden«, »bei den NS-Kampfspielen ihre beste Leistung (zu) zeigen«;[46] anläßlich der ersten »Deutschen Kriegsmeisterschaften« erwartet er, »daß die deutsche Leichtathletik in diesem Kriege ihre Stellung hält«[47], 1943 fordert er von der Leichtathletik einen »Beitrag zum totalen Sieg«.[48] Zu seinem dreiköpfigen »Führerrat« im Verband gehörten der SA-Brigadeführer Herrmann und der SA-Gruppenführer Ketterer.[49]

Die Nachkriegskarriere von Halts begann damit, daß Brundage und Edström als Repräsentanten des IOC mit den Sowjets über eine Freilassung des in ihrem Besatzungsgebiet inhaftierten von Halt verhandelten und dabei die Aufnahme der UdSSR in das IOC von dessen Entlassung abhängig machten. Im Februar 1950 erreichten sie ihr Ziel. Ein Jahr später wurde das IOC-Mitglied Karl Ritter von Halt zum Präsidenten des NOK der Bundesrepublik Deutschland gewählt. Bei den westlichen Mitgliedern des IOC setzte er bald den Alleinvertretungsanspruch der Bundesrepublik durch, indem er dem NOK der DDR bestritt, im Sinne der olympischen Statuten politisch unabhängig zu sein. Über seinen Freund, den IOC-Präsidenten Avery Brundage, setzte von Halt durch, daß die DDR mit der Mannschaft der Bundesrepublik eine gesamtdeutsche Mannschaft bilden mußte und daß die provisorische Anerkennung der DDR längstens bis zur Wiedervereinigung gelte. Von Halt nahm 1964 bei den Winterspielen in Innsbruck zum letzten Mal an einer IOC-Sitzung teil; danach war der Weg frei für eine volle Anerkennung der DDR im IOC, wie der Beschluß von Madrid (1965) zeigte. Bei den Spielen von Mexiko 1968 war die DDR volles IOC-Mitglied mit allen Rechten, in München 1972 wurde auch ihre Nationalhymne gespielt und die DDR-Staatsflagge gehißt.

6

Die Wirkungsgeschichte der drei Männer, die durch drei Epochen den Weg des deutschen Sports wesentlich mitbestimmt haben, versteht sich nicht als Anklage, sondern als eine ideologiekritische Studie im Sinne politischer Bildung. War in dem dirigistisch aufgebauten und autoritär geführten Deutschen Reichsbund für Leibesübungen ab 1933/34 kein Raum mehr für demokratische Willensbildung und Entscheidung, so hätte es für diejenigen, die an der Strukturierung dieser Organisation maßgeblich beteiligt waren und ihr auch die weltanschaulichen Direktiven im Sinne eines politischen Soldatentums gegeben haben, aus objektiver Schuldverstrickung heraus ein Akt der Redlichkeit, eine moralische Konsequenz sein sollen, nach der nationalen Katastrophe nicht mit Unschuldsbeteuerungen erneut in Führungspositionen zu drängen.

Wenn Willi Daume bei seinem Abschied als DSB-Präsident 1970 zum Komplex Zerstörung und Neuaufbau nach 1945 erklärte: »Am allerschlimmsten aber war – und das muß ich stärkstens unterstreichen – die völlige Zerstörung der moralischen Substanz des Sports; der Nationalsozialismus hatte sie so schrecklich pervertiert, daß die geistige Führungsschicht, die in Deutschland das Ruder übernahm, vom Sport nichts mehr wissen wollte«[50] – dann hätten, wie Hajo Bernett mit Recht vermerkt, politische, geschichtliche und moralische Gründe es erfordert, »daß ein neues Blatt der Geschichte nicht von politisch Gescheiterten beschrieben«[51] wurde. Der Sport war von diesen als »Werkstatt des Sieges« gepriesen worden; die »totale« Mobilisierung der deutschen Jugend war keine Fiktion mehr, sondern eine Realität. So trifft auch der *Deutschland-Bericht* der Sozialdemokratischen Partei (Sopade) den Kern, wenn es dort bereits 1937 heißt:[52]

Die totale Militarisierung ist zur Voraussetzung der nationalsozialistischen Machtpolitik geworden. Deshalb ist die geistige und körperliche Vorbereitung der Jugend auf das Waffenhandwerk eine Lebensfrage des Parteistaates ... Deutschlands Jugend bildet heute ein riesiges Bild marschierender Kolonnen. Wohin marschieren sie?[53]

Anmerkungen

1 *»Historikerstreit«. Die Dokumentation der Kontroverse um die Einzigartigkeit der nationalsozialistischen Judenvernichtung.* München [4]1987.

2 HABERMAS, Jürgen: Eine Art Schadensabwicklung, *Die Zeit,* 11. 7. 1986, in: *Historikerstreit,* 62–76. STÜRMER, Michael: Geschichte in einem geschichtslosen Land, *Frankfurter Allgemeine Zeitung* (FAZ), 25. 4. 1986, in: *Historikerstreit,* 36–38. NOLTE, Ernst: Zwischen Geschichtslegende und Revisionismus?, in: *Historikerstreit,* 13–35. NOLTE, Ernst: Vergangenheit, die nicht vergehen will, *FAZ* 6. 6. 1986, in: *Historikerstreit,* 39–47. HILDEBRAND, Klaus: Das Zeitalter der Tyrannen, in: *Historikerstreit,* 84–92. HILLGRUBER, Andreas: *Zweierlei Untergang,* Berlin 1986.

3 KOCKA, Jürgen: Sozialgeschichte – Strukturgeschichte – Gesellschaftsgeschichte, *Archiv für Sozialgeschichte,* Bd. 15 (1975), 20.

4 NOLTE, Ernst: Zwischen Geschichtslegende und Revisionismus?, in: *Historikerstreit,* 32 und HABERMAS, Jürgen: Eine Art Schadensabwicklung, in: *Historikerstreit,* 71.

5 HILDEBRAND, Klaus: Monokratie oder Polykratie? Hitlers Herrschaft und das Dritte Reich, in: HIRSCHFELD, Gerhard/KETTENAKKER, Lothar (Hrsg.): *Der »Führerstaat«: Mythos und Realität. Studien zur Struktur und Politik des Dritten Reiches.* Stuttgart 1981, 73–95, hier 86.

6 MOMMSEN, Hans: Hitlers Stellung im nationalsozialistischen Herrschaftssystem, in: HIRSCHFELD, Gerhard/KETTENACKER, Lothar (Hrsg.), *Der »Führerstaat«,* 43–72.

7 Ebd.

8 Ebd.66.

9 Ebd.17, zitiert nach MOMMSEN, Wolfgang J.: Einleitung, in: HIRSCHFELD, Gerhard/KETTENACKER, Lothar (Hrsg.): *Der »Führerstaat«.*

10 Ebd.
11 HILLGRUBER, Andreas: *Zweierlei Untergang,* 9.
12 Ebd.
13 HABERMAS, Jürgen: Eine Art Schadensabwicklung, 65–67.
14 *Gebaut wird – aber was?* Museum oder Dinosaurier? Experten diskutieren im Wissenschaftszentrum über das Deutsche Historische Museum, *Bonner General-Anzeiger,* 11. 12. 1986, 13.
15 Der Deutsche Sportbund nominierte den Verfasser und als dessen Vertreter Prof. Dr. Hajo Bernett, Universität Bonn.
16 BERNETT, Hajo: Carl Diem und sein Werk als Gegenstand der sportgeschichtlichen Forschung, *Zeitschrift für Sozial- und Zeitgeschichte des Sports,* Jg.1 (1987), 7–41.
17 Ebd. 9.
18 Vgl. UEBERHORST, Horst, Spiele unterm Hakenkreuz, *Aus Politik und Zeitgeschichte.* Beilage zur Wochenzeitung *Das Parlament,* Jg.31 (1986), 13/14.
19 *Olympische Flamme* 1, 459–462.
20 DIEM, Carl: *Ein Leben für den Sport.* Ratingen 1974, 153 f.
21 DIEM, Carl: *Weltgeschichte des Sports und der Leibeserziehung.* Stuttgart 1960, 997.
22 TEICHER, Hans Joachim: Der Weg Carl Diems vom DRA-Generalsekretär zum kommissarischen Führer des Gaues Ausland im NSRL, *Zeitschrift für Sozial- und Zeitgeschichte des Sports,* Jg.1 (1987), 42–91.
23 Recherche von H. J. Teichler, BA Koblenz, R 58/188.
24 TEICHLER, Hans Joachim: *Zeitgeschichte des Sports,* Heft 1 (1987), 80.
25 Ebd. 81.
26 Ebd. unter »Dokumentationen«, 105.
27 BERNETT, Hajo: Guido v. Mengden, »Generalstabschef« des deutschen Sports, in: *Turn- und Sportführer im Dritten Reich,* Bd. 5, Berlin/München/Frankfurt am Main 1976, 100–101.
28 Ebd. Anmerkung 3 auf Seite 105.
29 Bernett nennt es eine »Fallstudie« als methodischen Ansatz zur politischen Bildung, die eine reflektierte Auseinandersetzung mit politischen Widersprüchen und aktuellen politischen Konflikten intendiert, ebd. 7.
30 MENGDEN, Guido v.: Militärischer Fußball – nun aber ernst!, *Deutscher Fußball-Sport,* Heft 3 (1935), 51.
31 MENGDEN, Guido v.: Deutscher Reichsbund für Leibesübungen, in: *Sport und Staat.* Bd.2, Berlin 1937, 118.
32 MENGDEN, Guido v.: Wir dienen der Kraft unseres Volkes, *Deutsche Turnerzeitung,* Folge 29 (1938), 630 f.
33 *Führer durch das Deutsche Turn- und Sportfest in Breslau,* hrsg. i. A. des Reichssportführers von der Oberleitung des Deutschen Turn- und Sportfestes, 59.
34 Zit. nach BERNETT, Hajo: *Guido v. Mengden,* ebd. 104.
35 NITSCH, Franz: Dreißig Jahre DSB – eine kritische Bestandsaufnahme, in: UEBERHORST, Horst: *Geschichte der Leibesübungen,* Bd.2/3. Berlin/München/Frankfurt am Main 1982, 842.

36 Zit. nach KRÜGER, Arnd: *Die Olympischen Spiele 1936 und die Weltmeinung,* Berlin/München/Frankfurt am Main 1972 (Anmerkung 7), 31.

37 KRÜGER, Arnd: *Olympische Spiele,* 88 f.

38 MAYER, Otto: *A travers les anneaux Olympiques,* Genf 1960, 150.

39 Dr. Karl Ritter v. Halt an den Reichsführer SS Heinrich Himmler. 20. 1. 1941. Personalakte Halt im Bundesarchiv Koblenz, NS 20/114-12. Zit. nach BERNETT, Hajo: *Leichtathletik im geschichtlichen Wandel.* Schorndorf: Hofmann-Verlag 1987, 283.

40 Avery Brundage: »Dr. von Halt is not a politician and was never a Nazi«. Zit. nach BERNETT, Hajo: *Leichtathletik,* 275.

41 In: *Der Leichtathlet,* Nr. 16 (1933), S. 7. BERNETT, Hajo: *Leichtathletik,* 283.

42 *Start und Ziel. Monatsschrift der Deutschen Sportbehörde für Leichtathletik,* München 1933, Nr. 1, 8.

43 »Garde für 1936«, in: *Start und Ziel,* Nr. 2 (1934), 35.

44 HALT, Karl v.: Leichtathletik in der Welt, *Reichssportblatt,* Nr. 4 (1934), 97.

45 *12-Uhr-Blatt* (Berlin) v. 9. April 1938.

46 Zit. nach BERNETT, Hajo: *Leichtathletik,* 269.

47 Kritische Betrachtungen zu den Deutschen Kriegsmeisterschaften 1940, *Der Leichtathlet,* Nr. 32 (1940), 2; Amtl. Organ des Fachamtes für LA im NSRL.

48 Leichtathletik 1943 – für jedermann, *Der Leichtathleth,* Nr. 7 (1943), 4.

49 Vgl. dazu ausführlich BERNETT, Hajo: *Leichtathletik,* 275 f. und 278 f.

50 Zit. nach SCHERER, Karl Adolf: *Fortschritt durch Versöhnung. 25 Jahre DSB,* Frankfurt/Main 1975, 3.

51 BERNETT, Hajo: *Guido v. Mengden,* 3.

52 *Deutschland-Bericht der Sozialdemokratischen Partei (Sopade)* 1934–1940, 4. Jg. (1937), 834.

53 Hans Mommsens Hinweis, »daß Hitlers Programm des rassischen Vernichtungskrieges auf keinerlei ernsthaften Widerstand stieß, daß sich die Wehrmachtspolitik bereitwillig zum Komplizen der Ausrottungspolitik machte« (Neues Geschichtsbewußtsein und Relativierung des Nationalsozialismus, in: *Historikerstreit,* 174–188, hier 184), müßte in der Sportgeschichtsschreibung noch näher untersucht werden. Als »Fallstudie« dienen könnte der Generalfeldmarschall und »Sportführer« Walter von Reichenau. Dieser langjährige Freund Carl Diems, der ihn schon 1913 auf einer USA-Reise begleitet und 1933 zum »Reichssportkommissar« vorgeschlagen hatte (während Diem ihn 1934 bat, den schwachen von Tschammer abzulösen und Reichssportführer zu werden), war in der »Röhm-Affäre« maßgeblich an der Konspiration zwischen SS und Reichswehr und damit indirekt an der Liquidation der Obersten SA-Führung beteiligt. 1937 löste er Theodor Lewald als IOC-Funktionär ab. Teichler hat in seiner Studie über Diem in einer Fußnote den Befehl von Reichenaus über das Verhalten der Truppe »gegenüber dem bolschewistischen System« vom 10. 10. 1941

erwähnt, mit dem der Oberbefehlshaber der 6. Armee von seinen Soldaten verlangte, bei der »Zerschlagung ... des jüdisch-bolschewistischen Systems (und der) Ausrottung des asiatischen Einflusses im europäischen Kulturkreis« über das »einseitige Soldatentum« hinauszugehen und für die »gerechte Sühne am jüdischen Untermenschentum volles Verständnis zu haben.« Reichenau rechtfertigte damit die Aktion der Einsatzgruppe C, die in wenigen Tagen 80 000 Juden aus Kiew ermordet hatte (vgl. TEICHLER, Der Weg Carl Diems ..., a. a. O., 47, mit Verweis auf den vollen Wortlaut des Befehls, abgedruckt bei MÜLLER, N. (Hrsg.): *Okkupation, Raub, Vernichtung. Dokumente zur Besatzungspolitik der faschistischen Wehrmacht auf sowjetischem Territorium 1941 bis 1945.* Berlin 1971). Als er 1942 in Rußland starb, widmete Diem ihm einen emphatischen Nachruf *(Olympische Flamme,* Bd. 1, 474; ebenfalls *Leibesübungen und körperliche Erziehung,* Heft Januar/Februar, Berlin 1942). Aufschlußreich auch die Ausführungen über von Reichenau bei ARZT, Heinz: *Mörder in Uniform, die zu Vollstreckern nationalsozialistischer Verbrechen wurden.* München: Kindler 1979.

Literaturhinweise zur kritischen Aufarbeitung des NS-Sports

Einzelstudien

BERNETT, Hajo: *Nationalsozialistische Leibeserziehung. Eine Dokumentation ihrer Theorie und Organisation.* Schorndorf 1966.

—: *Sportpolitik im Dritten Reich.* Schorndorf 1971.

—: *Untersuchungen zur Zeitgeschichte des Sports.* Schorndorf 1973.

—: *Der jüdische Sport im nationalsozialistischen Deutschland 1933–1938.* Schorndorf 1978.

JOCH, Winfried: *Theorie einer politischen Pädagogik.* Bern/Frankfurt 1971.

—: *Politische Leibeserziehung und ihre Theorie im nationalsozialistischen Deutschland.* Bern/Frankfurt 1976.

KRÜGER, Bernd: *Die Olympischen Spiele 1936 und die Weltmeinung.* Berlin 1972.

PFEIFFER, Lorenz: *Die Deutsche Turnerschaft.* Ahrensburg 1976.

POPPLOW, Ulrich: Leibesübungen unter dem Hakenkreuz, *Die Leibeserziehung* (1968) 8.

SCHOLTZ, Heinz: *Nationalsozialistische Ausleseschulen.* Göttingen 1973.

TIMMERMANN, Heinz: *Geschichte und Struktur der Arbeitersportbewegung.* Ahrensburg 1973.

UEBERHORST, Horst: *Elite für die Diktatur.* Düsseldorf 1969.

—: *Zurück zu Jahn?* Bochum 1969.

—: *Frisch, Frei, Stark und Treu. Die Arbeitersportbewegung in Deutschland 1893–1933.* Düsseldorf 1973.

Schriftenreihe *Turn- und Sportführer im Dritten Reich* (1970–1976; Hrsg. Horst Ueberhorst)

Bd. 1: UEBERHORST, Horst *Edmund Neuendorff. Turnführer ins Dritte Reich*. Berlin 1970.
Bd. 2: STEINHÖFER, Dieter: *Hans von Tschammer und Osten. Reichssportführer im Dritten Reich*. Berlin 1973.
Bd. 3: KRÜGER, Arnd: *Theodor Lewald. Sportführer ins Dritte Reich*. Berlin 1975.
Bd. 4: UEBERHORST, Horst: *Carl Krümmel und die nationalsozialistische Leibeserziehung*. Berlin 1976.
Bd. 5: BERNETT, Hajo: *Guido von Mengden. »Generalstabschef« des deutschen Sports*. Berlin 1976.

Zeitschrift: »*Sozial- und Zeitgeschichte des Sports* (seit 1987)

MICHAEL STOLLEIS

Lehren aus der Rechtsgeschichte? Zur Auseinandersetzung mit den Thesen von Bernd Rüthers *(Entartetes Recht)*

1

Ob aus geschichtlichen Betrachtungen etwas für die Gegenwart zu lernen sei, ist eine Frage, die in unserem Kulturkreis seit den Anfängen der Geschichtsschreibung gestellt und fast immer bejaht worden ist.[1] Es schien evident zu sein, daß der Mensch, der im Laufe seiner eigenen Lebens-Geschichte offenbar Erfahrungen machen und in begrenztem Umfang sein künftiges Verhalten danach ausrichten kann, dies auch durch Aufnahme der Erfahrungen anderer Menschen vermag, mögen sie ihm mündlich oder schriftlich, frisch erlebt oder als längst vergangene übermittelt worden sein.[2] Wer zusieht, wie ein anderer Schaden erleidet, kann in der Regel mit Hilfe allgemeiner Lebenserfahrungen Vorsorge treffen, um den Schaden bei sich selbst abzuwehren. Wer aus alten Chroniken entnimmt, auf welche Weise ein Tyrann an die Herrschaft gekommen, wie sich das Volk unter ihm verhalten und wie er am Ende gestürzt worden ist, kann daraus – im Rahmen seiner Reflexionen zur aktuellen Politik – »Nutzen« ziehen. Auf diese Weise fließen Nachrichten und Handlungsmaximen von der Vergangenheit in die Gegenwart, werden mit den persönlichen Erfahrungen der Einzelnen vermischt und unter dem Titel »Lehren aus der Vergangenheit« auf das jeweils aktuelle Problem angewendet. Freilich ist die vermeintliche »Lehre« nichts anderes als die aus der Geschichte »gewonnene«, d. h. aus ihr begründete Überzeugung dessen, der sie äußert. Die Lehre lag nicht in der Geschichte bereit wie eine Frucht, die vom Baum gepflückt werden kann, sondern sie wurde in der Gegenwart gebildet; das historische Material diente ihr als Stütze. In diesem Sinne lassen sich »Lehren« aus der Geschichte ziehen, keine normativen Sätze, sondern interpretationsbedürftiges, zu bewertendes Material sowie Beobachtungen aus längeren Ereignisreihen, aus denen auf eine gewisse Typik der Abläufe geschlossen werden kann. Das Ergebnis sind dann keine Soll-Sätze, sondern Konditionalsätze, in denen zur Erreichung bestimmter Zwecke bestimmte Mittel empfohlen werden, Mittel, von denen man »aufgrund historischer Erfahrung« sagt, daß sie »meistens« zum Ziel führen.

Die Rechtsgeschichte, die sich als Fach in der Defensive befindet, wird heute meist mit den auf den ersten Blick einleuchtenden Standardargumenten verteidigt, sie werde gelehrt, weil sie für die Ausbildung im geltenden Recht nützlich sei und weil das Ausbildungsziel nicht der »Rechtstechniker«, sondern der umfassend gebildete und über die Gefährdungen seines Faches orientierte Jurist sei. Der Jurist könne aus der Rechtsgeschichte lernen, so heißt es, welche Lösungen es früher gegeben habe, welche von ihnen sich als durchsetzbar erwiesen und welche Kräfte auf die Rechtsentstehung, -anwendung und -durchsetzung gewirkt haben.[3] Aus ihr sei zu ersehen, wie sich Recht in Unrecht verwandle, mit welchem Instrumentarium Juristen eine ganze Rechtsordnung auf ein neues politisches Gleis schieben können.[4] Die wissenschaftstheoretischen Einwände gegen diese ungemein populäre Vorstellung eines vor allem aus der NS-Zeit quasi abrufbaren Katalogs von »Lehren« verhallen nahezu ungehört.[5] Allzu groß ist die Einigkeit, die eine pädagogische Verwertung der Rechtsgeschichte als selbstverständlich voraussetzt, ja im fachlichen Eigeninteresse energisch fordert.

2

Im folgenden soll es jedoch nicht um methodische Probleme und die »allgemeine Fragwürdigkeit eines kurzgeschlossenen historia docet«[6] gehen. Die von Rüthers entwickelten »Lehren« sind nicht durchweg normative Sätze, sondern z. T. einfache Feststellungen über historische Abläufe, die am Nationalsozialismus beobachtet und dann ins Überzeitliche verallgemeinert worden sind. Man kann bei Sätzen dieser Art zunächst fragen, ob der Befund selbst historisch überzeugend ist (1), und sodann, ob die Transformation des als zutreffend festgestellten Befundes in eine allgemeine Regel akzeptiert wird (2).

1. Was die von Rüthers gemachten historischen Aussagen über die Umstrukturierung des bis 1933 geltenden Rechts im Nationalsozialismus angeht, so sind sie, wenn auch sehr auf das Zivilrecht und die richterliche Rechtsfortbildung eingeengt, insgesamt zutreffend. Es ist ohne Zweifel richtig, daß der NS-Staat als Lenkungsmittel neben der Gesetzgebung vor allem auf Anpassung durch Interpretation »im neuen Geiste« zielte und daß die Rich-

terschaft, »dem Zeitgeist ausgesetzt und durch ihn beeinflußt«, in größtem Umfang den durch »Leitsätze« und andere Vorgaben markierten politischen Linien folgte.[7] Ebenso ist richtig und inzwischen allgemein bekannt, nicht zuletzt durch Rüthers' Arbeiten, daß als »Einfallstore« der NS-Ideologie bei der richterlichen Rechtsanwendung verschwommene Generalklauseln, Berufungen auf die »Rechtsidee«, »germanische Rechtsprinzipien«, »Gemeinschaft« und »Gemeinwohl« sowie eine breite Palette von »institutionellen« Argumentationsformen dienten, und zwar in auffälligem Umfang solche außergesetzlicher Art. Typisch für diesen Weg sind in methodischer Hinsicht die Verschleierung der Unterscheidung von Sein und Sollen und die Ableitung von normativen Sätzen aus vorgegebenen »Ordnungen«, aus »Typologien«, aus der »Natur« oder dem »Wesen der Sache«.

Dies alles hat das Rechtssystem im Nationalsozialismus in hohem Maße geprägt. Noch nie zuvor, jedenfalls in der deutschen Rechtsgeschichte, ist innerhalb so kurzer Zeit und mit solcher Effektivität eine »neue« Ideologie auf eine tradierte, langsam gewachsene Rechtsordnung aufgesetzt worden. Die Bedingungen hierfür waren jedoch auch besonders günstig: eine insgesamt konservativ oder »deutschnational« gestimmte Richterschaft[8], die sich mit den offiziellen Zielen des Systems weitgehend identifizieren konnte, weiter die vom Regime geschickt genährte Illusion, es gehe um die Errichtung eines »nationalen Rechtsstaats«, eine lange gouvernementale Tradition, die im Richter vor allem den Staatsdiener sah, gleitende Übergänge zwischen Recht und Unrecht und die weitgehend genutzte Möglichkeit, sich in der »Normalität« einzurichten und den Blick von den unangenehmen Dingen abzuwenden.[9] Die Richterschaft war mehrheitlich mit dem System einverstanden, sie opponierte, wenn überhaupt, nur in Randbereichen und Extremsituationen, sie war also eine Richterschaft, wie sie sich die herrschenden Kräfte aller neu etablierten politischen Systeme wünschen. Da es, wie auch Rüthers ganz richtig feststellt, »keine unpolitische, weltanschaulich neutrale, ethisch wertfreie Jurisprudenz« gibt[10], kann der Justiz und der Jurisprudenz im NS-Staat nicht abstrakt vorgeworfen werden, sie habe bei der Rechtsanwendung politisch-weltanschaulichen Gesichtspunkten Raum gegeben. Im Gegenteil, auch Rüthers bescheinigt ihr, die Lehre von den neuen Rechtsquellen habe, wenn man es wertfrei betrachtet, »Vorzügliches geleistet«.[11] Es geht jedoch nicht um das technische Funktionieren bestimmter methodischer Instrumente, sondern vielmehr darum, daß die Justiz gerade solchen politisch-weltanschaulichen Gesichtspunkten Raum gegeben hat, die den humanitären Überlieferungen Europas, den Prinzipien individueller Freiheitsrechte und des Rechtsstaats sowie ihren eigenen richterlichen Traditionen einer rationalen und wissenschaftlich angeleiteten Rechtspflege widersprachen.

Dies ist der Kernpunkt der späteren Kritik an der NS-Justiz, nicht etwa der fachliche Vorwurf, den Zielen des Systems mit einem bisher nicht üblichen wissenschaftlichen Handwerkszeug gedient zu haben. Daß Unschuldige verurteilt wurden, daß rassisch, politisch, religiös, sexuell oder einfach »abweichend« definierte Gruppen verfolgt, gefoltert und getötet wurden, obwohl das Land eine Aufklärung erlebt und sich in langen Auseinandersetzungen zu Rechtsstaat und Grundrechtsgarantien durchgerungen hatte – das war und ist das Schockierende, nicht aber die Berufung auf »konkretes Ordnungsdenken«, »Gemeinwohlformeln« oder »gesundes Volksempfinden«.

Die Abstützung auf außerrechtliche Legitimationen, die Verwendung vagen Vokabulars und die Berufung auf sogenannte sachlogische Strukturen scheinen Kennzeichen jeder kodifikationszentrierten Rechtsordnung zu sein, die in Turbulenzen geraten ist. Auf diesen Wegen dringen die politischen Veränderungen ein, wie etwa die Verwendung der bürgerlichrechtlichen Generalklauseln als »Einbruchstellen« oder »Einfallstore« nach 1933 und nach 1945 mit wünschenswerter sprachlicher Klarheit gezeigt hat. Dieses Eindringen von Politik in das Rechtssystem verbieten zu wollen, würde nicht nur Stillstand des Rechts bedeuten und es langfristig höheren Gefahren aussetzen als jede Politisierung, es wäre auch eine aussichtslose Donquichotterie. Das politische Element im Recht ist unentrinnbar. Rüthers Plädoyer zielt daher auch richtigerweise nur auf »Anregung methodischer und philosophischer Selbstbesinnung und Selbstkritik der Juristen in Wissenschaft und Praxis«[12], auf kritische Wahrnehmung des der Rechtsordnung »zugrunde liegenden Wertsystems«, auf Offenlegung der Prämissen, auf Transparenz und Rationalität der Argumentation. Er formuliert das Handlungsprogramm, das der Jurist – als Praktiker oder als Rechtslehrer – innerhalb seiner Arbeit verwirklichen kann, in seinem Fach und auf seinem Platz gewissermaßen.

Insoweit müßten die aus den Erfahrungen mit dem Nationalsozialismus gezogenen »Lehren« ungeteilten Beifall derjenigen Juristen finden, die sich einer rationalen und humanitären Traditionslinie verpflichtet fühlen. Wenn man sich einig bleibt, daß das heutige rechtsstaatliche System liberaler Provenienz erhaltenswert ist, muß man Rüthers insoweit zustimmen und zugleich zugeben, daß die Beschäftigung mit dem Recht des NS-Staates eben aus dieser Wertentscheidung ihren inneren Antrieb und pädagogischen Eros bezieht.

2. Richtet man den Blick allerdings über das 19. und 20. Jahrhundert hinaus und fragt nach der Generalisierbarkeit der hier diskutierten »Lehren« für die Rechtsvorstellungen früherer Zeiten und anderer Völker, dann stößt man schnell an Grenzen. Was Rüthers zu »Lehren« verdichtet hat, sind offenkundig die Erfahrungen mit dem neuzeitlichen mitteleuropäischen System, das gleichermaßen auf Kodifikation wie auf Konkretisierung durch textgebundenen Richterspruch gesetzt hat. Dieses System verteilt die Verantwortung für die Ordnung der sozialen Verhältnisse durch Recht gleichermaßen auf Legislative, Judikative und Exekutive, vor allem aber auf das Zusammenspiel von parlamentarisch legitimierten, sprachlich ausgefeilten Textvorlagen und interpretierender Einzelfallanwendung durch eine für »unabhängig« erklärte Richterschaft.[13] Nur hier können die von Rüthers beschriebenen methodischen Probleme auftauchen. In Rechtsordnungen, die auf Kodifikationen geringeren Wert legen oder ganz darauf verzichten, erscheinen die Rechtsanwendungs- und Legitimationsfragen in anderem Licht, und zwar um so mehr, je archaischer die Rechtsordnung ist. Wo die Entscheidung in der Runde der Dorfgemeinschaft gefunden wird, wo ein Richter-König oder Richter-Priester seinen Spruch fällt, sind die genannten »Lehren« nicht anwendbar. Sie haben vielmehr ihren historischen Ort im deutschen Recht des 20. Jahrhunderts, in einer Rechtsordnung mit besonders hoher Regelungsdichte und hohem Rationalitätsanspruch sowie in eben der speziellen Situation, in der diese Rechtsordnung sich nach 1933 befand. Insofern sind die »Lehren« in ihrem Anwendungsfeld begrenzt – ganz abgesehen vom Grundsatzproblem, daß sie nur auf Vergangenes reagieren, nicht dagegen dasjenige explizit enthalten können, was wir für künftige, noch unbekannte Krisen wirklich brauchen.

3

Wenn es also zutrifft, daß die »Lehren« keineswegs überzeitlich, sondern historisch verortet sind, daß sie als aussagekräftig nur im Kontext unseres gegenwärtigen Rechtssystems gelten können, dann wären sie freilich immer noch wichtig genug als Appell an Rechtswissenschaft und -praxis, sich bei der Rechtsanwendung der begrenzten Verläßlichkeit des methodischen Instrumentariums zu versichern und die rationaleren Interpretationsmethoden den weniger rationalen vorzuziehen. Dieser Appell ist unbedingt unterstützenswert, um »im eigenen Haus« der Jurisprudenz das Notwendige zu tun.

Niemand wird sich jedoch der Illusion hingeben können, damit sei das Wichtigste getan. Schon weil jede juristische Entscheidung unausweichlich mit außerrechtlichen Faktoren durchsetzt und in einem weiteren Sinn »politisch« ist, kann die Schärfung des methodischen Instrumentariums nicht ausreichen, um »Barrieren gegen die Barbarei« zu errichten, wenn Barbarei wirklich wieder drohen sollte. Wer historisch »gelernt« hat, daß in politischen Krisensituationen die methodischen Verankerungen einer Rechtsordnung nicht halten, wenn die Juristen die politische Ordnung nicht innerlich mittragen, wird die ethisch-politische Einstellung der Juristenschaft auch künftig für den entscheidenden Faktor halten. Ob man unter dem Obertitel »ethisch-politische Einstellung« tatsächlich den gesamten »Grundbestand ›metaphysischer‹ Glaubenssätze (Weltanschauung, Religion, transzendentale Sozialphilosophie, ›Grundwerte‹)«[14] subsumiert oder sich, m. E. richtiger, auf einen begrenzten Katalog einer Minimal-Ethik festlegt (Anerkennung des Mehrheitsprinzips, Minderheitenschutz, Menschenwürde und Grundrechte), kann dahingestellt bleiben, wenn man sich zunächst der Frage zuwendet, wie solche Grundlagenorientierung an die nächste Juristengeneration vermittelt werden soll.

Die politischen Ansichten von Juristen sind erfahrungsgemäß mehr oder weniger identisch mit denen der übrigen gesellschaftlichen Führungsgruppen. Herkunft, Schulbildung, soziales Umfeld und fachliche Ausbildung an der Universität sind für die politischen Prägungen insgesamt verantwortlich. Man mag sich streiten, wie hoch der Anteil der Universitätsausbildung ist – keinesfalls ist sie völlig folgenlos, auch wenn man dies als Hochschullehrer in einer verzagten Stunde einmal annehmen mag. Der Hochschullehrer, der den Sätzen zustimmt »Es gibt keine unpolitische, weltanschaulich neutrale, ethisch wertfreie Jurisprudenz. Wertfreies Recht wäre buchstäblich wert-los«[15], wird ins Auge fassen müssen, welche Werte er vermittelt[16] und wie dies geschehen soll.

Um die gröbsten Mißdeutungen zu verhüten, sei vorweg gesagt, daß es selbstverständlich nicht um Vermittlung irgendwelcher politischer »Ansichten« gehen kann oder gar um Indoktrination bestimmter Inhalte, die das hier Gemeinte geradezu in das Gegenteil verdrehen würde. Möglich ist vielmehr nur die Gewinnung von »Einsichten« in das komplizierte Wechselspiel zwischen politischer Willensbildung und Rechtssystem, in die Notwendigkeit und Fragilität von gemeinsamen Spielregeln, von deren prinzipieller Anerkennung und Einhaltung durch die Mehrheit unser aller Freiheit abhängt. So kann man in der Juristenausbildung erkennen, daß »staatlich gesetztes Recht ... der Ausdruck eines im Normsetzungsverfahren verfestigten politischen Gestaltungswillens, eine zu normativer Dauerhaftigkeit und Durchsetzungsfähigkeit ›geronnene Politik‹« ist.[17] Man soll aber gleichzeitig lernen, daß Recht keineswegs nur eine abhängige Variable gesellschaftlicher Mächte ist, sondern auch ein teilautonomes System – analog zur Teilautonomie des »unabhängigen« Richters –, dessen Richtigkeitsvorgaben ständig gegen außerparlamentarische politische Pressionen verteidigt und durchgesetzt werden müssen. Junge Juristen sollen sich bewußt sein, daß sie permanent in Versuchung sein werden, die vorgegebenen gesetzlichen Kriterien aufgrund ihrer privaten politischen Ansichten und Wünsche zu überspringen oder zu »korrigieren«. Hierzu gehören moralische Widerstandskräfte, die sie befähigen, im Konfliktfall auf greifbare Vorteile und Karrierechancen zu verzichten. Gleichzeitig brauchen sie die Fähigkeit, sich von ihren eigenen Wünschen zu distanzieren und auf ihre Verwirklichung in der subtilen Form der gezielten Entscheidung eines fremden Falls zu verzichten. »Die historische Erfahrung lehrt« (!), wie dünn gesät und ungleich verteilt solche Widerstandskräfte und Fähigkeiten sind.[18]

Des Rückgriffs auf die Historie bedarf es bei der Vermittlung der angedeuteten Minimal-Ethik allerdings nicht, wenn auch die Beispiele des NS-Rechts gute pädagogische Dienste leisten mögen. Vielmehr könnte man durch Überlegungen zur Praktischen Ethik, durch politikwissenschaftliche Analyse, vor allem aber durch praktizierte Grundrechtsdogmatik des Staatsrechts dieselben Zwecke erreichen. Es ist sogar zu fragen, ob nicht in Zukunft ein weniger inflationärer Gebrauch von dem Menetekel des NS-Rechts gemacht werden sollte, und zwar aus zwei Gründen: Zum einen breitet sich in den letzten Jahren in Sachen »Vergangenheitsbewältigung« eine auffallende öffentliche Emsigkeit aus, unterstützt vom Generationenwechsel und dem damit verbundenen Gefühl, in den vergangenen Jahrzehnten einiges versäumt zu haben. Je stärker diese Aktivitäten ritualisiert werden und in eine Art Jubiläumsjahrmarkt überzugehen drohen, desto eher zeigen sich bei der jüngsten Generation Übersättigungsphänomene, die – weil selten ausgesprochen – in ihrer Gefährlichkeit bislang kaum erkannt worden sind. Zum anderen würde der Verzicht auf die ständig beigegebene pädagogische Nutzanwendung, wenn von NS-Recht die Rede ist, der Neueren Rechtsgeschichte die Chance geben, den notwendigen Prozeß der »Historisierung« des gesamten Komplexes zu vollziehen[19] und die überholte Perspektive aus der Zeit der »Entnazifizierung« zu überwinden. So wichtig und richtig es nach 1945 war, die individuellen Schuldanteile zu ermitteln, um strafrechtlich reagieren zu können[20], so wichtig ist es inzwischen, die überpersönlichen Antriebskräfte zu beschreiben, die dieses System möglich gemacht haben, den Dispositionen ganzer Gruppen und Schichten nachzugehen, die Bedeutung der Juristenausbildung vor 1933 zu untersuchen und die Kontinuitätenfrage zur Weimarer Republik und zur Bundesrepublik zu stellen.

Vor allem kommt nur durch eine konsequente »Historisierung« in den Blick, was bisher meist verdrängt wurde: die Rolle der Normalität als eines stützenden Faktors des gesamten Systems. Wer die Perspektiven der strafrechtlichen »Schuld« einnimmt, kann die Rolle der strafrechtlich Nichtschuldigen nicht angemessen beschreiben. Er zielt auf Bewertung individueller Verantwortungselemente. Für den Historiker sind jedoch die »Nichtschuldigen« ebenso wichtig, weil sein Blick auf das Ganze gerichtet ist und für ihn gerade das den Nationalsozialismus charakterisierende freiwillig-unfreiwillige Zusammenspiel Schuldiger und Nichtschuldiger, »normalen« und nicht »nicht-normalen« Verhaltens von Interesse sein muß. Das Funktionieren der »normalen« Justiz und der »normalen« Verwaltungstätigkeit war für das Regime der unverzichtbare Sockel für alle weiterausgreifenden Aktivitäten. Ohne diese Normalität, die – außerhalb aller strafrechtlichen oder moralischen Schuldvorwürde – nur »historisch« analysiert werden kann, wäre das Regime zusammengebrochen.

4

Welche Möglichkeiten, so mag man am Ende fragen, hat nun der Hochschullehrer, um den Studierenden neben der Vermittlung von Wissen und Fertigkeiten auch unbestechliches Rechtsgefühl, Mißtrauen gegenüber den eigenen Vorurteilen, Standfestigkeit gegen politische Pressionen von außen und Versuchungen von innen zu vermitteln? Dies muß und wird jeder für sich beantworten. Ohne diese Anstrengung der Vermittlung ist jedoch auch die Rechtslehre wert-los.[21] Sie bedürfte in diesem Falle auch nicht mehr des traditionellen Ortes der Universiät, sondern könnte ohne Substanzverlust auf Repetitorien schlichtester Art verlagert werden.

Der Hochschullehrer sieht sich heute Studenten gegenüber, die schon als Schüler einen langen Weg durch ein Ausbildungssystem hinter sich haben, in dem ihnen täglich gepredigt wurde, auf welchen Wegen und unter welchen Anpassungsleistungen Erfolge in Form von Punkten erzielt werden können. Dieser Weg setzt sich in der heutigen Juristenausbildung ohne Unterbrechung fort. Die Freiräume für selbständiges Nachdenken, für Erkundungen innerhalb der Universität, für die Entfaltung von Kritikfähigkeit und die Erprobung von Mut, sich des eigenen Verstandes zu bedienen, sind kontinuierlich geschrumpft. Spätestens im 2. Semester beginnen heute die sorgenvollen Anfragen, ob es nicht besser sei, für die neuerdings eingeführten sog. »Studienbegleitenden Leistungskontrollen«[22] schon einen Repetitor aufzusuchen. Die für die Prüfungen vorausgesetzten Stoffmengen sind, übrigens unter kräftiger Mitwirkung der Hochschullehrer selbst, in solchem Maße gewachsen, daß für den berühmten und immer wieder beschworenen »Blick über den Zaun« des eigenen Faches kaum noch Zeit bleibt. Die Massenuniversität zwingt zu permanenter Mangelverwaltung, ständigem Verzichten auf »Vertiefung« und zur Konzentration auf das, was »verlangt« wird. Gelegentliche originelle Wandparolen (»Nur tote Fische schwimmen mit dem Strom«) können nicht darüber hinwegtäuschen, daß im wesentlichen Anpassung und Vermeidung von Um- und Sonderwegen die Szene beherrschen.

Diese Beobachtungen, die heute von vielen Kollegen geteilt werden, gehen nicht auf das Konto der Schüler und Studenten, sondern einer Gesellschaft, in der Karriere gepredigt und materieller Erfolg bewundert, nur das Nützliche gelernt und in der Abweichungen mit Mißtrauen betrachtet werden. Bei ihr muß angesetzt werden, wenn es darum geht, Barrieren gegen die Barbarei zu errichten.

Anmerkungen

1 KOSELLECK, Reinhart: Historia Magistra Vitae. Über die Auflösung des Topos im Horizont neuzeitlich bewegter Geschichte, in: BRAUN, Hermann/RIEDEL, Manfred: *Natur und Geschichte*, Karl Löwith zum 70. Geburtstag, Stuttgart: Kohlhammer 1967, 196–219. WITTRAM, Reinhard: *Das Interesse an der Geschichte*. Göttingen: Vandenhoeck & Ruprecht, 3. Aufl. 1968. LÜBBE, Hermann: *Geschichtsbegriff und Geschichtsinteresse. Analytik und Pragmatik der Historie*, Basel: Schwabe, 1977. Ders.: Über den Grund unseres Interesses an historischen Gegenständen. Kulturelle und politische Funktionen der historischen Geisteswissenschaften, in: FLASHAR, Helmut u. a. (Hrsg.): *Geisteswissen-*

schaften als Aufgabe. Kulturpolitische Perspektiven und Aspekte. Berlin: De Gruyter, 1978, 179–193. Ders.: *Die Gegenwart der Vergangenheit. Kulturelle und politische Funktionen des historischen Bewußtseins.* Oldenburg: Holzberg, 1985. WEHLER, Hand-Ulrich: *Aus der Geschichte lernen?* Essays. München: C. H. Beck, 1988.

2 SCHMIDT, Arno: *Belphegor,* Karlsruhe: Stahlberg, 1961, 262: »... das individuelle Gedächtnis des Einzelnen ergibt Verhaltensregeln nur für eine recht beschränkte Anzahl von Erlebnissen; für die weitaus größte muß eben vikariierend das ›Gedächtnis der Menschheit‹ einspringen: einer der Zwecke der ›Geschichte‹«.

3 KLIPPEL, Diethelm: *Juristische Zeitgeschichte. Die Bedeutung der Rechtsgeschichte für die Zivilrechtswissenschaft,* Gießen 1985. Ders.: Entstehung und heutige Aufgaben der ›Privatrechtsgeschichte der Neuzeit‹, in KÖBLER, Gerhard (Hrsg.): *Wege europäischer Rechtsgeschichte,* Karl Kroeschell zum 60. Geburtstag. Frankfurt/Main: Lang, 147–167 m. w. Nachw.

4 RÜTHERS, Bernd: *Entartetes Recht. Rechtslehren und Kronjuristen im Dritten Reich.* München: C. H. Beck, 1988.

5 LÜBBE, Anna: Aus der Geschichte lernen?, in: SIMON, Dieter (Hrsg.), *Rechtshistorisches Journal* Bd. 7 (1988), 417. EBACH, Jürgen: Erinnerung gegen die Verwertung der Geschichte, in: ESCHENHAGEN, Wieland (Hrsg.): *Die neue deutsche Ideologie. Einsprüche gegen die Entsorgung der Vergangenheit.* Neuwied-Darmstadt: Luchterhand Literaturverlag, 1988.

6 BEHRENDS, Okko: Das Problem einer rein etatistischen Rechtsgründung gestern und heute, *NJW* 1988, 2862.

7 Hierzu nunmehr umfassend GRUCHMANN, Lothar: *Justiz im Dritten Reich 1933–1940. Anpassung und Unterwerfung in der Ära Gürtner.* München: Oldenburg, 1987.

8 Dies wird, gewissermaßen durch negativen Beweis, belegt durch den Band *Streitbare Juristen. Eine andere Tradition,* Hrsg. KRITISCHE JUSTIZ. Baden-Baden 1988. Vgl. im übrigen MÜLLER, Ingo: *Furchtbare Juristen.* München: Kindler, 1987.

9 Vgl. dazu insbesondere SCHRÖDER, Rainer: *»... aber im Zivilrecht sind die Richter standhaft geblieben!« Die Urteile des OLG Celle aus dem Dritten Reich.* Baden-Baden: Nomos, 1988. DIESTELKAMP, Bernhard/STOLLEIS, Michael (Hrsg.): *Alltag der Justiz im Dritten Reich.* Frankfurt/Main: Fischer, 1988.

10 RÜTHERS, *Entartetes Recht,* 24. Lehre.

11 RÜTHERS, *Entartetes Recht,* 31. Lehre.

12 RÜTHERS, *Entartetes Recht,* 18. Lehre.

13 Kritisch zum Richterbild bei Rüthers BEHRENDS, *Rechtsbegründung,* unter II.

14 RÜTHERS, *Entartetes Recht,* 21. Lehre.

15 RÜTHERS, *Entartetes Recht,* 24. Lehre.

16 Rühers, der seinen Blick auf die angeblich wertfreie Methodenfrage verengt hat, hält sich mit inhaltlichen Aussagen zu den zu vermittelnden Werten auffällig zurück. Daß er es nicht mit »emanzipatorischen« und »alternativen« Wertsetzungen hält, läßt er gelegentlich durchblicken. Aber auch die Methodenfrage kann für ihn nicht ganz wertfrei sein.

Anders ist das Engagement, mit dem bestimmte Methoden (m. E. ganz zu Recht) abgelehnt werden, nicht verständlich. Schon die Bevorzugung der sprachlich klaren vor der wolkigen Argumentationsweise enthält eine werdende Aussage gegen verschleierte Machtausübung sowie für Kontrolle und Rationalität. Dabei denkt Rüthers wohl weniger an Kontrolle des Gesetzgebers als des rechtsanwendenden Richters, eine Perspektive, die vielleicht auch dem Arbeitsrechtler besonders naheliegt.

17 RÜTHERS, *Entartetes Recht,* 19. Lehre.

18 Vgl. dazu nochmals die Porträts in dem Anm. 8 genannten Band *Streitbare Juristen,* etwa das von Josef Hartinger, des bayrischen Staatsanwalts, der in Dachau ermittelte, oder von Lothar Kreyßig, des Amtsrichters, der mit seinem Protest gegen die sog. Euthanasie bis zu Justizminister Gärtner vordrang.

19 Dazu insbes. FRIEDLÄNDER, Saul: Überlegungen zur Historisierung des Nationalsozialismus, in: DINER, Dan (Hrsg.): *Ist der Nationalsozialismus Geschichte? Zu Historisierung und Historikerstreit.* Frankfurt/Main: Fischer; 1987 sowie der Briefwechsel zwischen Paul Friedländer und Martin Broszat, in: *Vierteljahrhefte für Zeitgeschichte* 36 (1988), 339–372.

20 KEMPNER, Robert M. W.: *Ankläger einer Epoche.* Frankfur/Main: Ullstein, Berlin 1983.

21 RÜTHERS, *Entartetes Recht,* 24. Lehre.

22 § 5a Abs. IV,V Deutsches Richtergesetz i. d. F. v. 19. April 1972, eingeführt durch Ges. v.25. Juli 1984, BGBl I, 998 i. Vb. m. den Juristenausbildungsgesetzen der Länder.

VI

Bundesrepublik II: . . .und nichts dazugelernt?

HANS-JÜRGEN PUHLE

Konservatismus und Neo-Konservatismus: deutsche Entwicklungslinien seit 1945

Der Konservatismus, der die bundesdeutsche Politik der achtziger Jahre des 20. Jahrhunderts weitgehend dominiert hat, gilt durchweg als »neu«. Ob diese Einschätzung wirklich richtig ist, kann man nur erkennen, wenn man versucht, die wichtigsten Entwicklungslinien des politischen Konservatismus in Westdeutschland seit 1945 nachzuzeichnen, also der bisher letzten und noch in die Gegenwart hineinreichenden Phasen konservativer Orientierung und Politik. Sie reichen vom endgültigen Niedergang des älteren deutschen Konservatismus und seiner völkisch-nationalen Weiterentwicklungen und Verformungen in der dreißiger Jahren bis zum erneuten Aufschwung und politischen Erfolg konservativer Konzepte, die man inzwischen allgemein »neokonservativ« nennt, in einer spezifischen Krisenkonstellation seit der ersten Hälfte der siebziger Jahre. Letztere unterscheiden sich deutlich von anderen sogenannten Neokonservatismen in Westeuropa oder in den USA, in ihren theoretischen Formulierungen ebenso wie in der politischen Praxis. Zugleich scheinen sie an einige früher schon in Deutschland artikulierte Positionen anzuknüpfen, wenn auch in eigenwilliger Auswahl. Es liegt also nahe, in einem systematischeren Zusammenhang danach zu fragen:

1. wie »neu« dieser Neo-Konservatismus ist, und wie er sich zur Tradition des überlieferten deutschen Konservatismus verhält;
2. welche seiner Elemente überall anzutreffen sind und welche möglicherweise einen spezifisch deutschen Kontext reflektieren;
3. welche Kontinuitätslinien oder Brüche überhaupt in der Nachkriegsgeschichte des deutschen Konservatismus auszumachen sind.

Diese Fragen können in den folgenden sieben Punkten nur in Thesenform behandelt werden. Die Hoffnung ist, daß es dennoch in Umrissen gelingt, die spezifischen Konstellationen und Typen der Entwicklung konservativer Konzepte, Argumentationen und Politiken in Deutschland zu charakterisieren, auf die sich die Untersuchung an dieser Stelle beschränken muß. Für eine umfassende

Sozialgeschichte des konservativen Milieus, der Anhänger, Wähler und Organisatoren auf allen Ebenen, fehlen zur Zeit viele Vorarbeiten. Die sieben Punkte deuten auch bestimmte Periodisierungseinschnitte an, die aber nicht alle das gleiche Gewicht haben.

Einige Definitionen und Bemerkungen zum Gebrauch der Begriffe müssen vorausgeschickt werden: Unter *politischem Konservatismus* werden hier allgemein – im Gegensatz zu nicht explizit artikuliertem traditionalen Verhalten – jene Denkansätze, Weltanschauungen, Ideologien, Organisationen, Gruppen, sozialen Milieus und politischen Konzepte verstanden, deren Grundtendenz mehr auf die Bewahrung des Gewordenen und Bestehenden gerichtet ist als auf dessen Veränderung. Die Inhalte können dabei mit dem jeweiligen Status quo variieren, bleiben aber insgesamt bestimmten reaktiven und defensiven, oft auch resignativen Prinzipien der Abwehr von Veränderung, Fortschritt und Emanzipation, der Wirkungen der Aufklärung sowie der Ausweitung politischer Partizipation und sozialer Gleichheit verpflichtet.[1]

Im westlichen Kulturkreis lassen sich deutlich drei Wellen konservativer Argumentation gegen systemverändernde Reformen ausmachen, die sich überlagern: die erste seit dem ausgehenden 18. Jahrhundert gegen die freiheitlichen Dimensionen der Menschen- und Bürgerrechte mit ihrer Inkarnation in der französischen Revolution, die zweite im 19. Jahrhundert gegen die politisch-partizipatorischen Dimensionen, insbesondere das allgemeine gleiche Wahlrecht, und die dritte im 20. Jahrhundert vermehrt gegen deren soziale Dimensionen, insbesondere den Ausbau des Sozial- und Wohlfahrtsstaats.

Die meisten der von den Konservativen vorgebrachten Abwehrargumente lassen sich drei Grundmustern zuordnen: *Erstens* dem Muster der Sinnverkehrung, der pervertierten Wirkung einer anvisierten Reform, ihrer Kontraproduktivität. Schon de Maistre hat von der süßen Rachsucht der Vorsehung gesprochen, und Albert Hirschman bemerkte jüngst, daß dieses ideologische Argument besonders gern von Sozialwissenschaftlern benutzt wird, die dazu neigen, die Häufigkeit des »perverse effect« maßlos zu übertreiben.[2] *Zweitens* das Argument der Vergeblichkeit und des Scheiterns (»die Reform nützt nichts«). *Drittens* das der Gefährdung: die anvisierte Reform werde den erreichten Fortschritt zunichte machen.

Die deutschen Konservativen haben nacheinander argumentiert gegen die absolute Monarchie, gegen den Konstitutionalismus, gegen Reichseinigung und Nationalismus, und sie haben all dies, nachdem es sich schließlich durchgesetzt hatte, noch im 19. Jahrhundert akzeptiert und sogar verteidigt.[3] Die Argumente gegen das allgemeine Wahlrecht und den Parlamentarismus haben wesentlich länger gehalten, etwa bis in die Mitte des 20. Jahrhunderts. Die Argumente gegen den interventionistischen Sozialstaat sind in doppelbödiger Weise heute wieder aktuell. Ich komme darauf zurück.

Die häufigsten Positionen des *politischen Konservatismus* sind die des *intransigenten Konservatismus,* der nichts verändern und den Status quo bewahren will, und des *Reform-Konservatismus,* der graduelle Reformen propagiert, um Wesentliches bewahren und Gefährdetes stabilisieren zu können, im Unterschied zu »progressiver« Reformpolitik grundsätzliche Veränderungen aber zu verhindern versucht. Restaurative Veränderungen nach rückwärts sind nicht konservativ im strengen Sinne, werden aber oft zum konservativen Spektrum gerechnet. Der Ort des Konservatismus ist »rechts von der Mitte«, er umfaßt aber nicht immer die gesamte »Rechte«, zu der neben konservativen auch ultrareaktionäre oder scheinbar moderne populistische oder faschistische Bewegungen gehören können.[4]

Konservative Politik ist in der Regel Politik der Besitzenden, die die Staatsmacht zwar als Garanten des Status quo der Verteilung von Besitz, Vermögen und Lebenschancen in Anspruch nimmt, sie aber als Konkurrenten um Geschäftsanteile, Märkte, Gewinne und Verteilungsentscheidungen nicht dulden will. Sie folgt überdies dem Prinzip, den weniger Besitzenden relativ höhere Belastungen aufzuerlegen als den mehr Besitzenden. Soviel zur Terminologie.

1

Der entscheidende Ausgangspunkt für unsere Überlegungen ist das Jahr 1945. Das Ende des Weltkriegs, die Niederlage, die territorialen Folgeregelungen und die alliierte Besatzung markieren einen wichtigen Einschnitt in der Entwicklung des deutschen Konservatismus. Hier interessieren vor allem zwei Aspekte: Zum einen hatte sich der preußisch-protestantische, im 20. Jahrhundert überwiegend völkisch-neutrale Konservatismus zusammen mit dem nationalsozialistischen Regime restlos diskreditiert, und außerdem hatte er mit den Gebieten des ostelbischen Großgrundbesitzes weitgehend seine hergebrachte soziale Basis verloren. Was blieb – und auch weniger diskreditiert war –, war vor allem das west- und süddeutsche Milieu des katholischen Konservatismus, also des größten Teils der Zentrumspartei bzw. der Bayerischen Volkspartei, und das der Rechtsliberalen, die aufgrund ihrer Politik und ihres Koalitionsverhaltens seit Ende des 19. Jahrhunderts auch zum konservativen Spektrum gerechnet werden können.

Zum anderen haben die politischen, sozialen und ökonomischen Gesamtkonstellationen der Jahre nach 1945 die *zweite* große Wende und *Neuorientierung* in der Geschichte des deutschen Konservatismus entscheidend beeinflußt, die in der Herausbildung des politischen Konsensus des Adenauerschen Bürgerblocks und immer mehr vor allem der CDU und CSU bestand. Über beide Aspekte ist schon viel geschrieben worden. Hier nur ein resümierender Kommentar

Als die *erste* große Umorientierung und Verschiebung des historischen Orts des deutschen Konservatismus nach dessen parteipolitischer Etablierung kann man den Übergang zum völkischen Nationalismus zwischen 1890 und 1918 im Zeichen zunehmender großagrarischer und »mittelständischer« Organisation und der Herausbildung und Erweiterung des politischen Massenmarkts ansehen.[5] Vorausgegangen waren diesem Prozeß im 19. Jahrhundert interessante Übergänge vom altständischen zum romantischen, zum monarchisch-legitimistischen und schließlich zum konstitutionellen Konservatismus, die Karl Mannheim genauer untersucht hat.[6] Seit der zweiten Hälfte der siebziger Jahre des 19. Jahrhunderts hatten sich die Konservativen mehrheitlich mit der Bismarckschen Politik versöhnt.

Im Gegensatz zu den angelsächsischen Ländern und zum revolutionierten Frankreich hat sich in Deutschland jedoch kein kapitalistisch orientierter Liberal-Konservatismus herausgebildet. Der deutsche Konservatismus blieb, vor allem aufgrund seiner engen Bindung an großagrarische, später auch großindustrielle Interessen und vormoderne, obrigkeitlich-hierarchische Lebensformen, bis 1945 wesentlich antiliberal, antibürgerlich (obwohl sich auch Bürger konservativ artikulierten), antiparlamentarisch und in seiner Rhetorik oft antikapitalistisch (was das Vordringen antisemitischer Agitation nach 1890 erleichterte).[7] Die wenigen *Reformkonservativen* (katholische wie protestantische), die die reformistische Integration der Arbeiterschaft in die Gesellschaft zur Abwehr des Klassenkampfes propagierten und als erste versuchten, konservative Mittelstandspolitik zu betreiben, blieben durchgehend in der Minderheit.[8]

Die völkisch-nationale Wende am Ende des 19. Jahrhunderts hat einen großen Teil der altkonservativen Inhalte und Positionen verformt und zerstört. Am deutlichsten kann das im Vergleich der zentralen Begriffe und topoi werden (die teilweise heute noch Bedeutung haben): Die altkonservativen Grundwerte waren gewesen: Eigentum (nicht Sache), Familie, Persönlichkeit (im Stand, in der Korporation, nicht Individualität), Freiheit (nicht Gleichheit), Leben (nicht Begriff), Religion, Legitimität, Autorität. Die der »neuen Rechten« waren vor allem: Volksgemeinschaft, Mittelstand, nationale Arbeit in Stadt und Land, Kampf ums Dasein, Erhaltung der Art, gesundes Volksempfinden.

Konservatismus ging auf in einer völkisch-nationalen, sozialimperialistischen, militanten Integrationsideologie mit organisch-harmonistischer, korporativer Begrifflichkeit, antiliberaler und antisozialistischer Stoßrichtung und mit wirksamer Agitation, die Anhänger in breiten Schichten von der Aristokratie bis zum Kleinbürgertum fand.[9] Vor dem Hintergrund des »Kriegserlebnisses« im Ersten Weltkrieg, von Versailles, Reparationspolitik und Wirtschaftskrise entwickelte sich in der Weimarer Republik neben den verfassungsfeindlichen konservativen Großorganisationen (DNVP, Agrar-, jetzt vermehrt Industrie-, Wehr- und völkische Agitationsverbände) noch eine literarische und ästhetisierende Variante des Konservatismus, die die »konservative Revolution« propagierte und mit dem »neuen Menschen« oder »neuen Staat« radikal unkonservative Ziele ansteuerte (Jünger, Schmitt, Jung, Moeller v. d. Bruck u. a.).[10] Die Gruppen der präfaschistischen »neuen Rechten« haben ebenso wie die traditionellen konservativen Eliten zum Aufstieg des Nationalsozialismus aus dem Milieu der völkischen Verbände und zu dessen Durchsetzung beigetragen. Entsprechend wurden sie nach 1945 auch dafür mit verantwortlich gemacht.

Dies alles hat sich nach 1945 grundlegend verändert. Es gab kein Preußen mehr und keine ostelbischen Junker, das relative Gewicht agrarischer Interessen nahm weiter ab, völkische Ideologie und Nationalismus blieben lange Zeit verpönt in Deutschland. Und vor allem wurden die politischen Institutionen reformiert. In den Westzonen orientierte sich der institutionelle Neubau definitiv an westlichen Modellen der parlamentarischen Demokratie. Der größte Teil der Eigenarten des *deutschen Entwicklungswegs* in die Moderne, die man meinte, wenn man vom »Sonderweg« sprach, war damit endgültig Geschichte geworden, der »Sonderweg«, wenn man so will, war zu Ende. Seitdem haben in ganz Westeuropa zunehmend die Tendenzen zur Konvergenz der unterschiedlichen nationalen Entwicklungswege überwogen.[11]

Das Jahr 1945 markiert Neubeginn *und* Restauration. In institutioneller Hinsicht leitete es einen entscheidenden Neubeginn ein, der zum ersten Mal einem deutschen Gemeinwesen Demokratie und Stabilität brachte. Die Gesellschaft wurde bürgerlicher und hie und da etwas egalitärer, obwohl es die »Stunde Null« nicht gegeben hat – nicht nur aufgrund langfristiger ökonomischer Prozesse, die man im breiten Kontext der Wandlungen zwischen den dreißiger und den fünfziger Jahren untersuchen müßte, oder weil die ostelbischen Zustände und Arbeitsverfassungen fehlten, sondern auch, weil sich jetzt erstmals, mit Richard Löwenthal zu reden, in einer liberalen Staats- und Wirtschaftsordnung eine im westlichen Sinn bürgerliche Lebensform auf breiter Front (und verbindlich auch für die Eliten, H. J. P.) in Deutschland durchzusetzen begann.[12] Daneben gab es die »restaurativen« Tendenzen, auf die zuerst Hans Werner Richter 1946 und dann insbesondere Walter Dirks und Eugen Kogon hingewiesen haben,[13] vor allem in Wirtschaft und Gesellschaft, sichtbar in der Kontinuität der Bankiers und Unternehmer, des Berufsbeamtentums und der Richterschaft. Eine soziale Revolution hatte weder stattgefunden, noch war sie von irgendwem intendiert worden. Auch die Alliierten machten bereits früh Schluß mit Entflechtung, Demontage und Wirtschaftsregulierung. Schon 1950 war absehbar, daß im Hinblick auf die Besitzverhältnisse und Produktionsmittel, auf die Charakteristika der sozialen Schichtung und der Wirtschaftsentscheidungen sich nicht die Absichten der Programme nahezu aller Parteien aus der ersten Nachkriegszeit durchsetzten, sondern an die Vorkriegszeit angeknüpft wurde. Diesem Prozeß konnten sich auch die Konservativen nicht entziehen. In ihren politischen Aussagen überwogen allerdings zunächst Bekenntnisse zu Neubeginn und dem Bruch mit der Vergangenheit.

2

Das entscheidende Kennzeichen der *zweiten* großen Neuorientierung des deutschen Konservatismus, die 1945 einsetzte, um 1950/51 in ihren wesentlichen Elementen abgeschlossen war und bis etwa 1956 in der Gesetzgebung ratifiziert wurde, war die Verbindung der ökonomischen Doktrin des Neoliberalismus mit dem angelsächsischen Konzept der parlamentarischen Demokratie, deren Institutionen jetzt erstmals von den deutschen Konservativen ohne Vorbehalte akzeptiert wurden. Hinzu kamen Prinzipien der katholischen Soziallehre sowie Antikommunismus und Betonung der aktiven Westbindung der Bundesrepublik im beginnenden Kalten Krieg.

Die wichtigsten Entscheidungen fielen bereits zwischen 1946 und 1948. Insbesondere der Beschluß der SPD Mitte 1947, im Frankfurter Wirtschaftsrat für die Bizone in die Opposition zu gehen, und die Durchsetzung der Währungsreform durch Ludwig Erhard 1948 stellten die Weichen in Richtung auf eine Rekonstruktion der kapitalistischen Wirtschaftsordnung. Die vor allem aus dem Ordo-Liberalismus entwickelte Lehre von der »sozialen Marktwirtschaft«, die später nicht zufällig überwiegend »freie Marktwirtschaft« genannt wurde, brachte die hergebrachte deutsche Realität eines organisiert-kapitalistischen Systems mit erheblicher Staatsintervention auf die Formel volkswirtschaftlicher Schulweisheit, deren Praxis sich gegenüber dem Hochdirigismus des NS-Regimes und der Weltkriege als ausgesprochen liberal abhob und die Erwartungen der Mehrheit der Westdeutschen schnell zu erfüllen schien: Wiederaufbau, Wohlstand, Wachstum, Expansion, Gewinn. Im Zeichen der sozialen Marktwirtschaft wurde der Übergang zur Konsumgesellschaft nachgeholt.[14]

Der liberalkapitalistische Konsens, der in dieser Breite bis 1945 in Deutschland gefehlt hatte, erhöhte den Grad der Akzeptanz der parlamentarischen Demokratie auch für Konservative. Zu ihr schien es keine Alternative zu geben, und beide zusammen, soziale Marktwirtschaft und Parlamentarismus, haben den Grund gelegt für die Etablierung eines westlichen *Liberal-Konservatismus* in Deutschland. Dieser blieb lange Jahre mehrheitsfähig. Neu war auch, daß er ein hohes reformkonservatives Potential aufwies, selbst wenn die drastischen – und auch nicht konservativen – Sozialisierungspläne aus den Programmen der christlichen Parteien in der unmittelbaren Nachkriegszeit (1945–47) inzwischen vergessen waren.[15] Sozialgesetzgebung, Betriebsverfassungsgesetz und Montanmitbestimmung deuten das an. In eine andere Richtung gingen allerdings eine Reihe von »Restaurationsgesetzen« zur Förderung des Kleineigentums – verabschiedet übrigens mit den Stimmen der SPD –, wie die Einführung des »großen Befähigungsnachweises« in der Handwerksordnung 1953 oder das hochinterventionistische Landwirtschaftsgesetz von 1955, von dessen Segnungen die Agrarier früherer Tage nicht einmal zu träumen gewagt hatten und das den Prinzipien der sozialen oder gar der freien Marktwirtschaft extrem zuwiderlief.[16] Die politische Interpretation des Grundgesetzes wurde zunehmend auf den sozioökonomischen Status quo eingeengt. Auch das KPD-Verbot und die Wiederbewaffnung gehören in diesen Kontext.

Wie breit der neue Konsens war – und daß er nicht beschränkt blieb auf eine kleine politische Elite –, geht deutlich aus einer der ersten großen Repräsentativumfragen hervor, die in Deutschland gemacht worden sind und deren Ergebnisse bis heute nicht vollständig veröffentlicht sind. Es handelt sich um eine vom Allensbacher Institut für Demoskopie im Anschluß an die erste Bundestagswahl vom August 1949 durchgeführte Umfrage der Frankfurter Wirtschaftspolitischen Gesellschaft von 1947 über die deutsche Situation.[17] Die Umfrage zeigte – abgesehen von einer grundsätzlich optimistischen Einstellung zu den politischen und wirtschaftlichen Problemen und leichten Relikten des traditionellen deutschen Anti-Parteien-Affekts (50 % der Befragten wollten aber den Parteien immerhin Kredit geben) – u. a. folgendes:

Nur etwa 1/5 der Befragten (n = 2 100) sprachen sich für eine Neuverteilung des Volkseinkommens aus, aber 40 % für mehr Wachstum; 22 % erhofften sich eine Vermehrung des Volkseinkommens von Sozialisierungen, dagegen 68 % von privater Initiative und freiem Wettbewerb; 45 % hielten eine Verstärkung des staatlichen Einflusses infolge von Sozialisierung für einen Nachteil, nur 23 % für einen Vorteil; 14 % sprachen sich für die herkömmliche, national begrenzte protektionistische Wirtschaftsform aus, aber 65 % für einen freien internationalen Wettbewerb und freien Verkehr, ohne signifikante Unterschiede zwischen CDU-, SPD- und FDP-Anhängern.

Besondere Bedeutung kommt in unserem Zusammenhang auch den Ergebnissen der ersten Bundestagswahl vom August 1949 zu, den *founding elections*[18] der Republik: Bei dieser Wahl kamen CDU/CSU und SPD etwa gleichstark auf jeweils rund 30 %, die Liberalen (FDP/DVP/BDV) auf fast 12 %, die Kommunisten auf 5,7 %. Entscheidend wurde der hohe Anteil der anderen Gruppen (22 %), von denen die stärksten waren: Bayernpartei (4,2 %), Deutsche Partei (4,0 %), Zentrum (3,1 %) und zwei Vertriebenenlisten. Die Entscheidung der Wähler steckte das Terrain ab. Sie ermöglichte die mit knapper Mehrheit durchgesetzte Wahl Adenauers zum Kanzler und die Bildung des Bürgerblocks aus CDU/CSU, Liberalen und den kleinen bürgerlichen Gruppierungen mit Ausnahme der rechten Extremisten, die, wie die KPD, schon 1953 aus dem Bundestag verschwanden.

In der Folge sind die beiden christlichen Parteien, von denen die CDU bis in die sechziger Jahre organisatorisch weitgehend ein Wahlverein zur besonderen Verfügung des Kanzlers blieb, zu zentralen Integrationspolen des konservativen Wählerpotentials geworden. Sie waren dazu auch deshalb bestens geeignet, weil sie sich zum einen überkonfessionell organisierten, also die traditionelle Spaltung des deutschen Konservatismus in einen katholischen und einen protestantischen Flügel überwanden, und teilweise zum anderen nicht ausschließlich (wenn auch überwiegend) konservativ waren und sich vor allem nicht mehr so nannten, sondern sich zunehmend bezeichneten als Volksparteien der »Mitte«, die sowohl »konservativ«, als auch »liberal und sozial« seien.[19] Die CDU konnte dabei insbesondere auf ihren Arbeitnehmerflügel verweisen, dessen Bedeutung allerdings abnahm; und die CSU stand ohnehin in der populistischen, volkstümlichen Tradition der BVP, deren innere Konflikte mit der Durchsetzung des liberaleren, antiklerikalen Flügels um Josef Müller und Franz Josef Strauß allmählich überwunden wurden.[20] Beide Parteien brachten aus ihrer sicheren Verankerung im west- und süddeutschen katholischen Milieu heraus alte Zentrumsanhänger und protestantische Christlich-Soziale zusammen, alte Konservative, Deutschnationale, gemäßigte Völkische und nationalsozialistische Mitläufer, aber auch zunehmend Rechtsliberale. Und sie haben schon seit den fünfziger Jahren die meisten regionalen, konservativen, mittelständischen Partien integriert, zunächst in den Bürgerblock, dann in die christlichen Parteien. Selbst die CDU hat sich seit dem Ende der sechziger Jahre in der Opposition auch organisatorisch vom Wahlverein zur breiten Volkspartei entwickelt und war Anfang der achtziger Jahre sicher die bestorganisierte Partei der Bundesrepublik.

Diese Integration rechter Gruppen, insbesondere der teilweise ständestaatlichen Ultras und latenten Revanchisten der Deutschen Partei in Hannover, hat die ohnehin übermächtige konservative Orientierung der christlichen Parteien verstärkt, ein Vorgang, den die Aufnahme periodischer Rechtsabspaltungen von den Liberalen, die hier nicht näher behandelt werden können, nicht kompensieren konnte. Das konservative Wählerspektrum wurde dabei allerdings breiter: Sieht man einmal ab von den methodischen Problemen des Vergleichs, so läßt sich doch sagen, daß der Anteil dieses Spektrums an den Wählerstimmen von über 55 % Ende der vierziger Jahre auf über 65 % in den fünfziger Jahren stieg, in den Sechzigern noch bei 60 % lag und erst in den siebziger Jahren auf weniger als 50 % abfiel. Die kritische Rede vom »CDU-Staat« war berechtigt.[21]

Die prägnanteste Formel des konservativen Konsens der fünfziger Jahre war der Adenauersche Wahlkampfslogan: »Keine Experimente!« Konservativer läßt sich nicht formulieren. Der erreichte Wohlstand sollte ebenso abgesichert werden wie die provisorischen deutschen Grenzen – trotz der verbalen Wiedervereinigungspropaganda. Der Status quo war zu stabilisieren, dem Provisorium Dauer zu verleihen. Hinzu kam ein in die Landschaft des Kalten Krieges passender und von den Realitäten des geteilten Landes genährter grober Antikommunismus und Antisozialismus, oft verbunden mit einer Art Kreuzzugsmentalität, mit der Beschwörung des »christlichen Abendlands« oder »Europas«, womit in beiden Fällen nur das kontinentale Westeuropa des Reichs Karls des Großen gemeint war. Die Übergänge zu radikaleren, weiter rechtsstehenden Abendlandbeschwörungen innerhalb und außerhalb der christlichen Parteien waren (und blieben) fließend, z. B. zu Organisationen wie der Abendländischen Akademie, der Abendländischen Aktion, später der Deutschlandstiftung, der Harzburger (ausgerechnet!) Akademie für Führungskräfte der Wirtschaft, zum antikommunistischen Kommitee »Rettet die Freiheit« des jungen Abgeordneten Rainer Barzel, einer Art selbsternanntem deutschen McCarthy-Ausschuß, oder zu Zeitschriften wie *Nation Europa* und anderen.[22] In der Regel haben die christdemokratischen Parteien versucht, die hier zutage tretenden Energien an sich zu binden, so wie sie auch vor der Integration erzreaktionärer Deutschnationaler, belasteter Unternehmer und Beamter und anderer Antidemokraten nicht zurückgeschreckt sind, die den beiden Parteien, so wie sie 1945/46 angetreten waren, durchaus nicht anstanden. Anhand solcher Fälle sind Kontinuitätsthesen übertrieben worden, und CDU und CSU sind von einigen Autoren sehr nahe an Neofaschismus und Demokratiefeindschaft herangerückt worden, zumal obrigkeitsstaatliche Traditionen und Anti-Parteien-Affekt bis in die sechziger Jahre überall deutlich spürbar waren.[23]

Wichtiger scheinen mir bestimmte inhaltliche Kontinuitätslinien zu sein, die vor allem in der zunehmenden Programmdiskussion seit Ende der fünfziger Jahre verstärkt zutage getreten sind. Hier haben insbesondere prononciert konservative Ideologen Kritik an der weltanschaulichen Verwaschenheit und Programmlosigkeit der CDU geübt, die es bis 1971 vermied, sich ein Grundsatzprogramm zu geben.[24]

Man forderte ein verbindliches Menschenbild und davon inspirierte allgemeine politische Leitlinien und griff dabei zurück zum einen auf »bleibende Grundsätze altkonservativen Denkens« aus der ersten Hälfte des 19. Jahrhunderts, zum anderen auf Ideen aus dem Umkreis der »konservativen Revolution« und der »Jungkonservativen« am Ende der Weimarer Republik (z. B. Merkatz, Mohler, Golo Mann, Martini, Schlamm, Zehrer).[25] Einen großen

Teil der Argumente kann man in den Beiträgen zu der Umfrage »Was ist heute noch konservativ?« nachlesen, die die Zeitschrift *Der Monat* 1962 veranstaltet hat.[26] Der Protestant Eugen Gerstenmaier, der es in jenen Jahren als einziger wagte, die CDU klar eine konservative Partei zu nennen, formulierte 1958 auf dem Kieler Parteitag die Leitidee der »auf eigenen Füßen stehenden verantwortungsbewußten Persönlichkeit in der gegliederten und geordneten Gemeinschaft«. Er dokumentierte damit ausdrücklich den hohen Grad der Annäherung des protestantischen Konservatismus – in der Tradition der preußischen Altkonservativen ebenso wie der Christlich-Sozialen der Jahrhundertwende, auch mancher ihrer organizistisch-harmonistischen Vorstellungen –, an das »Subsidiaritätsprinzip« der katholischen Soziallehre, das die Familien-, Bildungs-, Gesundheits- und Sozialpolitik der CDU-Regierungen entscheidend geprägt und geleitet hat.[27] Dessen Grundsatz, daß der Staat nur ersatzweise und subsidiär tätig werden solle, wenn die eigene Initiative der Bürger nicht mehr hinreicht, war bereits in den späten vierziger Jahren in die Formulierung der Prinzipien der sozialen/freien Marktwirtschaft eingegangen.

Noch deutlicher wurden die Rückgriffe auf Menschenbild und organizistische Analogien der alten Konservativen in dem Topos von der »formierten Gesellschaft«, den Kanzler Ludwig Erhard 1965 prägte und der einging in die CDU-Thesen zur Wirtschaftspolitik.[28] Dieses Konzept ging – im Gegensatz zu einem »weltfremden idealtypischen Menschenbild«, das schon konservative Urväter wie Möser, Burke, Müller oder Gentz verworfen hatten[29] – von der »Unvollkommenheit bzw. Sündhaftigkeit alles Menschlichen« (Erhard) aus, griff aber auch, vor allem in der theoretischen Begründung durch Rüdiger Altmann, neuere Diskussionen der sechziger Jahre auf.

3

Die sechziger Jahre waren nicht nur die Zeit der Bildungsexpansion, sondern auch der Diskussion des sogenannten *»technokratischen Konservatismus«*. Das Wort stammt von Martin Greiffenhagen[30] und bezieht sich auf einen einflußreichen und – wie sich zeigen sollte – in Deutschland zukunftsträchtigen intellektuellen Diskurs, der einer der bisher letzten Versuche zur Begründung einer kohärenten konservativen Weltanschauung gewesen ist und dessen größte Leistung in der Versöhnung konservativen Denkens mit der Realität der Industriegesellschaft bestanden hat (während ironischerweise später Teile der Linken zu Fortschritts- und Technikfeindschaft umschwenkten). Untersucht wurden dabei vor allem die Lage des Menschen angesichts der »Sachzwänge« der hochindustrialisierten Gesellschaft und die neuen Chancen, die Technologie und Technokratie, auch als Gegenprinzipien zur parlamentarischen Politik, für Problemlösungen boten.

An der Debatte beteiligten sich vor allem Helmut Schelsky, dessen Vortrag »Der Mensch in der wissenschaftlichen Zivilisation« 1961 die Diskussion eröffnete,[31] und der Kulturanthropologe Arnold Gehlen, dessen Institutionenlehre wir vor allem den weiterwirkenden Topos von der Notwendigkeit der »Entlastung« des Menschen von »Entscheidungszumutungen« verdanken, außerdem Hans Freyer, Carl Schmitt, Wilhelm Weber, Erich Forsthoff, Ernst Jünger und andere.[32] Diese Richtung ersetzte, vereinfacht gesagt, den skeptischen Geschichtspessimismus der früheren Konservativen durch einen vorsichtigen, mit Trauerflor akzentuierten Optimismus. An die Stelle der Wehmut über den Verlust der Einheit und Harmonie des Menschen mit der Natur in der vorindustriellen Gesellschaft trat ein tiefes Vertrauen, diese Harmonie gewissermaßen künstlich[33] wiederherstellen zu können in einem technokratischen System, das auf Dauer weder der Legitimation noch der demokratischen Freiheiten bedarf, weil es einfach *optimal funktioniert* (so die Hoffnung). An die Stelle der Politik und ihrer Ideologien treten dabei scheinbar objektive »Sachzwänge«, die nur administriert werden müssen. Fortschritt ist nach Erreichen einer bestimmten Sättigungsstufe (Gehlen: »Kristalisation«) nur noch technischer Fortschritt, Politik wird überflüssig (Gehlen: »post-histoire«).[34]

In vergröberter Form sind diese komplexen Spekulationen zunächst vor allem einbezogen worden in die Rechtfertigung der »formierten Gesellschaft« durch Rüdiger Altmann und etliche Varianten der These von der sogenannten »Unregierbarkeit« entwickelter Industriegesellschaften.[35] Für manche wurden »technokratisches System« oder »formierte Gesellschaft« zu neuen Worten für das, was früher als »völkische Einheit« bezeichnet worden war.[36] Und später haben insbesondere die sogenannten »Neo-Konservativen« der Bundesrepublik aus dem Reservoir der Technokratiediskussion geschöpft. Den wichtigsten Punkt brachte Armin Mohler auf die Formel, für die Konservativen heiße es jetzt: »durch die Industriegesellschaft mitten durch!«[37]

4

Auch in anderer Hinsicht markieren die sechziger und siebziger Jahre noch einen wichtigen Übergang. Es schien den Autoren, die darüber nachdachten, angesichts der Großen Koalition und des anschließenden Regierungswechsels, immer deutlicher zu werden, daß nach der Durchsetzung des Interventions- und Sozialstaats die traditionellen Konzepte des politischen Konservatismus zur Auflösung tendierten ebenso wie die des Liberalismus und des Sozialismus. Ihre Bestandteile sind – programmatisch herrenlos – beliebig verfügbar geblieben und (auch sektoral unterschiedlich) vielfach kombiniert worden zu Allerweltsformeln einer möglichst alle Ideologien umgreifenden, minimal-reformistischen Politik der »Mitte«, die oft die Politik des kleinsten gemeinsamen Nenners ist und zur Unbeweglichkeit tendiert angesichts der drastisch verringerten politischen Handlungsspielräume aufgrund des Ausbaus unüberschaubarer bürokratischer Großorganisationen beim Staat und bei Privaten, legislativer Festschreibungen und der zahlreichen wirklichen oder vermeintlichen »Sachzwänge«. Neben einer Zunahme *konservativer Elemente* in jeder (auch sozialdemokratischer, progressiver oder liberaler) Politik kann deshalb auch von einem neuen *systemischen* Konservatismus gesprochen werden, einer strukturellen Tendenz hochgradig organisierter industriekapitalistischer Systeme zur Status-quo-Bewahrung, zu Stabilisierung und Vermeidungsstrategien aus Furcht vor unerwarteten Auswirkungen und Krisen, aufgrund der Starrheit der Mechanismen, der Langfristigkeit der Planung und der Schwierigkeit effizienter Kontrolle. Diese Tendenzen können zusätzlich gestützt werden durch die technischen Möglichkeiten der Massenmedien zur Erzeugung von Massenloyalität und Depolitisierung, die konservative Grundstimmungen verstärken.[38]

Diese Eindrücke wurden besonders Ende der sechziger und Anfang der siebziger Jahre bestätigt: Einerseits etablierte das von der Großen Koalition verabschiedete Stabilitätsgesetz (1967) die Mechanismen des organisierten oder »neo-korporativen« keynesianischen Sozial- und Wohlfahrtsstaats (»Konzertierte Aktion«).[39] Andererseits blieben danach die großen Reformen der sozialliberalen Koalition aufgrund finanzieller Engpässe und später der Wirtschaftskrise weitgehend Stückwerk und enttäuschten viele Erwartungen. Die neuen, durch die Politik der Großen Koalition, Notstandsgesetze und das praktische Ausschalten parlamentarischer Opposition provozierten Basis-Protestbewegungen, vor allem die Studentenbewegung, ließen sich nur kurz vom anfänglichen Reformelan der Ära Brandt faszinieren, gingen dann aber zunehmend neue Wege der populistischen Artikulation und Politik von unten, überwiegend mit verschiedenen Kombinationen von diversen »single issues«. Für unser Thema wichtig ist, daß sich im Gegenzug zu den Projekten und »Zumutungen« der sozialliberalen Reformpolitik ebenso wie der Protestbewegungen und als Reaktion auf sie, auf ihren vermeintlichen »Kollektivismus« und auf den »Tugendterror« des »sogenannten Guten« (Schelsky),[40] die CDU in der Opposition neu formierte, organisatorisch als breite und schlagkräftige reformistische Volkspartei und programmatisch mit konservativeren Akzenten als zuvor, die seit Ende der siebziger Jahre sogar offen, selbstbewußt und aggressiv (das war neu!) »konservativ« genannt wurden. Aus jener Zeit stammt das berühmte Paradox von Franz Josef Strauß, konservativ sein heiße, »an der Spitze des Fortschritts marschieren«.[41] Die ominöse »Tendenzwende« im intellektuellen und konzeptionellen Bereich begann zwischen 1970 (Gründung des Bundes Freiheit der Wissenschaft) und 1973, noch *bevor* sich die Wirtschaftskrise deutlich auswirkte.

5

Diese Wirtschaftskrise seit 1973 stellt auch in unserem Zusammenhang insofern einen wichtigen Einschnitt dar, als sie zum einen langfristig den konservativen Kritikern der als immer unzureichender angesehenen Regierungspolitik Aufwind gab und zum anderen die Sammlung der disparaten konservativen Energien, die bereits eingesetzt hatte, enorm beschleunigte, ein Prozeß, der auch in Deutschland mit dem Topos »Neo-Konservatismus« verbunden wird. Die Krise war eine Krise neuer Art, die mit der Bezeichnung »Stagflation« nur ungenügend umschrieben ist und gegen die die etablierten Mechanismen und Steuerungsinstrumente keynesianischer Wirtschaftspolitik und Staatsaktivität nichts ausrichten konnten. Dies hat weltweit die Kritik an den Grenzen und Unzulänglichkeiten des modernen Interventions- und Sozialstaats und an der Unbeweglichkeit seiner Großorganisationen verstärkt und zu partieller Delegitimierung geführt, am deutlichsten sichtbar an den west- und nordeuropäischen Wahlergebnissen. Hinzu kamen Einsichten in die zunehmende Rohstoff- und Ressourcenknappheit und die Gefahren irreversibler Umweltschädigungen, in die Begrenztheit des Fortschritts generell, alles altkonservative Warnungen, die schon vor 1820, wenn auch in anderem Kontext, artikuliert worden sind. Hermann Lübbe, einer der intelligentesten deutschen Konservativen der Gegenwart, sprach vom »Verstummen der Aufbruchsmetaphorik«.[42]

Die Krise produzierte Reaktionen, die den reformistisch-wohlfahrtsstaatlichen Konsens der letzten Jahrzehnte, auf den sich die meisten Reformkonservativen eingelassen hatten, sprengten und die man vielfach unter dem unscharfen Sammelbegriff »neokonservativ« zusammengefaßt hat.

6

»Neo-Konservatismus« kann noch weniger als ein einheitliches Konzept angesehen werden als etwa »Konservatismus«. Es ist nicht möglich, hier die breite Debatte vollständig zu resumieren, zu der inzwischen eine Reihe intelligenter Studien vorliegen.[43] Kurz und vereinfacht nur soviel: Als gemeinsamer Nenner des Neo-Konservatismus kann der Versuch gelten, die aktuelle Krise des entfalteten Sozialstaats, die als endgültiges Versagen des Interventions- und Sozialstaats und als letzte Krise des auf Fortschritt gerichteten Projekts der Moderne interpretiert wird, zu bekämpfen mit Mitteln aus dem Arsenal des konkurrenzkapitalistischen Manchester-Liberalismus, also die Richtung der Entwicklung der letzten hundert Jahre umzukehren. Zur »Schonung« (Lübbe) der Gesellschaft sei insbesondere die Staatsintervention mit ihren Bürokratien, Steuerungsinstrumenten und Sozialleistungen zurückzudrängen; die großen öffentlichen (aber nicht die private) Organisationen und Apparate, denen »Unregierbarkeit« drohe, seien zu entlasten, kleinere Einheiten zu schaffen, Marktmechanismen und Leistungsprinzip wiederherzustellen, ergänzt durch angebotsorientierte und monetaristische Wirtschaftspolitik.

Diese Prinzipien einer extrem neoliberalen Ökonomie, die sich im Widerspruch zu konservativen Wertorientierungen befinden, und entsprechende sozial-, familien- und arbeitsmarktpolitische Programme haben überall dort, wo sie in Politik umgesetzt worden sind (Reaganomics, Thatcherism), auch aufgrund einseitiger Aufwendung, zu zunehmender Umverteilung nach oben und zu sozialer Polarisierung geführt. Sie machen auch den größten Teil der Positionen jener nicht einheitlich argumentierenden nordamerikanischen Intellektuellen (vielfach enttäuschter Linker oder

»New Dealer«) aus, die in den einflußreichen Zeitschriften *Commentary* und *Public Interest* schreiben (u. a. Kristol, Podhoretz, Glazer, Bell, Hook).[44] Zum Neoliberalismus hinzu kommt bei diesen Autoren und manchen ihrer westeuropäischen Pendants durchweg noch eine missionarische konservative Kulturkritik, insbesondere an den Auswüchsen von Fortschritt, Gleichheit und Demokratie zur Verteidigung der vermeintlich bedrohten liberalen Gesellschaftsordnung, Antikommunismus, die elitäre Selbstanalyse einer neuen Klasse postmoderner intellektueller Dienstleister in der nachbürgerlichen Gesellschaft und positivistische Naturwissenschaftsgläubigkeit. Letztere findet sich besonders ausgeprägt in der Hochschätzung genetischer Erklärung und im rassistischen Soziobiologismus der französischen »Neuen Rechten« der Gegenwart, einer wohlorganisierten modischen Philosophenrichtung (z. B. GRECE, Benoist) mit antiaufklärerischen und vitalistischen Zügen, die sich auf die deutschen Propagandisten der »konservativen Revolution« beruft.[45]

Die deutschen Autoren, deren Stärke die Kulturkritik und die Kritik an fortschrittsoptimistischen Entwürfen ist (z. B. Lübbe, Marquard, Spaemann, manche Autoren der sogenannten »Post-Moderne«), haben sowohl Diskussionen des nordamerikanischen Neo-Konservatismus aufgenommen als auch zurückgegriffen auf Positionen des älteren, vorromantischen deutschen und europäischen Konservatismus (Möser, Burke) und vor allem auf Ansätze des »technokratischen Konservatismus«.[46] Hermann Lübbe hat z. B. als Eckpunkte konservativen Handelns vier Forderungen aufgestellt: 1. Kalkulation des Grenznutzens des Fortschritts; 2. Schonung nicht restitutierbarer Ressourcen aller Art, auch der institutionellen und affektiven; 3. Vorrang der Katstrophenprävention vor der Realisierung der Utopie (dies eine wichtige Umkehr der Beweislast, die auch bei Kriele zu finden ist), und 4. eine »Kultur der Trauer« über den Verlust an Erfahrung und unwiederbringlichen Werten.[47] Kurt Biedenkopf, einer der wenigen Verbindungsleute zwischen der intellektuellen Diskussion und der Parteipolitik, hat die Bindung des Menschen an Strukturen fester Bauart empfohlen.[48] Insgesamt werden in verschiedenen Varianten, doch immer wieder ähnlich, drei Strategien zur Krisenlösung vorgeschlagen:

- geistig-moralische Erneuerung
- »Entlastung« der Institutionen, insbesondere des von der Gesellschaft mediatisierten Staats, vor allem durch Deregulierung, und
- die Trennung von Politik und Moral und die machtpolitisch

vermittelte (hier stand Carl Schmitt Pate) Filtrierung unvermeidbarer gesellschaftlicher Forderungen.[49]

7

Die Politik der CDU/CSU in den späten siebziger und den achtziger Jahren kann nur teilweise als »neokonservativ« bezeichnet werden, und wie es scheint auch nur zum kleineren Teil. In großen Teilen folgt sie ebenso traditionellen, mehr oder weniger reformistischen und oft populistisch ausgeweiteten konservativen Konzepten, am meisten im institutionellen Bereich (Staat, Verfassung, Demokratie). In der Wirtschafts- und Sozialpolitik ist der neoliberale Akzent stärker geworden (Entstaatlichung, Privatisierung, Umverteilungseffizienz, Leistungsprinzip, Selbstheilungskräfte des Marktes, »neue soziale Frage«, etc.). Der Widerspruch, daß man im Leistungs- und Versorgungsbereich den schwachen Staat, aber im Sicherheits- und Ordnungsbereich den starken Staat propagiert, wird nicht aufgelöst.[50] Am stärksten ist bisher die Diskussion und anscheinend die Rezeption neokonservativer Argumente im Sektor Familie, Bildung und Sozialisation gewesen, aber auch hier haben sich überwiegend ältere Argumente gehalten: Neben dem »Verzicht auf das Mögliche« als Leitbild der »postindustriellen« Gesellschaft und der »Solidarität der kleinen Gemeinschaft« stehen autoritäres Elternrecht, die »sanfte Macht der Familie« und, etwa im Programm der CDA-Bundestagung von 1981, Werte wie »Innerlichkeit«, »Geborgenheit«, »Heimat« und »Mütterlichkeit«.[51] Auch die Versuche der »Sinnstiftung« durch Nationalgeschichte und Heimatmuseen gehen in eine ähnliche Richtung.[52]

Insgesamt kann man m. E. feststellen, daß der Einbruch des Neo-Konservatismus in die Politik der CDU und CSU sowie in die Regierungspolitik nach 1982 weniger deutlich ausgeprägt gewesen ist als anderswo, z. B. in den USA oder in Großbritannien. Das liegt nicht nur daran, daß in Deutschland der Abbau des Interventions- und Sozialstaats auf engere institutionelle oder durch Tradition gefestigte Grenzen stößt, die sich nur schwer und langsam verlegen lassen, z. B. in der Verfassung, im Subventionismus, in Versorgungsansprüchen und -bürokratien, katholischer Soziallehre, EG-Mechanismen. Vor allem liegt es auch daran, daß hier so wenig vom Neo-Konservatismus wirklich *neu* ist und die meisten seiner Charakteristika entweder bereits zum neuen Nachkriegskonsens nach der letzten entscheidenden Neuorientierung gehört haben, wie Neoliberalismus, Antikollektivismus oder das Subsidiaritätsprinzip, oder spätestens Mitte der sechziger Jahre aus der Technokratiediskussion in die Apologie der »formierten Gesellschaft« übernommen worden sind. Darüber hinaus gibt es noch die längere Kontinuitätslinie, die auch und gerade wieder den neuesten Konservatismus rückbindet an die Vorgeschichte des hier abgehandelten Themas, die manche für die eigentliche Geschichte des deutschen Konservatismus halten und die vor allem in der Kontinuität der Funktionen und der Figuren der Argumente von Justus Möser um 1770 bis zu Hermann Lübbe um 1980 besteht: in der Warnung vor dem Fortschritt, angesichts der möglichen *Perversion* seiner Ziele, der *Vergeblichkeit* von Reformen und der drohenden *Gefährdung* des Erreichten.[53]

Anmerkungen

1 Dazu ausführlicher PUHLE, Hans-Jürgen: Conservatism in Modern German History, *Journal of Contemporary History,* Jg. 13 (1978, 689–720; insgesamt auch GREIFFENHAGEN, Martin: *Das Dilemma des Konservatismus in Deutschland,* München 1971.

2 HIRSCHMANN, Albert O.: 200 Years of Reactionary Rhetoric: The Case of the Perverse Effect. MS Bielefeld 1988.

3 Dazu vgl. PUHLE, Hans-Jürgen: Die Anfänge des politischen Konservatismus in Deutschland, u.: Von der Romantik zum konservativen Konstitutionalismus, beide in: FETSCHER, Iring u. MÜNKLER, Herfried (Hrsag.): *Pipers Handbuch der politischen Ideen,* Bd. 4, München 1986, 255–76.

4 Vgl. PUHLE, Hans-Jürgen: Vom Programm zum Versatzstück. Zehn Thesen zum deutschen Konservatismus, *Kursbuch* 73 (1873), 45–60; ders.: Was ist Populismus? in: DUBIEL, Helmut (Hrsg.): *Populismus und Aufklärung,* Frankfurt 1986, 12–32.

5 Dazu vor allem ROSENBERG, Hans: *Große Depression und Bismarckzeit,* Berlin 1967; PUHLE, Hans-Jürgen: *Argrarische Interessenpolitik und preussischer Konservatismus im wilhelminischen Reich,* Bonn ^{2}1975; STEGMANN, Dirk u. a. (Hrsg.): *Deutscher Konservatismus im 19. und 20. Jht.,* Fs. f. Fritz FISCHER, Bonn 1983; RITTER, Gerhard A.: *Die deutschen Parteien 1830-1914,* Göttingen 1985.

6 Vgl. jetzt MANNHEIM, Karl: *Konservatismus,* Frankfurt 1984, sowie NEUMANN, Sigmund: *Die Stufen des preussischen Konservatismus,* Berlin 1930, ND Vaduz 1965.

7 Vgl. PUHLE: *Interessenpolitik* (Anm. 5); ders.: Conservatism, u. zum Vergleich die anderen Beiträge in: *Journal of Contemporary History,* Jg. 13 (1978), sowie SCHUMANN, Hans Gerd (Hrsg.): *Konservatismus,* Köln 1974.

8 Dazu gehörten auf katholischer Seite vor allem F. v. BAADER, der Frhr. v. KETTELER, F. HITZE und A. KOLPING, auf evangelischer Seite u. a. V. A. HUBER, H. WAGENER, R. MEYER, R. TODT, K. RODBERTUS-JAGETZOW und später die ›Christlich-Sozialen‹ des Berliner Hofpredigers A. STOECKER, die (wie schon H. WAGENER) gleichzeitig hochgradige Antisemiten waren. Die Berufung auf oder Nähe zu Lorenz v. STEINS ›Königtum der sozialen Reform‹ ist bei vielen von ihnen deutlich. Vgl. zusammenfassend MÜLLER, Johann Baptist: Der deutsche Sozialkonservatismus, in: GREBING, Helga u. a.: *Konservatismus – eine deutsche Bilanz,* München 1971, 67–97.

9 Ausführlicher in PUHLE: *Interessenpolitik* (Anm. 5), 72 ff., 85 ff., 98 ff., 111 ff., 274 ff.

10 Vgl. zusammenfassend mit weiteren Verweisen MOHLER, Armin: *Die konservative Revolution in Deutschland 1918–1932,* Darmstadt ^{2}1972, sowie MOSSE, George L.: *The Crisis of German Ideology,* New York 1964 u. neben zahlreichen Einzelstudien von KROCKOW, FIJALKOWSKI, F. STERN, SCHWARZ, LÜBBE, GERSTENBERGER, I. MAUS u. a. SONTHEIMER, Kurt: *Antidemokratisches Denken in der Weimarer Republik,* München 1968 (1 1962).

11 Da es den ›normalen‹ Entwicklungsweg in die Moderne als Regelfall nicht gegeben hat und gerade auch der vielfach (von Marxisten ebenso wie von Modernisierungstheoretikern) dazu stilisierte Weg des Pioniers England einmalig geblieben ist, macht es wenig Sinn, angesichts zahlreicher ›Sonderwege‹ auf dem Terminus ›Sonderweg‹ zu bestehen. Besser wäre es wohl, zwischen verschiedenen nationalen (gelegentlich auch regionalen) Entwicklungswegen zu differenzieren, u. a. auch zwischen kurz- und langfristigen Wirkungen und nach den jeweils unterschiedlichen Mischungsverhältnissen zwischen Prozessen der Bürokratisierung, der Industrialisierung und der Demokratisierung. Die Charakterisierung der Faktoren und Konstellationen des ›deutschen Wegs‹ hängt ohnehin nicht ab von der Terminologie. Ausführlicher PUHLE, Hans-Jürgen: European Modernization and the Third World, in: *Cultural Heritage and Modernization,* Hong Kong 1987; zum Kontext u. a. KOCKA, Jürgen: Der ›deutsche Sonderweg‹ in der Diskussion, *German Studies Review,* Jg. 5 (1982), 356–79; GREBING, Helga: *Der ›deutsche Sonderweg‹ in Europa 1806–1945,* Stuttgart 1986.

12 LÖWENTHAL, Richard u. SCHWARZ, Hans-Peter (Hrsg.): *Die zweite Republik. 25 Jahre Bundesrepublik Deutschland. Eine Bilanz,* Stuttgart 1974, 10 f.; zum Kontext u. zum folgenden vgl. auch DAHRENDORF, Ralf: *Gesellschaft und Demokratie in Deutschland,* München 1968; GROSSER, Alfred: *Deutschland-Bilanz,* München 1974; *Westdeutschlands Weg zur Bundesrepublik 1945–1949,* hg. v. Institut f. Zeitgeschichte, München 1976; KOCKA, Jürgen: Neubeginn oder Restauration? in: STERN, Carola u. WINKLER, Heinrich A. (Hrsg.): *Politische Weichenstellungen im Nachkriegsdeutschland 1945–1953,* Göttingen 1979, u. BECKER, Josef u. a. (Hrsg.): *Vorgeschichte der Bundesrepublik Deutschland,* München 1979, sowie KLESSMANN, Christoph: *Die doppelte Staatsgründung. Deutsche Geschichte 1945–1955,* Göttingen 1982.

13 RICHTER, Hans Werner: *Der Ruf* v. 15. 11. 1946 u. v. 15. 1. 1947; DIRKS, Walter: Der restaurative Charakter der Epoche, *Frankfurter Hefte,* Jg. 5 (1950), 942–54; KOGON, Eugen: Die Aussichten der Restauration, *Frankfurter Hefte,* Jg. 7 (1952), 165–77. Vgl. auch HUSTER, E.-U. u. a.: *Determinanten der westdeutschen Restauration 1945–1949,* Frankfurt 1972.

14 Zu den Grundlagen der sozialen Marktwirtschaft vgl. u. a. die Dokumente in RUHL, Klaus-Jörg (Hrsg.): *Neubeginn und Restauration,* München 1982, 404–39, und MÜLLER-ARMACK, Alfred: *Diagnose unserer Gegenwart,* Gütersloh 1949; ders.: *Wirtschaftsordnung und Wirtschaftspolitik,* Freiburg 1966; ders. in: Löwenthal u. Schwarz (Anm. 12); RÖPKE, Wilhelm: *Die Lehre von der Wirtschaft,* Zürich 1950; DERS.: *Jenseits von Angebot und Nachfrage,* Erlenbach 1958; TIBURTIUS, Joachim: *Christliche Wirtschaftsordnung, ihre Wurzeln und ihr Inhalt,* Berlin 1947.

15 Insb. die Aufrufe und Leitsätze der CDU vom Juni 1945; das CDU-Programm für die britische Zone von Neheim-Hüsten 1946 und das Ahlener Wirtschaftsprogramm vom Februar 1947; das CSU-Grundsatzprogramm vom Dezember 1946; das Soester Programm des Zentrums vom Oktober 1945. Vgl. auch RUHL (Anm. 14), 188 ff., 404 ff., 428 ff.

16 Vgl. dazu PUHLE, Hans-Jürgen: *Politische Agrarbewegungen in kapitalistischen Industriegesellschaften.* Deutschland, USA und Frankreich im 20. Jht., Göttingen 1975, bes. 68 ff., 103 ff.

17 Bericht über die 1. Umfrage der Wirtschaftspolitischen Gesellschaft von 1947 über die deutsche Situation, durchgeführt vom Institut für Demoskopie, Allensbach, MS Frankfurt 1949. – Die kreative und auf hohem Niveau diskutierende Wirtschaftspolitische Gesellschaft gehörte auch zu den Gründern der anfangs recht liberalen *Frankfurter Allgemeinen Zeitung.* Ihre Zeitschrift *Offene Welt* ist eine wichtige Quelle zur Geschichte der frühen und mittleren Jahre der Bundesrepublik.

18 Zur Problematik und zum Stellenwert von ›founding elections‹ vgl. O'DONNELL, Guillermo u. SCHMITTER, Philippe C.: Tentative Conclusions about Uncertain Democracies, in: dies. u. WHITEHEAD, Laurence (Hrsg.): *Transitions from Authoritarian Rule,* Baltimore 1986, Bd. 4, bes. 61 ff.

19 Zur Entwicklung der CDU vgl. vor allem PRIDHAM, Geoffrey: *Christian Democracy in Western Germany,* London 1977, den Beitrag von WILDENMANN, Rudolf, in: LÖWENTHAL u. SCHWARZ (Anm. 12) sowie DEUERLEIN, Ernst: *CDU/CSU 1945–1957,* Köln 1957; PÜTZ, Helmut: *Die CDU,* Düsseldorf ^{3}1978 (m. weiterer Lit.).

20 Zur CSU vgl. das Standardwerk von MINTZEL, Alf: *Die CSU. Anatomie einer konservativen Partei 1945–1972,* Opladen 1975.

21 Vgl. SCHÄFER, Gert u. NEDELMANN, Carl (Hrsg.): *Der CDU-Staat,* München 1967; zum Hintergrund auch JAEGGI, Urs: *Macht und Herrschaft in der Bundesrepublik,* Frankfurt 1969. – Die Prozentzahlen des Wählerspektrums ergeben sich bis 1965 durch Addition der auf die Parteien der von der CDU geführten Regierungskoalition

entfallenden Stimmenanteile; ab 1972 Stimmenanteile der CDU und CSU. Sie sagen noch nichts aus über die Zusammensetzung des (und die Verschiebungen im) konservativen Milieu(s).

22 Vgl. außerdem u. a. die Zs. *Neues Abendland, Deutschland-Magazin, Student, criticon, Konservativ heute, Zeitbühne* sowie die Dokumentation *Die Deutschland Stiftung,* München 1967 u. MARTINI, Winfried: *Das Ende aller Sicherheit,* Stuttgart 1954; v. MERKATZ, Hans-Joachim: *Die konservative Funktion,* München 1957, u. a. Beiträge von Abendland-Apologeten wie v. MERKATZ, HELLWEGE, SEEBOHM, v. d. HEYDTE, HUNDHAMMER, JAEGER, v. HABSBURG, v. BRENTANO, WÜRMELING. Zur Harzburger Akademie vgl. den Beitrag von Rudolf HICKEL in: GREIFENHAGEN, Martin (Hrsg.): *Der neue Konservatismus der siebziger Jahre,* Reinbek 1974, 108–54.

23 Vgl. z. B. die Kontroverse um Alex MÖLLERS Parlamentsrede vom 23. 9. 1970 und GEISS, Immanuel u. ULLRICH, Volker (Hrsg.): *Fünfzehn Millionen beleidigte Deutsche oder woher kommt die CDU?,* Reinbek 1970. – Natürlich hat es in bestimmten Situationen immer auch (und angesichts des Bedürfnisses der CDU, auch den rechten Rand abzudecken, bis heute) Berührungspunkte zwischen rechten Konservativen und Rechtsextremisten gegeben, die hier nicht näher behandelt werden können. Zur Kritik an versimpelten Konservatismus- und Faschismus-Theorien vgl. GREBING, Helga: *Aktuelle Theorien über Faschismus und Konservatismus. Eine Kritik,* Stuttgart 1974.

24 Auch das 1971 verabschiedete Berliner Programm (das 1978 vom Ludwigshafener Programm abgelöst wurde) blieb sehr allgemein. Vgl. *Das Berliner Programm,* hg. v. d. CDU-Bundesgeschäftsstelle, Bonn [2]1971 sowie *CSU-Grundsatz-Programm.* Leitsätze einer Politik für heute und morgen, München 1970.

25 Die Positionen waren im einzelnen keineswegs immer einheitlich. A. MOHLER z. B. verspottete die Abendland-Ideologien als eine Art ›Rotary-Club für Adelige – mit einem wenig dazu passenden französischen Einschub von Gaullisten‹; MOHLER, Armin: Konservativ 1962, *Der Monat,* Jg. 14 (1961/62), H. 163, 23–29, hier 24; vgl. ders.: Konservativ 1969, in: SCHOEPS, Hans-Julius u. DENNEMANN, Christopher (Hrsg.): *Formeln deutscher Politik,* München 1969, 91–118. Die Kontinuität verkörperte am deutlichsten Hans Zehrer aus dem ›Tat‹-Kreis von 1932 als Chefredakteur von SPRINGERs ›Welt‹. Vgl. ZEHRER, Hans: Heute wieder zukunftsträchtig, *Der Monat,* Jg. 14 (1961/62), H. 166, 30–32.

26 Vgl. außer den in Anm. 25 genannten Beiträgen u. a. SCHWARZKOPF, Dietrich: Was ist heute eigentlich konservativ?, *Der Monat,* Jg. 14 (1961/62), H. 164, 45–50; MANN, Golo: Konservative Politik und konservative Charaktere, *Der Monat,* Jg. 14 (1961/62), H. 165, 54-56; DÜRRENMATT, Peter: Europa wird konservativ sein – oder es wird nicht sein, *Der Monat,* Jg. 14 (1961/62), H. 166, 32–36 sowie SCHOEPS, Hans-Julius: *Konservative Erneuerung,* Stuttgart 1958; ALTMANN, Rüdiger: *Das Erbe Adenauers,* Stuttgart 1960; MARTINI, Winfried: *Freiheit auf Abruf,* Köln 1960.

27 GERSTENMAIER, Eugen: *Reden und Aufsätze,* Bd. 2 Stuttgart 1962, 137–62, hier 156; ders.: Was heißt heute konservativ?, *Der Monat,* Jg. 14 (1961/62), H. 166, 27–30. Zum Kontext ausführlicher GREBING, Helga: *Konservative gegen die Demokratie,* Frankfurt 1971 sowie SCHÄFER u. NEDELMANN (Anm. 21); NARR, Wolf-Dieter: *CDU-SPD,* Mainz 1966.

28 Vgl. die 99 Thesen zur Wirtschaftspolitik, *Wirtschaftstag der CDU/CSU,* Düsseldorf 1965.

29 Vgl. u. a. die Aversionen MÖSERS gegen ›akademische Theorie‹ (1972), BURKES gegen ›sophististers, economists, and calculators‹ (1790) und MÜLLERS Apologie des ›Erlebens‹ gegenüber der ›Idee‹ (1804). Zum Kontext vgl. MANNHEIM (Anm. 6), bes. 138 ff., 185 ff.

30 GREIFFENHAGEN (Anm. 1), bes. 316–46. Zur späteren Bewertung vgl. u. a. MOHLER, Armin: Deutscher Konservatismus nach 1945, in: KALTENBRUNNER, Gerd-Klaus (Hrsg.): *Die Herausforderung der Konservativen,* München 1974, 34–53 (aus der Sicht eines Konservativen); GREBING, Helga: *Konservative gegen die Demokratie,* Frankfurt 1971; SAAGE, Richard: *Rückkehr zum starken Staat?,* Frankfurt 1983, bes. 181–282.

31 SCHELSKY, Helmut: *Der Mensch in der wissenschaftlichen Zivilisation,* Köln 1961, auch in: ders.: *Auf der Suche nach Wirklichkeit,* Düsseldorf 1965, 439–80.

32 Vgl. u. a. GEHLEN, Arnold: *Die Seele im technischen Zeitalter,* Hamburg 1957 ([1]1949); ders.: *Urmensch und Spätkultur,* Bonn 1956; ders.: *Studien zur Anthropologie und Soziologie,* Neuwied 1963; ders.: *Moral und Hypermoral,* Frankfurt 1969; FREYER, Hans: *Theorie des gegenwärtigen Zeitalters,* Stuttgart 1955; ders.: *Gedanken zur Industriegesellschaft,* Mainz 1970; SCHMITT, Carl: *Der Begriff des Politischen* (1932), Berlin 1963; ders.: Von der TV-Demokratie, *Deutsches Allgemeines Sonntagsblatt* 26 v. 28. 6. 1970; WEBER, Wilhelm: *Spannungen und Kräfte im westdeutschen Verfassungssystem,* Stuttgart 1958; FORSTHOFF, Ernst: *Der Staat der Industriegesellschaft,* München 1971.

33 Den Bogen zurück zur Überlieferung des älteren Konservatismus schlägt Ernst JÜNGERs listig-genialer Begriff der ›organischen Konstruktion‹. Vgl. JÜNGER, Ernst: Die Totale Mobilmachung, in: ders. (Hrsg.): *Krieg und Krieger,* Berlin 1930, 11 ff.; MOHLER, Konservativ 1969 (Anm. 25), 106 f.

34 Vgl. SCHELSKY, *Suche* (Anm. 31), 435 ff., 439 ff., sowie GEHLEN: *Seele* (Anm. 32), bes. 39 ff., 104 ff.,; ders.: Über kulturelle Kristallisation, in: ders.: *Studien* (Anm. 32), 312 ff., 317, 321 ff.; ders.: Probleme einer soziologischen Handlungslehre, in: ders.: *Studien,* 196 ff. Zum Problem der ›Sachzwänge‹ s. auch KOCH, Claus und SENGHAAS, Dieter (Hrsg.): *Texte zur Technokratiediskussion,* Frankfurt 1970; zur ›Entideologisierung‹ u. a. BELL, Daniel: *The Coming of Post-Industrial Society,* New York 1973. Zur Umkehrung des Arguments von der ›Entideologisierung‹ durch optimales Funktionieren schon LÜBBE, Herrmann: Zur politischen Theorie der Technokratie, *Der Staat,* Jg. 1 (1962), 19–38.

35 Vgl. ALTMANN, Rüdiger: Die Formierte Gesellschaft, in: ders.: *Späte Nachricht vom Staat,* Stuttgart 1968, 27 ff.; ders.: Von der Klassengesellschaft zur Formierten Gesellschaft, *Gesellschaftspolitische Kommentare* 10 v. 15. 5. 1965 sowie KALTENBRUNNER, Gerd-Klaus (Hrsg.): *Der überforderte schwache Staat. Sind wir noch regierbar?,* München 1975; HENNIS, Wilhelm u. a. (Hrsg.): *Regierbarkeit,* Bd. 1, Stuttgart 1977. Zur Kritik vor allem OFFE, Claus: ›Unregierbarkeit‹. Zur Renaissance konservativer Krisentheorien, in: HABERMAS, Jürgen (Hrsg.): *Stichworte zur ›Geistigen Situation der Zeit‹,* Frankfurt 1979, Bd. 1, 294–318.

36 Vgl. z. B. FRIED, Ferdinand: *Das Ende des Kapitalismus,* Jena 1931, u. ders.: *Der Umsturz der Gesellschaft,* Stuttgart 1950; zur Kritik GERSTENBERGER, Heide: *Der revolutionäre Konservatismus,* Berlin 1969, 152 ff.; GREBING, Helga: *Konservative gegen die Demokratie,* Frankfurt 1971, 343 ff.

37 MOHLER: Konservativ 1969 (Anm. 25), 109.

38 Ausführlicher dazu PUHLE, Hans-Jürgen: Vom Wohlfahrtsausschuß zum Wohlfahrtsstaat, in: RITTER, Gerhard A. (Hrsg.): *Vom Wohlfahrtsausschuß zum Wohlfahrtsstaat,* Köln 1973, 29–68, bes. 48 ff. u. d. Beiträge in: NARR, Wolf-Dieter u. OFFE, Claus (Hrsg.): *Wohlfahrtsstaat und Massenloyalität,* Köln 1975.

39 Zur Terminologie vgl. die Beiträge in SCHMITTER, Philippe C. u. LEHMBRUCH, Gerhard (Hrsg.): *Trends Toward Corporatist Intermediation,* Beverly Hills 1981, u. in: PUHLE, Hans-Jürgen (Hrsg.): Kapitalismus, Korporatismus, Keynesianismus, *Geschichte und Gesellschaft,* Jg. 10 (1984), H. 2.

40 SCHELSKY, Helmut: Die Strategie der ›Systemüberwindung, in: ders.: *Systemüberwindung, Demokratisierung und Gewaltenteilung,* München 1973, 19–37, hier 25 (Begriffe von Hegel und Szczesny aufnehmend). Vgl. auch die anderen Spätwerke SCHELSKYs: *Die Arbeit tun die anderen,* Opladen 1975; *Der selbständige und der betreute Mensch,* Stuttgart 1976; *Funktionäre. Gefährden sie das Gemeinwohl?,* Stuttgart 1982, sowie SONTHEIMER, Kurt u. a.: *Der Überdruß an der Demokratie,* Köln 1970.

41 SÜDDEUTSCHE ZEITUNG v. 16. 2. 1968. Die Verschiebungen wurden auch deutlich im vermehrt diskutierten Topos der ›konservativen Utopie‹.

42 LÜBBE, Hermann, in: *Frankfurter Allgemeine Zeitung* v. 22. 12. 1979; vgl. auch schon ders.: Fortschritt als Orientierungsproblem, in: *Tendenzwende?,* Stuttgart 1975, 9–24. Zum Hintergrund vgl. SCHARPF, Fritz W.: *Sozialdemokratische Krisenpolitik in Europa,* Frankfurt 1987; SCHMIDT, Manfred G.: *Wohlfahrtsstaatliche Politik unter bürgerlichen und sozialdemokratischen Regierungen,* Frankfurt 1982; zur ›Tendenzwende‹ insg. GREIFFENHAGEN, Martin (Hrsg.): *Der neue Konservatismus der siebziger Jahre,* Reinbek 1974 u. vor allem die Beiträge in HABERMAS, Jürgen: *Stichworte zur ›Geistigen Situation der Zeit‹,* 2 Bde., Frankfurt 1979.

43 Vgl. DUBIEL, Helmut: *Was ist Neokonservatismus?,* Frankfurt 1985; die Beiträge in Fetscher, IRING (Hrsg.): *Neokonservative und ›Neue Rechte‹,* München 1983; HENNIG, Eike u. SAAGE, Richard (Hrsg.):

Konservatismus – eine Gefahr für die Freiheit?, Fs. f. Iring FETSCHER, München 198?; SAAGE, Richard: *Arbeiterbewegung, Faschismus, Neokonservatismus*, Frankfurt 1987, bes. 199 ff. u. d. älteren amerikanischen Studien: COSER, Lewis A. u. HOWE, Irving (Hrsg.): *The New Conservatives*, New York 1973; STEINFELS, Peter: *The Neoconservatives*, New York 1979.

44 Vgl. u. a. GLAZER, Nathan u. Kristol, IRVING: *The American Commonwealth*, New York 1976; KRISTOL, Irving: *Two Cheers for Capitalism*, New York 1978; PODHORETZ, Norman: *Breaking Ranks*, London 1979; BELL, Daniel: *The Cultural Contradictions of Capitalism*, New York 1976; zusammenfassend STEINFELS (Anm. 43) u. ASHFORD, Nigel: Das Versagen des Staates, in: FETSCHER: *Neokonservative* (Anm. 43), 35–65.

45 Vgl. de BENOIST, Alain: *Vu de Droite*, Paris (1971) [4]1978; ders.: Konrad Lorenz et l'éthologie moderne, *Nouvelle Ecole*, Nr. 25/26 (1974/75), 9–39, u. zahlreiche weitere Beiträge in dieser Zs.; APPARU, Jean Pierre: *La droite d'aujourd'hui*, Paris 1979; VIAL, Pierre: *Pour une renaissance culturelle*. Le GRECE prend la parole, Paris 1979 sowie den vom Grabert-Verlag hg. deutschen Sammelband: *Das unvergängliche Erbe*, Tübingen 1982. Zusammenfassend bes. die Beiträge von Patrick MOREAU u. Marieluise CHRISTADLER, in: FETSCHER: *Neokonservative* (Anm. 43), 118–215.

46 Vgl. insb. LÜBBE, Hermann: *Fortschritt als Orientierungsproblem*, Freiburg 1975; ders.: *Philosophie nach der Aufklärung*, Düsseldorf 1980; ders.: *Zeitverhältnisse*, Graz 1983. Zur Kontinuität insb. GREBING: *Konservative* (Anm. 27); SAAGE, in: Fetscher: *Neokonservative* (Anm. 43), 66–116; ders. in: *Konservatismus*, Fs. f. I. FETSCHER (Anm. 43), 120–43; ders.: *Arbeiterbewegung* (Anm. 43), 199–266; OFFE, ›Unregierbarkeit‹ (Anm. 35); HABERMAS, Jürgen: Die Kulturkritik der Neokonservativen in den USA und in der Bundesrepublik, in: ders.: *Die neue Unübersichtlichkeit*, Frankfurt 1985, 30–55.

47 LÜBBE, Hermann: *Zwischen Trend und Tradition*, Zürich 1981, 66 f. u. ders.: *Fortschritt* (Anm. 42), 23 f.

48 BIEDENKOPF, Kurt H.: *Fortschritt in Freiheit*, München 1974, 116 ff., bes. 121, 125; vgl. ders.: *Grundfragen einer Neuorientierung der Wirtschafts- und Sozialpolitik*, Stuttgart 1978.

49 Vgl. auch OFFE: ›Unregierbarkeit‹ (Anm. 35), 299–304; zur Kontinuität GREBING: *Konservative* (Anm. 27), 234 ff.

50 Die Positionen weisen zahlreiche Nuancen auf. Vgl. u. a. BIEDENKOPF, Kurt H. u. v. VOSS, Rüdiger (Hrsg.): *Staatsführung, Verbandsmacht und innere Souveränität*, Stuttgart 1977; GEISSLER, Heiner, *Grundwerte in der Politik*, Frankfurt 1979; ders. (Hrsg.): *Verwaltete Gesellschaft. Bürger in Fesseln*, Frankfurt 1978. Ansätze zur kritischen Aufarbeitung in: Ein zweiter CDU-Staat?, *Prokla* 56 (1984).

51 Leitsätze: Familie, Freiheit, Zukunft, in: CHRISTLICH-DEMOKRATISCHE ARBEITNEHMERSCHAFT (Hrsg.): *Die sanfte Macht der Familie*, Königswinter 1982 (Beiträge der 19. CDA-Bundestagung in Mannheim vom Oktober 1981); vgl. auch GEISSLER, Heiner: *Die Neue Soziale Frage*, Freiburg 1976 sowie die entsprechenden Passagen

der Bundestagsrede Helmut KOHLs vom 9. 9. 1982 u. der Regierungserklärung v. 13. 10. 1982.

52 Vgl. vor allem STÜRMER, Michael: *Dissonanzen des Fortschritts,* München 1986; zur Kritik u. a. PUHLE, Hans-Jürgen: Die neue Ruhelosigkeit, *Geschichte und Gesellschaft,* Jg. 13 (1987), 382–99.

53 Das Argument der Gefährdung spielt auch für die neueren ›Wertkonservativen‹ eine wichtige Rolle, die aber sonst ganz und gar nicht ins Spektrum des hier behandelten politischen Konservatismus gehören. Vgl. EPPLER, Erhard: *Wege aus der Gefahr,* Hamburt 1981 u. d. Beiträge von EPPLER und SONTHEIMER in: *Konservatismus,* Fs. f. I. FETSCHER (Anm. 43), 254 ff., 318 ff.

WOLFGANG GESSENHARTER

Die »Neue Rechte« als Scharnier zwischen Neokonservatismus und Rechtsextremismus in der Bundesrepublik*

1. Zur Problemlage

Wohl kaum einer hatte zu Beginn der siebziger Jahre geahnt, daß der Begriff »Wende« bzw. »Tendenzwende« sich noch nach mehr als 15 Jahren im politischen Sprachgebrauch ungebrochener Beliebheit erfreuen würde. Und wie das eben bei solchen Schlagworten ist, erweist sich der Inhalt auch dieses Begriffes als in der Bewertung mehrdeutig und vielfältig. Fordern die einen eine Wende weg von Emanzipationszielen, weil diese nicht mehr auf der Tagesordnung der Weltgeschichte stünden, hin zur (wieder) stärkeren Akzeptanz von Autorität, was überhaupt erst »zutiefst progressiv und nicht etwa altmodisch«[1] sei, so befürchten andere in einer Politik solcher und ähnlicher Art nur eine »Wende rückwärts«; wieder anderen gehen die bisherigen Wende-Bewegungen nicht weit genug; sie stellen daher die Forderung nach der »eigentlichen Wende« immer nachdrücklicher.

Wollte man diese Art von – manchmal eher verhalten, manchmal sehr direkt geführtem – Schlagabtausch nur als die verbale Nebelwand sehen, hinter der sich die eigentlichen politisch wirksamen Kämpfe abspielen, würde man die Wirkung des symbolischen Faktors in der Politik unterschätzen, wenngleich mit dieser Feststellung nicht andere Arten der politischen Auseinandersetzung (ökonomischer Druck, finanzielle Anreize usw.) geleugnet werden sollen. Die folgende Analyse verbleibt auf der symbolischen Ebene; sie geht dabei von dem Gedanken aus, daß das, worüber und wie im politischen Raum öffentlich gesprochen wird, für die politischen Entscheidungen und Handlungen zumindest den legitimatorischen Rahmen abgibt, in manchen Fällen aber auch den Planungsrahmen verdeutlicht, der die Politik leitet und somit individuelle und kollektive Absichten widerspiegelt, die in Handlungen münden und gegebenenfalls zu politischen Strukturen auf Dauer gerinnen können. Natürlich gilt auch, daß bereits vorhandene unterschiedliche Struktur- und Wertemuster bestimmten Verbalisierungen und Symbolisierungen mit größerer

Wahrscheinlichkeit zum Durchbruch verhelfen; es gibt also Wechselwirkungen zwischen symbolischer Ebene und politisch-struktureller Realität.

Ein zentraler Aspekt der »Wende«-Diskussion ist – zumindest seit der Regierungsübernahme 1982 durch einen CDU-Kanzler –, ob und wenn ja, wieweit sich das politische Klima in der Bundesrepublik nach rechts verschoben hat. Anders formuliert: Wenn von einflußreichen Politikern aus CDU und CSU gefordert wird, »daß rechts von uns kein Vakuum, keine demokratisch legitimierte Partei entstehen darf«[2], dann könnte dies mindestens auf zwei Wegen erreicht werden, nämlich dadurch, daß jene rechten Denkstrukturen übernommen werden und damit das Spektrum nach rechts verschoben wird, und dadurch, daß jenen Denkstrukturen durch Absorption die Wirksamkeit genommen wird, also eine Integration in die politische »Mitte« stattfindet. Es muß dem Selbstverständnis demokratischer Parteien entsprechen, daß sie nur letztere Strategie als die ihnen angemessene akzeptieren. Andererseits ist die Realisierung dieses Anspruchs den konservativen Parteien immer wieder bestritten worden.[3]

Diesem Streitpunkt widmet sich die folgende Argumentation, die allerdings nicht die ganze Breite der in diesem politischen Spektrum diskutierten Themenvielfalt einbeziehen kann, sondern sich beschränken muß auf einen Bereich, der jedoch zu den zentralen Themen der politischen Ideengeschichte wie auch der gegenwärtigen Diskussion gehören dürfte: Es handelt sich *einerseits* – aus der Sicht pluralistischer, das Individuum in den Vordergrund stellender Betrachtung – um die Frage nach dem für politische Systeme angemessenen Ausmaß von Konflikt und Konsens und ihrem Verhältnis zueinander bzw. *andererseits* – aus der Sicht einer die staatliche Autorität und Effizienz betonenden Betrachtung – um die Frage, wie homogen eine Bevölkerung sein muß, damit staatliche Macht nach innen wie nach außen effektiv durchgesetzt werden kann.

In der Auseinandersetzung zwischen Pluralismus- und Homogenitätsforderung liegt also das Rahmenproblem der folgenden Analyse.

Anfang 1988 hat der ehemalige Berliner Innensenator Heinrich Lummer (CDU) seinen Überlegungen zur Ausländer- und Asylpolitik als »Erkenntnis« folgendes vorangestellt:

> Die bekannten multikulturellen oder multinationalen Gesellschaften sind in der Regel Konfliktgesellschaften. Wenn man es vereinfacht sagt, läßt sich eine homogene Staatsbevölkerung leichter regieren. Richtiger

muß es heißen, daß eine homogene Staatsbevölkerung eine größere Gewähr für die Bewahrung des inneren Friedens bietet.[4]

Kann man Lummers »Erkenntnis« als dezidierte und generalisierende Stellungnahme zu einer Frage auffassen, die Mitte der sechziger Jahre in der Bundesrepublik immer häufiger aufgeworfen wurde, als die erste Wirtschaftskrise deutlich wurde: Taugen pluralistische Demokratien zur Konfliktlösung nur in ökonomisch saturierten Gesellschaften, nicht aber in Gesellschaften, in denen Knappheit der Güter das vorherrschende Charakteristikum ist? Und ist nicht in letzteren Gesellschaften ein eher autoritärer Konfliktlösungsmechanismus opportun, der das Problem dadurch reduziert, daß er das Konfliktpotential auf dem Wege autoritärer Vereinheitlichung verkleinert (»gemeinsames Leiden ist halbes Leid«)? Ist Lummers »Erkenntnis« nur ein verbaler Ausrutscher, oder ergibt sie sich als Konsequenz aus einem Gedankengebäude, das sehr nahe beim Rechtsextremismus anzusiedeln wäre? Sind die Verbindungslinien zwischen Konservatismus und Rechtsextremismus tatsächlich (schon) so vordergründig? Oder ist der Rechtsextremismus in erster Linie ein Extremismus derart, daß er grundsätzlichen Zielen des Grundgesetzes feindlich gegenübersteht, die »rechte« Komponente aber nur marginal mit dem Konservatismus zu tun hat? Meine These, die ich im folgenden erläutern möchte, ist, daß sich im Laufe der letzten etwa 15 Jahre sowohl vom Ideenpotential als auch organisatorisch eine Gruppierung zwischen dem deutschen Konservatismus und dem deutschen Rechtsextremismus konstituiert hat, die eine Scharnierfunktion, also Verbindung und Begrenzung gleichermaßen, zwischen beiden bildet. In den zwei folgenden Abschnitten werde ich Grundstrukturen der konservativen und rechtsextremen Argumentation unter den oben genannten Aspekten Pluralismus versus Homogenitätsforderung darstellen. Sodann werde ich mich mit der Scharnierfunktion der sogenannten Neuen Rechten befassen, und zwar zuerst auf ideologischem und dann auf organisatorischem Gebiet. Den Abschluß der Überlegungen bildet die Frage, ob sich die Mitte nach rechts oder das rechte Spektrum in die Mitte bewegt hat bzw. bewegt.

2. Konservatismus und Neokonservatismus in der Bundesrepublik

Über zwei Punkte gibt es, bei aller Kontroverse, im politischen »Konservatismus« weitgehend Einigkeit: erstens darüber, daß Konservatismus zu den wichtigen ideologischen und politischen Richtungen moderner Gesellschaften gehört, und zweitens darüber, daß es äußerst schwierig ist, herauszufinden, was die bestimmenden inhaltlichen Merkmale dieser Strömung sind.[5] Diese Schwierigkeit liegt vor allem darin begründet, daß sich Konservative zumeist von einem Gegner her definieren, gegen dessen Änderungsvorstellungen man die Tradition bewahren müsse. »Ein angemessenes Verständnis des Konservatismus muß stets seine dialektische Abhängigkeit vom jeweiligen ›definitorischen Gegner‹ berücksichtigen.«[6] Greiffenhagen hat in seinem Überblicksartikel[7] elf Positionen des deutschen Konservatismus aufgeführt, deren drei letzte er für die Zeit nach 1945 vorsieht. War der Konservatismus nach dem Kriegsende noch »unsicher und diffus« (9. Position), so entwickelte sich bis in die sechziger Jahre ein »technokratischer Konservatismus« (10. Position), der politische Konflikte und politische Herrschaft glaubte durch »Entscheidung nach Sachgesetzlichkeiten« ablösen zu können.[8] Während bislang Zivilisationskritik ein wesentliches Merkmal des Konservatismus war, schlugen sich nun die Konservativen auf die Seite der »wissenschaftlichen Zivilisation« und der Industriegesellschaft.[9] Die Hoffnung darauf, daß die »Sinnfrage« sich in der Industriegesellschaft von selbst erledige, gründete u. a. in der Überlegung, daß diese Gesellschaft, wenn sie effizient funktionieren wolle, streng organisiert und hierarchisch strukturiert sein und dabei jeder einzelne im Wissen um die Verletzbarkeit der ganzen technischen Apparatur freiwillig seinen Platz einnehmen müsse[10]; die Sachgesetzlichkeiten des wissenschaftlich-technischen Fortschritts würden nämlich jene sachorientierten und konfliktscheuenden, konsensbezogenen Einstellungen erzwingen, weil er sich ohne diese nicht weiterentwickeln könne. Arnold Gehlen hat jedoch schon Ende der sechziger Jahre, nicht zuletzt wegen der studentischen Unruhen, diese Sichtweise in Zweifel gezogen:

> Unter diesen Voraussetzungen geben wir ... der bisweilen geäußerten Hoffnung, der »Mensch der wissenschaftlichen Zivilisation« (H. Schelsky) werde nicht nur die Technik, sondern auch sich selbst als Gesellschaft und Seele in vernünftiger Weise produzieren, fürs erste wenig Chancen.[11]

Gegen diese technokratische Hoffnung mußte nicht nur die Unbotmäßigkeit der Studenten und Intellektuellen, sondern auch die Forderung nach mehr Demokratie und vor allem die zunehmende Einsicht in die »Grenzen des Wachstumns« wirken.

Die elfte und bislang vorletzte Position in der Kategorisierung Greffenhagens[12] kann auch als Reflex auf diese Enttäuschung verstanden werden; als Bezeichnung für diese Postition hat sich seit einigen Jahren »Neokonservatismus«[13] etabliert. Charakteristisch für diese Position ist, daß sie einerseits im ökonomisch-wissenschaftlich-technischen Bereich ihren Optimismus weitgehend beibehalten hat; die Vorteile des Marktes gegenüber Planung und Intervention werden betont; über Liberalität, Kritik und Pluralismus soll der weitere Fortschritt selbst dort noch realisiert werden, wo Ökonomie, Wissenschaft oder Technik für manchen schon längst an ihre Grenzen gestoßen zu sein scheinen; so hofft man beispielsweise auf »intelligente, weiche Technik«, um die schädlichen ökologischen Folgen bisheriger harter Technik beseitigen und verhindern zu können. Im Kultur-, Werte-, Sinn- und Moralbereich andererseits werden dagegen verstärkt staatliche Führung, »Mut zur Erziehung« hin zu tradierten Normen verlangt, wodurch einerseits Konflikte minimiert, auf weitgehende Homogenität abgezielt und gleichzeitig solche Normen verinnerlicht werden sollen wie Fleiß, Disziplin und Ordnung, die als unumgänglich für die Aufrechterhaltung der wissenschaftlich-technischen Zivilisation gehalten werden. In bezug auf unsere Hauptfrage, ob nicht angesichts der gravierenden Zukunftsprobleme autoritäre statt pluralistischer, auf der Freiheit des einzelnen basierender Konfliktlösungsmechanismen als wirkungsvoller gelten und damit sich als notwendig erweisen könnten, können wir bei der oben dargestellten Art des Neokonservatismus folgendes resümieren: Für den einzelnen ist die Freiheit als Wirtschaftssubjekt gewährt, der ökonomische Bereich soll durch seine freie Verfaßtheit den wissenschaftlich-technischen Fortschritt garantieren; gleichzeitig aber wird im kulturellen Bereich durch den Versuch der Bindung des einzelnen an traditionelle Wertemuster die individuelle Freiheit eingeschränkt und als egoistisches Glücksstreben denunziert. Spielt im wirtschaftlichen Bereich der Staat nur eine untergeordnete Rolle (gleichsam als eine Art »Nachtwächterstaat«), erhält er im kulturellen Bereich mehr als eine Klammerfunktion: Die Aufrechterhaltung staatlicher Ordnung wird zum entscheidenden Ziel erhoben, demgegenüber die individuellen, pluralistischen Elemente bestenfalls zweitrangigen Stellenwert erhalten.

Richard Saage hat im Anschluß an Ernst Tugendhat diese Aspekte in seiner Kritik an den neuen Thesen mit dem Titel »Mut zur Erziehung« (1978) herausgearbeitet.[14] Andererseits hat Wolfgang H. Lorig dagegengehalten, daß diejenigen, die den »starken Staat« fordern oder »im Pluralismus primär eine Gefährdung staatlicher Einheit und Autoriät sehen«, nicht zum Neokonservatismus gezählt werden dürften.[15] Mit dieser Forderung suggeriert Lorig allerdings das Vorhandensein einer scharfen Grenze des Neokonservatismus nach rechtsaußen, die aber wegen ihrer Personenorientiertheit ebensowenig überzeugen kann wie die Ausdehnung der Bezeichnung »Neokonservatismus« bis hin zu den offenkundig verfassungsfeindlichen Gruppierungen des Rechtsextremismus im Artikel Richard Saages. Tatsächlich sind die Übergänge in den ideologischen Konstruktionen viel fließender, als daß sie gleichsam von sich aus markante Grenzziehungen nahelegten. Soviel läßt sich aber deutlich festhalten: Überblickt man das gesamte »rechte« Lager, dann läßt sich ohne große Mühe eine Bandbreite feststellen, die alle Schattierungen von positiver bis hin zu negativer Einschätzung von Heterogenität, Pluralismus, individueller Selbstentfaltung, Kritik, Bürgerfreiheit usw. umfaßt.[16]

Bevor ich den Neokonservatismus nach rechts abgrenze, soll kurz das rechte Extrem charakterisiert werden.

3. Grundstrukturen der rechtsextremen Ideologie

Im Verfassungsschutzbericht 1986 (S. 149) wird der Rechtsextremismus wie folgt charakterisiert:

> Rechtsextremisten streben – teils offen, teils verdeckt, totalitäre oder zumindest autoritäre Staatsformen an. Sie lehnen daher die parlamentarische repräsentative Demokratie ab. Ihre Triebfedern sind ein Nationalismus, der die Freiheitsrechte des Einzelnen übermäßig einengt und sich gegen den Gedanken der Völkerverständigung richtet, sowie ein Rassismus, der oft eine aggressive Juden- und Ausländerfeindlichkeit einschließt. Darüber hinaus diffamieren Rechtsextremisten kontinuierlich Personen und Einrichtungen des demokratischen Lebens in der Bundesrepublik Deutschland.

Betrachten wir den Rechtsextremismus genauer unter der Hauptfragestellung nach Pluralismus oder Homogenität, nach dem Stellenwert von Einheit, Vielfalt und Konflikt, dann läßt sich unschwer erkennen, daß diese nur als Störgrößen angesehen werden. Kompromisse als Ausdruck einer nicht zu beseitigenden Pluralität von Anschauungen und eines prinzipiellen Relativismus bzw. einer Toleranz in den Weltanschauungen werden scharf abgelehnt, weil die eigene Sicht dogmatisch als einzig richtige festgelegt wird und deshalb Andersdenkende als Feinde betrachtet werden. Die Herstellung eines einheitlichen politischen Willens in einem Kollektiv geschieht nach dem Führungsprinzip, weil nur den »Besten« die Einsicht in das Gemeinwohl vorbehalten sei. Die gegenwärtigen ökonomischen, politischen und kulturellen Verhältnisse werden prinzipiell scharf kritisiert, nicht zuletzt deshalb, weil sie als dem eigenen Volk von fremden Völkern auferlegte Bedingungen interpretiert werden. Befreiung von fremdem Joch wird ebenso gefördert wie Reinigung des Staates und der Gesellschaft von Menschen fremder Volkszugehörigkeit, weil diese die einheitliche Willensdurchsetzung stören. Wir können also beim Rechtsextremismus dogmatische und autoritäre Denkmuster beobachten, die gegen den Pluralismus und Parlamentarismus plädieren, die scharfe Zivilisationskritik formulieren und sich rassistisch gegen alle Ausländer äußern. Wenn von Rechtsextremismus gesprochen wird, dann wird üblicherweise ein mehr oder weniger starkes Maß an Verfassungsfeindlichkeit angenommen: Als die zentralen Spannungslinien zum Verfassungskern des Grundgesetzes kann man die Ablehnung demokratischer Entscheidungsstrukturen (Autoritarismus), des Kompromisses (Dogmatismus gegen Meinungsfreiheit), des Mehrheitsprinzips, gepaart mit dem Minderheitenschutz (Rassismus, Nationalismus), der Grundrechte, vor allem auf Freiheit und Gleichheit, der Gewaltenteilung (Führerprinzip) und des Mehrparteiensystems ansehen.[17]

Als besonders schwierig und im Laufe der bundesrepublikanischen Entwicklung umstritten hat sich die Frage herausgestellt, wo im Einzelfall die Grenze zur Verfassungsfeindlichkeit gezogen werden soll. Bei dieser Frage sind nämlich mindestens zwei Aspekte bedeutsam: Erstens spielen für die jeweilige Grenzziehung auch die gesellschaftlich-politischen Normen desjenigen, der die Grenze zieht, eine bestimmende Rolle; nur dann, wenn es über die Gesellschaft hinweg einen eindeutigen Konsens über solche Grenzziehungen gäbe, wären die je individuellen Normen für die Definition unbedeutend, da im allgemeinen Konsens ›aufgehoben‹. Grenzziehung zu den politischen »Extremen« bedeutet also auch eine Diskussion um die Kern- und vor allem Randbestände des Verständnisses über die bundesrepublikanische Demokratie.[18] Zweitens: Dudek und Jaschke[19] haben zu Recht darauf aufmerksam gemacht, daß die Entwicklung des Rechtsextremismus in der Bundesrepublik als Reaktion auf die vielfältigen Interaktionen verstanden und analysiert werden müssen, die das rechte Lager beispielsweise mit Presse, Justiz, Polizei, politischen Parteien usw. hatte. So haben beispielsweise das Verbot der Sozialistischen Reichspartei (SRP) von 1952 oder das parlamentarische Scheitern der NPD seit 1969 zu Radikalisierungen (Neonazimus) und zu verstärktem Anpassungsverhalten an das bürgerliche Lager geführt. Inwieweit sich solches Anpassungsverhalten nur im symbolisch-verbalen Rahmen bewegt, die »eigentlichen« politischen Inhalte aber nach wie vor als gegen die Verfassung gerichtet bezeichnet werden müssen, ist heftig umstritten.

4. Zur Ideologie der Neuen Rechten

Ist die Einfügung einer »Neuen Rechten« zwischen einem Neokonservatismus, der jenseits aller Verfassungszweifel steht, und etwa den in den Verfassungsschutzberichten genannten verfassungsfeindlichen Parteien und Gruppierungen nichts anderes als ein Analyse-Kunstgriff, um sich der heiklen Grenzziehung zu entledigen? Ist die Neue Rechte also nur ein wissenschaftliches, gedankliches Produkt, dem in der Realität die Entsprechung fehlt? Ich werde versuchen, das »Nein« auf diese Fragen in zwei Schritten zu begründen. In diesem Kapitel wird eine gewisse Eigenständigkeit und Kohärenz der Ideologie der Neuen Rechten herausgestellt. Im nächsten Kapitel wird die Organisationsfrage einer Neuen Rechten diskutiert. In beiden Fällen wird die Scharnierfunktion der Neuen Rechten zwischen Neokonservatismus und Rechtsextremismus deutlich werden.

Der Begriff »Neue Rechte«, ursprünglich als Selbstbezeichnung solcher Gruppierungen, z. B. »Aktion Neue Rechte«, geprägt, die sich nach dem Scheitern der NPD von deren bürgerlich-biederen Art, deren Bereitschaft zur parlamentarischen Mitarbeit und deren Nähe zur NS-Vergangenheit Anfang der siebziger Jahre distanzierten, wird heute keineswegs einheitlich gebraucht.[20] Dies ist aber insofern nicht verwunderlich, weil sich in den darauffolgenden Jahren bis heute vielfältige Entwicklungen und Differenzierungen bei diesen Gruppierungen ergeben haben, die es manchmal fraglich werden ließen, ob man noch von einer eindeutig abgrenzbaren Richtung sprechen konnte. Während etwa Frank Niess[21] die Neue Rechte ideologisch sich »nur im Negativen einig« sah, hat Margret Feit[22] in ihrer kenntnis- und faktenreichen Studie die Kernstücke einer neurechten Ideologie rekonstruiert.

Zentraler Punkt dieser neurechten Ideologie ist eine antiliberale Grundhaltung, für die immer wieder einer der prominentesten politischen Theoretiker der Weimarer Republik, der Staatsrechtler Carl Schmitt, als Gewährsmann genannt wird. Für Schmitt galt als Hauptfrage, wie in einem Kollektiv ein einheitlicher Wille hergestellt werden kann. Dieser »öffentliche einheitliche Wille« stehe im Gegensatz zur Sphäre des Privaten, zu der das Recht auf persönliche Freiheit und andere Grundrechte, z. B. das Privateigentum, gehören. Dadurch, daß der bürgerliche, liberale Rechtsstaat diese Grundsätze aus der Spähre des Privaten zu Grundsätzen des öffentlichen, politischen Lebens mache, untergrabe er die Möglichkeit, einen einheitlichen öffentlichen Willen hervorzubringen. Letztlich bestehe die Voraussetzung für diesen Akt darin, »Freund« und »Feind« unterscheiden zu können. Insofern wehrt sich Schmitt gegen »Freiheit und Gleichheit« als demokratische Prinzipien; er läßt nur »Gleichheit« gelten. Wozu diese Verabsolutierung von »Gleichheit« im Denken Carl Schmitts führt, macht er selbst unmißverständlich klar:

> Jede wirkliche Demokratie (also eine solche, in der nur »Gleichheit« als Prinzip gilt, W. G.) beruht darauf, daß nicht nur Gleiches gleich, sondern, mit unvermeidlicher Konsequenz, das Nichtgleiche nicht gleich behandelt wird. Zur Demokratie gehört also notwendig erstens Homogenität und zweitens – nötigenfalls – die Ausscheidung oder Vernichtung des Heterogenen ... Die politische Kraft einer Demokratie zeigt sich darin, daß sie das Fremde und Ungleiche, die Homogenität Bedrohende zu beseitigen oder fernzuhalten weiß.[23]

Daß Carl Schmitt mit zu den bedeutendsten Autoritäten der Neuen Rechten zählt, ist völlig unumstritten;[24] verstärkt wird aber dieser Schmittsche Gedankengang noch durch eine weitere Strömung, die eine Auffassung vom Menschen hat, derzufolge bestimmte biologische Triebstrukturen die Entwicklung der Menschheit grundsätzlich bestimmen.[25] Aus dem »Territorialtrieb« wird die Notwendigkeit der Verteidigung eines Lebensreviers und eine instinktive Abwehrhaltung gegenüber allem Fremden hergeleitet, wenn ein Volk auf Dauer überleben will. Neben diesem Trieb, der also die Aussonderung alles Ungleichartigen bewirkt, wird auf einen zweiten, den »Dominanztrieb«, verwiesen, der innerhalb eines Volkes eine Hierarchie notwendigerweise hervorbringt, weil und insoweit die »Besten« nach vorne in die Führungspositionen drängen. Elitebildung ist also eine jedem Volk vorgegebene biologische Notwendigkeit. Die für eine solche Vorstellung logisch zwingende Denkvoraussetzung der Unterschiedlichkeit der Individuen muß nicht zwangsläufig mit der Homogenitätsforderung kollidieren, weil letztere nur auf ein Abgrenzungskriterium nach »außen« abzielt, das Differenzierung nach »innen« zuläßt. Carl Schmitt ist zu einer ähnlichen Vorstellung gelangt, jedoch nicht über diese biologische Grundlegung, sondern über den Gedanken einer prinzipiellen Identität von Herrschenden und Beherrschten als zentralem Kriterium seiner Demokratiedefinition als Herrschaft des Volkes über sich selber.[26] Die Art der Binnendifferenzierung ist für Carl Schmitt ebenso unwichtig – es gibt für ihn beispielsweise aufgrund der Identitätsthese keinen prinzipiellen Unterschied zwischen Demokratie und Diktatur – wie für die Vertreter biologistischen Denkens; dort wird etwa die These vertreten, »daß der Triebapparat die Neigung, über andere zu herrschen, ebenso unterstütze wie den Drang zur Unterordnung unter die ›tüchtigsten Individuen‹ «.[27]

Es dürfte einleuchten, daß eine derartige Sicht der Dinge, die von ihren Vertretern oftmals als »realistische Anthropologie« ausgegeben wird oder für die man sich auf wissenschaftliche Autoritäten stützt, nicht in erster Linie an Machtkontrolle und Aufrechterhaltung der Grundrechte des einzelnen gegenüber den Machtinstanzen orientiert ist, sondern einzig an der Effektivierung von Entscheidungsfindung und -durchsetzung. Es überrascht daher nicht, daß in der Ideologie der Neuen Rechten Anleihen im militärischen Bereich gemacht werden, wenn von Politik die Rede ist. Hermann Heller hat früh darauf aufmerksam gemacht, daß »Politik« sich bei Schmitt nicht von »polis« (griechisch »Staat«), sondern von »polemos« (griechisch »Kampf«, »Krieg«) herleite.[28]

Wenn ich weiter oben die These aufgestellt habe, daß die Ideologie der Neuen Rechten sowohl eigenständig ist als auch eine Scharnierfunktion zwischen dem Neokonservatismus und dem Rechtsextremismus erfüllt, dann scheint mir die Bestätigung des ersten Teils der These – und dies in bezug auf das oben genannte Hauptthema Pluralismus und Homogenität – in jenen Forderungen nach Homogenität und hierarchisch-autoritärer Binnendifferenzierung eines politischen Gemeinwesens zu liegen. Die Verbindung zum Rechtsextremismus wird dort geschlagen, wo z. B. die Homogenität über rassistische Kriterien definiert, Haß gegen alles Fremde und Vergötzung der eigenen Nation betrieben werden und wo das Idealbild der Binnendifferenzierung auf einen autoritären oder totalitären Führerstaat hinausläuft.

Die Verbindung zum Neokonservatismus wird dort geschlagen, wo zwar auf die Notwendigkeit von Homogenität für ein Gemeinwesen verwiesen wird, diese aber weitgehend im kulturellen Bereich, beispielsweise der historischen Identitätsbildung, angesiedelt wird. In bezug auf die Binnendifferenzierung wird das Recht des Stärkeren positiv bewertet, so daß alles gefordert wird, was die Durchsetzung des Stärkeren auf dem Markt ermöglicht. Die Bruchstelle zum liberalen Konservatismus, den Lorig hauptsächlich beschreibt, läge einerseits in der Forderung nach einer multikulturellen Gesellschaft, wie sie z. B. Heiner Geißler vertreten hat[29], andererseits beispielsweise in der Betonung der Notwendigkeit sozialstaatlicher Maßnahmen, um strukturelle Zugangsbarrieren zum politischen wie zum ökonomischen »Markt« für diejenigen Menschen abzubauen, die hinsichtlich ihrer Startchancen benachteiligt sind. Ein anderer Bruchpunkt dürfte genau dort liegen, wo, wie beim liberalen Konservatismus, nicht die Sicherung der Rechte des einzelnen als beweislastpflichtig angesehen wird, sondern die ihr gegebenenfalls entgegenstehende Forderung nach selbstverständlichem Machtdurchsetzungsanspruch des Staates.

Einige der bisher ziemlich abstrakt angesprochenen Punkte sollen nun exemplifiziert werden; dabei greife ich auf eine Zeitschrift zurück, die in den letzten Jahren eine erstaunliche Wandlung vollzogen hat und als Musterbeispiel für die behauptete Scharnierfunktion der Neuen Rechten gelten kann: die Zeitschrift *MUT*.

Mitte der sechziger Jahre im Umkreis der rechtsextremen NPD von Bernhard C. Wintzek ursprünglich als eine Jugendzeitschrift gegründet, bemühte sie sich von Anfang an um den Kontakt zu konservativen Positionen und um »deutliche Abgrenzungen gegenüber offen faschistischen Organisationen und Ideologien«.[30] Wintzek gehörte zu den Initiatoren der »Aktion Widerstand« 1970, die als der »Versuch einer Einheitsfront nahezu des gesamten rechtsextremen Lagers«[31] angesehen werden kann und die weg von dem eher defensiven NPD-Kurs zu »radikalere(n) und offensivere(n) Politikformen rechtsaußen«[32] kommen wollte. 1972 trat Wintzek als NPD-Bundestagskandidat auf; 1977 organisierte er in Soltau mit großem Aufwand die »Kappler-Jubelfeier«.[33]

Bis 1984 wurde *MUT* vom Bundesinnenminister Zimmermann unter den rechtsextremistischen Zeitschriften geführt (Verfassungsschutzbericht 1983, S. 145). Bereits eineinhalb Jahre später schrieb der gerade zurückgetretene bayerische Kultusminister Hans Maier für *MUT* einen langen, zweiteiligen Artikel.[34] Im Februar-Heft 1988 (Nr. 246, S. 5) gibt sich Bundeskanzler Helmut Kohl in einem Leserbrief als »ständiger Leser von ›MUT‹« zu erkennen. Wintzek ist nach wie vor der Herausgeber und Chefredakteur von *MUT*. Und offenbar nachdem seit Mitte 1984

Gerd-Klaus Kaltenbrunner als »ständiger Mitarbeiter« geführt wird, reißt die Liste bekannter Politiker, Wissenschaftler und Journalisten nicht mehr ab, die für *MUT* schreiben, bzw. deren Beiträge dort abgedruckt werden (z. B. Franz Alt, Hellmut Diwald, Irenäus Eibl-Eibesfeld, Karl Feldmeyer, Herbert Gruhl, Dieter Haack, Heinz Haber, Gertrud Höhler, Klaus Hornung, Ernst Jünger, Martin Kriele, Ursula Lehr, Ulrich Lohmar, Konrad Lorenz, Golo Mann, Armin Mohler, Erwin Scheuch, Robert Spaemann, Karl Steinbuch, Rudolf Wassermann, Rupert Scholz).[35] Was ist geschehen? Ganz sicher kann man *MUT* heute nicht mehr als (in unserem Sinne) »rechtsextreme Zeitschrift« oder als »NPD-geprägt« bezeichnen.[36] In weiten Teilen dürfte sie heute als stark nationalkonservativ erscheinen, wobei jedoch bei einer ganzen Reihe von Artikeln typische Argumentationsmuster der Neuen Rechten unübersehbar sind und diese sich von früheren Artikeln wenn überhaupt, dann nur durch weniger radikale Formulierungen unterscheiden.[37]

Dazu einige Beispiele:
Einer der zentralen Punkte ist für *MUT* das Problem der »nationalen Identität«. So schreibt Wolfgang Strauss (*MUT*, Nr. 125, März 1982) über die Gefahren des zunehmenden Verlusts der nationalen Identität: Man könne zwar mit der Angst heutzutage Geschäfte machen. »Nur eine Angst wird hierzulande ganz klein geschrieben, die Ursache aller Lebensangst der Deutschen, die Angst vor dem vollständigen Verlust der nationalen Selbsterkenntnis, Traditionswerte, des nationalen Selbstbewußtseins – der deutschen Identität.« Dieser Verlust bedeute »den ethischen, psychischen Tod eines Volkes, er kommt dem Selbstmord eines Volkes gleich«. Notwendig sei, »den Willen und den Mut« zu haben, »trotz Teilung, Fremdherrschaft, Okkupation, Kriegsdrohung, Ächtung ein Volk zu bleiben, als Schicksalsgemeinschaft zu überleben« (S. 16 f.). Volk, Identität – alles kompakte Vorstellungen, die nicht auf eine pluralistische Gesellschaft angewendet werden können, vor allem dann nicht, wenn eine einzige Angst als *die* Ursache aller Lebensangst der Deutschen angesehen wird. Strauss bezieht sich bei seinen Therapievorschlägen auf Kaltenbrunner und fordert mit ihm, insofern über einen engen Nationalismus hinausgehend, das »neue Europa«, das allerdings »ein Europa mit Deutschland als dem Herzen des Kulturkontinents« sein müsse. Die Bundesrepublik selbst müsse »vor den Erwartungen eines ›herrschaftsfreien‹ Zeitalters mit autoritätsloser Ordnung« gewarnt werden (S. 21).

Der desolate Zustand Deutschlands bzw. der Bundesrepublik wird immer wieder in verschiedenen Formen lebhaft beklagt. So findet sich im Heft Nr. 198 (Februar 1984, S. 18) eine Erklärung des »Deutschlandrats« (dem Hans-Joachim Arndt, Hellmut Diwald, Robert Hepp, Armin Mohler, Franz Schönhuber, Wolfgang Seiffert und Bernard Willms angehörten)[38]: »Dies ist die Lage: Deutschlands Vergangenheit heißt Niederlage und Schuld, seine Gegenwart ist Teilung und Fremdbestimmung, seine Zukunft erscheint hoffnungslos«.[39] Als »Voraussetzung« für ein selbstverständliches Nationalbewußtsein« wird eine »Entkriminalisierung unserer Geschichte« gefordert.

1986 schreibt Hellmut Diwald, es seien »immer noch schlechte Zeiten für den aufrechten Gang«: »Läßt sich denn allen Ernstes bestreiten, daß wir in erster Linie geistig-mental ›besetztes Land‹ sind«; wir müssen »uns endlich entschließen, unsere Geschichte selbst in die Hand zu nehmen« (*MUT*, Nr. 224, 163 f.). Aber nicht nur die Sowjetunion ist für die Besetzung verantwortlich, sondern auch die USA. Ganz im Stile jener Neuen Rechten, die auf einen »3. Weg« zwischen den alle Kulturen nivellierenden, universalistischen »Wodka-Cola-Kulturen« setzen, fordert 1983 Armin Mohler (*MUT*, Nr. 188, S. 38): »Für eine so vielfältige und ausdrucksbegabte Nation wie die deutsche wäre es vielleicht die große politische Chance, zum Sprecher all derer zu werden, die sich, wo auch immer auf der Welt, der großen Gleichmachung unter Sowjetstern und stars and stripes zu erwehren suchen.« Vorher hatte er unmißverständlich in Anlehnung an Carl Schmitt klargemacht: »Feind ist, wer die deutsche Spaltung durchgeführt hat und aufrechterhält und den Deutschen 37 Jahre nach Kriegsende immer noch jene Souveränität vorenthält, die man weder Simbabwe noch den Fidschi-Inseln zu verweigern wagt« (S. 35).

Auch in den beiden letzten Jahren hat die Verketzerung der Störenfriede deutscher Identität und Werte in *MUT* nicht nachgelassen: Da beklagt Karl Steinbuch die immer noch fehlende »geistig-moralische Wende«, demzufolge nach wie vor die »Bra-Bö-Gra«-Ideologie (nämlich die »rundum gescheiterte Ideologie der Brandt, Böll und Grass«) vorherrsche (*MUT*, Nr. 245, Jan. 1988, S. 33); Heinz-Dietrich Ortlieb wettert gegen den »Anarcho-Marxismus und Linksliberalismus« (a. a. O., S. 8 f.), und der Leitende Polizeidirektor der Polizeiführungsakademie Münster klagt: »Solange die Verhetzung der jungen Menschen in Schulen und Universitäten vom Staat hingenommen wird, brauchen wir uns nicht zu wundern, daß das terroristische Umfeld immer größer wird« (a. a. O., S. 15).

Ein besonders frappantes Beispiel der neurechten Vergangenheitsverdrängung bietet Gerd-Klaus Kaltenbrunner in der Novemberausgabe 1988 von *MUT* (Nr. 255, S. 8 f.): Durch die Regelung der Hafenstraßen-Problematik habe der Hamburger Senat einen Vorgang herbeigeführt, der in seiner Tragweite nur mit dem »Ende der Neuzeit« bezeichnet werden könne. Der »Ewige Landfrieden«, das seit 1495 »im Prinzip bis zum November 1987 absolut verbindliche Grundgesetz deutscher Staatlichkeit« sei durch diesen Hafenstraßen-Vertrag tot: »Das Jahr 1987 werden künftige Historiker als ein deutsches Schicksalsjahr bezeichnen.« War dies etwa Kaltenbrunners Beitrag zu den Gedenkfeiern anläßlich der antijüdischen Pogrome im November 1938? Ist das nicht eine nachträgliche Verhöhnung jüdischer Mitbürger, wenn hier suggeriert wird, daß der »Ewige Landfriede« während der Naziherrschaft gegolten haben soll? Oder werden hier schlicht diese zwölf Jahre ›vergessen‹ oder verdrängt?

Im Dezember-Heft 1988 von *MUT* (Nr. 256) setzt sich der stellvertretende Chefredakteur der *Welt*, Günter Zehm, mit Heiner Geißlers Forderung nach einer »multikulturellen Gesellschaft« auseinander. In echt biologistischer Manier der Neuen Rechten stützt er sich auf R. Ardreys »territorialen Imperativ« und folgert aus der Beobachtung bei Maikäfer, Waschbär und Rotkehlchen: »Die Rede von der

Schönheit und Wünschbarkeit einer multikulturellen Gesellschaft ist also, im besten Falle, nichts als utopisches Gerede, das aller konkreten Erfahrung zuwiderläuft. Sie widerspricht der menschlichen Natur, wenn nicht der Natur überhaupt« (S. 25). Und schon wegen der Wiedergewinnung ihrer nationalen Einheit dürfe die Bundesrepublik keine »Spiel- und Konfrontationswiese für multikulturelle Teilgesellschaften« sein (a. a. O.). Ähnliches hatte Heinrich Lummer in dem zu Anfang zitierten Aufsatz einige Monate vorher in *MUT* gesagt.[40]

Im letzten Jahr der Erwähnung von *MUT* im Verfassungsschutzbericht schrieb der Herausgeber B. C. Wintzek (*MUT*, Nr. 188, April 1983, S. 15 ff.): »Die gewaltsame Wegnahme Ostdeutschlands und die Vertreibung der Ostdeutschen stellen das größte territoriale Unrecht dar, das je einer Nation zugefügt wurde.« Für die Anerkennung eines solchen Unrechts gebe es »keinerlei sittliche Rechtfertigung«. Am Warschauer Vertrag von 1970 ändere auch der »Alibibrief zur deutschen Einheit« nichts. »Er ist nur die ›silberne Verpackung‹ einer schmutzigen Ware, die Verschleierung der tatsächlich aufgegebenen Wiedervereinigungspolitik, die schamlose Aufgabe der Souveränitätsrechte über das ostdeutsche Reichsgebiet unter Bruch des Selbstbestimmungsrechts der betroffenen – meist Vertriebenen – Ostdeutschen.« Das Verhalten des Bundestages »zeige die Skrupellosigkeit unserer Volksvertreter«.[41] Einige Jahre später formuliert Wintzek im Editorial von *MUT* (Nr. 251, Juli 1988, S. 3) weicher: Die »teilungsbeseligten Fernweh-Zeiten« gingen zu Ende; »Einheit in Freiheit« stünde zwar noch nicht unmittelbar bevor, aber »die Tage des Urlaubs von Deutschland, den so mancher Politiker noch Jahrzehnte glaubte machen zu können, (sind) gezählt«. Diese Anklage zielt selbstverständlich in die Richtung Heiner Geißlers.[42]

Das letzte Beispiel der neurechten Ideologie bezieht sich auf die Elite-Frage. Ganz im Stile des am Kampf orientierten Carl Schmitt einerseits und ausgehend vom vermeintlich nicht zu leugnenden Dominanztrieb andererseits sieht Kaltenbrunner die Weltgeschichte nur als Elitenkampf und Demokratien folgerichtig nur unter dem Aspekt, wie in ihnen das Eliteproblem gelöst wird: Die Weltgeschichte ist für ihn ein Krieg der Ideen, der politischen Utopien: »Eine Idee, Überzeugung, Religion oder politische Utopie ... siegt niemals aufgrund wirtschaftlicher Macht, sonders einfach dadurch, daß sich genügend ›Verrückte‹ finden, die bereit sind, dafür zu kämpfen und sich, wenn's sein muß, auch töten lassen ... Die Weltgeschichte wird nun einmal nicht von Kaufleuten, Händlern und Kommerzienräten bewegt, sondern von Kämpfern, Soldaten, von Partisanen, kurz: von glaubensstarken und zum Martyrium bereiten Eliten« (*MUT*, Nr. 200, April 1984). Und Kaltenbrunners These in seinem Buch *Eliteerziehung für den Ernstfall*, für das in *MUT* (z. B. Nr. 203, Juli 1984) geworben wurde, heißt: »Der demokratische Staat ist, um seines eigenen Überlebens willen, gebieterisch gezwungen, das zu tun, was er nach Ansicht der Ideologen eines egalitären ›Demokratismus‹ nicht tun darf: Er muß sich vom Kult der Mittelmäßigkeit und der Inkompetenz lossagen, um mit größtmöglichem Aufwand die Förderung der Hochbegabten, die Bildung neuer Eliten als eines seiner Hauptziele zu verfolgen.« Denn: »Industriegesellschaft plus demokratische Verfassung ergibt noch keinen Staat, der dem Ernstfall gewachsen ist. Im Ernstfall sind entscheidend: nicht protestlerisch gereizte Aussteiger, sondern leistungswillige Aufsteiger; nicht die Durchschnittlichen, sondern die Besten.« Zwei Monate später veröffentlicht *MUT* (Nr. 205, September 1984, S. 6) eine Zuschrift des Städtebauministers Oskar Schneider (CSU) zu diesem Buch, in der dieser sich freut, »feststellen zu können, daß Ihre Thesen in allen Punkten meine eigene Auffassung treffen«.

5. Zur Organisation der Neuen Rechten

Wenn jetzt die Organisation der Neuen Rechten in ihrer Scharnierfunktion zwischen Neokonservatismus und Rechtsextremismus diskutiert wird, dann ist der Hinweis nötig, daß unter »Organisation« hier nicht das Hauptaugenmerk auf Parteien, Vereine oder Verbände gelegt werden soll, sondern auf eher informelle Verbindungen, wie sie sich im Publizieren von Aufsätzen in bestimmten Zeitschriften oder im gemeinsamen Auftritt bei einschlägigen Kulturveranstaltungen dokumentieren.

Freilich spielen sich im Bereich rechts der CDU und CSU seit Jahren Prozesse ab, die eine einzige, jedoch als eindeutig demokratisch eingeschätzte und legitimierte Partei einer Neuen Rechten zum Ziel haben, Prozesse, die von den beiden christlichen Parteien gefürchtet und bekämpft werden. »Doch es wäre völlig falsch, die Gefahr der Neuen Rechten daran festzumachen, ob und wann die Partei zustandekommt«, urteilen Margret Feit und Siegfried Jäger in einem Sammelband, der die Presse der Neuen Rechten einer intensiven Analyse unterzieht.[43] Noch deutlicher formuliert Martina Koelschtzky[44] diesen Gedanken dahingehend, daß »das strategische Konzept der Errichtung der ›kulturellen Hegemonie‹, also der Durchdringung aller Lebensbereiche und Bevölkerungsschichten mit ihrer Ideologie ... den bewußten Verzicht auf eigene Massenorganisationen« beinhalte. Vielmehr suche die Neue Rechte ihre Ideologie über »geeignete Multiplikatoren« wie z. B. bekannte Professoren, Publizisten und Politiker zu verbreiten. Tatsächlich ist die Entstehung und Weiterentwicklung der Ideologie der Neuen Rechten nicht loszulösen von der Geschichte einer Reihe von Verlagen und Zeitschriften, die in ihrer Gesamtheit auf den ersten Blick den Eindruck einer heillosen Zersplitterung vermitteln, bei näherem Hinsehen aber gleichzeitige Kooperations- und Konkurrenzbeziehungen aufweisen.[45]

Alle die im folgenden genannten Publikationsorgane sind in ihrer ideologischen Ausrichtung ohne jeglichen Zweifel auch von ihrer eigenen Einschätzung her zumindest dem rechtskonservativen Spektrum zuzuordnen, eine Reihe davon sind oder waren in den Berichten des Verfassungsschutzes als »rechtsextrem« eingestuft. Man wird also mit Recht annehmen können, daß ein Autor in solchen Zeitschriften sich bewußt in eine Autorenschaft einreiht, deren Ideologie er jedenfalls nicht prinzipiell ablehnt, wahrscheinlich ja sogar daran interessiert ist, im Verein mit seinen Mitautoren das weitgehend gemeinsame Gedankengut unter die Leser zu bringen. Dieses bewußte gemeinsame Auftreten in der publizistischen Öffentlichkeit (oder gegebenenfalls auch bei einschlägig bekannten öffentlichen Veranstaltungen) sei hier als »Organisation« im Sinne informeller Verbindungen gemeint.

Im folgenden können nur beispielhaft einige solcher Verbindungen herausgearbeitet werden; dabei beschränke ich mich auf solche Autoren und Publikationsorgane, die im rechten Lager schon seit längerem einen großen Bekanntheitsgrad haben. Die Scharnierfunktion von Autoren und Organen der Neuen Rechten liegt nun darin, daß es kaum direkte Berührungen zwischen Neokonservativen und Rechtsextremen zu verzeichnen gibt, sehr wohl aber die meisten Autoren der Neuen Rechten sowohl zusammen mit Neokonservativen als auch – wie anderswo – mit Rechtsextremen auftreten. Weiter läßt sich bei manchen feststellen, daß sie je nach Publikationsorgan unterschiedlich scharfe ideologische Formulierungen verwenden: Autoren der Neuen Rechten passen sich ihrer jeweiligen Umgebung und ihrem jeweiligen Publikum an.[46]

Der Bochumer Professor für Politikwissenschaft, Bernard Willms, der von Dietzsch als »Leitfigur der gesamten Rechten« eingestuft wird,[47] pflegt ein Beziehungsgeflecht, das von der NPD bis zum Studienzentrum Weikersheim[48] reicht, dessen Vorsitzender der ehemalige baden-württembergische Ministerpräsident Filbinger (CDU) ist. So sprach Willms z. B. auf einer NPD-Veranstaltung in Oberhausen im Mai 1986 und rechnete laut NPD-Zeitung *Deutsche Stimme* »mit der herrschenden Kapitulantengesinnung ab«;[49] beim Schlesier-Treffen 1985 war er ebenso Gastredner wie Bundeskanzler Kohl.[50]

Zusammen mit anderen Vertretern aus dem neokonservativen und neurechten Lager war er, wie schon erwähnt, im sogenannten »Deutschlandrat« aufgetreten;[51] er benutzt auch die Zeitschrift *Criticón* als Plattform, die heute sicherlich »zu den wichtigsten konservativen Blättern in der Bundesrepublik« gehört.[52] Es verwundert nicht, daß Willms auch weiterhin auf verschiedenen Veranstaltungen auftritt, in Broschüren von Gruppierungen schreibt bzw. sich für deren Interviews zur Verfügung stellt, die laut neuestem Verfassungschutzbericht immer noch als rechtsextrem eingestuft werden.[53] Natürlich schrieb Willms auch wiederholt für *MUT*, doch scheint er in der letzten Zeit dort nicht mehr gern gesehen zu sein.

Dafür ist ein anderer Politologe, Klaus Hornung, seit November 1988 zum »ständigen Mitarbeiter« von *MUT* avanciert. Hornungs und Willms' Wege haben sich oft gekreuzt, so unter anderem auf Veranstaltungen rechtsextremer Couleur und in den genannten Zeitschriften der Neuen Rechten.[54]

Es ist hier nicht möglich, im einzelnen solchen Verbindungen nachzugehen. Außerdem verfügen wir in den Büchern von Margret Feit und Siegfried Jäger über sehr detaillierte Angaben zu diesen Verbindungen.[55] Wichtig ist aber der Hinweis darauf, wie eng geknüpft das Verbindungsnetz der wichtigsten Köpfe der Neuen Rechten ist. So tauchen die meisten der Autoren, die wir oben schon aus *MUT* zitierten, auch im Zusammenhang mit den *Deutschen Monatsheften* (DM), der Zeitschrift *Nation Europa*[56] oder der Vierteljahresschrift *Deutschland in Geschichte und Gegenwart* (DGG) auf, die allesamt im Verfassungsschutzbericht 1987 (und selbstverständlich auch in früheren) als rechtsextrem aufgeführt werden. Wieweit das 1980 in Kassel gegründete »Thule-Seminar e. V.«[57] auf Dauer als »Arbeitskreis für die Erforschung und das Studium der europäischen Kultur« nicht nur die Verbindung der deutschen Neuen Rechten, sondern auch dieser besonders zur französischen »Nouvelle Droite«[58] erstrangig leisten und verstärken wird, kann im Augenblick noch nicht eindeutig beantwortet werden. Jedenfalls zeigen die Recherchen von Margret Feit, daß auch bei dessen Verbindungen der Bogen vom Studienzentrum Weikersheim bis zu den oben genannten rechtsextremen Veranstaltungen reicht.[59] In allen diesen Zusammenhängen auftauchende Namen sind (neben Willms und Hornung) vor allem Wolfgang Strauss, Wolfgang Seiffert, Emil Schlee, Hans-Dietrich Sander, Armin Mohler und Gerd-Klaus Kaltenbrunner.

Während Schlee, 1982 noch Ministerialrat im Sozialministerium in Schleswig-Holstein, nach seinem Austritt aus der CDU 1985 heute Mitglied der Führungsspitze der Republikaner und womöglich zu einer direkten Zusammenarbeit mit der NPD bereit,[60] noch bis zum August-Heft 1988 in *MUT* als Autor geführt wurde, ist Wolfgang Strauss seit September 1988 als »ständiger Mitarbeiter« von *MUT* ausgeschieden, hat jedoch in einer späteren Nummer (Nr. 225, November 1988) geschrieben. Strauss, den Kaltenbrunner bei Gelegenheit als einen großen Philosophen hofierte,[61] muß immer noch als einer der wichtigsten Nationalrevolutionäre[62] gelten, die bei ihrer Idee der »fünffachen Revolution« von dem Satz ausgehen: »Wir stehen der politischen Herrschaftsform der bürgerlichen Gesellschaft, dem demokratischen Parlamentarismus, grundsätzlich ablehnend gegenüber.«[63]

Siegfried Jäger hat darauf aufmerksam gemacht, wie Wolfgang Strauss, »ein Meister der Täuschung«, mit Themen und Ausdrucksweise jongliert, je nachdem, ob er z. B. für den »braven MUT-Leser« oder in der NPD-Studentenzeitung »NHB-Report« schreibt.[64]

Ein anderer, bei Zeitschriften der Neuen Rechten wie der Rechtsextremen »gern gesehener Autor«[65] ist Hans-Dietrich Sander. Er ist im Vorstand der vom Verfassungsschutz als rechtsextrem eingestuften »Gesellschaft für Freie Publizistik« (GFP), die teilweise eng mit der NPD zusammenarbeitet,[66] und war von 1984 bis 1986 Chefredakteur der ebenfalls rechtsextremen *Deutschen Monatshefte*.[67] 1983 formulierte er:

> Die territoriale Wiederherstellung Deutschlands kann den Siegern allein Stück um Stück abgerungen werden. Sie kann nur das Ergebnis einer nationalen, selbstverständlich revisionistischen, wenn es sein muß, auch revanchistischen Politik einer politisch und militärisch wachsenden westdeutschen Republik sein. Der Weg dahin führt allerdings wohl nur über die anschwellende soziale Not der kommenden Jahre, die zu ihrer Behebung einer anderen politischen Schicht, einer Elite bedürftig ist, die diesen Namen verdient und die auch über die Kraft und den Elan zur militärischen Remedur gebietet.[68]

Solche Töne wird man von Gerd-Klaus Kaltenbrunner wohl nicht hören. Wie fein dieser die Ideologie der Neuen Rechten auszuformulieren vermag, dabei aber in der Sache unmißverständlich ist, hat detailliert Siegfried Jäger an einem Aufsatz Kaltenbrunners (»Bestimmt Hitler die Rechtlinien unserer Politik«) in *MUT* (Nr. 24, Februar 1987) demonstriert.[69] Daß Kaltenbrunner aber nicht nur den offensichtlich immer nobleren Leser von *MUT* im Auge hat, sondern auch die Verbindungen nach viel weiter rechtsaußen halten will, kann beispielsweise darin gesehen werden, daß er in der oben schon erwähnten rechtsextremen Zeitschrift *Deutschland in Geschichte und Gegenwart* (DGG) ausgerechnet Bernard Willms überschwenglich lobt:

> So wie Willms hat noch niemand nach 1945 zu den Deutschen gesprochen. Wir müssen schon bis zu Fichtes ›Reden an die deutsche Nation‹ zurückgehen, um einer vergleichbaren Stimme zu begegnen. Willms ist ... ein wiederauferstandener Fichte.[70]

Im selben Jahr, 1986, hatte Kaltenbrunner den Konrad-Adenauer-Preis der Deutschland-Stiftung in Gegenwart von viel Prominenz aus CDU und CSU erhalten.[71]

Während Wolfgang Seifferts Bindungen an das rechtsextreme Lager gegenüber den anderen hier genannten Autoren weniger intensiv zu sein scheinen,[72] dürfte Armin Mohler das Paradebeispiel eines Vertreters der Neuen Rechten in der hier diskutierten Scharnierfunktion sein. Mohler kann als eine der Zentralfiguren der Neuen Rechten gelten, der auf der einen Seite, insbesondere über die Zeitschrift *Criticon*, auf noch empfängliche Teile der Neokonservativen einwirken und sie radikalisieren will; auf der anderen Seite sympathisiert er mit den Republikanern Schönhubers,[73] und selbst dem zu einer Freiheitsstrafe von 13 Jahren wegen Rädelsführerschaft in einer terroristischen Vereinigung verurteilten Leiter der, laut Verfassungsschutzberichte, neonazistischen »Deutschen Bürgerinitiative« (DBI), Manfred Roeder, fühlt er sich zugewandt: »Dem Manfred Roeder gegenüber habe ich oft ein schlechtes Gewissen gehabt, auch seine tollkühne Art bewundert, die er hatte. Hätte ich ihn kennengelernt, wäre ich vor seiner Unbedingtheit aber sicher zurückgeschreckt«[74] – also nicht in erster Linie vor seinen neonazistischen Ideen.

6. Zusammenfassung und Ausblick

Es kann kein Zweifel daran bestehen, daß sich – gleichsam als Scharnier – zwischen dem deutschen Neokonservatismus und dem verfassungsfeindlichen Rechtsextremismus eine ideologisch und organisatorisch zusammenhängende Bewegung etabliert hat, die als »Neue Rechte« bezeichnet werden kann und von prominenten Vertretern, wie zum Beispiel Armin Mohler, so genannt wird. Als eines der Kernstücke, vielleicht sogar als das entscheidende, der Ideologie der Neuen Rechten kann ihr dezidierter Antipluralismus gelten. Der Ausgangspunkt politischer Argumentation ist nicht das Individuum in seiner jeweiligen Eigenart und in seinem Menschenrecht auf Schutzwürdigkeit dieser Individualität, sondern die Frage der politischen Entscheidungsfähigkeit der jeweiligen zur politischen Einheit verfaßten Gesellschaft. Nach wie vor gilt dabei das als Nationalstaat verfaßte Volk als Gegenstand und Zielpunkt der Betrachtung und der politischen Strategie. Alles, was dieser Einheit widerstrebt oder schaden könnte, wird als Ausdruck von Chaos und Verderbnis gebrandmarkt; alles, was diese

Einheit stabilisieren könnte, wird positiv gewürdigt. Entgegen einem pluralistisch-demokratischen Ansatz mit seiner Devise »Im Zweifel für die individuelle Freiheit« heißt hier das Motto: »Im Zweifel für die staatliche Einheit und Entscheidungseffizienz«.

Die Wendung gegen eine multikulturelle Gesellschaft, die Abkehr von einer großzügigen und liberalen Ausländer- und Asylpolitik[75], die Priorität einer Wiedervereinigungspolitik (z. B. gegenüber der Sicherung einer freiheitlichen Verfasssung oder der Europäischen Integration)[76], das Hervorstreichen, ja teilweise Absolutsetzen, solcher »deutschen« Tugenden wie Pünktlichkeit, Disziplin, Fleiß und Ordnungsliebe sind ebenso Kennzeichen einer auf Einheitlichkeit gerichteten Denkweise wie die Versuche, die deutsche Vergangenheit von allen störenden Tendenzen zu befreien bzw. diese vergessen zu machen, um denn in einer derart »befreiten« Vergangenheit ein einheitsstiftendes Sinngebäude etablieren zu können. Alle diese Ziele sind nach neurechter Ideologie nicht durch demokratisches »Aushandeln« zu erreichen, sondern die Handlungsweisen bedürfen des Elements des »Kampfes«. Je stärker Druck und Zwang an die Stelle von überzeugungsorientierter offener Diskussion treten, desto mehr wird der Boden demokratischer Konfliktverarbeitung verlassen und das Terrain autoritärer und rechtsextremer Durchsetzungsstrategien betreten.

In unserer Analyse, insbesondere am Beispiel von *MUT*, konnte gut beobachtet werden, daß sich im Bereich der Neuen Rechten ein intensiver Differenzierungsprozeß ergeben hat. Nach wie vor gibt es deutliche ideologische wie organisatorische Verbindungen in das verfassungsfeindliche, rechtsextreme Lager. Gleichzeitig hat sich die Verbindungslinie zum konservativen Lager zu einem immer breiteren Band entwickelt; eine scharfe Grenzsicherung ist auf dieser Seite nicht so leicht mehr möglich. Nun wäre es ja sicherlich ein wertvolles Verdienst, wenn diese Vermischung dazu führte, daß erstens Teile der Neuen Rechten aus ihrer ideologischen und organisatorischen Einbindung herausgelöst und zum pluralistisch-demokratischen Konservatismus gezogen und zweitens typische Themen der Neuen Rechten in ihrer Öffentlichkeitswirksamkeit zurückgedrängt würden.

Wenn die Rede von vielen Unionspolitikern, rechts von den Unionsparteien dürfe keine demokratisch gewählte Rechtspartei entstehen, auf diesen Absorptionsprozeß abzielt, wird man eine derartige Politik nur unterstützen können. Es hat aber leider häufig den Anschein, als ob diese Vermischung viel eher der Neuen Rechten erst den ideologischen ond organisatorischen Auftrieb gegeben hat, den sie mit eigenen Mitteln kaum hätte erreichen können. Ob sich die Neue Rechte auf längere Zeit in dieser eher informellen und Mimikry-Art als eigenständiges Scharnier halten kann oder ob sie auf Dauer den Weg einer Institutionalisierung über eine eigenständige Partei gehen wird, ist jetzt noch nicht eindeutig zu beantworten; so wird seit einiger Zeit immer wieder die Partei der »Republikaner« mit ihrem Bundesvorsitzenden Schönhuber als möglicher organisatorischer und institutioneller Sammelpunkt genannt. Die »höheren Weihen« durch Armin Mohler hätte Schönhuber schon, wird er doch von diesem »mein Freund Franz Schönhuber« genannt, aber noch 1987 meldete Mohler Skepsis hinsichtlich eines Erfolges an.[77] Das Entscheidende bei allen Auseinandersetzungen mit der Neuen Rechten wird sein: Können die pluralistischen, demokratischen Kräfte erreichen, für die heutigen vielfältigen Gegenwarts- und Zukunftsprobleme Antworten und Lösungen zu finden, die offen und komplex genug diskutiert werden, so daß sie einer möglichst großen Zahl von Menschen als guter Kompromiß erscheinen und daher Zustimmung finden werden; oder setzen sich diejenigen durch, denen es sinnvoller erscheint, durch ideologische Vorannahmen die Komplexität der Probleme vorab so einzugrenzen, daß scheinbar einfache Antworten gefunden und durchgesetzt werden können, wobei diejenigen, die Widerstand anmelden, mit autoritären Mitteln schnell und wirksam ausgegrenzt werden? Gerade darin, daß immer häufiger und schneller zu solchen Ausgrenzungen gegriffen wird, anstatt sich der Schwierigkeit einer Konflikterörterung zu unterziehen, scheint mir leider einer der wichtigsten Geländegewinne der Neuen Rechten im pluralistisch-demokratischen Lager zu liegen.[78] Nur mit dem eindeutigen pluralistischen und demokratischen Ansatz, auf die produktive Kraft von Vielfalt, Kritik und Konflikt zu bauen und die Konsensbereiche nicht enger zu ziehen, als sie unbedingt sein müssen, kann jenem Denken eine Barriere gesetzt werden, das seine Anziehungskraft aus dem Bedürfnis nach Harmonie und einfachen Problemlösungen bezieht.

Anmerkungen

* Manuskript abgeschlossen Ende Januar 1989.

1 So Bundeskanzler Helmut KOHL, zit. in: *Der Spiegel*, Nr. 2/1987, 27, auf einer Münchner Veranstaltung zum Bundestagswahlkampf 1987.

2 So der CSU-Vorsitzende Theo WAIGEL in einem Interview der Süddeutschen Zeitung, zit. nach *FR* vom 22. 10. 1988.

3 Vgl. u. a. Titelgeschichte in: *Der Spiegel*, Nr. 2/1987, »Wäre ich Deutscher, würde ich schreiben«.

4 LUMMER, Heinrich: Humanität und Verantwortung, *MUT*, Nr. 246 (Febr. 1988), 52 ff., 53.

5 Gerd-Klaus KALTENBRUNNER vergleicht den Konservatismus schon fast mit dem »sagenhaften Ungeheuer von Loch Ness, das regelmäßig im Sommer durch die Zeitungen geistert. Viele reden darüber, doch gesehen scheint es noch niemand zu haben«; siehe ders.: Ketzereien zum Thema »Neuer Konservatismus«, *MUT*, Nr. 221 (Januar 1986), 42–47, 42 f.

6 So GREIFFENHAGEN, Martin: Konservatismus, in: GÖRLITZ, Axel/PRÄTORIUS, Rainer (Hrsg.): *Handbuch Politikwissenschaft*. Reinbek: Rowohlt, 1987, 233–238.

7 Ebda., 235 f.

8 Ebda.

9 Siehe dazu u. a. SAAGE, Richard: Neokonservatives Denken in der Bundesrepublik, in: FETSCHER, Iring (Hrsg.): *Neokonservative und »Neue Rechte"*. München: Beck, 1983, 66–116, 68 ff.

10 Siehe ebda., 70, unter Hinweis auf Armin MOHLER.

11 Zitiert ebda., 70.

12 Siehe GREIFFENHAGEN, Martin: a. a. O., 236.

13 Vgl. SAAGE, Richard: a. a. O.. DUBIEL, Helmut: *Was ist Neokonservatismus?* Frankfurt: Suhrkamp, 1985. HABERMAS, Jürgen: *Die Neue Unübersichtlichkeit*. Frankfurt: Suhrkamp, 1985. LORIG, Wolfgang H.: *Neokonservatives Denken in der Bundesrepublik Deutschland und in den Vereinigten Staaten von Amerika*. Opladen: Leske + Budrich, 1988. DUBIEL, Helmut: a. a. O., 7 f., weist darauf hin, daß der Begriff »Neokonservatismus«, übrigens oft auch in der Form »Neokonservativismus« gebraucht, aus dem Amerikanischen eingedeutscht, seit Frühjahr 1982 im Umlauf sei: Helmut SCHMIDT habe auf dem Münchener SPD-Parteitag (April 1982) gesagt, »eine ›neokonservative Politik‹ sei das, was die Bundesbürger zu gewärtigen hätten, wenn die sozialliberale Koalition einmal abgetreten sei. Als sie dann abtrat, war das Wort plötzlich in aller Munde«.

14 SAAGE, Richard: a. a. O., 73–81.

15 LORIG, Wolfgang H., a. a. O., 127.

16 Erwähnenswert ist an dieser Stelle auch die Tatsache, daß zum Neokonservatismus etwa bei LORIG auch jene im Prinzip ganz liberalen Autoren gerechnet werden, sofern sie im Verlauf der Studentenunruhen der Endsechziger sich gegen eine Ausweitung der Demokratisierung auf Hochschulebene aussprachen, z. B. Kurt SONTHEIMER oder Alexander SCHWAN.

17 Vgl. Zusammenfassend GESSENHARTER, Wolfgang: Artikel »Extremismus« und »Autoritarismus«, in: GÖRLITZ, Axel/PRÄTORIUS, Rainer (Hrsg.): a. a. O., 82–88, 23–29, und dortige Literatur.

18 Vgl. ebda., 86–88.

19 Siehe DUDEK, Peter/JASCHKE, Hans-Gerd: *Revolte von rechts*. Frankfurt/New York: Campus, 1981, 30 ff.

20 Vgl. FEIT, Margret: *Die »Neue Rechte« in der Bundesrepublik*. Frankfurt/New York: Campus, 1987, 12.

21 NIESS, Frank: »Neue Rechte«, in: GREIFFENHAGEN, Martin, u. a. (Hrsg.): *Handwörterbuch zur politischen Kultur der Bundesrepublik Deutschland*. Opladen: Westdeutscher, 1981, 263–267, 267.

22 FEIT, Margret: a. a. O., 83 ff.

23 SCHMITT, Carl: *Die geistesgeschichtliche Lage des heutigen Parlamentarismus*. Berlin: [4]1969, 13 f. Zu Carl SCHMITT vgl. neuestens HANSEN, Klaus/LIETZMANN, Hans (Hrsg.): *Carl Schmitt und die Liberalismuskritik*. Opladen: Leske + Budrich, 1988. Zur (untauglichen) Absicht, den Antiliberalismus Carl SCHMITTS als Versuch zu interpretieren, den Sieg des NS-Regimes zu verhindern, vgl. STRAUB, Eberhard: Der Fall Carl Schmitt, *Die politische Meinung*, Jg. 33, Nr. 240 (1988), 75–82.

24 Vgl. u. a. LEGGEWIE, Claus: *Der Geist steht rechts*. Berlin: Rotbuch, 1987, 200–204: Interview mit Armin MOHLER, einem der führenden Köpfe der Neuen Rechten, der sich selber als Schüler Schmitts versteht. KALTENBRUNNER, Gerd-Klaus (Hrsg.): *Illusionen der Brüderlichkeit. Die Notwendigkeit, Feinde zu haben*. Freiburg: Herder, 1980. Dazu GESSENHARTER, Wolfgang: Freund-Feind-Denken oder Integration? *Vierteljahresschrift für Sicherheit und Frieden (S+F)*, Jg. 3 (1985), H. 1, 6–10.

25 Vgl. dazu FEIT, Margret: a. a. O., 93 ff., und dortige vielfältige Belege.

26 Vgl. SCHMITT, Carl: *Verfassungslehre* (1928). Berlin, Duncker & Humblot 5 1970, 234 f.

27 So FEIT, Margret: a. a. O., 97, unter Hinweis auf Gerd WALDMANN.

28 Vgl. SCHLUCHTER, Wolfgang: *Entscheidung für den sozialen Rechtsstaat*. Baden-Baden: Nomos, [2]1983, 247.

29 Vgl. neuestens in: *Die Zeit*, Nr. 44, vom 28. 10. 1988, Interview mit Heiner GEISSLER. Zu einer scharfen Absage an alle vom Homogenitätsdenken herkommenden nationalistischen Ideen und zu der Forderung nach »Durchsetzung einer liberalen Einbürgerungs- und Asylpolitik« als »Nageltest einer neuen republikanischen Verfassungspraxis« vgl. OBERNDÖRFER, Dieter: Die offene Republik, *Die Zeit*, Nr. 47 vom 12. 10. 1987, 80. Eine ausführlichere Version dieses Aufsatzes ist: ders., Die Bundesrepublik Deutschland, Europa und die Dritte Welt: Zum »nationalen« Selbstverständnis der Bundesrepublik, in: *Zum Staatsverständnis der Gegenwart* (Akademie für Politische Bildung, Tutzing, Hrsg.), München: Olzog, 1987, 221–244.

30 Siehe DUDEK, Peter/JASCHKE, Hans-Gerd: a. a. O., 35–58, 36. Zu *MUT* vgl. auch JÄGER, Siegfried: »Ich würde mich nicht schuldig fühlen . . .«, in: ders., (Hrsg.): *Rechtsdruck*. Berlin/Bonn: Dietz, 1988, 167–194.

31 DUDEK, Peter/JASCHKE, Hans-Gerd: *Entstehung und Entwicklung des Rechtsextremismus in der Bundesrepublik*. 2 Bände. Opladen: Westdeutscher Verlag, 1984, Bd. 1, Zur Tradition einer besonderen politischen Kultur, 291.

32 Ebda., 292.
33 Siehe DUDEK/JASCHKE: *Revolte von rechts.* a. a. O., 35.
34 MAIER, Hans: Der Wandel der Werte und die Sprache, *MUT*, Nr. 232 (Dezember 1986), und Nr. 233 (Januar 1987).
35 Seit Juni 1987 findet sich am Ende jeden Hefts von *MUT* über dem Bestellzettel eine Liste »Veröffentlichte Beiträge von ...«. Laut FR vom 3. 2. 1989 hat Bundesverteidigungsminister Rupert SCHOLZ *MUT* ein Interview gewährt. Der Vorsitzende des Zentralrats der Juden in Deutschland, Heinz GALINSKI, hat in einem Schreiben an SCHOLZ Kritik geübt: »Ich bin erstaunt darüber, daß eine Zeitschrift, deren Herausgeber öffentlich in einem Buch den Massenmord des NS-Regimes an Juden leugnet, für den Verteidigungsminister der Bundesrepublik Deutschland nicht jenseits der Grenze des politisch Vertretbaren liegt.« Das Verteidigungsministerium hat die Kritik GALINSKIs zurückgewiesen (siehe FR vom 4. 2. 1989). Hans Jochen VOGEL, der SPD-Vorsitzende, hatte dagegen abgelehnt, »in diesem ›fatalen Blatt‹ zu veröffentlichen« (siehe FR vom 3. 2. 1989).
36 JÄGER, Siegfried: a. a. O., 192, spricht von der »rechtsextremen Zeitschrift«; und *»blick nach rechts«*, Jg. 6, H. 1, 2. 1. 1989, 7, verweist auf den »NPD-geprägten ›Mut‹-Verlag«; Franziska HUNDSEDER: Kanzlerlob nach rechts, in: *Frankfurter Rundschau* vom 28. 2. 1988, charakterisiert *MUT* vorsichtiger als »rechtsorientiertes Blatt«.
37 Wenn BACKES, Uwe/JESSE, Eckhard: *Totalitarismus, Extremismus, Terrorismus.* Opladen: Leske + Budrich, 1984, 168, auf die »Parallelen zu Argumentationsweisen« hindeuten, die zwischen *MUT* und »national- neutralistisch-pazifistischen Strömungen der Friedensbewegung« oder den »aus originär linker Warte geführten Nationalismus-Diskussionen« bestünden, dann müßte erst noch eingehender untersucht werden, ob Ähnlichkeiten nicht nur in den Forderungen, z. B. nach einem »dritten Weg« zwischen Kapitalismus und Kommunismus, vorhanden sind, sondern auch in den Begründungen für diese Forderungen. So kann man sicher bezweifeln, ob für die Friedensbewegung auch nur im Ansatz die neurechte Gegnerschaft zu Überfremdung durch universalistisches Denken für solche Forderungen maßgeblich ist; s. hierzu u. a. FEIT, Margret, a. a. O., 84 ff.; und KOELSCHTZKY, Martina: *Die Stimme ihrer Herren.* Köln: Pahl-Rugenstein, 1986, 27 ff.
38 Zum »Deutschlandrat« und einigen seiner Mitglieder siehe unten S. 435.
39 Man beachte die Stellung der beiden Begriffe zueinander: Ist Deutschlands Vergangenheit nur wegen der Niederlage »schuld«? Hatte sich Deutschland denn nicht längst vor der Niederlage Schuld aufgeladen?
40 Zu ebenfalls sehr scharfen Auseinandersetzungen mit GEISSLER vgl. auch Günter ROHRMOSERs Aufsätze in: *MUT*, Nr. 239 (Juli 1987), und Nr. 241 (September 1987).
41 Noch viel gehässiger als B. C. WINTZEK formulierte Hans Dietrich SANDER, *MUT*, Nr. 162, (Februar 1981), 23 ff.: »Das Bonner Establishment praktiziert und rechtfertigt, im Vergleich mit der herrschenden Klasse der DDR nahezu freiwillig, gegenüber den ehemaligen Siegern

eine Erfüllungspolitik, vor der in Weimarer Zeiten selbst der unselige Erzberger zurückgeschreckt wäre. Von einem Kanzler Schmidt, der von sich sagte, er sei noch nach 1945 zuerst anglophil, alsdann amerikanophil und nun frankophil geworden, ist eher anzunehmen, daß er auch russophil wird, als daß er sich zu seinem deutschen Sein bekennt. Und unter einem Kanzler Strauß würde jeder Versuch einer deutschen Revisionspolitik an dem ›pacta sunt servanda‹ zunichte, das er bisher noch jeder seiner geräuschvollen Vertragskritiken nachgeschickt hat.« Auf Willy BRANDT beziehen sich die folgenden Formulierungen: »So brach der kompensationssüchtige Remigrant den inneren Frieden und brachte die Bundesrepublik Deutschland wieder unter verstärkte Kuratel der Siegermächte. Die Christdemokraten aber saßen verdattert und vergattert auf den Oppositionsbänken ... Daß sie damals auf die verhängnisvolle Wende nicht national reagierten, den neuen Kanzler nicht einen Volksverhetzer nannten und den anhebenden Ausverkauf deutscher Interessen nicht mit äußerster Obstruktion verhinderten, hat der CDU/CSU das politische Rückgrat gebrochen ... Auf diese Weise haben die Regierung und die Opposition die Entnationalisierung der Bonner Republik gemeinsam verschuldet, den Abweg in Geschichtslosigkeit und Wehrunwilligkeit gemeinsam betreten, mit Unterzeichnung und Ratifizierung der Ostverträge die zweite deutsche Kapitulation gemeinsam vollzogen und die Viermächte-Kuratel über Deutschland gemeinsam wiederhergestellt ...«

42 Vgl. auch *MUT*, Nr. 250 (Juni 1988), 22, wo H. J. KNAUTE die »skandalerregende Absenz« des Begriffs »Wiedervereinigung« im deutschlandpolitischen Diskussionspapier GEISSLERS vom Februar 1988 anprangert.

43 JÄGER, Margret und Siegfried: Die alte Schande im neuen Gewande, in: JÄGER, Siegfried (Hrsg.): *Rechtsdruck*, a. a. O., 254.

44 KOELSCHTZKY, Martina: *Die Stimme ihrer Herren*. Köln: Pahl-Rugenstein, 1986, 18.

45 Diese Charakterisierung, die DIETZSCH, Martin: Zwischen Konkurrenz und Kooperation, in: JÄGER, Siegfried (Hrsg.): *Rechtsdruck*, a. a. O., 31–80, 34, auf die verschiedenen neurechten Gruppierungen anwendet, kann meines Erachtens auch auf die neurechten Zeitschriften bezogen werden.

46 Vgl. ebda., 33 f., und das dortige Zitat von Thora RUTH schon von 1973: »Wir müssen unsere Aussagen so gestalten, daß sie nicht mehr ins Klischee der ›Ewig-Gestrigen‹ passen. Eine Werbeagentur muß sich nach dem Geschmack des Publikums richten und nicht nach dem eigenen. Der Sinn unserer Aussagen muß freilich der gleiche bleiben«. Und dann folgt im Zitat ein zynisches Beispiel zur »Fremdarbeiter-Frage«. Vgl. auch WEISSMANN, Karl-Heinz: Neo-Konservatismus in der Bundesrepublik, *Criticón*, Nr. 96 (Juli/August 1986): »Die Fähigkeit, in die Offensive zu gehen, muß entwickelt werden und dazu die Fähigkeit, die Situation zu beurteilen: ob hier der offene Angriff oder die politische Mimikry gefordert ist.«

47 Ebda., 35.

48 Vgl. KOELSCHTZKY, Martina: a. a. O., 104. Zum Studienzentrum Weikersheim vgl. LEGGEWIE, Claus: a. a. O., 49–54.

49 Vgl. HELLFELD, Matthias von: *Modell Vergangenheit.* Köln: Pahl-Rugenstein, 1987, 135. Zu WILLMS' antiliberaler, antipluralistischer und nationalistischer Einstellung vgl. auch die Originaldokumente aus »Nation Europa«, abgedruckt ebda., 227 ff.

50 Vgl. KOELSCHTZKY, Martina: a. a. O., 104: Willms verteidigte dort das skandalauslösende Motto »Schlesien bleibt unser«.

51 Ebda.

52 So FEIT, Margret: a. a. O., 63.

53 Vgl. ebda., 66, 193 und 204 f.: WILLMS sprach zum Beispiel 1986 auf einem Seminar des »Süddeutschen Forums«, das mit den *Deutschen Monatsheften* personell verbunden ist, die dem Verfassungsschutzbericht 1987 (hrsgg. Juni 1988), 121, als rechtsextremistische Zeitschrift »erwähnenswert« sind; die »Gesellschaft für Freie Publizistik« (GFP), die laut Verfassungsschutzbericht 1987, 118, als »die größte rechtsextremistische Kulturvereinigung« gilt und eng mit der NPD zusammenarbeitet, zählt Willms ebenfalls zu ihren Referenten und Autoren. Vgl. auch DIETZSCH, Martin: a. a. O., 71, Fußnote 16. Laut *»blick nach rechts«*, Jg. 5, H. 24, vom 21.11. 1988, S. 4, stand WILLMS der NPD-nahen Zeitschrift »Na klar!« (Schwarze Fahne) als Interview-Partner zur Verfügung.

54 Siehe Fußnote 50; vgl. auch DIETZSCH, Martin, a. a. O., S. 35. Seit Februar 1988 ist HORNUNG auch Leiter der »Studiengesellschaft für Zeitprobleme eV«, die u. a. für die »Psychologische Verteidigung« der Bundeswehr (PSV) Propagandamaterial ausarbeitet; vgl. den Bericht in: *Vorwärts*, Nr. 3, 21. 1. 1989, 17.

55 FEIT, Margret: a. a. O.; JÄGER, Siegfried (Hrsg.): a. a. O.

56 Vgl. dazu KRIEG, Monika: Umschlagplatz für rechtes Denken: Nation Europa, in: JÄGER, Siegfried (Hrsg.): a. a. O., 147–166.

57 Dazu vgl. FEIT, Margret, a. a. O., 77–82; JÄGER, Siegfried: Selbstaufgabe oder Widerstand? in: ders. (Hrsg.): a. a. O., 85–117.

58 Vgl. dazu CHRISTADLER, Marieluise: Die »Nouvelle Droite in Frankreich, in: FETSCHER, Iring (Hrsg.): a. a. O. 163–215.

59 FEIT, Margret: a. a. O., 194–197.

60 Dazu *MUT*, Nr. 177 (Mai 1982); MISKIEWICZ, Peter: »Hier wispern nicht Greise ...«, in: JÄGER, Siegfried (Hrsg.): a. a. O., 221–252, 251; und *»blick nach rechts«*, Jg. 6 (1989), H. 1, 4.

61 Vgl. *MUT*, Nr. 200 (April 1984): Interview mit KALTENBRUNNER (Gesprächspartner: STRAUSS).

62 Vgl. dazu ROTHER, Birgit/KELLERSHOHN, Helmut: Wanderer im Nebelfeld, in: JÄGER, Siegfried (Hrsg.): a. a. O., 119–145, 122.

63 Zitiert in: JÄGER, Siegfried: »Ich würde mich nicht schuldig fühlen ...«, in: ders. (Hrsg.): a. a. O., 167–194, 171.

64 Ebda., 172; STRAUSS schrieb auch für die Illustrierte »Bunte«, vgl. z. B. die Angabe in *MUT*, Nr. 174 (Februar 1982), 33.

65 FEIT, Margret: a. a. O., 66.

66 Vgl. z. B. Verfassungsschutzbericht 1986, 180 f., und Verfassungsschutzbericht 1987, 118.

67 Vgl. DIETZSCH, Martin: a. a. O., 40, und Verfassungsschutzberichte 1986, 186, und 1987, 121.

68 SANDER, Hans-Dietrich: *Die Rückkehr des nationalen Elements in*

die Politik. Göttingen 1983, 17, zitiert nach: HELLFELD, Matthias von: a. a. O., 233 f.

69 JÄGER, Siegfried: a. a. O.; interessant ist, daß dieser Aufsatz von der *Bunten* über *MUT* bis in eine Zeitschrift aus der gewalttätigen rechtsextremen Szene als Abdruck Eingang gefunden hat; ebda., 177 u. 193.

70 Zitiert in: SARKOWICZ, Hans: Die alte Rechte auf neuen Wegen, in: *Die Zeit* vom 9. 1. 1987, 39 f. Interessant ist dazu die Laudatio des rechtsextremen Verlagsleiters Gert SÜDHOLT auf WILLMS: Dieser vertrete »unbekümmert ... Inhalte, deretwegen bisher Parteien und Gruppen ... als ›rechtsextremistisch‹ in den Verfassungsschutzberichten landeten«, in: *Deutsche Monatshefte* 2/87, 5, zitiert nach DIETZSCH, Martin: a. a. O., 80.

71 Siehe DIETZSCH, Martin: a. a. O., 72.

72 Zu seinen Verbindungen zum verfassungsfeindlichen »Norddeutschen Forum« vgl. FEIT, Margret, a. a. O., 191.

73 Siehe LEGGEWIE, Claus: a. a. O., 201 (Interview mit MOHLER), und HELLFELD, Matthias von: a. a. O., 148 f.

74 Siehe LEGGEWIE, Claus, a. a. O., 202.

75 In dem (bis Ende Januar 1989 noch nicht veröffentlichten, aber bekanntgewordenen) Gesetzesentwurf des Bundesinnenministers zum Ausländerrecht heißt es lt. Presseberichten in der Begründung, »es gehe darum, die ›Homogenität der Gesellschaft zu bewahren‹, die ›durch die Zugehörigkeit zur deutschen Nation‹ bestimmt werde und die sich nicht zu einem ›multikulturellen Gemeinwesen‹ entwickeln dürfe« (*Süddeutsche Zeitung* vom 9.10. 1988). Vgl. auch die Warnung des bayerischen CSU-Innenministers Edmund STOIBER vor einer »durchrasten und durchmischten Gesellschaft« (*Die Zeit*, Nr. 48 vom 25. 11. 1988, 2).

76 Zum Verhältnis von Sicherung freiheitlicher Verfassung, Integrations- und Wiedervereinigungspolitik vgl. den tiefgehenden und ausgewogenen Aufsatz von SCHWAN, Alexander: Verfassungspatriotismus und nationale Frage, in: *Zum Staatsverständnis der Gegenwart* (Akademie für Politische Bildung, Tutzing, Hrsg.), München: Olzog, 1987, 85-100. Vgl. auch BRACHER, Karl Dietrich: Orientierungsprobleme freiheitlicher Demokratie in Deutschland, in: *Aus Politik und Zeitgeschichte* B 1–2/89 v. 6. 1. 1989, 3–14.

77 Die Berliner Wahlen zum Abgeordnetenhaus vom 29. Januar 1989, deren Ergebnisse erst nach Abschluß des Manuskriptes vorlagen, scheinen die Skepsis von MOHLER eher zu widerlegen; denn immerhin schafften die Republikaner aus dem Stand heraus mit 7,5 % den Einzug ins Parlament. Prompt folgte aus dieser für viele überraschenden Entwicklung der Ruf, man müsse diese Partei als verfassungsfeindliche, »rechtsextreme« Partei einstufen und mit Verfassungsschutzmethoden observieren. Aus dem Bundesinnenministerium kam die schnelle Antwort, man halte die Republikaner »nicht für rechtsextrem«: »Aus dem Parteistatut und den Äußerungen des Parteivorsitzenden Franz SCHÖNHUBER ergebe sich nicht, daß die Republikaner die freiheitlich demokratische Grundordnung der Bundesrepublik ablehnten«, es wurde aber hinzugefügt: »Wir können die Republikaner sicherlich als

rechtsradikal einstufen. So wie wir die Grünen als linksradikal bezeichnen können. Aber dadurch wird man noch nicht zum Extremisten.« (Zitiert nach *Frankfurter Rundschau* vom 2. 2. 1989.) Diese politische Geländevermessung durch das zuständige Bundesinnenministerium spricht in ihrer völlig unpräzisen Art und durch diesen grobschlächtigen Vergleich für sich. Nichtsdestoweniger würde ich beim gegenwärtigen Erscheinungsbild der »Republikaner« davor warnen, die Auseinandersetzung mit dieser Partei durch die pauschale Etikettierung »rechtsextrem« auf die Observationsschiene zu verlagern. Mir scheinen die »Republikaner« vielmehr gefährlich in ihrer neurechten Scharnierfunktion zu sein; dort muß auch die Auseinandersetzung mit ihnen differenziert geführt werden: Einerseits deckt diese Partei in ihren ideologischen Aussagen das Feld vom rechten Konservatismus bis zum Rechtsextremismus ab; zu Recht wehrt sich die CDU/CSU gegen den Vorwurf, sie habe von den »Republikanern« abgeschrieben; es sei vielmehr umgekehrt (so der bayrische Ministerpräsident STREIBL, CSU, lt. *FR* vom 2. 2. 1989 bezüglich der Ausländerpolitik). Andererseits verwendeten die »Republikaner« in Berlin Wahlspots, die eindeutig als »rechtsextrem«, schon wegen ihrer latenten Gewaltandrohung, eingestuft werden können; und wenn im Parteiprogramm von 1987 der zentrale Grundsatz steht: »Die Republikaner als eine deutsche Partei setzen sich für das Lebensrecht und die Menschenrechte aller Deutschen im Sinne des Grundgesetzes ein ...«, dann dokumentiert sich hier, daß die Republikaner die Intention des Grundgesetzes nicht nachvollziehen wollen, derzufolge ja die Menschenrechte eben nicht auf deutsche Staatsbürger beschränkt werden dürfen (wie z. B. die »Bürgerrechte«, etwa das Versammlungsrecht nach Art. 8 GG), sondern allen Menschen gegenüber gelten sollen. Auch die personellen Beziehungen weisen auf die Scharnierfunktion hin: So wurde immer wieder der CDU-Bundestagsabgeordnete Heinrich LUMMER mit den Republikanern in Zusammenhang gebracht (s. u. a. *FR* vom 20. 1. 1989 und 2. 2.1989); eine ganze Reihe ehemaliger CDU/CSU-Politiker stieß offiziell zu dieser Partei (a. a. O.); gleichzeitig tummeln sich ehemalige NPD-Mitglieder, z. B. in der Position des Pressesprechers, um SCHÖNHUBER (so *FR* vom 2. 2. 1989. Über Verbindungen des Vorstandsmitglieds der »Republikaner« und MUT-Schreibers Prof. Emil SCHLEE zu der NPD-Führungsspitze s. S. 21). Sieht man sich die Organisation der »Republikaner« an, dann scheint der Bundesvorsitzende SCHÖNHUBER offenbar ein sehr autokratisches Regime zu führen, Klagen »über den Mangel an innerparteilicher Mitbestimmung« reißen nicht ab (zit. nach *Die Zeit* Nr. 6 vom 3. 2. 1989. Es wäre verhängnisvoll, würden sich die großen Parteien im Streit um die Frage der Einordnung dieser Partei als »rechtsextrem« verschleißen und dabei die gemeinsame Auseinandersetzung mit deren Ideologie vernachlässigen. Gerade die differenzierte Auseinandersetzung mit ihrer neurechten Ideologie und Organisation dürfte für die »Republikaner« beschwerlicher sein, als wenn sie aus der Position »verfolgte Unschuld« heraus auch als Sammelbecken enttäuschter konservativer Protestwähler Attraktion gewänne.

78 Solche Ausgrenzungen zeigen sich oft auch schon daran, daß gegenüber

dem politischen Gegner mit dem »Feind«-Begriff gearbeitet wird; vgl. zum Beispiel Wilfried HASSELMANN (CDU), der nach seinem Rücktritt als niedersächsischer Innenminister ungeniert in der Öffentlichkeit sagte, die ganzen Umstände hätten sein »Feindbild« geschärft (*Spiegel* Nr. 44/1988, 134). Besonders nachhaltig ist diese Feindorientierung in der Barschel-Affaire deutlich geworden, in der ja BARSCHEL und seine Umgebung nichts unversucht ließen, das Ansehen des Herausforderers ENGHOLM herabzusetzen. SCHMID, Josef: Die »Kieler Affaire«, *Zeitschrift für Parlamentsfragen*, Jg. 19 (1988), 495–505, 503, spricht zu Recht von einer »programmlosen Feindfixierung« BARSCHELs gegenüber der Opposition.

FRANZ GRESS · HANS-GERD JASCHKE

Politische Justiz gegen rechts: Der Remer-Prozeß 1952 in paradigmatischer Perspektive

Am 15. März 1952 verurteilte die Dritte Große Strafkammer des Landgerichts Braunschweig den Generalmajor a. D. Otto-Ernst Remer zu drei Monaten Gefängnis wegen übler Nachrede in Tateinheit mit der Verunglimpfung Verstorbener. Remer, ehemaliger Kommandeur des Wachbataillons, welches das Attentat auf Hitler am 20. Juli 1944 niedergeschlagen hatte, war nach dem Krieg als neonazistischer Agitator aufgetreten. Im Wahlkampf für die Sozialistische Reichspartei (SRP) hatte er die Widerstandskämpfer des 20. Juli massiv angegriffen, sie als vom Ausland bezahlte Landesverräter bezeichnet und sein eigenes Verhalten mit der Bemerkung quittiert: »Ich würde in der gleichen Situation genau noch einmal dasselbe tun.«[1]

Noch bis vor kurzem schien der Remer-Prozeß gänzlich in Vergessenheit geraten zu sein. Der Braunschweiger Oberlandesgerichtspräsident und Publizist Rudolf Wassermann hat ihn jedoch kürzlich wieder aufgegriffen. Er bezeichnet ihn als den »bedeutensten Prozeß mit politischem Hintergrund seit den Nürnberger Kriegsverbrecherprozessen und vor dem Frankfurter Auschwitzprozeß«.[2] Wassermann sieht in der Rehabilitierung des Widerstands vom 20. Juli 1944, in der richterlichen Verwerfung des NS-Regimes als Unrechtsstaat und nicht zuletzt in der »umerzieherischen« Wirkung des Verfahrens sieben Jahre nach Kriegsende bedeutsame Beiträge zu einer sinnvollen Aufarbeitung der Vergangenheit und frühe Bausteine zu einer demokratischen politischen Kultur.

Wir werden im folgenden an Wassermanns Beitrag anknüpfen. Es geht uns dabei weniger darum, seine Ausführungen zu kritisieren, Schwerpunkt unserer Überlegungen ist eine andere Akzentuierung. Während bei Wassermann die Rehabilitierung des Widerstands aus dem Goerdeler- und Kreisauer Kreis durch ein deutsches Gericht im Mittelpunkt steht, beschäftigen wir uns stärker mit der politisch-historischen Struktur des Delikts und ihren Nachwirkungen, denn: Remers Äußerungen waren die eines Rechtsextremisten, eines »Unbelehrbaren«. Es handelt sich um ein

Meinungsdelikt. Das Gericht prüft die Zulässigkeit verbaler Äußerungen und zieht Grenzen der Meinungsfreiheit. Diese Konstellation ist bis heute typisch für den strafprozessualen Umgang mit Rechtsextremismus. Das am 1. August 1985 in Kraft getretene 21. Strafrechtsänderungsgesetz (»Gesetz gegen die ›Auschwitz-Lüge‹«) sieht vor, daß Beleidigungen sowie Verunglimpfungen Verstorbener, die im Zusammenhang mit ihrer Verfolgung durch die nationalsozialistische oder eine andere Gewalt- und Willkürherrschaft stehen, auch ohne Strafantrag von Amts wegen verfolgt werden können. Die darin zum Ausdruck kommende Bewertung rechtsextremer Protestformen als sanktionierungsfähiges und -würdiges Kommunikationsdelikt reicht zurück bis zum Remer-Prozeß 1952. Insoweit also geht es uns darum, am Beispiel dieses Prozesses Strukturen politischer Justiz gegen rechts herauszuarbeiten und in diesem Zusammenhang einige Fragen aufzuwerfen, die letztlich auf das Problem des strafrechtlich-politischen Umgangs mit der deutschen Vergangenheit zielen.

Zur Person des Angeklagten

Otto-Ernst Remer, 1912 geboren, war Mitglied der bündischen Jugend in der Weimarer Republik. 1932 trat er als Fahnenjunker in die Reichswehr ein, wenig später wurde er Berufsoffizier. Als Major in der Division »Großdeutschland« und Kommandeur des Wachbataillons war er maßgeblich an der Niederschlagung des Attentatsversuchs am 20. Juli 1944 beteiligt. Wegen diesbezüglicher »besonderer Verdienste« wurde er zum Oberst, später zum Generalmajor befördert. Nach amerikanischer Kriegsgefangenschaft und vorübergehender Tätigkeit als Maurer war er 1949 Mitbegründer und 2. Vorsitzender der neonazistischen Sozialistischen Reichspartei (SRP), die 1952 vom Bundesverfassungsgericht verboten wurde.[3] Nach seiner Verurteilung im »Remer-Prozeß« 1952 ist seine weitere politische Karriere gekennzeichnet durch das Wechselspiel von Flucht ins Ausland, Rückkehr, neonazistischer Agitation, erneuten Verurteilungen und wiederum Flucht. Noch 1983 gründet der Einundsiebzigjährige die Vereinigung »Der Bismarckdeutsche. Die Deutsche Freiheitsbewegung«. Wegen Beleidigung und Verunglimpfung des Andenkens Verstorbener verurteilt ihn das Landgericht Kempten am 26. November 1986 zu einer Freiheitsstrafe von 3 Monaten auf Bewährung. »Das Gericht sah es als erwiesen an«, heißt es im Verfassungsschutzbericht für das Jahr 1986, »daß er eine aus Frankreich stammende Videokassette mit dem Titel ›Das Gaskammerproblem‹ vertrieben hatte, in der die Existenz von Gaskammern zur Ermordung von Menschen während der NS-Diktatur in Deutschland angezweifelt wurde«; zuletzt mußte er sich im Dezember 1988 wegen des Vorwurfs, Juden beleidigt und das Andenken Verstorbener verunglimpft zu haben, vor dem Münchener Landgericht I verantworten.[4]

Remers politische Biographie ist die eines Außenseiters. In Kreisen ehemaliger Offiziere wegen seiner militanten Unbelehrbarkeit schon bald isoliert,[5] beschränkt sich sein Wirkungskreis auf neonazistische Randzirkel, in denen er sich als authentischer Zeitzeuge und historische Leitfigur Ansehen verschafft. Zwei Aspekte sind von besonderer Bedeutung: Der strafprozessuale Umgang mit Remer hat weitreichende Resonanz im gesamten rechtsextremen Spektrum. Er schafft und stabilisiert Märtyrer-Legenden und befestigt Deutungsmuster von Verfolgung und Entrechtung – ideologischer Rohstoff, ohne den die organisierte Rechtsaußen-Szene kurz nach Kriegsende nicht existenzfähig ist.[6] Zweitens: Das juristische Vorgehen gegen Remer ist immer auch Nagelprobe für die politische Kultur nach Auschwitz. In ihm verbirgt sich, unterhalb der Ebene spektakulärer, geschichtsträchtiger Prozesse gegen NS-Kriegsverbrecher, die Symbolik der Distanzierung vom NS-System wie auch von »Unbelehrbaren« in der Bundesrepublik. Insoweit ist Remer, obwohl als Person ein politisch unbedeutender Außenseiter, doch ein personifiziertes Exempel für die Schwierigkeit im Umgang mit der nationalsozialistischen Vergangenheit.

Anlaß und Verlauf des Verfahrens

Am 3. Mai 1951, drei Tage vor der niedersächsischen Landtagswahl, hielt Remer vor 1 000 Zuhörern in Braunschweig eine Rede als Funktionär und Kandidat der SRP, die bei der Wahl dann immerhin 11 Stimmenprozente erhielt. Angesprochen auf seine Rolle als militärischer Gegenspieler des NS-Regimes gegen die Widerstandskämpfer des 20. Juli 1944, sagte Remer:

Ich glaube, zum 500. Mal wird dieses Thema wieder aufs Tapet gebracht. Ich würde nicht heute auf der politischen Ebene stehen, wenn ich nicht heute 100 % von der Richtigkeit meiner Handlungsweise am 20. Juli 1944 überzeugt wäre. Ich würde in der gleichen Situation genau noch einmal dasselbe tun, es ist notwendig, daß gerade am

Problem des 20. Juli 1944 die Gemüter sich klären müssen. Es wird die Zeit kommen, in der ›man‹ oder ›mancher‹ [der genaue Wortlaut hat sich insoweit nicht klären lassen] schamhaft verschweigt, daß man zum 20. Juli 1944 gehört hat. Ich bin für meine Person weitaus bescheidener und nehme nur das kleine geschichtliche Verdienst in Anspruch, den an sich schon mißglückten Putsch für Berlin vereitelt zu haben. Sie können überzeugt sein, es gibt eine Reihe von sogenannten Widerstandskämpfern, die, als die Dinge schiefgingen, sich gegenseitig verrieten. Diese nehmen heute große Staatspensionen in Empfang. Wenn ich in Berlin nicht so gehandelt hätte, wäre allein schon der Putsch mit den Kräften des Ersatzheeres blutig zusammengeschossen. Das hätte das Leben vieler unschuldiger deutscher Soldaten zur Folge gehabt. Das verhindert zu haben, rechne ich mir noch heute als Verdienst an. Wenn man schon bereit ist, Hochverrat zu begehen, dann bleibt die Frage offen, ob nicht in sehr vielen Fällen dieser Hochverrat gleich Landesverrat ist. Diese Verschwörer sind zum Teil in starkem Maße Landesverräter gewesen, die vom Auslande bezahlt wurden. Sie können Gift darauf nehmen, diese Landesverräter werden eines Tages vor einem deutschen Gericht sich zu verantworten haben. Zweifellos wäre es zu einem Bürgerkrieg gekommen. Es steht weiter fest, daß der Russe durchgerückt wäre bis zur Westgrenze Deutschlands. Wäre der 20. Juli 1944 gelungen, wäre heute schon das deutsche Problem eindeutig im russischen Sinne gelöst worden. Das verhindert zu haben, rechne ich mir als Verdienst mit an. Wenn wir Frontsoldaten damals bereit waren, bis 5 Minuten nach 12 zu kämpfen und heute wieder angetreten sind zur Wiederherstellung des Deutschen Reiches, sind wir nur unserer inneren Linie treu geblieben.[7]

Daraufhin stellte Robert Lehr, Mitglied des Goerdeler-Kreises, beteiligt am Widerstand des 20. Juli und als Nachfolger Gustav Heinemanns Bundesminister des Innern, Strafantrag gegen Remer. Weitere Strafanträge wurden von vier Nebenklägern gestellt, die als Witwen und Söhne der nach dem 20. Juli Hingerichteten sich und ihre ermordeten Angehörigen verunglimpft und beleidigt sahen.

Der Braunschweiger Generalstaatsanwalt Fritz Bauer, ein von den Nazis Verfolgter und nach 1945 einer der kompetentesten und konsequentesten Verfolger von NS-Gewaltverbrechern, vertrat persönlich die Anklage. Ihm ging es weniger um die Person Remers als um die Rehabilitierung der Verschwörer des 20. Juli, die der NS-Volksgerichtshof unter seinem Vorsitzenden Roland Freisler als Hoch- und Landesverräter hatte hinrichten lassen. Durch die Strategie des Staatsanwalts, aber auch durch Initiativen der hochrangigen Nebenkläger, nahm das Verfahren Züge eines ›Schauprozesses‹ an (Wassermann). Bauer verneinte die Frage, ob die

Widerstandskämpfer Landesverrat begangen hätten, mit der Begründung, es sei ihnen darum gegangen, Deutschland das Schlimmste zu ersparen. »Ein Unrechtsstaat«, so Bauer in seinem Plädoyer,[8] »der täglich zehntausende Morde begeht, berechtigt jedermann zur Notwehr gemäß § 53 StGB ... Wenn also der König das Recht bricht, verliert er ohne weiteres, eben durch sein Handeln, den Anspruch auf die Treue seiner Untertanen«: Remers Beurteilung der Verschwörer sei »unbelehrbarer Trotz, böser Wille und bewußte Sabotage unserer Demokratie«. Der Generalstaatsanwalt beantragte, Remer zu einer Freiheitsstrafe zu verurteilen, ohne ein konkretes Strafmaß zu fordern.

In der Urteilsbegründung hebt das Gericht hervor, »daß der Angeklagte offenbar noch in den Anschauungen des Jahres 1944 lebt und sich von diesen Anschauungen auch sieben Jahre nach Kriegsende noch nicht hat lösen können. Was aber damals am 20. Juli 1944 verständlicher Irrtum war, ist heute als unbelehrbarer Trotz anzusehen.«[9] Remers Behauptungen hätten die Widerstandskämpfer verächtlich gemacht. Sie hätten »ehrenrührigen Charakter«. Aus diesem Grunde sei Remer zu einer Freiheitsstrafe von drei Monaten Gefängnis zu verurteilen.

Das Gericht beschränkt sich nicht nur auf die rechtliche Würdigung des Falles. Es äußert sich, gedrängt durch die Strategie des Staatsanwaltes, auch zur historisch-politischen Qualität des Dritten Reiches, um die Legitimität des Widerstandes zu begründen. Die NS-Staatsführung habe in einer ganzen Reihe von Fällen schwerstes Unrecht gesetzt, indem die Grundrechte aufgehoben wurden, jede oppositionelle Meinungsäußerung unterdrückt wurde und dem politischen Terror Tür und Tor geöffnet worden seien, kulminierend in der »nach den Begriffen aller anständigen Deutschen unvorstellbaren grausamen Verfolgung und Ausrottung der Juden«.[10] Das Gericht kommt zu der historischen Würdigung:

> All das war schreiendes Unrecht und des deutschen Volkes wahrhaftig unwürdig. Ein Staat, dessen Staatsführung aber derartiges Unrecht nicht nur duldet, sondern zur Durchsetzung der politischen Ziele unter Außerachtlassung der unabdingbaren Menschenrechte bewußt durchführt oder durchführen läßt, kann nicht mehr beanspruchen, als Rechtsstaat, d. h. als ein in jeder Beziehung unter Wahrung rechtsstaatlicher Garantien nach rechtsstaatlichen Grundsätzen regierter Staat bezeichnet zu werden.[11]

Damit hatte, sieben Jahre nach Kriegsende und sechs Jahre vor der Einrichtung der Ludwigsburger Zentralstelle zur staatsanwaltschaftlichen Verfolgung von NS-Verbrechen, ein bundesdeutsches

Oberlandesgericht den Unrechtscharakter des NS-Regimes demonstrativ und eindrucksvoll klargestellt. Fritz Bauers Prozeßtaktik war von Erfolg gekrönt: Über den Einzelfall Remer hinaus schien nun auch die deutsche Justiz ihren Beitrag zur Aufarbeitung der Vergangenheit zu leisten.

Die von der Verteidigung eingelegte Revision hatte keinen Erfolg. Der Bundesgerichtshof verwarf sie und bemerkte unter anderem: »Im übrigen kommen aus den von der Strafkammer angeführten Gründen die Urteile des Volksgerichtshofs heute als rechtskräftige Verurteilungen im Sinne des § 190 StGB nicht mehr in Betracht.«[12] Bauers Strategie: historisch-politische Aufklärung, eben Aufarbeitung der jüngsten Vergangenheit auch in den Gerichten, schien ein weiteres Mal aufzugehen. Wassermann bezeichnet es als Bauers Verdienst, daß im kollektiven Bewußtsein die Verschwörer des 20. Juli 1944 nicht als Landes- oder Hochverräter, sondern als Personifizierungen eines anderen, besseren Deutschland ihren Platz gefunden haben. Bauer habe letztlich deshalb recht behalten, weil er das Gericht gezwungen habe, das NS-Regime als Unrechtsstaat zu verwerfen und »weil die Strafkammer nicht dulden wollte, daß die Ehre der Widerstandskämpfer in den Schmutz gezogen wurde.«[13]

Es kann kaum bezweifelt werden, daß der Remer-Prozeß im historischen Kontext einer wenig gefestigten Demokratie, sieben Jahre nach Kriegsende und angesichts einer gescheiterten Entnazifizierung, einen beachtlichen Beitrag zur kollektiven Abgrenzung gegenüber dem NS-Regime geleistet hat. Dies ist um so bemerkenswerter, als Remers neonazistische SRP zehn Monate vor dem Prozeß bei den Niedersächsischen Landtagswahlen im Mai 1951 11,0 Prozent errungen hatte und bei 3 Bundestagsnachwahlen wenige Wochen nach dem Prozeß immerhin noch 10,5 Prozent respektive 11,9 Prozent erzielte.[14] Erst das Verbot der SRP durch das Bundesverfassungsgericht am 23. 10. 1952 beendete die Wahlerfolge dieser neonazistischen Partei.

Nutzen und Bedeutung des Remer-Prozesses müssen heute, siebenunddreißig Jahre später, gleichwohl mit ein paar Fragezeichen versehen werden, die sich aus der Rückschau an einigen unbeabsichtigten Nebenfolgen festmachen lassen. Sie sind zwar nicht allein durch diesen Prozeß ausgelöst worden, aber doch in ihm erstmalig und deutlich angelegt worden. Hat er nicht Remer und seine Kameraden, einschließlich der Gesinnungs-»Ewiggestrigen«, noch in ihren Auffassungen bestärkt und subkulturelle Ausprägungen des frühen bundesdeutschen Rechtsextremismus unbeabsichtigt gefördert? Hat er nicht zu einer unangemessenen

Heroisierung der Verschwörer des 20. Juli beigetragen, wodurch für lange Jahre andere Formen und Traditionen des Widerstandes kaum Beachtung fanden? Trifft nicht Hans Mommsens These zu, die nicht nur im Remer-Prozeß aktualisierte, sondern in der späteren Widerstands-Forschung stark gewichtete Unterscheidung von (erlaubtem) Hochverrat und (problematisiertem) Landesverrat antworte ausschließlich »auf die Bedenken der Zeitgenossen, nicht auf die Fragen der jüngeren Generation, die angesichts des verbrecherischen Charakters des NS-Regimes weder im Eidbruch noch im Landesverrat ein ernsthaftes moralisches Problem erblickt«?[15] Kann überhaupt von einer Justiz, die selbst aktiv in das NS-Regime verstrickt war und jahrzehntelang ihre Mitwirkung an NS-Verbrechen verdrängt hat, ein Beitrag zur Aufarbeitung der Vergangenheit erwartet werden? Und schließlich: Können Strafverfahren tatsächlich historische Lernprozesse in Gang setzen oder bereits bestehende intensivieren, sind sie in der Lage, einen Beitrag zur politischen Bildung zu leisten?[16]

Vergegenwärtigen wir uns noch einmal die Doppelstruktur des Remer-Prozesses: Der ursprüngliche Anlaß waren inkriminierte Meinungsäußerungen Remers bei einer Wahlkampfveranstaltung. Insoweit war die Zulässigkeit veröffentlichter subjektiver Überzeugungen Gegenstand des Verfahrens. Das Gericht hatte darüber zu befinden, ob und wo den Äußerungen eines notorischen »Unbelehrbaren« strafrechtliche Grenzen zu setzen sind. Substantieller Kern des Verfahrens ist die juristische Behandlung des Rechtsextremismus als Meinungsdelikt.

Die Prozeßstrategie des Generalstaatsanwaltes Fritz Bauer initiiert eine zweite Struktur des Verfahrens, der das Gericht in seiner Urteilsbegründung Rechnung trägt: Über den Anlaß hinaus geht es um die Legitimität bzw. die Verwerflichkeit des NS-Regimes. Ein politischer Prozeß wird benutzt, um symbolische und aufklärerische Aufarbeitung der Vergangenheit voranzutreiben.

Beide Strukturelemente haben nach 1952 im Bereich der Justiz Traditionen gestiftet: Bei der strafrechtlichen Sanktionierung des Rechtsextremismus spielen Meinungsdelikte bis heute eine erhebliche, herausragende Rolle. Andererseits liegt die Bedeutung der NS-Prozesse nach 1958 nicht allein in der Aburteilung der Täter, sondern auch in ihrer erzieherisch-aufklärerischen Funktion.

Wirkungen des Remer-Prozesses I: Die NS-Prozesse nach 1958

Der Remer-Prozeß bleibt zunächst ohne weitere Folgen. Unmittelbare Wirkungen hat er auch später nicht gehabt. Doch das von Fritz Bauer vor allem vorangetriebene Motivbündel »juristische Auseinandersetzung mit dem Dritten Reich/öffentliche Wirkung« ist später aufgegriffen und fortgesetzt worden. Die Justizgeschichte verzeichnet bis 1958 – abgesehen vom SRP-Verbot 1952 – keine ähnlich gelagerten Fälle, die vergleichbares öffentliches Interesse gefunden hätten. Erst der Ulmer Einsatzgruppen-Prozeß bewirkte eine einschneidende Veränderung. Ein ehemaliger Polizeidirektor wurde wegen der Ermordung von 4 000 Juden zu einer langjährigen Zuchthausstrafe verurteilt. Der eigentliche Skandal dieses Verfahrens lag darin, daß der Prozeß erst dadurch in Gang gesetzt wurde, daß der Polizeidirektor zuvor auf Wiedereinstellung in den öffentlichen Dienst geklagt hatte. Dieser Schritt, von dem Betreffenden nicht ohne Erfolgsaussicht unternommen, wirft ein bezeichnendes Licht auf den Zustand der »Aufarbeitung der Vergangenheit« Ende der fünfziger Jahre. Es war dieser Prozeß, der am 5. Oktober 1958 zur Einrichtung der »Zentralen Stelle der Landesjustizverwaltungen zur Aufklärung nationalsozialistischer Gewaltverbrechen« führte.[17] Sie koordiniert staatsanwaltschaftliche Ermittlungen gegen mutmaßliche Kriegsverbrecher, nachdem der Ulmer Einsatzgruppenprozeß Versäumnisse verdeutlicht hatte und schon zuvor immer wieder Einzelfälle schwerer NS-Verbrechen ruchbar wurden. Adalbert Rückerl, Staatsanwalt bei der Zentralstelle, hat 1982 eine vorläufige Bilanz gezogen: Zwischen dem 8. Mai 1945 und dem 31. Dezember 1981 »wurden von den deutschen Staatsanwaltschaften auf dem Gebiet der Bundesrepublik Deutschland ... gegen insgesamt 87 765 namentlich genannte Personen Ermittlungsverfahren wegen des Verdachts der Täterschaft oder der Teilnahme an nationalsozialistischen Straftaten oder Kriegsverbrechen eingeleitet ... Am 1. Januar 1982 wurden von den Gerichten und Staatsanwaltschaften in der Bundesrepublik Deutschland noch gegen 1 671 Personen Ermittlungs- und Strafverfahren wegen Verdachts der Beteiligung an NS-Verbrechen geführt.«[18]

Neben dem Frankfurter Auschwitz-Prozeß und dem Düsseldorfer Majdanek-Prozeß haben zahlreiche Strafverfahren gegen Kommandanten und Funktionsträger der Vernichtungslager, aber auch Beihilfen zu Deportationen großes öffentliches Aufsehen erregt. 1979 hat der Bundestag die Aufhebung der Verjährung für Mord beschlossen und damit die Verurteilung von Kriegsverbrechern auch mehr als vierzig Jahre nach Kriegsende ermöglicht. Auf diese Weise wurde ein parlamentarischer Schlußstrich gezogen unter die rund zwanzigjährigen Verjährungsdebatten im Bundestag, die – neben den NS-Prozessen – rechtspolitisch auf ihre Weise die deutsche Vergangenheit bearbeitet haben.[19]

Die NS-Prozesse sind zweifellos ein Sonderfall politischer Justiz, geht es bei ihnen doch nicht primär um die Abwehr einer unmittelbar drohenden Gefahr oder von Bestrebungen gegen die freiheitlich-demokratische Grundordnung. Darin unterscheiden sie sich vom Remer-Prozeß, dessen Anlaß aktuelle Äußerungen in einem Wahlkampf waren. Probleme der Tatbestandsermittlung und Glaubwürdigkeit der Zeugen nach Jahrzehnten und andere strafprozessuale Detailprobleme standen im Mittelpunkt der parlamentarischen Verjährungsdebatten, und sie prägen auch die Sicht der beteiligten Richter und Staatsanwälte.[20] Im Kern jedoch geht es bei diesen Prozessen um etwas anderes. Peter Steinbach hat es auf die Formel gebracht: »Aus der Kenntnis der Verbrechen des Nationalsozialismus die historische Wahrheit zu vertreten und eine Wiederholung zu verhindern«.[21] Rückerl hat diese Absicht weiter differenziert. Wenn zu den Aufgaben der Strafjustiz Resozialisierung und Sühne gehören, so Rückerl zurückblickend, dann scheiden diese Motive für die NS-Prozesse nahezu vollständig aus, weil die betagten Täter weder resozialisierungsbedürftig noch (in den meisten Fällen) sühnefähig seien. »Die Generalprävention, und zwar die Generalprävention im weitesten Sinne«, hält Rückerl »für den wichtigsten, wenn nicht in vielen Fällen sogar für den einzigen anzuerkennenden Strafzweck«.[22] Verantwortungsgefühl, Zivilcourage, Vertrauen in den Bestand und das Funktionieren der Rechtsordnung, schließlich »Rechtstreue« sind Verhaltensdispositionen, die durch die NS-Prozesse gefördert werden sollten. In dieser »generalpräventiven« Wirkungsabsicht zeigen sich mittelbare Folgen des Remer-Prozesses: Hier wie dort geht es um die symbolträchtige, massenwirksame justizielle Sanktionierung des NS-Systems.

Die NS-Prozesse haben, wie der Remer-Prozeß zuvor, die öffentliche Thematisierung der NS-Vergangenheit bewirkt, Fragen von individueller und kollektiver Schuld aufgeworfen, Versäumnisse und Verdrängungen der Entnazifizierung sichtbar gemacht. Peter Weiss' 1965 uraufgeführtes Stück *Die Ermittlung*, das die Vernehmung der Angeklagten und die Beweisaufnahme im Frankfurter Auschwitz-Prozeß szenisch verarbeitet, darf als literarisch wirkungsvoller Beleg für die vor allem moralisch aufrüttelnde öffentliche Wirkung der NS-Prozesse gelten. Als Ereignisse politischer Justiz in einem sehr umfassenden Sinn haben sie Mechanismen von appellativer Integration und Desintegration entwickelt: Über den Einzelfall hinaus desintegrieren sie in öffentlich-expressiver Weise schuldhaftes Verhalten aus dem Kontext des demokratischen Selbstverständnisses. Umgekehrt besteht ihre Integrationsleistung gerade darin, durch Aufzeigen nicht-tolerierbarer Verhaltensweisen die demokratischen Normen des Rechtsstaates symbolisch zu bekräftigen.

Hier liegt aber auch, abgesehen von prozessualen Detailproblemen, ein fragwürdiges Element der NS-Prozesse: Die Produktion juristisch vorgefertigter und massenkommunikativ zurechtgerückter Geschichtsbilder. Was man Fritz Bauer im Remer-Prozeß nur sieben Jahre nach Kriegsende am Anfang demokratischer Selbstvergewisserung über das Dritte Reich noch zugestehen mag, das wird im Lauf der Jahrzehnte problematisch. Der Gerichtssaal übernimmt in hoheitlicher Weise eine Ebene der Selbstverständigung, deren genuiner Ort die Gesellschaft selbst ist. Die personalisierten öffentlichen Debatten verstärken Deutungsmuster, wie sie Hans Mommsen anhand des »Holocaust«-Films (Erstsendung: 1979) feststellte: Hinter moralischer Selbstkritik und nationalen Schuldbekenntnissen verschwinden politisch-soziale Ursachen und Konsequenzen für die Gegenwart.[23]

Bereits Otto Kirchheimer hat darauf hingewiesen, daß die Differenz zwischen tatbestandsorientiertem Vorgehen der Strafprozeßordnung und historisch-politischer Wertung in der politischen Debatte nicht ohne weiteres aufhebbar ist. Versuche man es doch, so entwickle sich ein »gröblich vereinfachtes Bild der politischen Wirklichkeit.« Kirchheimer faßt seine Kritik zusammen:

> Auf den drei anderen Ebenen der politischen Justiz, von denen wir hier gehandelt haben, sind die ›dramatis personae‹ zur gleichen Zeit beides, Sieger und Märtyrer, Sünder und Verbrecher, und es wird bei dieser Doppeldeutigkeit bleiben, bis das Urteil der Geschichte sie entweder entlarvt oder rechtfertigt. Aber das unglückliche Opfer des ›politischen Kunstdelikts‹ wird möglicherweise für ewig in der Vorhölle warten müssen; denn oft fehlt es an jeder sinnvollen Brücke zwischen dem faktischen Geschehen, das der Prozeß zutage gefördert hat, und der wirklichen Rolle des Handelnden innerhalb der Ganzheit seines eigenen Lebens oder der Geschichte. Damit erweist sich die spontan entstehende öffentliche Meinung als eine sehr problematische Instanz, die kaum als gerechter Maßstab für die Geschichtsinterpretation anerkannt werden kann.[24]

Die NS-Prozesse sind zu einem Paradigma politischer Justiz gegen rechts geworden: Sie stilisieren die moralische Verwerflichkeit anhand individueller Schuldverstrickungen in nationalsozialistische Handlungsmuster, errichten symbolisch wirkungsvolle Barrieren zwischen »Demokratie« und »3. Reich« und erfüllen damit Zwekke der Abschreckung und Generalprävention.

Wirkungen des Remer-Prozesses II: Die Justiz und der Rechtsextremismus[25]

Im Zusammenhang der verfassungspolitischen Konzeption einer »streitbaren« oder auch »wehrhaften« Demokratie enthält das Grundgesetz Vorkehrungen zu seinem Schutz. Dazu gehören Artikel 9 Abs. 2 (Verbot verfassungswidriger Vereinigungen) und Artikel 21 Abs. 2 (Parteienverbot). Es sind diejenigen grundgesetzlichen Bestimmungen, die gegen rechts angewandt wurden und werden. Das Parteienverbot ist einmal gegen rechts vom Bundesverfassungsgericht ausgesprochen worden: 1952 wird die Sozialistische Reichspartei (SRP) mit der Begründung der »Wesensverwandtschaft« mit der NSDAP verboten. Gesetzlich flankiert wird das Verbot durch die Möglichkeiten des Artikel 9, 2 GG und einige Bestimmungen des politischen Strafrechts.

Vor diesem Hintergrund wird eine latente Problematik des justizförmigen Umgangs mit dem organisierten Rechtsextremismus deutlich, die sich immer dann aktualisiert, wenn selbst kleinste Gruppen solcher Provenienz ins Blickfeld der Öffentlichkeit geraten. Die historisch-politische Hypothek der jüngeren deutschen Vergangenheit schlägt umfassend auch gegen die nachgewachsene Generation des Rechtsextremismus zu Buche.

So hat sich der nordrhein-westfälische Innenminister Herbert Schnoor (SPD) an die Spitze derjenigen gesetzt, die ein Verbot der Freiheitlichen Deutschen Arbeiterpartei (FAP) fordern: »Ich fordere mit Nachdruck ein Verbot der FAP«, so Schnoor, »und zwar nicht, weil sie eine akute politische Gefahr für unser Rechtssystem darstellt, sondern weil unsere Selbstachtung dieses gebietet.«[26] Neben dem nordrhein-westfälischen hat sich Anfang Juni 1988 auch der niedersächsische Landtag mit den Stimmen aller Fraktionen in einer Entschließung für ein Verbot der FAP ausgesprochen.[27]

In weiten Teilen des sozialdemokratischen, gewerkschaftlichen und VVN-beeinflußten linken »Antifaschismus« dient die Forderung nach Verbot und Auflösung »neofaschistischer« Parteien und

Vereinigungen als legitimes Mittel der politischen Auseinandersetzung. Sie ist der Kern eines rituellen und – wie es Claus Leggewie treffend bezeichnet – »stumpf gewordenen, selbst ideologischen Begriffs« des Antifaschismus.[28] Für die Bundestagsparteien ein opportunes Mittel, um parlamentarische Mitbewerber einzuschüchtern und zu diskreditieren, ist die Verbotsforderung seitens des linken Antifaschismus kalendarisches Ritual und symbolisches Transportmittel der »richtigen« Gesinnung und anachronistisches Nachholen des gescheiterten Antifaschismus der alten Arbeiterbewegung vor 1933. Mit der Entstehung und Ausprägung einer jugendgeprägt-militanten zweiten Generation des Rechtsextremismus seit Anfang der siebziger Jahre hat der Bundesminister des Innern wiederholt zu Verbotsmaßnahmen nach Artikel 9, Abs. 2 GG gegriffen. Davon betroffen sind

- die »Wehrsportgruppe Hoffmann« (16. Januar 1980)
- die »Volkssozialistische Bewegung Deutschlands/Partei der Arbeit« (VSBD/PdA, 14. Januar 1982)
- die »Aktionsfront Nationaler Sozialisten/Nationale Aktivisten« (ANS/NA, 24. November 1983, rechtskräftig seit dem 25. 7. 1986).

Die Entscheidung gegen die WSG Hoffmann wird damit begründet, sie stelle aufgrund ihres gewalttätig-paramilitärischen Charakters eine Gefahr für Jugendliche dar, und sie verfolge insgesamt verfassungsfeindliche Ziele. »Darüberhinaus«, kommentiert Innenminister Gerhart Baum, »werden die Aktivitäten der WSG angesichts der Leiden, die der Nationalsozialismus verursacht hat, gerade im Ausland mit großer Besorgnis verfolgt und bedeuten eine nicht länger zu duldende Belastung des Ansehens der Bundesrepublik Deutschland.«[29] Ähnlich kommentiert Baum die Verfügung gegen die VSBD/PdA: Sie verfolge »ihre verfassungsfeindlichen Ziele in kämpferisch aggressiver Form«, sie sei in Zielsetzung und öffentlichem Auftreten der NSDAP »wesensverwandt« und übe hinsichtlich ihrer Militanz eine »Signal- und Sogwirkung« aus. *Gleichwohl wird weder dieses noch die beiden anderen Verbote mit einer konkreten Gefahrenlage begründet.* Im Falle der VSBD/PdA sind es vielmehr die politisch-kulturellen Hypotheken der NS-Vergangenheit, die zur Begründung ausdrücklich herangezogen werden: »Die Wurzeln des Terrors von rechts liegen tief in unserem Land. Wir dürfen nicht zulassen, daß der nationalsozialistische Unrechtsstaat verharmlost wird. Wir dürfen nicht zulassen, daß junge Menschen wieder politisch verführt werden können.«[30] Baums Nachfolger Friedrich Zimmermann sieht die im Gefolge der Auflösung der ANS/NA ermöglichten polizeilichen Maßnahmen und die Einleitung von Strafverfahren gegen einzelne Mitglieder als Bestimmungsfaktoren einer bewußten und gezielten Verunsicherung des Aktivisten-Umfelds.[31] Ähnlich ist die Verbotsverfügung gegen die »Nationale Sammlung« vom 9. Februar 1989 zu sehen.[32] Am 3. Juli 1987 wurden vom Landgericht Karlsruhe sechs Personen wegen Fortführung einer verbotenen Vereinigung verurteilt. Der Hauptangeklagte erhielt eine Freiheitsstrafe von einem Jahr und drei Monaten, die übrigen Bewährungs- und Geldstrafen. Ihnen wurde zur Last gelegt, mit der Gründung des »Stoßtrupps Renchen« und der »Karlsruher Front« die verbotene ANS/NA fortzuführen.[33]

Neben strafrechtlichen sind auch exekutive Maßnahmen Mittel der politischen Einschüchterung und Kriminalisierung. Am 2. März 1988 wurden in einer spektakulären, vom LKA Stuttgart initiierten Polizeiaktion mehr als 80 Wohnungen von mutmaßlichen ANS/NA-Sympathisanten in 61 Städten des Bundesgebietes durchsucht. Vier Personen wurden vorläufig festgenommen. Daß es sich dabei um eine symbolische Demonstration exekutiver Handlungsbereitschaft gehandelt hat, wird noch dadurch erhärtet, daß am Tag zuvor der ehemalige ANS/NA-Führer Michael Kühnen nach Verbüßung einer Gefängnisstrafe aus der Haft entlassen worden war.[34] Kühnen, Symbolfigur der Neonazis, unterliegt vielfältigen juristisch-exekutiven Restriktionen. Am 14. 6. 1988 wurde er für einen Tag in »Unterbringungsgewahrsam« genommen, um sein Auftreten bei der Gründungsversammlung des FAP-Landesverbandes Bayern zu verhindern.[35]

Aus dem Bereich des politischen Strafrechts sind einige Normen in der Rechtsprechung – gemessen an der Häufigkeit von Verurteilungen – besonders bemerkenswert.[36] Hierzu gehören insbesondere:

- § 86 Abs. 1 Ziff. 4 StGB (Verbreitung von Propagandamitteln zur Fortführung verbotener NS-Organisationen)
  Strafrechtlich relevant sind Parolen wie etwa »NS-Verbot aufheben!«, »Kampf den Judenparteien KPD, SPD, CDU, CSU, FDP!«. Der Neonazi-Führer Michael Kühnen wurde u. a. wegen Herstellung, Verbreitung und Vorrätighalten der Flugblätter »Initiative gegen NS-Verbot« und »Man nennt uns ›Neo-Nazis‹! Na und?!« vom Landgericht Frankfurt am 29. März 1985 verurteilt (Az.: 50 Js 33.738/83 23 kls).
- § 86 a StGB (Verwendung von Kennzeichen verfassungswidriger Organisationen)
  Verboten ist u. a. der öffentlich gezeigte »Hitler-Gruß«, das Tra-

gen von Hakenkreuzen und anderer NS-Symbole. Das Landgericht Fankfurt hat das leicht verfremdete Emblem der ANS/NA unter § 86 a gestellt mit der Begründung, die Einzelsiegrune sei geeignet, »die Wiederbelebung der verbotenen Organisation des Jungvolks durch das öffentliche Verwenden eines ihrer Kennzeichen zu fördern. Das soll aber gerade durch die Verbotsnorm des § 86 a StGB verhindert werden, indem solche Kennzeichen aus dem Bild des politischen Lebens in der Bundesrepublik grundsätzlich verbannt bleiben sollten« (Az.: 50 Js 33.738/83 23 Kls, S. 69).

- § 130 StGB (Volksverhetzung)
  Diese Vorschrift ist durch das 6. Strafrechtsänderungsgesetz vom 4. 8. 1960 geschaffen worden. Hintergrund und Auslöser waren antisemitische und neonazistische Schmierereien Ende 1959/Anfang 1960.
  In Wort und Bild erfüllte nach einem Urteil des Amtsgerichts Stuttgart das NPD-Monatsblatt *Deutsche Stimme* den Tatbestand der Volksverhetzung. Unter dem Bild von fünf Asylbewerbern mit erhobener Faust war zu lesen: »Sie fallen in unser Land ein. Sie rauben und vergewaltigen. Sie zerstören unsere Jugend mit Rauschgift. Aber sie nennen sich Asylanten – und werden von den Opfern bezahlt. Solch einen Wahnsinn gibt es nur bei uns. Merke: Ist es auch Wahnsinn, hat es doch Methode.« Chefredakteur K. H. Vorsatz wurde zu DM 4 550,– Geldstrafe verurteilt (BNR 14/1987, S. 8).

- § 131 StGB (Aufstachelung zum Rassenhaß)
  Hetzparolen wie »Ich Esel glaube an die Vergasungslüge und will an Israel zahlen, zahlen, zahlen« oder »Holocaust darf nicht sterben, denn Zion muß leben von Deutschlands Erben« haben Gerichte als strafbar nach § 140 StGB angesehen, nach § 132 StGB Parolen wie »Ausländer raus!« und »Kanaken raus!«. Das Landgericht München I hat Friedhelm Busse, Vorsitzenden der verbotenen VSBD/PdA, 1982 in einer Berufungsverhandlung zu 6 Monaten Haft wegen Vergehens gegen §§ 130 und 131 verurteilt. Zum Beweismaterial gehört das Flugblatt »Rassenmischung ist Völkermord«. Darin werde »die Menschenwürde eines Teils der in der BRD lebenden Bevölkerung« angegriffen und »eine emotional gesteigerte feindselige Haltung des Adressaten gegen Nichteuropäer« geschürt (Az.: 13 Ns 115 Js 5123/81).

Die derzeit einzige empirisch gehaltvolle Analyse rechtskräftig abgeschlossener Strafverfahren gegen rechts zeigt, daß Gesinnungsdelikte des politischen Strafrechts einen hohen Anteil aufweisen. Für den Zeitraum zwischen September 1978 und Dezember 1982 legt das Bundesjustizministerium eine Vollerhebung vor. Sie bezieht sich auf Anklageschriften und Urteilsniederschriften und umfaßt insgesamt 903 Aburteilungen gegen 787 Personen. Gut ein Viertel der Verfahren wird wegen §§ 86 und 86a StGB eingeleitet. Ein weiteres knappes Viertel erfolgt wegen Verstoß gegen §§ 130 und 131 StGB, gegen das Versammlungsgesetz oder wegen Bildung einer kriminellen Vereinigung bzw. Fortführung einer verbotenen.[37] Der Rest verteilt sich auf Straftaten gegen Personen, Eigentumsdelikte und andere. Obwohl Gesinnungsdelikte einen hohen Anteil an den Aburteilungen aufweisen, ist die Ausschöpfung des Strafrahmens außerordentlich gering. »Vermutlich sollten bei den vielfach noch jungen Straftätern«, begründet Harry Kalinowsky diese Tendenz,[38] »eine Verfestigung der politischen kriminellen Karriere verhindert werden.« Man könnte sie aber auch anders interpretieren: Nicht der Strafrahmen ist der entscheidende Faktor bei diesen Verfahren, sondern die Tatsache, daß sie überhaupt stattfinden. *Im Vordergrund steht nicht die Aburteilung, sondern die prozessuale Demonstration staatlicher Handlungsfähigkeit und die symbolische Verurteilung des Nationalsozialismus.* Nicht übersehen werden dürfen die Auswirkungen politischer Justiz gegen rechts auf die unmittelbar Betroffenen und ihr Umfeld. Unter politischen und gruppendynamischen Aspekten verstärkt staatliche Repression Tendenzen der Gettoisierung und Lagerbildung. Sie fördert Bewußtseinsstrukturen der Verfolgung und Entrechtung und den Ausbau halbklandestiner kommunikativer Netzwerke. Kann dies in normativer Hinsicht bei den »Unbelehrbaren« der älteren Generation noch in Kauf genommen werden, muß bezweifelt werden, ob dies der richtige Weg ist, Jugendliche vor dem Abgleiten in die rechtsextreme Subkultur zu bewahren.[39] Die präventive Wirkung strafrechtlicher Maßnahmen für diese Gruppe muß, so Hennig,[40] »gering eingestuft werden, vielfach dienen sie nur der weiteren Verfestigung und Radikalisierung einer rechtsextremen Karriere.« Offene, inhaltliche Auseinandersetzungen mit rechtsextremen Ideologien, eine wesentliche Voraussetzung demokratischer Selbstfindung bei gefährdeten Jugendlichen, werden jedenfalls durch Maßnahmen der politischen Justiz nicht gefördert, sondern eher verhindert.

Zur Debatte um das 21. Strafrechtsänderungsgesetz (Gesetz gegen die »Auschwitz-Lüge«)

Prinzipiell ausgetragen wird der Konflikt um die Grenzziehung zwischen dem Primat der geistig-politischen Auseinandersetzung und der strafrechtlichen Abwehr in der Diskussion um das 21. Strafrechtsänderungsgesetz. Dessen erster Entwurf sah vor, eine Einziehung von extremistischen Schriften auch nach Eintritt der Verfolgungsverjährung zu ermöglichen. Ferner sollte, wer die unter der Herrschaft des Nationalsozialismus begangenen Handlungen des Völkermordes leugnet oder verharmlost, ebenso wie solche Personen, die Gegenstände mit NS-Kennzeichen verbreiten oder zum Zweck der Verbreitung oder öffentlichen Verwendens herstellen, vorrätig halten oder einführen, mit Freiheitsstrafe bis zu drei Jahren oder Geldstrafe belegt werden. Der Gedanke eines solchen Gesetzes, der 1980 seinen Ursprung unter anderem im innenpolitischen Arbeitskreis der SPD-Fraktion des Deutschen Bundestages hatte, ist eine Reaktion auf die seit 1979 wieder wachsende Mitgliedschaft in rechtsextremen Organisationen allgemein und dem sprunghaften Anstieg der Personenzahl, die unter der Kategorie »Neonazis« in den Verfassungsschutzberichten ausgewiesen werden speziell – ihre Zahl verdreifachte sich im Zeitraum zwischen 1975 und 1981 von 400 auf 1250 Personen. Diese »interne Radikalisierung«,[41] die vor allem in der Zunahme der rechtsextremen Gewalttaten abzulesen ist, wird begleitet von einer Intensivierung der Kontakte der neonazistischen Szene zu ausländischen Gesinnungsgenossen, ein Sachverhalt, der sich auch in der Einschleusung »großer Mengen von Propagandamaterial in die Bundesrepublik Deutschland«[42] niederschlägt.

Der erste Entwurf des 21. Strafrechtsänderungsgesetzes, den die Bundesregierung unter der Kanzlerschaft Helmut Schmidts noch wenige Tage vor ihrem Sturz beschließt, wird vom Justizminister der neuen Regierungskoalition aus Union und Liberalen, Hans Engelhard, übernommen und erneut in das Gesetzgebungsverfahren eingebracht. Der Bundesrat nimmt negativ Stellung dazu, doch mit der vorzeitigen Auflösung des 9. Deutschen Bundestages verfällt die Regierungsvorlage dem Prinzip der parlamentarischen Diskontinuität. In der 10. Wahlperiode wird der Entwurf Anfang April 1984 von der Bundesregierung erneut eingebracht (BT-Drs. 10/1286), in ihrer Stellungnahme bekräftigt die Unionsmehrheit im Bundesrat erneut ihre Bedenken. Ein wesentlicher Einwand ist, daß der Entwurf einseitig sei, da er sich nur auf nationalsozialistische Völkermordhandlungen bezieht, nicht aber, wie insbesondere von der CSU gefordert, auch »das Billigen und Leugnen von vergleichbaren Verbrechen gegen Deutsche«[43] strafrechtlich zu sanktionieren vorsah. Erst eine Veränderung des Gesetzentwurfs in diesem Sinne – wie sich bereits in der Gegenäußerung der Bundesregierung zur Stellungnahme des Bundesrates (BT-Drs. 10/

1286, Anl. 3) abgezeichnet hatte – führt dann zur Verabschiedung des Gesetzes. Die neugefaßte Strafvorschrift bezieht sich nun auf das Billigen und Leugnen – unter Ausschluß des Tatbestandsmerkmals Verharmlosen – und auf Äußerungen in Schriften und im Rundfunk. Die am 1. August 1985 in Kraft getretene Änderung des § 194 StGB bedeutet, daß Beleidigung, bislang nur auf Antrag hin verfolgt, nun unter bestimmten Voraussetzungen ein Offizialdelikt ist: Beleidigungen und Verunglimpfungen Verstorbener, die, wie es heißt, im Zusammenhang mit ihrer Verfolgung durch die nationalsozialistische oder eine andere Gewalt- und Willkürherrschaft stehen, sollen auch ohne Strafantrag von Amts wegen verfolgt werden können. Man könnte dieses Gesetzesvorhaben und die Umstände, die es begleiten, im Hinblick auf den Remer-Prozeß als späten Triumph des Generalstaatsanwalts Fritz Bauer bezeichnen. Hier wie dort geht es darum, den Opfern des Nationalsozialismus auch strafrechtliche, öffentlich wirksame Genugtuung zu verschaffen. Allerdings: Der historische Kontext in den achtziger Jahren ist mit dem von 1952 kaum zu vergleichen. Was damals eine juristische Pioniertat war, ist heute kaum mehr als ein fragwürdiger symbolischer Akt.

Den eigentlichen Hintergrund skizziert Justizminister Engelhard (FDP):

> Hier geht es um die Einlösung einer Verpflichtung aus unserer jüngsten deutschen Geschichte. Hier kann und darf sich niemand einer Antwort entziehen. Die Antwort kann eigentlich nur in einer Richtung gehen und einhellig sein. Das heißt: wir müssen gemeinsam alles tun, was dazu beitragen kann, die Hypotheken dieser Vergangenheit zu mildern.[44]

In der parlamentarischen Debatte ist dieses Grundmotiv weitgehend akzeptiert worden. Eine charakteristische Nuance hat die CDU/CSU beigesteuert: Auch die Verbrechen an Deutschen im Zuge der Vertreibung gegen Kriegsende und danach bedürften der Einbeziehung in den neuen Straftatbestand. »Wer die an Deutschen begangenen Vertreibungsverbrechen nach dem Zweiten Weltkrieg als normale Maßnahmen im Rahmen einer Umsiedlungsaktion bezeichnet«, begründet der Abgeordnete Götz (CSU), »darf nicht anders behandelt werden als jemand, der die Hitler-Greuel zu rechtfertigen versucht.«[45]

Dieses Argument ist nicht nur eine Verbeugung vor dem Wählerreservoir rechter Vertriebenenverbände und ihres Umfeldes. Es ist die politische Abwehr der deutschen Verantwortung. Es folgt der vernebelnden Rhetorik gegenseitiger Aufrechnung und entspricht dem starren Funktionalismus der ins politische Geschäft übersetzten und vergröberten Totalitarismus-Theorie. Es entspricht Auffassungen in der Union über politischen Extremismus im allgemeinen, der pointierten Trennung von (roter und brauner) »Diktatur« auf der einen Seite, »Demokratie« auf der anderen. Die totalitarismustheoretisch halbierte deutsche Verantwortung an der Entstehung und dem Verlauf des 2. Weltkriegs läßt einen Effekt politischer Justiz gegen rechts hervortreten, der in der Debatte um das 21. Strafrechtsänderungsgesetz besonders deutlich wird: die Auseinandersetzung um das »richtige« Geschichtsbild und die »richtige« Position dazu.

In der politischen und wissenschaftlichen Kritik des 21. Strafrechtsänderungsgesetzes ist dieser bedeutsame Aspekt, wenn auch zu knapp, angesprochen worden. Bereits im Juni 1982 äußerte das Institut für Zeitgeschichte in München das Bedenken, die geplante Strafrechtsänderung »könnte den fatalen Eindruck erwecken, als gebe es eine staatliche, judikative Kompetenz auf dem Gebiete historischer Tatsachenfeststellung.«[46] Der Republikanische Anwaltsverein lehnt es aus Gründen der Un-Praktikabilität ab, vor allem aber mit der Überlegung, »daß mit dem Gesetzentwurf weniger eine Effektivierung der Eindämmung rechtsradikaler und neonazistischer Tendenzen bezweckt wird, sondern ein in der Öffentlichkeit des In- und Auslands propagandistisch auszuwertender Akt vordergründiger Selbstdarstellung«.[47] Ostendorf hält den Entwurf für unpraktikabel und überhaupt strafrechtliche Novellierungen nur dann für sinnvoll, »wenn diese Strafnorm in einen öffentlichen Diskurs zur Abwehr des Neo-Nazismus gestellt wird«.[48] Cobler hat den juristischen Regelungsbedarf in Frage gestellt und darauf hingewiesen, daß nach § 130 StGB (Volksverhetzung) auch gegen Straftatbestände vorzugehen sei, die im Umkreis der »Auschwitz-Lüge« anzusiedeln seien. Er beklagt die »staatlich verordnete politische Moral«, verweist darauf, Neonazis böte sich nun unverhofft das öffentliche Forum des Gerichtssaales, in dem es aber nicht um historische Aufklärung, sondern um die Überführung eines Täters zu gehen habe.[49] Justizpolitisch sei es

unbegreiflich, wie man darauf verfallen und sich darauf verlassen kann, ausgerechnet an die Strafjustiz zu appellieren, der Leugnung und Verharmlosung des Nazi-Terrors zu begegnen; denn schließlich haben – von wenigen Ausnahmen abgesehen – bundesdeutsche Richter in zahlreichen Prozessen gegen NS-Verbrecher sich als professionelle Verharmloser des Faschismus hervorgetan, indem nichts unversucht gelassen wurde, die systematisch und zumeist rechtsförmig betriebenen Verbrechen der Nazis nachträglich juristisch zu exkulpieren.[50]

Am Beispiel des 21. Strafrechtsänderungsgesetzes werden einige Struktureigenschaften der politischen Justiz gegen rechts deutlich: Sie bezieht sich nicht auf unmittelbar drohende Gefahr, sondern auf die *strafrechtliche Sanktionierung der Meinungsebene.* Insofern hat der Bundesrat in seiner Stellungnahme zum Gesetzentwurf zu Recht auf das zentrale Dilemma hingewiesen: »Jede Regelung in diesem Bereich wird auch die grundlegende Bedeutung des Artikels 5 GG berücksichtigen müssen.«[51] Die parlamentarisch-politische Debatte bezieht sich nicht auf unmittelbar drohende oder absehbare Gefahr für Staat oder Verfassung, sondern auf die »symbolische Repräsentation der ›richtigen Moral‹«.[52] Dabei werden *totalitarismustheoretische und geschichtspolitische* Begründungsmuster einmal mehr sichtbar. Die *symbolisch-expressive* Bedeutung des Gesetzgebungsverfahrens ist insgesamt höher einzuschätzen als die tatsächliche, für den Alltag der Justiz bedeutsame Verbesserung des strafrechtlichen Handlungsrahmens.

Maßnahmenkataloge politischer Hygiene reichen über symbolische Akte wie die Anerkennung der Doktorwürde für einen ehemaligen Richter aufgrund eines Buches, in dem der Autor die Massenmorde in Auschwitz in Zweifel gezogen hatte,[53] bis hin zum Hausverbot in öffentlichen Schulen für den Abgeordneten der rechtsextremen DVU in der Bremer Bürgerschaft.[54] Sie umfassen aber auch materiell spürbare symbolisch wirksame Sanktionen, wie etwa die vom niedersächsischen Disziplinargerichtshof gegen einen Oberstudienrat verhängte Gehaltskürzung um ein Fünftel für die Dauer von drei Jahren. Der Lehrer hatte im Unterricht den Begriff »Sechs-Millionen-Lüge« propagiert und die Judenverfolgung im Dritten Reich in Zweifel gezogen.[55] Sanktionen dieser Art sind symbolisch-repressive Folgewirkungen der Prozesse gegen NS-Verbrecher. Obwohl harte strafrechtlich relevante Delikte den juristischen Kern der NS-Prozesse nach 1958 bestimmen, liefern Eingriffe in die Kommunikationssphäre und gerichtlich produzierte Geschichtsdeutungen aus volkspädagogischen Gründen ihren eigentlichen Hintergrund. Die NS-Prozesse standen von Anbeginn unter dem Vorzeichen politisch-pädagogischer Generalprävention. Sie haben vorausgegangene wesentliche Strukturdefizite justizieller Vergangenheitsbewältigung nicht aufheben können: die ausgebliebene Entnazifizierung der Justiz oder auch groteske Folgen der abgebrochenen allgemeinen Entnazifizierung. Daß zum

Beispiel der ehemalige SS-Mann und Spieß des KZ Buchenwald, Otto, im Nürnberger Kriegsverbrecherprozeß zu 20 Jahren Haft wegen Teilnahme an Erschießungen verurteilt, bereits 1952 beamteter Lehrer werden konnte,[56] während in den siebziger Jahren bereits Kandidaturen für die DKP einen Ablehnungsbescheid bedeuten konnten – *an solchen grotesken Verzerrungen »streitbarer Demokratie« hat die politische Justiz mitgewirkt.* Sie sind Indiz für die zählebige Kraft des Antikommunismus und Symbol für die Problematik des Vorgehens gegen rechts.

Die NS-Prozesse bekräftigen den anti-nazistischen Basiskonsens der westdeutschen Gesellschaft mit den öffentlichkeitswirksamen Mitteln der moralischen Dramatisierung von Normbrüchen. Anti-Nazismus erscheint als Grundüberzeugung, als moralische Einsicht in die Verwerflichkeit und moralische Schuldhaftigkeit individueller Handlungsweisen. Sein Gegenüber ist nicht die aktuelle Bedrohung der Verfassung durch politische Strategien von rechts, sondern der verbale, symbolische oder expressiv-provozierende Widerspruch gegen das antinazistische Glaubensbekenntnis. Politische Justiz gegen rechts, geprägt von historischen Hypotheken und strukturellen Defiziten, richtet sich daher vornehmlich auf öffentlich geäußerte Meinungen und Gesinnungen. Bei Meinungsdelikten setzt die Strafverfolgung gegen rechts viel früher ein als gegen links (§§ 86, 86 a StGB). Die Äußerung der aus der Haft entlassenen Leitfigur des Neonazismus, Michael Kühnen, er halte Hitler für ein Vorbild, zieht bereits ein staatsanwaltschaftliches Ermittlungsverfahren nach sich.[57] Symbolische Verdeutlichungen von Toleranzgrenzen, Aspekte politischer Hygiene und politisch-moralische Generalprävention beherrschen die Maßnahmen nach rechts.

Rudolf Wassermann hat anläßlich des Gesetzes gegen die »Auschwitzlüge« auf einen banal erscheinenden Umstand hingewiesen. Daß Gesinnungen nicht unter Strafe gestellt werden dürfen, daß auch Meinungen, die der historischen Wahrheit zuwiderlaufen, als individuelle Äußerungen legitim sind, daß die Allgemeinheit des Gesetzes verbietet, bestimmte Meinungen zu kriminalisieren, daß der Staatsanwalt nicht Sanitäter sein kann, um die Gesellschaft vor der Ansteckung durch Ideologien zu bewahren[58] – all diese Grundsätze des liberalen Rechtsstaates gelten oft wenig, wenn es gegen rechts geht. Politische Justiz gegen rechts ist dadurch ihrer fallbezogenen situativen Gebundenheit beraubt und wird in den historischen Zusammenhang symbolischer Aufarbeitung der Vergangenheit gestellt.

Eine solche historisch geronnene, 1958 mit der Einrichtung der

Ludwigsburger Zentralstelle einsetzende und fortdauernde horizontale Verweisstruktur nimmt dem organisierten Rechtsextremismus alle Chancen, sich unmittelbar, text- und situationsimmanent Gehör zu verschaffen. Der eigentliche Strukturdefekt »streitbarer Demokratie« liegt aber in der Umkehrung des Arguments: Der Gesellschaft wird die lerntheoretisch bedeutsame Chance genommen, sich mit real existierenden rechtsextremen Deutungsangeboten inhaltlich auseinanderzusetzen. Die kollektive Verdrängung der Vergangenheit, von Mitscherlich als generationsspezifische »Unfähigkeit zu trauern« beschrieben, ist auf diese Weise von der politischen Justiz gegen rechts verdoppelt worden. Indem sie neonazistische Kommunikationsformen und -inhalte früh unter Strafe stellt, unterbindet sie Fragen nach ihrer Legitimität von vornherein und betrachtet sie von Anfang an nur unter dem Aspekt politisch-moralischer Verwerflichkeit. Am Ende steht das Gebot »geistig-politischer Auseinandersetzung« auf tönernen Füßen: Sie soll unter der (systembedingt) zynischen Voraussetzung stattfinden, sich gar nicht erst auf den Gegenstand selbst inhaltlich einzulassen. Was Habermas einmal zur Diskussion über den Terrorismus gesagt hat, gilt es ohne Einschränkung für die Auseinandersetzung mit rechts in Erinnerung zu rufen: *Das Kurzschließen von geistig-politischer Auseinandersetzung und Anwendung rechtlicher Mittel verwischt eine für den Rechtsstaat konstituive Grenzlinie:* »Wer auch nur im Ansatz«, so Habermas weiter[59], »Gesinnungen mit rechtlichen Sanktionen belegt sehen möchte, der will hinter Hobbes, und das bedeutet institutionell: hinter eine der fundamentalen, in bürgerlichen Emanzipationsbewegungen errungenen Garantien des Verfassungsstaates zurück.«

Ausblick

Die Doppelstruktur des Remer-Prozesses: juristische Sanktionierung des NS-Systems bzw. der Täter und Rehabilitisierung der Opfer auf der einen, strafrechtliche Verfolgung rechtsextremistischer Meinungsdelikte auf der anderen Seite, wirkt nach bis heute. Sie ist aber nicht nur ein Stück Rechtsgeschichte, sondern auch Teil der Aufarbeitung der Vergangenheit. Dabei darf die Historizität beider Sanktionsformen nicht übersehen werden: 1952 bedeutete, sieben Jahre nach Kriegsende, die Täter/Opfer-Konstellation etwas anderes als heute. Durch den relativ knappen Abstand zum Dritten Reich waren Tatbestandsermittlung und Sühnebedürfnis virulenter als heute. Was damals dringliche Tagesaufgabe gewesen wäre im Zusammenhang konsequenter strafrechtlicher Aufklärung und Aufarbeitung der NS-Verbrechen, kann heute nur noch als viel zu späte symbolische Prävention gesehen werden. Der Gerichtssaal erscheint heute nicht mehr als der geeignetet Ort, in dem über die Legitimität des Widerstands und die Qualität des NS-Systems zu verhandeln ist. Gleichwohl hat der Remer-Prozeß seinerzeit ein Zeichen setzen können für die damals auch auf juristischer Ebene zu bearbeitende deutsche Vergangenheit.

Auch die Sanktionierung des Rechtsextremismus als Meinungsdelikt ist heute fragwürdig geworden. Politische Justiz gegen rechts ist heute nicht mehr Abwendung bzw. Aburteilung unmittelbar drohender Gefahr gegen den Staat oder die Verfassung. Politische Justiz gegen rechts erscheint vielmehr als Gesinnungsjustiz, bei der es vor allem um die rechtliche Sanktionierung individueller inkriminierter Meinungen, letztlich aber auch um die staatliche Regulierung gesellschaftlicher Kommunikation geht. Mit den Mitteln der Strafjustiz greift der Staat in repressiver Weise ein in gewachsene (wie auch immer beschaffene) Kommunikationsstrukturen der Gesellschaft. Die politisch-historische Situierung der politischen Justiz läßt Rückschlüsse auf staatliche Motive zu: Rechtsextremismus im allgemeinen und Neonazismus im besonderen werden damals wie heute vor dem Hintergrund der NS-Vergangenheit wahrgenommen. Ihre Bedrohungsqualitäten bestehen heute vor allem im Hinblick auf politische Hygiene, das Ansehen der Bundesrepublik im Ausland, »Verführung« Jugendlicher. Gegenmaßnahmen werden immer auch die Qualität symbolischer Akte der Distanzierung von der NS-Vergangenheit beigemessen.

Im Remer-Prozeß wie auch später in den NS-Prozessen und der strafrechtlichen Sanktionierung des Rechtsextremismus ging und geht es letztlich um die Fragen der individuellen und kollektiven Einstellung gegenüber dem Nationalsozialismus. Mit zunehmendem zeitlichen Abstand sind die Verstrickungen immer weniger tatsächliche Verstrickungen in NS-Handlungsmuster und immer mehr »bloße« politische Überzeugungen. Die sind jedoch schwerlich justiziabel. Juristische Maßnahmen tangieren immer auch das Grundrecht der freien Meinungsäußerung. Andererseits muß es auch Aufgabe der Justiz sein und bleiben, mit ihren Mitteln dazu beizutragen, daß sich NS-Politikformen nicht wiederholen. Mit dieser Ambivalenz muß eine politische Kultur leben, für die das Dritte Reich nach wie vor ein wichtiger Bezugspunkt ihres politischen Selbstverständnisses ist.

Was bleibt vom Remer-Prozeß? Vielleicht ist es die Einsicht, daß konsequente und beharrliche Aufklärung über die Ursachenbündel des NS-Herrschaftsystems, wie sie Fritz Bauer vorschwebte, auch heute noch ein aktuelles Programm darstellt – allen Widerständen zum Trotz.

Anmerkungen

1 Vgl. KRAUS, *Braunschweiger Remer-Prozeß*, S. 107.
2 Vgl. WASSERMANN, *Recht, Gewalt, Widerstand*, S. 60.
3 Vgl. BÜSCH/FURTH, *Rechtsradikalismus im Nachkriegsdeutschland*.
4 Vgl. BUNDESMINISTER DES INNERN, *Verfassungsschutzbericht 1986*, S. 181 f.; zur Biographie Remers auch STÖSS, *Parteienhandbuch*, S. 2276. Zum Münchener Prozeß vgl. die Notiz in: *BLICK NACH RECHTS* (BNR), hrsg. vom SPD-PRESSEDIENST 25/1988, S. 10.
5 Vgl. die Hinweise bei MEYER, *Berufssoldaten*, S. 687 f.
6 Vgl. DUDEK/JASCHKE, *Entstehung und Entwicklung des Rechtsextremismus in der Bundesrepublik*
7 Zit. nach dem Urteil in KRAUS, *Braunschweiger Remer-Prozeß*, s. 107 f.
8 WASSERMANN, a. a. O., S. 51.
9 Vgl. KRAUS, a. a. O., S. 136.
10 Ebda., S. 123.
11 Ebda.
12 Zit. nach WASSERMANN, a. a. O., S. 51.
13 Ebda., S. 63.
14 Vgl. BÜSCH/FURTH, a. a. O., S. 94.
15 MOMMSEN, *Geschichte des deutschen Widerstands*, S. 6; SCHMÄDEKE/STEINBACH, *Der Widerstand gegen den Nationalsozialismus*.
16 Vgl. WEBER/STEINBACH, *Vergangenheitsbewältigung*; BERTRAM, *Vergangenheitsbewältigung*.
17 Vgl. STEINBACH, *Nationalsozialistische Gewaltverbrechen*, S. 46 ff.
18 RÜCKERL, *NS-Verbrechen*, S. 307 ff.
19 DEUTSCHER BUNDESTAG, *Zur Verjährung nationalsozialistischer Verbrechen*.
20 Vgl. WEBER/STEINBACH, a. a. O., S. 21 f.
21 STEINBACH, a. a. O., S. 89.
22 RÜCKERL, a. a. O., S. 321.
23 MOMMSEN, *Die Last der Vergangenheit, S. 176 ff.*
24 KIRCHHEIMER, *Politische Justiz*, S. 172 f.
25 Ausführlichere Hinweise in: JASCHKE, *Innere Sicherheit, streitbare Demokratie und das Primat der Gesinnungsjustiz*.
26 Siehe dazu SCHNOOR, *Jugendliche und Rechtsextremismus*.
27 FR, 3. 6. 1988, S. 4; FAZ, 6. 10. 1988, S. 2; s. die zusammenfassende

Berichterstattung über die Willensbildung in den Bundesländern bezüglich eines FAP-Verbots in: *Der Spiegel* 49/1988, S. 49 ff.
28 Vgl. LEGGEWIE, *Antifaschisten*, S. 62.
29 *INNERE SICHERHEIT*, hrsg. vom BUNDESMINISTER DES INNERN, 12. 3. 1980, S. 19.
30 Ebda., 17. 2. 1982, S. 4 f.
31 Ebda., 28. 6. 1985, S. 11 f.
32 FR. 10. 2. 1989, S. 1 f.; FAZ, 10. 2. 1989, S. 1 f.
33 *BLICK NACH RECHTS* (BNR), hrsg. vom SPD-PRESSEDIENST, 15/1987, S. 5.
34 FR, 3. 3. 1988, S. 4.
35 FR, 16. 5. 1988, S. 4.
36 Vgl. zum Folgenden KALINOWSKY, *Rechtsextremismus*.
37 §§ 129, 129a StGB, vgl. ebda., S. 86 ff.
38 Ebda., S. 117.
39 Vgl. JASCHKE, *Subkulturelle Aspekte*.
40 Vgl. HENNIG, *Neonazistische Militanz*.
41 GRESS/JASCHKE, *Rechtsextremismus*, S. 69.
42 BUNDESMINISTER DES INNERN, *betrifft: Verfassungsschutz* '80, S. 40.
43 So die Formulierung des Bundesministers der Justiz, H. ENGELHARD, 10. BTg St. Ber., S. 4753.
44 10. BT St. Ber., S. 4752.
45 10. BT St. Ber., S. 4759.
46 FAZ, 13. 3. 1985, S. 7.
47 ESCHEN, *Das 21. Strafrechtsänderungsgesetz*.
48 in: SCHIERHOLZ, *Mit Strafrecht gegen Neonazismus?* S. 37.
49 Dies nicht nur prozeßtechnische Argument wird auch von anderer Seite vorgebracht; vgl. die Ausführungen des Abgeordneten GÖTZ (CSU) in der Debatte 10. BT. St. Ber., S. 47577 ff. und die Stellungnahme des Bundesrates BT-Drs. 10/1286 Anl. 2.
50 COBLER, *Das Gesetz gegen die »Auschwitz-Lüge«*.
51 BT-Drs. 10/1286 Anl. 2.
52 SCHEERER, *Neue soziale Bewegungen*.
53 Am 24. 5. 1988 bestätigte das Bundesverwaltungsgericht den Titelentzug für den ehemaligen Hamburger Finanzrichter Wilhelm STÄGLICH. Anlaß war dessen 1970 veröffentlichtes Buch *Der Auschwitz-Mythos – Legende oder Wirklichkeit?*. Die Massenvernichtung der Juden wird dort als jüdische Propaganda bezeichnet. In der Begründung der juristischen Fakultät der Universität Göttingen für die Aberkennung der Doktorwürde hatte es geheißen, »er habe seinem ›antisemitischen Machwerk‹ den Anschein von Wissenschaftlichkeit gegeben und damit seinen Doktorgrad mißbraucht. Er sei deshalb unwürdig, den Titel weiter zu tragen« (FR, 25. 5. 1988, S. 4).
54 FR, 6. 2. 1988, S. 4.
55 FR, 29. 6. 1988, S. 7.
56 FR, 11. 3. 1988, S. 4.
57 FR, 15. 3. 1988, S. 4.
58 Vgl. WASSERMANN, *Der zerrechtete Staat*.
59 HABERMAS, *Die Bühne des Terrors*, S. 948.

Literaturverzeichnis

BUNDESMINISTER DES INNERN (Hrsg.): *betrifft: Verfassungsschutz '80.* Bonn: 1981

DERS.: *Verfassungsschutzbericht 1986.* Bonn: 1987

BERTRAM, Günter: *Vergangenheitsbewältigung durch NS-Prozesse?* Individualschuld im »Staatsverbrechen«, in: Büttner, Ursula (Hrsg.): Das Unrechtsregime. Internationale Forschung über den Nationalsozialismus Bd. 2. Hamburg: Hans Christians Verlag, 1986, S. 421–449

BÜSCH, Otto/FURTH, Peter: *Rechtsradikalismus im Nachkriegsdeutschland.* Studien über die »Sozialistische Reichspartei« (SRP). Köln/Opladen: Westdeutscher Verlag, 1957

COBLER, Sebastian: *Das Gesetz gegen die »Auschwitz-Lüge«,* in: *Kritische Justiz* 1985, S. 159-170

DEUTSCHER BUNDESTAG (Hrsg.): *Zur Verjährung nationalsozialistischer Verbrechen.* Dokumentation der parlamentarischen Bewältigung des Problems 1960–1979 Teil I–III: Bonn 1980 (= Zur Sache, Themen parlamentarischer Beratung 3–5/80)

DUDEK, Peter/JASCHKE; Hans-Gerd: Entstehung und Entwicklung des *Rechtsextremismus* in der Bundesrepublik Bd. 1. Opladen: Westdeutscher Verlag 1984

ESCHEN, Klaus: *Das 21. Strafrechtsänderungsgesetz* – eine stumpfe Waffe gegen den Rechtsextremismus, in: *Zeitschrift für Rechtspolitik* 1/1983, S. 10–12

GRESS, Franz/JASCHKE, Hans-Gerd: *Rechtsextremismus in der Bundesrepublik nach 1960.* Dokumentation und Analyse von Verfassungsschutzberichten. München: Pressedienst Demokratische Initiative (PDI) Sonderheft 18, 1982

HABERMAS, Jürgen: *Die Bühne des Terrors.* Ein Brief an Kurt Sontheimer, in: *Merkur* 10/1977, S. 944–958

HENNIG, Eike: *Neonazistische Militanz und Rechtsextremismus unter Jugendlichen.* Stuttgart/Berlin/Köln/Mainz: Kohlhammer 1982

JASCHKE, Hans-Gerd: *Subkulturelle Aspekte des Rechtsextremismus,* in: Politische Kultur in Deutschland (= PVS-Sonderheft 18), hrsg. von Dirk Berg-Schlosser/Jakob Schissler, Opladen: Westdeutscher Verlag 1987, S. 322–330

DERS.: *Innere Sicherheit, streitbare Demokratie und das Primat der Gesinnungsjustiz,* in: Gerhard Paul/Bernhard Schoßig (Hrsg.): Rechtsextremismus in den Achtzigerjahren, Bonn: Dietz Verlag 1989 (im Erscheinen)

KALINOWSKY, Harry H.: *Rechtsextremismus und Strafrechtspflege.* Bonn: Bundesanzeiger ^{2}1986

KIRCHHEIMER, Otto: *Politische Justiz,* in: ders., Funktionen des Staates und der Verfassung. Frankfurt: edition suhrkamp 1972

KRAUS, Herbert (Hrsg.). *Die im Braunschweiger Remer-Prozeß erstatteten moraltheologischen und historischen Gutachten nebst Urteil.* Hamburg: Girardet 1953

LEGGEWIE, Claus: *Antifaschisten sind wir sowieso,* in: *Die Zeit* 19. 2. 1988, S. 62

MEYER, Georg: Soldaten ohne Armee. *Berufssoldaten* im Kampf um Standesehre und Versorgung, in: Broszat/Henke/Woller (Hrsg.): Von Stalingrad zur Währungsreform. München: Oldenbourg 1988, S. 683–750

MOMMSEN, Hans: *Die Last der Vergangenheit*, in: Stichworte zur »Geistigen Situation der Zeit« Bd. 1, hrsg. von Jürgen Habermas, Frankfurt: edition suhrkamp 1979, S. 164–184

DERS.: *Die Geschichte des deutschen Widerstands im Lichte der neueren Forschung*, Aus Politik und Zeitgeschichte. Beilage zur Wochenzeitung *Das Parlament* B 50/1986, S. 3–18

RÜCKERL, Adalbert: *NS-Verbrechen vor Gericht*. Versuch einer Vergangenheitsbewältigung. Heidelberg: C. F. Müller 1982

SCHEERER, Sebastian: *Neue soziale Bewegungen und Strafrecht*, in: *Kritische Justiz* 1985, S. 245–254

SCHIERHOLZ, Henning (Hrsg.): *Mit Strafrecht gegen Neonazismus?* Ergebnisse eines öffentlichen Diskussionsforums am 30. November 1984 veranstaltet von der Fraktion der GRÜNEN im Deutschen Bundestag, Bonn: (hektographiert) 1985

SCHMÄDEKE, Jürgen/STEINBACH, Peter (Hrsg.): *Der Widerstand gegen den Nationalsozialismus*. Die deutsche Gesellschaft und der Widerstand gegen Hitler. München/Zürich: Piper Verlag 1985

SCHNOOR, Herbert: *Jugendliche und Rechtsextremismus*, in: Neofaschismus/Rechtsradikalismus. Dokumentation zur Fachtagung des Landesjugendrings Nordrhein-Westfalen, Düsseldorf: 1988, S. 17–21

STEINBACH, Peter: *Nationalsozialistische Gewaltverbrechen*. Die Diskussion in der deutschen Öffentlichkeit nach 1945. Berlin: Colloquium Verlag 1981

STÖSS, Richard (Hrsg.): *Parteien-Handbuch* Bd. 2. Opladen: Westdeutscher Verlag 1984

WASSERMANN, Rudolf: *Der zerrechtete Staat*, in: *Deutsches Allgemeines Sonntagsblatt* 27. 1. 1985, S. 5

DERS.: *Recht, Gewalt, Widerstand*. Vorträge und Aufsätze. Berlin: Arno Spitz Verlag 1985

WEBER; Jürgen/STEINBACH, Peter (Hrsg.): *Vergangenheitsbewältigung durch Strafverfahren?* NS-Prozesse in der Bundesrepublik Deutschland. München: Olzog-Verlag 1984

CHRISTIAN GRAF VON KROCKOW

Vom Recht und Unrecht auf Heimat

Im Frühsommer 1939, nur wenige Monate vor dem Kriegsausbruch, lief das Passagierschiff »St. Louis« von Hamburg aus, voll besetzt mit Männern, Frauen und Kindern auf der Flucht. Viele hatten ihr letztes Geld für eine Einreiseerlaubnis nach Kuba hingegeben. Aber als das Schiff vor Havanna ankam, erklärte die Regierung die Erlaubnis für ungültig – man hoffte wohl noch einmal kassieren zu können. Niemand sonst wollte die Menschen von der »St. Louis« haben; das Einlaufen in amerikanische Hoheitsgewässer verhinderten Küstenwachboote. Durch Tage, Wochen irrte das Schiff umher. In der Zeitschrift *Aufbau*, die in New York in deutscher Sprache erschien, schrieb Berthold Viertel, früher Schriftsteller und Kritiker in Berlin:

Schiff mit der Menschenfracht, die es den Küsten
Wie ein Hausierer seine Ware anbietet.
Wo ist das Land, das Menschen kauft, tauscht, mietet?
Wo öffnet sich ein Hafen, zu empfangen
Die ausgestoßenen Tausend?

Wo wird der neue Bürger eingetragen,
Wer wagt es, seine Ankunft zu verkünden?
Wir aber leben auch in diesen Tagen
Das Dasein unsrer Unterlassungssünden.

Schließlich schien die Rückkehr nach Hamburg unabwendbar. Verzweiflung breitete sich unter den Passagieren der »St. Louis« aus, viele planten den Selbstmord. Immerhin zeigte einer sich der Situation gewachsen, ein Mann von Mut und von Ehre: der Kapitän des Schiffes, Gustav Schroeder. Er war entschlossen, die »St. Louis« eher an der englischen Küste auf den Strand zu setzen, als es zur Rückkehr nach Hamburg, das heißt zur Katastrophe für die ihm Anvertrauten kommen zu lassen. Im letzten Moment fanden sich dann doch noch die Niederlande, Belgien, Frankreich und Großbritannien bereit, den Ausgestoßenen Asyl zu bieten. Die Passagiere aber schrieben ihrem Kapitän einen Brief, in dem es hieß:

Nach den ungeheuren Sorgen in der Heimat, nach den aufreibenden Vorbereitungen der Ausreisearbeiten war Ihr wunderschönes Schiff, Herr Kapitän, Ihre sichtbar waltende Fürsorge für die Passagiere, die fabelhafte Verpflegung, die Aufmerksamkeit ihres gesamten Personals und insbesondere aller ihrer leitenden Herren so eindringlich und geradezu überwältigend, daß wir fast vergessen konnten, was zu verlassen und zu verlieren wir im Begriff waren ... Ihnen selbst aber, Herr Kapitän, möchten wir sagen: In unseren Herzen und in den Herzen unserer Kinder wird eingegraben sein – dauerhafter als in Erz und Marmorstein – unvergeßlich und unauslöschlich das schöne Schiff »St. Louis« und sein wunderbarer Kapitän Schroeder.

Also noch ein halbwegs glimpflicher, versöhnender Ausgang, wenigsten in diesem Falle? Leider nein: Denn in den Niederlanden, in Belgien und Frankreich, wo die Mehrzahl der Passagiere an Land gegangen war, marschierten kaum ein Jahr später, im Mai 1940, Hitlers Heere ein. Die meisten der zunächst Geretteten sind Opfer der Verfolgung geworden; ihre Irrfahrt, ihre Flucht aus der angestammten Heimat endete in Auschwitz.

Von der »St. Louis« wußte ich natürlich nichts, als ich – ein Junge von zwölf Jahren – im Oktober 1939 meine erste öffentliche Schulstunde erwartete, nachdem ich bis dahin Privatunterricht erhalten hatte. Es war in Misdroy, dem idyllischen Badeort an der Ostsee, ein paar Kilometer östlich von Swinemünde. Die Schule hatten nach dem Ersten Weltkrieg Flüchtlinge aus Lettland und Estland gegründet, darum hieß sie die Baltenschule.

Angespannte Erwartung im Neuartigen und Fremden: Wie wird es sein? Die Lehrerin, ein ältliches Fräulein, tritt herein, tritt ans Katheder, möchte reden – und beginnt zu weinen. Weint, minutenlang, bis sie, unterm immer neuen Schluchzen, herausbringen kann, was sie sagen will:

Siebenhundert Jahre haben wir in Riga, in Mitau, in Reval gelebt. Und nun müssen alle fort. Die Heimat – die Heimat ist verloren.

Es handelte sich um eine Frucht des deutsch-sowjetischen Diktatorenpakts, der die baltischen Länder an die Sowjetunion preisgab. Bald kamen in Swinemünde die Schiffe mit der Menschenfracht an, für die in Misdroy Hotels beschlagnahmt wurden, bis zum Weiterversand in das Gebiet, das jetzt der »Warthegau« hieß. Dort mußten dann andere den Platz für sie räumen, die Unerwünschten, die »Untermenschen«...

*

Wenn man heute vom »Recht auf Heimat« redet, dann muß man vorweg wohl solche Geschichten erzählen, um daran zu erinnern und anschaulich zu machen, wo die Quellen des Unheils einst entsprangen. Denn vom »Recht auf Heimat« wird inzwischen stets im Blick auf das Jahr 1945 gesprochen, so als habe das Unrecht erst damals begonnen, als Millionen von Menschen aus dem bis dahin deutschen Osten fliehen mußten oder vertrieben wurden. Aber dieses Unrecht war – als Prinzip – längst vor 1945 etabliert worden; am Ende des zweiten Weltkriegs schlug es nur, als Rache, zurück.

In der Gesetzgebung der Bundesrepublik ist einmal festgelegt worden, wer als Vertriebener zu gelten hat. Es handelt sich nicht nur um diejenigen, die um 1945 oder danach tatsächlich ihre Heimat im Osten verlassen mußten, sondern auch um deren Kinder und Enkel. Das gilt selbst dann, wenn die Nachkommen aus »Mischehen« zwischen Vertriebenen und Einheimischen stammen. So seltsam sich dies auf den ersten Blick ausnehmen mag, es hatte seinen praktischen Sinn im Rahmen des Lastenausgleichs, der die Vertriebenen wenigstens für einen Teil ihrer Verluste zu entschädigen versprach. Da nämlich die Abwicklung dieses Ausgleichs sich über Jahrzehnte hinzog, sollten die Ansprüche aus dem Verlorenen sich ebenso vererben, wie Ansprüche aus erhaltenem Besitz. Das war offensichtlich gerecht, weil andernfalls den Vertriebenen neue und schwerwiegende Nachteile erwachsen wären.

Aber wie es uns mit Rechtstiteln so oft ergeht – und wie ein berühmter Jurist gesagt hat:

Vernunft wird Unsinn, Wohltat Plage;
Weh dir, daß du ein Enkel bist!
Vom Rechte, das mit uns geboren ist,
Von dem ist, leider! nie die Frage.

Parallel zum Vertriebenenstatus ist das »Recht auf Heimat« proklamiert worden, und so, wie manche damit hantieren, die für sich in Anspruch nehmen, im Namen der Vertriebenen zu sprechen, soll es sich ebenfalls auf Kinder und Kindeskinder vererben. Doch darin liegt etwas finster Bedrohliches; jedenfalls im Ergebnis wird Heimat nicht etwa bewahrt und befestigt, sondern im Gegenteil ins Abstrakte aufgelöst und zerstört.

Denn was ist eigentlich Heimat? Etwas sehr Konkretes und verwechselbar Persönliches, ein Erlebnisraum der natürlichen und menschlichen Nähe und Vertrautheit, im glücklichen Falle der Geborgenheit. Etwas zumal, das, wie es bei Ernst Bloch heißt »allen in die Kindheit scheint«: in das frühe Lebensalter, in dem man mit frischen Sinnen Eindrücke aufnimmt und speichert wie später niemals mehr. Etwas, was dann noch oder gerade im Abstand und im Verlust als Widerschein des Erinnerns dem Alternden bleibt.

Um es konkret und persönlich zu sagen: Meine Heimat liegt unverrückbar im ländlichen Hinterpommern, in jenem stillen Land jenseits der Oder, das einst zum deutschen Osten gehörte und inzwischen zum polnischen Westen geworden ist. Als das Konkrete bleibt diese Heimat in Bildern aufbewahrt – und nicht zuletzt in Gerüchen: etwa von herbstlichen Kartoffelfeuern oder von fangfrisch geräucherten Flundern im Fischerdorf an der Ostsee. Doch gerade weil es sich um das Konkrete und Persönliche handelt, darum gilt: Heimat wird mit jedem Menschen neu geboren, wie sie auch mit jedem Menschen stirbt. Soll ich nun meinem Enkel einreden, daß er gar nicht dort zu Hause ist, wo er aufwächst, sondern irgendwo weit entfernt in dem ihm Unvertrauten? Schaffe ich ihm damit Heimat – oder zerstöre ich sie? Und wie ist das mit den anderen, den polnischen Kindern, die im heutigen Pomorze geboren werden und heranwachsen, schon in der zweiten, der dritten Generation? Haben nicht auch sie, wie mein Enkel, ein eigenes Recht auf ihre Heimat, die sie nirgendwo sonst finden können?

Es gibt nur einen Ort, um das, was Heimat einmal war, für die nachfolgenden Generationen zu bewahren: den anschaulichen Bericht, die Erzählung, die Literatur. Was wir von fremden Heimaten wissen, stammt aus ihr: von Storm, Raabe, Johann Peter Hebel, Ludwig Thoma, der Droste, Theodor Fontane, aus Thomas Manns »Buddenbrooks« oder aus Günter Grass' »Blechtrommel«. Im übrigen gilt, trotz des Anstoßes, den die Kleingeister nehmen: Je redlicher das Erinnern das Unvollkommene, Gebrechliche, Böse einschließt, das zu jeder menschlichen Lebenswelt gehört, desto größer die Kraft zum Bewahren.

Heimat mag also in einem sehr tiefen, weit vorpolitischen Sinne ein Menschenrecht sein; sie gehört zu den wenigen Reichtümern, die wir im Erinnern unverlierbar mit uns tragen bis ins Alter. Aber das Recht auf Heimat verkehrt ins Unrecht, in die Bedrohung, wenn es für vererbbar erklärt und solch ein Erbe als Anspruch gegen andere in Stellung gebracht wird. Was eigentlich mögen die Polen von solch einem »Recht« wohl halten? Sollen sie uns unseren Gewaltverzicht und die vertragliche Anerkennung der bestehenden Grenzen wirklich glauben? Es ist eine alte und immer neue, psychologisch nur zu verständliche Erfahrung: Grenzen verhärten und verschließen sich, wenn man an ihnen rüttelt; sie können zu Brücken werden, wenn niemand sie mehr in Frage stellt.

Wenn ich daher das Land im Osten als meine Heimat liebe, wenn ich dorthin unbefangen reisen und unbefangen aufgenommen werden möchte, wenn ich es auch den Enkeln einmal zeigen und nahebringen will, dann setzt dies voraus, daß ich mich gerade nicht mit einem Rechtsanspruch panzere, der angeblich den Enkeln verbleibt. Denn sonst säe ich ihnen Unheil statt Frieden, während ich doch wünschen muß, das wenigstens sie von dem Schrecken verschont bleiben mögen, der die Älteren traf.

Anderes kommt noch hinzu. Wenn die deutsche Frage in irgendeinem Sinne »offen« bleiben soll, wenn die Wiederannäherung der Bundesrepublik und der DDR nicht ausgeschlossen sein und die Einheit der Nation schließlich sogar wiederhergestellt werden soll, dann ist dies einzig im Rahmen einer europäischen Regelung und im Einverständnis mit den Nachbarvölkern, auf keinen Fall jedoch gegen ihren Widerstand vorstellbar. Eben dies setzt die Sicherheit aller Grenzen voraus. Wer behauptet, daß das »Recht auf Heimat« sich fort und fort vererbt und daß daher die Anerkennung der Oder-Neiße-Grenze allenfalls für die Bundesrepublik Deutschland, nicht aber für den künftigen Nationalstaat gelten könne, der weckt nicht nur die Furcht und den Widerstand der Polen, sondern mit bösen Erinnerungen auch die Abwehr anderer Völker – und zwar in Ost und West gleichermaßen. Jede halbwegs realistische Deutschlandpolitik wird damit unmöglich; in der Praxis wird der Verfassungsauftrag des Grundgesetzes, langfristig auf die Wiedervereinigung hinzuwirken, blockiert und zum bloßen Lippenbekenntnis, zur Phrase herabgewürdigt.

Aber vielleicht wäre es doch einmal möglich, aus der Geschichte zu lernen. Nach dem Ersten Weltkrieg wurde die Chance der von den Siegermächten gezogenen, durch Volksabstimmungen zum Beispiel in Masuren als angemessen dokumentierten Grenzen nicht genutzt, sondern im Pochen auf das Verlorene schließlich verspielt, was man hatte. Dies wiederholt sich auf gespenstische Weise, wenn man sich heute auf das »Recht auf Heimat« und mit ihm auf einen »Fortbestand des Deutschen Reiches in den Grenzen von 1937« beruft – wobei nunmehr genau dort die Grenzen des eigenen Erbrechts abgesteckt werden sollen, wo man zwischen den beiden Weltkriegen nur ein »Diktat« und schreiendes Unrecht erkennen mochte. Dieses böse Spiel sollten wir nicht länger betreiben; es verhindert, daß wir mit uns selbst und mit unseren Nachbarn endlich zum Frieden finden; es schafft nur neue Illusionen und abgründige Selbstgefährdungen.

Dabei ist nicht zu verkennen, daß sich manches unter der Hand längst angebahnt hat, was hoffnungsvoll stimmt. »Wann kommt meine liebe Freundin Frieda Albrecht wieder zu Besuch? Wir warten auf sie, ihr Zimmer steht bereit, bitte bestellen Sie ihr das!« Das sagte mir, 1984, eine alte polnische Bäuerin in einem pommerschen Dorf, und sie meinte damit die deutsche Vorbesitzerin ihres Hofes. »Wir weinen um unsere Schwester«, hieß es später in einem Brief, als Frau Albrecht gestorben war.

Begegnungen und Freundschaften solcher Art gibt es inzwischen vieltausendfach. Zögernd nur machte man sich auf den Weg nach Osten, mit Zagen klopfte man an die vertrauten Türen; die Türen wurden aufgetan. Vielleicht hängt es damit zusammen, daß inzwischen die große Mehrheit der Betroffenen nicht in der Resignation versunken ist, sondern zur Einsicht sich durchgerungen hat.

Ich kann das bezeugen. Zu meinem Buch »Die Reise nach Pommern« habe ich Fluten von Leserbriefen erhalten; soweit darin vom Heimatproblem die Rede ist, stimmen über neunzig Prozent der Schreibenden meiner Auffassung zu. Nur eine winzige Minderheit beharrt in der Ablehnung, mitunter im Haß – dann meist tapfer anonym. Dabei besagt die Erfahrung jeder Zeitungs- oder Rundfunkredaktion, daß die Verärgerten und Wütenden eher zur Feder greifen als die, auf deren Einverständnis man zählen kann.

Charakteristisch ist auch, daß fast immer die unterschiedlichen Heimatbegriffe ins Spiel kommen. Die Zustimmenden reagieren konkret und persönlich: »Ich meine . . .«, »ich habe erlebt . . .«, »ich verstehe jetzt, daß wir über unsere alten Bitterkeiten hinweg an die Enkel denken müssen«. Die Ablehnenden dagegen geraten ins Abstrakte und nehmen für sich jene Allgemeinheit in Anspruch, die sie gerade nicht repräsentieren: »Wir« Pommern oder Deutschen – »und Sie sind keiner«.

Um am Ende also ins Konkrete heimzukehren und noch eine Geschichte aus einem pommerschen Dorf zu erzählen: Dort versagte in der Kirche die Orgel ihren Dienst. Sie wurde mit Mitteln wiederhergestellt, die im Westen ehemalige Dorfbewohner gesammelt und gespendet hatten. Die Wiedereinweihung wurde dann mit einem gemeinsamen, im genauen Sinne ökumenischen Gottesdienst festlich begangen. Kann man sich eine bessere Zukunftsvision vorstellen?

Oder um von einem Symbol zu reden: Von dem Städtchen Wollin – heute Wolin – am Ufer der Dievenow, dem rechten Mündungsarm der Oder, blieb nach dem Feuersturm des Krieges nur ein Trümmerfeld. Auch die Kirche am geschichtsträchtigen Ort, an dem einst das pommersche Bistum begründet worden ist, zerfiel zur Ruine. Als solche aber wird sie inzwischen bewußt bewahrt, ein Denkmal besonderer und gleich zweifacher Art: an den Untergang des alten Pommern ebenso erinnernd wie zum Frieden und zur Versöhnung mahnend.

Denn wahrlich, darum geht es doch am Ende und am Anfang, im Erinnern wie im Blick in die Zukunft: um ein elementar gemeinsames Interesse, um die kommenden Generationen hüben und drüben, damit sie, statt sich im Haß und in der Vernichtung zu begraben, Heimat finden im Frieden und in der Versöhnung. Jahrhunderte hindurch haben die Unterschiede der Herkunft, der Sprache und Nationalität kaum eine Rolle gespielt, jedenfalls keine negative. Sie haben im Gegenteil befruchtend gewirkt. Erst die modernen Wahnvorstellungen haben ins Unheil geführt.

Aber der Wahn kann gebannt werden. Wie die »Erbfeindschaft« zwischen Franzosen und Deutschen ein Spuk war, den niemand mehr begreift, seit er verflogen ist, so sollte sich auch für Polen und Deutsche der Weg zur Gemeinsamkeit finden lassen. Nur gemeinsam können wir den Frieden sichern – und das, was allen als Heimat in die Kindheit schien.

Anhang

Zur Bibliographie Robert M. W. Kempners

Erst in jüngster Zeit wurde neben Robert Kempners juristischen Funktionen auch sein umfangreiches publizistisches Schaffen Gegenstand ausführlicher Beschäftigung. 1986 würdigte der Fachbereich Sprach- und Literaturwissenschaft der Universität Osnabrück seine publizistischen Arbeiten durch die Verleihung von Grad und Würde eines Doktors der Philosophie ehrenhalber.

Aus diesem Anlaß erstellte Thomas Schneider (unter Mitarbeit von Tilman Westphalen) eine

Robert M. W. Kempner-Bibliographie
350 S., 14 Abb. und Faksimiles, DM 24,80
Universität Osnabrück 1987
ISBN 3-922888-10-0

Die Bibliographie listet 1010 Titel auf, die durch Mehrfachnennungen auf 1310 einzelne Nennungen anwachsen, sowie 101 Veröffentlichungen über Kempner. Erfaßt ist hier, soweit noch zu ermitteln, der größte Teil der schwer oder nicht mehr zugänglichen Veröffentlichungen Kempners in Tageszeitungen, vor allem den Publikationsorganen des Ullstein-Verlages, aus den 20er Jahren; ebenso der größte Teil jener Arbeiten, die damals unter verschiedenen Pseudonymen (Barett, Prokurator, Justinian, Eike von Repkow) erschienen.

Kempners journalistische Arbeiten, vor 1933 wie nach 1945, »sind exemplarisch für die Vermittlung unliebsamer Themen an eine breite Öffentlichkeit.« (SCHNEIDER)

Aufgenommen wurden auch die unpublizierten ›trial briefs‹ (Anklageschriftsätze) Kempners aus den Nürnberger Prozessen sowie eine Auswahl von – erstmals veröffentlichten – Briefen an Kempner.

Die Laudatio anläßlich der Verleihung der Ehrendoktorwürde an Robert Kempner, dessen Danksagung sowie eine Reihe von Dokumenten versammelt der Band

Ein Advokat für die Humanität
84 S., 14 Abb. u. Faksimiles, DM 5,90
Universität Osnabrück 1986
ISBN 3-922888-07-0

Beide Bände können direkt über die Universität bezogen werden.

Autorenverzeichnis

BOWER, Tom, geb. 1946. Studium der Rechte an der London School of Economics. BBC-Fernsehproduzent (»Panorama«); Mitarbeiter der »Times« und anderer britischer Zeitungen. Veröffentlichungen: *Blind Eye to Murder: Britain, America and the Purging of Nazi Germany – A. Pledge Betrayed*, London: Granada, 1983: *Klaus Barbie: Butcher of Lyon*, London: Joseph, 1984; dt. Berlin: Rotbuch, 1984; *The Paperclip Conspiracy*, London: Joseph 1987: dt. München: List, 1988.

DERLEDER, Peter, geb. 1940, Dr. jur., Prof. f. Bürgerliches Recht an der Universität Bremen. Veröffentlichungen zu Verbraucherschutz, Wohnungsrecht, Familienrecht.

EISFELD, Rainer geb. 1941, Dr. rer. pol., Prof. für Politikwissenschaft an der Universität Osnabrück. Veröffentlichungen: *Pluralismus zwischen Liberalismus und Sozialismus*, Stuttgart: Kohlhammer, 1972 (ital. Ausgabe Bologna: Il Mulino, 1976); *Souveränität und Supranationalität*, Tübingen: Deutsches Institut für Fernstudien, 1976; *Mitteleuropa – Paneuropa*, Bonn: Europa-Union Verlag, 1980; *Sozialistischer Pluralismus in Europa: Ansätze und Scheitern am Beispiel Portugal*, Köln: Wissenschaft und Politik, 1984. Beiträge zu deutschen, englischen, amerikanischen, italienischen, portugiesischen, jugoslawischen Fachzeitschriften und Sammelwerken; Mitglied des Research Committee on Socio-Political Pluralism der International Political Science Association.

EUCHNER, Walter, geb. 1933, Dr. phil. Prof. für Politikwissenschaft an der Universität Göttingen. Veröffentlichungen u. a.: *Naturrecht und Politik bei John Locke*, Frankfurt: Suhrkamp, 1979 (^{1}1969); *Karl Marx*, München: C. H. Beck, 1983; *Egoismus und Gemeinwohl. Studien zur Geschichte der bürgerlichen Philosophie*, Frankfurt: Suhrkamp, 1973; (Hrsg.) *Wirtschaftspolitik im britischen Besatzungsgebiet 1945–1949*, Düsseldorf: Patmos, 1984 (mit Dietmar Petzina). Zahlreiche Aufsätze in deutschen und ausländischen Zeitschriften und Sammelwerken. Mitherausgeberschaft der ›Kritischen Studien zur Politikwissenschaft‹ (seit 1969) sowie der ›Gesellschaft – Beiträge zur Marxschen Theorie‹ (seit 1974).

FETSCHER, Iring, geb. 1922, Dr. phil. Prof. f. Philosophie und Politische Wissenschaften an der Universität Frankfurt am Main. Veröffentlichungen u. a.: *Rousseaus politische Philosophie*, Frankfurt: Suhrkamp 1975 ([1]1960); *Karl Marx und der Marxismus. Von der Ökonomiekritik zur Weltanschauung*, München: Piper 1985 ([1]1967); *Terrorismus und Reaktion*, Königstein/Ts: Athenäum, 1978; *Vom Wohlfahrtsstaat zur neuen Lebensqualität. Die Herausforderung des demokratischen Sozialismus*, Köln: Bund-Verlag, 1982; *Neokonservative und »Neue Rechte«. Der Angriff gegen Sozialstaat und Liberale Demokratie in den Vereinigten Staaten, Westeuropa und der Bundesrepublik*, München: C. H. Beck, 1983; *Wer hat Dornröschen wachgeküßt? Das Märchen-Verwirrbuch*, Frankfurt: Fischer [15]1987; *Die Wirksamkeit der Träume. Literatische Skizzen eines Sozialwissenschaftlers*, Königstein/Ts.: Athenäum, 1987; (Hrsg.) *Wirtschaftliches Wachstum als gesellschaftliches Problem*, Königstein/Ts.: Athenäum, 1978 (mit K. v. Beyme, K. Borchardt, Y. Dror); *Wie geht es weiter? Politische Zukunftsvorstellungen ohne Utopie*, Basel: Lenos, 1980 (mit W. v. Geldern, W. Hollstein u. a.); *Politikwissenschaft. Ein Grundkurs*, Reinbek: Rowohlt, 1985 (mit H. Münkler); *Verdinglichung und Utopie. Ernst Bloch zum 100. Geb.* Frankfurt: Vervuert, 1986 (mit J. R. Bloch u. a.). Zahlreiche Veröffentlichungen in Zeitschriften und Sammelwerken. Mitherausgeberschaft von *Pipers Handbuch der politischen Ideen.*

FRITZSCHE, Klaus, geb. 1940, Dr. phil., Prof. f. Politische Wissenschaft an der Universität Gießen. Veröffentlichungen: *Politische Romantik und Gegenrevolution. Fluchtwege in der Krise der bürgerlichen Gesellschaft: Das Beispiel des »Tat«-Kreises*, Frankfurt: Suhrkamp, 1975. Aufsätze über: Gesellschaft und Staat in Deutschland; Konservatismus; Faschismus; Arbeiterbewegung.

GESSENHARTER, Wolfgang, geb. 1942, Dr. phil. Prof. f. Politikwissenschaft, insbes. Politische Theorie, an der Universität der Bundeswehr Hamburg. Veröffentlichungen u. a.: *Rechtsextremismus als normativ-praktisches Forschungsproblem*, Weinheim: Beltz, 1978 (mit H. Fröchling u. B. Krupp). Aufsätze zur Politischen Theorie, zu Extremismus und Autoritarismus, Zukunfts- und Umweltproblemen und zum Verhältnis von Militär und Gesellschaft. (Hrsg.) *Atomwirtschaft und innere Sicherheit*, Baden-Baden: Nomos, 1989 (mit H. Fröchling).

GRESS, Franz, geb. 1941, Dr. phil., Prof. f. politische Bildung an der Universität Frankfurt. Veröffentlichungen u. a.: *Rechtsextremismus und Neue Rechte in Europa*, erscheint 1989 (mit H.-G. Jaschke u. K. Schönekäs); Aufsätze u. a. zum Bereich Rechtsextremismus.

GREVEN, Michael Th., geb. 1947, Dr. phil., Prof. f. Politische Wissenschaft und Soziologie an der Universität Marburg. Veröffentlichungen u. a.: *Systemtheorie und Gesellschaftsanalyse*, Darmstadt/Neuwied: Luchterhand, 1974; *Krise des Staates? Zur Funktionsbestimmung des Staats im Spätkapitalismus*, Darmstadt/Neuwied: Luchterhand 1975 (mit B. Guggenberger, J. Strasser); *Parteien und politische Herrschaft. Zur Interdependenz von innerparteilicher Ordnung und Demokratie in der BRD*, Königstein/Ts.: Athenäum, 1977; *Sozialstaat und soziale Politik. Krise und Perspektive*, Darmstadt/Neuwied: Luchterhand 1980 (mit R. Prätorius, Th. Schiller); *Sozialliberalismus oder rechter Populismus?*, Argument-Sonderband 91/1983 (mit W. Elfferding, W. F. Haug); *Parteimitglieder. Ein empirischer Essay über das Alltagsbewußtsein in Parteien*, Leverkusen: Leske + Budrich, 1987. Zahlreiche Beiträge in Zeitschriften und Sammelwerken. (Hrsg.) *Political Science and Science Policy in an Age of Uncertainty*, Frankfurt: Campus, 1985 (mit B. v. Crousse); Mitherausgeberschaft der ›Vorgänge‹.

HANNOVER, Heinrich, geb. 1925, Dr. jur. h. c., Rechtsanwalt. Veröffentlichungen: *Politische Justiz 1918–1933*), Frankfurt: Fischer 1966/Bornheim: Lamuv 1987 (mit E. Hannover); *Der Mord an Rosa Luxemburg*, Frankfurt: Suhrkamp, 1967/Bornheim: Lamuv, 1989 (mit E. Hannover); *Klassenherrschaft und politische Justiz*, Hamburg: VSA, 1978 (mit G. Wallraff); *Die unheimliche Republik*, Hamburg: VSA, 1982; *Der Mord an Ernst Thälmann*, Köln: Pahl-Rugenstein, 1989; *Das Pferd Huppdiwupp*, Reinbek: Rowohlt 1972 und andere Kinderbücher. Zahlreiche Aufsätze zu juristischen und gesellschaftspolitischen Fragen.

HENNIG, Eike, geb. 1943, Dr. phil., Prof. f. Theorie und Methodologie der Politikwissenschaft an der Gesamthochschule Kassel. Veröffentlichungen u. a.: *Bürgerliche Gesellschaft und Faschismus in Deutschland*, Frankfurt: Suhrkamp, ^{2}1982; *Hessen unterm Hakenkreuz. Studien zur Durchsetzung der NSDAP in Hessen*, Frankfurt: Insel, 1983; *Zum Historikerstreit. Was heißt und zu welchem Ende studiert man Faschismus?*, Frankfurt:

Athenäum, 1988. Zahlreiche Beiträge zu Fragen historisch-sozialwissenschaftlicher Kulturforschung und Wahlforschung, über Rechtsextremismus und Neonazismus sowie Neokonservatismus in der Bundesrepublik.

HOLTFORT, Werner, geb. 1920, Dr. jur., Rechtsanwalt und Notar, MdL Niedersachsen. Veröffentlichungen u. a.: *Strafverteidigung und Anwaltsorganisation*, Frankfurt: EVA, 1979 (mit H. Hannover u. G. Maus); *Die Welfen und ihr Schatz. Geschichten um Ernst August und Ernst Albrecht*, Göttingen: Steidl, 1984 (mit E. Spoo u. R. Butenschön); *Hinter den Fassaden. Geschichten aus einer deutschen Stadt*, Göttingen: Steidl, 1985 (mit N. Kandel u. E. Spoo); (Hrsg.), *Strafverteidiger als Interessenvertreter. Berufsbild und Tätigkeitsfeld*, Darmstadt/Neuwied: Luchterhand, 1979. Beiratsmitgl. d. Humanistischen Union, Ehrenvorsitzender des Republikanischen Anwaltsvereins.

JASCHKE, Hans-Gerd, geb. 1952, Dr. phil., Hochschulassistent an der Universität Frankfurt. Veröffentlichungen u. a.: *Entstehung und Entwicklung des Rechtsextremismus in der Bundesrepublik*, 2 Bde., Opladen: Leske, 1984 (mit P. Dudek); *Rechtsextremismus und Neue Rechte in Europa*, erscheint 1989 (mit F. Gress u. K. Schönekas).

KROCKOW, Christian Graf von, geb. 1927, Dr. phil., Prof., freier Wissenschaftler und Publizist. Veröffentlichungen u. a.: *Nationalismus als deutsches Problem*, München: Piper ^{2}1974 (^{1}1970); *Soziale Kontrolle und autoritäre Gewalt*, München: List, 1971; *Sport. Eine Soziologie und Philosophie des Leistungsprinzips*, Hamburg: Hoffmann u. Campe, 1974; *Herrschaft und Freiheit. Politische Grundpositionen der bürgerlichen Gesellschaft*, Stuttgart: Metzler ^{2}1982; *Suche nach Deutschland. Nationale Identität und die Deutschlandpolitik*, Bonn: Europa-Union Verlag, 1983 (mit R. v. Weizsäcker, K. Lammers u. a.); *Der Wandel der Zeiten. Wegweiser durch das moderne Leben*, Stuttgart: DVA, 1984; *Die Reise nach Pommern. Bericht aus einem verschwiegenen Land*, Stuttgart: DVA, ^{8}1988; *Die Stunde der Frauen. Bericht aus Pommern 1944–1947*, Stuttgart: DVA, ^{3}1988; (Hrsg.) *Parteien in der Krise. Das Parteiensystem der Bundesrepublik und der Aufstand des Bürgerwillens*, München: C. H. Beck, 1986 (mit P. Lösche). Zahlreiche Aufsätze in Zeitschriften und Sammelbänden.

LICHTENSTEIN, Heiner, geb. 1932, Journalist, Redakteur des Westdeutschen Rundfunks, Köln; Mitglied des Redationsbeirates der Zeitschrift »Tribüne«; Mitarbeiter der Zeitschriften »AUFBAU« (New York), »Die Mahnung« (Berlin), »Freiheit und Recht« (Wuppertal). Veröffentlichungen: *Majdanek. Reportage eines Prozesses*, Frankfurt: EVA, 1979; *Warum Auschwitz nicht bombardiert wurde*, Köln: Bund-Verlag, 1980 (mit einem Vorwort von Eugen Kogon); *Raoul Wallenberg – Retter von hunderttausend Juden* (mit einem Vorwort von Simon Wiesenthal), Köln: Bund-Verlag, 1982; *Im Namen des Volkes. Eine persönliche Bilanz der NS-Prozesse* (mit einem Vorwort von Robert M. W. Kempner), Köln: Bund-Verlag, 1984; *Mit der Reichsbahn in den Tod. Massentransporte in den Holocaust.* Köln: Bund-Verlag, 1985; *Die Fassbinder-Kontroverse oder das Ende der Schonzeit*, Frankfurt: Athenäum, 1986; (Hrsg.) *Holocaust – Briefe an den WDR*, Wuppertal: Hammer-Verlag, 1982.

MÜLLER, Christoph, geb. 1927, Dr. jur., Prof. f. Staatsrecht und Politik an der Freien Universität Berlin. Veröffentlichungen u. a.: *Staats- und Verfassungsrecht der Bundesrepublik Deutschland. Eine Einführung*, Fellbach: Decker, 1982; *Staatslehre in der Weimarer Republik. Hermann Heller zu Ehren*, Frankfurt: Suhrkamp, 1985 (mit I. Staff); *Die Menschenrechte als außenpolitisches Ziel*, Baden-Baden: Nomos, 1986; Zahlreiche Veröffentlichungen in Zeitschriften und Sammelwerken; (Hrsg.) *Der soziale Rechtsstaat. Gedächtnisschrift für Hermann Heller 1891-1933*, Baden-Baden: Nomos, 1984 (mit I. Staff); (Red.) Hermann Heller, *Gesammelte Schriften*, 3 Bde., Leiden: Sijthoff, 1973.

MÜLLER, Ingo, geb. 1942, Dr. jur., Dr. phil., Regierungsdirektor beim Senator für Recht und Verfassung des Landes Bremen. Veröffentlichungen: *Rechtsstaat und Strafverfahren*, Frankfurt: EVA, 1980; *Furchtbare Juristen*, München: Kindler, 1987; (Hrsg.) *Eine Zeit, in der die Falschen verurteilt werden*, Hamburg: VSA, 1986; Rundfunkessays; Zeitschriftenaufsätze (bes. »Gesetzliches Recht und übergesetzliches Unrecht«, *Leviathan* 1980) und Beiträge zu Sammelwerken.

PUHLE, Hans-Jürgen, geb. 1940, Dr. phil., Prof. f. Allg. Geschichte an der Universität Bielefeld. Zahlreiche Veröffentlichungen zur neueren deutschen, westeuropäischen und amerikanischen Sozial- und Politikgeschichte und zu Problemen der Modernisierung; u. a.: *Agrarische Interessenpolitik und preußischer Konservatis-*

mus, Hannover: Verlag für Literatur und Zeitgeschehen, 1967; Bonn: Neue Gesellschaft, ²1975; *Von der Agrarkrise zum Präfaschismus*, Wiesbaden: Steiner, 1972; *Politische Agrarbewegungen in kapitalistischen Industriegesellschaften*, Göttingen: Vandenhoeck & Ruprecht, 1975; *Tradition und Reformpolitik in Bolivien*, Hannover: Verlag für Literatur und Zeitgeschehen, 1970; (Hrsg.) *Lateinamerika – Historische Realität und Dependencia-Theorien*, Hoffmann u. Campe, 1977; *Preußen im Rückblick*, Göttingen: Vandenhoeck & Ruprecht, 1980 (mit H.-U. Wehler); Mitherausgeber der Zeitschrift ›Geschichte und Gesellschaft‹. Gastprofessuren u. a. an der Harvard University, Cornell University, Oxford University, Stanford University.

SCHWARBERG, Günther, geb. 1926, Journalist. Veröffentlichungen: *Der SS-Arzt und die Kinder*, Hamburg: Stern-Bücher, 1979: *Der Juwelier von Majdanek*, Hamburg: Stern-Bücher, 1980; *Angriffsziel Cap Arcona*, Hamburg: Stern-Bücher 1981; *Der letzte Tag von Oradour*, Göttingen. Steidl, 1988 (mit L. Rosh); *Die letzte Fahrt der ›Exodus‹*, Göttingen: Steidl, 1988; *Das Ghetto*, Göttingen: Steidl, 1989; Film (mit L. Rosh): ›Oradour‹, Baden-Baden 1988. Vors. der Vereinigung »Kinder vom Bullenhuser Damm« (seit 1979). Anne Frank-Preis 1988 (gemeinsam mit Barbara Hüsing).

STEGMANN, Dirk, geb. 1941, Dr. phil., Prof. f. Geschichte und ihre Didaktik sowie Sozialgeschichte des 19. und 20. Jahrhunderts an der Hochschule Lüneburg. Veröffentlichungen: *Die Erben Bismarcks. Parteien und Verbände in der Spätphase des Wilhelminischen Deutschland. Sammlungspolitik 1897–1918*, Köln/Berlin: Kiepenheuer u. Witsch, 1970. Zahlreiche Aufsätze zur politischen Sozialgeschichte des 19. und 20. Jahrhunderts. (Hrsg.) *Industrielle Gesellschaft und politisches System. Beiträge zur politischen Sozialgeschichte*. Festschrift für Fritz Fischer zum 70. Geburtstag, Bonn: Neue Gesellschaft, 1978 (mit B. J. Wendt u. P. C. Witt); *Deutscher Konservatismus im 19. und 20. Jahrhundert*. Festschrift für Fritz Fischer zum 75. Geburtstag, Bonn: Neue Gesellschaft, 1983 (mit B. J. Wendet u. P. C. Witt); *Die Republik von Weimar*, 2 Bde., Düsseldorf: Droste, 1979, ²1984 (mit J. Flemming, C. D. Krohn und P. C. Witt); *Arbeiterfamilien im Kaiserreich*, Düsseldorf: Droste, 1982 (mit C. Saul, J. Flemming u. P. C. Witt); *Harburg. Von der Burg zur Industriestadt. Beiträge zur Geschichte Harburgs 1288–1938*, Hamburg: Christians, 1988 (mit J. Ellermeyer u. Kl. Richter).

STOLLEIS, Michael, geb. 1941, Dr. jur., Prof. f. Öffentliches Recht und Neuere Rechtsgeschichte an der Universität Frankfurt. Veröffentlichungen u. a.: *Gemeinwohlformeln im nationalsozialistischen Recht*, München: Schweitzer, 1974; *Geschichte des öffentlichen Rechts in Deutschland*, Bd. 1, München: C. H. Beck, 1988; zahlreiche Aufsätze zur neueren Rechtsgeschichte. (Hrsg.) *Alltag der Justiz im Dritten Reich*, Frankfurt: Fischer, 1988 (mit B. v. Diestelkamp).

UEBERHORST, Horst, geb. 1925, Dr. phil., Prof. f. Sportwissenschaft und Sportgeschichte an der Ruhr-Universität Bochum. Veröffentlichungen u. a.: *Elite für die Diktatur. Die Nationalpolitischen Erziehungsanstalten 1933 bis 1945*, Düsseldorf: Droste, 1969; *Turner unterm Sternenbanner. Der Kampf der deutsch-amerikanischen Turner für Einheit, Freiheit und soziale Gerechtigkeit (1848–1918)*, München: Moos, 1978; *Friedrich Ludwig Jahn und seine Zeit*, München: Moos, 1978; *Wattenscheid: Die Freiheit verloren? Eine Sozialgeschichte*, Düsseldorf: Droste, 1985; (Hrsg.) *Geschichte der Leibesübungen*, 6 Bde., Berlin: B & W, 1972–1982. 1975 Gastprofessor (Distinguished Visiting Professor) an der University of Massachusetts, Amherst. Mitglied in der Internationalen Olympischen Akademie und der American Academy of Physical Education.

Namenregister
(erstellt von Jochen Oltmer)

Sachregister

(erstellt von Jochen Oltmer)